Diseño interior y cubierta: RAG

© de la preseente edición, los autores, 2025

© Ediciones Akal, S. A., 2025
Sector Foresta, 1
28760 Tres Cantos
Madrid - España
Tel.: 918 061 996
atencion.cliente@akal.com
www.akal.com

ISBN: 978-84-460-5694-2
Depósito legal: M-6393-2025

Impreso en España

LEY DE ENJUICIAMIENTO CIVIL

ADAPTADA A LA LO 1/2025, DE 2 DE ENERO

Edición a cargo de Ana María Bravo Fernández,

María Amparo Núñez Martí, Raúl López Martínez, Nader Subuh Falero,

Iván García Joglar y Adrián Fonseca Jiménez,

bajo la coordinación de Francisco Javier Arroyo Romero

ARGENTINA / ESPAÑA / MÉXICO

TEXTO CONSOLIDADO

Última modificación: 2 de enero de 2025

JUAN CARLOS I REY DE ESPAÑA

A todos los que la presente vieren y entendieren.

Sabed: Que las Cortes Generales han aprobado y Yo vengo en sancionar la siguiente Ley.

EXPOSICIÓN DE MOTIVOS

I

El derecho de todos a una tutela judicial efectiva, expresado en el apartado primero del artículo 24 de la Constitución, coincide con el anhelo y la necesidad social de una Justicia civil nueva, caracterizada precisamente por la efectividad.

Justicia civil efectiva significa, por consustancial al concepto de Justicia, plenitud de garantías procesales. Pero tiene que significar, a la vez, una respuesta judicial más pronta, mucho más cercana en el tiempo a las demandas de tutela, y con mayor capacidad de transformación real de las cosas. Significa, por tanto, un conjunto de instrumentos encaminados a lograr un acortamiento del tiempo necesario para una definitiva determinación de lo jurídico en los casos concretos, es decir, sentencias menos alejadas del comienzo del proceso, medidas cautelares más asequibles y eficaces, ejecución forzosa menos gravosa para quien necesita promoverla y con más posibilidades de éxito en la satisfacción real de los derechos e intereses legítimos.

Ni la naturaleza del crédito civil o mercantil ni las situaciones personales y familiares que incumbe resolver en los procesos civiles justifican un período de años hasta el logro de una resolución eficaz, con capacidad de producir transformaciones reales en las vidas de quienes han necesitado acudir a los tribunales civiles.

La efectividad de la tutela judicial civil debe suponer un acercamiento de la Justicia al justiciable, que no consiste en mejorar la imagen de la Justicia, para hacerla parecer más accesible, sino en estructurar procesalmente el trabajo jurisdiccional de modo que cada asunto haya de ser mejor seguido y conocido por el tribunal, tanto en su planteamiento inicial y para la eventual necesidad de depurar la existencia de óbices y falta de presupuestos procesales —nada más ineficaz que un proceso con sentencia absolutoria de la instancia–, como en la determinación de lo verdaderamente controvertido y en la práctica y valoración de la prueba, con oralidad, publicidad e inmediación. Así, la realidad del proceso disolverá la imagen de una Justicia lejana, aparentemente situada al final de trámites excesivos y dilatados, en los que resulta difícil percibir el interés y el esfuerzo de los Juzgados y Tribunales y de quienes los integran.

Justicia civil efectiva significa, en fin, mejores sentencias, que, dentro de nuestro sistema de fuentes del Derecho, constituyan referencias sólidas para el futuro y contribuyan así a evitar litigios y a reforzar la igualdad ante la ley, sin merma de la libertad enjuiciadora y de la evolución y el cambio jurisprudencial necesarios.

Esta nueva Ley de Enjuiciamiento Civil se inspira y se dirige en su totalidad al interés de los justiciables, lo que es tanto como decir al interés de todos los sujetos jurídicos y, por consiguiente, de la sociedad entera. Sin ignorar la experiencia, los puntos de vista y las propuestas de todos los profesionales protagonistas de la Justicia civil, esta Ley mira, sin embargo, ante todo y sobre todo, a quienes demandan o pueden demandar tutela jurisdiccional, en verdad efectiva, para sus derechos e intereses legítimos.

II

Con todas sus disposiciones encaminadas a estas finalidades, esta nueva Ley de Enjuiciamiento Civil se alinea con las tendencias de reforma universalmente consideradas más razonables y con las experiencias de más éxito real en la consecución de una tutela judicial que se demore sólo lo justo, es decir, lo necesario para la insoslayable confrontación procesal, con las actuaciones precisas para preparar la sentencia, garantizando su acierto.

No se aceptan ya en el mundo, a causa de la endeblez de sus bases jurídicas y de sus fracasos reales, fórmulas simplistas de renovación de la Justicia civil, inspiradas en unos pocos elementos entendidos como panaceas. Se ha advertido ya, por ejemplo, que el cambio positivo no estriba en una concentración a ultranza de los actos procesales, aplicada a cualquier tipo de casos. Tampoco se estima aconsejable ni se ha probado eficaz una alteración sustancial de los papeles atribuibles a los protagonistas de la Justicia civil.

Son conocidos, por otra parte, los malos resultados de las reformas miméticas, basadas en el trasplante de institutos procesales pertenecientes a modelos jurídicos diferentes. La identidad o similitud de denominaciones entre Tribunales o entre instrumentos procesales no constituye base razonable y suficiente para ese mimetismo. Y aún menos razonable resulta el impulso, de ordinario inconsciente, de sustituir en bloque la Justicia propia por la de otros países o áreas geográficas y culturales. Una tal sustitución es, desde luego, imposible, pero la mera influencia de ese impulso resulta muy perturbadora para las reformas legales: se generan nuevos y más graves problemas, sin que apenas se propongan y se logren mejoras apreciables.

El aprovechamiento positivo de instituciones y experiencias ajenas requiere que unas y otras sean bien conocidas y comprendidas, lo que significa cabal conocimiento y comprensión del entero modelo o sistema en que se integran, de sus principios inspiradores, de sus raíces históricas, de los diversos presupuestos de su funcionamiento, empezando por los humanos, y de sus ventajas y desventajas reales.

Esta Ley de Enjuiciamiento Civil se ha elaborado rechazando, como método para el cambio, la importación e implantación inconexa de piezas aisladas, que inexorablemente conduce a la ausencia de modelo o de sistema coherente, mezclando perturbadoramente modelos opuestos o contradictorios. La Ley configura una Justicia civil nueva en la medida en que, a partir de nuestra actual realidad, dispone, no mediante palabras y preceptos aislados, sino con regulaciones plenamente articuladas y coherentes, las innovaciones y cambios sustanciales, antes aludidos, para la efectividad, con plenas garantías, de la tutela que se confía a la Jurisdicción civil.

En la elaboración de una nueva Ley procesal civil y común, no cabe despreocuparse del acierto de las sentencias y resoluciones y afrontar la reforma con un rechazable reduccionismo cuantitativo y estadístico, sólo preocupado de que los asuntos sean resueltos, y resueltos en el menor tiempo posible. Porque es necesaria una pronta tutela judicial en verdad efectiva y porque es posible lograrla sin merma de las garantías, esta Ley reduce drásticamente trámites y recursos, pero, como ya se ha dicho, no prescinde de cuanto es razonable prever como lógica y justificada manifestación de la contienda entre las partes y para que, a la vez, el momento procesal de dictar sentencia esté debidamente preparado.

III

Con perspectiva histórica y cultural, se ha de reconocer el incalculable valor de la Ley de Enjuiciamiento Civil, de 1881. Pero con esa misma perspectiva, que incluye el sentido de la realidad, ha de reconocerse, no ya el agotamiento del método de las reformas parciales para mejorar la impartición de justicia en el orden jurisdiccional civil, sino la necesidad de una Ley nueva para procurar acoger y vertebrar, con radical innovación, los planteamientos expresados en los apartados anteriores.

La experiencia jurídica de más de un siglo debe ser aprovechada, pero se necesita un Código procesal civil nuevo, que supere la situación originada por la prolija complejidad de la Ley antigua y sus innumerables retoques y disposiciones extravagantes. Es necesaria, sobre todo, una nueva Ley que afronte y dé respuesta a numerosos problemas de imposible o muy difícil resolución con la ley del siglo pasado. Pero, sobre todo, es necesaria una Ley de Enjuiciamiento Civil nueva, que, respetando principios, reglas y criterios de perenne valor, acogidos en las leyes procesales civiles de otros países de nuestra misma área cultural, exprese y materialice, con autenticidad, el profundo cambio de mentalidad que entraña el compromiso por la efectividad de la tutela judicial, también en órdenes jurisdiccionales distintos del civil, puesto que esta nueva Ley está llamada a ser ley procesal supletoria y común.

Las transformaciones sociales postulan y, a la vez, permiten una completa renovación procesal que desborda el contenido propio de una o varias reformas parciales. A lo largo de muchos años, la protección jurisdiccional de nuevos ámbitos jurídico-materiales ha suscitado, no siempre con plena justificación, reglas procesales especiales en las modernas leyes sustantivas. Pero la sociedad y los profesionales del Derecho reclaman un cambio y una simplificación de carácter general, que no se lleven a cabo de espaldas a la realidad, con frecuencia más compleja que antaño, sino que provean nuevos cauces para tratar adecuadamente esa complejidad. Testimonio autorizado del convencimiento acerca de la necesidad de esa renovación son los numerosos trabajos oficiales y particulares para una nueva Ley de Enjuiciamiento Civil, que se han producido en las últimas décadas.

Con sentido del Estado, que es conciencia clara del debido servicio desinteresado a la sociedad, esta Ley no ha prescindido, sino todo lo contrario, de esos trabajos. Los innumerables preceptos acertados de la Ley de 1881, la ingente jurisprudencia y doctrina generada por ella, los muchos informes y sugerencias recibidos de distintos órganos y entidades, así como de profesionales y expertos prestigiosos, han sido elementos de gran valor e interés, también detenidamente considerados para elaborar esta Ley de Enjuiciamiento Civil. Asimismo, se han examinado con suma atención y utilidad, tanto el informe preceptivo del Consejo General del Poder Judicial como el solicitado al Consejo de Estado. Cabe afirmar, pues, que la elaboración de esta Ley se ha caracterizado, como era deseable y conveniente, por una participación excepcionalmente amplia e intensa de instituciones y de personas cualificadas.

IV

En esta Ley se rehúyen por igual, tanto la prolijidad como el esquematismo, propio de algunas leyes procesales extranjeras, pero ajeno a nuestra tradición y a un elemental detalle en la regulación procedimental, que los destinatarios de esta clase de Códigos han venido considerando preferible, como más acorde con su certera y segura aplicación. Así, pues, sin caer en excesos reguladores, que, por querer prever toda incidencia, acaban suscitando más cuestiones problemáticas que las que resuelven, la presente Ley aborda numerosos asuntos y materias sobre las que poco o nada decía la Ley de 1881.

Al colmar esas lagunas, esta Ley aumenta, ciertamente, su contenido, pero no por ello se hace más extensa –al contrario– ni más complicada, sino más completa. Es misión y responsabilidad del legislador no dejar sin respuesta clara, so capa de falsa sencillez, los problemas reales, que una larga experiencia ha venido poniendo de relieve.

Nada hay de nuevo, en la materia de esta Ley, que no signifique respuestas a interrogantes con relevancia jurídica, que durante más de un siglo, la jurisprudencia y la doctrina han debido abordar sin guía legal clara. Ha parecido a todas luces inadmisible procurar una apariencia de sencillez legislativa a base de omisiones, de cerrar los ojos a la complejidad de la realidad y negarla, lisa y llanamente, en el plano de las soluciones normativas.

La real simplificación procedimental se lleva a cabo con la eliminación de reiteraciones, la subsanación de insuficiencias de regulación y con una nueva ordenación de los procesos declarativos, de los recursos, de la ejecución forzosa y de las medidas cautelares, que busca ser clara, sencilla y completa en función de la realidad de los litigios y de los derechos, facultades, deberes y cargas que corresponden a los tribunales, a los justiciables y a quienes, de un modo u otro, han de colaborar con la Justicia civil.

En otro orden de cosas, la Ley procura utilizar un lenguaje que, ajustándose a las exigencias ineludibles de la técnica jurídica, resulte más asequible para cualquier ciudadano, con eliminación de expresiones hoy obsoletas o difíciles de comprender y más ligadas a antiguos usos forenses que a aquellas exigencias. Se elude, sin embargo, hasta la apariencia de doctrinarismo y, por ello, no se considera inconveniente, sino todo lo contrario, mantener diversidades expresivas para las mismas realidades, cuando tal fenómeno ha sido acogido tanto en el lenguaje común como en el jurídico. Así, por ejemplo, se siguen utilizando los términos «juicio» y «proceso» como sinónimos y se emplea en unos casos los vocablos «pretensión» o «pretensiones» y, en otros, el de «acción» o «acciones» como aparecían en la Ley de 1881 y en la jurisprudencia y doctrina posteriores, durante más de un siglo, sin que ello originara problema alguno.

Se reducen todo lo posible las remisiones internas, en especial las que nada indican acerca del precepto o preceptos a los que se remite. Se acoge el criterio de división de los artículos, siempre que sea necesario, en apartados numerados y se procura que éstos tengan sentido por sí mismos, a diferencia de los simples párrafos, que han de entenderse interrelacionados. Y sin incurrir en exageraciones de exactitud, se opta por referirse al órgano jurisdiccional con el término «tribunal», que, propiamente hablando, nada dice del carácter unipersonal o colegiado del órgano. Con esta opción, además de evitar una constante reiteración, en no pocos artículos, de la expresión «Juzgados y Tribunales», se tiene en cuenta que, según la legislación orgánica, cabe que se siga ante tribunales colegiados la primera instancia de ciertos procesos civiles.

V

En cuanto a su contenido general, esta Ley se configura con exclusión de la materia relativa a la denominada jurisdicción voluntaria, que, como en otros países, parece preferible regular en ley distinta, donde han de llevarse las disposiciones sobre una conciliación que ha dejado de ser obligatoria y sobre la declaración de herederos sin contienda judicial. También se obra en congruencia con el ya adoptado criterio de que una ley específica se ocupe del Derecho concursal. Las correspondientes disposiciones de la Ley de Enjuiciamiento Civil de 1881 permanecerán en vigor sólo hasta la aprobación y vigencia de estas leyes.

En coincidencia con anteriores iniciativas, la nueva Ley de Enjuiciamiento Civil aspira también a ser Ley procesal común, para lo que, a la vez, se pretende que la vigente Ley Orgánica del Poder Judicial, de 1985, circunscriba su contenido a lo que indica su denominación y se ajuste, por otra parte, a lo que señala el apartado primero del artículo 122 de la Constitución. La referencia en este precepto al «funcionamiento» de los Juzgados y Tribunales no puede entenderse, y nunca se ha entendido, ni por el legislador postconstitucional ni por la jurisprudencia y la doctrina, como referencia a las normas procesales, que, en cambio, se mencionan expresamente en otros preceptos constitucionales.

Así, pues, no existe impedimento alguno y abundan las razones para que la Ley Orgánica del Poder Judicial se desprenda de normas procesales, no pocas de ellas atinadas, pero impropiamente situadas y productoras de numerosas dudas al coexistir con las que contienen las Leyes de Enjuiciamiento. Como es lógico, la presente Ley se beneficia de cuanto de positivo podía hallarse en la regulación procesal de 1985.

Mención especial merece la decisión de que en esta Ley se regule, en su vertiente estrictamente procedimental, el instituto de la abstención y de la recusación. Es ésta una materia, con innegables facetas distintas, de la que se ocupaban las leyes procesales, pero que fue regulada, con nueva relación de causas de abstención y recusación, en la Ley Orgánica del Poder Judicial, de 1985. Empero, la subsistencia formal de las disposiciones sobre esta citada materia en las diversas leyes procesales originó algunos problemas y, por otro lado, la regulación de 1985 podía mejorarse y, de hecho, se mejoró en parte por obra de la Ley Orgánica 5/1997, de 4 de diciembre.

La presente Ley es ocasión que permite culminar ese perfeccionamiento, afrontando el problema de las recusaciones temerarias o con simple ánimo de dilación o de inmediata sustitución del Juez o Magistrado recusado. En este sentido, la extemporaneidad de la recusación se regula más precisamente, como motivo de inadmisión a trámite, y se agilizan y simplifican los trámites iniciales a fin de que se produzca la menor alteración procedimental posible. Finalmente, se prevé multa de importante cuantía para las recusaciones que, al ser resueltas, aparezcan propuestas de mala fe.

VI

La nueva Ley de Enjuiciamiento Civil sigue inspirándose en el principio de justicia rogada o principio dispositivo, del que se extraen todas sus razonables consecuencias, con la vista puesta, no sólo en que, como regla, los procesos civiles persiguen la tutela de derechos e intereses legítimos de determinados sujetos jurídicos, a los que corresponde la iniciativa procesal y la configuración del objeto del proceso, sino en que las cargas procesales atribuidas a estos sujetos y su lógica diligencia para obtener la tutela judicial que piden, pueden y deben configurar razonablemente el trabajo del órgano jurisdiccional, en beneficio de todos.

De ordinario, el proceso civil responde a la iniciativa de quien considera necesaria una tutela judicial en función de sus derechos e intereses legítimos. Según el principio procesal citado, no se entiende razonable que al órgano jurisdiccional le incumba investigar y comprobar la veracidad de los hechos alegados como configuradores de un caso que pretendidamente requiere una respuesta de tutela conforme a Derecho. Tampoco se grava al tribunal con el deber y la responsabilidad de decidir qué tutela, de entre todas las posibles, puede ser la que corresponda al caso. Es a quien cree necesitar tutela a quien se atribuyen las cargas de pedirla, determinarla con suficiente precisión, alegar y probar los hechos y aducir los fundamentos jurídicos correspondientes a las pretensiones de aquella tutela. Justamente para afrontar esas cargas sin indefensión y con las debidas garantías, se impone a las partes, excepto en casos de singular simplicidad, estar asistidas de abogado.

Esta inspiración fundamental del proceso —excepto en los casos en que predomina un interés público que exige satisfacción— no constituye, en absoluto, un obstáculo para que, como se hace en esta Ley, el tribunal aplique el Derecho que conoce dentro de los límites marcados por la faceta jurídica de la causa de pedir. Y menos aún constituye el repetido principio ningún inconveniente para que la Ley refuerce notablemente las facultades coercitivas de los tribunales respecto del cumplimiento de sus resoluciones o para sancionar comportamientos procesales manifiestamente contrarios al logro de una tutela efectiva. Se trata, por el contrario, de disposiciones armónicas con el papel que se confía a las partes, a las que resulta exigible asumir con seriedad las cargas y responsabilidades inherentes al proceso, sin perjudicar a los demás sujetos de éste y al funcionamiento de la Administración de Justicia.

VII

En el ámbito de las disposiciones generales, la Ley introduce numerosas innovaciones con tres grandes finalidades: regular de modo más completo y racional materias y cuestiones diversas, hasta ahora carentes de regulación legal; procurar un mejor desarrollo de las actuaciones procesales; y reforzar las garantías de acierto en la sentencia.

A todas las disposiciones generales sobre la jurisdicción y la competencia, los sujetos del proceso, sus actos y diligencias, las resoluciones judiciales, los recursos, etc., concede la Ley la importancia que merecen, a fin de que constituyan pautas realmente aplicables en las distintas fases del proceso, sin necesidad de reiterar normas y regulaciones enteras.

En cuanto a las partes, la Ley contiene nuevos preceptos que regulan esa materia de modo más completo y con más orden y claridad, superando, a efectos procesales, el dualismo de las personas físicas y las jurídicas y con mejora de otros aspectos, relativos a la sucesión procesal, a la intervención adhesiva litisconsorcial y a la intervención provocada. Asimismo, el papel y responsabilidad de los litigantes se perfila más precisamente al regularse de modo expreso y unitario los actos de disposición (renuncia, allanamiento y desistimiento y transacción), así como, en su más adecuada sede, la carga de la alegación y de la prueba. Las normas sobre estas materias explicitan lo que es conquista pacífica de la jurisprudencia y de la ciencia jurídica e importan no poco para el desenlace del proceso mediante una sentencia justa.

A propósito de las partes, aunque en verdad desborde ampliamente lo que es su reconocimiento y tratamiento procesal, parece oportuno dar razón del modo en que la presente Ley aborda la realidad de la tutela de intereses jurídicos colectivos, llevados al proceso, no ya por quien se haya visto lesionado directamente y para su individual protección, o por grupos de afectados, sino por personas jurídicas constituidas y legalmente habilitadas para la defensa de aquellos intereses.

Esta realidad, mencionada mediante la referencia a los consumidores y usuarios, recibe en esta Ley una respuesta tributaria e instrumental de lo que disponen y puedan disponer en el futuro las normas sustantivas acerca del punto, controvertido y difícil, de la concreta tutela que, a través de las aludidas entidades, se quiera otorgar a los derechos e intereses de los consumidores y usuarios en cuanto colectividades. Como cauce para esa tutela, no se considera necesario un proceso o procedimiento especial y sí, en cambio, una serie de normas especiales, en los lugares oportunos.

Por un lado, la actuación procesal de las personas jurídicas y de los grupos se hace posible sin dificultad en cuanto a su personalidad, capacidad y representación procesales. Y, por otro lado, tras una norma previsora de la singular legitimación de dichas entidades, la Ley incluye, en los lugares adecuados, otros preceptos sobre llamamiento al proceso de quienes, sin ser demandantes, puedan estar directamente interesados en intervenir, sobre acumulación de acciones y de procesos y acerca de la sentencia y su ejecución forzosa.

La amplitud de la intervención procesal prevista con carácter general permite desechar una obligatoria acumulación inicial de demandas, con el retraso a que obligaría en la sustanciación de los procesos, un retraso que impediría, con mucha frecuencia, la efectividad de la tutela pretendida. En cuanto a la eficacia subjetiva de las sentencias, la diversidad de casos de protección impone evitar una errónea norma generalizadora. Se dispone, en consecuencia, que el tribunal indicará la eficacia que corresponde a la sentencia según su contenido y conforme a la tutela otorgada por la vigente ley sustantiva protectora de los derechos e intereses en juego. De este modo, la Ley no provee instrumentos procesales estrictamente circunscritos a las previsiones actuales de protección colectiva de los consumidores y usuarios, sino que queda abierta a las modificaciones y cambios que en las leyes sustantivas puedan producirse respecto de dicha protección.

Finalmente, se opta por no exigir caución previa ni regular de modo especial la condena en costas en los procesos a que se está haciendo referencia. En cuanto a la gratuidad de la asistencia jurídica, no es la Ley de Enjuiciamiento Civil la norma adecuada para decidir a qué entidades, y en qué casos, ha de reconocerse u otorgarse.

La obligada representación mediante procurador y la imperativa asistencia de abogado se configuran en esta Ley sin variación sustancial respecto de las disposiciones anteriores. La experiencia, avalada por unánimes informes en este punto, garantiza el acierto de esta decisión. Sin embargo, la presente Ley no deja de responder a exigencias de racionalización: se elimina el requisito del bastanteo de los poderes, desde hace tiempo desprovisto de sentido y se unifica del todo el ámbito material en el que la representación por procurador y la asistencia de abogado son necesarias. Las responsabilidades de procuraduría y abogacía se acentúan en el nuevo sistema procesal, de modo que se subraya la justificación de sus respectivas funciones.

Por lo que respecta a la jurisdicción y a la competencia, la Ley regula la declinatoria como instrumento único para el control, a instancia de parte, de esos presupuestos procesales, determinando que dicho instrumento haya de emplearse antes de la contestación a la demanda.

De este modo, se pone fin, por un lado, a lagunas legales que afectaban a la denominada «competencia (o incompetencia) internacional» y, de otro, a una desordenada e inarmónica regulación, en la que declinatoria, inhibitoria y excepción se mezclaban y frecuentemente confundían, con el indeseable resultado, en no pocos casos, de sentencias absolutorias de la instancia por falta de jurisdicción o de competencia, dictadas tras un proceso entero con alegaciones y prueba contradictorias. Lo que esta Ley considera adecuado a la naturaleza de las cosas es que, sin perjuicio de la vigilancia de oficio sobre los presupuestos del proceso relativos al tribunal, la parte pasiva haya de ponerlos de manifiesto con carácter previo, de modo que, si faltaran, el proceso no siga adelante o, en otros casos, prosiga ante el tribunal competente.

La supresión de la inhibitoria, instituto procesal mantenido en obsequio de una facilidad impugnatoria del demandado, se justifica, no sólo en aras de una conveniente simplificación del tratamiento procesal de la competencia territorial, tratamiento éste que la dualidad declinatoria-inhibitoria complicaba innecesaria y perturbadoramente con frecuencia, sino en razón de la muy inferior dificultad que para el demandado entraña, en los albores del siglo veintiuno, comparecer ante el tribunal que esté conociendo del asunto. De cualquier forma, y a fin de evitar graves molestias al demandado, la Ley también permite que se plantee la declinatoria ante el tribunal del domicilio de aquél, procediéndose a continuación a su inmediata remisión al tribunal que está conociendo del asunto.

En cuanto a la jurisdicción y, en gran medida, también respecto de la competencia objetiva, esta Ley se subordina a los preceptos de la Ley Orgánica del Poder Judicial, que, sin embargo, remiten a las leyes procesales para otros mecanismos de la predeterminación legal del tribunal, como es, la competencia funcional en ciertos extremos y, señaladamente, la competencia territorial. A estos extremos se provee con normas adecuadas.

La presente Ley mantiene los criterios generales para la atribución de la competencia territorial, sin multiplicar innecesariamente los fueros especiales por razón de la materia y sin convertir todas esas reglas en disposiciones de necesaria aplicación. Así, pues, se sigue permitiendo, para buen número de casos, la sumisión de las partes, pero se perfecciona el régimen de la sumisión tácita del demandante y del demandado, con especial previsión de los casos en que, antes de interponerse la demanda, de admitirla y emplazar al demandado, se lleven a cabo actuaciones como las diligencias preliminares o la solicitud y eventual acuerdo de medidas cautelares.

Las previsiones de la Ley acerca del domicilio, como fuero general, dan respuesta, con una regulación más realista y flexible, a necesidades que la experiencia ha puesto de relieve, procurando, en todo caso, el equilibrio entre el legítimo interés de ambas partes.

Sobre la base de la regulación jurisdiccional orgánica y con pleno respeto a lo que en ella se dispone, se construye en esta Ley una elemental disciplina del reparto de asuntos, que, como es lógico, atiende a sus aspectos procesales y a las garantías de las partes, procurando, al mismo tiempo, una mejor realidad e imagen de la Justicia civil. No se incurre, por tanto, ni en duplicidad normativa ni en extralimitación del específico ámbito legislativo. Una cosa es que la fijación y aplicación de las normas de reparto se entienda como función gubernativa, no jurisdiccional, y otra, bien distinta, que el cumplimiento de esa función carezca de toda relevancia procesal o jurisdiccional.

Algún precepto aislado de la Ley de Enjuiciamiento de 1881 ya establecía una consecuencia procesal en relación con el reparto. Lo que esta Ley lleva a cabo es un desarrollo lógico de la proyección procesal de esa «competencia relativa», como la denominó la Ley de 1881, con la mirada puesta en el apartado segundo del artículo 24 de la Constitución, que, según doctrina del Tribunal Constitucional, no ha estimado irrelevante ni la inexistencia ni la infracción de las normas de reparto.

Es claro, en efecto, que el reparto acaba determinando «el juez ordinario» que conocerá de cada asunto. Y si bien se ha considerado constitucionalmente admisible que esa última determinación no haya de llevarse a cabo por inmediata aplicación de una norma con rango formal de ley, no sería aceptable, en buena lógica y técnica jurídica, que una sanción gubernativa fuera la única consecuencia de la inaplicación o de la infracción de las normas no legales determinantes de que conozca un «juez ordinario», en vez de otro. Difícilmente podría justificarse la coexistencia de esa sanción gubernativa, que reconocería la infracción de lo que ha de predeterminar al «juez ordinario», y la ausencia de efectos procesales para quienes tienen derecho a que su caso sea resuelto por el tribunal que corresponda según normas predeterminadas.

Por todo ello, esta Ley prevé, en primer lugar, que se pueda aducir y corregir la eventual infracción de la legalidad relativa al reparto de asuntos y, en caso de que ese mecanismo resulte infructuoso, prevé, evitando la severa sanción de nulidad radical –reservada a las infracciones legales sobre jurisdicción y competencia objetiva y declarable de oficio–,que puedan anularse, a instancia de parte gravada, las resoluciones dictadas por órgano que no sea el que debiera conocer según las normas de reparto.

En esta Ley, la prejudicialidad es, en primer término, objeto de una regulación unitaria, en lugar de las normas dispersas e imprecisas contenidas en la Ley de 1881. Pero, además, por lo que respecta a la prejudicialidad penal, se sienta la regla general de la no suspensión del proceso civil, salvo que exista causa criminal en la que se estén investigando, como hechos de apariencia delictiva, alguno o algunos de los que cabalmente fundamentan las pretensiones de las partes en el proceso civil y ocurra, además, que la sentencia que en éste haya de dictarse pueda verse decisivamente influida por la que recaiga en el proceso penal.

Así, pues, hace falta algo más que una querella admitida o una denuncia no archivada para que la prejudicialidad penal incida en el proceso civil. Mas, si concurren todos los elementos referidos, dicho proceso no se suspende hasta que sólo se encuentre pendiente de sentencia. Únicamente determina una suspensión inmediata el caso especial de la falsedad penal de un documento aportado al proceso civil, siempre que tal documento pueda ser determinante del sentido del fallo.

Para culminar un tratamiento más racional de la prejudicialidad penal, que, al mismo tiempo, evite indebidas paralizaciones o retrasos del proceso penal mediante querellas o denuncias infundadas, se establece expresamente la responsabilidad civil por daños y perjuicios derivados de la dilación suspensiva si la sentencia penal declarase ser auténtico el documento o no haberse probado su falsedad.

Se prevé, además, el planteamiento de cuestiones prejudiciales no penales con posibles efectos suspensivos y vinculantes, cuando las partes del proceso civil se muestren conformes con dichos efectos. Y, finalmente, se admite también la prejudicialidad civil, con efectos suspensivos, si no cabe la acumulación de procesos o uno de los procesos se encuentra próximo a su terminación.

VIII

El objeto del proceso civil es asunto con diversas facetas, todas ellas de gran importancia. Son conocidas las polémicas doctrinales y las distintas teorías y posiciones acogidas en la jurisprudencia y en los trabajos científicos. En esta Ley, la materia es regulada en diversos lugares, pero el exclusivo propósito de las nuevas reglas es resolver problemas reales, que la Ley de 1881 no resolvía ni facilitaba resolver.

Se parte aquí de dos criterios inspiradores: por un lado, la necesidad de seguridad jurídica y, por otro, la escasa justificación de someter a los mismos justiciables a diferentes procesos y de provocar la correspondiente actividad de los órganos jurisdiccionales, cuando la cuestión o asunto litigioso razonablemente puede zanjarse en uno solo.

Con estos criterios, que han de armonizarse con la plenitud de las garantías procesales, la presente Ley, entre otras disposiciones, establece una regla de preclusión de alegaciones de hechos y de fundamentos jurídicos, ya conocida en nuestro Derecho y en otros ordenamientos jurídicos. En la misma línea, la Ley evita la indebida dualidad de controversias sobre nulidad de los negocios jurídicos –una, por vía de excepción; otra, por vía de demanda o acción–, trata diferenciadamente la alegación de compensación y precisa el ámbito de los hechos que cabe considerar nuevos a los efectos de fundar una segunda pretensión en apariencia igual a otra anterior. En todos estos puntos, los nuevos preceptos se inspiran en sólida jurisprudencia y doctrina.

Con la misma inspiración básica de no multiplicar innecesariamente la actividad jurisdiccional y las cargas de todo tipo que cualquier proceso conlleva, el régimen de la pluralidad de objetos pretende la economía procesal y, a la vez, una configuración del ámbito objetivo de los procesos que no implique una complejidad inconveniente en razón del procedimiento que se haya de seguir o que, simplemente, dificulte, sin razón suficiente, la sustanciación y decisión de los litigios. De ahí que se prohíba la reconvención que no guarde relación con las pretensiones del actor y que, en los juicios verbales, en general, se limite la acumulación de acciones.

La regulación de la acumulación de acciones se innova, con carácter general, mediante diversos perfeccionamientos y, en especial, con el de un tratamiento procesal preciso, hasta ahora inexistente. En cuanto a la acumulación de procesos, se aclaran los presupuestos que la hacen procedente, así como los requisitos y los óbices procesales de este instituto, simplificando el procedimiento en cuanto resulta posible. Además, la Ley incluye normas para evitar un uso desviado de la acumulación de procesos: no se admitirá la acumulación cuando el proceso o procesos ulteriores puedan evitarse mediante la excepción de litispendencia o si lo que se plantea en ellos pudo suscitarse mediante acumulación inicial de acciones, ampliación de la demanda o a través de la reconvención.

IX

El Título V, dedicado a las actuaciones judiciales, presenta ordenadamente normas traídas de la Ley Orgánica del Poder Judicial, con algunos perfeccionamientos aconsejados por la experiencia. Cabe destacar un singular énfasis en las disposiciones sobre la necesaria publicidad y presencia del Juez o de los Magistrados –no sólo el Ponente, si se trata de órgano colegiado en los actos de prueba, comparecencias y vistas. Esta insistencia en normas generales encontrará luego plena concreción en la regulación de los distintos procesos, pero, en todo caso, se sanciona con nulidad radical la infracción de lo dispuesto sobre presencia judicial o inmediación en sentido amplio.

En cuanto a la dación de fe, la Ley rechaza algunas propuestas contrarias a esa esencial función de los Secretarios Judiciales, si bien procura no extender esta responsabilidad de los fedatarios más allá de lo que resulta verdaderamente necesario y, por añadidura, posible. Así, la Ley exige la intervención del fedatario público judicial para la constancia fehaciente de las actuaciones procesales llevadas a cabo en el tribunal o ante él y reconoce la recepción de escritos en el registro que pueda haberse establecido al efecto, entendiendo que la fe pública judicial garantiza los datos de dicho registro relativos a la recepción.

La documentación de las actuaciones podrá llevarse a cabo, no sólo mediante actas, notas y diligencias, sino también con los medios técnicos que reúnan las garantías de integridad y autenticidad. Y las vistas y comparecencias orales habrán de registrarse o grabarse en soportes aptos para la reproducción.

Los actos de comunicación son regulados con orden, claridad y sentido práctico. Y se pretende que, en su propio interés, los litigantes y sus representantes asuman un papel más activo y eficaz, descargando de paso a los tribunales de un injustificado trabajo gestor y, sobre todo, eliminando «tiempos muertos», que retrasan la tramitación.

Pieza importante de este nuevo diseño son los procuradores de los Tribunales, que, por su condición de representantes de las partes y de profesionales con conocimientos técnicos sobre el proceso, están en condiciones de recibir notificaciones y de llevar a cabo el traslado a la parte contraria de muchos escritos y documentos. Para la tramitación de los procesos sin dilaciones indebidas, se confía también en los mismos Colegios de Procuradores para el eficaz funcionamiento de sus servicios de notificación, previstos ya en la Ley Orgánica del Poder Judicial.

La preocupación por la eficacia de los actos de comunicación, factor de indebida tardanza en la resolución de no pocos litigios, lleva a la Ley a optar decididamente por otorgar relevancia a los domicilios que consten en el padrón o en entidades o Registros públicos, al entender que un comportamiento cívica y socialmente aceptable no se compadece con la indiferencia o el descuido de las personas respecto de esos domicilios. A efectos de actos de comunicación, se considera también domicilio el lugar de trabajo no ocasional.

En esta línea, son considerables los cambios en el régimen de los citados actos de comunicación, acudiendo a los edictos sólo como último y extremo recurso.

Si en el proceso es preceptiva la intervención de procurador o si, no siéndolo, las partes se personan con esa representación, los actos de comunicación, cualquiera que sea su objeto, se llevan a cabo con los procuradores. Cuando no es preceptiva la representación por procurador o éste aún no se ha personado, la comunicación se intenta en primer lugar mediante correo certificado con acuse de recibo al lugar designado como domicilio o, si el tribunal lo considera más conveniente para el éxito de la comunicación, a varios lugares. Sólo si este medio fracasa se intenta la comunicación mediante entrega por el tribunal de lo que haya de comunicarse, bien al destinatario, bien a otras personas expresamente previstas, si no se hallase al destinatario.

A efectos del emplazamiento o citación para la comparecencia inicial del demandado, es al demandante a quien corresponde señalar uno o varios lugares como domicilios a efectos de actos de comunicación, aunque, lógicamente, comparecido el demandado, puede éste designar un domicilio distinto. Si el demandante no conoce el domicilio o si fracasa la comunicación efectuada al lugar indicado, el tribunal ha de llevar a cabo averiguaciones, cuya eficacia refuerza esta Ley.

En materia de plazos, la Ley elimina radicalmente los plazos de determinación judicial y establece los demás con realismo, es decir, tomando en consideración la experiencia de los protagonistas principales de la Justicia civil y los resultados de algunas reformas parciales de la Ley de 1881. En este sentido, se ha comprobado que un sistemático acortamiento de los plazos legalmente establecidos para los actos de las partes no redunda en la deseada disminución del horizonte temporal de la sentencia. No son los plazos muy breves ninguna panacea para lograr que, en definitiva, se dicte, con las debidas garantías, una resolución que provea sin demora a las pretensiones de tutela efectiva.

La presente Ley opta, pues, en cuanto a los actos de las partes, por plazos breves pero suficientes. Y por lo que respecta a muchos plazos dirigidos al tribunal, también se prevén breves, con seguridad en la debida diligencia de los órganos jurisdiccionales. Sin embargo, en lo referente al señalamiento de audiencias, juicios y vistas –de capital importancia en la estructura de los nuevos procesos declarativos, dada la concentración de actos adoptada por la Ley–, se rehuyen las normas imperativas que no vayan a ser cumplidas y, en algunos casos, se opta por confiar en que los calendarios de los tribunales, en cuanto a esos actos, se ajustarán a la situación de los procesos y al legal y reglamentario cumplimiento del deber que incumbe a todos los servidores de la Administración de Justicia.

Por lo que respecta a los plazos para dictar sentencia en primera instancia, se establecen el de 10 días, para el juicio verbal, y el de veinte, para el juicio ordinario. No se trata de plazos que, en sí mismos, puedan considerarse excesivamente breves, pero sí son razonables y de posible cumplimiento. Porque es de tener en cuenta que la aludida estructura nueva de los procesos ordinarios comporta el que los jueces tengan ya un importante conocimiento de los asuntos y no hayan de estudiarlos o reestudiarlos enteramente al final, examinando una a una las diligencias de prueba llevadas a cabo por separado, así como las alegaciones iniciales de las partes y sus pretensiones, que, desde su admisión, frecuentemente no volvieron a considerar.

En los juicios verbales, es obvia la proximidad del momento sentenciador a las pruebas y a las pretensiones y sus fundamentos. En el proceso ordinario, el acto del juicio opera esa proximidad de la sentencia respecto de la prueba –y, por tanto, en gran medida, del caso–, y la audiencia previa al juicio, en la que ha de perfilarse lo que es objeto de la controversia, aproxima también las pretensiones de las partes a la actividad jurisdiccional decisoria del litigio.

La Ley, atenta al presente y previsora del futuro, abre la puerta a la presentación de escritos y documentos y a los actos de notificación por medios electrónicos, telemáticos y otros semejantes, pero sin imponer a los justiciables y a los ciudadanos que dispongan de esos medios y sin dejar de regular las exigencias de esta comunicación. Para que surtan plenos efectos los actos realizados por esos medios, será preciso que los instrumentos utilizados entrañen la garantía de que la comunicación y lo comunicado son con seguridad atribuibles a quien aparezca como autor de una y otro. Y ha de estar asimismo garantizada la recepción íntegra y las demás circunstancias legalmente relevantes.

Es lógico prever, como se hace, que, cuando esas seguridades no vengan proporcionadas por las características del medio utilizado o éste sea susceptible de manipulación con mayor o menor facilidad, la eficacia de los escritos y documentos, a efectos de acreditamiento o de prueba, quede supeditada a una presentación o aportación que sí permita el necesario examen y verificación. Pero estas razonables cautelas no deben, sin embargo, impedir el reconocimiento de los avances científicos y técnicos y su posible incorporación al proceso civil.

En este punto, la Ley evita incurrir en un reglamentismo impropio de su naturaleza y de su deseable proyección temporal. La instauración de medios de comunicación como los referidos y la determinación de sus características técnicas son, por lo que respecta a los órganos jurisdiccionales, asuntos que encuentran la base legal apropiada en las atribuciones que la Ley Orgánica del Poder Judicial confieren al Consejo General del Poder Judicial y al Gobierno. En cuanto a los procuradores y abogados e incluso a no pocos justiciables, lo razonable es suponer que irán disponiendo de medios de comunicación distintos de los tradicionales, que cumplan los requisitos establecidos en esta Ley, en la medida de sus propias posibilidades y de los medios de que estén dotados los tribunales.

Para el auxilio judicial, en cuyo régimen, entre otros perfeccionamientos, se precisa el que corresponde prestar a los Juzgados de Paz, la Ley cuenta con el sistema informático judicial. En esta materia, se otorga a los tribunales una razonable potestad coercitiva y sancionadora respecto de los retrasos debidos a la falta de diligencia a las partes.

Otras innovaciones especialmente dignas de mención, dentro del antes citado Título V del Libro primero, son la previsión de nuevo señalamiento de vistas antes de su celebración, para evitar al máximo que se suspendan, así como las normas que, respecto de la votación y fallo de los asuntos, tienden a garantizar la inmediación en sentido estricto, estableciendo, con excepciones razonables, que hayan de dictar sentencia los Jueces y Magistrados que presenciaron la práctica de las pruebas en el juicio o vista.

Con tales normas, la presente Ley no exagera la importancia de la inmediación en el proceso civil ni aspira a una utopía, porque, además de la relevancia de la inmediación para el certero enjuiciamiento de toda clase de asuntos, la ordenación de los nuevos procesos civiles en esta Ley impone concentración de la práctica de la prueba y proximidad de dicha práctica al momento de dictar sentencia.

En el capítulo relativo a las resoluciones judiciales, destacan como innovaciones las relativas a su invariabilidad, aclaración y corrección. Se incrementa la seguridad jurídica al perfilar adecuadamente los casos en que éstas dos últimas proceden y se introduce un instrumento para subsanar rápidamente, de oficio o a instancia de parte, las manifiestas omisiones de pronunciamiento, completando las sentencias en que, por error, se hayan cometido tales omisiones.

La ley regula este nuevo instituto con la precisión necesaria para que no se abuse de él y es de notar, por otra parte, que el precepto sobre forma y contenido de las sentencias aumenta la exigencia de cuidado en la parte dispositiva, disponiendo que en ésta se hagan todos los pronunciamientos correspondientes a las pretensiones de las partes sin permitir los pronunciamientos tácitos con frecuencia envueltos hasta ahora en los fundamentos jurídicos. De este modo, no será preciso forzar el mecanismo del denominado «recurso de aclaración» y podrán evitarse recursos ordinarios y extraordinarios fundados en incongruencia por omisión de pronunciamiento. Es claro, y claro queda en la ley, que este instituto en nada ataca a la firmeza que, en su caso, deba atribuirse a la sentencia incompleta. Porque, de un lado, los pronunciamientos ya emitidos son, obviamente, firmes y, de otro, se prohíbe modificarlos, permitiendo sólo añadir los que se omitieron.

Frente a propuestas de muy diverso sentido, la Ley mantiene las diligencias de ordenación, aunque ampliando su contenido, y suprime las propuestas de resolución, ambas hasta ahora a cargo de los Secretarios Judiciales. Dichas medidas se sitúan dentro del esfuerzo que la Ley realiza por aclarar los ámbitos de actuación de los tribunales, a quienes corresponde dictar las providencias, autos y sentencias, y de los Secretarios Judiciales, los cuales, junto a su insustituible labor, entre otras muchas de gran importancia, de fedatarios públicos judiciales, deben encargarse además, y de forma exclusiva, de la adecuada ordenación del proceso, a través de las diligencias de ordenación.

Las propuestas de resolución, introducidas por la Ley Orgánica del Poder Judicial en 1985, no han servido de hecho para aprovechar el indudable conocimiento técnico de los Secretarios Judiciales, sino más bien para incrementar la confusión entre las atribuciones de éstos y las de los tribunales, y para dar lugar a criterios de actuación diferentes en los distintos Juzgados y Tribunales, originando con frecuencia inseguridades e insatisfacciones. De ahí que no se haya considerado oportuno mantener su existencia, y sí plantear fórmulas alternativas que redunden en un mejor funcionamiento de los órganos judiciales.

En este sentido, la Ley opta, por un lado, por definir de forma precisa qué debe entenderse por providencias y autos, especificando, en cada precepto concreto, cuándo deben dictarse unas y otros. Así, toda cuestión procesal que requiera una decisión judicial ha de ser resuelta necesariamente por los tribunales, bien por medio de una providencia bien a través de un auto, según los casos. Pero, por otra parte, la Ley atribuye la ordenación formal y material del proceso, en definitiva, las resoluciones de impulso procesal, a los Secretarios Judiciales, indicando a lo largo del texto cuándo debe dictarse una diligencia de ordenación a través del uso de formas impersonales, que permiten deducir que la actuación correspondiente deben realizarla aquéllos en su calidad de encargados de la correcta tramitación del proceso.

Novedad de esta Ley son también las normas que, conforme a la jurisprudencia y a la doctrina más autorizadas, expresan reglas atinentes al contenido de la sentencia. Así, los preceptos relativos a la regla «iuxta allegata et probata», a la carga de la prueba, a la congruencia y a la cosa juzgada material. Importantes resultan también las disposiciones sobre sentencias con reserva de liquidación, que se procura restringir a los casos en que sea imprescindible, y sobre las condenas de futuro.

En cuanto a la carga de la prueba, la Ley supera los términos, en sí mismos poco significativos, del único precepto legal hasta ahora existente con carácter de norma general, y acoge conceptos ya concretados con carácter pacífico en la Jurisprudencia.

Las normas de carga de la prueba, aunque sólo se aplican judicialmente cuando no se ha logrado certeza sobre los hechos controvertidos y relevantes en cada proceso, constituyen reglas de decisiva orientación para la actividad de las partes. Y son, asimismo, reglas, que, bien aplicadas, permiten al juzgador confiar en el acierto de su enjuiciamiento fáctico, cuando no se trate de casos en que, por estar implicado un interés público, resulte exigible que se agoten, de oficio, las posibilidades de esclarecer los hechos. Por todo esto, ha de considerarse de importancia este esfuerzo legislativo.

El precepto sobre la debida exhaustividad y congruencia de las sentencias, además de haberse enriquecido con algunas precisiones, se ve complementado con otras normas, algunas de ellas ya aludidas, que otorgan a la congruencia toda su virtualidad. En cuanto a la cosa juzgada, esta Ley, rehuyendo de nuevo lo que en ella sería doctrinarismo, se aparta, empero, de superadas concepciones de índole casi metajurídica y, conforme a la mejor técnica jurídica, entiende la cosa juzgada como un instituto de naturaleza esencialmente procesal, dirigido a impedir la repetición indebida de litigios y a procurar, mediante el efecto de vinculación positiva a lo juzgado anteriormente, la armonía de las sentencias que se pronuncien sobre el fondo en asuntos prejudicialmente conexos.

Con esta perspectiva, alejada de la idea de la presunción de verdad, de la tópica «santidad de la cosa juzgada» y de la confusión con los efectos jurídico-materiales de muchas sentencias, se entiende que, salvo excepciones muy justificadas, se reafirme la exigencia de la identidad de las partes como presupuesto de la específica eficacia en que la cosa juzgada consiste. En cuanto a otros elementos, dispone la Ley que la cosa juzgada opere haciendo efectiva la antes referida regla de preclusión de alegaciones de hechos y de fundamentos jurídicos.

La nulidad de los actos procesales se regula en esta Ley determinando, en primer término, los supuestos de nulidad radical o de pleno derecho. Se mantiene el sistema ordinario de denuncia de los casos de nulidad radical a través de los recursos o de su declaración, de oficio, antes de dictarse resolución que ponga fin al proceso.

Pero se reafirma la necesidad, puesta de relieve en su día por el Tribunal Constitucional, de un remedio procesal específico para aquellos casos en que la nulidad radical, por el momento en que se produjo el vicio que la causó, no pudiera ser declarada de oficio ni denunciada por vía de recurso, tratándose, sin embargo, de defectos graves, generadores de innegable indefensión. Así, por ejemplo, la privación de la posibilidad de actuar en vistas anteriores a la sentencia o de conocer ésta a efectos de interponer los recursos procedentes.

Sin embargo, se excluye la incongruencia de esta vía procesal. Porque la incongruencia de las resoluciones que pongan fin al proceso, además de que no siempre entraña nulidad radical, presenta una entidad a todas luces diferente, no reclama en muchos casos la reposición de las actuaciones para la reparación de la indefensión causada por el vicio de nulidad y, cuando se trate de una patente incongruencia omisiva, esta Ley ha previsto, como ya se ha expuesto, un tratamiento distinto.

Verdad es que, mediante el incidente excepcional de nulidad de actuaciones, pueden verse afectadas sentencias y otras resoluciones finales, que han de considerarse firmes. Pero el legislador no puede, en aras de la firmeza, cerrar los ojos a la antecedente nulidad radical, que afecta a la resolución, con todas sus características –firmeza incluida– y con todos sus efectos. La Ley opta, pues, por afrontar la nulidad conforme a su naturaleza y no según la similitud con las realidades que determinan la existencia de otros institutos, como el denominado recurso de revisión o la audiencia del condenado en rebeldía.

En los casos previstos como base del remedio excepcional de que ahora se trata, no se está ante una causa de rescisión de sentencias firmes y no ha parecido oportuno mezclar la nulidad con esas causas ni se ha considerado conveniente, para una tutela judicial efectiva, seguir el procedimiento establecido a los efectos de la rescisión ni llevar la nulidad al órgano competente para aquélla.

Aunque, como respecto de otros derechos procesales, siempre cabe el riesgo de abuso de la solicitud excepcional de nulidad de actuaciones, la Ley previene dicho riesgo, no sólo con la cuidadosa determinación de los casos en que la solicitud puede fundarse, sino con otras reglas: no suspensión de la ejecución, condena en costas en caso de desestimación de aquélla e imposición de multa cuando se considere temeraria. Además, los tribunales pueden rechazar las solicitudes manifiestamente infundadas mediante providencia sucintamente motivada, sin que en esos casos haya de sustanciarse el incidente y dictarse auto.

X

El Libro II de la presente Ley, dedicado a los procesos declarativos, comprende, dentro del Capítulo referente a las disposiciones comunes, las reglas para determinar el proceso que se ha de seguir. Esta determinación se lleva a cabo combinando criterios relativos a la materia y a la cuantía. Pero la materia no sólo se considera en esta Ley, como en la de 1881, factor predominante respecto de la cuantía, sino elemento de muy superior relevancia, como lógica consecuencia de la preocupación de esta Ley por la efectividad de la tutela judicial. Y es que esa efectividad reclama que por razón de la materia, con independencia de la evaluación dineraria del interés del asunto, se solvente con rapidez —con más rapidez que hasta ahora— gran número de casos y cuestiones.

Es éste un momento oportuno para dar razón del tratamiento que, con la mirada puesta en el artículo 53.2 de la Constitución, esta Ley otorga, en el ámbito procesal civil, a una materia plural, pero susceptible de consideración unitaria: los derechos fundamentales.

Además de entender, conforme a unánime interpretación, que la sumariedad a que se refiere el citado precepto de la Constitución no ha de entenderse en el sentido estricto o técnico-jurídico, de ausencia de cosa juzgada a causa de una limitación de alegaciones y prueba, resulta imprescindible, para un adecuado enfoque del tema, la distinción entre los derechos fundamentales cuya violación se produce en la realidad extraprocesal y aquellos que, por su sustancia y contenido, sólo pueden ser violados o infringidos en el seno de un proceso.

En cuanto a los primeros, pueden y deben ser llevados a un proceso para su rápida protección, que se tramite con preferencia: el hecho o comportamiento, externo al proceso, generador de la pretendida violación del derecho fundamental, se residencia después jurisdiccionalmente. Y lo que quiere el concreto precepto constitucional citado es, sin duda alguna, una tutela judicial singularmente rápida.

En cambio, respecto de los derechos fundamentales que, en sí mismos, consisten en derechos y garantías procesales, sería del todo ilógico que a su eventual violación respondiera el Derecho previendo, en el marco de la jurisdicción ordinaria, tanto uno o varios procedimientos paralelos como un proceso posterior a aquél en que tal violación se produzca y no sea reparada. Es patente que con lo primero se entraría de lleno en el territorio de lo absurdo. Y lo segundo supondría duplicar los procesos jurisdiccionales. Y aún cabría hablar de duplicación –del todo ineficaz y paradójicamente contraria a lo pretendido– como mínimo, pues en ese segundo proceso, contemplado como hipótesis, también podría producirse o pensarse que se había producido una nueva violación de derechos fundamentales, de contenido procesal.

Por todo esto, para los derechos fundamentales del primer bloque aludido, aquellos que se refieren a bienes jurídicos del ámbito vital extrajudicial, la presente Ley establece que los procesos correspondientes se sustancien por un cauce procedimental, de tramitación preferente, más rápido que el establecido por la Ley de Protección Jurisdiccional de los Derechos Fundamentales, de 1978: el de los juicios ordinarios, con demanda y contestación por escrito, seguidas de vista y sentencia.

En cambio, respecto de los derechos fundamentales de naturaleza procesal, cuya infracción puede producirse a lo largo y lo ancho de cualquier litigio, esta Ley descarta un ilógico procedimiento especial ante las denuncias de infracción y considera que las posibles violaciones han de remediarse en el seno del proceso en que se han producido. A tal fin responden, respecto de muy diferentes puntos y cuestiones, múltiples disposiciones de esta Ley, encaminadas a una rápida tutela de las garantías procesales constitucionalizadas. La mayoría de esas disposiciones tienen carácter general pues aquello que regulan es susceptible siempre de originar la necesidad de tutelar derechos fundamentales de índole procesal, sin que tenga sentido por tanto, establecer una tramitación preferente. En cambio, y a título de meros ejemplos de reglas singulares, cabe señalar la tramitación preferente de todos los recursos de queja y de los recursos de apelación contra ciertos autos que inadmitan demandas. Conforme a la experiencia, también se ocupa la Ley de modo especial, según se verá, de los casos de indefensión, con nulidad radical, que, por el momento en que pueden darse, no es posible afrontar mediante recursos o con actuación del tribunal, de oficio.

Volviendo a la atribución de tipos de asuntos en los distintos cauces procedimentales, la Ley, en síntesis, reserva para el juicio verbal, que se inicia mediante demanda sucinta con inmediata citación para la vista, aquellos litigios caracterizados, en primer lugar, por la singular simplicidad de lo controvertido y, en segundo término, por su pequeño interés económico. El resto de litigios han de seguir el cauce del juicio ordinario, que también se caracteriza por su concentración, inmediación y oralidad. De cualquier forma, aunque la materia es criterio determinante del procedimiento en numerosos casos, la cuantía sigue cumpliendo un papel no desdeñable y las reglas sobre su determinación cambian notablemente, con mejor contenido y estructura, conforme a la experiencia, procurándose, por otra parte, que la indeterminación inicial quede circunscrita a los casos verdaderamente irreductibles a toda cuantificación, siquiera sea relativa.

Las diligencias preliminares del proceso establecidas en la Ley de Enjuiciamiento Civil de 1881 no distaban mucho del completo desuso, al no considerarse de utilidad, dadas las escasas consecuencias de la negativa a llevar a cabo los comportamientos preparatorios previstos, pese a que el tribunal considerara justificada la solicitud del interesado. Por estos motivos, algunas iniciativas de reforma procesal civil se inclinaron a prescindir de este instituto.

Sin embargo, la presente Ley se asienta sobre el convencimiento de que caben medidas eficaces para la preparación del proceso. Por un lado, se amplían las diligencias que cabe solicitar, aunque sin llegar al extremo de que sean indeterminadas. Por otra parte, sin incurrir en excesos coercitivos, se prevén, no obstante, respecto de la negativa injustificada, consecuencias prácticas de efectividad muy superior a la responsabilidad por daños y perjuicios.

Buscando un equilibrio equitativo, se exige al solicitante de las medidas preliminares una caución para compensar los gastos, daños y perjuicios que se pueda ocasionar a los sujetos pasivos de aquéllas, con la particularidad de que el mismo tribunal competente para las medidas decidirá sumariamente sobre el destino de la caución.

En los momentos iniciales del proceso, además de acompañar a la demanda o personación los documentos que acrediten ciertos presupuestos procesales, es de gran importancia, para información de la parte contraria, la presentación de documentos sobre el fondo del asunto, a los que la regulación de esta Ley añade medios e instrumentos en que consten hechos fundamentales (palabras, imágenes y cifras, por ejemplo) para las pretensiones de las partes, así como los dictámenes escritos y ciertos informes sobre hechos. Las nuevas normas prevén, asimismo, la presentación de documentos exigidos en ciertos casos para la admisibilidad de la demanda y establecen con claridad que, como es lógico y razonable, cabe presentar en momentos no iniciales aquellos documentos relativos al fondo, pero cuya relevancia sólo se haya puesto de manifiesto a consecuencia de las alegaciones de la parte contraria.

Aquí como en otros puntos, la Ley acentúa las cargas de las partes, restringiendo al máximo la posibilidad de remitirse a expedientes, archivos o registros públicos. Los supuestos de presentación no inicial de los documentos y otros escritos e instrumentos relativos al fondo se regulan con exactitud y se sustituye la promesa o juramento de no haberlos conocido o podido obtener con anterioridad por la carga de justificar esa circunstancia.

Congruentemente, el tribunal es facultado para decidir la improcedencia de tener en cuenta los documentos si, con el desarrollo de las actuaciones, no apareciesen justificados el desconocimiento y la imposibilidad. En casos en que se aprecie mala fe o ánimo dilatorio en la presentación del documento, el tribunal podrá además imponer multa.

En cuanto a la regulación de la entrega de copias de escritos y documentos y su traslado a las demás partes, es innovación de importancia la ya aludida de encomendar el traslado a los Procuradores, cuando éstos intervengan y se hayan personado. El tribunal tendrá por efectuado el traslado desde que le conste la entrega de las copias al servicio de notificación organizado por el Colegio de Procuradores. De este modo, se descarga racionalmente a los órganos jurisdiccionales y, singularmente, al personal no jurisdiccional de un trabajo, que, bien mirado, resulta innecesario e impropio que realicen, en inevitable detrimento de otros. Pero, además, el nuevo sistema permitirá, como antes se apuntó, eliminar «tiempos muertos», pues desde la presentación con traslado acreditado, comenzarán a computarse los plazos para llevar a cabo cualquier actuación procesal ulterior.

XI

Por tratarse de normas comunes a todos los procesos declarativos en primera instancia y, cuando proceda, en la segunda, parece más acertado situar las normas sobre la prueba entre las disposiciones generales de la actividad jurisdiccional declarativa que en el seno de las que articulan un determinado tipo procedimental.

La prueba, así incardinada y con derogación de los preceptos del Código Civil carentes de otra relevancia que la procesal, se regula en esta Ley con la deseable unicidad y claridad, además de un amplio perfeccionamiento, en tres vertientes distintas.

Por un lado, se determina el objeto de la prueba, las reglas sobre la iniciativa de la actividad probatoria y sobre su admisibilidad, conforme a los criterios de pertinencia y utilidad, al que ha de añadirse la licitud, a cuyo tratamiento procesal, hasta ahora inexistente, se provee con sencillos preceptos.

Por otro lado, en cuanto a lo procedimental, frente a la dispersión de la práctica de la prueba, se introduce una novedad capital, que es la práctica de toda la prueba en el juicio o vista, disponiéndose que las diligencias que, por razones y motivos justificados, no puedan practicarse en dichos actos públicos, con garantía plena de la presencia judicial, habrán de llevarse a cabo con anterioridad a ellos. Además, se regula la prueba anticipada y el aseguramiento de la prueba, que en la Ley de 1881 apenas merecían alguna norma aislada.

Finalmente, los medios de prueba, junto con las presunciones, experimentan en esta Ley numerosos e importantes cambios. Cabe mencionar, como primero de todos ellos, la apertura legal a la realidad de cuanto puede ser conducente para fundar un juicio de certeza sobre las alegaciones fácticas, apertura incompatible con la idea de un número determinado y cerrado de medios de prueba. Además resulta obligado el reconocimiento expreso de los instrumentos que permiten recoger y reproducir palabras, sonidos e imágenes o datos, cifras y operaciones matemáticas.

En segundo término, cambia, en la línea de la mayor claridad y flexibilidad, el modo de entender y practicar los medios de prueba más consagrados y perennes.

La confesión, en exceso tributaria de sus orígenes históricos, en gran medida superados, y, por añadidura, mezclada con el juramento, es sustituida por una declaración de las partes, que se aleja extraordinariamente de la rigidez de la «absolución de posiciones». Esta declaración ha de versar sobre las preguntas formuladas en un interrogatorio libre, lo que garantiza la espontaneidad de las respuestas, la flexibilidad en la realización de preguntas y, en definitiva, la integridad de una declaración no preparada.

En cuanto a la valoración de la declaración de las partes, es del todo lógico seguir teniendo en consideración, a efectos de fijación de los hechos, el dato de que los reconozca como ciertos la parte que ha intervenido en ellos y para la que resultan perjudiciales. Pero, en cambio, no resulta razonable imponer legalmente, en todo caso, un valor probatorio pleno a tal reconocimiento o confesión. Como en las últimas décadas ha venido afirmando la jurisprudencia y justificando la mejor doctrina, ha de establecerse la valoración libre, teniendo en cuenta las otras pruebas que se practiquen.

Esta Ley se ocupa de los documentos, dentro de los preceptos sobre la prueba, a los solos efectos de la formación del juicio jurisdiccional sobre los hechos, aunque, obviamente, esta eficacia haya de ejercer una notable influencia indirecta en el tráfico jurídico. Los documentos públicos, desde el punto de vista procesal civil, han sido siempre y deben seguir siendo aquéllos a los que cabe y conviene atribuir una clara y determinada fuerza a la hora del referido juicio fáctico. Documentos privados, en cambio, son los que, en sí mismos, no gozan de esa fuerza fundamentadora de la certeza procesal y, por ello, salvo que su autenticidad sea reconocida por los sujetos a quienes puedan perjudicar, quedan sujetos a la valoración libre o conforme a las reglas de la sana crítica.

La específica fuerza probatoria de los documentos públicos deriva de la confianza depositada en la intervención de distintos fedatarios legalmente autorizados o habilitados. La ley procesal ha de hacerse eco, a sus específicos efectos y con lenguaje inteligible, de tal intervención, pero no es la sede normativa en que se han de establecer los requisitos, el ámbito competencial y otros factores de la dación de fe. Tampoco corresponde a la legislación procesal dirimir controversias interpretativas de las normas sobre la función de dar fe o acerca del asesoramiento jurídico con el que se contribuye a la instrumentación documental de los negocios jurídicos. Menos propio aún de esta Ley ha parecido determinar requisitos de forma documental relativos a tales negocios o modificar las opciones legislativas preexistentes.

Frente a corrientes de opinión que, mirando a otros modelos y a una pretendida disminución de los costes económicos de los negocios jurídicos, propugnan una radical modificación de la fe pública en el tráfico jurídico-privado, civil y mercantil, la presente Ley es respetuosa con esa dación de fe. Se trata, no obstante, de un respeto compatible con el legítimo interés de los justiciables y, desde luego, con el interés de la Administración de Justicia misma, por lo que, ante todo, la Ley pretende que cada parte fije netamente su posición sobre los documentos aportados de contrario, de suerte que, en caso de reconocerlos o no impugnar su autenticidad, la controversia fáctica desaparezca o se aminore.

Ha de señalarse también que determinados preceptos de diversas leyes atribuyen carácter de documentos públicos a algunos respecto de los que, unas veces de modo expreso y otras implícitamente, cabe la denominada «prueba en contrario». La presente Ley respeta esas disposiciones de otros cuerpos legales, pero está obligada a regular diferenciadamente estos documentos públicos y aquéllos otros, de los que hasta aquí se ha venido tratando, que por sí mismos hacen prueba plena.

Sobre estas bases, la regulación unitaria de la prueba documental, que esta Ley contiene, parece completa y clara. Por lo demás, otros aspectos de las normas sobre prueba resuelven cuestiones que, en su dimensión práctica, dejan de tener sentido. No habrá de forzarse la noción de prueba documental para incluir en ella lo que se aporte al proceso con fines de fijación de la certeza de hechos, que no sea subsumible en las nociones de los restantes medios de prueba. Podrán confeccionarse y aportarse dictámenes e informes escritos, con sólo apariencia de documentos, pero de índole pericial o testifical y no es de excluir, sino que la ley lo prevé, la utilización de nuevos instrumentos probatorios, como soportes, hoy no convencionales, de datos, cifras y cuentas, a los que, en definitiva, haya de otorgárseles una consideración análoga a la de las pruebas documentales.

Con las excepciones obligadas respecto de los procesos civiles en que ha de satisfacerse un interés público, esta Ley se inclina coherentemente por entender el dictamen de peritos como medio de prueba en el marco de un proceso, en el que, salvo las excepciones aludidas, no se impone y se responsabiliza al tribunal de la investigación y comprobación de la veracidad de los hechos relevantes en que se fundamentan las pretensiones de tutela formuladas por las partes, sino que es sobre éstas sobre las que recae la carga de alegar y probar. Y, por ello, se introducen los dictámenes de peritos designados por las partes y se reserva la designación por el tribunal de perito para los casos en que así le sea solicitado por las partes o resulte estrictamente necesario.

De esta manera, la práctica de la prueba pericial adquiere también una simplicidad muy distinta de la complicación procedimental a que conducía la regulación de la Ley de 1881. Se excluye la recusación de los peritos cuyo dictamen aporten las partes, que sólo podrán ser objeto de tacha, pero a todos los peritos se exige juramento o promesa de actuación máximamente objetiva e imparcial y respecto de todos ellos se contienen en esta Ley disposiciones conducentes a someter sus dictámenes a explicación, aclaración y complemento, con plena contradicción.

Así, la actividad pericial, cuya regulación decimonónica reflejaba el no resuelto dilema acerca de su naturaleza −si medio de prueba o complemento o auxilio del juzgador−, responde ahora plenamente a los principios generales que deben regir la actividad probatoria, adquiriendo sentido su libre valoración. Efecto indirecto, pero nada desdeñable, de esta necesaria clarificación es la solución o, cuando menos, importante atenuación del problema práctico, muy frecuente, de la adecuada y tempestiva remuneración de los peritos.

Mas, por otra parte, la presente Ley, al entender la enorme diversidad de operaciones y manifestaciones que entraña modernamente la pericia, se aparta decididamente de la regulación de 1881 para reconocer sin casuismos la diversidad y amplitud de este medio de prueba, con atención a su frecuente carácter instrumental respecto de otros medios de prueba, que no sólo se manifiesta en el cotejo de letras.

En cuanto al interrogatorio de testigos, consideraciones semejantes a las reseñadas respecto de la declaración de las partes, han aconsejado que la Ley opte por establecer que el interrogatorio sea libre desde el principio. En esta sede se regula también el interrogatorio sobre hechos consignados en informes previamente aportados por las partes y se prevé la declaración de personas jurídicas, públicas y privadas, de modo que junto a especialidades que la experiencia aconseja, quede garantizada la contradicción y la inmediación en la práctica de la prueba.

La Ley, que concibe con más amplitud el reconocimiento judicial, acoge también entre los medios de prueba, como ya se ha dicho, los instrumentos que permiten recoger y reproducir, no sólo palabras, sonidos e imágenes, sino aquéllos otros que sirven para el archivo de datos y cifras y operaciones matemáticas.

Introducidas en la presente Ley las presunciones como método de fijar la certeza de ciertos hechos y regulada suficientemente la carga de la prueba, pieza clave de un proceso civil en el que el interés público no sea predominante, puede eliminarse la dualidad de regulaciones de la prueba civil, mediante la derogación de algunos preceptos del Código Civil.

XII

Enseña la experiencia, en todo el mundo, que si, tras las iniciales alegaciones de las partes, se acude de inmediato a un acto oral, en que, antes de dictar sentencia también de forma inmediata, se concentren todas las actividades de alegación complementaria y de prueba, se corre casi siempre uno de estos dos riesgos: el gravísimo, de que los asuntos se resuelvan sin observancia de todas las reglas que garantizan la plena contradicción y sin la deseable atención a todos los elementos que han de fundar el fallo, o el consistente en que el tiempo que en apariencia se ha ganado acudiendo inmediatamente al acto del juicio o vista se haya de perder con suspensiones e incidencias, que en modo alguno pueden considerarse siempre injustificadas y meramente dilatorias, sino con frecuencia necesarias en razón de la complejidad de los asuntos.

Por otro lado, es una exigencia racional y constitucional de la efectividad de la tutela judicial que se resuelvan, cuanto antes, las eventuales cuestiones sobre presupuestos y óbices procesales, de modo que se eviten al máximo las sentencias que no entren sobre el fondo del asunto litigioso y cualquier otro tipo de resolución que ponga fin al proceso sin resolver sobre su objeto, tras costosos esfuerzos baldíos de las partes y del tribunal.

En consecuencia, como ya se apuntó, sólo es conveniente acudir a la máxima concentración de actos para asuntos litigiosos desprovistos de complejidad o que reclamen una tutela con singular rapidez. En otros casos, la opción legislativa prudente es el juicio ordinario, con su audiencia previa dirigida a depurar el proceso y a fijar el objeto del debate.

Con estas premisas, la Ley articula con carácter general dos cauces distintos para la tutela jurisdiccional declarativa: de un lado, la del proceso que, por la sencillez expresiva de la denominación, se da en llamar «juicio ordinario» y, de otro, la del «juicio verbal».

Estos procesos acogen, en algunos casos gracias a disposiciones particulares, los litigios que hasta ahora se ventilaban a través de cuatro procesos ordinarios, así como todos los incidentes no regulados expresamente, con lo que cabe suprimir también el procedimiento incidental común. Y esta nueva Ley de Enjuiciamiento Civil permite también afrontar, sin merma de garantías, los asuntos que eran contemplados hasta hoy en más de una docena de leyes distintas de la procesal civil común. Buena prueba de ello son la disposición derogatoria y las disposiciones finales.

Así, pues, se simplifican, con estos procedimientos, los cauces procesales de muchas y muy diversas tutelas jurisdiccionales. Lo que no se hace, porque carecería de razón y sentido, es prescindir de particularidades justificadas, tanto por lo que respecta a presupuestos especiales de admisibilidad o procedibilidad como en lo relativo a ciertos aspectos del procedimiento mismo.

Lo exigible y deseable no es unificar a ultranza, sino suprimir lo que resulta innecesario y, sobre todo, poner término a una dispersión normativa a todas luces excesiva. No cabe, por otra parte, ni racional ni constitucionalmente, cerrar el paso a disposiciones legales posteriores, sino sólo procurar que los preceptos que esta Ley contiene sean, por su previsión y flexibilidad, suficientes para el tratamiento jurisdiccional de materias y problemas nuevos.

La Ley diseña los procesos declarativos de modo que la inmediación, la publicidad y la oralidad hayan de ser efectivas. En los juicios verbales, por la trascendencia de la vista; en el ordinario, porque tras demanda y contestación, los hitos procedimentales más sobresalientes son la audiencia previa al juicio y el juicio mismo, ambos con la inexcusable presencia del juzgador.

A grandes rasgos, el desarrollo del proceso ordinario puede resumirse como sigue.

En la audiencia previa, se intenta inicialmente un acuerdo o transacción de las partes, que ponga fin al proceso y, si tal acuerdo no se logra, se resuelven las posibles cuestiones sobre presupuestos y óbices procesales, se determinan con precisión las pretensiones de las partes y el ámbito de su controversia, se intenta nuevamente un acuerdo entre los litigantes y, en caso de no alcanzarse y de existir hechos controvertidos, se proponen y admiten las pruebas pertinentes.

En el juicio, se practica la prueba y se formulan las conclusiones sobre ésta, finalizando con informes sobre los aspectos jurídicos, salvo que todas las partes prefieran informar por escrito o el tribunal lo estime oportuno. Conviene reiterar, además, que de todas las actuaciones públicas y orales, en ambas instancias, quedará constancia mediante los instrumentos oportunos de grabación y reproducción, sin perjuicio de las actas necesarias.

La Ley suprime las denominadas «diligencias para mejor proveer», sustituyéndolas por unas diligencias finales, con presupuestos distintos de los de aquéllas. La razón principal para este cambio es la coherencia con la ya referida inspiración fundamental que, como regla, debe presidir el inicio, desarrollo y desenlace de los procesos civiles. Además, es conveniente cuanto refuerce la importancia del acto del juicio, restringiendo la actividad previa a la sentencia a aquello que sea estrictamente necesario. Por tanto, como diligencias finales sólo serán admisibles las diligencias de pruebas, debidamente propuestas y admitidas, que no se hubieren podido practicar por causas ajenas a la parte que las hubiera interesado.

La Ley considera improcedente llevar a cabo nada de cuanto se hubiera podido proponer y no se hubiere propuesto, así como cualquier actividad del tribunal que, con merma de la igualitaria contienda entre las partes, supla su falta de diligencia y cuidado. Las excepciones a esta regla han sido meditadas detenidamente y responden a criterios de equidad, sin que supongan ocasión injustificada para desordenar la estructura procesal o menoscabar la igualdad de la contradicción.

En cuanto al carácter sumario, en sentido técnico-jurídico, de los procesos, la Ley dispone que carezcan de fuerza de cosa juzgada las sentencias que pongan fin a aquéllos en que se pretenda una rápida tutela de la posesión o tenencia, las que decidan sobre peticiones de cese de actividades ilícitas en materia de propiedad intelectual o industrial, las que provean a una inmediata protección frente obras nuevas o ruinosas, así como las que resuelvan sobre el desahucio o recuperación de fincas por falta de pago de la renta o alquiler o sobre la efectividad de los derechos reales inscritos frente a quienes se opongan a ellos o perturben su ejercicio, sin disponer de título inscrito que legitime la oposición o la perturbación. La experiencia de ineficacia, inseguridad jurídica y vicisitudes procesales excesivas aconseja, en cambio, no configurar como sumarios los procesos en que se aduzca, como fundamento de la pretensión de desahucio, una situación de precariedad: parece muy preferible que el proceso se desenvuelva con apertura a plenas alegaciones y prueba y finalice con plena efectividad. Y los procesos sobre alimentos, como otros sobre objetos semejantes, no han de confundirse con medidas provisionales ni tienen por qué carecer, en su desenlace, de fuerza de cosa juzgada. Reclamaciones ulteriores pueden estar plenamente justificadas por hechos nuevos.

XIII

Esta Ley contiene una sola regulación del recurso de apelación y de la segunda instancia, porque se estima injustificada y perturbadora una diversidad de regímenes. En razón de la más pronta tutela judicial, dentro de la seriedad del proceso y de la sentencia, se dispone que, resuelto el recurso de reposición contra las resoluciones que no pongan fin al proceso, no quepa interponer apelación y sólo insistir en la eventual disconformidad al recurrir la sentencia de primera instancia. Desaparecen, pues, prácticamente, las apelaciones contra resoluciones interlocutorias. Y con la oportuna disposición transitoria, se pretende que este nuevo régimen de recursos sea de aplicación lo más pronto posible.

La apelación se reafirma como plena revisión jurisdiccional de la resolución apelada y, si ésta es una sentencia recaída en primera instancia, se determina legalmente que la segunda instancia no constituye un nuevo juicio, en que puedan aducirse toda clase de hechos y argumentos o formularse pretensiones nuevas sobre el caso. Se regula, coherentemente, el contenido de la sentencia de apelación, con especial atención a la singular congruencia de esa sentencia.

Otras disposiciones persiguen aumentar las posibilidades de corregir con garantías de acierto eventuales errores en el juicio fáctico y, mediante diversos preceptos, se procura hacer más sencillo el procedimiento y lograr que, en el mayor número de casos posible, se dicte en segunda instancia sentencia sobre el fondo.

Cabe mencionar que la presente Ley, que prescinde del concepto de adhesión a la apelación, generador de equívocos, perfila y precisa el posible papel de quien, a la vista de la apelación de otra parte y siendo inicialmente apelado, no sólo se opone al recurso sino que, a su vez, impugna el auto o sentencia ya apelado, pidiendo su revocación y sustitución por otro que le sea más favorable.

La Ley conserva la separación entre una inmediata preparación del recurso, con la que se manifiesta la voluntad de impugnación, y la ulterior interposición motivada de ésta. No parece oportuno ni diferir el momento en que puede conocerse la firmeza o el mantenimiento de la litispendencia, con sus correspondientes efectos, ni apresurar el trabajo de fundamentación del recurso. Pero, para una mejor tramitación, se introduce la innovación procedimental consistente en disponer que el recurrente lleve a cabo la preparación y la interposición ante el tribunal que dicte la resolución recurrida, remitiéndose después los autos al superior. Lo mismo se establece respecto de los recursos extraordinarios.

XIV

Por coherencia plena con una verdadera preocupación por la efectividad de la tutela judicial y por la debida atención a los problemas que la Administración de Justicia presenta en todo el mundo, esta Ley pretende una superación de una idea, no por vulgar menos influyente, de los recursos extraordinarios y, en especial, de la casación, entendidos, si no como tercera instancia, sí, muy frecuentemente, como el último paso necesario, en muchos casos, hacia la definición del Derecho en el caso concreto.

Como quiera que este planteamiento resulta insostenible en la realidad y entraña una cierta degeneración o deformación de importantes instituciones procesales, está siendo general, en los países de nuestro mismo sistema jurídico e incluso en aquéllos con sistemas muy diversos, un cuidadoso estudio y una detenida reflexión acerca del papel que es razonable y posible que desempeñen los referidos recursos y el órgano u órganos que ocupan la posición o las posiciones supremas en la organización jurisdiccional.

Con la convicción de que la reforma de la Justicia, en este punto como en otros, no puede ni debe prescindir de la historia, de la idiosincrasia particular y de los valores positivos del sistema jurídico propio, la tendencia de reforma que se estima acertada es la que tiende a reducir y mejorar, a la vez, los grados o instancias de enjuiciamiento pleno de los casos concretos para la tutela de los derechos e intereses legítimos de los sujetos jurídicos, circunscribiendo, en cambio, el esfuerzo y el cometido de los tribunales superiores en razón de necesidades jurídicas singulares, que reclamen un trabajo jurídico de especial calidad y autoridad.

Desde hace tiempo, la casación civil presenta en España una situación que, como se reconoce generalmente, es muy poco deseable, pero en absoluto fácil de resolver con un grado de aceptación tan general como su crítica. Esta Ley ha partido, no sólo de la imposibilidad, sino también del error teórico y práctico que entrañaría concebir que la casación perfecta es aquélla de la que no se descarta ninguna materia ni ninguna sentencia de segunda instancia.

Además de ser ésa una casación completamente irrealizable en nuestra sociedad, no es necesario ni conveniente, porque no responde a criterios razonables de justicia, que cada caso litigioso, con los derechos e intereses legítimos de unos justiciables aún en juego, pueda transitar por tres grados de enjuiciamiento jurisdiccional, siquiera el último de esos enjuiciamientos sea el limitado y peculiar de la casación. No pertenece a nuestra tradición histórica ni constituye exigencia constitucional alguna que la función nomofiláctica de la casación se proyecte sobre cualesquiera sentencias ni sobre cualesquiera cuestiones y materias.

Nadie ha cuestionado, sin embargo, que la renovación de nuestra Justicia civil se haga conforme a los valores positivos, sólidamente afianzados, del propio sistema jurídico y jurisdiccional, sin incurrir en la imprudencia de desechar instituciones enteras y sustituirlas por otras de nueva factura o por piezas de modelos jurídicos y judiciales muy diversos del nuestro. Así, pues, ha de mantenerse en sustancia la casación, con la finalidad y efectos que le son propios, pero con un ámbito objetivo coherente con la necesidad, antes referida, de doctrina jurisprudencial especialmente autorizada.

Los límites de cuantía no constituyen por sí solos un factor capaz de fijar de modo razonable y equitativo ese ámbito objetivo. Y tampoco parece oportuno ni satisfactorio para los justiciables, ávidos de seguridad jurídica y de igualdad de trato, que la configuración del nuevo ámbito casacional, sin duda necesaria por razones y motivos que trascienden elementos coyunturales, se lleve a cabo mediante una selección casuística de unos cuantos asuntos de «interés casacional», si este elemento se deja a una apreciación de índole muy subjetiva.

La presente Ley ha operado con tres elementos para determinar el ámbito de la casación. En primer lugar, el propósito de no excluir de ella ninguna materia civil o mercantil; en segundo término, la decisión, en absoluto gratuita, como se dirá, de dejar fuera de la casación las infracciones de leyes procesales; finalmente, la relevancia de la función de crear autorizada doctrina jurisprudencial. Porque ésta es, si se quiere, una función indirecta de la casación, pero está ligada al interés público inherente a ese instituto desde sus orígenes y que ha persistido hasta hoy.

En un sistema jurídico como el nuestro, en el que el precedente carece de fuerza vinculante –sólo atribuida a la ley y a las demás fuentes del Derecho objetivo–, no carece ni debe carecer de un relevante interés para todos la singularísima eficacia ejemplar de la doctrina ligada al precedente, no autoritario, pero sí dotado de singular autoridad jurídica.

De ahí que el interés casacional, es decir, el interés trascendente a las partes procesales que puede presentar la resolución de un recurso de casación, se objetive en esta Ley, no sólo mediante un parámetro de cuantía elevada, sino con la exigencia de que los asuntos sustanciados en razón de la materia aparezcan resueltos con infracción de la ley sustantiva, desde luego, pero, además, contra doctrina jurisprudencial del Tribunal Supremo (o en su caso, de los Tribunales Superiores de Justicia) o sobre asuntos o cuestiones en los que exista jurisprudencia contradictoria de las Audiencias Provinciales. Se considera, asimismo, que concurre interés casacional cuando las normas cuya infracción se denuncie no lleven en vigor más tiempo del razonablemente previsible para que sobre su aplicación e interpretación haya podido formarse una autorizada doctrina jurisprudencial, con la excepción de que sí exista tal doctrina sobre normas anteriores de igual o similar contenido.

De este modo, se establece con razonable objetividad la necesidad del recurso. Esta objetivación del «interés casacional», que aporta más seguridad jurídica a los justiciables y a sus abogados, parece preferible al método consistente en atribuir al propio tribunal casacional la elección de los asuntos merecedores de su atención, como desde algunas instancias se ha propugnado. Entre otras cosas, la objetivación elimina los riesgos de desconfianza y desacuerdo con las decisiones del tribunal.

Establecido un nuevo sistema de ejecución provisional, la Ley no considera necesario ni oportuno generalizar la exigencia de depósito para el acceso al recurso de casación (o al recurso extraordinario por infracción de ley procesal). El depósito previo, además de representar un factor de encarecimiento de la Justicia, de desigual incidencia sobre los justiciables, plantea, entre otros, el problema de su posible transformación en obstáculo del ejercicio del derecho fundamental a la tutela judicial efectiva, conforme al principio de igualdad. La ejecutividad provisional de las sentencias de primera y segunda instancia parece suficiente elemento disuasorio de los recursos temerarios o de intención simplemente dilatoria.

El sistema de recursos extraordinarios se completa confiando en todo caso las cuestiones procesales a las Salas de lo Civil de los Tribunales Superiores de Justicia. La separación entre el recurso de casación y el recurso extraordinario dedicado a las infracciones procesales ha de contribuir, sin duda, a la seriedad con que éstas se aleguen. Además, este recurso extraordinario por infracción procesal amplía e intensifica la tutela judicial ordinaria de los derechos fundamentales de índole procesal, cuyas pretendidas violaciones generan desde hace más de una década gran parte de los litigios.

Nada tiene de heterodoxo, ni orgánica ni procesalmente y menos aún, si cabe, constitucionalmente, cuando ya se han consumido dos instancias, circunscribir con rigor lógico el recurso extraordinario de casación y exigir a quien esté convencido de haberse visto perjudicado por graves infracciones procesales que no pretenda, simultáneamente, la revisión de infracciones de Derecho sustantivo.

Si se está persuadido de que se ha producido una grave infracción procesal, que reclama reposición de las actuaciones al estado anterior a esa infracción, no cabe ver imposición irracional en la norma que excluye pretender al mismo tiempo una nueva sentencia, en vez de tal reposición de las actuaciones. Si el recurso por infracción procesal es estimado, habrá de dictarse una nueva sentencia y si ésta incurriere en infracciones del Derecho material o sustantivo, podrá recurrirse en casación la sentencia, como en el régimen anterior a esta Ley.

Verdad es que, en comparación con el tratamiento dispensado a los limitados tipos de asuntos accesibles a la casación según la Ley de 1881 y sus numerosas reformas, en el recurso de casación de esta Ley no cabrá ya pretender la anulación de la sentencia recurrida con reenvío a la instancia y, a la vez, subsidiariamente, la sustitución de la sentencia de instancia por no ser conforme al Derecho sustantivo. Pero, además de que esta nueva Ley contiene mejores instrumentos para la corrección procesal de las actuaciones, se ha considerado más conforme con las necesidades sociales, con el conjunto de los institutos jurídicos de nuestro Ordenamiento y con el origen mismo del instituto casacional, que una razonable configuración de la carga competencial del Tribunal Supremo se lleve a cabo concentrando su actividad en lo sustantivo.

No cabe olvidar, por lo demás, que, conforme a la Ley de 1881, si se interponía un recurso de casación que adujese, a la vez, quebrantamiento de forma e infracciones relativas a la sentencia, se examinaba y decidía primero acerca del pretendido quebrantamiento de forma y si el recurso se estimaba por este concepto, los autos eran reenviados al Tribunal de instancia, para que dictara nueva sentencia, que, a su vez, podría ser, o no, objeto de nuevo recurso de casación, por «infracción de ley», por quebrantamiento de las formas esenciales del juicio« o por ambos conceptos. Nada sustancialmente distinto, con mecanismos nuevos para acelerar los trámites, se prevé en esta Ley para el caso de que, respecto de la misma sentencia, distintos litigantes opten, cada uno de ellos, por un distinto recurso extraordinario.

El régimen de recursos extraordinarios establecido en la presente Ley quizá es, en el único punto de la opción entre casación y recurso extraordinario por infracción procesal, menos «generoso» que la casación anterior con los litigantes vencidos y con sus Procuradores y Abogados, pero no es menos «generoso» con el conjunto de los justiciables y, como se acaba de apuntar, la opción por una casación circunscrita a lo sustantivo se ha asumido teniendo en cuenta el conjunto de los institutos jurídicos de tutela previstos en nuestro ordenamiento.

No puede desdeñarse, en efecto, la consideración de que, al amparo del artículo 24 de la Constitución, tienen cabida legal recursos de amparo –la gran mayoría de ellos– sobre muchas cuestiones procesales. Esas cuestiones procesales son, a la vez, «garantías constitucionales» desde el punto de vista del artículo 123 de la Constitución. Y como quiera que, a la vista de los artículos 161.1, letra b) y 53.2 del mismo texto constitucional, parece constitucionalmente inviable sustraer al Tribunal Constitucional todas las materias incluidas en el artículo 24 de nuestra norma fundamental, a la doctrina del Tribunal Constitucional hay que atenerse. Hay, pues, según nuestra norma fundamental, una instancia única y suprema de interpretación normativa en muchas materias procesales. Para otras, como se verá, se remodela por completo el denominado recurso en interés de la ley.

Los recursos de amparo por invocación del artículo 24 de la Constitución han podido alargar mucho, hasta ahora, el horizonte temporal de una sentencia irrevocable, ya excesivamente prolongado en la jurisdicción ordinaria según la Ley de 1881 y sus posteriores reformas. Pues bien: esos recursos de amparo fundados en violaciones del artículo 24 de la Constitución dejan de ser procedentes si no se intentó en cada caso el recurso extraordinario por infracción procesal.

Por otro lado, con este régimen de recursos extraordinarios, se reducen considerablemente las posibilidades de fricción o choque entre el Tribunal Supremo y el Tribunal Constitucional. Este deslindamiento no es un principio inspirador del sistema de recursos extraordinarios, pero sí un criterio en absoluto desdeñable, con un efecto beneficioso. Porque el respetuoso acatamiento de la salvedad en favor del Tribunal Constitucional en lo relativo a «garantías constitucionales» puede ser y es conveniente que se armonice con la posición del Tribunal Supremo, una posición general de superioridad que el artículo 123 de la Constitución atribuye al alto Tribunal Supremo con la misma claridad e igual énfasis que la referida salvedad.

El recurso de casación ante el Tribunal Supremo puede plantearse, en resumen, con estos dos objetos:

1.º las sentencias que dicten las Audiencias Provinciales en materia de derechos fundamentales, excepto los que reconoce el artículo 24 de la Constitución, cuando infrinjan normas del ordenamiento jurídico aplicables para resolver las cuestiones objeto del proceso;

2.º las sentencias dictadas en segunda instancia por las Audiencias Provinciales, siempre que incurran en similar infracción de normas sustantivas y, además, el recurso presente un interés trascendente a la tutela de los derechos e intereses legítimos de unos concretos justiciables, establecido en la forma que ha quedado dicha.

Puesto que los asuntos civiles en materia de derechos fundamentales pueden ser llevados en todo caso al Tribunal Constitucional, cabría entender que está de más su acceso a la casación ante el Tribunal Supremo. Siendo éste un criterio digno de atenta consideración, la Ley ha optado, como se acaba de decir, por una disposición contraria.

Las razones de esta opción son varias y diversas. De una parte, los referidos asuntos no constituyen una grave carga de trabajo jurisdiccional. Por otra, desde el momento constituyente mismo se estimó conveniente establecer la posibilidad del recurso casacional en esa materia, sin que se hayan manifestado discrepancias ni reticencias sobre este designio, coherente, no sólo con el propósito de esta Ley en el sentido de no excluir de la casación ninguna materia civil —y lo son, desde luego, los derechos inherentes a la personalidad, máximamente constitucionalizados—, sino también con la idea de que el Tribunal Supremo es también, de muy distintos modos, Juez de la Constitución, al igual que los restantes órganos jurisdiccionales ordinarios. Además, la subsidiariedad del recurso de amparo ante el Tribunal Constitucional no podía dejar de gravitar en el trance de esta opción legislativa. Y no es desdeñable, por ende, el efecto que sobre todos los recursos, también los extraordinarios, es previsible que ejerza el nuevo régimen de ejecución provisional, del que no están excluidas, en principio, las sentencias de condena en materia de derechos fundamentales, en las que no son infrecuentes pronunciamientos condenatorios pecuniarios.

Por su parte, el ya referido recurso extraordinario por infracción procesal, ante las Salas de lo Civil y Penal de los Tribunales Superiores de Justicia, procede contra sentencias de las Audiencias Provinciales en cuestiones procesales de singular relieve y, en general, para cuanto pueda considerarse violación de los derechos fundamentales que consagra el artículo 24 de la Constitución.

XV

Por último, como pieza de cierre y respecto de cuestiones procesales no atribuidas al Tribunal Constitucional, se mantiene el recurso en interés de la ley ante la Sala de lo Civil del Tribunal Supremo, un recurso concebido para la deseable unidad jurisprudencial, pero configurado de manera muy distinta que el actual, para los casos de sentencias firmes divergentes de las Salas de lo Civil y Penal de los Tribunales Superiores de Justicia.

Están legitimados para promover esta actividad, no sólo el Ministerio Fiscal, sino el Defensor del Pueblo y las personas jurídicas de Derecho público que acrediten interés legítimo en la existencia de doctrina jurisprudencial sobre la cuestión o cuestiones procesales que en el recurso se susciten. No se trata, es cierto, de un recurso en sentido propio, pues la sentencia que se dicte no revocará otra sentencia no firme (ni rescindirá la firme), pero se opta por mantener esta denominación, en aras de lo que resulta, por los precedentes, más expresivo y comunicativo.

Merced al recurso en interés de la ley, además de completarse las posibilidades de crear doctrina jurisprudencial singularmente autorizada, por proceder del Tribunal Supremo, no quedan las materias procesales excluidas del quehacer del alto tribunal, mientras no se produzca colisión con el recurso de amparo que corresponde al Tribunal Constitucional. Por el contrario, la competencia, el esfuerzo y el interés de los legitimados garantizan que el Tribunal Supremo, constitucionalmente superior en todos los órdenes, pero no llamado por nuestra Constitución a conocer de todo tipo de asuntos, como es obvio, habrá de seguir ocupándose de cuestiones procesales de importancia.

Entre las sentencias que dicte el Tribunal Supremo en virtud de este instrumento y las sentencias pronunciadas por el Tribunal Constitucional en su ámbito propio, no faltará una doctrina jurisprudencial que sirva de guía para la aplicación e interpretación de las normas procesales en términos de seguridad jurídica e igualdad, compatibles y armónicos con la libertad de enjuiciamiento propia de nuestro sistema y con la oportuna evolución de la jurisprudencia.

En este punto, y para terminar lo relativo a los recursos extraordinarios, parece oportuno recordar que, precisamente en nuestro sistema jurídico, la jurisprudencia o el precedente goza de relevancia práctica por su autoridad y fuerza ejemplar, pero no por su fuerza vinculante. Esa autoridad, nacida de la calidad de la decisión, de su justificación y de la cuidadosa expresión de ésta, se está revelando también la más importante en los sistemas jurídicos del llamado «case law». Y ha sido y seguirá siendo la única atribuible, más allá del caso concreto, a las sentencias dictadas en casación.

Por todo esto, menospreciar las resoluciones del Tribunal Supremo en cuanto carezcan de eficacia directa sobre otras sentencias o sobre los derechos de determinados sujetos jurídicos no sería ni coherente con el valor siempre atribuido en nuestro ordenamiento a la doctrina jurisprudencial ni acorde con los más rigurosos estudios iuscomparatísticos y con las modernas tendencias, antes ya aludidas, sobre el papel de los órganos jurisdiccionales situados en el vértice o cúspide de la Administración de Justicia.

XVI

La regulación de la ejecución provisional es, tal vez, una de las principales innovaciones de este texto legal. La nueva Ley de Enjuiciamiento Civil representa una decidida opción por la confianza en la Administración de Justicia y por la importancia de su impartición en primera instancia y, de manera consecuente, considera provisionalmente ejecutables, con razonables temperamentos y excepciones, las sentencias de condena dictadas en ese grado jurisdiccional.

La ejecución provisional será viable sin necesidad de prestar fianza ni caución, aunque se establecen, de una parte, un régimen de oposición a dicha ejecución, y, de otra, reglas claras para los distintos casos de revocación de las resoluciones provisionalmente ejecutadas, que no se limitan a proclamar retóricamente la responsabilidad por daños y perjuicios, remitiendo al proceso ordinario correspondiente, sino que permiten su exacción por la vía de apremio.

Solicitada la ejecución provisional, el tribunal la despachará, salvo que la sentencia sea de las inejecutables o no contenga pronunciamiento de condena. Y, despachada la ejecución provisional, el condenado puede oponerse a ella, en todo caso, si entiende que no concurren los aludidos presupuestos legales. Pero la genuina oposición prevista es diferente según se trate de condena dineraria o de condena no dineraria. En este último caso, la oposición puede fundarse en que resulte imposible o de extrema dificultad, según la naturaleza de las actuaciones ejecutivas, restaurar la situación anterior a la ejecución provisional o compensar económicamente al ejecutado mediante el resarcimiento de los daños y perjuicios que se le causaren, si la sentencia fuere revocada.

Si la condena es dineraria, no se permite la oposición a la ejecución provisional en su conjunto, sino únicamente a aquellas actuaciones ejecutivas concretas del procedimiento de apremio que puedan causar una situación absolutamente imposible de restaurar o de compensar económicamente mediante el resarcimiento de daños y perjuicios. El fundamento de esta oposición a medidas ejecutivas concretas viene a ser, por tanto, el mismo que el de la oposición a la ejecución de condenas no dinerarias: la probable irreversibilidad de las situaciones provocadas por la ejecución provisional y la imposibilidad de una equitativa compensación económica, si la sentencia es revocada.

En el caso de ejecución provisional por condena dineraria, la Ley exige a quien se oponga a actuaciones ejecutivas concretas que indique medidas alternativas viables, así como ofrecer caución suficiente para responder de la demora en la ejecución, si las medidas alternativas no fuesen aceptadas por el tribunal y el pronunciamiento de condena dineraria resultare posteriormente confirmado. Si no se ofrecen medidas alternativas ni se presta caución, la oposición no procederá.

Es innegable que establecer, como regla, tal ejecución provisional de condenas dinerarias entraña el peligro de que quien se haya beneficiado de ella no sea luego capaz de devolver lo que haya percibido, si se revoca la sentencia provisionalmente ejecutada. Con el sistema de la Ley de 1881 y sus reformas, la caución exigida al solicitante eliminaba ese peligro, pero a costa de cerrar en exceso la ejecución provisional, dejándola sólo en manos de quienes dispusieran de recursos económicos líquidos. Y a costa de otros diversos y no pequeños riesgos: el riesgo de la demora del acreedor en ver satisfecho su crédito y el riesgo de que el deudor condenado dispusiera del tiempo de la segunda instancia y de un eventual recurso extraordinario para prepararse a eludir su responsabilidad.

Con el sistema de esta Ley, existe, desde luego, el peligro de que el ejecutante provisional haya cobrado y después haya pasado a ser insolvente, pero, de un lado, este peligro puede ser mínimo en muchos casos respecto de quienes dispongan a su favor de sentencia provisionalmente ejecutable. Y, por otro lado, como ya se ha dicho, la Ley no remite a un proceso declarativo para la compensación económica en caso de revocación de lo provisionalmente ejecutado, sino al procedimiento de apremio, ante el mismo órgano que ha tramitado o está tramitando la ejecución forzosa provisional.

Mas el factor fundamental de la opción de esta Ley, sopesados los peligros y riesgos contrapuestos, es la efectividad de las sentencias de primera instancia, que, si bien se mira, no recaen con menos garantías sustanciales y procedimentales de ajustarse a Derecho que las que constituye el procedimiento administrativo, en cuyo seno se dictan los actos y resoluciones de las Administraciones Públicas, inmediatamente ejecutables salvo la suspensión cautelar que se pida a la Jurisdicción y por ella se otorgue.

La presente Ley opta por confiar en los Juzgados de Primera Instancia, base, en todos los sentidos, de la Justicia civil. Con esta Ley, habrán de dictar sentencias en principio inmediatamente efectivas por la vía de la ejecución provisional; no sentencias en principio platónicas, en principio inefectivas, en las que casi siempre gravite, neutralizando lo resuelto, una apelación y una segunda instancia como acontecimientos que se dan por sentados.

Ni las estadísticas disponibles ni la realidad conocida por la experiencia de muchos profesionales —Jueces, Magistrados, abogados, profesores de derecho, etc.— justifican una sistemática, radical y general desconfianza en la denominada «Justicia de primera instancia». Y, por otra parte, si no se hiciera más efectiva y se responsabilizara más a esta Justicia de primera instancia, apenas cabría algo distinto de una reforma de la Ley de Enjuiciamiento Civil en cuestiones de detalle, aunque fuesen muchas e importantes.

Ante este cambio radical y fijándose en la oposición a la ejecución provisional, parece conveniente caer en la cuenta de que la decisión del órgano jurisdiccional sobre dicha oposición no es más difícil que la que entraña resolver sobre la petición de medidas cautelares. Los factores contrapuestos que han de ponderarse ante la oposición a la ejecución provisional no son de mayor dificultad que los que deben tomarse en consideración cuando se piden medidas cautelares.

Se trata de instituciones, ambas, que, siendo distintas, entrañan riesgos de error, pero riesgos de error parejos y que pueden y deben asumirse en aras de la efectividad de la tutela judicial y de la necesaria protección del crédito. La ejecución forzosa provisional no es, por supuesto, ninguna medida cautelar y supone, de ordinario, efectos de más fuerza e intensidad que los propios de las medidas cautelares. Pero en un caso, además de una razonable oposición, existe una sentencia precedida de un proceso con todas las garantías y, en el otro, sólo el «humo de buen derecho».

Este nuevo régimen de la ejecución provisional deparará, a buen seguro, muchos más beneficios directos que perjuicios o casos injustos y serán muy positivos tanto los efectos colaterales de la innovación radical proyectada, como la disminución de recursos con ánimo exclusivamente dilatorio.

Con esta innovación, la presente Ley aspira a un cambio de mentalidad en los pactos y en los pleitos. En los pactos, para acordarlos con ánimo de cumplirlos; en los pleitos, para afrontarlos con la perspectiva de asumir seriamente sus resultados en un horizonte mucho más próximo que el que es hoy habitual. Se manifiesta así, en suma, un propósito no meramente verbal de dar seriedad a la Justicia. No resulta admisible atribuir muchos errores a los órganos jurisdiccionales de primera instancia, argumento que, como ya se ha apuntado, está en contradicción con la realidad de las sentencias confirmatorias en segunda instancia. Por lo demás, una Ley como ésta debe elaborarse sobre la base de un serio quehacer judicial, en todas las instancias y en los recursos extraordinarios y de ninguna manera puede sustentarse aceptando como punto de partida una supuesta o real falta de calidad en dicho quehacer, defecto que, en todo caso, ninguna ley podría remediar.

XVII

En cuanto a la ejecución forzosa propiamente dicha, esta Ley, a diferencia de la de 1881, presenta una regulación unitaria, clara y completa. Se diseña un proceso de ejecución idóneo para cuanto puede considerarse genuino título ejecutivo, sea judicial o contractual o se trate de una ejecución forzosa común o de garantía hipotecaria, a la que se dedica una especial atención. Pero esta sustancial unidad de la ejecución forzosa no debe impedir las particularidades que, en no pocos puntos, son enteramente lógicas. Así, en la oposición a la ejecución, las especialidades razonables en función del carácter judicial o no judicial del título o las que resultan necesarias cuando la ejecución se dirige exclusivamente contra bienes hipotecados o pignorados.

Ningún régimen legal de ejecución forzosa puede evitar ni compensar la morosidad crediticia, obviamente previa al proceso, ni pretender que todos los acreedores verán siempre satisfechos todos sus créditos. La presente Ley no pretende contener una nueva fórmula en esa línea de utopía. Pero sí contiene un conjunto de normas que, por un lado, protegen mucho más enérgicamente que hasta ahora al acreedor cuyo derecho presente suficiente constancia jurídica y, por otro, regulan situaciones y problemas que hasta ahora apenas se tomaban en consideración o, simplemente, se ignoraban legalmente.

La Ley regula con detalle lo relativo a las partes y sujetos intervinientes en la ejecución, así como la competencia, los recursos y actos de impugnación de resoluciones y actuaciones ejecutivas concretas –que no han de confundirse con la oposición a la ejecución forzosa y las causas y régimen procedimental de la oposición a la ejecución y de la suspensión del proceso de ejecución.

El incidente de oposición a la ejecución previsto en la Ley es común a todas las ejecuciones, con la única excepción de las que tengan por finalidad exclusiva la realización de una garantía real, que tienen su régimen especial. La oposición se sustancia dentro del mismo proceso de ejecución y sólo puede fundamentarse en motivos tasados, que son diferentes según el título sea judicial o no judicial.

Absoluta novedad, en esta materia, es el establecimiento de un régimen de posible oposición a la ejecución de sentencias y títulos judiciales. Como es sabido, la Ley de 1881 guardaba completo silencio acerca de la oposición a la ejecución de sentencias, generando una indeseable situación de incertidumbre sobre su misma procedencia, así como sobre las causas de oposición admisibles y sobre la tramitación del incidente.

Sin merma de la efectividad de esos títulos, deseable por muchos motivos, esta Ley tiene en cuenta la realidad y la justicia y permite la oposición a la ejecución de sentencias por las siguientes causas: pago o cumplimiento de lo ordenado en la sentencia, siempre que se acredite documentalmente; caducidad de la acción ejecutiva y existencia de un pacto o transacción entre las partes para evitar la ejecución, siempre que el pacto o transacción conste en documento público. Se trata, como se ve, de unas pocas y elementales causas, que no pueden dejar de tomarse en consideración, como si la ejecución de una sentencia firme pudiera consistir en operaciones automáticas y resultase racional prescindir de todo cuanto haya podido ocurrir entre el momento en que se dictó la sentencia y adquirió firmeza y el momento en que se inste la ejecución.

La oposición a la ejecución fundada en títulos no judiciales se admite por las siguientes causas: pago, que se pueda acreditar documentalmente; compensación, siempre que el crédito que se oponga al del ejecutante sea líquido y resulte de documento que tenga fuerza ejecutiva; pluspetición; prescripción o caducidad del derecho del ejecutante; quita, espera o pacto de no pedir, que conste documentalmente; y transacción, que conste en documento público.

Se trata, como es fácil advertir, de un elenco de causas de oposición más nutrido que el permitido en la ejecución de sentencias y otros títulos judiciales, pero no tan amplio que convierta la oposición a la ejecución en una controversia semejante a la de un juicio declarativo plenario, con lo que podría frustrarse la tutela jurisdiccional ejecutiva. Porque esta Ley entiende los títulos ejecutivos extrajudiciales, no como un tercer género entre las sentencias y los documentos que sólo sirven como medios de prueba, sino como genuinos títulos ejecutivos, esto es, instrumentos que, por poseer ciertas características, permiten al Derecho considerarlos fundamento razonable de la certeza de una deuda, a los efectos del despacho de una verdadera ejecución forzosa.

La oposición a la ejecución no es, pues, en el caso de la que se funde en títulos ejecutivos extrajudiciales, una suerte de compensación a una pretendida debilidad del título, sino una exigencia de justicia, lo mismo que la oposición a la ejecución de sentencias o resoluciones judiciales o arbitrales. La diferencia en cuanto a la amplitud de los motivos de oposición se basa en la existencia, o no, de un proceso anterior. Los documentos a los que se pueden atribuir efectos procesales muy relevantes, pero sin que sea razonable considerarlos títulos ejecutivos encuentran, en esta Ley, dentro del proceso monitorio, su adecuado lugar.

Tanto para la ejecución de sentencias como para la de títulos no judiciales se prevé también la oposición por defectos procesales: carecer el ejecutado del carácter o representación con que se le demanda, falta de capacidad o de representación del ejecutante y nulidad radical del despacho de la ejecución.

La Ley simplifica al máximo la tramitación de la oposición, cualquiera que sea la clase de título, remitiéndola, de ordinario, a lo dispuesto para el juicio verbal. Por otra parte, dado que la oposición a la ejecución sólo se abre por causas tasadas, la Ley dispone expresamente que el auto por el que la oposición se resuelva circunscribe sus efectos al proceso de ejecución. Si se piensa en procesos declarativos ulteriores a la ejecución forzosa, es obvio que si ésta se ha despachado en virtud de sentencia, habrá de operar la fuerza que a ésta quepa atribuir.

Se regula también la suspensión de la ejecución con carácter general, excepto para la ejecución hipotecaria, que tiene su régimen específico. Las únicas causas de suspensión que se contemplan, además de la derivada del incidente de oposición a la ejecución basada en títulos no judiciales, son las siguientes: interposición y admisión de demanda de revisión o de rescisión de sentencia dictada en rebeldía; interposición de un recurso frente a una actuación ejecutiva cuya realización pueda producir daño de difícil reparación; situación concursal del ejecutado y prejudicialidad penal.

Con estas normas, la Ley establece un sistema equilibrado que, por una parte, permite una eficaz tutela del derecho del acreedor ejecutante, mediante una relación limitada y tasada de causas de oposición y suspensión, que no desvirtúa la eficacia del título ejecutivo, y que, por otro lado, no priva al deudor ejecutado de medios de defensa frente a los supuestos más graves de ilicitud de la ejecución.

En materia de ejecución dineraria, la Ley se ocupa, en primer lugar, del embargo o afección de bienes y de la garantía de esta afección, según la distinta naturaleza de lo que sea objeto de esta fundamental fase de la actividad jurisdiccional ejecutiva. Se define y regula, con claridad sistemática y de contenido, la finalidad del embargo y sus actos constitutivos, el criterio de su suficiencia –con la correspondiente prohibición del embargo indeterminado– lo que no puede ser embargado en absoluto o relativamente, lo que, embargado erróneamente, debe desafectarse cuanto antes, la ampliación o reducción del embargo y la administración judicial como instrumento de afección de bienes para la razonable garantía de la satisfacción del ejecutante.

Es de subrayar que en esta Ley se establece la obligación del ejecutado de formular manifestación de sus bienes, con sus gravámenes. El tribunal, de oficio, le requerirá en el auto en que despache ejecución para que cumpla esta obligación, salvo que el ejecutante, en la demanda ejecutiva, hubiera señalado bienes embargables del ejecutado, que el mismo ejecutante repute bastantes. Para dotar de eficacia práctica a esta obligación del ejecutado se prevé, aparte del apercibimiento al deudor de las responsabilidades en que puede incurrir, la posibilidad de que se le impongan multas coercitivas periódicas hasta que responda debidamente al requerimiento. Esta previsión remedia uno de los principales defectos de la Ley de 1881, que se mostraba en exceso complaciente con el deudor, arrojando sobre el ejecutante y sobre el Juez la carga de averiguar los bienes del patrimonio del ejecutado, sin imponer a éste ningún deber de colaboración.

Pero no empiezan y acaban con la manifestación de sus bienes por el ejecutado los instrumentos para localizar dichos bienes a los efectos de la ejecución. La Ley prevé que, a instancia del ejecutante que en absoluto haya podido señalar bienes o que no los haya encontrado en número y con cualidades tales que resulten suficientes para el buen fin de la ejecución, el tribunal requiera de entidades públicas y de personas jurídicas y físicas datos pertinentes sobre bienes y derechos susceptibles de ser utilizados para que el ejecutado afronte su responsabilidad. El ejecutante habrá de explicar, aunque sea sucintamente, la relación con el ejecutado de las entidades y personas que indica como destinatarios de los requerimientos de colaboración, pues no sería razonable que estas previsiones legales se aprovechasen torcidamente para pesquisas patrimoniales genéricas o desprovistas de todo fundamento.

Estas medidas de investigación no se establecen en la Ley como subsidiarias de la manifestación de bienes, sino que, cuando se trate de ejecución forzosa que no requiere requerimiento de pago, pueden acordarse en el auto que despache ejecución y llevarse a efecto de inmediato, lo que se hará, asimismo, sin oír al ejecutado ni esperar que sea efectiva la notificación del auto de despacho de la ejecución, cuando existan motivos para pensar que, en caso de demora, podría frustrarse el éxito de la ejecución.

La tercería de dominio no se concibe ya como proceso ordinario definitorio del dominio y con el efecto secundario del alzamiento del embargo del bien objeto de la tercería, sino como incidente, en sentido estricto, de la ejecución, encaminado directa y exclusivamente a decidir si procede la desafección o el mantenimiento del embargo. Se trata de una opción, recomendada por la doctrina, que ofrece la ventaja de no conllevar una demora del proceso de ejecución respecto del bien correspondiente, demora que, pese a la mayor simplicidad de los procesos ordinarios de esta Ley, no puede dejar de considerarse a la luz de la doble instancia y sin que el nuevo régimen de ejecución provisional pueda constituir, en cuanto a la ejecución pendiente, una respuesta adecuada al referido problema.

En cuanto a la tercería de mejor derecho o de preferencia, se mantiene en esta Ley, pero con importantes innovaciones, como son la previsión del allanamiento del ejecutante o de su desistimiento de la ejecución, así como la participación del tercerista en los costes económicos de una ejecución forzosa no promovida por él. Por otra parte, a diferencia de la tercería de dominio, en la de mejor derecho es necesaria una sentencia del tribunal con fuerza definitoria del crédito y de su preferencia, aunque esta sentencia no prejuzgue otras acciones.

No son pocos los cambios y, sobre todo, el orden y previsión que esta Ley introduce en el procedimiento de apremio o fase de realización, previo avalúo, de los bienes afectados a la ejecución, según su diferente naturaleza. Además de colmar numerosas lagunas, se establece una única subasta, con disposiciones encaminadas a lograr, dentro de lo posible según las reglas del mercado, un resultado más satisfactorio para el deudor ejecutante, procurando, además, reducir el coste económico.

Con independencia de las mejoras introducidas en la regulación de la subasta, la Ley abre camino a vías de enajenación forzosa alternativas que, en determinadas circunstancias, permitirán agilizar la realización y mejorar su rendimiento. Así, se regulan los convenios de realización entre ejecutante y ejecutado y la posibilidad de que, a instancia del ejecutante o con su conformidad, el Juez acuerde que el bien se enajene por persona o entidad especializada, al margen, por tanto, de la subasta judicial.

La convocatoria de la subasta, especialmente cuando de inmuebles se trate, se regula de manera que resulte más indicativa del valor del bien. La enajenación en subasta de bienes inmuebles recibe la singular atención legislativa que merece, con especial cuidado sobre los aspectos registrales y la protección de terceros. En relación con la subsistencia y cancelación de cargas se ha optado por mantener el sistema de subsistencia de las cargas anteriores al gravamen que se ejecuta y cancelación de las cargas posteriores, sistema que se complementa deduciendo del avalúo el importe de las cargas subsistentes para determinar el valor por el que los inmuebles han de salir a subasta. Esta solución presenta la ventaja de que asegura que las cantidades que se ofrezcan en la subasta, por pequeñas que sean, van a redundar siempre en beneficio de la ejecución pendiente, lo que no se conseguiría siempre con la tradicional liquidación de cargas.

Otra importante novedad en materia de enajenación forzosa de inmuebles se refiere al régimen de audiencia y eventual desalojo de los ocupantes de los inmuebles enajenados en un proceso de ejecución. Nada preveía al respecto la Ley de 1881, que obligaba a los postores, bien a realizar costosas averiguaciones por su cuenta, bien a formular sus ofertas en condiciones de absoluta incertidumbre sobre si encontrarían ocupantes o no; sobre si los eventuales ocupantes tendrían derecho o no a mantener su situación y, en fin, sobre si, aun no teniendo los ocupantes derecho a conservar la posesión de la finca, sería necesario o no acudir a un quizá largo y costoso proceso declarativo para lograr el desalojo. Todo esto, como es natural, no contribuía precisamente a hacer atractivo ni económicamente eficiente el mercado de las subastas judiciales.

La presente Ley sale al paso del problema de los ocupantes procurando, primero, que en el proceso de ejecución se pueda tener noticia de su existencia. A esta finalidad se orienta la previsión de que, en la relación de bienes que ha de presentar el ejecutado, se indique, respecto de los inmuebles, si están ocupados y, en su caso, por quién y con qué título. Por otro lado, se dispone que se comunique la existencia de la ejecución a los ocupantes de que se tenga noticia a través de la manifestación de bienes del ejecutado o de cualquier otro modo, concediéndoles un plazo de 10 días para presentar al tribunal de la ejecución los títulos que justifiquen su situación. Además, se ordena que en el anuncio de la subasta se exprese, con el posible detalle, la situación posesoria del inmueble, para que los eventuales postores puedan evaluar las dificultades que encontraría un eventual desalojo.

Finalmente, se regula un breve incidente, dentro de la ejecución, que permite desalojar inmediatamente a quienes puedan ser considerados ocupantes de mero hecho o sin título suficiente. Sólo el desalojo de los ocupantes que hayan justificado tener un título que pueda ser suficiente para mantener la posesión, requerirá acudir al proceso declarativo que corresponda. De esta forma, la Ley da una respuesta prudente y equilibrada al problema que plantean los ocupantes.

También se regula con mayor realismo la administración para pago, que adquiere autonomía respecto de la realización mediante enajenación forzosa. En conjunto, los preceptos de este capítulo IV del Libro III de la Ley aprovechan la gran experiencia acumulada a lo largo de años en que, a falta muchas veces de normas precisas, se han ido poniendo de relieve diversos problemas reales y se han buscado soluciones y formulado propuestas con buen sentido jurídico.

La Ley dedica un capítulo especial a las particularidades de la ejecución sobre bienes hipotecados o pignorados. En este punto, se mantiene, en lo sustancial, el régimen precedente de la ejecución hipotecaria, caracterizado por la drástica limitación de las causas de oposición del deudor a la ejecución y de los supuestos de suspensión de ésta. El Tribunal Constitucional ha declarado reiteradamente que este régimen no vulnera la Constitución e introducir cambios sustanciales en el mismo podría alterar gravemente el mercado del crédito hipotecario, lo que no parece en absoluto aconsejable.

La nueva regulación de la ejecución sobre bienes hipotecados o pignorados supone un avance respecto de la situación precedente ya que, en primer lugar, se trae a la Ley de Enjuiciamiento Civil la regulación de los procesos de ejecución de créditos garantizados con hipoteca, lo que refuerza el carácter propiamente jurisdiccional de estas ejecuciones, que ha sido discutido en ocasiones; en segundo término, se regulan de manera unitaria las ejecuciones de créditos con garantía real, eliminando la multiplicidad de regulaciones existente en la actualidad; y, finalmente, se ordenan de manera más adecuada las actuales causas de suspensión de la ejecución, distinguiendo las que constituyen verdaderos supuestos de oposición a la ejecución (extinción de la garantía hipotecaria o del crédito y disconformidad con el saldo reclamado por el acreedor), de los supuestos de tercería de dominio y prejudicialidad penal, aunque manteniendo, en todos los casos, el carácter restrictivo de la suspensión del procedimiento.

Mención especial ha de hacerse del cambio relativo a la ejecución no dineraria. Era preciso, sin duda, modificar un regulación claramente superada desde muy distintos puntos de vista. Esta Ley introduce los requerimientos y multas coercitivas dirigidas al cumplimiento de los deberes de hacer y no hacer y se aparta así considerablemente de la inmediata inclinación a la indemnización pecuniaria manifestada en la Ley de 1881. Sin embargo, se evitan las constricciones excesivas, buscando el equilibrio entre el interés y la justicia de la ejecución en sus propios términos, por un lado y, por otro, el respeto a la voluntad y el realismo de no empeñarse en lograr coactivamente prestaciones a las que son inherentes los rasgos personales del cumplimiento voluntario.

XVIII

En cuanto a las medidas cautelares, esta Ley las regula en un conjunto unitario de preceptos, del que sólo se excluyen, por las razones que más adelante se dirán, los relativos a las medidas específicas de algunos procesos civiles especiales. Se supera así una lamentable situación, caracterizada por escasas e insuficientes normas, dispersas en la Ley de 1881 y en otros muchos cuerpos legales.

El referido conjunto de preceptos no es, empero, el resultado de agrupar la regulación de las medidas cautelares que pudieran considerarse «clásicas», estableciendo sus presupuestos y su procedimiento. Esta Ley ha optado por sentar con claridad las características generales de las medidas que pueden ser precisas para evitar que se frustre la efectividad de una futura sentencia, perfilando unos presupuestos y requisitos igualmente generales, de modo que resulte un régimen abierto de medidas cautelares y no un sistema de número limitado o cerrado. Pero la generalidad y la amplitud no son vaguedad, inconcreción o imprudencia. La Ley se apoya en doctrina y jurisprudencia sólidas y de general aceptación.

El *fumus boni iuris* o apariencia de buen derecho, el peligro de la mora procesal y la prestación de caución son, desde luego, factores fundamentales imprescindibles para la adopción de medidas cautelares. La instrumentalidad de las medidas cautelares respecto de la sentencia que pueda otorgar una concreta tutela y, por tanto, la accesoriedad y provisionalidad de las medidas se garantizan suficientemente con normas adecuadas. Se procura, con disposiciones concretas, que las medidas cautelares no se busquen por sí mismas, como fin exclusivo o primordial de la actividad procesal. Pero ha de señalarse que se establece su régimen de modo que los justiciables dispongan de medidas más enérgicas que las que hasta ahora podían pedir. Se trata de que las medidas resulten en verdad eficaces para lograr, no sólo que la sentencia de condena pueda ejecutarse de alguna manera, sino para evitar que sea ilusoria, en sus propios términos.

Aunque necesarias para conjurar el *periculum in mora*, las medidas cautelares no dejan de entrañar, como es sabido, otros peligros y riesgos. De modo que es preciso también regular cuidadosamente, y así se ha pretendido en esta Ley, la oposición a las medidas cautelares, su razonable sustitución, revisión y modificación y las posibles contracautelas o medidas que neutralicen o enerven las cautelares, haciéndolas innecesarias o menos gravosas.

Las medidas cautelares pueden solicitarse antes de comenzar el proceso, junto con la demanda o pendiente ya el litigio. Como regla, no se adoptan sin previa contradicción, pero se prevé que, en casos justificados, puedan acordarse sin oír al sujeto pasivo de la medida que se pretende. En dichos casos, se establece una oposición inmediatamente posterior. En la audiencia previa o en la oposición, pero también más tarde, puede entrar en juego la contracautela que sustituya la medida cautelar que se pretende o que ya se haya acordado.

Frente a alguna posición partidaria de atribuir el conocimiento y resolución acerca de las medidas cautelares a un órgano jurisdiccional distinto del competente para el proceso principal, la Ley opta por no separar la competencia, sin perjuicio de que no implique sumisión, respecto del proceso, la actuación de la parte pasiva en el procedimiento relativo a medidas solicitadas antes de la interposición de la demanda.

Esta opción no desconoce el riesgo de que la decisión sobre las medidas cautelares, antes de la demanda o ya en el seno del proceso, genere algunos prejuicios o impresiones en favor o en contra de la posición de una parte, que puedan influir en la sentencia. Pero, además de que ese riesgo existe también al margen de las medidas cautelares, pues el prejuicio podría generarse en la audiencia previa al juicio o tras la lectura de demanda y contestación, esta Ley se funda en una doble consideración.

Considera la Ley, por un lado, que todos los Jueces y Magistrados están en condiciones de superar impresiones provisionales para ir atendiendo imparcialmente a las sucesivas pretensiones de las partes y para atenerse, en definitiva, a los hechos probados y al Derecho que haya de aplicarse.

Y, por otra, no se pierde de vista que las medidas cautelares han de guardar siempre relación con lo que se pretende en el proceso principal e incluso con vicisitudes y circunstancias que pueden variar durante su pendencia, de suerte que es el órgano competente para dicho proceso quien se encuentra en la situación más idónea para resolver, en especial si se tiene en cuenta la posibilidad de alzamiento y modificación de las medidas o de su sustitución por una equitativa contracautela. Todo esto, sin contar con la menor complejidad procedimental que comporta no separar la competencia.

XIX

La Ley establece los procesos especiales imprescindibles.

En primer lugar, los que, con inequívocas e indiscutibles particularidades, han de servir de cauce a los litigios en asuntos de capacidad, filiación y matrimoniales. Se trae así a la Ley procesal común, terminando con una situación deplorable, lo que en ella debe estar, pero que hasta ahora se ha debido rastrear o incluso deducir de disposiciones superlativamente dispersas, oscuras y problemáticas.

En segundo lugar, los procesos de división judicial de patrimonios, rúbrica bajo la que se regulan la división judicial de la herencia y el nuevo procedimiento para la liquidación del régimen económico matrimonial, que permitirán solventar cuestiones de esa índole que no se hayan querido o podido resolver sin contienda judicial. Y, por último, dos procesos en cierto modo más novedosos que los anteriores: el juicio monitorio y el proceso cambiario.

Por lo que respecta a los procesos en que no rige el principio dispositivo o debe ser matizada su influencia en razón de un indiscutible interés público inherente al objeto procesal, la Ley no se limita a codificar, sino que, con pleno respeto a las reglas sustantivas, de las que el proceso ha de ser instrumental, diseña procedimientos sencillos y presta singular atención a los problemas reales mostrados por la experiencia. Destacables resultan las medidas cautelares específicas que se prevén y que, en aras de las ventajas prácticas de una regulación procesal agrupada y completa sobre estas materias, se insertan en estos procesos especiales, en vez de llevarlas, conforme a criterios sistemáticos tal vez teóricamente más perfectos, a la regulación general de tales medidas.

Para la división judicial de la herencia diseña la Ley un procedimiento mucho más simple y menos costoso que el juicio de testamentaría de la Ley de 1881. Junto a este procedimiento, se regula otro específicamente concebido para servir de cauce a la liquidación judicial del régimen económico matrimonial, con el que se da respuesta a la imperiosa necesidad de una regulación procesal clara en esta materia que se ha puesto reiteradamente de manifiesto durante la vigencia de la legislación precedente.

En cuanto al proceso monitorio, la Ley confía en que, por los cauces de este procedimiento, eficaces en varios países, tenga protección rápida y eficaz el crédito dinerario líquido de muchos justiciables y, en especial, de profesionales y empresarios medianos y pequeños.

En síntesis, este procedimiento se inicia mediante solicitud, para la que pueden emplearse impresos o formularios, dirigida al Juzgado de Primera Instancia del domicilio del deudor, sin necesidad de intervención de procurador y abogado. Punto clave de este proceso es que con la solicitud se aporten documentos de los que resulte una base de buena apariencia jurídica de la deuda. La ley establece casos generales y otros concretos o típicos. Es de señalar que la eficacia de los documentos en el proceso monitorio se complementa armónicamente con el reforzamiento de la eficacia de los genuinos títulos ejecutivos extrajudiciales.

Si se trata de los documentos que la ley misma considera base de aquella apariencia o si el tribunal así lo entiende, quien aparezca como deudor es inmediatamente colocado ante la opción de pagar o «dar razones», de suerte que, si el deudor no comparece o no se opone, está suficientemente justificado despachar ejecución, como se dispone. En cambio, si se «dan razones», es decir, si el deudor se opone, su discrepancia con el acreedor se sustancia por los cauces procesales del juicio que corresponda según la cuantía de la deuda reclamada. Este juicio es entendido como proceso ordinario y plenario y encaminado, por tanto, a finalizar, en principio, mediante sentencia con fuerza de cosa juzgada.

Si el deudor no comparece o no se opone, se despacha ejecución según lo dispuesto para las sentencias judiciales. En el seno de esta ejecución forzosa cabe la limitada oposición prevista en su lugar, pero con la particularidad de que se cierra el paso a un proceso ordinario en que se reclame la misma deuda o la devolución de lo que pudiera obtenerse en la ejecución derivada del monitorio. Este cierre de las posibilidades de litigar es conforme y coherente con la doble oportunidad de defensa que al deudor le asiste y resulta necesario para dotar de eficacia al procedimiento monitorio.

Conviene advertir, por último, en cuanto al proceso monitorio, que la Ley no desconoce la realidad de las regulaciones de otros países, en las que este cauce singular no está limitado por razón de la cuantía. Pero se ha considerado más prudente, al introducir este instrumento de tutela jurisdiccional en nuestro sistema procesal civil, limitar la cuantía a una cifra razonable, que permite la tramitación de reclamaciones dinerarias no excesivamente elevadas, aunque superiores al límite cuantitativo establecido para el juicio verbal.

El juicio cambiario, por su parte, no es sino el cauce procesal que merecen los créditos documentados en letras de cambio, cheques y pagarés. Se trata de una protección jurisdiccional singular, instrumental de lo dispuesto en la ley especial sobre esos instrumentos del tráfico jurídico. La eficaz protección del crédito cambiario queda asegurada por el inmediato embargo preventivo, que se convierte automáticamente en ejecutivo si el deudor no formula oposición o si ésta es desestimada. Fuera de los casos de estimación de la oposición, el embargo preventivo sólo puede alzarse ante la alegación fundada de falsedad de la firma o de falta absoluta de representación, configurándose así, en esta Ley, un sistema de tutela jurisdiccional del crédito cambiario de eficacia estrictamente equivalente al de la legislación derogada.

XX

Mediante las disposiciones adicionales segunda y tercera se pretende, por un lado, hacer posibles las actualizaciones y adaptaciones de cuantía que en el futuro sean convenientes, entre las cuales la determinada por la plena implantación del euro y, por otra parte, la efectiva disposición de nuevos medios materiales para la constancia de vistas, audiencias y comparecencias.

En cuanto a la disposición adicional segunda, el mantenimiento de la cuantía en pesetas junto a la cuantía en euros, en ciertos casos, obedece al propósito de facilitar la determinación del procedimiento que se ha de seguir en primera instancia y la posibilidad de acceso a algunos recursos, evitando tener que convertir a moneda europea las cuantías que consten en documentos y registros, quizá largamente ajenas a dicha moneda, en que haya de fundarse la cuantificación.

Las disposiciones transitorias prevén, conforme a criterios racionales de fácil comprensión y aplicación, los problemas que se pueden suscitar en cuanto a los procesos pendientes al tiempo de entrar en vigor la Ley, tras la vacación de un año prevista en la correspondiente disposición final. El criterio general, que se va aplicando a los distintos casos, es el de la más rápida efectividad de la nueva Ley.

La disposición derogatoria contiene gran número de normas, a consecuencia de la misma naturaleza de esta Ley y de su empeño por evitar la simple cláusula derogatoria general, conforme a lo dispuesto en el apartado segundo del artículo 2 del Código Civil. El fácil expediente de la mera cláusula general no sólo es reprochable desde el punto de vista de la técnica jurídica y, en concreto, de la legislativa, sino que genera con frecuencia graves problemas.

En su primer apartado, la disposición derogatoria se refiere, en primer lugar, a la misma Ley de Enjuiciamiento Civil de 1881, con necesarias excepciones temporales a la derogación general, en razón de futuras Leyes reguladoras de la materia concursal, de la jurisdicción voluntaria y de la cooperación jurídica internacional en materia civil.

Además, se derogan preceptos procesales hasta ahora de una veintena de leyes distintas, así como, entre otros, el Decreto de 21 de noviembre de 1952, sobre normas procesales de Justicia Municipal, y el Decreto-Ley sobre embargo de empresas, de 20 de octubre de 1969. En numerosas ocasiones, esos preceptos son sustituidos por normas nuevas en la presente Ley. Otras veces, se integran en ella. Y, en ciertos casos, son modificados por medio de disposiciones finales, de diversa índole, a las que enseguida se hará referencia.

En lo que afecta al Código Civil, ha de destacarse que, si bien se suprimen las normas relativas a los medios de prueba, se mantienen aquellos preceptos relativos a los documentos que pueden tener relevancia, y no pequeña, en el tráfico jurídico. Algunos de esos preceptos que permanecen mencionan expresamente la prueba, pero, además de no ser contradictorios, sino armónicos, con los de esta Ley, ha de entenderse que tratan de la certeza y eficacia extrajudiciales. La raigambre de dichas normas ha aconsejado no derogarlas, sin perjuicio de la posibilidad de que, en el futuro, sean perfeccionadas.

En cuanto a las disposiciones finales, algunas se limitan a poner en consonancia las remisiones de leyes especiales a la Ley de Enjuiciamiento Civil. Otras, en cambio, modifican la redacción de ciertos preceptos en razón de las innovaciones contenidas en esta Ley. Tal es el caso, por ejemplo, de ciertos apartados del artículo 15 y de la disposición adicional primera de la Ley de Venta a Plazos de Bienes Muebles. Introducido en nuestro ordenamiento el proceso monitorio y contempladas expresamente en la ley las deudas por plazos impagados contra lo previsto en los contratos regulados en dicha ley, parece obligado que la virtualidad consistente en llevar aparejada ejecución, atribuida a ciertos títulos, haya de acomodarse a lo dispuesto para ésta.

La modificación del artículo 11 de la Ley de Arbitraje viene exigida por el cambio en el tratamiento procesal de la jurisdicción que la presente Ley opera. Pero, además, ha de contribuir a reforzar la eficacia de la institución arbitral, pues será posible, en adelante, que la sumisión a árbitros se haga valer dentro del proceso judicial de modo que el tribunal se abstenga de conocer al comienzo, y no al final, de dicho proceso, como ocurría a consecuencia de configurar como excepción dilatoria la alegación de compromiso.

Las reformas en la Ley Hipotecaria, estudiadas con singular detenimiento, buscan cohonestar la regulación de esta Ley con la mayor integridad y claridad de aquélla. Son necesarios también ciertos cambios en las leyes procesales laboral y penal, regulando de modo completo la abstención y recusación en los correspondientes procesos y algunos otros extremos concretos. En la ley procesal penal, resulta oportuno modificar el precepto relativo a los días y horas hábiles para las actuaciones judiciales de instrucción.

En la línea seguida por esta Ley en el sentido de facilitar la prestación de cauciones o la constitución de depósitos, se reforma la disposición adicional de la Ley sobre Responsabilidad Civil y Seguro en la Circulación de Vehículos a Motor. Lo que importa a la Administración de Justicia, en razón de los legítimos derechos e intereses de muchos justiciables, no es que otros justiciables dispongan de dinero en efectivo para destinarlo a depósitos y cauciones, sino que, en su momento, unas determinadas sumas de dinero puedan inmediatamente destinarse a las finalidades que la ley establezca.

Ley 1/2000, de 7 de enero, de Enjuiciamiento Civil

TÍTULO PRELIMINAR
De las normas procesales y su aplicación
(arts. 1 a 4)

Artículo 1. *Principio de legalidad procesal*

En los procesos civiles, los tribunales y quienes ante ellos acudan e intervengan deberán actuar con arreglo a lo dispuesto en esta Ley[1].

Artículo 2. *Aplicación en el tiempo de las normas procesales civiles*[2]

Salvo que otra cosa se establezca en disposiciones legales de Derecho transitorio, los asuntos que correspondan a los tribunales civiles se sustanciarán siempre por éstos con arreglo a las normas procesales vigentes, que nunca serán retroactivas.

Artículo 3. *Ámbito territorial de las normas procesales civiles*[3]

Con las solas excepciones que puedan prever los Tratados y Convenios internacionales, los procesos civiles que se sigan en el territorio nacional se regirán únicamente por las normas procesales españolas.

---

[1] Véanse los arts. 13.1 y 117 de la CE y el art. 99 de la presente norma.
[2] Véanse DT 1.ª-7.ª de la presente norma y el art. 2.3 del CC.
[3] Véanse los arts. 21, 22 y 276-278 de la LOPJ.

Artículo 4. *Carácter supletorio de la Ley de Enjuiciamiento Civil* [4]

En defecto de disposiciones en las leyes que regulan los procesos penales, contencioso– administrativos, laborales y militares, serán de aplicación, a todos ellos, los preceptos de la presente Ley.

LIBRO I
De las disposiciones generales relativas a los juicios civiles
(arts. 5 a 247)

TÍTULO I
De la comparecencia y actuación en juicio
(arts. 5 a 35)

Artículo 5. *Clases de tutela jurisdiccional* [5]

1. Se podrá pretender de los tribunales la condena a determinada prestación, la declaración de la existencia de derechos y de situaciones jurídicas, la constitución, modificación o extinción de estas últimas, la ejecución, la adopción de medidas cautelares y cualquier otra clase de tutela que esté expresamente prevista por la ley.

2. Las pretensiones a que se refiere el apartado anterior se formularán ante el tribunal que sea competente y frente a los sujetos a quienes haya de afectar la decisión pretendida.

CAPÍTULO I
De la capacidad para ser parte, la capacidad procesal y la legitimación
(arts. 6 a 11 quáter)

Artículo 6[6]. *Capacidad para ser parte* [7]

1. Podrán ser parte en los procesos ante los tribunales civiles:

1.º Las personas físicas.

---

[4] Véanse el art. 9.2 de la LOPJ; la DF 1.ª de la LJCA; la DF 4.ª de la LRJS, y el art. 80 de la LOTC.

[5] Véanse los arts. 36 a 67, 517, 521 y 721 de la presente norma.

[6] Modificado por la Ley 39/2002, de 28 de octubre. Entrada en vigor desde 18 de noviembre de 2002. Se añade el punto 8 del apartado 1.

[7] Véanse el art. 7.3 de la LOPJ; los arts. 29, 30, 35, 38, 292 y 1699 del CC; los arts. 119 y ss. y 242 del CCom; el art. 221 de la LPH; el art. 39 de la LSC; los arts. 4, 5, 6 del EOMF; los arts. 24 y 54 de la LGDCU, y los arts. 8, 232, 418, 249,749, 757, 797 y ss. de la presente norma.

2.º El concebido no nacido, para todos los efectos que le sean favorables.

3.º Las personas jurídicas.

4.º Las masas patrimoniales o los patrimonios separados que carezcan transitoriamente de titular o cuyo titular haya sido privado de sus facultades de disposición y administración.

5.º Las entidades sin personalidad jurídica a las que la ley reconozca capacidad para ser parte.

6.º El Ministerio Fiscal, respecto de los procesos en que, conforme a la ley, haya de intervenir como parte.

7.º Los grupos de consumidores o usuarios afectados por un hecho dañoso cuando los individuos que lo compongan estén determinados o sean fácilmente determinables. Para demandar en juicio será necesario que el grupo se constituya con la mayoría de los afectados.

8.º Las entidades habilitadas conforme a la normativa comunitaria europea para el ejercicio de la acción de cesación en defensa de los intereses colectivos y de los intereses difusos de los consumidores y usuarios.

2. Sin perjuicio de la responsabilidad que, conforme a la ley, pueda corresponder a los gestores o a los partícipes, podrán ser demandadas, en todo caso, las entidades que, no habiendo cumplido los requisitos legalmente establecidos para constituirse en personas jurídicas, estén formadas por una pluralidad de elementos personales y patrimoniales puestos al servicio de un fin determinado.

Artículo 7[8]. *Comparecencia en juicio y representación*[9]

1. Podrán comparecer en juicio todas las personas.

2. Las personas menores de edad no emancipadas deberán comparecer mediante la representación, asistencia o autorización exigidos por la ley. En el caso de las personas con medidas de apoyo para el ejercicio de su capacidad jurídica, se estará al alcance y contenido de estas.

3. Por los concebidos y no nacidos comparecerán las personas que legítimamente los representarían si ya hubieren nacido.

---

[8] Modificado por la Ley 8/2021, de 2 de junio. Entrada en vigor desde 3 de septiembre de 2021. Y por la Ley 22/2003, de 9 de julio. Entrada en vigor desde 1 de septiembre de 2004. Se añade el apartado 8.

[9] Véanse el art. 447 de la LOPJ; los arts. 24 y 54 de la LGDCU; los arts. 29 a 34, 35 a 39 del CC; los arts. 239 a 242 del CCom; el art. 233 de la LSC, y los arts. 30, 264, 749, 750 y 798 de la presente norma.

4. Por las personas jurídicas comparecerán quienes legalmente las representen.

5. Las masas patrimoniales o patrimonios separados a que se refiere el número 4.° del apartado 1 del artículo anterior comparecerán en juicio por medio de quienes, conforme a la ley, las administren.

6. Las entidades sin personalidad a que se refiere el número 5.° del apartado 1 del artículo anterior comparecerán en juicio por medio de las personas a quienes la ley, en cada caso, atribuya la representación en juicio de dichas entidades.

7. Por las entidades sin personalidad a que se refiere el número 7.° del apartado 1 y el apartado 2 del artículo anterior comparecerán en juicio las personas que, de hecho o en virtud de pactos de la entidad, actúen en su nombre frente a terceros.

8. Las limitaciones a la capacidad de quienes estén sometidos a concurso y los modos de suplir las se regirán por lo establecido en la Ley Concursal.

Artículo 7 bis[10]. *Ajustes para personas con discapacidad y personas mayores*

1. En los procesos en los que participen personas con discapacidad y personas mayores que lo soliciten o, en todo caso, personas con una edad de ochenta años o más, se realizarán las adaptaciones y los ajustes que sean necesarios para garantizar su participación en condiciones de igualdad.

A estos efectos, se considerarán personas mayores las personas con una edad de sesenta y 5 años o más.

En el caso de las personas con discapacidad, dichas adaptaciones y ajustes se realizarán, tanto a petición de cualquiera de las partes o del Ministerio Fiscal, como de oficio por el propio tribunal.

En el caso de las personas mayores que no alcancen la edad de ochenta años, dichas adaptaciones y ajustes se realizarán a petición de la persona interesada.

En el caso de las personas con una edad de ochenta años o más dichas adaptaciones y ajustes se realizarán, tanto a petición de la persona interesada como de oficio por el propio tribunal.

Las adaptaciones se realizarán en todas las fases y actuaciones procesales en las que resulte necesario, incluyendo los actos de comunicación, y podrán venir referidas a la comunicación, la comprensión y la interacción con el entorno.

2. Las personas con discapacidad, así como las personas mayores, tienen el derecho a entender y ser entendidas en cualquier actuación que deba llevarse a cabo. A tal fin:

---

[10] Modificado por el RD-Ley 6/2023, de 19 de diciembre. Entrada en vigor desde 20 de marzo de 2024.

a) Todas las comunicaciones, orales o escritas, dirigidas a personas con discapacidad, con una edad de ochenta o más años, y a personas mayores que lo hubieran solicitado se harán en un lenguaje claro, sencillo y accesible, de un modo que tenga en cuenta sus características personales y sus necesidades, haciendo uso de medios como la lectura fácil. Si fuera necesario, la comunicación también se hará a la persona que preste apoyo a la persona con discapacidad para el ejercicio de su capacidad jurídica.

b) Se facilitará a la persona con discapacidad la asistencia o apoyos necesarios para que pueda hacerse entender, lo que incluirá la interpretación en las lenguas de signos reconocidas legalmente y los medios de apoyo a la comunicación oral de personas sordas, con discapacidad auditiva y sordociegas.

c) Se permitirá la participación de un profesional experto que a modo de facilitador realice tareas de adaptación y ajuste necesarias para que la persona con discapacidad pueda entender y ser entendida.

d) La persona con discapacidad y las personas mayores podrán estar acompañadas de una persona de su elección desde el primer contacto con las autoridades y funcionarios.

3. Todos los procedimientos, tanto en fase declarativa como de ejecución, en los que alguna de las partes interesadas sea una persona con una edad de ochenta años o más, conforme a lo dispuesto en este artículo, serán de tramitación preferente.

Artículo 8[11]. *Integración de la capacidad procesal*[12]

1. Cuando la persona física se encuentre en el caso del apartado 2 del artículo anterior y no hubiere persona que legalmente la represente o asista para comparecer en juicio, el Letrado de la Administración de Justicia le nombrará un defensor judicial mediante decreto, que asumirá su representación y defensa hasta que se designe a aquella persona.

2. En el caso a que se refiere el apartado anterior y en los demás en que haya de nombrarse un defensor judicial al demandado, el Ministerio Fiscal asumirá la representación y defensa de éste hasta que se produzca el nombramiento de aquél.

---

[11] Modificado por la Ley Orgánica 7/2015, de 21 de julio. Entrada en vigor desde 1 de octubre de 2015. Referencia a Secretarios Judiciales como Letrados de la Administración de Justicia. Y por la Ley 15/2015, de 2 de julio. Entrada en vigor desde 23 de julio de 2015.

[12] Véanse los arts. 163, 181, 215, 249 y 299 a 302 del CC, y los arts. 758, 759, 760, 765 y 783 de la presente norma.

En todo caso, el proceso quedará en suspenso mientras no conste la intervención del Ministerio Fiscal.

Artículo 9. *Apreciación de oficio de la falta de capacidad*[13]

La falta de capacidad para ser parte y de capacidad procesal podrá ser apreciada de oficio por el tribunal en cualquier momento del proceso.

Artículo 10. *Condición de parte procesal legítima*[14]

Serán considerados partes legítimas quienes comparezcan y actúen en juicio como titulares de la relación jurídica u objeto litigioso.

Se exceptúan los casos en que por ley se atribuya legitimación a persona distinta del titular.

Artículo 11[15]. *Legitimación para la defensa de derechos e intereses de consumidores y usuarios*

1. Sin perjuicio de la legitimación individual de los perjudicados, las asociaciones de consumidores y usuarios legalmente constituidas estarán legitimadas para defender en juicio los derechos e intereses de sus asociados y los de la asociación, así como los intereses generales de los consumidores y usuarios.

2. Cuando los perjudicados por un hecho dañoso sean un grupo de consumidores o usuarios cuyos componentes estén perfectamente determinados o sean fácilmente determinables, la legitimación para pretender la tutela de esos intereses colectivos corresponde a las asociaciones de consumidores y usuarios, a las entidades legalmente constituidas que tengan por objeto la defensa o protección de éstos, así como a los propios grupos de afectados.

3. Cuando los perjudicados por un hecho dañoso sean una pluralidad de consumidores o usuarios indeterminada o de difícil determinación, la legitimación para demandar en juicio la defensa de estos intereses difusos corresponderá exclusivamente a las asociaciones de consumidores y usuarios que, conforme a la Ley, sean representativas.

4. Las entidades habilitadas a las que se refiere el artículo 6.1.8 estarán legitimadas para el ejercicio de la acción de cesación para la defensa de los intereses colectivos y de los intereses difusos de los consumidores y usuarios.

---

[13] Véanse los arts. 418 y 443 de la presente norma.

[14] Véanse los arts. 507, 757, 765, 766, 1111, y 1869 del CC; el art. 150 de la LPI; el art. 7.2 de la LH, y los arts. 13 a 15, 222, 538 a 544, 595, 600, 614, 617, 657, 757 y 766 de la presente norma.

[15] Modificado por la Ley 3/2014, de 27 de marzo. Entrada en vigor desde 29 de marzo de 2014.

Los Jueces y Tribunales aceptarán dicha lista como prueba de la capacidad de la entidad habilitada para ser parte, sin perjuicio de examinar si la finalidad de la misma y los intereses afectados legitiman el ejercicio de la acción.

5. El Ministerio Fiscal estará legitimado para ejercitar cualquier acción en defensa de los intereses de los consumidores y usuarios.

Artículo 11 bis[16]. *Legitimación para la defensa del derecho a la igualdad de trato y no discriminación*

1. Para la defensa del derecho a la igualdad de trato y no discriminación, además de las personas afectadas y siempre con su autorización, estarán también legitimados la Autoridad Independiente para la Igualdad de Trato y la No Discriminación, así como, en relación con las personas afiliadas o asociadas a los mismos, los partidos políticos, los sindicatos, las asociaciones profesionales de trabajadores autónomos, las organizaciones de personas consumidoras y usuarias y las asociaciones y organizaciones legalmente constituidas que tengan entre sus fines la defensa y promoción de los derechos humanos, de acuerdo con lo establecido en la Ley integral para la igualdad de trato y la no discriminación.

2. Cuando las personas afectadas sean una pluralidad indeterminada o de difícil determinación, la legitimación para instar acciones judiciales en defensa de derechos o intereses difusos corresponderá a la Autoridad Independiente para la Igualdad de Trato y la No Discriminación, a los partidos políticos, los sindicatos y las asociaciones profesionales de trabajadores autónomos más representativos, así como a las organizaciones de personas consumidoras y usuarias de ámbito estatal, a las organizaciones, de ámbito estatal o del ámbito territorial en el que se produce la situación de discriminación que tengan entre sus fines la defensa y promoción de los derechos humanos, de acuerdo con lo establecido en la Ley integral para la igualdad de trato y la no discriminación, sin perjuicio en todo caso de la legitimación individual de aquellas personas afectadas que estuviesen determinadas.

Artículo 11 ter[17]. *Legitimación para la defensa del derecho a la igualdad de trato y no discriminación por razón de orientación e identidad sexual, expresión de género o características sexuales*

1. Para la defensa de los derechos e intereses de las personas víctimas de discriminación por razones de orientación e identidad sexual, expresión de género o carac-

---

[16] Modificado por la Ley 15/2022, de 12 de julio. Entrada en vigor desde 14 de julio de 2022.
[17] Añadido por la Ley 4/2023, de 28 de febrero. Entrada en vigor desde 2 de marzo de 2023.

terísticas sexuales, además de las personas afectadas y siempre que cuenten con su autorización expresa, estarán también legitimados los partidos políticos, las organizaciones sindicales, las organizaciones empresariales, las asociaciones profesionales de personas trabajadoras autónomas, las asociaciones de personas consumidoras y usuarias y las asociaciones y organizaciones legalmente constituidas que tengan entre sus fines la defensa y promoción de los derechos de las personas lesbianas, gais, bisexuales, trans e intersexuales o de sus familias, de acuerdo con lo establecido en la Ley para la igualdad real y efectiva de las personas trans y para la garantía de los derechos de las personas LGTBI.

2. Cuando las personas afectadas sean una pluralidad indeterminada o de difícil determinación, la legitimación para demandar en juicio la defensa de estos intereses difusos corresponderá exclusivamente a los organismos públicos con competencia en la materia, a los partidos políticos, las organizaciones sindicales, las organizaciones empresariales, las asociaciones profesionales de personas trabajadoras autónomas, las asociaciones de personas consumidoras y usuarias y las asociaciones y organizaciones legalmente constituidas que tengan entre sus fines la defensa y promoción de los derechos de las personas lesbianas, gais, bisexuales, trans e intersexuales o de sus familias.

3. La persona acosada será la única legitimada en los litigios sobre acoso discriminatorio por razón de orientación e identidad sexual, expresión de género o características sexuales.

Artículo 11 quáter[18]. *Legitimación para la defensa de los derechos e intereses de los trabajadores por cuenta propia o autónomos del arte y la cultura*

1. Las asociaciones de profesionales del sector artístico y cultural legalmente constituidas que tengan por objeto su defensa y protección, estarán legitimadas para defender en juicio los derechos e intereses de sus asociados y los de la asociación, así como los intereses generales de los trabajadores por cuenta propia o autónomos del arte y la cultura, siempre que cuenten con su autorización. También gozarán de la misma legitimación las federaciones, confederaciones y uniones constituidas por estas asociaciones.

2. Cuando los trabajadores por cuenta propia o autónomos del arte y la cultura afectados sean una pluralidad indeterminada o de difícil determinación, la legitimación para demandar en juicio la defensa de estos intereses difusos corresponderá exclusivamente a las entidades profesionales indicadas en el apartado anterior.

---

[18] Añadido por el RD-Ley 6/2023, de 19 de diciembre. Entrada en vigor desde 20 de marzo de 2024.

3. El Ministerio Fiscal estará legitimado para ejercitar cualquier acción en defensa de los intereses de los trabajadores por cuenta propia o autónomos del arte y la cultura.

CAPÍTULO II
De la pluralidad de partes
(arts. 12 a 15 quáter)

Artículo 12. *Litisconsorcio*[19]

1. Podrán comparecer en juicio varias personas, como demandantes o como demandados, cuando las acciones que se ejerciten provengan de un mismo título o causa de pedir.

2. Cuando por razón de lo que sea objeto del juicio la tutela jurisdiccional solicitada sólo pueda hacerse efectiva frente a varios sujetos conjuntamente considerados, todos ellos habrán de ser demandados, como litisconsortes, salvo que la ley disponga expresamente otra cosa.

Artículo 13[20]. *Intervención de sujetos originariamente no demandantes ni demandados*[21]

1. Mientras se encuentre pendiente un proceso, podrá ser admitido como demandante o demandado, quien acredite tener interés directo y legítimo en el resultado del pleito. En particular, cualquier consumidor o usuario podrá intervenir en los procesos instados por las entidades legalmente reconocidas para la defensa de los intereses de aquéllos.

2. La solicitud de intervención no suspenderá el curso del procedimiento. El tribunal resolverá por medio de auto, previa audiencia de las partes personadas, en el plazo común de 10 días.

3. Admitida la intervención, no se retrotraerán las actuaciones, pero el interviniente será considerado parte en el proceso a todos los efectos y podrá defender las pretensiones formuladas por su litisconsorte o las que el propio interviniente formule, si tuviere oportunidad procesal para ello, aunque su litisconsorte renuncie, se allane, desista o se aparte del procedimiento por cualquier otra causa.

---

[19] Véanse el art. 25 de la LAU; los arts. 384, 859, 1139 y 1144 del CC, y los arts. 53, 72, 420, 600, 617 y 766 de la presente norma.

[20] Modificado por la Ley Orgánica 7/2015, de 21 de julio. Entrada en vigor desde 1 de octubre de 2015. Referencia a Secretarios Judiciales como Letrados de la Administración de Justicia. Y por la Ley 13/2009, de 3 de noviembre. Entrada en vigor desde 4 de mayo de 2010.

[21] Véanse los arts. 24 y 54 de la LGDCU, el art. 117 de la LSA y los arts. 10, 11, 15, 19 a 22, 150 y 410 y ss. de la presente norma.

También se permitirán al interviniente las alegaciones necesarias para su defensa, que no hubiere efectuado por corresponder a momentos procesales anteriores a su admisión en el proceso. De estas alegaciones el Letrado de la Administración de Justicia dará traslado, en todo caso, a las demás partes, por plazo de 5 días.

El interviniente podrá, asimismo, utilizar los recursos que procedan contra las resoluciones que estime perjudiciales a su interés, aunque las consienta su litisconsorte.

Artículo 14[22]. *Intervención provocada*[23]

1. En caso de que la ley permita que el demandante llame a un tercero para que intervenga en el proceso sin la cualidad de demandado, la solicitud de intervención deberá realizarse en la demanda, salvo que la ley disponga expresamente otra cosa. Admitida por el tribunal la entrada en el proceso del tercero, éste dispondrá de las mismas facultades de actuación que la ley concede a las partes.

2. Cuando la ley permita al demandado llamar a un tercero para que intervenga en el proceso, se procederá conforme a las siguientes reglas:

1.ª El demandado solicitará del tribunal que sea notificada al tercero la pendencia del juicio. La solicitud deberá presentarse dentro del plazo otorgado para contestar a la demanda.

2.ª El letrado de la Administración de Justicia ordenará la interrupción del plazo para contestar a la demanda con efectos desde el día en que se presentó la solicitud, y acordará oír al demandante en el plazo de 10 días, resolviendo el tribunal mediante auto lo que proceda.

3.ª El plazo concedido al demandado para contestar a la demanda se reanudará con la notificación al demandado de la desestimación de su petición o, si es estimada, con el traslado del escrito de contestación presentado por el tercero y, en todo caso, al expirar el plazo concedido a este último para contestar a la demanda.

4.ª Si comparecido el tercero, el demandado considerase que su lugar en el proceso debe ser ocupado por aquél, se procederá conforme a lo dispuesto en el artículo 18.

---

[22] Modificado por la Ley Orgánica 7/2015, de 21 de julio. Entrada en vigor desde 1 de octubre de 2015. Referencia a Secretarios Judiciales como Letrados de la Administración de Justicia. Y por la Ley 42/2015, de 5 de octubre. Entrada en vigor desde 7 de octubre de 2015.
[23] Véanse los arts. 511, 1084,1475 y ss.,1481, 1482,1553,1559,1830 y 1832 del CC, y los arts. 18, 399, 404, 437, 440 y 660 de la presente norma.

5.ª Caso de que en la sentencia resultase absuelto el tercero, las costas se podrán imponer a quien solicitó su intervención con arreglo a los criterios generales del artículo 394.

Artículo 15[24]. ***Publicidad e intervención en procesos para la protección de derechos e intereses colectivos y difusos de consumidores y usuarios***[25]

1. En los procesos promovidos por asociaciones o entidades constituidas para la protección de los derechos e intereses de los consumidores y usuarios, o por los grupos de afectados, se llamará al proceso a quienes tengan la condición de perjudicados por haber sido consumidores del producto o usuarios del servicio que dio origen al proceso, para que hagan valer su derecho o interés individual. Este llamamiento se hará por el Letrado de la Administración de Justicia publicando la admisión de la demanda en medios de comunicación con difusión en el ámbito territorial en el que se haya manifestado la lesión de aquellos derechos o intereses.

El Ministerio Fiscal será parte en estos procesos cuando el interés social lo justifique. El tribunal que conozca de alguno de estos procesos comunicará su iniciación al Ministerio Fiscal para que valore la posibilidad de su personación.

2. Cuando se trate de un proceso en el que estén determinados o sean fácilmente determinables los perjudicados por el hecho dañoso, el demandante o demandantes deberán haber comunicado previamente su propósito de presentación de la demanda a todos los interesados. En este caso, tras el llamamiento, el consumidor o usuario podrá intervenir en el proceso en cualquier momento, pero sólo podrá realizar los actos procesales que no hubieran precluido.

3. Cuando se trate de un proceso en el que el hecho dañoso perjudique a una pluralidad de personas indeterminadas o de difícil determinación, el llamamiento suspenderá el curso del proceso por un plazo que no excederá de dos meses y que el Letrado de la Administración de Justicia determinará en cada caso atendiendo a las circunstancias o complejidad del hecho y a las dificultades de determinación y localización de los perjudicados. El proceso se reanudará con la intervención de todos aquellos consumidores que hayan acudido al llamamiento, no admitiéndose la personación individual de consumidores o usuarios en un momento posterior, sin perjuicio de que éstos puedan hacer valer sus derechos o intereses conforme a lo dispuesto en los artículos 221 y 519 de esta ley.

---

[24] Modificado por la Ley Orgánica 7/2015, de 21 de julio. Entrada en vigor desde 1 de octubre de 2015. Referencia a Secretarios Judiciales como Letrados de la Administración de Justicia. Y por la Ley 29/2009, de 30 de diciembre. Entrada en vigor desde 4 de mayo de 2010; Párrafo 4 añadido por la Ley 39/2002, de 28 de octubre. Entrada en vigor desde 18 de noviembre de 2002.

[25] Véanse los arts. 24 y 54 de la LGDCU y los arts. 11, 13, 78, 150, 221 y 519 de la presente norma.

4. Quedan exceptuados de lo dispuesto en los apartados anteriores los procesos iniciados mediante el ejercicio de una acción de cesación para la defensa de los intereses colectivos y de los intereses difusos de los consumidores y usuarios.

Artículo 15 bis[26]. *Intervención en procesos de defensa de la competencia y de protección de datos*[27]

1. La Comisión Europea, la Comisión Nacional de los Mercados y la Competencia y los órganos competentes de las comunidades autónomas en el ámbito de sus competencias podrán intervenir en los procesos de defensa de la competencia y de protección de datos, sin tener la condición de parte, por propia iniciativa o a instancia del órgano judicial, mediante la aportación de información o presentación de observaciones escritas sobre cuestiones relativas a la aplicación de los artículos 101 y 102 del Tratado de Funcionamiento de la Unión Europea o los artículos 1 y 2 de la Ley 15/2007, de 3 de julio, de Defensa de la Competencia. Con la venia del correspondiente órgano judicial, podrán presentar también observaciones verbales. A estos efectos, podrán solicitar al órgano jurisdiccional competente que les remita o haga remitir todos los documentos necesarios para realizar una valoración del asunto de que se trate.

La aportación de información no alcanzará a los datos o documentos obtenidos en el ámbito de las circunstancias de aplicación de la exención o reducción del importe de las multas previstas en los artículos 65 y 66 de la Ley 15/2007, de 3 de julio, de Defensa de la Competencia.

2. La Comisión Europea, la Comisión Nacional de los Mercados y la Competencia y los órganos competentes de las comunidades autónomas aportarán la información o presentarán las observaciones previstas en el número anterior 10 días antes de la celebración del acto del juicio a que se refiere el artículo 433 o dentro del plazo de oposición o impugnación del recurso interpuesto.

3. Lo dispuesto en los anteriores apartados en materia de procedimiento será asimismo de aplicación cuando la Comisión Europea, la Agencia Española de Protección de Datos y las autoridades autonómicas de protección de datos, en el ámbito de sus competencias, consideren precisa su intervención en un proceso que afecte a cuestiones relativas a la aplicación del Reglamento (UE) 2016/679 del Parlamento Europeo y del Consejo, de 27 de abril de 2016.

---

[26] Modificado por la Ley Orgánica 3/2018, de 5 de diciembre. Entrada en vigor desde 7 de diciembre de 2018.

[27] Véanse los arts. 212, 249, 404, 434, 461 y 465 de la presente norma.

Artículo 15 ter[28]. *Publicidad e intervención en procesos para la defensa del derecho a la igualdad de trato y no discriminación*

1. En los procesos promovidos por la Autoridad Independiente para la Igualdad de Trato y la No Discriminación, los partidos políticos, sindicatos, asociaciones profesionales de trabajadores autónomos, organizaciones de personas consumidoras y usuarias y asociaciones y organizaciones legalmente constituidas, que tengan entre sus fines la defensa y promoción de los derechos humanos, se llamará al proceso a quienes tengan la condición de personas afectadas por haber sufrido la situación de discriminación que dio origen al proceso, para que hagan valer su derecho o interés individual.

2. El órgano judicial que conozca de alguno de estos procesos comunicará su iniciación al Ministerio Fiscal para que, de conformidad con las funciones que le son propias, valore la posibilidad de su personación.

Artículo 15 quáter[29]. *Publicidad e intervención en procesos para la defensa del derecho a la igualdad de trato y no discriminación por razón de orientación e identidad sexual, expresión de género o características sexuales*

1. En los procesos promovidos por partidos políticos, organizaciones sindicales, asociaciones profesionales de trabajadores autónomos, organizaciones de personas consumidoras y usuarias y asociaciones y organizaciones legalmente constituidas, que tengan entre sus fines la defensa y promoción de los derechos de las personas lesbianas, gais, trans, bisexuales e intersexuales y de sus familias, se llamará al proceso a quienes tengan la condición de personas afectadas por haber sufrido la situación de discriminación que dio origen al proceso, para que hagan valer su derecho o interés individual. Este llamamiento se hará por el Letrado de la Administración de Justicia.

2. El Ministerio Fiscal será parte en estos procesos cuando el interés social lo justifique. El Tribunal que conozca de alguno de estos procesos comunicará su iniciación al Ministerio Fiscal para que valore la posibilidad de su personación.

3. Cuando se trate de un proceso en el que estén determinadas o sean fácilmente determinables las personas afectadas por la situación de discriminación, el demandante o demandantes deberán haber comunicado previamente su propósito de presentación de la demanda a todos los interesados. En este caso, tras el llamamiento, la persona afectada podrá intervenir en el proceso en cualquier momento, pero solo podrá realizar los actos procesales que no hubieran precluido.

[28] Añadido por la Ley 15/2022, de 12 de julio. Entrada en vigor desde 14 de julio de 2022.
[29] Añadido por la Ley 4/2023, de 12 de julio. Entrada en vigor desde 2 de marzo de 2023.

4. Cuando se trate de un proceso en el que la situación de discriminación perjudique a una pluralidad de personas indeterminadas o de difícil determinación, el llamamiento suspenderá el curso del proceso por un plazo que no excederá de dos meses y que el Letrado de la Administración de Justicia determinará en cada caso atendiendo a las circunstancias o complejidad del hecho y a las dificultades de determinación y localización de las personas afectadas. El proceso se reanudará con la intervención de todas aquellas que hayan acudido al llamamiento, no admitiéndose la personación individual de personas afectadas en un momento posterior, sin perjuicio de que éstas puedan hacer valer sus derechos o intereses conforme a lo dispuesto en los artículos 221 y 519.

CAPÍTULO III
De la sucesión procesal
(arts. 16 a 18)

Artículo 16[30]. *Sucesión procesal por muerte*[31]

1. Cuando se transmita mortis causa lo que sea objeto del juicio, la persona o personas que sucedan al causante podrán continuar ocupando en dicho juicio la misma posición que éste, a todos los efectos.

Comunicada la defunción de cualquier litigante por quien deba sucederle, el Letrado de la Administración de Justicia acordará la suspensión del proceso y dará traslado a las demás partes. Acreditados la defunción y el título sucesorio y cumplidos los trámites pertinentes, el Letrado de la Administración de Justicia tendrá, en su caso, por personado al sucesor en nombre del litigante difunto, teniéndolo el Tribunal en cuenta en la sentencia que dicte.

2. Cuando la defunción de un litigante conste al Tribunal que conoce del asunto y no se personare el sucesor en el plazo de los 5 días siguientes, el Letrado de la Administración de Justicia por medio de diligencia de ordenación permitirá a las demás partes pedir, con identificación de los sucesores y de su domicilio o residencia, que se les notifique la existencia del proceso, emplazándoles para comparecer en el plazo de 10 días.

En la misma resolución del Letrado de la Administración de Justicia por la que se acuerde la notificación, se acordará la suspensión del proceso hasta que comparezcan los sucesores o finalice el plazo para la comparecencia.

---

[30] Modificado por la Ley Orgánica 7/2015, de 21 de julio. Entrada en vigor desde 1 de octubre de 2015. Referencia a Secretarios Judiciales como Letrados de la Administración de Justicia.

[31] Véanse los arts. 130, 653, 657 y ss. del CC, y los arts. 20, 30, 149 y ss., 222, 233, 266, 496 a 500, 540, 765 y 766 de la presente norma.

3. Cuando el litigante fallecido sea el demandado y las demás partes no conocieren a los sucesores o éstos no pudieran ser localizados o no quisieran comparecer, el proceso seguirá adelante, declarándose por el Letrado de la Administración de Justicia la rebeldía de la parte demandada.

Si el litigante fallecido fuese el demandante y sus sucesores no se personasen por cualquiera de las dos primeras circunstancias expresadas en el párrafo anterior, se dictará por el Letrado de la Administración de Justicia decreto en el que teniendo por desistido al demandante, se ordene el archivo de las actuaciones, salvo que el demandado se opusiere, en cuyo caso se aplicará lo dispuesto en el apartado tercero del artículo 20. Si la no personación de los sucesores se debiese a que no quisieran comparecer, se entenderá que la parte demandante renuncia a la acción ejercitada.

Artículo 17[32]. *Sucesión por transmisión del objeto litigioso*[33]

1. Cuando se haya transmitido, pendiente un juicio, lo que sea objeto del mismo, el adquirente podrá solicitar, acreditando la transmisión, que se le tenga como parte en la posición que ocupaba el transmitente. El Letrado de la Administración de Justicia dictará diligencia de ordenación por la que acordará la suspensión de las actuaciones y otorgará un plazo de 10 días a la otra parte para que alegue lo que a su derecho convenga.

Si ésta no se opusiere dentro de dicho plazo, el Letrado de la Administración de Justicia, mediante decreto, alzará la suspensión y dispondrá que el adquirente ocupe en el juicio la posición que el transmitente tuviese en él.

2. Si dentro del plazo concedido en el apartado anterior la otra parte manifestase su oposición a la entrada en el juicio del adquirente, el tribunal resolverá por medio de auto lo que estime procedente.

No se accederá a la pretensión cuando dicha parte acredite que le competen derechos o defensas que, en relación con lo que sea objeto del juicio, solamente puede hacer valer contra la parte transmitente, o un derecho a reconvenir, o que pende una reconvención, o si el cambio de parte pudiera dificultar notoriamente su defensa.

Cuando no se acceda a la pretensión del adquirente, el transmitente continuará en el juicio, quedando a salvo las relaciones jurídicas privadas que existan entre ambos.

---

[32] Modificado por la Ley Orgánica 7/2015, de 21 de julio. Entrada en vigor desde 1 de octubre de 2015. Referencia a Secretarios Judiciales como Letrados de la Administración de Justicia.

[33] Véanse los arts. 1291, 1526 y ss. y 1535 del CC, y los arts. 30, 410 y ss., y 540 de la presente norma.

3. La sucesión procesal derivada de la enajenación de bienes y derechos litigiosos en procedimientos de concurso se regirá por lo establecido en la Ley Concursal. En estos casos, la otra parte podrá oponer eficazmente al adquirente cuantos derechos y excepciones le correspondieran frente al concursado.

Artículo 18[34]. *Sucesión en los casos de intervención provocada*[35]

En el caso a que se refiere la regla 4.ª del apartado 2 del artículo 14, de la solicitud presentada por el demandado se dará traslado por el Letrado de la Administración de Justicia a las demás partes para que aleguen lo que a su derecho convenga, por plazo de 5 días, decidiendo a continuación el Tribunal por medio de auto, lo que resulte procedente en orden a la conveniencia o no de la sucesión.

CAPÍTULO IV
Del poder de disposición de las partes sobre el proceso y sobre sus pretensiones
(arts. 19 a 22)

Artículo 19[36]. *Derecho de disposición de los litigantes. Transacción y suspensión*[37]

1. Los litigantes están facultados para disponer del objeto del juicio y podrán renunciar, desistir del juicio, allanarse, someterse a mediación, a cualquier otro medio adecuado de solución de controversias o a arbitraje, y transigir sobre lo que sea objeto del mismo, excepto cuando la ley lo prohíba o establezca limitaciones por razones de interés general o en beneficio de tercero.

Estos actos de disposición de los litigantes no podrán realizarse una vez señalado día para la deliberación, votación y fallo del recurso de casación[38].

---

[34] Modificado por la Ley Orgánica 7/2015, de 21 de julio. Entrada en vigor desde 1 de octubre de 2015. Referencia a Secretarios Judiciales como Letrados de la Administración de Justicia.

[35] Véase el art. 14 de la presente norma.

[36] Modificado por la Ley Orgánica 7/2015, de 21 de julio. Entrada en vigor desde 1 de octubre de 2015. Referencia a Secretarios Judiciales como Letrados de la Administración de Justicia. Y por la Ley 5/2012, de 6 de julio. Entrada en vigor desde 27 de julio de 2012. Apartado 4 modificado por la Ley 13/2009 de 3 de noviembre. Entrada en vigor desde 4 de mayo de 2010.

[37] Véanse el art. LGPre; el art. 31 de la LPAP; los arts. 6, 1809 a 1819 del CC, y los arts. 19 a 22, 25, 31, 43, 179, 188, 206, 414, 415, 428, 517, 518, 545 y ss., 556, 557, 751 y la DF 9.ª de la presente norma.

[38] Apartado 1 modificado por la LO 1/2025, de 2 de enero. Entrada en vigor el 3 de abril de 2025.

2. Si las partes pretendieran una transacción judicial y el acuerdo o convenio que alcanzaren fuere conforme a lo previsto en el apartado anterior, será homologado por el tribunal que esté conociendo del litigio al que se pretenda poner fin.

3. Los actos a los que se refieren los apartados anteriores podrán realizarse, según su naturaleza, en cualquier momento de la primera instancia o de los recursos o de la ejecución de sentencia, sin perjuicio de la regla especial para el recurso de casación contenida en el segundo párrafo del apartado 1[39].

4. Asimismo, las partes podrán solicitar la suspensión del proceso, que será acordada por el Letrado de la Administración de Justicia mediante decreto siempre que no perjudique al interés general o a tercero y que el plazo de la suspensión no supere los sesenta días.

5. En cualquier momento del procedimiento, el letrado o letrada de la Administración de Justicia o el juez, jueza o tribunal podrá plantear a las partes la posibilidad de derivar el litigio a mediación o a otro medio adecuado de solución de controversias, siempre que considere, mediante resolución motivada que podrá ser oral, que concurren circunstancias que posibilitan una solución del conflicto en dicho ámbito y, singularmente, en los casos en que no haya sido posible llevar a cabo la actividad negociadora previa. La derivación requerirá la conformidad de las partes, que podrán pedir conjuntamente la suspensión del procedimiento.

En los procedimientos en que intervengan personas mayores, definidas en el artículo 7 bis, se valorará específicamente esta circunstancia para promover la solución de los mismos a través de medios adecuados de solución de controversias, con especial consideración a la salvaguarda del principio de igualdad entre las partes[40].

Artículo 20[41]. *Renuncia y desistimiento*[42]

1. Cuando el actor manifieste su renuncia a la acción ejercitada o al derecho en que funde su pretensión, el tribunal dictará sentencia absolviendo al demandado, salvo que la renuncia fuese legalmente inadmisible. En este caso, se dictará auto mandando seguir el proceso adelante.

---

[39] Apartado 3 modificado por la LO 1/2025, de 2 de enero. Entrada en vigor el 3 de abril de 2025.

[40] Apartado 5 añadido por la LO 1/2025, de 2 de enero. Entrada en vigor el 3 de abril de 2025.

[41] Modificado por la Ley Orgánica 7/2015, de 21 de julio. Entrada en vigor desde 1 de octubre de 2015. Referencia a Secretarios Judiciales como Letrados de la Administración de Justicia. Y por la Ley Orgánica 13/2009, de 3 de noviembre. Entrada en vigor desde 4 de mayo de 2010.

[42] Véanse el art. 6 del CC y los arts.13, 16, 19, 25, 127, 222, 240, 396, 414, 415, 442, 447, 450, 503, 532, 619, 745, 751 y 826 de la presente norma.

2. El demandante podrá desistir unilateralmente del juicio antes de que el demandado sea emplazado para contestar a la demanda o citado para juicio. También podrá desistir unilateralmente, en cualquier momento, cuando el demandado se encontrare en rebeldía.

3. Emplazado el demandado, del escrito de desistimiento se le dará traslado por plazo de 10 días.

Si el demandado prestare su conformidad al desistimiento o no se opusiere a él dentro del plazo expresado en el párrafo anterior, por el Letrado de la Administración de Justicia se dictará decreto acordando el sobreseimiento y el actor podrá promover nuevo juicio sobre el mismo objeto.

Si el demandado se opusiera al desistimiento, el Juez resolverá lo que estime oportuno.

Artículo 21[43]. *Allanamiento*[44]

1. Cuando el demandado se allane a todas las pretensiones del actor, el tribunal dictará sentencia condenatoria de acuerdo con lo solicitado por éste, pero si el allanamiento se hiciera en fraude de ley o supusiera renuncia contra el interés general o perjuicio de tercero, se dictará auto rechazándolo y seguirá el proceso adelante.

2. Cuando se trate de un allanamiento parcial el tribunal, a instancia del demandante, podrá dictar de inmediato auto acogiendo las pretensiones que hayan sido objeto de dicho allanamiento. Para ello será necesario que, por la naturaleza de dichas pretensiones, sea posible un pronunciamiento separado que no prejuzgue las restantes cuestiones no allanadas, respecto de las cuales continuará el proceso. Este auto será ejecutable conforme a lo establecido en los artículos 517 y siguientes de esta Ley.

3. Si el allanamiento resultase del compromiso con efectos de transacción previsto en el apartado 3 del artículo 437 para los juicios de desahucio por falta de pago de rentas o cantidades debidas, o por expiración legal o contractual del plazo, la resolución que homologue la transacción declarará que, de no cumplirse con el plazo del desalojo establecido en la transacción, ésta quedará sin efecto, y que se llevará a cabo el lanzamiento sin más trámite y sin notificación alguna al condenado, en el día y hora fijadas en la citación si ésta es de fecha posterior, o en el día y hora que se señale en dicha resolución.

---

[43] Apartado 3 añadido por la Ley 19/2009, de 23 de noviembre. Entrada en vigor desde 24 de diciembre de 2009.
[44] Véanse los arts. 19, 25, 395, 405, 414, 437, 447, 496, 517, 619, 751 y 818 de la presente norma.

Artículo 22[45]. *Terminación del proceso por satisfacción extraprocesal o carencia sobre-venida de objeto. Caso especial de enervación del desahucio*[46]

1. Cuando, por circunstancias sobrevenidas a la demanda y a la reconvención, dejare de haber interés legítimo en obtener la tutela judicial pretendida, porque se hayan satisfecho, fuera del proceso, las pretensiones del actor y, en su caso, del demandado reconviniente o por cualquier otra causa, se pondrá de manifiesto esta circunstancia y, si hubiere acuerdo de las partes, se decretará por el Letrado de la Administración de Justicia la terminación del proceso, sin que proceda condena en costas.

2. Si alguna de las partes sostuviere la subsistencia de interés legítimo, negando motivadamente que se haya dado satisfacción extraprocesal a sus pretensiones o con otros argumentos, el Letrado de la Administración de Justicia convocará a las partes, en el plazo de diez días, a una comparecencia ante el Tribunal que versará sobre ese único objeto. Terminada la comparecencia, el tribunal decidirá mediante auto, dentro de los diez días siguientes, si procede, o no, continuar el juicio, imponiéndose las costas de estas actuaciones a quien viere rechazada su pretensión.

En el caso de que el interés legítimo que se alegara se circunscribiera a la satisfacción de las costas causadas, el letrado de la Administración de Justicia dará cuenta al tribunal, que acordará mediante auto, previa audiencia de la otra parte, la terminación del proceso, pudiendo condenar al pago de las costas conforme a los criterios establecidos en el artículo 395 de esta Ley.

Contra este auto cabrá interponer recurso de apelación[47].

3. Contra el auto que ordene la continuación del juicio no cabrá recurso alguno. Contra el que acuerde su terminación, cabrá recurso de apelación.

4. Los procesos de desahucio de finca urbana o rústica por falta de pago de las rentas o cantidades debidas por el arrendatario terminarán mediante decreto dictado al efecto por el letrado de la Administración de Justicia si, requerido aquél en los términos previstos en el apartado 5 del artículo 438, paga al actor o pone a su disposición en el Tribunal o notarialmente, dentro del plazo conferido en el requerimiento, el importe de las cantidades reclamadas en la demanda y el de las que adeude en

---

[45] Modificado por la Ley Orgánica 7/2015, de 21 de julio. Entrada en vigor desde 1 de octubre de 2015. Referencia a Secretarios Judiciales como Letrados de la Administración de Justicia. Y por la Ley 13/2009, de 3 de noviembre. Entrada en vigor desde 4 de mayo de 2010. Modificado por el RD-Ley 6/2023, de 19 de diciembre. Entrada en Vigor desde 20 de marzo de 2024. Añadido apartado 5 por la Ley 19/2009, de 23 de noviembre. Entrada en vigor desde 24 de diciembre de 2009.

[46] Véanse los arts. 19, 25, 207, 250, 394, 413, 439, 440, 444, 455 a 467, 518, 545 y ss., 556 y 789 de la presente norma.

[47] Apartado 2 modificado por la LO 1/205, de 2 de enero. Entrada en vigor 3 de abril de 2025.

el momento de dicho pago enervador del desahucio. Si el demandante se opusiera a la enervación por no cumplirse los anteriores requisitos, se citará a las partes a la vista prevenida en el artículo 443 de esta Ley, tras la cual el Juez dictará sentencia por la que declarará enervada la acción o, en otro caso, estimará la demanda habiendo lugar al desahucio.

Lo dispuesto en el párrafo anterior no será de aplicación cuando el arrendatario hubiera enervado el desahucio en una ocasión anterior, excepto que el cobro no hubiera tenido lugar por causas imputables al arrendador, ni cuando el arrendador hubiese requerido de pago al arrendatario por cualquier medio fehaciente con, al menos, treinta días de antelación a la presentación de la demanda y el pago no se hubiese efectuado al tiempo de dicha presentación.

5. La resolución que declare enervada la acción de desahucio condenará al arrendatario al pago de las costas devengadas, salvo que las rentas y cantidades debidas no se hubiesen cobrado por causas imputables al arrendador.

CAPÍTULO V
De la representación procesal y la defensa técnica
(arts. 23 a 35)

Artículo 23[48]. *Intervención de procurador*[49]

1. La comparecencia en juicio será por medio de procurador, que habrá de ser Licenciado en Derecho, Graduado en Derecho u otro título universitario de Grado equivalente, habilitado para ejercer su profesión en el tribunal que conozca del juicio.

2. No obstante lo dispuesto en el apartado anterior, podrán los litigantes comparecer por sí mismos:

1.º En los juicios verbales cuya determinación se haya efectuado por razón de la cuantía y ésta no exceda de 2.000 euros, y para la petición inicial de los procedimientos monitorios, conforme a lo previsto en esta Ley.

2.º En los juicios universales, cuando se limite la comparecencia a la presentación de títulos de crédito o derechos, o para concurrir a Juntas.

---

[48] Modificado por la Ley Orgánica 7/2015, de 21 de julio. Entrada en vigor desde 1 de octubre de 2015. Referencia a Secretarios Judiciales como Letrados de la Administración de Justicia. Modificados los apartados 1 y 2, y añadidos los apartados 4 y 6 por la ley 42/2015, de 5 de octubre. Entrada en vigor desde 1 de octubre de 2015. Añadido apartado 3 por la Ley 13/2009 de 3 de noviembre. Entrada en vigor desde 5 de noviembre de 2009.

[49] Véanse los arts. 542 a 546 de la LOPJ, y los arts 155, 274, 414, 431, 432, 539, 437, 539, 750, 758, 771, 814 y 818 de la presente norma.

3.° En los incidentes relativos a impugnación de resoluciones en materia de asistencia jurídica gratuita y cuando se soliciten medidas urgentes con anterioridad al juicio.

3. El procurador legalmente habilitado podrá comparecer en cualquier tipo de procesos sin necesidad de abogado, cuando lo realice a los solos efectos de oír y recibir actos de comunicación y efectuar comparecencias de carácter no personal de los representados que hayan sido solicitados por el Juez, Tribunal o Letrado de la Administración de Justicia. Al realizar dichos actos no podrá formular solicitud alguna. Es incompatible el ejercicio simultáneo de las profesiones de abogado y procurador de los Tribunales.

4. En los supuestos establecidos por la ley, corresponde a los y las profesionales de la procura la práctica de los actos procesales de comunicación y la realización de tareas de auxilio y cooperación con los tribunales, así como las actividades materiales del proceso de ejecución que les hayan sido expresamente delegadas por el juez, jueza o tribunal, previa la petición y el consentimiento informado de la persona representada[50].

5. Para la realización de los actos de comunicación y las actividades materiales propias de la ejecución que les hayan sido expresamente delegadas por el juez, jueza o tribunal, con los límites y en los supuestos establecidos, ostentarán capacidad de certificación y dispondrán de las credenciales necesarias.

En el ejercicio de las funciones contempladas en este apartado, y sin perjuicio de la posibilidad de sustitución por otro procurador conforme a lo previsto en la Ley Orgánica, 6/1985, de 1 de julio, del Poder Judicial, actuarán de forma personal e indelegable y su actuación será impugnable ante el letrado de la Administración de Justicia conforme a la tramitación prevista en los artículos 452 y 453. Contra el decreto resolutivo de esta impugnación se podrá interponer recurso de revisión[51].

6. Para la práctica de los actos procesales y demás funciones atribuidas a los procuradores, los Colegios de Procuradores organizarán los servicios necesarios.

Artículo 24[52]. *Apoderamiento del procurador*[53]

1. El poder en que la parte otorgue su representación al procurador se podrá conferir en alguna de las siguientes formas:

---

[50] Apartado 4 modificado por la LO 1/2025, de 2 de enero. Entrada en vigor el 3 de abril de 2025.

[51] Apartado 5 modificado por la LO 1/2025, de 2 de enero. Entrada en vigor el 3 de abril de 2025.

[52] Modificado por la Ley Orgánica 7/2015, de 21 de julio. Entrada en vigor desde 1 de octubre de 2015. Referencia a Secretarios Judiciales como Letrados de la Administración de Justicia. Y por el RD-Ley 6/2023, de 19 de diciembre. Entrada en vigor desde 20 de marzo de 2024.

[53] Véanse los arts.264, 266, 269 y 550 de la presente norma.

a) Por comparecencia electrónica, a través de una sede judicial electrónica, en el registro electrónico de apoderamientos judiciales apud acta.

b) Ante notario o por comparecencia personal, sea presencial o por medios electrónicos, ante el letrado o letrada de la Administración de Justicia de cualquier oficina judicial. En estos casos, se procederá a la inscripción en el registro electrónico de apoderamientos judiciales dependiente del Ministerio de la Presidencia, Justicia y Relaciones con las Cortes.

2. El otorgamiento apud acta por comparecencia personal o electrónica deberá ser efectuado al mismo tiempo que la presentación del primer escrito o, en su caso, antes de la primera actuación, sin necesidad de que a dicho otorgamiento concurra el procurador. La representación procesal se acreditará mediante consulta automatizada orientada al dato que confirme la inscripción de esta en el Registro Electrónico de Apoderamientos Judiciales, cuando el sistema así lo permita. En otro caso, se acreditará mediante la certificación de la inscripción en el Registro Electrónico de Apoderamientos Judiciales.

3. Los apoderamientos inscritos en el Registro Electrónico de Apoderamientos de la Administración General del Estado producirán efectos en el procedimiento judicial, siempre que se ajusten a lo previsto en esta Ley y que se cumplan los requisitos técnicos previstos en la Ley que regule los usos de la tecnología en la Administración de Justicia y su desarrollo reglamentario o por normativa técnica.

Artículo 25[54]. *Poder general y poder especial*[55]

1. El poder general para pleitos facultará al procurador para realizar válidamente, en nombre de su poderdante, todos los actos procesales comprendidos, de ordinario, en la tramitación de aquellos.

El poderdante podrá, no obstante, excluir del poder general asuntos y actuaciones para las que la ley no exija apoderamiento especial. La exclusión habrá de ser consignada expresa e inequívocamente.

Los procuradores que ostenten la representación procesal de un litigante beneficiario del derecho de asistencia jurídica gratuita podrán realizar válidamente, en nombre de su representado, todos los actos procesales comprendidos, de ordinario, en la tramitación de aquellos[56].

---

[54] Apartado 3 suprimido por la LO 1/2025, de 2 de enero. Entrada en vigor el 3 de abril de 2025.

[55] Véanse los arts. 223 de la LOPJ, el art. 1713 del CC y los arts. 10 a 22, 28, 107, 414 de la presente norma.

[56] Apartado 1 modificado por la LO 1/2025, de 2 de enero, que añade un párrafo tercero al apartado 1. Entrada en vigor el 3 de abril de 2025.

2. Será necesario poder especial:

1.º Para la renuncia, la transacción, el desistimiento, el allanamiento, el sometimiento a arbitraje y las manifestaciones que puedan comportar sobreseimiento del proceso por satisfacción extraprocesal o carencia sobrevenida de objeto.

2.º Para ejercitar las facultades que el poderdante hubiera excluido del poder general, conforme a lo dispuesto en el apartado anterior.

3.º En todos los demás casos en que así lo exijan las leyes.

Artículo 26[57]. *Aceptación del poder. Deberes del procurador*

1. La aceptación del poder se presume por el hecho de usar de él el procurador.

2. Aceptado el poder, el procurador quedará obligado:

1.º A seguir el asunto mientras no cese en su representación por alguna de las causas expresadas en el artículo 30. Le corresponde la obligación de colaborar con los órganos jurisdiccionales para la subsanación de los defectos procesales, así como la realización de todas aquellas actuaciones que resulten necesarias para el impulso y la buena marcha del proceso.

2.º A transmitir al abogado elegido por su cliente o por él mismo, cuando a esto se extienda el poder, todos los documentos, antecedentes o instrucciones que se le remitan o pueda adquirir, haciendo cuanto conduzca a la defensa de los intereses de su poderdante, bajo la responsabilidad que las leyes imponen al mandatario.

Cuando no tuviese instrucciones o fueren insuficientes las remitidas por el poderdante, hará lo que requiera la naturaleza o índole del asunto.

3.º A tener al poderdante y al abogado siempre al corriente del curso del asunto que se le hubiere confiado, pasando al segundo copias de todas las resoluciones que se le notifiquen y de los escritos y documentos que le sean trasladados por el tribunal o por los procuradores de las demás partes.

4.º A trasladar los escritos de su poderdante y de su letrado a los procuradores de las restantes partes en la forma prevista en el artículo 276.

---

[57] Modificado por la Ley Orgánica 7/2015, de 21 de julio. Entrada en vigor desde 1 de octubre de 2015. Referencia a Secretarios Judiciales como Letrados de la Administración de Justicia. Modificado el punto 7 por la Ley 42/2015, de 5 de octubre. Entrada en vigor desde 1 de octubre de 2015. Modificados los puntos 1 y 8 por la Ley 37/2011, de 10 de octubre. Entrada en vigor desde 31 de octubre de 2011.

5.º A recoger del abogado que cese en la dirección de un asunto las copias de los escritos y documentos y demás antecedentes que se refieran a dicho asunto, para entregarlos al que se encargue de continuarlo o al poderdante.

6.º A comunicar de manera inmediata al tribunal la imposibilidad de cumplir alguna actuación que tenga encomendada.

7.º A pagar todos los gastos que se causaren a su instancia, excepto los honorarios de los abogados y los correspondientes a los peritos, las tasas por el ejercicio de la potestad jurisdiccional y los depósitos necesarios para la presentación de recursos, salvo que el poderdante le haya entregado los fondos necesarios para su abono.

8.º A la realización de los actos de comunicación y otros actos de cooperación con la Administración de Justicia que su representado le solicite, o en interés de éste cuando así se acuerde en el transcurso del procedimiento judicial por el letrado o letrada de la Administración de Justicia, de conformidad con lo previsto en las leyes procesales.

9.º A acudir a los juzgados y tribunales ante los que ejerza la profesión, a las salas de notificaciones y servicios comunes, durante el período hábil de actuaciones.

10.º A la realización de las actuaciones de ejecución previstas en la presente ley, cuando la persona a que representa así lo solicite y le hayan sido expresamente delegadas por el juez, jueza o tribunal, con los límites y en los supuestos establecidos legalmente[58].

Artículo 27. *Derecho supletorio sobre apoderamiento*[59]

A falta de disposición expresa sobre las relaciones entre el poderdante y el procurador, regirán las normas establecidas para el contrato de mandato en la legislación civil aplicable.

Artículo 28. *Representación pasiva del procurador*[60]

1. Mientras se halle vigente el poder, el procurador oirá y firmará los emplazamientos, citaciones, requerimientos y notificaciones de todas clases, incluso las de sentencias que se refieran a su parte, durante el curso del asunto y hasta que quede ejecutada la sentencia, teniendo estas actuaciones la misma fuerza que si interviniere en ellas directamente el poderdante sin que le sea lícito pedir que se entiendan con éste.

---

[58] Apartado 2 modificado por la LO 1/2025, de 3 de enero. Entrada en vigor 3 de abril de 2025.
[59] Véanse los arts.1709 a 1739 del CC.
[60] Véanse el art. 272 de la LOPJ y los arts. 25, 151, 153, 154, 276 a 278 y 783 de la presente norma.

2. También recibirá el procurador, a efectos de notificación y plazos o términos, las copias de los escritos y documentos que los procuradores de las demás partes le entreguen en la forma establecida en el artículo 276.

3. En todos los edificios judiciales que sean sede de tribunales civiles existirá un servicio de recepción de notificaciones organizado por el Colegio de Procuradores. La recepción por dicho servicio de las notificaciones y de las copias de escritos y documentos que sean entregados por los procuradores para su traslado a los de las demás partes, surtirá plenos efectos. En la copia que se diligencie para hacer constar la recepción se expresará el número de copias entregadas y el nombre de los procuradores a quienes están destinadas.

4. Se exceptúan de lo establecido en los apartados anteriores los traslados, emplazamientos, citaciones y requerimientos que la ley disponga que se practiquen a los litigantes en persona.

Artículo 29[61]. *Provisión de fondos*[62]

1. El poderdante está obligado a proveer de fondos al procurador, conforme a lo establecido por la legislación civil aplicable para el contrato de mandato.

2. Si, después de iniciado un proceso, el poderdante no habilitare a su procurador con los fondos necesarios para continuarlo, podrá éste pedir que sea aquél apremiado a verificarlo.

Esta pretensión se deducirá ante el Tribunal que estuviere conociendo del asunto. Deducida dicha pretensión, por el Letrado de la Administración de Justicia se dará traslado al poderdante por el plazo de 10 días y el Letrado de la Administración de Justicia resolverá mediante decreto lo que proceda, fijando, en su caso, la cantidad que estime necesaria y el plazo en que haya de entregarse, bajo apercibimiento de apremio.

Artículo 30[63]. *Cesación del procurador*[64]

1. Cesará el procurador en su representación:

---

[61] Modificado por la Ley Orgánica 7/2015, de 21 de julio. Entrada en vigor desde 1 de octubre de 2015. Referencia a Secretarios Judiciales como Letrados de la Administración de Justicia. Y por la Ley 13/2009, de 3 de noviembre. Entrada en vigor 4 de mayo de 2010.

[62] Véanse los arts.1728 a 1730 del CC.

[63] Modificado por la Ley Orgánica 7/2015, de 21 de julio. Entrada en vigor desde 1 de octubre de 2015. Referencia a Secretarios Judiciales como Letrados de la Administración de Justicia. Y por la Ley 13/2009, de 3 de noviembre. Entrada en vigor desde 4 de mayo de 2010.

[64] Véanse los arts. 19 a 22 de la presente norma.

1.º Por la revocación expresa o tácita del poder, luego que conste en los autos. Se entenderá revocado tácitamente el poder por el nombramiento posterior de otro procurador que se haya personado en el asunto.

Si, en este último caso, el procurador que viniere actuando en el juicio suscitare cuestión sobre la efectiva existencia o sobre la validez de la representación que se atribuya el que pretenda sustituirle, previa audiencia de la persona o personas que aparezcan como otorgantes de los respectivos poderes, se resolverá la cuestión por medio de decreto.

2.º Por renuncia voluntaria o por cesar en la profesión o ser sancionado con la suspensión en su ejercicio. En los dos primeros casos, estará el procurador obligado a poner el hecho, con anticipación y de modo fehaciente, en conocimiento de su poderdante y del Tribunal. En caso de suspensión, el Colegio de Procuradores correspondiente lo hará saber al Tribunal.

Mientras no acredite en los autos la renuncia o la cesación y se le tenga por renunciante o cesante, no podrá el procurador abandonar la representación de su poderdante, en la que habrá de continuar hasta que éste provea a la designación de otro dentro del plazo de 10 días.

Transcurridos éstos sin que se haya designado nuevo procurador, el Letrado de la Administración de Justicia dictará resolución en la que tendrá a aquél por definitivamente apartado de la representación que venía ostentando.

3.º Por fallecimiento del poderdante o del procurador.

En el primer caso, estará el procurador obligado a poner el hecho en conocimiento del Tribunal, acreditando en forma el fallecimiento y, si no presentare nuevo poder de los herederos o causahabientes del finado, se estará a lo dispuesto en el artículo 16.

Cuando fallezca el procurador, el Letrado de la Administración de Justicia hará saber al poderdante la defunción, a fin de que proceda a la designación de nuevo procurador en el plazo de 10 días.

4.º Por separarse el poderdante de la pretensión o de la oposición que hubiere formulado y, en todo caso, por haber terminado el asunto o haberse realizado el acto para el que se hubiere otorgado el poder.

2. Cuando el poder haya sido otorgado por el representante legal de una persona jurídica, el administrador de una masa patrimonial o patrimonio separado, o la persona que, conforme a la ley, actúe en juicio representando a un ente sin personalidad,

los cambios en la representación o administración de dichas personas jurídicas, masas patrimoniales o patrimonios separados, o entes sin personalidad no extinguirán el poder del procurador ni darán lugar a nueva personación.

Artículo 31[65]. *Intervención de abogado*[66]

1. Los litigantes serán dirigidos por abogados habilitados para ejercer su profesión en el tribunal que conozca del asunto. No podrá proveerse a ninguna solicitud que no lleve la firma de abogado.

2. Exceptuándose solamente:

1.º Los juicios verbales cuya determinación se haya efectuado por razón de la cuantía y ésta no exceda de 2.000 euros, y la petición inicial de los procedimientos monitorios conforme a lo previsto en esta Ley.

2.º Los escritos que tengan por objeto personarse en juicio, solicitar medidas urgentes con anterioridad al juicio o pedir la suspensión urgente de vistas o actuaciones. Cuando la suspensión de vistas o actuaciones que se pretenda se funde en causas que se refieran especialmente al abogado también deberá éste firmar el escrito, si fuera posible.

3.º Los escritos que tengan por objeto acreditar ante la Oficina judicial o Tribunal el cumplimiento de las actividades materiales del proceso de ejecución que les hayan sido expresamente delegadas a los procuradores por el juez, jueza o Tribunal en los términos previstos por la ley, sin perjuicio de la obligación de informar de su presentación a la dirección letrada del procedimiento[67].

Artículo 32[68]. *Intervención no preceptiva de abogado y procurador*[69]

1. Cuando, no resultando preceptiva la intervención de abogado y procurador, el demandante pretendiere comparecer por sí mismo y ser defendido por abogado, o ser representado por procurador, o ser asistido por ambos profesionales a la vez, lo hará constar así en la demanda.

---

[65] Modificado por la Ley 4/2011, de 24 de marzo. Entrada en vigor desde 7 de octubre de 2015.
[66] Véanse los arts. 542 a 546 de la LOPJ, el art. 23 de la LJCA y los arts. 19, 32, 43, 174, 225, 254, 432, 437, 539, 750, 758, 770, 771, 814 y 818 de la presente norma.
[67] Apartado 2 modificado por la LO 1/2025, de 3 de enero. Entrada en vigor 3 de abril de 2025.
[68] Modificado por la Ley 13/2009, de 3 de noviembre. Entrada en vigor desde 5 de mayo de 2010.
[69] Véanse el art. 20 de la LOPJ y los arts. 183, 241 a 246 y 394 de la presente norma.

2. Recibida la notificación de la demanda, si el demandado pretendiera valerse también de abogado y procurador, lo comunicará al tribunal dentro de los tres días siguientes, pudiendo solicitar también, en su caso, el reconocimiento del derecho a la asistencia jurídica gratuita. En este último caso, el tribunal podrá acordar la suspensión del proceso hasta que se produzca el reconocimiento o denegación de dicho derecho o la designación provisional de abogado y procurador.

3. La facultad de acudir al proceso con la asistencia de los profesionales a que se refiere el apartado 1 de este artículo corresponderá también al demandado, cuando el actor no vaya asistido por abogado o procurador. El demandado comunicará al tribunal su decisión en el plazo de tres días desde que se le notifique la demanda, dándose cuenta al actor de tal circunstancia. Si el demandante quisiere entonces valerse también de abogado y procurador, lo comunicará al tribunal en los tres días siguientes a la recepción de la notificación, y, si solicitare el reconocimiento del derecho a la asistencia jurídica gratuita, se podrá acordar la suspensión en los términos prevenidos en el apartado anterior.

4. En la notificación en que se comunique a una parte la intención de la parte contraria de servirse de abogado y procurador, se le informará del derecho que les corresponde según el artículo 6.3 de la Ley de Asistencia Jurídica Gratuita, a fin de que puedan realizar la solicitud correspondiente.

5. Cuando la intervención de abogado y procurador no sea preceptiva, de la eventual condena en costas de la parte contraria a la que se hubiese servido de dichos profesionales se excluirán los derechos y honorarios devengados por los mismos, salvo que el Tribunal aprecie temeridad o abuso del servicio público de Justicia en la conducta del condenado en costas o que el domicilio de la parte representada y defendida esté en partido judicial distinto a aquel en que se ha tramitado el juicio, operando en este último caso las limitaciones a que se refiere el apartado 3 del artículo 394 de esta ley. También se excluirán, en todo caso, los derechos devengados por el procurador como consecuencia de aquellas actuaciones de carácter meramente facultativo que hubieran podido ser practicadas por las Oficinas judiciales.

En el caso en el que, pese a no ser preceptiva la intervención de abogado o abogada ni de procurador o procuradora, el consumidor opte por valerse de estos profesionales para interponer demanda tras haber formulado una reclamación extrajudicial previa, en la tasación de costas se incluirá la cuenta del procurador y la minuta del abogado, en este último caso sin el límite establecido en el artículo 394.3[70].

---

[70] Apartado 5 modificado por la LO 1/2025, de 3 de enero. Entrada en vigor 3 de abril de 2025.

Artículo 33[71]. *Designación de procurador y de abogado*[72]

1. Fuera de los casos de designación de oficio previstos en la Ley de Asistencia Jurídica Gratuita, corresponde a las partes contratar los servicios del procurador y del abogado que les hayan de representar y defender en juicio.

2. No obstante, el litigante que no tenga derecho a la asistencia jurídica gratuita podrá pedir que se le designe abogado, procurador o ambos profesionales, cuando su intervención sea preceptiva o cuando, no siéndolo, la parte contraria haya comunicado al Tribunal que actuará defendida por abogado y representada por procurador.

En el caso de que la petición se realice por el demandado, deberá formularla en el plazo de los tres días siguientes a recibir la cédula de emplazamiento o citación.

Estas peticiones se harán y decidirán conforme a lo dispuesto en la Ley de Asistencia Jurídica Gratuita, sin necesidad de acreditar el derecho a obtener dicha asistencia, siempre que el solicitante se comprometa a pagar los honorarios y derechos de los profesionales que se le designen.

3. Cuando en un juicio de aquellos a los que se refiere el número 1.o del apartado 1 del artículo 250, alguna de las partes solicitara el reconocimiento del derecho a la asistencia jurídica gratuita, el Tribunal, tan pronto como tenga noticia de este hecho, dictará una resolución motivada requiriendo de los colegios profesionales el nombramiento provisional de abogado y de procurador, cuando las designaciones no hubieran sido realizadas con anterioridad, sin perjuicio del resarcimiento posterior de los honorarios correspondientes por el solicitante si se le deniega después el derecho a la asistencia jurídica gratuita.

Dicha resolución se comunicará por el medio más rápido posible a los Colegios de Abogados y de Procuradores, tramitándose a continuación la solicitud según lo previsto en la Ley de Asistencia Jurídica Gratuita.

4. En los juicios a los que se refiere el apartado anterior, el demandado deberá solicitar el reconocimiento del derecho de asistencia jurídica gratuita o interesar la designación de abogado y procurador de oficio dentro de los tres días siguientes al de la notificación de la demanda. Si la solicitud se realizara en un momento posterior, la falta de designación de abogado y procurador por los colegios profesionales no suspenderá la celebración del juicio, salvo en los supuestos contemplados en el párra-

---

[71] Apartado 2 añadido por la Ley 13/2009, de 3 de noviembre. Entrada en vigor desde 4 de mayo de 2010. Apartado 3 añadido por la Ley 23/2003, de 10 de julio. Entrada en vigor desde 11/09/2003. Apartado 4 añadido por la Ley 19/2009, de 23 de noviembre. Entrada en vigor desde 24 de noviembre de 2009.

[72] Véanse el art. 545 de la LOPJ y el art. 241 y DA 5.ª de la presente norma.

fo segundo del artículo 16 de la Ley 1/1996, de 10 de enero, de Asistencia Jurídica Gratuita.

Artículo 34[73]. *Cuenta del procurador*[74]

1. Cuando un procurador tenga que exigir de su poderdante moroso las cantidades que éste le adeude por los derechos y gastos que hubiere suplido para el asunto, podrá presentar ante el letrado de la Administración de Justicia del lugar en que éste radicare cuenta detallada y justificada, manifestando que le son debidas y no satisfechas las cantidades que de ella resulten y reclame. Igual derecho que los procuradores tendrán sus herederos respecto a los créditos de esta naturaleza que aquéllos les dejaren. No será preceptiva la intervención de abogado ni procurador.

2. Presentada la cuenta y admitida por el letrado o letrada de la Administración de Justicia, éste o ésta requerirá al poderdante para que pague dicha suma o impugne la cuenta por ser indebida, en el plazo de 10 días, bajo apercibimiento de apremio si no pagare ni formulare impugnación.

Si, dentro de dicho plazo, se opusiere el poderdante, el letrado o letrada de la Administración de Justicia dará traslado al procurador por tres días para que se pronuncie sobre la impugnación. A continuación, el letrado o letrada de la Administración de Justicia examinará la cuenta y las actuaciones procesales, así como la documentación aportada, y dictará, en el plazo de 10 días, decreto determinando la cantidad que haya de satisfacerse al procurador, bajo apercibimiento de apremio si el pago no se efectuase dentro de los 5 días siguientes a la notificación.

Este decreto y el auto que resuelva el recurso de revisión no prejuzgarán, ni siquiera parcialmente, la sentencia que pudiera recaer en juicio declarativo posterior.

3. Si el poderdante no formulare oposición dentro del plazo establecido, se despachará ejecución por la cantidad a que ascienda la cuenta.

4. Si la reclamación se dirige contra una persona física, el procurador deberá aportar junto con la cuenta el contrato suscrito con el cliente, y el letrado o letrada de la Administración de Justicia, previamente a efectuar el requerimiento, dará cuenta al juez o la jueza para que pueda apreciar el posible carácter abusivo de cualquier

---

[73] Modificado por la Ley 42/2015, de 5 de octubre. Entrada en vigor desde 7 de octubre de 2015. Apartado 1 modificado por la Ley 13/2009, de 3 de noviembre. Entrada en vigor desde 4 de mayo de 2010. Apartado 2 modificado por el RD-Ley 6/2023, de 19 de diciembre. Entrada en vigor desde 20 de marzo de 2024. Tercer párrafo del apartado 2 es declarado inconstitucional y nulo por Sentencia del TC 34/2019, de 14 de marzo. Apartado 4 añadido por el RD-Ley 6/2023, de 19 de diciembre. Entrada en vigor desde 20 de marzo de 2024.

[74] Véanse el art. 1967 del CC y los arts. 61, 241, 242, 245 y 517 de la presente norma.

cláusula que constituya el fundamento de la petición o que hubiese determinado la cantidad exigible.

El juez o jueza examinará de oficio si alguna de las cláusulas que constituye el fundamento de la petición o que hubiese determinado la cantidad exigible puede ser calificada como abusiva.

Cuando apreciare que alguna cláusula puede ser calificada como tal, dará audiencia por 5 días a las partes. Oídas estas, resolverá lo procedente mediante auto dentro de los 5 días siguientes. Para dicho trámite no será preceptiva la intervención de abogado ni de procurador.

De estimar el carácter abusivo de alguna de las cláusulas contractuales, el auto que se dicte determinará las consecuencias de tal consideración acordando, bien la improcedencia de la pretensión, bien la continuación del procedimiento sin aplicación de las consideradas abusivas.

Si el tribunal no estimase la existencia de cláusulas abusivas, lo declarará así y el letrado o letrada de la Administración de Justicia procederá a requerir al deudor en los términos previstos en el apartado 2.

El auto que se dicte será directamente apelable en todo caso. El pronunciamiento, una vez firme, tendrá fuerza de cosa juzgada.

Artículo 35[75]. *Honorarios de los abogados*[76]

1. Los abogados podrán reclamar frente a la parte a la que defiendan el pago de los honorarios que hubieren devengado en el asunto, presentando minuta detallada y manifestando formalmente que esos honorarios les son debidos y no han sido satisfechos.

Igual derecho que los abogados tendrán sus herederos respecto a los créditos de esta naturaleza que aquéllos les dejaren. No será preceptiva la intervención de abogado ni procurador.

2. Presentada esta reclamación, el letrado o letrada de la Administración de Justicia requerirá al deudor para que pague dicha suma o impugne la cuenta, en el plazo de 10 días, bajo apercibimiento de apremio si no pagare ni formulare impugnación.

---

[75] Modificado por la Ley 42/2015, de 5 de octubre. Entrada en vigor desde 7 de octubre de 2015. Apartado 2 modificado por el RD-Ley 6/2023, de 19 de diciembre. Entrada en vigor desde 20 de marzo de 2024. Subrayado entre paréntesis del párrafo segundo declarado inconstitucional y nulo por Sentencia del TC 34/2019, de 14 de marzo. Apartado 4 añadido por el RD-Ley 6/2023, de 19 de diciembre. Entrada en vigor desde 20 de marzo de 2024.

[76] Véanse los arts. 61, 241, 242, 243, 245, 246 y 517 de la presente norma.

Si, dentro del citado plazo, los honorarios se impugnaren por indebidos, se estará a lo dispuesto en los párrafos segundo (y tercero) del apartado 2 del artículo anterior.

Si se impugnaran los honorarios por excesivos, el letrado o letrada de la Administración de Justicia dará traslado al abogado por 5 días para que se pronuncie sobre la impugnación. Si no se aceptara la reducción de honorarios que se le reclama, el letrado o letrada de la Administración de Justicia procederá previamente a su regulación conforme a lo previsto en los artículos 241 y siguientes, salvo que el abogado o la abogada acredite la existencia de presupuesto previo en escrito aceptado por el impugnante, y dictará decreto fijando la cantidad debida, bajo apercibimiento de apremio si no se pagase dentro de los 5 días siguientes a la notificación, y contra el que cabrá interponer recurso directo de revisión.

Este decreto y el auto que resuelva el recurso de revisión no prejuzgarán, ni siquiera parcialmente, la sentencia que pudiera recaer en juicio declarativo posterior.

3. Si el deudor de los honorarios no formulare oposición dentro del plazo establecido, se despachará ejecución por la cantidad a que ascienda la minuta.

4. Si la reclamación se dirige contra una persona física, el abogado o abogada deberá aportar junto con la cuenta el contrato suscrito con el cliente y el letrado o letrada de la Administración de Justicia, previamente a efectuar el requerimiento, dará cuenta al juez o la jueza para que pueda apreciar el posible carácter abusivo de cualquier cláusula que constituya el fundamento de la petición o que hubiese determinado la cantidad exigible.

El juez o jueza examinará de oficio si alguna de las cláusulas que constituye el fundamento de la petición o que hubiese determinado la cantidad exigible puede ser calificada como abusiva.

Cuando apreciare que alguna cláusula puede ser calificada como tal, dará audiencia por 5 días a las partes. Oídas estas, resolverá lo procedente mediante auto dentro de los 5 días siguientes. Para dicho trámite no será preceptiva la intervención de abogado ni de procurador.

De estimar el carácter abusivo de alguna de las cláusulas contractuales, el auto que se dicte determinará las consecuencias de tal consideración acordando, bien la improcedencia de la pretensión, bien la continuación del procedimiento sin aplicación de las consideradas abusivas.

Si el tribunal no estimase la existencia de cláusulas abusivas, lo declarará así y el letrado o letrada de la Administración de Justicia procederá a requerir al deudor en los términos previstos en el apartado 2.

El auto que se dicte será directamente apelable en todo caso. El pronunciamiento, una vez firme, tendrá fuerza de cosa juzgada.

TÍTULO II
De la jurisdicción y de la competencia
(arts. 36 a 70)

CAPÍTULO I
De la jurisdicción de los tribunales civiles y las cuestiones prejudiciales
(arts. 36 a 43)

Sección 1.ª De la extensión y límites de la jurisdicción de los tribunales civiles
(arts. 36 a 39)

Artículo 36. *Extensión y límites del orden jurisdiccional civil. Falta de competencia internacional*[77]

1. La extensión y límites de la jurisdicción de los tribunales civiles españoles se determinará por lo dispuesto en la Ley Orgánica del Poder Judicial y en los tratados y convenios internacionales en los que España sea parte.

2. Los tribunales civiles españoles se abstendrán de conocer de los asuntos que se les sometan cuando concurra en ellos alguna de las circunstancias siguientes:

1.ª Cuando se haya formulado demanda o solicitado ejecución respecto de sujetos o bienes que gocen de inmunidad de jurisdicción o de ejecución de conformidad con la legislación española y las normas de Derecho Internacional Público[78].

2.ª Cuando, en virtud de un tratado o convenio internacional en el que España sea parte, el asunto se encuentre atribuido con carácter exclusivo a la jurisdicción de otro Estado.

3.ª Cuando no comparezca el demandado emplazado en debida forma, en los casos en que la competencia internacional de los tribunales españoles únicamente pudiera fundarse en la sumisión tácita de las partes.

---

[77] Véanse los arts. 9, 21 y 22 de la LOPJ; los arts. 100 y 107 a 117 de la LECrim; los arts. 519 a 521 de la LOPM; los arts. 16 y 20 del Convenio de Bruselas: Reglamento n.°1215-2012 del Parlamento Europeo y del Consejo, y los arts. 37, 43, 56, 66, 225, 227 de la presente norma.

[78] Modificado por la Ley Orgánica 16/2015, de 27 de octubre. Entrada en vigor desde 17 de noviembre de 2015.

Artículo 37. *Falta de jurisdicción. Abstención de los tribunales civiles*[79]

1. Cuando un tribunal de la jurisdicción civil estime que el asunto que se le somete corresponde a la jurisdicción militar, o bien a una Administración pública o al Tribunal de Cuentas cuando actúe en sus funciones contables, habrá de abstenerse de conocer.

2. Se abstendrán igualmente de conocer los tribunales civiles cuando se les sometan asuntos de los que corresponda conocer a los tribunales de otro orden jurisdiccional de la jurisdicción ordinaria. Cuando el Tribunal de Cuentas ejerza funciones jurisdiccionales se entenderá integrado en el orden contencioso-administrativo.

Artículo 38. *Apreciación de oficio de la falta de competencia internacional y de jurisdicción*[80]

La abstención a que se refieren los dos artículos precedentes se acordará de oficio, con audiencia de las partes y del Ministerio Fiscal, tan pronto como sea advertida la falta de competencia internacional o la falta de jurisdicción por pertenecer el asunto a otro orden jurisdiccional.

Artículo 39[81]. *Apreciación de la falta de competencia internacional o de jurisdicción a instancia de parte*[82]

El demandado podrá denunciar mediante declinatoria la falta de competencia internacional o la falta de jurisdicción por pertenecer el asunto a otro orden jurisdiccional o por haberse sometido a arbitraje o mediación la controversia.

Sección 2.ª De las cuestiones prejudiciales
(arts. 40 a 43)

Artículo 40[83]. *Prejudicialidad penal*[84]

1. Cuando en un proceso civil se ponga de manifiesto un hecho que ofrezca apariencia de delito o falta perseguible de oficio, el tribunal civil, mediante providencia, lo pondrá en conocimiento del Ministerio Fiscal, por si hubiere lugar al ejercicio de la acción penal.

---

[79] Véanse el art. 9 de la LOPJ y los arts. 117 y 136 de la CE.

[80] Véase el art. 9 de la LOPJ

[81] Modificado por la Ley 5/2012, de 6 de julio. Entrada en vigor el 27 de julio de 2012.

[82] Véanse los arts. 63 a 65 y DF 8.ª de la presente norma.

[83] Término «Secretarios Judiciales» modificado por la Ley Orgánica 7/2015, de 21 de julio. Entrada en vigor desde 1 de octubre de 2015. Apartado 5 modificado por la Ley 13/2009, de 3 de noviembre. Entrada en vigor desde 4 de mayo de 2010. Apartado 6 modificado por la Ley 13/2009, de 3 de noviembre. Entrada en vigor desde 4 de mayo de 2010.

[84] Véanse el art. 10 de la LOPJ; el art. 189 de la LC; el art. 114 de la LECrim, y los arts.569, 697, 712 y ss. y 787 de la presente norma.

2. En el caso a que se refiere el apartado anterior, no se ordenará la suspensión de las actuaciones del proceso civil sino cuando concurran las siguientes circunstancias:

1.ª Que se acredite la existencia de causa criminal en la que se estén investigando, como hechos de apariencia delictiva, alguno o algunos de los que fundamenten las pretensiones de las partes en el proceso civil.

2.ª Que la decisión del tribunal penal acerca del hecho por el que se procede en causa criminal pueda tener influencia decisiva en la resolución sobre el asunto civil.

3. La suspensión a que se refiere el apartado anterior se acordará, mediante auto, una vez que el proceso esté pendiente sólo de sentencia.

4. No obstante, la suspensión que venga motivada por la posible existencia de un delito de falsedad de alguno de los documentos aportados se acordará, sin esperar a la conclusión del procedimiento, tan pronto como se acredite que se sigue causa criminal sobre aquel delito, cuando, a juicio del tribunal, el documento pudiera ser decisivo para resolver sobre el fondo del asunto.

5. En el caso a que se refiere el apartado anterior no se acordará por el Tribunal la suspensión, o se alzará por el Letrado de la Administración de Justicia la que aquél hubiese acordado, si la parte a la que pudiere favorecer el documento renunciare a él. Hecha la renuncia, se ordenará por el Letrado de la Administración de Justicia que el documento sea separado de los autos.

6. Las suspensiones a que se refiere este artículo se alzarán por el Letrado de la Administración de Justicia cuando se acredite que el juicio criminal ha terminado o que se encuentra paralizado por motivo que haya impedido su normal continuación.

7. Si la causa penal sobre falsedad de un documento obedeciere a denuncia o querella de una de las partes y finalizare por resolución en que se declare ser auténtico el documento o no haberse probado su falsedad, la parte a quien hubiere perjudicado la suspensión del proceso civil podrá pedir en éste indemnización de daños y perjuicios, con arreglo a lo dispuesto en los artículos 712 y siguientes.

Artículo 41[85]. *Recursos contra la resolución sobre suspensión de las actuaciones por prejudicialidad penal*[86]

1. Contra la resolución que deniegue la suspensión del asunto civil se podrá interponer recurso de reposición. La solicitud de suspensión podrá, no obstante, reprodu-

---

[85] Término «Secretarios judiciales» modificado por la Ley Orgánica 7/2015, de 21 de julio. Entrada en vigor desde 1 de octubre de 2015. Apartado 2 modificado por el RD-Ley 6/2023, de 19 de diciembre. Entrada en vigor el 20 de marzo de 2024. Apartado 3 añadido por la Ley 13/2009, de 3 de noviembre. Entrada en vigor desde 4 de mayo de 2010.
[86] Véanse los arts. 451 a 454 y 545 a 457 de la presente norma.

cirse durante la segunda instancia y, en su caso, durante la tramitación de los recursos extraordinarios por infracción procesal o de casación.

2. Contra el auto que acuerde la suspensión se dará recurso de apelación y contra los autos dictados en apelación acordando o confirmando la suspensión no cabrá recurso alguno.

3. Contra la resolución del Letrado de la Administración de Justicia que acuerde el alzamiento de la suspensión podrá ser interpuesto recurso directo de revisión.

Artículo 42[87]. *Cuestiones prejudiciales no penales*[88]

1. A los solos efectos prejudiciales, los tribunales civiles podrán conocer de asuntos que estén atribuidos a los tribunales de los órdenes contencioso-administrativo y social.

2. La decisión de los tribunales civiles sobre las cuestiones a las que se refiere el apartado anterior no surtirá efecto fuera del proceso en que se produzca.

3. No obstante lo dispuesto en los apartados precedentes, cuando lo establezca la ley o lo pidan las partes de común acuerdo o una de ellas con el consentimiento de la otra, el Letrado de la Administración de Justicia suspenderá el curso de las actuaciones, antes de que hubiera sido dictada sentencia, hasta que la cuestión prejudicial sea resuelta, en sus respectivos casos, por la Administración pública competente, por el Tribunal de Cuentas o por los Tribunales del orden jurisdiccional que corresponda. En este caso, el Tribunal civil quedará vinculado a la decisión de los órganos indicados acerca de la cuestión prejudicial.

Artículo 43. *Prejudicialidad civil*[89]

Cuando para resolver sobre el objeto del litigio sea necesario decidir acerca de alguna cuestión que, a su vez, constituya el objeto principal de otro proceso pendiente ante el mismo o distinto tribunal civil, si no fuere posible la acumulación de autos, el tribunal, a petición de ambas partes o de una de ellas, oída la contraria, podrá mediante auto decretar la suspensión del curso de las actuaciones, en el estado en que se hallen, hasta que finalice el proceso que tenga por objeto la cuestión prejudicial.

---

[87] Término «Secretarios judiciales» modificado por la Ley Orgánica 7/2015, de 21 de julio. Entrada en vigor desde 1 de octubre de 2015. Apartado 3 añadido por la Ley 13/2009, de 3 de noviembre. Entrada en vigor desde 4 de mayo de 2010.

[88] Véanse el art. 10 de la LOPJ, el art.9 de la LC y los arts. 19, y 179 de la presente norma.

[89] Véanse los arts. 19, 74 a 98, 179, 222, 451 a 454 y 455 a 467 de la presente norma, y la STS de 28 de junio 2005.

Contra el auto que deniegue la petición cabrá recurso de reposición, y contra el auto que acuerde la suspensión cabrá presentar recurso de apelación.

Artículo 43 bis[90]. *Cuestión prejudicial europea.*

(Derogado)

CAPÍTULO II
De las reglas para determinar la competencia
(arts. 44 a 62)

Artículo 44. *Predeterminación legal de la competencia*[91]

Para que los tribunales civiles tengan competencia en cada caso se requiere que el conocimiento del pleito les esté atribuido por normas con rango de ley y anteriores a la incoación de las actuaciones de que se trate.

Sección 1.ª De la competencia objetiva
(arts. 45 a 49)

Artículo 45[92]. *Competencia de los Juzgados de Primera Instancia*[93]

Corresponde a los Juzgados de Primera Instancia el conocimiento, en primera instancia, de todos los asuntos civiles que por disposición legal expresa no se hallen atribuidos a otros tribunales. Conocerán, asimismo, dichos Juzgados de los asuntos, actos, cuestiones y recursos que les atribuye la Ley Orgánica del Poder Judicial.

Artículo 46. *Especialización de algunos Juzgados de Primera Instancia*[94]

Los Juzgados de Primera Instancia a los que, de acuerdo con lo establecido en el artículo 98 de la Ley Orgánica del Poder Judicial, se les haya atribuido el conocimiento específico de determinados asuntos, extenderán su competencia, exclusivamente, a los procesos en que se ventilen aquéllos, debiendo inhibirse a favor de los demás tribunales competentes, cuando el proceso verse sobre materias diferentes. Si se planteara cuestión por esta causa, se sustanciará como las cuestiones de competencia.

---

[90] Derogado por el RD-Ley 4/2024, de 26 de junio. Entrada en vigor el 28 de junio de 2024.

[91] Véase art. 24 de la CE.

[92] Modificado por la Ley Orgánica 7/2022, de 27 de julio. Entrada en vigor el 17 de agosto de 2022.

[93] Véanse los arts. 84 a 85 de la LOPJ

[94] Véanse el art. 98 de la LOPJ y los arts. 17 y ss. del Reglamento 1-2005 de 15 de septiembre de aspectos accesorios de las actuaciones judiciales del CGPJ.

Artículo 47[95]. *Competencia de los jueces y juezas de paz*[96]

1. A los jueces y juezas de paz corresponde el conocimiento, en primera instancia, de los asuntos civiles de cuantía no superior a 150 euros que no estén comprendidos en ninguno de los casos a que, por razón de la materia, se refiere el apartado 1 del artículo 250.

2. También les corresponde el conocimiento de los expedientes de conciliación civil de cuantía inferior a 10.000 euros, en los términos previstos por el título IX de la Ley 15/2015, de 2 de julio, de la Jurisdicción Voluntaria.

3. Asimismo serán competentes para conocer de los actos de conciliación a los que se refiere el artículo 804 de la Ley de Enjuiciamiento Criminal siempre que el hecho hubiera sucedido en el municipio donde desempeñen sus funciones y la persona requerida tenga su domicilio en ese mismo municipio.

Artículo 48[97]. *Apreciación de oficio de la falta de competencia objetiva*[98]

1. La falta de competencia objetiva se apreciará de oficio, tan pronto como se advierta, por el tribunal que esté conociendo del asunto.

2. Cuando el tribunal que conozca del asunto en segunda instancia o en trámite de recurso de casación entienda que el tribunal ante el que se siguió la primera instancia carecía de competencia objetiva, decretará la nulidad de todo lo actuado, dejando a salvo el derecho de las partes a ejercitar sus acciones ante la clase de tribunal que corresponda.

3. En los casos a que se refieren los apartados anteriores, el Letrado de la Administración de Justicia dará vista a las partes y al Ministerio Fiscal por plazo común de 10 días, resolviendo el Tribunal por medio de auto.

4. El auto que declare la falta de competencia objetiva indicará la clase de tribunal al que corresponde el conocimiento del asunto.

Artículo 49. *Apreciación de la falta de competencia objetiva a instancia de parte*[99]

El demandado podrá denunciar la falta de competencia objetiva mediante la declinatoria.

---

[95] Artículo modificado por la LO 1/2025, de 2 de enero. Entrada en vigor 3 de abril de 2025.

[96] Véanse el art. 100 de la LOPJ y el art. 250 de la presente norma.

[97] Término «Secretarios judiciales» modificado por la Ley Orgánica 7/2015, de 21 de julio. Entrada en vigor desde 1 de octubre de 2015. Apartado 2 modificado por el RD-Ley 6/2023, de 19 de diciembre. Entrada en vigor el 20 de marzo de 2024. Apartado 3 modificado por la Ley 13/2009, de 3 de noviembre. Entrada en vigor el 4 de mayo de 2010.

[98] Véanse los arts. 238 y 240 de la LOPJ y los arts. 49 bis, 225 y 227 de la presente norma.

[99] Véanse los arts. 49 bis y 63 a 65 de la presente norma.

Artículo 49 bis[100]. *Pérdida de la competencia cuando se produzcan actos de violencia sobre la mujer*

1. Cuando un juzgado, que esté conociendo en primera instancia de un procedimiento civil, tuviese noticia de la comisión de un acto de violencia de los definidos en el artículo 1 de la Ley Orgánica 1/2004, de 28 de diciembre, de Medidas de Protección Integral contra la Violencia de Género, que haya dado lugar a la iniciación de un proceso penal o a una orden de protección, tras verificar la concurrencia de los requisitos previstos en el apartado 7 del artículo 89 de la Ley Orgánica 6/1985, de 1 de julio, del Poder Judicial, deberá inhibirse, remitiendo los autos en el estado en que se hallen al juez de violencia sobre la mujer que resulte competente, salvo que se haya iniciado materialmente la vista o comparecencia del procedimiento civil contencioso o de jurisdicción voluntaria[101].

2. Cuando un Juez que esté conociendo de un procedimiento civil, tuviese noticia de la posible comisión de un acto de violencia de género, que no haya dado lugar a la iniciación de un proceso penal, ni a dictar una orden de protección, tras verificar que concurren los requisitos del apartado 3 del artículo 87 ter de la Ley Orgánica del Poder Judicial, deberá inmediatamente citar a las partes a una comparecencia con el Ministerio Fiscal que se celebrará en las siguientes 24 horas a fin de que éste tome conocimiento de cuantos datos sean relevantes sobre los hechos acaecidos. Tras ella, el Fiscal, de manera inmediata, habrá de decidir si procede, en las 24 horas siguientes, a denunciar los actos de violencia de género o a solicitar orden de protección ante el Juzgado de Violencia sobre la Mujer que resulte competente. En el supuesto de que se interponga denuncia o se solicite la orden de protección, el Fiscal habrá de entregar copia de la denuncia o solicitud en el Tribunal, el cual continuará conociendo del asunto hasta que sea, en su caso, requerido de inhibición por el Juez de Violencia sobre la Mujer competente.

3. Cuando un Juez de Violencia sobre la Mujer que esté conociendo de una causa penal por violencia de género tenga conocimiento de la existencia de un proceso civil, y verifique la concurrencia de los requisitos del apartado 3 del artículo 87 ter de la Ley Orgánica del Poder Judicial, requerirá de inhibición al Tribunal Civil, el cual deberá acordar de inmediato su inhibición y la remisión de los autos al órgano requirente.

A los efectos del párrafo anterior, el requerimiento de inhibición se acompañará de testimonio de la incoación de diligencias previas o de juicio de faltas, del auto de admisión de la querella, o de la orden de protección adoptada.

---

[100] Añadido por la Ley Orgánica 1/2004, de 28 de diciembre. Entrada en vigor desde 29 de junio de 2005.

[101] Apartado 1 modificado por la LO 1/2025, de 2 de enero. Entrada en vigor el 3 de abril de 2025.

4. En los casos previstos en los apartados 1 y 2 de este artículo, el Tribunal Civil remitirá los autos al Juzgado de Violencia sobre la Mujer sin que sea de aplicación lo previsto en el artículo 48.3 de la Ley de Enjuiciamiento Civil, debiendo las partes desde ese momento comparecer ante dicho órgano.

En estos supuestos no serán de aplicación las restantes normas de esta sección, ni se admitirá declinatoria, debiendo las partes que quieran hacer valer la competencia del Juzgado de Violencia sobre la Mujer presentar testimonio de alguna de las resoluciones dictadas por dicho Juzgado a las que se refiere el párrafo final del número anterior.

5. Los Juzgados de Violencia sobre la Mujer ejercerán sus competencias en materia civil de forma exclusiva y excluyente, y en todo caso de conformidad con los procedimientos y recursos previstos en la Ley de Enjuiciamiento Civil.

Sección 2.ª De la competencia territorial
(arts. 50 a 60)

Artículo 50. *Fuero general de las personas físicas*[102]

1. Salvo que la Ley disponga otra cosa, la competencia territorial corresponderá al tribunal del domicilio del demandado y si no lo tuviere en el territorio nacional, será Juez competente el de su residencia en dicho territorio.

2. Quienes no tuvieren domicilio ni residencia en España podrán ser demandados en el lugar en que se encuentren dentro del territorio nacional o en el de su última residencia en éste y, si tampoco pudiera determinarse así la competencia, en el lugar del domicilio del actor.

3. Los empresarios y profesionales, en los litigios derivados de su actividad empresarial o profesional, también podrán ser demandados en el lugar donde se desarrolle dicha actividad y, si tuvieren establecimientos a su cargo en diferentes lugares, en cualquiera de ellos a elección del actor.

Artículo 51. *Fuero general de las personas jurídicas y de los entes sin personalidad*[103]

1. Salvo que la Ley disponga otra cosa, las personas jurídicas serán demandadas en el lugar de su domicilio. También podrán ser demandadas en el lugar donde la situación o relación jurídica a que se refiera el litigio haya nacido o deba surtir efectos, siempre que en dicho lugar tengan establecimiento abierto al público o representante autorizado para actuar en nombre de la entidad.

---

[102] Véanse el art. 40 del CC y el art. 155 de la presente norma.
[103] Véanse el art. 41 del CC y el art. 155 de la presente norma.

2. Los entes sin personalidad podrán ser demandados en el domicilio de sus gestores o en cualquier lugar en que desarrollen su actividad.

Artículo 52[104]. *Competencia territorial en casos especiales*[105]

1. No se aplicarán los fueros establecidos en los artículos anteriores y se determinará la competencia de acuerdo con lo establecido en el presente artículo en los casos siguientes:

1.º En los juicios en que se ejerciten acciones reales sobre bienes inmuebles será tribunal competente el del lugar en que esté sita la cosa litigiosa. Cuando la acción real se ejercite sobre varias cosas inmuebles o sobre una sola que esté situada en diferentes circunscripciones, será tribunal competente el de cualquiera de éstas, a elección del demandante.

2.º En las demandas sobre presentación y aprobación de las cuentas que deban dar los administradores de bienes ajenos será tribunal competente el del lugar donde deban presentarse dichas cuentas, y no estando determinado, el del domicilio del mandante, poderdante o dueño de los bienes, o el del lugar donde se desempeñe la administración, a elección del actor.

3.º En las demandas sobre obligaciones de garantía o complemento de otras anteriores, será tribunal competente el que lo sea para conocer, o esté conociendo, de la obligación principal sobre que recayeren.

4.º En los juicios sobre cuestiones hereditarias, será competente el tribunal del lugar en que el finado tuvo su último domicilio y si lo hubiere tenido en país extranjero, el del lugar de su último domicilio en España, o donde estuviere la mayor parte de sus bienes, a elección del demandante.

5.º En los juicios en que se ejerciten acciones relativas a las medidas judiciales de apoyo de personas con discapacidad será competente el Tribunal del

---

[104] Modificado por la Ley 8/2021, de 2 de junio. Entrada en vigor desde 3 de septiembre de 2021. Y por la Ley Orgánica 7/2022, de 27 de julio. Entrada en vigor desde 17 de agosto de 2022. Añadido ordinal 13.º bis por la Ley Orgánica 7/2022, de 27 de julio. Entrada en vigor desde 17 de agosto de 2022. Añadido ordinal 16.º por la Ley 39/2002, de 28 de octubre. Entrada en vigor desde 18 de noviembre de 2002. Añadido ordinal 17.º por la Ley 20/2011, de 21 de julio. Entrada en vigor desde 30 de junio de 2020. Apartado 2 modificado por la Ley 42/2015, de 5 de octubre. Entrada en vigor desde 7 de octubre de 2015. Apartado 3 añadido por la Ley 42/2015, de 5 de octubre. Entrada en vigor desde 7 de octubre de 2015.

[105] Véanse el art. 1828 del CC; el art. 118 de la LP; el art. 15 de la LAJEIP, y los arts. 257, 756 y DD, y 1.1.º de la presente norma.

lugar en que resida la persona con discapacidad, conforme se establece en el apartado 3 del artículo 756.

6.º En materia de derecho al honor, a la intimidad personal y familiar y a la propia imagen y, en general, en materia de protección civil de derechos fundamentales, será competente el tribunal del domicilio del demandante, y cuando no lo tuviere en territorio español, el tribunal del lugar donde se hubiera producido el hecho que vulnere el derecho fundamental de que se trate.

7.º En los juicios sobre arrendamientos de inmuebles y en los de desahucio, será competente el tribunal del lugar en que esté sita la finca.

8.º En los juicios en materia de propiedad horizontal, será competente el tribunal del lugar en que radique la finca.

9.º En los juicios en que se pida indemnización de los daños y perjuicios derivados de la circulación de vehículos de motor será competente el tribunal del lugar en que se causaron los daños.

10.º En materia de impugnación de acuerdos sociales será tribunal competente el del lugar del domicilio social.

11.º En los procesos en que se ejerciten demandas sobre infracciones de la propiedad intelectual, será competente el tribunal del lugar en que la infracción se haya cometido o existan indicios de su comisión o en que se encuentren ejemplares ilícitos, a elección del demandante.

12.º En los juicios en materia de competencia desleal, será competente el tribunal del lugar en que el demandado tenga su establecimiento y, a falta de éste, su domicilio o lugar de residencia, y cuando no lo tuviere en territorio español, el tribunal del lugar donde se haya realizado el acto de competencia desleal o donde se produzcan sus efectos, a elección del demandante.

13.º En materia de propiedad industrial, será competente el tribunal que señale la legislación especial sobre dicha materia.

13.º bis. En los recursos contra aquellas resoluciones que agoten la vía administrativa dictadas en materia de propiedad industrial por la Oficina Española de Patentes y Marcas serán competentes las secciones especializadas en materia mercantil de la Audiencia Provincial en cuya circunscripción radique la ciudad sede del Tribunal Superior de Justicia de la Comunidad Autónoma del domicilio del demandante o, en su defecto, del domicilio del representante autorizado en España para actuar en su nombre, siempre que el Consejo General del Poder Judicial haya acordado atribuir en exclusiva a los Juzgados de lo Mercantil de esa localidad el conocimiento de los asuntos en materia de propiedad industrial. También serán competentes, a elección del demandante, las secciones especializadas de la Audiencia Provincial en cuya circunscripción radique la sede de la Oficina Española de Patentes y Marcas.

14.º En los procesos en que se ejerciten acciones para que se declare la no incorporación al contrato o la nulidad de las cláusulas de condiciones generales de la contratación, será competente el tribunal del domicilio del demandante. Y, sobre esa misma materia, cuando se ejerciten las acciones declarativa, de cesación o de retractación, será competente el tribunal del lugar donde el demandado tenga su establecimiento y, a falta de éste, el de su domicilio; y si el demandado careciere de domicilio en el territorio español, el del lugar en que se hubiera realizado la adhesión.

15.º En las tercerías de dominio o de mejor derecho que se interpongan en relación con un procedimiento administrativo de apremio, será competente el tribunal del domicilio del órgano que acordó el embargo, sin perjuicio de las especialidades previstas para las administraciones públicas en materia de competencia territorial.

16.º En los procesos en los que se ejercite la acción de cesación en defensa de los intereses tanto colectivos como difusos de los consumidores y usuarios, será competente el Tribunal del lugar donde el demandado tenga un establecimiento, y, a falta de éste, el de su domicilio; si careciere de domicilio en territorio español, el del lugar del domicilio del actor.

17.º En los procesos contra las resoluciones y actos que dicte la Dirección General de los Registros y del Notariado en materia de Registro Civil, a excepción de las solicitudes de nacionalidad por residencia, será competente el Juzgado de Primera Instancia de la capital de provincia del domicilio del recurrente.

2. Cuando las normas del apartado anterior no fueren de aplicación a los litigios en materia de seguros, ventas a plazos de bienes muebles corporales y contratos destinados a su financiación, así como en materia de contratos de prestación de servicios o relativos a bienes muebles cuya celebración hubiera sido precedida de oferta pública, será competente el tribunal del domicilio del asegurado, comprador o prestatario o el del domicilio de quien hubiere aceptado la oferta, respectivamente, o el que corresponda conforme a las normas de los artículos 50 y 51, a elección del demandante.

3. Cuando las normas de los apartados anteriores no fueren de aplicación a los litigios derivados del ejercicio de acciones individuales de consumidores o usuarios

será competente, a elección del consumidor o usuario, el tribunal de su domicilio o el tribunal correspondiente conforme a los artículos 50 y 51.

Artículo 53. *Competencia territorial en caso de acumulación de acciones y en caso de pluralidad de demandados*[106]

1. Cuando se ejerciten conjuntamente varias acciones frente a una o varias personas será tribunal competente el del lugar correspondiente a la acción que sea fundamento de las demás; en su defecto, aquel que deba conocer del mayor número de las acciones acumuladas y, en último término, el del lugar que corresponda a la acción más importante cuantitativamente.

2. Cuando hubiere varios demandados y, conforme a las reglas establecidas en este artículo y en los anteriores, pudiera corresponder la competencia territorial a los jueces de más de un lugar, la demanda podrá presentarse ante cualquiera de ellos, a elección del demandante.

Artículo 54. *Carácter dispositivo de las normas sobre competencia territorial*[107]

1. Las reglas legales atributivas de la competencia territorial sólo se aplicarán en defecto de sumisión expresa o tácita de las partes a los tribunales de una determinada circunscripción. Se exceptúan las reglas establecidas en los números 1.° y 4.° a 15.° del apartado 1 y en el apartado 2 del artículo 52 y las demás a las que esta u otra Ley atribuya expresamente carácter imperativo. Tampoco será válida la sumisión expresa o tácita en los asuntos que deban decidirse por el juicio verbal.

2. No será válida la sumisión expresa contenida en contratos de adhesión, o que contengan condiciones generales impuestas por una de las partes, o que se hayan celebrado con consumidores o usuarios.

3. La sumisión de las partes sólo será válida y eficaz cuando se haga a tribunales con competencia objetiva para conocer del asunto de que se trate.

Artículo 55. *Sumisión expresa*[108]

Se entenderá por sumisión expresa la pactada por los interesados designando con precisión la circunscripción a cuyos tribunales se sometieren.

---

[106] Véanse los arts. 12, 72 y 73 de la presente norma.
[107] Véanse los arts. 45 a 49, 545, 769, 813 y 820 de la presente norma.
[108] Véase el art. 57 de la presente norma.

Artículo 56[109]. *Sumisión tácita*[110]

Se entenderán sometidos tácitamente:

1.º El demandante, por el mero hecho de acudir a los tribunales de una determinada circunscripción interponiendo la demanda o formulando petición o solicitud que haya de presentarse ante el tribunal competente para conocer de la demanda.

2.º El demandado, por el hecho de hacer, después de personado en el juicio tras la interposición de la demanda, cualquier gestión que no sea la de proponer en forma la declinatoria. También se considerará tácitamente sometido al demandado que, emplazado o citado en forma, no comparezca en juicio o lo haga cuando haya precluido la facultad de proponer la declinatoria.

Artículo 57. *Sumisión expresa y reparto*[111]

La sumisión expresa de las partes determinará la circunscripción cuyos tribunales hayan de conocer del asunto. Cuando en dicha circunscripción existan varios tribunales de la misma clase, el reparto de los asuntos determinará a cuál de ellos corresponde conocer del asunto, sin que las partes puedan someterse a un determinado tribunal con exclusión de los otros.

Artículo 58[112]. *Apreciación de oficio de la competencia territorial*[113]

Cuando la competencia territorial viniere fijada por reglas imperativas, el Letrado de la Administración de Justicia examinará la competencia territorial inmediatamente después de presentada la demanda y, previa audiencia del Ministerio Fiscal y de las partes personadas, si entiende que el Tribunal carece de competencia territorial para conocer del asunto, dará cuenta al Juez para que resuelva lo que proceda mediante auto, remitiendo, en su caso, las actuaciones al Tribunal que considere territorialmente competente. Si fuesen de aplicación fueros electivos se estará a lo que manifieste el demandante, tras el requerimiento que se le dirigirá a tales efectos.

---

[109] Punto segundo modificado por la Ley 13/2009, de 3 de noviembre. Entrada en vigor desde 4 de mayo de 2010.

[110] Véanse los arts. 36 y 63 a 65 de la presente norma.

[111] Véanse los arts. 152, 160 y 167 de la LOPJ; los arts. 25 y ss. del Reglamento 1-2005 de 15 de septiembre de aspectos accesorios de las actuaciones judiciales del CGPJ, y los arts. 68 a 70 de la presente norma.

[112] Término «Secretarios Judiciales» modificado por la Ley Orgánica 7/2015, de 21 de julio. Entrada en vigor desde 1 de octubre de 2015.

[113] Véanse los arts. 52 y 54 de la presente norma.

Artículo 59. Alegación de la falta de competencia territorial[114]

Fuera de los casos en que la competencia territorial venga fijada por la ley en virtud de reglas imperativas, la falta de competencia territorial solamente podrá ser apreciada cuando el demandado o quienes puedan ser parte legítima en el juicio propusieren en tiempo y forma la declinatoria.

Artículo 60. Conflicto negativo de competencia territorial[115]

1. Si la decisión de inhibición de un tribunal por falta de competencia territorial se hubiere adoptado en virtud de declinatoria o con audiencia de todas las partes, el tribunal al que se remitieren las actuaciones estará a lo decidido y no podrá declarar de oficio su falta de competencia territorial.

2. Si la decisión de inhibición por falta de competencia territorial no se hubiese adoptado con audiencia de todas las partes, el tribunal a quien se remitieran las actuaciones podrá declarar de oficio su falta de competencia territorial cuando ésta deba determinarse en virtud de reglas imperativas.

3. La resolución que declare la falta de competencia mandará remitir todos los antecedentes al tribunal inmediato superior común, que decidirá por medio de auto, sin ulterior recurso, el tribunal al que corresponde conocer del asunto, ordenando, en su caso, la remisión de los autos y emplazamiento de las partes, dentro de los 10 días siguientes, ante dicho tribunal.

Sección 3.ª De la competencia funcional
(arts. 61 a 62)

Artículo 61. Competencia funcional por conexión[116]

Salvo disposición legal en otro sentido, el tribunal que tenga competencia para conocer de un pleito, la tendrá también para resolver sobre sus incidencias, para llevar a efecto las providencias y autos que dictare, y para la ejecución de la sentencia o convenios y transacciones que aprobare.

Artículo 62. Apreciación de oficio de la competencia para conocer de los recursos[117]

1. No serán admitidos a trámite los recursos dirigidos a un tribunal que carezca de competencia funcional para conocer de los mismos. No obstante lo anterior, si admi-

---

[114] Véanse los arts. 63 y 64 de la presente norma.
[115] Véanse el art. 51 de la LOPJ y los arts.51, 52 y 54 de la presente norma.
[116] Véase el art. 545 de la presente norma.
[117] Véanse los arts. 451, 455, 468, 492 y 494 de la presente norma.

tido un recurso, el tribunal al que se haya dirigido entiende que no tiene competencia funcional para conocer del mismo, dictará auto absteniéndose de conocer previa audiencia de las partes personadas por plazo común de 10 días.

2. Notificado el auto a que se refiere el apartado anterior, los litigantes dispondrán de un plazo de 5 días para la correcta interposición o anuncio del recurso, que se añadirán al plazo legalmente previsto para dichos trámites. Si sobrepasaren el tiempo resultante sin recurrir en forma, quedará firme la resolución de que se trate.

CAPÍTULO III
De la declinatoria
(arts. 63 a 70)

Artículo 63[118]. *Contenido de la declinatoria, legitimación para proponerla y tribunal competente para conocer de ella*[119]

1. Mediante la declinatoria, el demandado y los que puedan ser parte legítima en el juicio promovido podrán denunciar la falta de jurisdicción del tribunal ante el que se ha interpuesto la demanda, por corresponder el conocimiento de ésta a tribunales extranjeros, a órganos de otro orden jurisdiccional, a árbitros o a mediadores, excepto en los supuestos en que exista un pacto previo entre un consumidor y un empresario de someterse a un procedimiento de resolución alternativa de litigios de consumo y el consumidor sea el demandante.

También se propondrá declinatoria para denunciar la falta de competencia de todo tipo. Si la declinatoria se fundare en la falta de competencia territorial, habrá de indicar el tribunal al que, por considerarse territorialmente competente, habrían de remitirse las actuaciones.

2. La declinatoria se propondrá ante el mismo tribunal que esté conociendo del pleito y al que se considere carente de jurisdicción o de competencia. No obstante, la declinatoria podrá presentarse también ante el tribunal del domicilio del demandado, que la hará llegar por el medio de comunicación más rápido posible al tribunal ante el que se hubiera presentado la demanda, sin perjuicio de remitírsela por oficio al día siguiente de su presentación.

---

[118] Primer párrafo modificado por la Ley 7/2017, de 2 de noviembre. Entrada en vigor desde 5 de noviembre de 2017.
[119] Véanse el art. 12 de la LC y los arts. 36, 39, 45, 47, 49, 50 a 56 y 59 de la presente norma.

Artículo 64[120]. *Momento procesal de proposición de la declinatoria y efectos inmediatos*[121]

1. La declinatoria se habrá de proponer dentro de los 10 primeros días del plazo para contestar a la demanda, y surtirá el efecto de suspender, hasta que sea resuelta, el plazo para contestar y el curso del procedimiento principal, suspensión que declarará el letrado de la Administración de Justicia.

2. La suspensión del procedimiento principal producida por la alegación previa de declinatoria no obstará a que el tribunal ante el que penda el asunto pueda practicar, a instancia de parte legítima, cualesquiera actuaciones de aseguramiento de prueba, así como las medidas cautelares de cuya dilación pudieran seguirse perjuicios irreparables para el actor, salvo que el demandado prestase caución bastante para responder de los daños y perjuicios que derivaran de la tramitación de una declinatoria desprovista de fundamento.

La caución podrá otorgarse en dinero efectivo, mediante aval solidario de duración indefinida y pagadero a primer requerimiento emitido por entidad de crédito o sociedad de garantía recíproca o por cualquier otro medio que, a juicio del tribunal, garantice la inmediata disponibilidad, en su caso, de la cantidad de que se trate.

Artículo 65[122]. *Tramitación y decisión de la declinatoria*[123]

1. Al escrito de declinatoria habrán de acompañarse los documentos o principios de prueba en que se funde, con copias en número igual al de los restantes litigantes, que dispondrán de un plazo de 5 días, contados desde la notificación de la declinatoria, para alegar y aportar lo que consideren conveniente para sostener la jurisdicción o la competencia del tribunal, que decidirá la cuestión dentro del quinto día siguiente.

Si la declinatoria fuese relativa a la falta de competencia territorial, el actor, al impugnarla, podrá también alegar la falta de competencia territorial del tribunal en favor del cual se pretendiese declinar el conocimiento del asunto.

2. Si el tribunal entendiese que carece de jurisdicción por corresponder el conocimiento del asunto a los tribunales de otro Estado, lo declarará así mediante auto, absteniéndose de conocer y sobreseyendo el proceso.

---

[120] Término «Secretarios Judiciales» modificado por la Ley Orgánica 7/2015, de 21 de julio. Entrada en vigor desde 1 de octubre de 2015. Apartado 1 modificado por la Ley 42/2015, de 5 de octubre. Entrada en vigor desde 7 de octubre de 2015.

[121] Véanse los arts. 297, 298, 404, 440, 529, 721 y ss. y 815 de la presente norma.

[122] Segundo párrafo modificado por la Ley 5/2012, de 6 de julio. Entrada en vigor desde 27 de julio de 2012.

[123] Véase el art. 65 de la presente norma.

Del mismo modo procederá el tribunal si estimase la declinatoria fundada en haberse sometido el asunto a arbitraje o a mediación.

3. Si el tribunal considera que carece de jurisdicción por corresponder el asunto de que se trate a los tribunales de otro orden jurisdiccional, en el auto en el que se abstenga de conocer señalará a las partes ante qué órganos han de usar de su derecho. Igual resolución se dictará cuando el tribunal entienda que carece de competencia objetiva.

4. Si se hubiere interpuesto declinatoria relativa a la competencia territorial y ésta no viniere determinada por reglas imperativas, el tribunal, para estimarla, habrá de considerar competente al órgano señalado por el promotor de la declinatoria.

5. El tribunal, al estimar la declinatoria relativa a la competencia territorial, se inhibirá en favor del órgano al que corresponda la competencia y acordará remitirle los autos con emplazamiento de las partes para que comparezcan ante él en el plazo de 10 días.

CAPÍTULO IV
De los recursos en materia de jurisdicción y competencia
(arts. 66 a 67)

Artículo 66[124]. *Recursos en materia de competencia internacional, jurisdicción, sumisión a arbitraje o mediación y competencia objetiva*[125]

1. Contra el auto absteniéndose de conocer por falta de competencia internacional, por pertenecer el asunto a tribunal de otro orden jurisdiccional, por haberse sometido el asunto a arbitraje o a mediación a por falta de competencia objetiva, cabrá recurso de apelación.

2. Contra el auto por el que se rechace la falta de competencia internacional, de jurisdicción o de competencia objetiva, sólo cabrá recurso de reposición, sin perjuicio de alegar la falta de esos presupuestos procesales en la apelación contra la sentencia definitiva.

Lo dispuesto en el párrafo anterior será también de aplicación cuando el auto rechace la sumisión del asunto a arbitraje o a mediación.

---

[124] Modificado por la Ley 5/2012, de 6 de julio. Entrada en vigor desde 27 de julio de 2012.
[125] Véanse los arts. 451 a 454 y 455 a 467 de la presente norma.

Artículo 67[126]. *Recursos en materia de competencia territorial*[127]

1. Contra los autos que resuelvan sobre la competencia territorial no se dará recurso alguno.

2. En los recursos de apelación y de casación sólo se admitirán alegaciones de falta de competencia territorial cuando, en el caso de que se trate, fueren de aplicación normas imperativas.

CAPÍTULO V
Del reparto de los asuntos
(arts. 68 a 70)

Artículo 68[128]. *Obligatoriedad del reparto. Tratamiento procesal*[129]

1. Todos los asuntos civiles serán repartidos entre los Juzgados de Primera Instancia cuando haya más de uno en el partido. La misma regla se aplicará a los asuntos de los que deban entender las Audiencias Provinciales cuando estén divididas en Secciones.

2. Los letrados de la Administración de Justicia no permitirán que se curse ningún asunto sujeto a reparto si no constare en él la diligencia o anotación electrónica correspondiente. En caso de que no conste dicha diligencia o anotación electrónica, se anulará, a instancia de cualquiera de las partes, cualquier actuación que no consista en ordenar que el asunto pase a reparto.

3. Contra las decisiones relativas al reparto no procederá la declinatoria, pero cualquiera de los litigantes podrá impugnar la infracción de las normas de reparto vigentes en el momento de la presentación del escrito o de la solicitud de incoación de las actuaciones.

4. Las resoluciones dictadas por tribunales distintos de aquél o aquéllos a los que correspondiese conocer según las normas de reparto se declararán nulas a instancia de la parte a quien perjudicaren, siempre que la nulidad se hubiese instado en el trámite procesal inmediatamente posterior al momento en que la parte hubiera tenido

---

[126] Segundo apartado modificado por el RD-Ley 6/2023, de 19 de diciembre. Entrada en vigor desde 20 de marzo de 2024.

[127] Véanse los arts. 52 y 54 de la presente norma.

[128] Término «Secretarios Judiciales» modificado por la Ley Orgánica 7/2015, de 21 de julio. Entrada en vigor desde 1 de octubre de 2015. Segundo apartado modificado por el RD-Ley 6/2023, de 19 de diciembre. Entrada en vigor desde 20 de marzo de 2024.

[129] Véanse los arts. 152,159, 160, 167,168, y 170 de la LOPJ; los arts. 25 y ss. del Reglamento 1-2005 de 15 de septiembre de aspectos accesorios de las actuaciones judiciales del CGPJ, y DA 5.ª de la presente norma.

conocimiento de la infracción de las normas de reparto y dicha infracción no se hubiere corregido conforme a lo previsto en el apartado anterior.

Artículo 69[130]. *Plazo en que debe efectuarse el reparto*

Los asuntos serán repartidos y remitidos a la Oficina judicial que corresponda dentro de los 2 días siguientes a la presentación del escrito o solicitud de incoación de las actuaciones.

Artículo 70. *Medidas urgentes en asuntos no repartidos*[131]

Los Jueces Decanos y los Presidentes de Tribunales y Audiencias podrán, a instancia de parte, adoptar las medidas urgentes en los asuntos no repartidos cuando, de no hacerlo, pudiera quebrantarse algún derecho o producirse algún perjuicio grave e irreparable.

TÍTULO III
De la acumulación de acciones y de procesos
(arts. 71 a 98)

CAPÍTULO I
De la acumulación de acciones
(arts. 71 a 73)

Artículo 71. *Efecto principal de la acumulación. Acumulación objetiva de acciones. Acumulación eventual*[132]

1. La acumulación de acciones admitida producirá el efecto de discutirse todas en un mismo procedimiento y resolverse en una sola sentencia.

2. El actor podrá acumular en la demanda cuantas acciones le competan contra el demandado, aunque provengan de diferentes títulos, siempre que aquéllas no sean incompatibles entre sí.

3. Será incompatible el ejercicio simultáneo de dos o más acciones en un mismo juicio y no podrán, por tanto, acumularse cuando se excluyan mutuamente o sean contrarias entre sí, de suerte que la elección de una impida o haga ineficaz el ejercicio de la otra u otras.

---

[130] Modificado por la Ley 13/2009, de 3 de noviembre. Entrada en vigor desde 4 de mayo de 2010.
[131] Véase el art. 168 de la LOPJ.
[132] Véanse los arts. 74, 252, 399, 401, 402, 405, 406, 419, 438 y 443 de la presente norma.

4. Sin embargo, de lo establecido en el apartado anterior, el actor podrá acumular eventualmente acciones entre sí incompatibles, con expresión de la acción principal y de aquella otra u otras que ejercita para el solo evento de que la principal no se estime fundada.

Artículo 72. *Acumulación subjetiva de acciones*[133]

Podrán acumularse, ejercitándose simultáneamente, las acciones que uno tenga contra varios sujetos o varios contra uno, siempre que entre esas acciones exista un nexo por razón del título o causa de pedir.

Se entenderá que el título o causa de pedir es idéntico o conexo cuando las acciones se funden en los mismos hechos.

Artículo 73[134]. *Admisibilidad por motivos procesales de la acumulación de acciones.*

1. Para que sea admisible la acumulación de acciones será preciso:

1.º Que el tribunal que deba entender de la acción principal posea jurisdicción y competencia por razón de la materia o por razón de la cuantía para conocer de la acumulada o acumuladas. Sin embargo, a la acción que haya de sustanciarse en juicio ordinario podrá acumularse la acción que, por sí sola, se habría de ventilar, por razón de su cuantía, en juicio verbal.

No obstante, lo dispuesto en el párrafo anterior, cuando se acumulen inicialmente varias acciones conexas cuyo conocimiento se atribuya a tribunales con diferente competencia objetiva, corresponderá conocer de todas ellas a los Juzgados de lo Mercantil si éstos resultaren competentes para conocer de la principal y las demás fueren conexas o prejudiciales a ella. En caso de que no se diera tal conexión o prejudicialidad, se procederá conforme a lo establecido en el apartado 3.

Cuando la acción principal deba ser conocida por los Juzgados de Primera Instancia, no se permitirá la acumulación inicial de cualesquiera otras que no

---

[133] Véanse los arts. 12, 53, 252, 399, 401, 402, 405, 406, 419, 438, 443 y 483 de la presente norma.

[134] Término «Secretarios Judiciales» modificado por la Ley Orgánica 7/2015, de 21 de julio. Entrada en vigor desde 1 de octubre de 2015. Apartado 1 modificado por el RD-Ley 6/2023, de 19 de diciembre. Entrada en vigor desde 20 de marzo de 2024. Punto primero modificado por la Ley Orgánica 7/2022, de 27 de julio. Entrada en vigor desde 17 de agosto de 2022.

sean de su competencia objetiva, de conformidad con lo previsto en el párrafo primero de este número.

2.º Que las acciones acumuladas no deban, por razón de su materia, ventilarse en juicios de diferente tipo. No obstante, cabrá la acumulación de la acción para instar la liquidación del régimen económico matrimonial y la acción de división de la herencia en el caso de que la disolución del régimen económico matrimonial se haya producido como consecuencia del fallecimiento de uno o ambos cónyuges y haya identidad subjetiva entre los legitimados para intervenir en uno y otro procedimiento. En caso de que se acumulen ambas acciones se sustanciarán de acuerdo con los presupuestos y trámites del procedimiento de división judicial de la herencia.

3.º Que la ley no prohíba la acumulación en los casos en que se ejerciten determinadas acciones por razón de su materia o por razón del tipo de juicio que se haya de seguir.

2. También se acumularán en una misma demanda distintas acciones cuando así lo dispongan las leyes, para casos determinados.

3. Si se hubieren acumulado varias acciones indebidamente, el Letrado de la Administración de Justicia requerirá al actor, antes de proceder a admitir la demanda, para que subsane el defecto en el plazo de 5 días, manteniendo las acciones cuya acumulación fuere posible. Transcurrido el término sin que se produzca la subsanación, o si se mantuviera la circunstancia de no acumulabilidad entre las acciones que se pretendieran mantener por el actor, dará cuenta al Tribunal para que por el mismo se resuelva sobre la admisión de la demanda.

CAPÍTULO II
De la acumulación de procesos
(arts. 74 a 98)

*Sección 1.ª De la acumulación de procesos: disposiciones generales
(arts. 74 a 80)*

Artículo 74. *Finalidad de la acumulación de procesos*[135]

En virtud de la acumulación de procesos, se seguirán éstos en un solo procedimiento y serán terminados por una sola sentencia.

---

[135] Véanse los arts. 71, 84, 252 y 555 de la presente norma.

Artículo 75[136]. *Legitimación para solicitar la acumulación de procesos. Acumulación acordada de oficio*[137]

La acumulación podrá ser solicitada por quien sea parte en cualquiera de los procesos cuya acumulación se pretende o será acordada de oficio por el Tribunal, siempre que se esté en alguno de los casos previstos en el artículo siguiente.

Artículo 76[138]. *Casos en los que procede la acumulación de procesos*[139]

1. La acumulación de procesos habrá de ser acordada siempre que:

1.º La sentencia que haya de recaer en uno de los procesos pueda producir efectos prejudiciales en el otro.

2.º Entre los objetos de los procesos de cuya acumulación se trate exista tal conexión que, de seguirse por separado, pudieren dictarse sentencias con pronunciamientos o fundamentos contradictorios, incompatibles o mutuamente excluyentes.

2. Asimismo, procederá la acumulación en los siguientes casos:

1.º Cuando se trate de procesos incoados para la protección de los derechos e intereses colectivos o difusos que las leyes reconozcan a consumidores y usuarios, susceptibles de acumulación conforme a lo dispuesto en el apartado 1.1.º de este artículo y en el artículo 77, cuando la diversidad de procesos no se hubiera podido evitar mediante la acumulación de acciones o la intervención prevista en el artículo 15 de esta ley.

2.º Cuando el objeto de los procesos a acumular fuera la impugnación de acuerdos sociales adoptados en una misma Junta o Asamblea o en una misma sesión de órgano colegiado de administración. En este caso se acumularán todos los procesos incoados en virtud de demandas en las que se soliciten la declaración de nulidad o de anulabilidad de dichos acuerdos, siempre que las mismas hubieran sido presentadas en un periodo de tiempo no superior a 40 días desde la presentación de la primera de las demandas.

3.º Cuando se trate de procesos en los que se sustancie la oposición a resoluciones administrativas en materia de protección de un mismo menor, trami-

---

[136] Modificado por la Ley 13/2009, de 3 de noviembre. Entrada en vigor desde 4 de mayo de 2010.
[137] Véanse los arts. 10, 11 y 78 de la presente norma.
[138] Modificado por la Ley 13/2009, de 3 de noviembre. Entrada en vigor desde 4 de mayo de 2010. Ordinal 3.º añadido por la Ley 26/2015, de 28 de julio. Entrada en vigor desde 18 de agosto de 2015.
[139] Véanse los arts. 86 bis, 86 ter de la LOPJ, y los arts.11, 15, 43, 77, 78, y 91 de la presente norma.

tados conforme al artículo 780, siempre que en ninguno de ellos se haya iniciado la vista.

En todo caso, en los lugares donde hubiere más de un Juzgado que tuviera asignadas competencias en materia mercantil, en los casos de los números 1.º y 2.º, o en materia civil, en el caso del número 3.º, las demandas que se presenten con posterioridad a otra se repartirán al Juzgado al que hubiere correspondido conocer de la primera[140].

Artículo 77[141]. *Procesos acumulables*

1. Salvo lo dispuesto en el artículo 555 de esta Ley sobre la acumulación de procesos de ejecución, sólo procederá la acumulación de procesos declarativos que se sustancien por los mismos trámites o cuya tramitación pueda unificarse sin pérdida de derechos procesales, siempre que concurra alguna de las causas expresadas en este capítulo.

Se entenderá que no hay pérdida de derechos procesales cuando se acuerde la acumulación de un juicio ordinario y un juicio verbal, que proseguirán por los trámites del juicio ordinario, ordenando el tribunal en el auto por el que acuerde la acumulación, y de ser necesario, retrotraer hasta el momento de contestación a la demanda las actuaciones del juicio verbal que hubiere sido acumulado, a fin de que siga los trámites previstos para el juicio ordinario.

2. Cuando los procesos estuvieren pendientes ante distintos tribunales, no cabrá su acumulación si el tribunal del proceso más antiguo careciere de competencia objetiva por razón de la materia o por razón de la cuantía para conocer del proceso o procesos que se quieran acumular.

No obstante lo anterior, podrá instarse la acumulación de procesos ante el Juzgado de lo Mercantil, aunque no esté conociendo del proceso más antiguo y alguno de ellos se esté tramitando ante un Juzgado de Primera Instancia, siempre que se cumplan los demás requisitos mencionados en los artículos 76 y 78.

3. Tampoco procederá la acumulación cuando la competencia territorial del tribunal que conozca del proceso más moderno tenga en la Ley carácter inderogable para las partes.

---

[140] Último párrafo modificado por la Ley 26/2015, de 28 de julio. Entrada en vigor desde 18/08/2015.
[141] Segundo apartado modificado por la Ley Orgánica 7/2022, de 27 de julio. Entrada en vigor desde 17 de agosto de 2022. Primer apartado modificado por la Ley 42/2015, de 5 de octubre. Entrada en vigor desde 7 de octubre de 2015. Apartado 4 añadido por el RD-Ley 6/2023, de 19 de diciembre. Apartado siguiente renumerado. Entrada en vigor desde 20 de marzo de 2024.

4. Podrán acumularse los procedimientos de división judicial de patrimonios cuando se trate de acumular al procedimiento de división judicial de la herencia el procedimiento de liquidación de régimen económico matrimonial promovido cuando uno o ambos cónyuges hubieran fallecido.

5. Para que sea admisible la acumulación de procesos será preciso que éstos se encuentren en primera instancia, y que en ninguno de ellos haya finalizado el juicio a que se refiere el artículo 433 de esta ley.

Artículo 78[142]. *Improcedencia de la acumulación de procesos. Excepciones*[143]

1. No procederá la acumulación de procesos cuando el riesgo de sentencias con pronunciamientos o fundamentos contradictorios, incompatibles o mutuamente excluyentes pueda evitarse mediante la excepción de litispendencia.

2. Tampoco procederá la acumulación de procesos a instancia de parte cuando no se justifique que, con la primera demanda o, en su caso, con la ampliación de ésta o con la reconvención, no pudo promoverse un proceso que comprendiese pretensiones y cuestiones sustancialmente iguales a las suscitadas en los procesos distintos, cuya acumulación se pretende.

3. Si los procesos cuya acumulación se pretenda fueren promovidos por el mismo demandante o por demandado reconviniente, solo o en litisconsorcio, se entenderá, salvo justificación cumplida, que pudo promoverse un único proceso en los términos del apartado anterior y no procederá la acumulación.

4. Lo dispuesto en los apartados anteriores no será de aplicación a los procesos a los que se refiere el número 2.1.° del artículo 76.

Artículo 79[144]. *Proceso en el que se ha de pedir o acordar de oficio la acumulación*[145]

1. La acumulación de procesos se solicitará siempre al Tribunal que conozca del proceso más antiguo, al que se acumularán los más modernos. De incumplirse este

---

[142] Apartado 2 modificado por la Ley 13/2009, de 3 de noviembre. Entrada en vigor desde 4 de mayo de 2010. Apartado 4 modificado por la Ley 13/2009, de 3 de noviembre. Entrada en vigor desde 4 de mayo de 2010.

[143] Véanse los arts. 6, 12, 15, 71 a 73, 76 ,77, 222, 399 a 401, 406, 407, 410 a 413, 416, 421, 437, 438 y 443 de la presente norma.

[144] Término «Secretarios Judiciales» modificado por la Ley Orgánica 7/2015, de 21 de julio. Entrada en vigor desde 1 de octubre de 2015.

[145] Véanse los arts. 152, 160 y 167 de la LOPJ y los arts. 57, 61, 68 a 70, 77, 399 y 437 de la presente norma.

requisito, el Letrado de la Administración de Justicia dictará decreto inadmitiendo la solicitud.

Corresponderá, según lo dispuesto en el artículo 75, al Tribunal que conozca del proceso más antiguo, ordenar de oficio la acumulación.

2. La antigüedad se determinará por la fecha de la presentación de la demanda, debiendo presentarse con la solicitud de acumulación el documento que acredite dicha fecha.

Si las demandas se hubiesen presentado el mismo día, se considerará más antiguo el proceso que se hubiera repartido primero.

Si, por pender ante distintos Tribunales o por cualquiera otra causa, no fuera posible determinar cuál de las demandas fue repartida en primer lugar, la solicitud podrá pedirse en cualquiera de los procesos cuya acumulación se pretende.

Artículo 80[146]. *Acumulación de procesos en el juicio verbal*[147]

En los juicios verbales, la acumulación de procesos que estén pendientes ante el mismo tribunal se regulará por las normas de la Sección siguiente.

Sección 2.ª De la acumulación de procesos pendientes ante un mismo tribunal (arts. 81 a 85)

Artículo 81[148]. *Solicitud de la acumulación de procesos*[149]

Cuando los procesos se sigan ante el mismo tribunal, la acumulación se solicitará por escrito, en el que se señalarán con claridad los procesos cuya acumulación se pide y el estado procesal en que se encuentran, exponiéndose asimismo las razones que justifican la acumulación.

La solicitud de acumulación de procesos no suspenderá el curso de los que se pretenda acumular, a salvo de lo establecido en el artículo 88.2, aunque el Tribunal deberá abstenerse de dictar sentencia en cualquiera de ellos hasta que decida sobre la procedencia de la acumulación.

---

[146] Modificado por la Ley 42/2015, de 5 de octubre. Entrada en vigor desde 7 de octubre de 2015.
[147] Véanse los arts. 81 a 85, 86 a 87, 210, 437, 438, y 443 de la presente norma.
[148] Segundo párrafo modificado por la Ley 13/2009, de 3 de noviembre. Entrada en vigor desde 4 de mayo de 2010.
[149] Véanse los arts. 77 a 80 y 88 de la presente norma.

Artículo 82. *Desestimación inicial de la solicitud de acumulación de procesos*[150]

El tribunal por medio de auto rechazará la solicitud de acumulación cuando no contenga los datos exigidos en el artículo anterior o cuando, según lo que consigne dicha solicitud, la acumulación no fuere procedente por razón de la clase y tipo de los procesos, de su estado procesal y demás requisitos procesales establecidos en los artículos anteriores.

Artículo 83[151]. *Sustanciación y decisión del incidente de acumulación de procesos. Recursos*[152]

1. Solicitada en forma la acumulación de procesos, el Letrado de la Administración de Justicia dará traslado a las demás partes personadas y a todos los que sean parte en cualquiera de los procesos cuya acumulación se pretende, aunque no lo sean en aquél en el que se ha solicitado, a fin de que, en el plazo común de 10 días, formulen alegaciones acerca de la acumulación.

2. Transcurrido dicho plazo, o recibidas las alegaciones, cuando todas las partes del incidente estuvieren conformes con la solicitud de acumulación, el Tribunal, si entendiere que concurren los presupuestos necesarios, acordará la acumulación, dentro de los 5 días siguientes.

3. Cuando entre las partes no exista acuerdo, o cuando ninguna de ellas formule alegaciones, el Tribunal resolverá lo que estime procedente, otorgando o denegando la acumulación solicitada.

4. Cuando la acumulación fuera promovida de oficio, el Tribunal dará audiencia por un plazo común de 10 días a todos los que sean parte en los procesos de cuya acumulación se trate, a fin de que formulen alegaciones.

5. Contra el auto que decida sobre la acumulación solicitada no cabrá otro recurso que el de reposición.

Artículo 84[153]. *Efectos del auto que otorga la acumulación*[154]

1. Aceptada la acumulación, el tribunal ordenará que los procesos más modernos se unan a los más antiguos, para que continúen sustanciándose en el mismo procedimiento o por los mismos trámites y se decidan en una misma sentencia.

---

[150] Véanse los arts. 74 a 80 de la presente norma.

[151] Término «Secretarios Judiciales» modificado por la Ley Orgánica 7/2015, de 21 de julio. Entrada en vigor desde 1 de octubre de 2015.

[152] Véanse los arts. 273 a 280, y 451 a 454 de la presente norma.

[153] Término «Secretarios Judiciales» modificado por la Ley Orgánica 7/2015, de 21 de julio. Entrada en vigor desde 1 de octubre de 2015. Segundo apartado modificado por la Ley 13/2009, de 3 de noviembre. Entrada en vigor desde 4 de mayo de 2010.

[154] Véanse los arts. 74, 77, 79 y 92 de la presente norma.

2. Si los procesos acumulados no estuvieran en la misma fase dentro de la primera instancia, el Letrado de la Administración de Justicia acordará la suspensión del que estuviera más avanzado, hasta que los otros se hallen en el mismo estado, debiendo estarse, en su caso, a lo dispuesto en el artículo 77.1, párrafo segundo.

Artículo 85[155]. *Efectos del auto que deniega la acumulación*[156]

1. Denegada la acumulación, los juicios se sustanciarán separadamente.

2. El auto que deniegue la acumulación condenará a la parte que la hubiera promovido al pago de las costas del incidente si hubiere actuado con temeridad o mala fe.

Sección 3.ª De la acumulación de procesos pendientes ante distintos tribunales (arts. 86 a 97)

Artículo 86. *Normas aplicables*[157]

La acumulación de procesos que pendan ante distintos tribunales se regirá por las normas de las anteriores secciones de este capítulo, con las especialidades que se indican en los artículos siguientes.

Artículo 87. *Solicitud de acumulación de procesos*[158]

Además de lo previsto en el artículo 81, en el escrito en que se solicite la acumulación de procesos se deberá indicar el tribunal ante el que penden los otros procesos, cuya acumulación se pretende.

Artículo 88[159]. *Efecto no suspensivo de la solicitud o del inicio de actuaciones de oficio para la acumulación de procesos*

1. La solicitud o inicio de actuaciones de oficio para la acumulación de procesos no suspenderá el curso de los procesos afectados, salvo desde el momento en que alguno de ellos quede pendiente sólo de sentencia. En tal caso se suspenderá el plazo para dictarla.

---

[155] Segundo apartado modificado por el RD-Ley 6/2023, de 19 de diciembre. Entrada en vigor desde 20 de marzo de 2024.

[156] Véanse los arts. 95, 241 a 246 y 394 de la presente norma.

[157] Véanse los arts. 74 a 85 de la presente norma.

[158] Véase el art. 81 de la presente norma.

[159] Término «Secretarios Judiciales» modificado por la Ley Orgánica 7/2015, de 21 de julio. Entrada en vigor desde 1 de octubre de 2015.

2. No obstante lo anterior, el Tribunal podrá acordar la suspensión del acto del juicio o de la vista a fin de evitar que la celebración de dichos actos pueda afectar al resultado y desarrollo de las pruebas a practicar en los demás procesos.

3. Tan pronto como se pida la acumulación el Letrado de la Administración de Justicia dará noticia de este hecho, por el medio más rápido, al otro Tribunal, a fin de que se abstenga en todo caso de dictar sentencia o pueda decidir sobre la suspensión prevista en el apartado anterior, hasta tanto se decida definitivamente sobre la acumulación pretendida.

4. El Letrado de la Administración de Justicia dará traslado a las demás partes personadas de la solicitud de acumulación para que, en el plazo común de 10 días, formulen alegaciones sobre la procedencia de la acumulación, y tras ello resolverá el Tribunal en el plazo de 5 días y según lo dispuesto en el artículo 83 de esta ley. Cuando la acumulación se deniegue, se comunicará por el Letrado de la Administración de Justicia al otro Tribunal, que podrá dictar sentencia o, en su caso, proceder a la celebración del juicio o vista.

Artículo 89. *Contenido del auto que declara procedente la acumulación de procesos*[160]

Cuando el tribunal estime procedente la acumulación, mandará en el mismo auto dirigir oficio al que conozca del otro pleito, requiriendo la acumulación y la remisión de los correspondientes procesos.

A este oficio acompañará testimonio de los antecedentes que el mismo tribunal determine y que sean bastantes para dar a conocer la causa por la que se pretende la acumulación y las alegaciones que, en su caso, hayan formulado las partes distintas del solicitante de la acumulación.

Artículo 90[161]. *Recepción del requerimiento de acumulación por el Tribunal requerido y vista a los litigantes*[162]

1. Recibidos el oficio y el testimonio por el Tribunal requerido el Letrado de la Administración de Justicia dará traslado de ellos a los litigantes que ante el Tribunal hayan comparecido.

2. Si alguno de los personados ante el Tribunal requerido no lo estuviera en el proceso ante el Tribunal requirente, dispondrá de un plazo de 5 días para instruirse

---

[160] Véanse los arts.149, 162, 167 y 168 de la presente norma.

[161] Término «Secretarios Judiciales» modificado por la Ley Orgánica 7/2015, de 21 de julio. Entrada en vigor desde 1 de octubre de 2015.

[162] Véanse los arts.149 y ss. y 273 a 280 de la presente norma.

del oficio y del testimonio en la Oficina judicial, y para presentar escrito manifestando lo que convenga a su derecho sobre la acumulación.

Artículo 91. *Resolución sobre el requerimiento de acumulación*[163]

1. Transcurrido, en su caso, el plazo de 5 días a que se refiere el artículo anterior, el tribunal dictará auto aceptando o denegando el requerimiento de acumulación.

2. Si ninguna de las partes personadas ante el tribunal requerido se opusiere a la acumulación o si no alegaren datos o argumentos distintos de los alegados ante el tribunal requirente, el tribunal requerido se abstendrá de impugnar los fundamentos del auto requiriendo la acumulación relativos a la concurrencia de los requisitos estableci-dos en los artículos 76 y 77, y sólo podrá fundar su negativa al requerimiento en que la acumulación debe hacerse a los procesos pendientes ante el tribunal requerido.

Artículo 92[164]. *Efectos de la aceptación de la acumulación por el Tribunal requerido*[165]

1. Aceptado el requerimiento de acumulación, el Letrado de la Administración de Justicia lo notificará de inmediato a quienes fueren partes en el proceso seguido ante el Tribunal requerido, para que en el plazo de 10 días puedan personarse ante el Tribunal requirente, al que remitirá los autos, para que, en su caso, sigan su curso ante él.

2. Acordada la acumulación de procesos, el Secretario acordará la suspensión del curso del proceso más avanzado hasta que el otro llegue al mismo estado procesal, momento en que se efectuará la acumulación.

Artículo 93. *Efectos de la no aceptación de la acumulación de procesos por el tribunal requerido*[166]

1. Cuando, conforme a lo previsto en el apartado 2 del artículo 91, el tribunal requerido no aceptare el requerimiento de acumulación por estimarla improcedente o por creer que la acumulación debe hacerse a los que pendan ante él, lo comunicará al tribunal requirente y ambos deferirán la decisión al tribunal competente para dirimir la discrepancia.

2. Será competente para dirimir las discrepancias en materia de acumulación de procesos el tribunal inmediato superior común a requirente y requerido.

---

[163] Véanse los arts. 76, 77, 93 y 149 de la presente norma.

[164] Término «Secretarios Judiciales» modificado por la Ley Orgánica 7/2015, de 21 de julio. Entrada en vigor desde 1 de octubre de 2015.

[165] Véanse los arts. 84, 95, y 149 y ss. de la presente norma.

[166] Véanse los arts. 85 y 92 de la presente norma.

Artículo 94. *Sustanciación de la discrepancia ante el tribunal competente*

1. A los efectos previstos en el artículo anterior, tanto el tribunal requirente como el requerido remitirán a la mayor brevedad posible al tribunal competente testimonio de lo que, para poder resolver la discrepancia sobre la acumulación, obre en sus respectivos tribunales.

2. El tribunal requirente y el requerido emplazarán a las partes para que puedan comparecer en el plazo improrrogable de 5 días ante el tribunal competente y alegar por escrito lo que consideren que conviene a su derecho.

Artículo 95[167]. *Decisión de la discrepancia*[168]

1. El tribunal competente decidirá por medio de auto, en el plazo de veinte días, a la vista de los antecedentes que consten en los autos y de las alegaciones escritas de las partes, si se hubieran presentado. Contra el auto que se dicte no se dará recurso alguno.

2. Si se acordare la acumulación de procesos, se ordenará lo establecido en el artículo 92 de esta ley. Si se denegare, los procesos deberán seguir su curso por separado, alzándose, en su caso, por el Letrado de la Administración de Justicia la suspensión acordada.

Artículo 96[169]. *Acumulación de más de dos procesos. Requerimientos múltiples de acumulación*

1. Lo dispuesto en este capítulo será aplicable para el caso de que sean más de dos los juicios cuya acumulación se pida.

2. Cuando un mismo Tribunal fuera requerido de acumulación respecto de dos o más procedimientos seguidos en distintos Juzgados o Tribunales, por el Letrado de la Administración de Justicia se remitirán los autos al superior común a todos ellos y lo comunicará a todos los requirentes para que se difiera la decisión a dicho superior. En este caso, se estará a lo dispuesto en los dos artículos anteriores.

---

[167] Término «Secretarios Judiciales» modificado por la Ley Orgánica 7/2015, de 21 de julio. Entrada en vigor desde 1 de octubre de 2015. Segundo apartado modificado por la Ley 13/2009, de 3 de noviembre. Entrada en vigor desde 4 de mayo de 2010.

[168] Véase el art. 91 de la presente norma.

[169] Término «Secretarios Judiciales» modificado por la Ley Orgánica 7/2015, de 21 de julio. Entrada en vigor desde 1 de octubre de 2015. Segundo apartado modificado por la Ley 13/2009, de 3 de noviembre. Entrada en vigor desde 4 de mayo de 2010.

Artículo 97[170]. *Prohibición de un segundo incidente de acumulación*[171]

1. Suscitado incidente de acumulación de procesos en un proceso, no se admitirá solicitud de acumulación de otro juicio ulterior si quien la pidiera hubiese sido el iniciador del juicio que intentara acumular.

2. El Letrado de la Administración de Justicia rechazará mediante decreto dictado al efecto la solicitud formulada. Si, a pesar de la anterior prohibición, se sustanciase el nuevo incidente, tan pronto como conste el hecho el Tribunal declarará la nulidad de lo actuado a causa de la solicitud, con imposición de las costas al que la hubiere presentado.

Sección 4.ª De la acumulación de procesos singulares a procesos universales (art. 98)

Artículo 98[172]. *Casos en que corresponde la acumulación de procesos singulares a un proceso universal*[173]

1. La acumulación de procesos también se decretará:

1.º Cuando esté pendiente un proceso concursal al que se halle sujeto el caudal contra el que se haya formulado o formule cualquier demanda. En estos casos, se procederá conforme a lo previsto en la legislación concursal.

2.º Cuando se esté siguiendo un proceso sucesorio al que se halle sujeto el caudal contra el que se haya formulado o se formule una acción relativa a dicho caudal.

Se exceptúan de la acumulación a que se refiere este número los procesos de ejecución en que sólo se persigan bienes hipotecados o pignorados, que en ningún caso se incorporarán al proceso sucesorio, cualquiera que sea la fecha de iniciación de la ejecución.

2. En los casos previstos en el apartado anterior, la acumulación debe solicitarse ante el tribunal que conozca del proceso universal, y hacerse siempre, con independencia de cuáles sean más antiguos, al proceso universal.

---

[170] Término «Secretarios Judiciales» modificado por la Ley Orgánica 7/2015, de 21 de julio. Entrada en vigor desde 1 de octubre de 2015. Segundo apartado modificado por la Ley 13/2009, de 3 de noviembre. Entrada en vigor desde 4 de mayo de 2010.

[171] Véanse los arts. 225 a 231 y DF 17.ª de la presente norma.

[172] Segundo párrafo modificado por la Ley 22/2003, de 9 de julio. Entrada en vigor desde 1 de septiembre de 2004.

[173] Véanse los arts. 126 a 127 de la LH, los arts. 50 y ss. de la LC y los arts. 74 a 97, y 790 y ss. de la presente norma.

3. La acumulación de procesos, cuando proceda, se regirá, en este caso, por las normas de este capítulo, con las especialidades establecidas en la legislación especial sobre procesos concursales y sucesorios.

TÍTULO IV
De la abstención y la recusación
(arts. 99 a 128)

CAPÍTULO I
De la abstención y recusación: disposiciones generales
(arts. 99 a 101)

Artículo 99[174]. *Ámbito de aplicación de la Ley y principio de legalidad*[175]

1. En el proceso civil, la abstención y la recusación de Jueces, Magistrados, así como la de los miembros del Ministerio Fiscal, los Letrados de la Administración de Justicia, los peritos y el personal al servicio de la Administración de Justicia, se regirán por lo dispuesto en este Título.

2. La abstención y, en su caso, la recusación de los indicados en el apartado anterior sólo procederán cuando concurra alguna de las causas señaladas en la Ley Orgánica del Poder Judicial para la abstención y recusación de Jueces y Magistrados.

Artículo 100[176]. *Deber de abstención*[177]

1. El Juez o Magistrado en quien concurra alguna de las causas establecidas legalmente se abstendrá del conocimiento del asunto sin esperar a que se le recuse.

2. El mismo deber tendrán el Letrado de la Administración de Justicia y los funcionarios del Cuerpo de Gestión Procesal y Administrativa, del Cuerpo de Tramitación Procesal y Administrativa o del Cuerpo de Auxilio Judicial, el miembro del Ministerio Fiscal o el perito designado por el Tribunal en quienes concurra alguna de las causas que señala la ley.

---

[174] Término «Secretarios Judiciales» modificado por la Ley Orgánica 7/2015, de 21 de julio. Entrada en vigor desde 1 de octubre de 2015.

[175] Véanse los arts. 217 a 228 de la LOPJ para Jueces y Magistrados; el art. 446 para Letrados de la Administración de Justicia; el art. 28 del EOMF para Fiscales.

[176] Término «Secretarios Judiciales» modificado por la Ley Orgánica 7/2015, de 21 de julio. Entrada en vigor desde 1 de octubre de 2015. Segundo apartado modificado por la Ley 13/2009, de 3 de noviembre. Entrada en vigor desde 4 de mayo de 2010.

[177] Véanse los arts. 217, 221, 446 y 499 de la LOPJ; y el art. 28 del EOMF.

Artículo 101. *Legitimación activa para recusar*[178]

En los asuntos civiles únicamente podrán recusar las partes. El Ministerio Fiscal también podrá recusar, siempre que se trate de un proceso en el que, por la naturaleza de los derechos en conflicto, pueda o deba intervenir.

CAPÍTULO II
De la abstención de Jueces, Magistrados, Letrados de la Administración de Justicia, Fiscales y del personal al servicio de los tribunales civiles[179]
(arts. 102 a 106)

Artículo 102[180]. *Abstención de Jueces y Magistrados*[181]

1. La abstención del Magistrado o Juez se comunicará, respectivamente, a la Sección o Sala de la que forme parte o al tribunal al que corresponda la competencia funcional para conocer de recursos contra las sentencias, que resolverá en el plazo de 10 días. La comunicación de la abstención se hará por escrito razonado tan pronto como sea advertida la causa que la motive.

2. La abstención del Juez o Magistrado suspenderá el curso del proceso en tanto no se resuelva sobre ella, suspensión que será acordada por el Letrado de la Administración de Justicia.

3. Si el Tribunal a que se refiere el apartado 1 de este artículo no estimare justificada la abstención, ordenará al Juez o Magistrado que continúe el conocimiento del asunto, sin perjuicio del derecho de las partes a hacer valer la recusación. Recibida la orden, el Letrado de la Administración de Justicia dictará diligencia de ordenación poniendo fin a la suspensión del proceso.

4. Si se estimare justificada la abstención por el tribunal competente según el apartado 1, el abstenido dictará auto apartándose definitivamente del asunto y ordenando remitir las actuaciones al que deba sustituirle. Cuando el que se abstenga forme parte

---

[178] Véanse el art. 218 de la LOPJ, los arts. 6, 493 y 751, y la DF 17.ª de la presente norma.

[179] Término «Secretarios Judiciales» modificado por la Ley Orgánica 7/2015, de 21 de julio. Entrada en vigor desde 1 de octubre de 2015.

[180] Término «Secretarios Judiciales» modificado por la Ley Orgánica 7/2015, de 21 de julio. Entrada en vigor desde 1 de octubre de 2015. Segundo apartado modificado por la Ley 13/2009, de 3 de noviembre. Entrada en vigor desde 4 de mayo de 2010. Tercer apartado modificado por la Ley 13/2009, de 3 de noviembre. Entrada en vigor desde 4 de mayo de 2010.

[181] Véanse los arts. 207 a 216 y 221 de la LOPJ y el art. 445 de la presente norma.

de un tribunal colegiado, el auto, que no será susceptible de recurso alguno, lo dictará la Sala o Sección a que pertenezca el que se abstenga.

En ambos casos, la suspensión del proceso terminará, respectivamente, cuando el sustituto reciba las actuaciones o se integre en la Sala o Sección a que pertenecía el abstenido.

5. La abstención y la sustitución del Juez o Magistrado que se ha abstenido serán comunicadas a las partes, incluyendo el nombre del sustituto.

Artículo 103[182]. *Abstención de los Letrados de la Administración de Justicia*[183]

La abstención de los Letrados de la Administración de Justicia se regirá por las normas establecidas en la Ley Orgánica del Poder Judicial.

Artículo 104[184]. *Abstención de los funcionarios pertenecientes a los Cuerpos de Gestión Procesal y Administrativa, Tramitación Procesal y Administrativa y Auxilio Judicial*[185]

1. La abstención de los funcionarios pertenecientes a los Cuerpos de Gestión Procesal y Administrativa, Tramitación Procesal y Administrativa, y Auxilio Judicial se comunicará por escrito motivado a quien sea competente para dictar la resolución que ponga término al pleito o causa en la respectiva instancia, que decidirá sobre su procedencia.

2. En caso de ser estimada la abstención, el funcionario en quien concurra causa legal será reemplazado en el proceso por quien legalmente deba sustituirle. De ser desestimada, habrá de continuar actuando en el asunto.

Artículo 105[186]. *Abstención de los peritos*[187]

1. El perito designado por el Juez, Sección o Sala que conozca del asunto o, en su caso, por el Letrado de la Administración de Justicia, deberá abstenerse si concurre alguna de las causas legalmente previstas. La abstención podrá ser oral o escrita, siempre que esté debidamente justificada.

---

[182] Término «Secretarios Judiciales» modificado por la Ley Orgánica 7/2015, de 21 de julio. Entrada en vigor desde 1 de octubre de 2015.

[183] Véanse el art. 446 de la LOPJ y los arts. 144 a 148 del ROCSJ.

[184] Modificado por la Ley 13/2009, de 3 de noviembre. Entrada en vigor desde 4 de mayo de 2010.

[185] Véase el art. 499 de la LOPJ

[186] Término «Secretarios Judiciales» modificado por la Ley Orgánica 7/2015, de 21 de julio. Entrada en vigor desde 1 de octubre de 2015.

[187] Véase el art. 399 de la presente norma.

2. Si la causa de abstención existe al tiempo de ser designado, el perito no aceptará el cargo, y será sustituido en el acto por el perito suplente, cuando éste hubiere sido designado. Si el perito suplente también se negare a aceptar el cargo, por concurrir en él la misma u otra causa de abstención, se aplicará lo dispuesto en el apartado 2 del artículo 342 de esta ley. Si la causa es conocida o se produce después de la aceptación del cargo de perito, la abstención se decidirá, previa audiencia de las partes, por quien haya realizado la designación. Contra la resolución que se dicte no se dará recurso alguno.

Artículo 106. *Abstención de los miembros del Ministerio Fiscal*[188]

La abstención de los miembros del Ministerio Fiscal se regirá por las normas establecidas en su Estatuto Orgánico.

CAPÍTULO III
De la recusación de Jueces y Magistrados
(arts. 107 a 113)

Artículo 107[189]. *Tiempo y forma de proponer la recusación*[190]

1. La recusación deberá proponerse tan pronto como se tenga conocimiento de la causa en que se funde, pues, en otro caso, no se admitirá a trámite. Concretamente, se inadmitirán las recusaciones:

1.° Cuando no se propongan en el plazo de 10 días desde la notificación de la primera resolución por la que se conozca la identidad del Juez o Magistrado a recusar, si el conocimiento de la concurrencia de la causa de recusación fuese anterior a aquél.

2.° Cuando se propusieren, pendiente ya un proceso, si la causa de recusación se conociese con anterioridad al momento procesal en que la recusación se proponga.

2. La recusación se propondrá por escrito que deberá expresar concreta y claramente la causa legal y los motivos en que se funde, acompañando un principio de prueba sobre los mismos. Este escrito estará firmado por el abogado y por procurador si intervinieran en el pleito, y por el recusante, o por alguien a su ruego, si no supiera firmar. En todo caso, el procurador deberá acompañar poder especial para la recusa-

---

[188] Véase el art. 28 del EOMF.

[189] Modificado por la Ley 13/2009, de 3 de noviembre. Entrada en vigor desde 4 de mayo de 2010. Apartado 4 añadido por la Ley 13/2009, de 3 de noviembre. Entrada en vigor desde 4 de mayo de 2010.

[190] Véanse el art. 223 de la LOPJ y los arts. 23, 25, 31 y 109 de la presente norma.

ción de que se trate. Si no intervinieren procurador y abogado, el recusante habrá de ratificar la recusación ante el Secretario del tribunal de que se trate.

3. Formulada la recusación, se dará traslado a las demás partes del proceso para que, en el plazo común de tres días, manifiesten si se adhieren o se oponen a la causa de recusación propuesta o si, en aquel momento, conocen alguna otra causa de recusación. La parte que no proponga recusación en dicho plazo, no podrá hacerlo con posterioridad, salvo que acredite cumplidamente que, en aquel momento, no conocía la nueva causa de recusación.

4. En el día hábil siguiente a la finalización del plazo previsto en el apartado anterior, el recusado habrá de pronunciarse sobre si admite o no la causa o causas de recusación formuladas.

Artículo 108[191]. *Competencia para instruir los incidentes de recusación*[192]

1. Instruirán los incidentes de recusación:

1.º Cuando el recusado sea el Presidente o un Magistrado del Tribunal Supremo o de un Tribunal Superior de Justicia, un Magistrado de la Sala a la que pertenezca el recusado, designado en virtud de un turno establecido por orden de antigüedad.

2.º Cuando el recusado sea un Presidente de Audiencia Provincial, un Magistrado de la Sala de lo Civil y Penal del Tribunal Superior de Justicia correspondiente, designado en virtud de un turno establecido por orden de antigüedad.

3.º Cuando el recusado sea un Magistrado de una Audiencia, un Magistrado de esa misma Audiencia, designado en virtud de un turno establecido por orden de antigüedad, siempre que no pertenezca a la misma Sección que el recusado.

4.º Cuando se recusare a todos los Magistrados de una Sala de Justicia, un Magistrado de los que integren el Tribunal correspondiente, designado en virtud de un turno establecido por orden de antigüedad, siempre que no estuviere afectado por la recusación.

5.º Cuando el recusado sea un Juez o Magistrado titular de un órgano unipersonal, un Magistrado de la Audiencia Provincial, designado en virtud de un turno establecido por orden de antigüedad.

---

[191] Primer apartado modificado por la Ley 13/2009, de 3 de noviembre. Entrada en vigor desde 4 de mayo de 2010.
[192] Véanse los arts. 224 y 300 de la LOPJ.

6.° Cuando el recusado fuere un Juez de Paz, el Juez de Primera Instancia del partido correspondiente o, si hubiere varios Juzgados de Primera Instancia, el designado en virtud de un turno establecido por orden de antigüedad.

La antigüedad se regirá por el orden de escalafón en la carrera judicial.

2. En los casos en que no fuere posible cumplir lo prevenido en el apartado anterior, la Sala de Gobierno del Tribunal correspondiente designará al instructor, procurando que sea de mayor categoría o, al menos, de mayor antigüedad que el recusado o recusados.

Artículo 109[193]. *Sustanciación del incidente de recusación y efectos de éste en el asunto principal*[194]

1. Dentro del mismo día en que finalice el plazo a que se refiere el apartado 3 del artículo 107, o en el siguiente día hábil, el Letrado de la Administración de Justicia pasará el pleito o causa al conocimiento del sustituto, debiendo remitirse al Tribunal al que corresponda instruir el incidente el escrito y los documentos de la recusación.

También deberá acompañarse un informe del recusado relativo a si admite o no la causa de recusación.

2. No se admitirán a trámite las recusaciones en las que no se expresaren los motivos en que se funden, o a las que no se acompañen los documentos a que se refiere el apartado 2 del artículo 107.

3. Si el recusado aceptare como cierta la causa de recusación, se resolverá el incidente sin más trámites. En caso contrario, el instructor, si admitiere a trámite la recusación propuesta, ordenará la práctica, en el plazo de 10 días, de la prueba solicitada que sea pertinente y la que estime necesaria y, acto seguido, remitirá lo actuado al tribunal competente para decidir el incidente.

Recibidas las actuaciones por el Tribunal competente para decidir la recusación, el Letrado de la Administración de Justicia dará traslado de las mismas al Ministerio Fiscal para informe por plazo de tres días. Transcurrido ese plazo, con o sin informe del Ministerio Fiscal, se decidirá el incidente dentro de los 5 días siguientes. Contra dicha resolución no cabrá recurso alguno.

---

[193] Término «Secretarios Judiciales» modificado por la Ley Orgánica 7/2015, de 21 de julio. Entrada en vigor desde 1 de octubre de 2015. Apartado 1 modificado por la Ley 13/2009, de 3 de noviembre. Entrada en vigor desde 4 de mayo de 2010. Segundo párrafo modificado por la Ley 13/2009, de 3 de noviembre. Entrada en vigor desde 4 de mayo de 2010. Apartado 4 modificado por la Ley 13/2009, de 3 de noviembre. Entrada en vigor desde 4 de mayo de 2010.

[194] Véanse los arts. 207 a 214 y 255 de la LOPJ y el art. 107 de la presente norma.

4. La recusación suspenderá el curso del pleito hasta que se decida el incidente de recusación.

Artículo 110[195]. *Competencia para decidir el incidente de recusación*

Decidirán los incidentes de recusación:

1.º La Sala prevista en el artículo 61 de la Ley Orgánica del Poder Judicial, cuando el recusado sea el Presidente del Tribunal Supremo, el Presidente de la Sala de lo Civil o dos o más Magistrados de dicha Sala.

2.º La Sala de lo Civil del Tribunal Supremo, cuando se recuse a uno de los Magistrados que la integran.

3.º La Sala a que se refiere el artículo 77 de la Ley Orgánica del Poder Judicial, cuando se hubiera recusado al Presidente del Tribunal Superior de Justicia, al Presidente de la Sala de lo Civil y Penal de dicho Tribunal Superior, al Presidente de Audiencia Provincial con sede en la Comunidad Autónoma correspondiente o a dos o más Magistrados de la Sala Civil y Penal de los Tribunales Superiores de Justicia o a dos o más Magistrados de una Sección o de una Audiencia Provincial.

4.º La Sala de lo Civil y Penal de los Tribunales Superiores de Justicia, cuando se recusara a uno o a varios Magistrados de estos Tribunales.

A los efectos señalados en los apartados que anteceden, el recusado no formará parte de la Sala.

1.º Cuando el recusado sea Magistrado de una Audiencia Provincial, la Audiencia Provincial, sin que forme parte de ella el recusado, o, si ésta se compusiere de dos o más Secciones, la Sección en la que no se encuentre integrado el recusado o la Sección que siga en orden numérico a aquélla de la que el recusado forme parte.

2.º Cuando el recusado sea un Juez de Primera Instancia o Juez de lo Mercantil, la Sección de la Audiencia Provincial que conozca de los recursos contra sus resoluciones, y, si fueren varias, se establecerá un turno comenzando por la Sección Primera.

3.º Cuando el recusado sea un Juez de Paz, resolverá el mismo Juez instructor del incidente de recusación.

---

[195] Modificado por la Ley 13/2009, de 3 de noviembre. Entrada en vigor desde 4 de mayo de 2010.

Artículo 111[196]. *Especialidades del incidente de recusación en juicios verbales. Otros casos especiales*[197]

1. En los procesos que se sustancien por los cauces del juicio verbal, si el Juez recusado no aceptare en el acto como cierta la causa de recusación, pasarán las actuaciones al que corresponda instruir el incidente, quedando entretanto en suspenso el asunto principal. El Letrado de la Administración de Justicia convocará a las partes a presencia del instructor, dentro de los 5 días siguientes, y, oídas las partes y practicada la prueba declarada pertinente, el instructor resolverá mediante providencia en el mismo acto sobre si ha o no lugar a la recusación.

2. Para la recusación de Jueces o Magistrados posterior al señalamiento de vistas, se estará a lo dispuesto en los artículos 190 a 192 de esta Ley.

Artículo 112[198]. *Decisión del incidente, costas y multa*[199]

1. El auto que desestime la recusación acordará devolver al recusado el conocimiento del pleito o causa, en el estado en que se hallare y condenará en las costas al recusante, salvo que concurrieren circunstancias excepcionales que justifiquen otro pronunciamiento. Cuando la resolución que decida el incidente declare expresamente la existencia de mala fe en el recusante, se podrá imponer a éste una multa de 180 a 6.000 euros.

2. El auto que estime la recusación apartará definitivamente al recusado del conocimiento del pleito o causa. Continuará conociendo de él, hasta su terminación, aquel a quien corresponda sustituirle.

Artículo 113. *Notificación del auto y recursos*[200]

Contra la decisión del incidente de recusación no se dará recurso alguno, sin perjuicio de hacer valer, al recurrir contra la resolución que decida el pleito o causa, la posible nulidad de ésta por concurrir en el Juez o Magistrado que dictó la resolución recurrida, o que integró la Sala o Sección correspondiente, la causa de recusación alegada.

---

[196] Término «Secretarios Judiciales» modificado por la Ley Orgánica 7/2015, de 21 de julio. Entrada en vigor desde 1 de octubre de 2015. Apartado 1 modificado por la Ley 13/2009, de 3 de noviembre. Entrada en vigor desde 4 de mayo de 2010.

[197] Véanse el art. 226 de la LOPJ y los arts. 190 a 192 y 250 de la presente norma.

[198] Ajustada la cuantía a euros por el Real Decreto 1417/2001, de 17 de diciembre. Entrada en vigor el 1 de enero de 2002.

[199] Véanse los arts. 207 a 214 y 227 de la LOPJ

[200] Véanse el art. 228 de la LOPJ; y el art. 227 y la D. F. 17.ª de la presente norma.

CAPÍTULO IV
De la recusación de los Letrados de la Administración de Justicia de los Tribunales civiles[201]
(arts. 114 a 119)

Artículo 114. *Regulación aplicable*

(Sin contenido)

Artículo 115[202]. *Recusación. Competencia para instruir y resolver los incidentes de recusación*

1. Serán aplicables a la recusación de los Secretarios las prescripciones que establece la Ley Orgánica del Poder Judicial para Jueces y Magistrados, con las siguientes especialidades:

a) Los Letrados de la Administración de Justicia no podrán ser recusados durante la práctica de cualquier diligencia o actuación de que estuvieren encargados.

b) La pieza de recusación se resolverá por el Secretario de Gobierno respectivo, previa instrucción del incidente por el Secretario Coordinador correspondiente, o en su caso, Letrado de la Administración de Justicia que aquél designe.

Artículo 116[203]. *Informe del recusado*

Presentado el escrito de recusación, el Letrado de la Administración de Justicia recusado informará detalladamente por escrito si reconoce o no como cierta y legítima la causa alegada, dando traslado de dicho escrito al Secretario Coordinador correspondiente para que éste dé cuenta al Secretario de Gobierno, o, en su caso, directamente al Secretario de Gobierno que deba conocer de la recusación.

Artículo 117[204]. *Aceptación de la recusación por el recusado*

1. Cuando el recusado reconozca como cierta la causa de la recusación, el Secretario de Gobierno dictará decreto, sin más trámites y sin ulterior recurso, teniéndolo por recusado, si estima que la causa es legal.

---

[201] Término «Secretarios Judiciales» modificado por la Ley Orgánica 7/2015, de 21 de julio. Entrada en vigor desde 1 de octubre de 2015.

[202] Modificado por la Ley Orgánica 7/2015, de 21 de julio. Entrada en vigor desde 1 de octubre de 2015.

[203] Modificado por la Ley Orgánica 7/2015, de 21 de julio. Entrada en vigor desde 1 de octubre de 2015.

[204] Modificado por la Ley Orgánica 7/2015, de 21 de julio. Entrada en vigor desde 1 de octubre de 2015.

2. Si estima que la causa no es de las tipificadas en la Ley, declarará no haber lugar a la recusación. Contra este decreto no se dará recurso alguno.

Artículo 118[205]. *Oposición del recusado y sustanciación de la recusación*

Cuando el recusado niegue la certeza de la causa alegada como fundamento de la recusación, si el instructor admitiere a trámite la recusación propuesta, el Secretario Coordinador ordenará la práctica, en el plazo de 10 días, de la prueba solicitada que estime pertinente y útil, dándose traslado al Ministerio Fiscal por plazo de tres días. Transcurrido este plazo, con o sin informe del Ministerio Fiscal, lo remitirá al Secretario de Gobierno quien decidirá el incidente dentro de los 5 días siguientes. Contra dicha resolución no cabrá recurso alguno.

Artículo 119[206]. *Sustitución del Letrado de la Administración de Justicia recusado*

[207]El Letrado de la Administración de Justicia recusado, desde el momento en que sea presentado el escrito de recusación, será reemplazado por su sustituto legal.

CAPÍTULO V
De la recusación de los funcionarios pertenecientes a los Cuerpos de Gestión Procesal y Administrativa, de Tramitación Procesal y Administrativa, y de Auxilio Judicial[208]
(arts.120 a 123)

Artículo 120. *Legislación aplicable*[209]

(Sin contenido)

---

[205] Modificado por la Ley Orgánica 7/2015, de 21 de julio. Entrada en vigor desde 1 de octubre de 2015.

[206] Término «Secretarios Judiciales» modificado por la Ley Orgánica 7/2015, de 21 de julio. Entrada en vigor desde 1 de octubre de 2015.

[207] Véanse el art. 446 de la LOPJ y los arts. 144 a 148 del ROCSJ.

[208] Rúbrica modificada por la Ley 13/2009, de 3 de noviembre. Entrada en vigor desde 4 de mayo de 2010.

[209] Sin contenido por Ley 13/2009, de 3 de noviembre, artículo 15 apartado 60. Entrada en vigor desde 4 de mayo de 2010.

Artículo 121. *Recusación. Competencia para instruir y resolver el incidente de recusación*[210]

1. La recusación de los funcionarios pertenecientes a los Cuerpos de Gestión Procesal y Administrativa, de Tramitación Procesal y Administrativa, y de Auxilio Judicial, sólo será posible por las causas legalmente previstas.

2. Será competente para instruir el incidente de recusación el Secretario del que jerárquicamente dependan, y lo decidirá quien sea competente para dictar la resolución que ponga término al pleito o causa en la respectiva instancia. Contra la resolución que resuelva el incidente no se dará recurso alguno[211].

Artículo 122. *Inadmisión del escrito de recusación*[212]

Si, a la vista del escrito de recusación, el Letrado de la Administración de Justicia estimare que la causa no es de las tipificadas en la ley, inadmitirá en el acto la petición expresando las razones en que se funde tal inadmisión. Contra esta resolución no se dará recurso alguno[213].

Artículo 123. *Sustanciación del incidente; aceptación o negativa de la recusación por el recusado*

1. Admitido a trámite el escrito de recusación, y en el día siguiente a su recepción, el recusado manifestará al Letrado de la Administración de Justicia si se da o no la causa alegada. Cuando reconozca como cierta la causa de recusación, el Letrado de la Administración de Justicia acordará reemplazar al recusado por quien legalmente le deba sustituir. Contra esta resolución no cabrá recurso alguno.

2. Si el recusado niega la certeza de la causa alegada como fundamento de la recusación, el Letrado de la Administración de Justicia, oído lo que el recusado alegue, dentro del quinto día y practicadas las comprobaciones que el recusado proponga y sean pertinentes o las que él mismo considere necesarias, remitirá lo actuado a quien haya de resolver para que decida el incidente[214].

---

[210] Modificado por la Ley 13/2009, de 3 de noviembre, artículo 15 apartado 61. Entrada en vigor desde 4 de mayo de 2010.

[211] Véanse los arts. 219 y 499 de la LOPJ y el artículo 99 de la presente norma.

[212] Modificado por la Ley 13/2009, de 3 de noviembre. Entrada en vigor desde 4 de mayo de 2010. Modificado este artículo en el sentido de establecer que contra la resolución de inadmisión no se dará recurso alguno.

[213] Véanse los arts. 219, 456. 3 y 4 y 499 de la LOPJ.

[214] Véase el art. 499 de la presente norma.

CAPÍTULO VI
De la recusación de los peritos
(arts. 124 a 128)

Artículo 124. *Ámbito de la recusación de los peritos*

1. Sólo los peritos designados por el tribunal mediante sorteo podrán ser recusados, en los términos previstos en este capítulo. Esta disposición es aplicable tanto a los peritos titulares como a los suplentes.

2. Los peritos autores de dictámenes presentados por las partes sólo podrán ser objeto de tacha por las causas y en la forma prevista en los artículos 343 y 344 de esta Ley, pero no recusados por las partes.

3. Además de las causas de recusación previstas en la Ley Orgánica del Poder Judicial, son causas de recusación de los peritos:

1.ª Haber dado anteriormente sobre el mismo asunto dictamen contrario a la parte recusante, ya sea dentro o fuera del proceso.

2.ª Haber prestado servicios como tal perito al litigante contrario o ser dependiente o socio del mismo.

3.ª Tener participación en sociedad, establecimiento o empresa que sea parte del proceso[215].

Artículo 125. *Forma de proponer la recusación de los peritos*

1. La recusación se hará en escrito firmado por el abogado y el procurador de la parte, si intervinieran en la causa, y dirigido al titular del Juzgado o al Magistrado ponente, si se tratase de tribunal colegiado. En dicho escrito se expresará concretamente la causa de la recusación y los medios de probarla, y se acompañarán copias para el recusado y para las demás partes del proceso.

2. Si la causa de la recusación fuera anterior a la designación del perito, el escrito deberá presentarse dentro de los dos días siguientes al de la notificación del nombramiento.

Si la causa fuere posterior a la designación, pero anterior a la emisión del dictamen, el escrito de recusación podrá presentarse antes del día señalado para el juicio o vista o al comienzo de los mismos.

3. Después del juicio o vista no podrá recusarse al perito, sin perjuicio de que aquellas causas de recusación existentes al tiempo de emitir el dictamen pero conoci-

---

[215] Véanse los arts. 99, 335, 342, 343 y 344 de la presente norma y el art. 219 de la LOPJ.

das después de aquélla podrán ser puestas de manifiesto al tribunal antes de que dicte sentencia y, si esto no fuese posible, al tribunal competente para la segunda instancia.

Artículo 126. *Admisión del escrito de recusación*[216]

Propuesta en tiempo y forma la recusación, se dará traslado de copia del escrito al perito recusado y a las partes. El recusado deberá manifestar ante el Letrado de la Administración de Justicia si es o no cierta la causa en que la recusación se funda. Si la reconoce como cierta y el Secretario considera fundado el reconocimiento le tendrá por recusado sin más trámites y será reemplazado, en su caso, por el suplente. Si el recusado fuera el suplente, y reconociere la certeza de la causa, se estará a lo dispuesto en el artículo 342 de esta ley.

Artículo 127. *Sustanciación y decisión del incidente de recusación*[217]

1. Cuando el perito niegue la certeza de la causa de recusación o no se aceptare el reconocimiento realizado por el perito de la concurrencia de dicha causa, el Letrado de la Administración de Justicia ordenará a las partes que comparezcan a presencia del Tribunal el día y hora que señale, con las pruebas de que intenten valerse y asistidas de sus abogados y procuradores, si su intervención fuera preceptiva en el proceso.

2. Si no compareciere el recusante, el Letrado de la Administración de Justicia le tendrá por desistido de la recusación.

3. Si compareciere el recusante e insistiere en la recusación, el tribunal admitirá las pruebas pertinentes y útiles y, acto seguido, resolverá mediante auto lo que estime procedente.

En caso de estimar la recusación, el perito recusado será sustituido por el suplente. Si, por ser el suplente el recusado, no hubiere más peritos, se procederá conforme a lo dispuesto en el artículo 342 de la presente Ley.

4. Contra la resolución que resuelva sobre la recusación del perito no cabrá recurso alguno, sin perjuicio del derecho de las partes a plantear la cuestión en la instancia superior.

---

[216] Modificado por la Ley 13/2009, de 3 de noviembre, artículo 15 apartado 63. Entrada en vigor desde 4 de mayo de 2010.

[217] Apartados 1 y 2 modificados por la Ley 13/2009, de 3 de noviembre, artículo 15 apartado 64. Entrada en vigor desde 4 de mayo de 2010.

Artículo 128. *Costas*

El régimen de condena en costas aplicable a la recusación de los peritos será el mismo previsto para el incidente de recusación de Jueces y Magistrados[218].

TÍTULO V
De las actuaciones judiciales (arts. 129 a 235).

CAPÍTULO I
Del lugar de las actuaciones judiciales y de los actos procesales mediante presencia telemática[219]
(arts. 129 a 129 bis)

Artículo 129. *Lugar de las actuaciones judiciales*[220]

1. Las actuaciones judiciales se realizarán en la sede de la Oficina judicial, salvo aquellas que por su naturaleza se deban practicar en otro lugar.

2. Las actuaciones que deban realizarse fuera del partido judicial donde radique la sede del tribunal que conozca del proceso se practicarán, cuando proceda, mediante videoconferencia siempre que sea posible y, en otro caso, mediante auxilio judicial.

3. No obstante lo dispuesto en el apartado anterior, los tribunales podrán constituirse en cualquier lugar del territorio de su circunscripción para la práctica de las actuaciones cuando fuere necesario o conveniente para la buena administración de justicia.

También podrán desplazarse fuera del territorio de su circunscripción para la práctica de actuaciones de prueba, conforme a lo prevenido en esta Ley y en el artículo 275 de la Ley Orgánica del Poder Judicial.

4. Las actuaciones judiciales también se podrán realizar a través de videoconferencia, en los términos establecidos en el artículo 229 de la Ley Orgánica 6/1985, de 1 de julio, del Poder Judicial[221].

---

[218] Véanse los arts. 112.1 y 394 de la presente norma.

[219] Rúbrica modificada por el RD-Ley 6/2023, de 19 de diciembre. Entrada en vigor desde 20 de marzo de 2024.

[220] Rúbrica y apartado 1 modificados por el artículo 15 apartado 65 de la Ley 13/2009, de 3 de noviembre. Entrada en vigor desde 4 de mayo de 2010. El apartado 2 se modifica y se añade el apartado 4 por el RD-Ley 6/2023, de 19 de diciembre. Entrada en vigor desde 20 de marzo de 2024

[221] Véanse los arts. 268, 269 y ss., 273 de la LOPJ y los arts. 169.2 , 311 y ss., 364 de la presente norma.

Artículo 129 bis. *Celebración de actos procesales mediante presencia telemática*[222]

1. Constituido el Juzgado o Tribunal en su sede, los actos de juicio, vistas, audiencias, comparecencias, declaraciones y, en general, todos los actos procesales, se realizarán preferentemente mediante presencia telemática, siempre que las oficinas judiciales tengan a su disposición los medios técnicos necesarios para ello. La intervención mediante presencia telemática se practicará siempre a través de punto de acceso seguro, de conformidad con la normativa que regule el uso de la tecnología en la Administración de Justicia.

2. No obstante, lo establecido en el apartado anterior, en los actos que tengan por objeto la audiencia, declaración o interrogatorio de partes, testigos o peritos, la exploración de la persona menor de edad, el reconocimiento judicial personal o la entrevista a persona con discapacidad, será necesaria la presencia física de la persona que haya de intervenir y, cuando ésta sea una de las partes, la de su defensa letrada. Se exceptúan de lo previsto en este apartado los casos siguientes:

a) Aquellos en que el juez o tribunal, en atención a las circunstancias del caso, disponga otra cosa.

b) Cuando la persona que haya de intervenir resida en municipio distinto de aquel en el que tenga su sede el tribunal. En este caso podrá intervenir, a su petición, en un lugar seguro dentro del municipio en que resida, de conformidad con la normativa que regule el uso de la tecnología en la Administración de Justicia.

c) En los casos en que el interviniente lo haga en su condición de autoridad o funcionario público, realizando entonces su intervención desde un punto de acceso seguro.

3. El juez o tribunal podrá en todo caso determinar mediante resolución motivada la participación física de cualquier interviniente de los señalados en las letras b) y c) del apartado 2 anterior, cuando estime, en atención a causas precisas y en el caso concreto, que el acto requiere su presencia física.

4. Lo dispuesto en este artículo será de aplicación a las actuaciones que se celebren únicamente ante los letrados de la Administración de Justicia o los representantes del Ministerio fiscal, que en estos casos podrán también resolver lo establecido en los apartados 2 y 3.

5. Se adoptarán las medidas necesarias para asegurar que en el uso de métodos electrónicos se garantizan los derechos de todas las partes del proceso. En especial,

---

[222] Añadido por el RD-Ley 6/2023, de 19 de diciembre. Entrada en vigor desde 20 de marzo de 2024.

el derecho a la asistencia letrada efectiva, a la interpretación y traducción y a la información y acceso a los expedientes judiciales.

CAPÍTULO II
Del tiempo de las actuaciones judiciales
(arts. 130 a 136)

Sección 1.ª De los días y horas hábiles
(arts. 130 a 131)

Artículo 130. *Días y horas hábiles*[223]

1. Las actuaciones judiciales habrán de practicarse en días y horas hábiles.

2. Son días inhábiles a efectos procesales los sábados y domingos, y los días que median entre el 24 de diciembre y el 6 de enero del año siguiente, ambos inclusive, los días de fiesta nacional y los festivos a efectos laborales en la respectiva Comunidad Autónoma o localidad. También serán inhábiles los días del mes de agosto.

3. Se entiende por horas hábiles las que median desde las ocho de la mañana a las ocho de la tarde, salvo que la ley, para una actuación concreta, disponga otra cosa.

Para los actos de comunicación y ejecución también se considerarán horas hábiles las que transcurren desde las ocho hasta las 10 de la noche.

4. Lo previsto en los apartados anteriores se entenderá sin perjuicio de lo que pueda establecerse para las actuaciones electrónicas[224].

Artículo 131. *Habilitación de días y horas inhábiles*[225]

1. De oficio o a instancia de parte, los Tribunales podrán habilitar los días y horas inhábiles, cuando hubiere causa urgente que lo exija. Esta habilitación se realizará por los Letrados de la Administración de Justicia cuando tuviera por objeto la realización de actuaciones procesales que deban practicarse en materias de su exclusiva

---

[223] Modificado el apartado 2 por la LO 14/2022, de 22 de diciembre. Entrada en vigor desde 12 de enero de 2023. Añadido el apartado 4 por la Ley 42/2015, de 5 de octubre. Entrada en vigor desde 7 de octubre de 2015.

[224] Véanse los arts. 182,183, 188, 189 y 238 a 243 de la LOPJ.

[225] Los apartados 1 y 4 modificados por el artículo 15 apartado 67 de la Ley 13/2009,de 3 de noviembre. Entrada en vigor desde 4 de mayo de 2010.

competencia, cuando se tratara de actuaciones por ellos ordenadas o cuando fueran tendentes a dar cumplimiento a las resoluciones dictadas por los Tribunales.

2. Se considerarán urgentes las actuaciones del tribunal cuya demora pueda causar grave perjuicio a los interesados o a la buena administración de justicia, o provocar la ineficacia de una resolución judicial.

3. Para las actuaciones urgentes a que se refiere el apartado anterior serán hábiles los días del mes de agosto, sin necesidad de expresa habilitación. Tampoco será necesaria la habilitación para proseguir en horas inhábiles, durante el tiempo indispensable, las actuaciones urgentes que se hubieren iniciado en horas hábiles.

4. Contra las resoluciones de habilitación de días y horas inhábiles no se admitirá recurso alguno[226].

Sección 2.ª De los plazos y los términos
(arts. 132 a 136)

Artículo 132. *Plazos y términos*[227]

1. Las actuaciones del proceso se practicarán en los términos o dentro de los plazos señalados para cada una de ellas.

2. Cuando no se fije plazo ni término, se entenderá que han de practicarse sin dilación.

3. La infracción de lo dispuesto en este artículo por los tribunales y personal al servicio de la Administración de Justicia de no mediar justa causa será corregida disciplinariamente con arreglo a lo previsto en la Ley Orgánica del Poder Judicial, sin perjuicio del derecho de la parte perjudicada para exigir las demás responsabilidades que procedan[228].

Artículo 133. *Cómputo de los plazos*[229]

1. Los plazos comenzarán a correr desde el día siguiente a aquel en que se hubiere efectuado el acto de comunicación del que la Ley haga depender el inicio del

---

[226] Véase el art. 184.2 de la LOPJ.

[227] Modificado el apartado 1 por el artículo 15 apartado 68 de la Ley 13/2009, de 3 de noviembre. Entrada en vigor desde 4 de mayo de 2010.

[228] Véanse los arts. 411 y ss. y 534 y ss. de la LOPJ.

[229] Modificados los apartados 2 y 4 por el artículo 15 apartado 69 de la Ley 13/2009, de 3 de noviembre. Entrada en vigor desde 4 de mayo de 2010.

plazo, y se contará en ellos el día del vencimiento, que expirará a las veinticuatro horas.

No obstante, cuando la Ley señale un plazo que comience a correr desde la finalización de otro, aquél se computará, sin necesidad de nueva notificación, desde el día siguiente al del vencimiento de éste.

2. En el cómputo de los plazos señalados por días se excluirán los inhábiles.

Para los plazos que se hubiesen señalado en las actuaciones urgentes a que se refiere el apartado 2 del artículo 131 no se considerarán inhábiles los días del mes de agosto y sólo se excluirán del cómputo los sábados, domingos y festivos.

3. Los plazos señalados por meses o por años se computarán de fecha a fecha.

Cuando en el mes del vencimiento no hubiera día equivalente al inicial del cómputo, se entenderá que el plazo expira el último del mes.

4. Los plazos que concluyan en sábado, domingo u otro día inhábil se entenderán prorrogados hasta el siguiente hábil[230].

Artículo 134. *Improrrogabilidad de los plazos*[231]

1. Los plazos establecidos en esta Ley son improrrogables.

2. Podrán, no obstante, interrumpirse los plazos y demorarse los términos en caso de fuerza mayor que impida cumplirlos, reanudándose su cómputo en el momento en que hubiera cesado la causa determinante de la interrupción o demora. La concurrencia de fuerza mayor habrá de ser apreciada por el Letrado de la Administración de Justicia mediante decreto, de oficio o a instancia de la parte que la sufrió, con audiencia de las demás. Contra este decreto podrá interponerse recurso de revisión que producirá efectos suspensivos.

3. También podrán interrumpirse los plazos y demorarse los términos durante un plazo de tres días hábiles cuando por los Colegios de Abogados o Procuradores o por las partes personadas se comuniquen causas objetivas de fuerza mayor que afecten a la persona profesional de la abogacía o de la procura, tales como nacimiento y cuidado de menor, enfermedad grave y accidente con hospitalización, fallecimiento de parientes hasta segundo grado de consanguinidad o afinidad o baja laboral certificada por la seguridad social o sistema sanitario o de previsión social equivalente.

---

[230] Véanse los arts. 135.1, 151.2 y 210 de la presente norma y el art. 185.1 de la LOPJ.

[231] Modifica el apartado 2 por el artículo 15 apartado 70 de la Ley 13/2009, de 3 de noviembre. Entrada en vigor desde 4 de mayo de 2010. Añadido el apartado 3 por el RD-Ley 5/2023, de 28 de junio. Entrada en vigor desde 29 de julio de 2023,

Artículo 135. *Presentación de escritos, a efectos del requisito de tiempo de los actos procesales*[232]

1. Cuando las oficinas judiciales y los sujetos intervinientes en un proceso estén obligados al empleo de los sistemas telemáticos o electrónicos existentes en la Administración de Justicia conforme al artículo 273, remitirán y recibirán todos los escritos, iniciadores o no, y demás documentos a través de estos sistemas, salvo las excepciones establecidas en la ley, de forma tal que esté garantizada la autenticidad de la comunicación y quede constancia fehaciente de la remisión y la recepción íntegras, así como de la fecha en que éstas se hicieren. Esto será también de aplicación a aquellos intervinientes que, sin estar obligados, opten por el uso de los sistemas telemáticos o electrónicos.

Se podrán presentar escritos y documentos en formato electrónico todos los días del año durante las veinticuatro horas.

Presentados los escritos y documentos por medios telemáticos, se emitirá automáticamente recibo por el mismo medio, con expresión del número de entrada de registro y de la fecha y la hora de presentación, en la que se tendrán por presentados a todos los efectos. En caso de que la presentación tenga lugar en día u hora inhábil a efectos procesales conforme a la ley, se entenderá efectuada el primer día y hora hábil siguiente.

A efectos de prueba y del cumplimiento de requisitos legales que exijan disponer de los documentos originales o de copias fehacientes, se estará a lo previsto en el artículo 162.

2. Cuando la presentación de escritos perentorios dentro de plazo por los medios electrónicos a que se refiere el apartado anterior no sea posible por interrupción no planificada del servicio de comunicaciones telemáticas o electrónicas, siempre que sea posible se dispondrán las medidas para que el usuario resulte informado de esta circunstancia, así como de los efectos de la suspensión, con indicación expresa, en su caso, de la prórroga de los plazos de inminente vencimiento. El remitente podrá proceder, en este caso, a su presentación en la oficina judicial el primer día hábil siguiente acompañando el justificante de dicha interrupción.

En los casos de interrupción planificada deberá anunciarse con la antelación suficiente, informando de los medios alternativos de presentación que en tal caso procedan.

Cuando la presentación de escritos perentorios dentro de plazo se vea impedida por limitaciones, incluso horarias, en el uso de soluciones tecnológicas de la Adminis-

---

[232] Modificados los apartados 2 y 5 por el RD-Ley 6/2023, de 19 de diciembre. Entrada en vigor desde 20 de marzo de 2024. Anteriormente modificado por el artículo único apartado 13 de la Ley 42/2015, de 5 de octubre. Entrada en vigor desde 7 de octubre de 2015.

tración de Justicia, establecidas de conformidad con la normativa que regule el uso de la tecnología en la Administración de Justicia, como regla, el remitente podrá proceder a su presentación el primer día hábil siguiente, justificándolo suficientemente ante la oficina judicial. En el caso de que la imposibilidad de la presentación se deba a la naturaleza del documento a presentar o al tamaño del archivo, el remitente deberá proceder, en este caso, a la presentación del escrito por medios electrónicos y presentar en la oficina judicial dentro del primer día hábil siguiente el documento o documentos que no haya podido adjuntar.

3. Si el servicio de comunicaciones telemáticas o electrónicas resultase insuficiente para la presentación de los escritos o documentos, se deberá presentar en soporte electrónico en la oficina judicial ese día o el día siguiente hábil, junto con el justificante expedido por el servidor de haber intentado la presentación sin éxito. En estos casos, se entregará recibo de su recepción.

4. Sin perjuicio de lo anterior, los escritos y documentos se presentarán en soporte papel cuando los interesados no estén obligados a utilizar los medios telemáticos y no hubieran optado por ello, cuando no sean susceptibles de conversión en formato electrónico y en los demás supuestos previstos en las leyes. Estos documentos, así como los instrumentos o efectos que se acompañen quedarán depositados y custodiados en el archivo, de gestión o definitivo, de la oficina judicial, a disposición de las partes, asignándoseles un número de orden, y dejando constancia en el expediente judicial electrónico de su existencia.

En caso de presentación de escritos y documentos en soporte papel, el funcionario designado para ello estampará en los escritos de iniciación del procedimiento y de cualesquiera otros cuya presentación esté sujeta a plazo perentorio el correspondiente sello en el que se hará constar la oficina judicial ante la que se presenta y el día y hora de la presentación.

5. La presentación de escritos y documentos, cualquiera que fuera la forma, si estuviere sujeta a plazo, procesal o sustantivo, podrá efectuarse hasta las quince horas del día hábil siguiente al del vencimiento del plazo.

En las actuaciones ante los tribunales civiles, no se admitirá la presentación de escritos en el juzgado que preste el servicio de guardia[233].

Artículo 136. *Preclusión*

Transcurrido el plazo o pasado el término señalado para la realización de un acto procesal de parte se producirá la preclusión y se perderá la oportunidad de realizar

---

[233] Véanse los arts. 264 a 272 de la presente norma y los arts. 453 y ss. de la LOPJ.

el acto de que se trate. El Letrado de la Administración de Justicia dejará constancia del transcurso del plazo por medio de diligencia y acordará lo que proceda o dará cuenta al tribunal a fin de que dicte la resolución que corresponda[234].

CAPÍTULO III
De la inmediación, la publicidad y la lengua oficial
(arts. 137 a 144)

Artículo 137. *Presencia judicial en declaraciones, pruebas y vistas*[235]

1. Los Jueces y los Magistrados miembros del tribunal que esté conociendo de un asunto presenciarán las declaraciones de las partes y de testigos, los careos, las exposiciones, explicaciones y respuestas que hayan de ofrecer los peritos, así como la crítica oral de su dictamen y cualquier otro acto de prueba que, conforme a lo dispuesto en esta Ley, deba llevarse a cabo contradictoria y públicamente.

2. Las vistas y las comparecencias que tengan por objeto oír a las partes antes de dictar una resolución se celebrarán siempre ante el Juez o los Magistrados integrantes del tribunal que conozca del asunto.

3. Lo dispuesto en los apartados anteriores será de aplicación a los Letrados de la Administración de Justicia respecto de aquellas actuaciones que hayan de realizarse únicamente ante ellos.

4. La infracción de lo dispuesto en los apartados anteriores determinará la nulidad de pleno derecho de las correspondientes actuaciones[236].

Artículo 137 bis. *Realización de actuaciones judiciales mediante el sistema de videoconferencia*[237]

1. Las actuaciones judiciales realizadas por videoconferencia deberán documentarse en la forma establecida en el artículo 147 de esta ley. El tribunal velará por el cumplimiento del principio de publicidad, acordando las medidas que sean necesarias para que las actuaciones procesales que sean públicas y se celebren por este medio sean accesibles a los ciudadanos.

2. Los y las profesionales, así como las partes, peritos y testigos que deban intervenir en cualquier actuación por videoconferencia lo harán desde la oficina judicial

---

[234] Véanse los arts. 271 de esta norma y 455 de la LOPJ.

[235] Se introduce el apartado 3 y renumera el apartado 4 por el artículo 15 apartado 71 de la Ley 13/2009, de 3 de noviembre. Entrada en vigor desde 4 de mayo de 2010

[236] Véanse el art. 229.2 de la LOPJ y el art. 289 de la presente norma.

[237] Añadido por el RD-Ley 6/2023, de 19 de diciembre. Entrada en vigor desde 20 de marzo de 2024.

correspondiente al partido judicial de su domicilio o lugar de trabajo. En el caso de disponer de medios adecuados, dicha intervención también se podrá llevar a cabo desde el juzgado de paz de su domicilio o de su lugar de trabajo.

3. Cuando el juez o la jueza, en atención a las circunstancias concurrentes, lo estime oportuno, estas intervenciones podrán hacerse desde cualquier lugar, siempre que disponga de los medios que permitan asegurar la identidad del interviniente conforme a lo que se determine reglamentariamente. En todo caso, cuando el declarante sea menor de edad o persona sobre la que verse un procedimiento de medidas judiciales de apoyo de personas con discapacidad, la declaración por videoconferencia solo se podrá hacer desde una oficina judicial, en los términos del apartado 2.

Las víctimas de violencia de género, violencia sexual, trata de seres humanos, y víctimas menores de edad o con discapacidad podrán intervenir desde los lugares donde se encuentren recibiendo oficialmente asistencia, atención, asesoramiento y protección, o desde cualquier otro lugar si así lo estima oportuno el juez siempre que dispongan de medios suficientes para asegurar su identidad y las adecuadas condiciones de la intervención conforme a lo que se determine reglamentariamente.

4. El uso de medios de videoconferencia deberá solicitarse con la antelación suficiente y, en todo caso, 10 días antes del señalado para la actuación correspondiente.

5. Lo dispuesto en los apartados anteriores será de aplicación también a aquellas actuaciones que hayan de realizarse únicamente ante los Letrados de la Administración de Justicia.

6. Lo dispuesto en este artículo deberá realizarse garantizando la accesibilidad universal.

Artículo 138. *Publicidad de las actuaciones orales*[238]

1. Las actuaciones de prueba, las vistas y las comparecencias cuyo objeto sea oír a las partes antes de dictar una resolución se practicarán en audiencia pública.

2. Las actuaciones a que se refiere el apartado anterior podrán, no obstante, celebrarse a puerta cerrada cuando ello sea necesario para la protección del orden público o de la seguridad nacional en una sociedad democrática, o cuando los intereses de los menores o la protección de la vida privada de las partes y de otros derechos y libertades lo exijan o, en fin, en la medida en la que el tribunal lo considere estricta-

---

[238] Modificado el párrafo 2 del apartado 3 por el artículo 15 apartado 72 de la Ley 13/2009, de 3 de noviembre. Entrada en vigor desde 4 de mayo de 2010. Añadido el apartado 4 por la LO 7/2015, de 21 de julio, disposición final 4, apartado 6. Entrada en vigor desde 1 de octubre de 2015.

mente necesario, cuando por la concurrencia de circunstancias especiales la publicidad pudiera perjudicar a los intereses de la justicia.

3. Antes de acordar la celebración a puerta cerrada de cualquier actuación, el tribunal oirá a las partes que estuvieran presentes en el acto. La resolución adoptará la forma de auto y contra ella no se admitirá recurso alguno, sin perjuicio de formular protesta y suscitar la cuestión, si fuere admisible, en el recurso procedente contra la sentencia definitiva.

Los Letrados de la Administración de Justicia podrán adoptar mediante decreto la misma medida en aquellas actuaciones procesales que deban practicarse en materias de su exclusiva competencia. Frente a este decreto sólo cabrá recurso de reposición.

4. La relación de señalamientos del órgano judicial deberá hacerse pública. Los Letrados de la Administración de Justicia velarán porque los funcionarios competentes de la Oficina judicial publiquen en un lugar visible al público, el primer día hábil de cada semana, la relación de señalamientos correspondientes a su respectivo órgano judicial, con indicación de la fecha y hora de su celebración, tipo de actuación y número de procedimiento[239].

Artículo 139. *Secreto de las deliberaciones de los tribunales colegiados*

Las deliberaciones de los tribunales colegiados son secretas. También lo será el resultado de las votaciones, sin perjuicio de lo dispuesto por la ley sobre publicidad de los votos particulares[240].

Artículo 140. *Información sobre las actuaciones*[241]

1. Los Letrados de la Administración de Justicia y funcionarios competentes de la Oficina judicial facilitarán a cualesquiera personas que acrediten un interés legítimo y directo cuanta información soliciten sobre el estado de las actuaciones judiciales, que podrán examinar y conocer, salvo que sean o hubieren sido declaradas reservadas conforme a la ley. También podrán pedir aquéllas, a su costa, la obtención de copias simples de escritos y documentos que consten en los autos, no declarados reservados.

2. A petición de las personas a que se refiere el apartado anterior, y a su costa, se expedirán por el Letrado de la Administración de Justicia los testimonios y certificados que soliciten, con expresión de su destinatario.

---

[239] Véanse los arts. 289.1 y 754 de la presente norma, el art. 120.1 de la CE y los arts. 186 y 232 de la LOPJ.
[240] Véanse los arts. 233 de la LOPJ y los arts. 197, 203 y 205 de la presente norma.
[241] Modificados los apartados 1 y 2 por la LO 7/2015, de 21 de julio. Entrada en vigor desde 1 de octubre de 2015

3. No obstante lo dispuesto en los apartados anteriores, los tribunales por medio de auto podrán atribuir carácter reservado a la totalidad o a parte de los autos cuando tal medida resulte justificada en atención a las circunstancias expresadas por el apartado 2 del artículo 138.

Las actuaciones de carácter reservado sólo podrán ser conocidas por las partes y por sus representantes y defensores, sin perjuicio de lo previsto respecto de hechos y datos con relevancia penal, tributaria o de otra índole[242].

Artículo 141. *Acceso a libros, archivos y registros judiciales*

Las personas que acrediten un interés legítimo podrán acceder a los libros, archivos y registros judiciales que no tengan carácter reservado y obtener, a su costa, testimonio o certificación de los extremos que indiquen.

Artículo 141 bis[243]

En los casos previstos en los dos artículos anteriores, en las copias simples, testimonios y certificaciones que expidan los Letrados de la Administración de Justicia, cualquiera que sea el soporte que se utilice para ello, cuando sea necesario para proteger el superior interés de los menores y para preservar su intimidad, deberán omitirse los datos personales, imágenes, nombres y apellidos, domicilio, o cualquier otro dato o circunstancia que directa o indirectamente pudiera permitir su identificación[244].

Artículo 142. *Lengua oficial*

1. En todas las actuaciones judiciales, los Jueces, Magistrados, Fiscales, Letrados de la Administración de Justicia y demás funcionarios de Juzgados y Tribunales usarán el castellano, lengua oficial del Estado.

2. Los Jueces, Magistrados, Letrados de la Administración de Justicia, Fiscales y demás funcionarios de Juzgados y Tribunales podrán usar también la lengua oficial propia de la Comunidad Autónoma, si ninguna de las partes se opusiere, alegando desconocimiento de ella que pudiere producir indefensión.

3. Las partes, sus procuradores y abogados, así como los testigos y peritos, podrán utilizar la lengua que sea también oficial en la Comunidad Autónoma en cuyo

---

[242] Véanse los arts. 234, 266 y 476, así como la DA 4.ª de la LOPJ.

[243] Añadido por el apartado 1 de la disposición final 2 de la Ley 54/2007, de 28 de diciembre. Entrada en vigor desde 30 de diciembre de 2007.

[244] Añadido por el apartado 1 de la disposición final 2 de la Ley 54/2007, de 28 de diciembre. Entrada en vigor desde 30 de diciembre de 2007.

territorio tengan lugar las actuaciones judiciales, tanto en manifestaciones orales como escritas.

4. Las actuaciones judiciales realizadas y los documentos presentados en el idioma oficial de una Comunidad Autónoma tendrán, sin necesidad de traducción al castellano, plena validez y eficacia, pero se procederá de oficio a su traducción cuando deban surtir efecto fuera de la jurisdicción de los órganos judiciales sitos en la Comunidad Autónoma, salvo si se trata de Comunidades Autónomas con lengua oficial propia coincidente. También se procederá a su traducción cuando así lo dispongan las leyes o a instancia de parte que alegue indefensión.

5. En las actuaciones orales, el tribunal por medio de providencia podrá habilitar como intérprete a cualquier persona conocedora de la lengua empleada, previo juramento o promesa de fiel traducción[245].

Artículo 143. *Intervención de intérpretes*[246]

1. Cuando alguna persona que no conozca el castellano ni, en su caso, la lengua oficial propia de la Comunidad hubiese de ser interrogada o prestar alguna declaración, o cuando fuere preciso darle a conocer personalmente alguna resolución, el Secretario por medio de decreto podrá habilitar como intérprete a cualquier persona conocedora de la lengua de que se trate, exigiéndosele juramento o promesa de fiel traducción.

Sin perjuicio de lo anterior, se garantizará en todo caso la prestación de los servicios de interpretación en los litigios transfronterizos a aquella persona que no conozca el castellano ni, en su caso, la lengua oficial propia de la Comunidad Autónoma, en los términos establecidos en la Ley 1/1996, de 10 de enero, reguladora de la Asistencia Jurídica Gratuita.

De las actuaciones que en estos casos se practiquen se levantará acta, en la que constarán los textos en el idioma original y su traducción al idioma oficial, y que será firmada también por el intérprete.

2. En los mismos casos del apartado anterior, si la persona fuere sorda, se nombrará siempre, conforme a lo que se dispone en el expresado apartado, al intérprete de lengua de signos adecuado.

De las actuaciones que se practiquen en relación con las personas sordas se levantará la oportuna acta[247].

---

[245] Véase el art. 231 de la LOPJ.

[246] Modificado el apartado 1 por el artículo 15 apartado 73 de la Ley 13/2009, de 3 de noviembre. Entrada en vigor desde 4 de mayo de 2010

[247] Véanse los arts. 190, 195 y 565 de la LOPJ.

Artículo 144. *Documentos redactados en idioma no oficial*[248]

1. A todo documento redactado en idioma que no sea el castellano o, en su caso, la lengua oficial propia de la Comunidad Autónoma de que se trate, se acompañará la traducción del mismo.

2. Dicha traducción podrá ser hecha privadamente y, en tal caso, si alguna de las partes la impugnare dentro de los 5 días siguientes desde el traslado, manifestando que no la tiene por fiel y exacta y expresando las razones de la discrepancia, el Letrado de la Administración de Justicia ordenará, respecto de la parte que exista discrepancia, la traducción oficial del documento, a costa de quien lo hubiese presentado.

No obstante, si la traducción oficial realizada a instancia de parte resultara ser sustancialmente idéntica a la privada, los gastos derivados de aquélla correrán a cargo de quien la solicitó.

CAPÍTULO IV
De la fe pública judicial y de la documentación de las actuaciones
(arts. 145 a 148)

Artículo 145. *Fe pública judicial*[249]

1. Corresponde al Letrado de la Administración de Justicia, con exclusividad y plenitud, el ejercicio de la fe pública judicial en las actuaciones procesales.

Concretamente, el Letrado de la Administración de Justicia:

1.º Dará fe, por sí o mediante el registro correspondiente, de cuyo funcionamiento será responsable, de la recepción de escritos con los documentos y recibos que les acompañen, expidiendo en su caso las certificaciones que en esta materia sean solicitadas por las partes.

2.º Dejará constancia fehaciente de la realización de actos procesales en el Tribunal o ante éste y de la producción de hechos con trascendencia procesal, mediante las oportunas actas y diligencias cualquiera que sea el soporte que se utilice.

3.º Expedirá certificaciones o testimonios de las actuaciones judiciales no declaradas secretas ni reservadas a las partes, con expresión del destinatario y el fin para el cual se solicitan.

---

[248] Modificado el apartado 2, párrafo 1 por el artículo 15 apartado 74 de la Ley 13/2009, de 3 de noviembre. Entrada en vigor desde 4 de mayo de 2010.
[249] Modificado este artículo por el artículo 15 apartado 75 de la Ley 13/2009, de 3 de noviembre. Entrada en vigor 4 de mayo de 2010.

4.º Autorizará y documentará conforme a lo previsto en el artículo 24 de esta ley el otorgamiento de poderes para pleitos.

2. En el ejercicio de estas funciones no precisará de la intervención adicional de testigos[250].

Artículo 146. *Documentación de las actuaciones*[251]

1. Las actuaciones procesales que no consistan en escritos y documentos se documentarán por medio de actas y diligencias.

Cuando se utilicen medios técnicos de grabación o reproducción, estos deberán asegurar la autenticidad, integridad e inalterabilidad de lo grabado en los términos que establezca la normativa que regule los usos de la tecnología en la Administración de Justicia. El letrado o letrada de la Administración de Justicia velará en todo caso por el uso adecuado de los mismos, y a los fines anteriores hará uso de la firma electrónica u otro sistema de seguridad que sea conforme a la ley.

2. Cuando la ley disponga que se levante acta, se recogerá en ella, con la necesaria extensión y detalle, todo lo actuado.

Si se tratase de actuaciones que conforme a esta ley hayan de registrarse en soporte apto para la grabación y reproducción, y el letrado o letrada de la Administración de Justicia dispusiere de firma electrónica u otro sistema de seguridad que conforme a la ley garantice la autenticidad e integridad de lo grabado, el documento electrónico así generado constituirá el acta a todos los efectos. Sin perjuicio de cualesquiera otras medidas de identificación de los intervinientes, estos deberán expresar, bajo su responsabilidad, ante la autoridad que presida el acto su nombre y apellidos de forma que quede constancia en la grabación.

Si los mecanismos de garantía previstos en el párrafo anterior no se pudiesen utilizar, el letrado o letrada de la Administración de Justicia deberá consignar en el acta los siguientes extremos: número y clase de procedimiento; lugar y fecha de celebración; tiempo de duración; asistentes al acto; peticiones y propuestas de las partes; en caso de proposición de pruebas, declaración de pertinencia y orden en la práctica de las mismas; resoluciones que adopte el juez o Tribunal, así como las circunstancias e incidencias que no pudieran constar en aquel soporte.

En estos casos, o cuando los medios de registro previstos en este artículo no se pudiesen utilizar por cualquier causa, el acta se extenderá por procedimientos informá-

---

[250] Véanse los arts. 140 y 141 de la presente norma, y el art. 230 de la LOPJ.

[251] Apartados 1 y 2 modificados por el RD-Ley 6/2023, de 19 de diciembre. Entrada en vigor desde 20/03/2024. Apartado 3 modificado por la Ley 42/2015, de 5 de octubre. Entrada en vigor desde 7 de octubre de 2015.

ticos, sin que pueda ser manuscrita más que en las ocasiones en que la sala en que se esté celebrando la actuación careciera de medios informáticos.

3. Los tribunales podrán emplear medios técnicos de documentación y archivo de sus actuaciones y de los escritos y documentos que recibieren, con las garantías a que se refiere el apartado 1 del artículo 135 de esta Ley. También podrán emplear medios técnicos de seguimiento del estado de los procesos y de estadística relativa a éstos[252].

Artículo 147. *Documentación de las actuaciones mediante sistemas de grabación y reproducción de la imagen y el sonido*[253]

Las actuaciones orales en vistas, audiencias y comparecencias celebradas ante los jueces o magistrados o, en su caso, ante los letrados de la Administración de Justicia, se registrarán en soporte apto para la grabación y reproducción del sonido y la imagen.

Siempre que se cuente con los medios tecnológicos necesarios, estos garantizarán la autenticidad e integridad de lo grabado o reproducido. A tal efecto, el letrado o letrada de la Administración de Justicia hará uso de la firma electrónica u otro sistema de seguridad que conforme a la ley ofrezca tales garantías. En este caso, la celebración del acto no requerirá la presencia en la sala del letrado o letrada de la Administración de Justicia salvo que lo hubieran solicitado las partes, al menos dos días antes de la celebración de la vista, o que excepcionalmente lo considere necesario el letrado letrada de la Administración de Justicia atendiendo a la complejidad del asunto, al número y naturaleza de las pruebas a practicar, al número de intervinientes, a la posibilidad de que se produzcan incidencias que no pudieran registrarse, o a la concurrencia de otras circunstancias igualmente excepcionales que lo justifiquen. En estos casos, el letrado o letrada de la Administración de Justicia extenderá acta sucinta en los términos previstos en el artículo anterior.

Las actuaciones orales y vistas grabadas y documentadas en soporte digital no podrán transcribirse, salvo en aquellos casos en que una ley así lo determine.

La oficina judicial deberá asegurar la correcta incorporación de la grabación al expediente judicial electrónico.

Si los sistemas no proveen expediente judicial electrónico, el letrado o letrada de la Administración de Justicia deberá custodiar el documento electrónico que sirva de soporte a la grabación.

---

[252] Véanse los arts. 229, 230 y 454 de la LOPJ.
[253] Modificado por el RD-Ley 6/2023, de 19 de diciembre. Entrada en vigor desde 20 de marzo de 2024.

Las partes podrán pedir, a su costa, copia o acceso electrónico de las grabaciones originales[254].

Artículo 148. *Formación, custodia y conservación de los autos*[255]

Los letrados de la Administración de Justicia responderán de la debida formación de los autos, dejando constancia de las resoluciones que dicten los tribunales, o ellos mismos cuando así lo autorice la ley. Igualmente responderán de la conservación y custodia de los mismos, salvo el tiempo en que estuvieren en poder del juez o magistrado ponente u otros magistrados integrantes del Tribunal.

En los casos en que el órgano judicial cuente con expediente judicial electrónico, responderán de su debida formación, aplicando u ordenando la aplicación, dentro del ámbito de su competencia, de la normativa sobre archivo judicial electrónico[256].

CAPÍTULO V
De los actos de comunicación judicial
(arts. 149 a 168)

Artículo 149. *Clases de actos de comunicación*[257]

Los actos procesales de comunicación serán:

1.º Notificaciones, cuando tengan por objeto dar noticia de una resolución o actuación.

2.º Emplazamientos, para personarse y para actuar dentro de un plazo.

3.º Citaciones, cuando determinen lugar, fecha y hora para comparecer y actuar.

4.º Requerimientos para ordenar, conforme a la ley, una conducta o inactividad.

5.º Mandamientos, para ordenar el libramiento de certificaciones o testimonios y la práctica de cualquier actuación cuya ejecución corresponda a los Registradores de la Propiedad, Mercantiles, de Buques, de ventas a plazos de

---

[254] Véanse el art. 187 y la DA 3 de la presente norma, y el art. 230 LOPJ.

[255] Modificado por el RD-Ley 6/2023, de 19 de diciembre. Entrada en vigor desde 20 de marzo de 2024.

[256] Véanse los arts. 195 de la presente norma y los arts. 458 y 459 de la LOPJ.

[257] Modificado por el artículo 15 apartado 79 de la Ley 13/2009, de 3 de noviembre. Entrada en vigor desde 4 de mayo de 2010.

bienes muebles, notarios, o funcionarios al servicio de la Administración de Justicia.

6.° Oficios, para las comunicaciones con autoridades no judiciales y funcionarios distintos de los mencionados en el número anterior[258].

Artículo 150. *Notificación de resoluciones y diligencias de ordenación*[259]

1. Las resoluciones procesales se notificarán a todos los que sean parte en el proceso.

2. Por disposición del Tribunal, también se notificará la pendencia del proceso a las personas que, según los mismos autos, puedan verse afectadas por la resolución que ponga fin al procedimiento. Esta comunicación se llevará a cabo, con los mismos requisitos, cuando el Tribunal advierta indicios de que las partes están utilizando el proceso con fines fraudulentos.

3. También se hará notificación a los terceros en los casos en que lo prevea la Ley.

4. Cuando la notificación de la resolución contenga fijación de fecha para el lanzamiento de quienes ocupan una vivienda, se dará traslado a las Administraciones Públicas competentes en materia de vivienda, asistencia social, evaluación e información de situaciones de necesidad social y atención inmediata a personas en situación o riesgo de exclusión social, por si procediera su actuación[260].

Artículo 151. *Tiempo de la comunicación*[261]

1. Todas las resoluciones dictadas por los Tribunales o Letrados de la Administración de Justicia se notificarán en el plazo máximo de tres días desde su fecha o publicación.

2. Los actos de comunicación al Ministerio Fiscal, a la Abogacía del Estado, a los letrados o las letradas de las Cortes Generales y de las asambleas legislativas de las comunidades autónomas, del Servicio Jurídico de la Administración de la Seguridad Social o de las demás Administraciones Públicas de las Comunidades Autónomas o

---

[258] Véanse los arts. 223, 229 y 257 de la Ley Hipotecaria y los arts. 136, 165, 341, 343 y 352 de su Reglamento. Véanse los arts. 68 y ss. de la Ley de Hipoteca Mobiliaria y Prenda sin Desplazamiento, el art. 32 del Reglamento del Registro Mercantil y el art. 150 del Reglamento del Registro Civil.

[259] Se añade el apartado 4 de este artículo por la Ley 5/2018, de 11 de junio. Entrada en vigor desde 2 de julio de 2018. Nueva redacción por la Ley 12/2023, de 24 de mayo. Entrada en vigor desde 26 de mayo de 2023

[260] Véanse los arts. 150.2 y 270 de la LOPJ.

[261] Modificado el apartado 2 por el RD-Ley 5/2023, de 28 de junio. Entrada en vigor desde 29 de julio de 2023

de los entes locales, así como los que se practiquen a través de los servicios de notificaciones organizados por los Colegios de Procuradores se tendrán por realizados al día siguiente hábil a la fecha de recepción que conste en la diligencia o en el resguardo acreditativo de su efectiva recepción cuando el acto de comunicación se haya efectuado por los medios y con los requisitos que establece el artículo 162. Cuando el acto de comunicación fuera remitido con posterioridad a las 15:00 horas, se tendrá por recibido al día siguiente hábil.

En el caso de acreditación por parte de una persona profesional de la procura de una causa de fuerza mayor a las que se refiere el artículo134, los Colegios de Procuradores podrán suspender el reenvío del servicio de notificaciones durante un plazo máximo de tres días hábiles.

Alzada la suspensión, el Colegio de Procuradores restablecerá el servicio y reenviará al procurador o procuradora las notificaciones diarias junto con las acumuladas, estas últimas de forma escalonada en igual proporción a los días de suspensión empleados.

3. Cuando la entrega de algún documento o despacho que deba acompañarse al acto de comunicación tenga lugar en fecha posterior a la recepción del acto de comunicación, éste se tendrá por realizado cuando conste efectuada la entrega del documento, siempre que los efectos derivados de la comunicación estén vinculados al documento[262].

Artículo 152. *Forma de los actos de comunicación. Respuesta*

1. Los actos de comunicación se realizarán bajo la dirección del letrado de la Administración de Justicia, que será el responsable de la adecuada organización del servicio. Tales actos se ejecutarán por:

1.º Los funcionarios del Cuerpo de Auxilio Judicial.

2.º El procurador de la parte que lo solicite.

A tal efecto, en todo escrito que dé inicio a un procedimiento judicial, de ejecución, o a otra instancia, el solicitante deberá expresar si interesa que todos los actos de comunicación se realicen por su procurador. Si no se manifestare nada al respecto, el letrado de la Administración de Justicia dará curso a los autos, realizándose tales actos por los funcionarios del Cuerpo de Auxilio Judicial. Asimismo, serán realizados por estos últimos si los demandados, ejecutados o recurridos no solicitan expresamen-

---

[262] Véanse el art. 28 de la presente norma, el art. 272 de la LOPJ y el art. 11 Ley 52/1997 de 27 de noviembre, de Asistencia Jurídica al Estado.

te en su escrito de personación que se realicen por su procurador o si las partes fueran beneficiarias del derecho de asistencia jurídica gratuita.

Los solicitantes podrán, de forma motivada y concurriendo justa causa, pedir la modificación del régimen inicial, procediendo el letrado de la Administración de Justicia, si lo considera justificado, a realizar los sucesivos actos de comunicación conforme a la nueva petición.

Se tendrán por válidamente realizados estos actos de comunicación cuando en la diligencia quede constancia suficiente de haber sido practicados en la persona, en el domicilio, en la dirección electrónica habilitada al efecto, por comparecencia electrónica o por los medios telemáticos o electrónicos elegidos por el destinatario.

A estos efectos, el procurador acreditará, bajo su responsabilidad, la identidad y condición del receptor del acto de comunicación, cuidando de que en la copia quede constancia fehaciente de la recepción, de su fecha y hora y del contenido de lo comunicado.

2. Los actos de comunicación se practicarán por medios electrónicos:

a) Cuando los sujetos intervinientes en un proceso estén obligados al empleo de los sistemas electrónicos existentes en la Administración de Justicia conforme al artículo 273.

b) Cuando, no estando comprendidos en el supuesto anterior, los intervinientes se hayan obligado contractualmente a hacer uso de los medios electrónicos existentes en la Administración de Justicia para resolver los litigios que se deriven de esa relación jurídica concreta que les vincula, debiendo indicar los medios de los que pretenden valerse. En los contratos de adhesión en los que intervengan consumidores y usuarios, el acto de comunicación se practicará conforme a lo dispuesto para aquellos supuestos en los que los intervinientes no estén obligados a relacionarse electrónicamente con la Administración de Justicia, siendo esta última forma la que tendrá validez a efectos de cómputo de plazos.

c) Cuando aquéllos, sin estar obligados, opten por el uso de esos medios.

En los casos previstos en este apartado, la notificación se realizará de conformidad con las disposiciones contenidas en la normativa reguladora del uso de las tecnologías de la información y la comunicación en la Administración de Justicia.

Los actos de comunicación que deban practicarse por medios electrónicos, cuando vayan acompañados de elementos que no sean susceptibles de conversión en formato electrónico deberán practicarse por este medio, pero indicando la forma por la que se va a hacer entrega de dichos elementos. Si este acto de comunicación diese lugar a la apertura de un plazo procesal, este comenzará a computar desde el momento en que consten recibidos por el destinatario todos los elementos que componen el acto.

El destinatario deberá identificar un dispositivo electrónico, servicio de mensajería simple o una dirección de correo electrónico que servirán para informarle de la puesta a su disposición de un acto de comunicación, pero no para la práctica de notificaciones. En tal caso, con independencia de la forma en que se realice el acto de comunicación, la oficina judicial enviará el referido aviso. La falta de práctica de este aviso no impedirá que la notificación correctamente efectuada sea considerada plenamente válida.

3. Los actos de comunicación se efectuarán en alguna de las formas siguientes, según disponga esta Ley:

1.º A través de procurador, tratándose de comunicaciones a quienes estén personados en el proceso con representación de aquél.

2.º Remisión de lo que haya de comunicarse mediante correo, telegrama, correo electrónico o cualquier otro medio electrónico que permita dejar en los autos constancia fehaciente de la recepción, de su fecha y hora y del contenido de lo comunicado.

3.º Entrega al destinatario de copia literal de la resolución que se le haya de notificar, del requerimiento que el tribunal o el letrado de la Administración de Justicia le dirija, o de la cédula de citación o emplazamiento.

4.º En todo caso, por el personal al servicio de la Administración de Justicia, a través de medios telemáticos, cuando se trate del Ministerio Fiscal, de la Abogacía del Estado, de los Letrados de las Cortes Generales y de las Asambleas Legislativas, o del Servicio Jurídico de la Administración de la Seguridad Social, de las demás Administraciones públicas de las Comunidades Autónomas o de los Entes Locales, si no tuvieran designado procurador.

4. En la cédula se hará constar claramente el carácter judicial del escrito, y expresará el tribunal o letrado de la Administración de Justicia que hubiese dictado la resolución y el asunto en que haya recaído, el nombre y apellidos de la persona a quien se haga la citación o emplazamiento, y del procurador encargado de cumplimentarlo, en su caso, el objeto de éstos y el lugar, día y hora en que deba comparecer el citado, o el plazo dentro del cual deba realizarse la actuación a que se refiera el emplazamiento, con la prevención de los efectos que, en cada caso, la ley establezca.

5. En las notificaciones, citaciones y emplazamientos no se admitirá ni consignará respuesta alguna del interesado, a no ser que así se hubiera mandado. En los requerimientos se admitirá la respuesta que dé el requerido, consignándola sucintamente en la diligencia.

6. Si se practicase un mismo acto de comunicación dos o más veces, tendrá eficacia a efectos procesales la primera fecha en que se hubiese verificado, con independencia del medio que se hubiere empleado, a salvo los casos en los que las leyes procesales prevean expresamente la posibilidad de que una resolución se comunique más de una vez, en cuyo caso tendrá los efectos que dichas leyes determinen[263].

Artículo 153. *Comunicación por medio de procurador*

La comunicación con las partes personadas en el juicio se hará a través de su procurador cuando éste las represente. El procurador firmará las notificaciones, emplazamientos, citaciones y requerimientos de todas clases que deban hacerse a su poderdante en el curso del pleito, incluso las de sentencias y las que tengan por objeto alguna actuación que deba realizar personalmente el poderdante[264].

Artículo 154. *Lugar de comunicación de los actos a los procuradores*

1. Los actos de comunicación con los procuradores se realizarán en la sede del tribunal o en el servicio común de recepción organizado por el Colegio de Procuradores. El régimen interno de este servicio será competencia del Colegio de Procuradores, de conformidad con la ley.

2. La remisión y recepción de los actos de comunicación con los procuradores en este servicio se realizará, salvo las excepciones establecidas en la ley, por los medios telemáticos o electrónicos y con el resguardo acreditativo de su recepción a que se refiere el artículo 162.

Si hubiera de realizarse el acto en soporte papel, se remitirá al servicio, por duplicado, la copia de la resolución o la cédula, de las que el procurador recibirá un ejemplar y firmará otro, que será devuelto a la oficina judicial por el propio servicio[265].

---

[263] Modificado el apartado 2 y se añade el apartado 6 por el RD-Ley 6/2023, de 19 de diciembre. Entrada en vigor desde 20 de marzo de 2024. Véanse los arts. 153 y 161 de la presente norma y los arts. 271, 272, 453, 477 y 478 de la LOPJ.

[264] Véanse los arts. 28.1 y 135.6 de la presente norma.

[265] Modificación del apartado 2 de este artículo, por el artículo único apartado 18 de la Ley 42/2015, de 5 de octubre. Entrada en vigor desde 7 de octubre de 2015. Véanse los arts. 28.3 y 151.2 de la presente norma y el art. 272.2 de la LOPJ.

Artículo 155. *Actos de comunicación con las partes aún no personadas o no representadas por procurador o procuradora. Domicilio*[266]

1. Cuando la parte no representada por procurador o procuradora venga obligada legal o contractualmente a relacionarse electrónicamente con la Administración de Justicia, el acto de comunicación se realizará por medios electrónicos de conformidad con el artículo 162.

No obstante, si el acto de comunicación tuviese por objeto el primer emplazamiento o citación, o la realización o intervención personal de las partes en determinadas actuaciones procesales, y transcurrieran tres días sin que el destinatario acceda a su contenido, se procederá a la comunicación domiciliaria mediante entrega al destinatario en los términos del artículo 161. Si esta segunda comunicación resultara infructuosa, se procederá a su publicación en el Tablón Edictal Judicial Único conforme a lo dispuesto en el artículo 164[267].

2. Cuando la parte no representada por procurador no venga obligada legal o contractualmente a relacionarse electrónicamente con la Administración de Justicia:

a) Si se trata del primer emplazamiento o citación al demandado, se podrá practicar por remisión a su domicilio, o en forma telemática en los términos previstos en el artículo 162.

El acto de comunicación practicado por medios electrónicos producirá plenos efectos procesales sólo en el caso de que fuese aceptado voluntariamente por su destinatario. Si puesto a disposición del destinatario en la sede judicial electrónica, no constara la recepción por el destinatario en plazo de tres días, se practicará por remisión al domicilio.

En todo caso, si constara una dirección de correo electrónico o servicio de mensajería de contacto del destinatario, se dará aviso informativo de la puesta a su disposición de la resolución tanto en el órgano judicial como en la sede judicial electrónica.

b) Si el acto de comunicación, no siendo primer emplazamiento o citación, tuviese por objeto la realización o intervención personal de las partes en determinadas actuaciones procesales, se practicará en los términos del literal a), excepto que el interviniente no obligado a ello haya optado previamente por el uso de medios electrónicos, en cuyo caso se estará a lo establecido en el literal c) para estos supuestos.

---

[266] Modificado el apartado 2 y se añade el apartado 6 por el RD-Ley 6/2023, de 19 de diciembre. Entrada en vigor desde 20 de marzo de 2024.

[267] Apartado 1 modificado por la LO 1/2025, de 2 de enero. Entrada en vigor el 3 de abril de 2025.

c) En el caso de actos de comunicación distintos de los previstos en los literales a) y b), las comunicaciones efectuadas surtirán plenos efectos en cuanto se acredite la correcta remisión de lo que haya de comunicarse a cualquiera de los lugares que se hayan designado como domicilio aunque no conste su recepción por el destinatario, o cuando el destinatario, sin estar obligado, haya optado por el uso de medios electrónicos y la comunicación se haya remitido en los términos previstos en el artículo 162, habiendo transcurrido tres días sin que el destinatario acceda a su contenido.

3. El domicilio del demandante será el que haya hecho constar en la demanda o en la petición o solicitud con que se inicie el proceso. Asimismo, el demandante designará, como domicilio del demandado, uno o varios de los lugares siguientes: el que aparezca en el padrón municipal o el que conste oficialmente a otros efectos, así como el que aparezca en Registro oficial o en publicaciones de colegios profesionales, cuando se tratare, respectivamente, de empresas y otras entidades o de personas que ejerzan profesión para la que deban colegiarse obligatoriamente. También podrá designarse como domicilio, a los referidos efectos, el lugar en que se desarrolle actividad profesional o laboral no ocasional. Cuando en la demanda se ejercite una acción de aquellas a las que se refiere el numeral 1.º del apartado 1 del artículo 250, se entenderá que si las partes no han acordado señalar en el contrato de arrendamiento un domicilio en el que se llevarán a cabo los actos de comunicación, éste será, a todos los efectos, el de la vivienda o local arrendado.

Si la demanda se dirigiese a una persona jurídica, podrá igualmente señalarse el domicilio de cualquiera que aparezca como administrador, gerente o apoderado de la empresa mercantil, o presidente, miembro o gestor de la Junta de cualquier asociación que apareciese en un Registro oficial.

Si el demandante designare varios lugares como domicilios, indicará el orden por el que, a su entender, puede efectuarse con éxito la comunicación.

Asimismo, el demandante deberá indicar, además de los requisitos establecidos en el artículo 399, cuantos datos conozca del demandado y que puedan ser de utilidad para la localización de éste, como número de identificación fiscal o de extranjeros, números de teléfono, de fax, dirección de correo electrónico o similares, que se utilizarán con sujeción a lo dispuesto en la Ley que regule el uso de la tecnología en la Administración de Justicia. La persona demandada, una vez comparecido, podrá designar, para sucesivas comunicaciones, un domicilio distinto, o uno de los medios de comunicación electrónica de los previstos en el artículo 162.

Cuando las partes cambiasen su domicilio durante la sustanciación del proceso, lo comunicarán inmediatamente a la oficina judicial.

Asimismo, deberán comunicar los cambios relativos a su número de teléfono, fax, dirección de correo electrónico o similares, o a cualquier otro dato identificativo que altere la práctica de los actos de comunicación realizados en virtud del artículo 162 de esta ley, siempre que estos últimos datos estén siendo utilizados como instrumentos de comunicación con la oficina judicial.

4. En el supuesto de que los actos de comunicación con las partes aún no personadas o no representadas por procurador se hubiesen practicado dos o más veces, se estará a lo establecido en el apartado 6 del artículo 152.

En la cédula de emplazamiento o citación, o en el acto de comunicación de que se trate, se hará constar expresamente esta previsión y también el derecho a solicitar asistencia jurídica gratuita[268].

Artículo 156. *Averiguaciones del tribunal sobre el domicilio*[269]

1. En los casos en que el demandante manifestare que le es imposible designar un domicilio o residencia del demandado, y la averiguación del mismo fuere necesaria, se utilizarán por el letrado o la letrada de la Administración de Justicia los medios oportunos para averiguar esas circunstancias, pudiendo dirigirse, en su caso, a los Registros, organismos, Colegios profesionales, entidades y empresas a que se refiere el apartado 3 del artículo 155.

Al recibir estas comunicaciones, los Registros y organismos públicos procederán conforme a las disposiciones que regulen su actividad[270].

2. En ningún caso se considerará imposible la designación de domicilio a efectos de actos de comunicación si dicho domicilio constara en archivos o registros públicos, a los que pudiere tenerse acceso.

3. Si de las averiguaciones a que se refiere el apartado 1 resultare el conocimiento de un domicilio o lugar de residencia, en los casos en que proceda de conformidad con el artículo 155 se practicará la comunicación de la forma establecida en el artículo 152.3.2.ª, siendo de aplicación, en su caso, lo previsto en el artículo 158.

4. Si estas averiguaciones resultaren infructuosas, el Letrado de la Administración de Justicia ordenará que la comunicación se lleve a cabo mediante edictos[271].

---

[268] Véanse los arts. 50 y 51 de la presente norma y los arts. 40 y 41 CC.
[269] Apartado 3 modificado por el RD-Ley 6/2023, de 19 de diciembre. Entrada en vigor desde 20 de marzo de 2024.
[270] Apartado 1 modificado por la LO 1/2025, de 2 de enero. Entrada en vigor el 3 de abril de 2025.
[271] Véanse los arts. 157 y 164 de la presente norma.

Artículo 157. *Registro Central de Rebeldes Civiles*[272]

1. Cuando las averiguaciones a las que se refiere el artículo anterior hubieren resultado infructuosas, el Letrado de la Administración de Justicia ordenará que se comunique el nombre del demandado y los demás datos de identidad al Registro Central de Rebeldes Civiles, que existirá con sede en el Ministerio de Justicia, con indicación de la fecha de la resolución de comunicación edictal del demandado para proceder a su inscripción.

2. Cualquier Letrado de la Administración de Justicia que deba averiguar el domicilio de un demandado podrá dirigirse al Registro Central de Rebeldes Civiles para comprobar si el demandado consta en dicho registro y si los datos que en él aparecen son los mismos de que dispone. En tal caso, mediante diligencia de ordenación, podrá acordar directamente la comunicación edictal del demandado.

3. Cualquier órgano judicial, a instancia del interesado o por iniciativa propia, que tuviera conocimiento del domicilio de una persona que figure inscrita en el Registro Central de Rebeldes Civiles deberá solicitar la cancelación de la inscripción comunicando el domicilio al que se le pueden dirigir las comunicaciones judiciales. El Registro remitirá a las Oficinas judiciales en que conste que existe proceso contra dicho demandado, el domicilio indicado por éste a efecto de comunicaciones, resultando válidas las practicadas a partir de ese momento en ese domicilio.

4. Con independencia de lo anterior, cualquier Tribunal que necesite conocer el domicilio actual del demandado en un procedimiento, que se encuentre en ignorado paradero con posterioridad a la fase de personación, podrá dirigirse al Registro Central de Rebeldes Civiles para que se practique la oportuna anotación tendente a que le sea facilitado el domicilio donde puedan dirigírsele las comunicaciones judiciales si este dato llegara a conocimiento del citado Registro.

Artículo 158. *Comunicación mediante entrega*[273]

Cuando el destinatario del acto de comunicación no venga obligado legal o contractualmente a relacionarse por medios electrónicos con la Administración de Justicia y no pudiera acreditarse que ha recibido una comunicación que tenga por finalidad su personación en juicio o la realización o intervención personal en determinadas actuaciones procesales, se procederá a su entrega en la forma establecida en el artículo 161.

---

[272] Modificado por la Ley 13/2009, de 3 de noviembre. Entrada en vigor desde 4 de mayo de 2010.
[273] Apartado 3 modificado por el RD-Ley 6/2023, de 19 de diciembre. Entrada en vigor desde 20 de marzo de 2024.

Artículo 159. *Comunicaciones con testigos, peritos y otras personas que no sean parte en el juicio*[274]

1. Las comunicaciones que deban hacerse a testigos, peritos y otras personas que, sin ser parte en el juicio, deban intervenir en él, se remitirán a sus destinatarios con arreglo a lo dispuesto en el apartado 1 del artículo 160. La remisión se hará al domicilio que designe la parte interesada, pudiendo realizarse, en su caso, las averiguaciones a que se refiere el artículo 156. Estas comunicaciones serán diligenciadas por el procurador de la parte que las haya propuesto, si así lo hubiera solicitado.

2. Cuando conste en autos el fracaso de la comunicación mediante remisión o las circunstancias del caso lo aconsejen, atendidos el objeto de la comunicación y la naturaleza de las actuaciones que de ella dependan, el Letrado de la Administración de Justicia ordenará que se proceda con arreglo a lo dispuesto en el artículo 161.

3. Las personas a que se refiere este artículo deberán comunicar a la Oficina judicial cualquier cambio de domicilio que se produzca durante la sustanciación del proceso. En la primera comparecencia que efectúen se les informará de esta obligación[275].

Artículo 160. *Remisión de las comunicaciones por correo, telegrama u otros medios semejantes*[276]

1. Cuando proceda la remisión de la copia de la resolución o de la cédula por correo certificado o telegrama con acuse de recibo, o por cualquier otro medio semejante que permita dejar en los autos constancia fehaciente de haberse recibido la notificación, de la fecha de la recepción, y de su contenido, el Letrado de la Administración de Justicia dará fe en los autos de la remisión y del contenido de lo remitido, y unirá a aquéllos, en su caso, el acuse de recibo o el medio a través del cual quede constancia de la recepción o la documentación aportada por el procurador que así lo acredite, de haber procedido éste a la comunicación.

2. A instancia de parte y a costa de quien lo interese, podrá ordenarse que la remisión se haga de manera simultánea a varios lugares de los previstos en el apartado 3 del artículo 155.

3. Cuando el destinatario tuviere su domicilio en el partido donde radique la sede del tribunal, y no se trate de comunicaciones de las que dependa la personación o la

---

[274] Apartados 2 y 3 modificados por la Ley 13/2009, de 3 de noviembre. Entrada en vigor desde 4 de mayo de 2010. Apartado 1 modificado por la Ley 42/2015 de 5 de octubre. Entrada en vigor desde 7 de octubre de 2015.

[275] Véase el art. 292 de la presente norma.

[276] Artículo modificado por el RD-Ley 6/2023, de 19 de diciembre. Entrada en vigor el 20 de marzo de 2024. Se modifica el apartado 3 y se añaden los apartados 4 y 5.

realización o intervención personal en las actuaciones, podrá remitirse, por cualquiera de los medios a que se refiere el apartado 1, cédula de emplazamiento para que el destinatario comparezca en la sede del tribunal o en la sede judicial electrónica a efectos de ser notificado o requerido o de dársele traslado de algún escrito.

La cédula expresará con la debida precisión el objeto para el que se requiere la comparecencia del emplazado, indicando el procedimiento y el asunto a que se refiere, con la advertencia de que, si el emplazado no comparece, sin causa justificada, dentro del plazo señalado, se tendrá por hecha la comunicación de que se trate o por efectuado el traslado.

4. Para la realización de actos de comunicación, a elección del ciudadano, podrán utilizarse los sistemas de identificación previstos en la Ley reguladora del uso de tecnologías en la administración de justicia.

5. Con independencia del medio por el que se realice el acto de comunicación, los órganos de la Administración de Justicia enviarán un aviso al dispositivo electrónico de su destinatario o a la dirección de correo electrónico que les conste, informándole de la puesta a su disposición del acto de comunicación en la sede judicial electrónica o en la dirección electrónica habilitada única. La falta de práctica de este aviso no impedirá que el acto de comunicación sea considerado plenamente válido[277].

Artículo 161. *Comunicación por medio de copia de la resolución o de cédula*[278]

1. La entrega al destinatario de la comunicación de la copia de la resolución o de la cédula se efectuará en la sede judicial electrónica, en la sede del tribunal o en el domicilio de la persona que deba ser notificada, requerida, citada o emplazada, sin perjuicio de lo previsto en el ámbito de la ejecución.

La entrega domiciliaria se documentará por medio de diligencia que será firmada por el funcionario o por el procurador que la efectúe y por la persona a quien se haga, cuyos datos identificativos se harán constar.

2. Cuando el destinatario de la comunicación sea hallado en el domicilio y se niegue a recibir la copia de la resolución o la cédula o no quiera firmar la diligencia acreditativa de la entrega, el funcionario o procurador que asuma su práctica le hará saber que la copia de la resolución o la cédula queda a su disposición en la oficina judicial, produciéndose los efectos de la comunicación, de todo lo cual quedará constancia en la diligencia.

---

[277] Véase el art. 271 de la LOPJ.
[278] Apartado 1 modificado por el RD-Ley 6/2023, de 19 de diciembre. Entrada en vigor desde 20 de marzo de 2024.

3. Si el domicilio donde se pretende practicar la comunicación fuere el lugar en el que el destinatario tenga su domicilio según el padrón municipal, o a efectos fiscales, o según registro oficial o publicaciones de colegios profesionales, o fuere la vivienda o local arrendado al demandado, y no se encontrare allí dicho destinatario, podrá efectuarse la entrega, en sobre cerrado, a cualquier empleado, familiar o persona con la que conviva, mayor de catorce años, que se encuentre en ese lugar, o al conserje de la finca, si lo tuviere, advirtiendo al receptor que está obligado a entregar la copia de la resolución o la cédula al destinatario de ésta, o a darle aviso, si sabe su paradero, advirtiendo en todo caso al receptor de su responsabilidad en relación a la protección de los datos del destinatario.

Si la comunicación se dirigiere al lugar de trabajo no ocasional del destinatario, en ausencia de éste, la entrega se efectuará a persona que manifieste conocer a aquél o, si existiere dependencia encargada de recibir documentos u objetos, a quien estuviere a cargo de ella, con las mismas advertencias del párrafo anterior.

En la diligencia se hará constar el nombre de la persona destinataria de la comunicación y la fecha y la hora en la que fue buscada y no encontrada en su domicilio, así como el nombre de la persona que recibe la copia de la resolución o la cédula y la relación de dicha persona con el destinatario, produciendo todos sus efectos la comunicación así realizada.

4. En el caso de que no se halle a nadie en el domicilio al que se acuda para la práctica de un acto de comunicación, el Letrado de la Administración de Justicia, funcionario o procurador, procurará averiguar si vive allí su destinatario.

Si ya no residiese o trabajase en el domicilio al que se acude y alguna de las personas consultadas conociese el actual, éste se consignará en la diligencia negativa de comunicación, procediéndose a la realización del acto de comunicación en el domicilio facilitado.

Si no pudiera conocerse por este medio el domicilio del demandado y el demandante no hubiera designado otros posibles domicilios, se procederá de conformidad con lo establecido en el artículo 156[279].

Artículo 162. *Actos de comunicación por medios electrónicos, informáticos y similares*[280]

1. Cuando las oficinas judiciales y las partes o los destinatarios de los actos de comunicación estén obligados, legal o contractualmente, a enviarlos y recibirlos por

---

[279] Véanse los arts. 452 y ss. de la LOPJ.
[280] Artículo modificado por el RD-Ley 6/2023, de 19 de diciembre. Entrada en vigor desde 20 de marzo de 2024.

medios electrónicos, infotelecomunicaciones o de otra clase semejante, que permitan el envío y la recepción de escritos y documentos, de forma tal que esté garantizada la autenticidad de la comunicación y de su contenido y quede constancia fehaciente de la remisión y recepción íntegras y del momento en que se hicieron, o cuando los destinatarios opten por estos medios, así como en cualquier otro caso que establezca la ley, los actos de comunicación se efectuarán por aquellos, con el resguardo acreditativo de su recepción que proceda.

Los y las profesionales y destinatarios obligados a utilizar estos medios, así como los que opten por los mismos, deberán comunicar a las oficinas judiciales el hecho de disponer de los medios antes indicados y la dirección electrónica habilitada a tal efecto.

Asimismo, se constituirá en el Ministerio de la Presidencia, Justicia y Relaciones con las Cortes un registro accesible electrónicamente de los medios indicados y las direcciones correspondientes a los organismos públicos y profesionales obligados a su utilización.

2. En cualquiera de los supuestos a los que se refiere este artículo, cuando constando la correcta remisión del acto de comunicación por dichos medios técnicos, salvo los practicados a través de los servicios de notificaciones organizados por los Colegios de Procuradores, transcurrieran tres días sin que el destinatario acceda a su contenido, se entenderá que la comunicación ha sido efectuada legalmente desplegando plenamente sus efectos. En este caso, los plazos para desarrollar actuaciones procesales comenzarán a computarse desde el día hábil siguiente al tercero.

Se exceptuarán aquellos supuestos en los que el destinatario justifique que no pudo acceder al sistema de notificaciones durante ese periodo. Si la falta de acceso se debiera a causas técnicas y éstas persistiesen en el momento de ponerse en conocimiento de la Administración de Justicia, el acto de comunicación se practicará mediante entrega de copia de la resolución. En este supuesto, no obstante, en el caso de producirse el acceso transcurrido dicho plazo, pero antes de efectuada la comunicación mediante entrega, se entenderá válidamente realizada la comunicación en la fecha que conste en el resguardo acreditativo de la recepción electrónica.

Se exceptuarán también aquellos supuestos de fuerza mayor en que los Colegios de Procuradores hayan suspendido el reenvío del servicio de notificaciones durante el plazo máximo de tres días según lo previsto en el artículo 151.2.

No se practicarán actos de comunicación a los y las profesionales por vía electrónica durante los días del mes de agosto ni durante los días que median entre el 24 de diciembre y el 6 de enero del año siguiente, ambos inclusive, salvo que sean hábiles para las actuaciones que corresponda.

3. Cuando la autenticidad de resoluciones, documentos, dictámenes o informes presentados o transmitidos por los medios a que se refiere el apartado anterior sólo pudiera ser reconocida o verificada mediante su examen directo o por otros procedimientos, podrán, no obstante, ser presentados en soporte electrónico mediante imágenes digitalizadas de los mismos, en la forma prevista en los artículos 267 y 268, si bien, en caso de que alguna de las partes, el tribunal en los procesos de familia, de medidas judiciales de apoyo de personas con discapacidad o de filiación, o el Ministerio Fiscal así lo solicitasen, habrán de aportarse aquéllos en su soporte papel original, en el plazo o momento procesal que a tal efecto se señale[281].

Artículo 163. *Servicio Común Procesal de Actos de Comunicación*[282]

En las poblaciones donde esté establecido, el Servicio Común Procesal de Actos de Comunicación practicará los actos de comunicación que hayan de realizarse por la Oficina judicial, salvo cuando corresponda realizarlos al procurador en los supuestos y con los límites previstos por la ley[283].

Artículo 164. *Comunicación edicta*[284]

Cuando, practicadas en su caso las averiguaciones a que se refiere el artículo 156, no pudiere conocerse el domicilio del destinatario de la comunicación, o cuando no pudiere hallársele ni efectuarse la comunicación con todos sus efectos, conforme a lo establecido en los artículos anteriores, o cuando así se acuerde en el caso a que se refiere el apartado 2 del artículo 157, el letrado o letrada de la Administración de Justicia, consignadas estas circunstancias, mandará que se haga la comunicación, a través del Tablón Edictal Judicial Único, salvaguardando en todo caso los derechos e intereses de menores, así como otros derechos y libertades que pudieran verse afectados por la publicidad de los mismos.

En todo caso en la comunicación o publicación a que se refiere el párrafo anterior, en atención al superior interés de los menores y para preservar su intimidad, deberán omitirse los datos personales, nombres y apellidos, domicilio, o cualquier otro dato o circunstancia que directa o indirectamente pudiera permitir su identificación.

En los procesos de desahucio de finca urbana o rústica por falta de pago de rentas o cantidades debidas o por expiración legal o contractual del plazo y en los procesos de reclamación de estas rentas o cantidades debidas, cuando no pudiere hallarse al

---

[281] Véanse el art. 135.5 de la presente norma y el art. 230 de la LOPJ.
[282] Artículo modificado por la LO 1/2025, de 2 de enero. Entrada en vigor el 3 de abril de 2025.
[283] Véanse los arts. 438 y ss. de la LOPJ.
[284] Artículo modificado por el RD-Ley 6/2023, de 19 de diciembre. Entrada en vigor desde 20 de marzo de 2024.

arrendatario ni efectuarle la comunicación al arrendatario en los domicilios designados en el párrafo segundo del apartado 3 del artículo 155, ni hubiese comunicado de forma fehaciente con posterioridad al contrato un nuevo domicilio al arrendador, al que éste no se hubiese opuesto, se procederá, sin más trámites, a realizar la comunicación a través del Tablón Edictal Judicial Único[285].

Artículo 165. *Actos de comunicación mediante auxilio judicial*

Cuando los actos de comunicación hayan de practicarse por tribunal distinto del que los hubiere ordenado, el despacho se remitirá por medio del sistema informático judicial salvo los supuestos en los que deba realizarse en soporte papel por ir el acto acompañado de elementos que no sean susceptibles de conversión en formato electrónico, y se acompañará la copia o cédula correspondiente y lo demás que en cada caso proceda.

Estos actos de comunicación se cumplimentarán en un plazo no superior a veinte días, contados a partir de su recepción, debiendo ser devuelto conforme a lo dispuesto en el párrafo anterior. Cuando no se realicen en el tiempo indicado, a cuyo efecto se requerirá al letrado de la Administración de Justicia para su observancia, se habrán de expresar, en su caso, las causas de la dilación.

Dichos actos podrán ser realizados, a instancia de parte, por procurador, encargándose de su cumplimiento en los mismos términos y plazos establecidos en el párrafo anterior[286].

Artículo 166. *Nulidad y subsanación de los actos de comunicación*

1. Serán nulos los actos de comunicación que no se practicaren con arreglo a lo dispuesto en este capítulo y pudieren causar indefensión.

2. Sin embargo, cuando la persona notificada, citada, emplazada o requerida se hubiera dado por enterada en el asunto, y no denunciase la nulidad de la diligencia en su primer acto de comparecencia ante el tribunal, surtirá ésta desde entonces todos sus efectos, como si se hubiere hecho con arreglo a las disposiciones de la ley[287].

Artículo 167. *Remisión de oficios y mandamientos*

1. Los mandamientos y oficios se remitirán directamente por el letrado de la Administración de Justicia que los expida a la autoridad o funcionario a que vayan dirigidos, debiendo utilizarse los medios previstos en el artículo 162.

---

[285] Véanse el art. 497.2 de la presente norma y los arts. 156.4, 157.2 y 236 de la LOPJ.
[286] Véanse los arts. 169.2 y 273 y ss. de la LOPJ.
[287] Véanse los arts. 225 y ss. de la presente norma y los arts. 238 y ss. de la LOPJ.

No obstante, si así lo solicitaren, las partes podrán diligenciar personalmente los mandamientos y oficios.

2. En todo caso, la parte a cuya instancia se libren los oficios y mandamientos a que se refiere este artículo habrá de satisfacer los gastos que requiera su cumplimiento[288].

Artículo 168. *Responsabilidad de los funcionarios y profesionales intervinientes en la comunicación procesal*

1. El Letrado de la Administración de Justicia o el funcionario de los Cuerpos al servicio de la Administración de Justicia que, en el desempeño de las funciones que por este capítulo se le asignan, diere lugar, por malicia o negligencia, a retrasos o dilaciones indebidas, será corregido disciplinariamente por la autoridad de quien dependa e incurrirá además en responsabilidad por los daños y perjuicios que ocasionara.

2. El procurador que incurriere en dolo, negligencia o morosidad en los actos de comunicación cuya práctica haya asumido o no respetare alguna de las formalidades legales establecidas, causando perjuicio a tercero, será responsable de los daños y perjuicios ocasionados y podrá ser sancionado conforme a lo dispuesto en las normas legales o estatutarias[289].

CAPÍTULO VI
Del auxilio judicial (arts. 169 a 177)

Artículo 169. *Casos en que procede el auxilio judicial*[290]

1. Los tribunales civiles están obligados a prestarse auxilio en las actuaciones que, habiendo sido ordenadas por uno, requieran la colaboración de otro para su práctica.

2. Se solicitará el auxilio judicial para las actuaciones que hayan de efectuarse fuera de la circunscripción del tribunal que conozca del asunto, incluidos los actos de reconocimiento judicial, cuando el tribunal no considere posible o conveniente hacer uso de la facultad que le concede esta ley de desplazarse fuera de su circunscripción para practicarlas y no sea posible su práctica por videoconferencia.

---

[288] Véase el art. 165 del Reglamento Hipotecario.

[289] Véanse los arts. 1092 del CC y los arts. 442.1, 464 y 466 de la LOPJ.

[290] Apartados 2 y 4 de este artículo modificados por el RD-Ley 6/2023, de 19 de diciembre. Entrada en vigor desde 20 de marzo de 2024

3. También podrá pedirse el auxilio judicial para las actuaciones que hayan de practicarse fuera del término municipal en que tenga su sede el tribunal que las haya ordenado, pero dentro del partido judicial o circunscripción correspondiente.

4. El interrogatorio de las partes, la declaración de los testigos y la ratificación de los peritos se realizará en la sede del juzgado o tribunal que esté conociendo del asunto de que se trate, salvo que el domicilio de las personas mencionadas se encuentre fuera de la circunscripción judicial correspondiente, en cuyo caso se realizarán en la forma prevista en el artículo 137 bis.

Sólo cuando a juicio del juez o de la jueza no sea conveniente realizarlas por videoconferencia y por razón de la distancia, dificultad del desplazamiento, circunstancias personales de la parte, del testigo o del perito, o por cualquier otra causa de análogas características resulte imposible o muy gravosa la comparecencia de las personas citadas en la sede del juzgado o tribunal, se podrá solicitar el auxilio judicial para la práctica de los actos de prueba señalados en este artículo[291].

Artículo 170. *Órgano al que corresponde prestar el auxilio judicial*[292]

Corresponderá prestar el auxilio judicial a la Oficina del Juzgado de Primera Instancia del lugar en cuya circunscripción deba practicarse. No obstante lo anterior, si en dicho lugar tuviera su sede un Juzgado de Paz, y el auxilio judicial consistiere en un acto de comunicación o la intervención en un acto procesal a través de videoconferencia en los términos regulados en el artículo 137 bis de esta ley, a éste le corresponderá practicar la actuación.

Artículo 171. *Exhorto*[293]

1. El auxilio judicial se solicitará por el Tribunal que lo requiera mediante exhorto dirigido a la Oficina judicial del que deba prestarlo y que contendrá:

    1.º La designación de los tribunales exhortante y exhortado.

    2.º La indicación del asunto que motiva la expedición del exhorto.

---

[291] Véanse los arts. 129.2, 289.2, 311 y ss., 364 y 431 de la presente norma y los arts. 273 y 274 de la LOPJ.

[292] Artículo modificado por el RD-Ley 6/2023, de 19 de diciembre. Entrada en vigor desde 20 de marzo de 2024.

[293] Modificado el párrafo 1.º del apartado 1 por la Ley 13/2009, de 3 noviembre. Entrada en vigor desde 4 de mayo de 2010. Añadidos apartados 3 y 4 por el RD-Ley 6/2023, de 19 de diciembre. Entrada en vigor desde 20 de marzo de 2024.

3.º La designación de las personas que sean parte en el asunto, así como de sus representantes y defensores.

4.º La indicación de las actuaciones cuya práctica se interesa.

5.º Cuando las actuaciones interesadas hayan de practicarse dentro de un plazo, se indicará también la fecha en la que éste finaliza.

6.º Si para el cumplimiento del exhorto fuera preciso acompañar documentos, se hará expresa mención de todos ellos.

2. La expedición y autorización de los exhortos corresponderá al Letrado de la Administración de Justicia.

3. Cuando el auxilio judicial tenga por objeto la petición de datos o documentos que obren en expedientes judiciales electrónicos o metadatados en sistemas electrónicos de otros órganos de la Administración de Justicia, siempre que los medios electrónicos a disposición de los órganos implicados lo permitan la solicitud podrá transmitirse y cumplirse, sin necesidad de exhorto, por los medios electrónicos que se habiliten al efecto que, en todo caso, deberán asegurar la identificación del órgano transmisor y receptor, así como del momento y contenido de la solicitud y de la transmisión.

4. Tampoco será preceptivo el exhorto en el caso de actuaciones procesales que hayan de celebrarse con participación telemática de todos o algunos de los intervinientes desde una oficina judicial.

Artículo 172. *Remisión del exhorto*[294]

1. Los exhortos se remitirán directamente al órgano exhortado por medio del sistema informático judicial o cualquier otro medio telemático o electrónico, salvo los supuestos en los que deba realizarse en soporte papel por ir el acto acompañado de elementos que no sean susceptibles de conversión en formato electrónico.

En todo caso, el sistema utilizado deberá garantizar la constancia de la remisión y recepción del exhorto.

2. Sin perjuicio de lo anterior, si la parte a la que interese el cumplimiento del exhorto así lo solicita, se le entregará éste bajo su responsabilidad, para que lo presente en el órgano exhortado dentro de los 5 días siguientes. En este caso, el exhorto expresará la persona que queda encargada de su gestión, que sólo podrá ser el propio litigante o procurador que se designe.

---

[294] Modificados los apartados 1,2 y 3 por la Ley 42/2015 de 5 de octubre. Entrada en vigor desde 7 de octubre de 2015

3. Las demás partes podrán también designar procurador cuando deseen que las resoluciones que se dicten para el cumplimiento del exhorto les sean notificadas. Lo mismo podrá hacer la parte interesada en el cumplimiento del exhorto, cuando no haya solicitado que se le entregue éste a los efectos previstos en el apartado anterior. Tales designaciones se harán constar en la documentación del exhorto.

4. Cuando el exhorto haya sido remitido a un órgano diferente al que deba prestar el auxilio, el que lo reciba lo enviará directamente al que corresponda, si es que le consta cuál sea éste, dando cuenta de su remisión al exhortante.

Artículo 173. *Cumplimiento del exhorto*

El responsable de la Oficina judicial que recibiere el exhorto dispondrá su cumplimiento y lo necesario para que se practiquen las actuaciones que en él se interesen dentro del plazo señalado.

Cuando no ocurriere así, el Letrado de la Administración de Justicia del órgano exhortante, de oficio o a instancia de parte, recordará al exhortado la urgencia del cumplimiento. Si la situación persistiere, el órgano para el que se haya solicitado el auxilio pondrá los hechos en conocimiento de la Sala de Gobierno correspondiente al Tribunal exhortado.

Artículo 174. *Intervención de las partes*

1. Las partes y sus abogados y procuradores podrán intervenir en las actuaciones que se practiquen para el cumplimiento del exhorto.

No obstante, las resoluciones que se dicten para el cumplimiento del exhorto sólo se notificarán a las partes que hubiesen designado procurador para intervenir en su tramitación.

2. Si no se hubiera designado procurador, no se harán a las partes otras notificaciones que las que exija el cumplimiento del exhorto, cuando éste prevenga que se practique alguna actuación con citación, intervención o concurrencia de las partes, y las que sean precisas para requerir de éstas que proporcionen datos o noticias que puedan facilitar aquel cumplimiento.

Artículo 175. *Devolución del exhorto*[295]

1. Cumplimentado el exhorto, se comunicará al exhortante conforme a lo previsto en el apartado 1 del artículo 172.

---

[295] Modificado por la Ley 42/2015, de 5 de octubre. Entrada en vigor desde 7 de octubre de 2015.

2. Las actuaciones de auxilio judicial practicadas, si no se pudieran enviar telemáticamente, se remitirán por correo certificado o se entregarán al litigante o al procurador al que se hubiere encomendado la gestión del exhorto, que las presentará en el órgano exhortante dentro de los 10 días siguientes.

Artículo 176. *Falta de diligencia de las partes en el auxilio judicial*

El litigante que, sin justa causa, demore la presentación al exhortado o la devolución al exhortante de los despachos cuya gestión le haya sido confiada será corregido con multa de 30 euros por cada día de retraso respecto del final del plazo establecido, respectivamente, en el apartado 2 del artículo 172 y en el apartado 2 del artículo anterior.

Artículo 177. *Cooperación judicial internacional*[296]

1. Los despachos para la práctica de actuaciones judiciales en el extranjero se cursarán conforme a lo establecido en las normas comunitarias que resulten de aplicación, en los Tratados internacionales en que España sea parte y, en su defecto, en la legislación interna que resulte aplicable.

2. A lo dispuesto por dichas normas se estará también cuando las autoridades judiciales extranjeras soliciten la cooperación de los juzgados y tribunales españoles[297].

CAPÍTULO VII
De la sustanciación, vista y decisión de los asuntos
(arts. 178 a 205)

Sección 1.ª Del despacho ordinario
(arts. 178 a 181)

Artículo 178. *Dación de cuenta*[298]

1. Los Letrados de la Administración de Justicia darán cuenta a la Sala, al ponente o al Juez, en cada caso, de los escritos y documentos presentados en el mismo día o en el siguiente día hábil, cuando contuvieran peticiones o pretensiones que exijan pronunciamiento de aquellos.

---

[296] Modificado el apartado 1 por el artículo 15 apartado 97 de la Ley 13/2009, de 3 de noviembre. Entrada en vigor 4 de mayo de 2010.

[297] Véanse la DF 20.ª de la presente norma y los arts. 276 a 278 de la LOPJ.

[298] Modificado por el artículo 15 apartado 98 de la Ley 13/2009, de 3 de noviembre. Entrada en vigor desde 4 de mayo de 2010

Lo mismo harán respecto a las actas que se hubieren autorizado fuera de la presencia judicial.

2. También darán cuenta, en el siguiente día hábil, del transcurso de los plazos procesales y del consiguiente estado de los autos cuando a su vencimiento deba dictarse la oportuna resolución por el Juez o Magistrado, así como de las resoluciones que hubieren dictado que no fueran de mera tramitación.

3. Los funcionarios del Cuerpo de Gestión Procesal y Administrativa darán a su vez cuenta al Letrado de la Administración de Justicia de la tramitación de los procedimientos, en particular cuando ésta exija una interpretación de ley o de normas procesales, sin perjuicio de informar al titular del órgano judicial cuando fueran requeridos para ello[299].

Artículo 179. *Impulso procesal y suspensión del proceso por acuerdo de las partes o por otras circunstancias*[300]

1. Salvo que la ley disponga otra cosa, el Letrado de la Administración de Justicia dará de oficio al proceso el curso que corresponda, dictando al efecto las resoluciones necesarias.

2. El curso del procedimiento se podrá suspender de conformidad con lo que se establece en el apartado 4 del artículo 19 de la presente ley, y se reanudará si lo solicita cualquiera de las partes. Si, transcurrido el plazo por el que se acordó la suspensión, nadie pidiere, en los 5 días siguientes, la reanudación del proceso, el Letrado de la Administración de Justicia acordará archivar provisionalmente los autos y permanecerán en tal situación mientras no se solicite la continuación del proceso o se produzca la caducidad de instancia.

3. También se suspenderá el curso del procedimiento, a solicitud del profesional de la abogacía, por el fallecimiento, accidente o enfermedad graves de su cónyuge, de persona a la que estuviese unido por análoga relación de afectividad o de un familiar dentro del primer grado de consanguinidad o afinidad. La suspensión se producirá por tres días hábiles a contar desde el día siguiente al hecho causante, plazo que podrá ser de hasta 5 días hábiles cuando a tal efecto sea preciso un desplazamiento a otra localidad.

Estos plazos de suspensión quedarán reducidos a dos y cuatro días hábiles, respectivamente, cuando el fallecimiento y las otras circunstancias señaladas afecten a familiares en segundo grado de afinidad o consanguinidad.

---

[299] . Véanse los arts. 206.1.1.ª y 455 de la LOPJ.
[300] Se modifica la rúbrica y se añaden los apartados 3, 4 y 5 por el RD-Ley 5/2023, de 28 de junio. Entrada en vigor desde 29 de julio de 2023.

También se suspenderá el procedimiento por accidente o enfermedad del profesional de la abogacía interviniente. La suspensión se mantendrá durante el periodo coincidente con la baja laboral conforme a la legislación laboral y de seguridad social o cualquier otro sistema de previsión social, y en todo caso por un plazo máximo de treinta días naturales, transcurridos los cuales se alzará la suspensión.

Para los casos de nacimiento y cuidado de menor, las personas profesionales de la abogacía intervinientes a quienes se les haya concedido la baja por nacimiento y cuidado de menor podrán solicitar la suspensión del procedimiento, y por tanto de todos los actos y plazos procesales en curso, para el período coincidente con el descanso laboral obligatorio establecido según la legislación laboral y de seguridad social.

La suspensión así solicitada afectará a todos los procedimientos en los que intervenga la persona profesional de la abogacía en cuestión.

4. La acreditación de las circunstancias expresadas en el apartado anterior habrá de hacerse documentalmente con el escrito solicitando la suspensión. Los documentos que se aporten a tal fin se utilizarán exclusivamente a los efectos de resolver sobre la solicitud, con prohibición de divulgarlos o comunicarlos a terceros. Para garantizar la protección de los datos e información que tuvieran carácter confidencial, el tribunal atribuirá carácter reservado a dicha documentación, que no se unirá a las actuaciones, en las que el letrado o letrada de la Administración de Justicia extenderá la oportuna diligencia de constancia.

Para el caso de que en el plazo por el que se solicita la suspensión estuviere señalada alguna vista u otro acto procesal, en la misma solicitud se indicarán, además, todos los datos que sean necesarios de las partes, los profesionales, peritos, testigos y demás intervinientes para facilitar su localización y que puedan ser informados a la mayor brevedad de la suspensión acordada.

5. El letrado o letrada de la Administración de Justicia, una vez acreditada la causa invocada, dictará a la mayor brevedad posible decreto acordando la suspensión del proceso a todos los efectos y por el plazo que corresponda, que deberá ser notificado de inmediato[301].

Artículo 180. *Magistrado ponente*

1. En los Tribunales colegiados, el Letrado de la Administración de Justicia determinará, para cada asunto, el Magistrado ponente, según el turno establecido para la Sala o Sección al principio de cada año judicial exclusivamente sobre la base de criterios objetivos.

---

[301] Véanse los arts. 19.4 y 237 y ss. de la presente norma.

2. La designación se hará en la primera resolución que el Letrado de la Administración de Justicia dicte en el proceso y se notificará a las partes el nombre del Magistrado ponente y, en su caso, del que con arreglo al turno ya establecido le sustituya, con expresión de las causas que motiven la sustitución.

3. En la designación de ponente turnarán todos los Magistrados de la Sala o Sección, incluidos los Presidentes[302].

Artículo 181. *Funciones del Magistrado ponente*

En los Tribunales colegiados, corresponderá al Magistrado ponente:

1.º El despacho ordinario y el cuidado de la tramitación de los asuntos que le hayan sido turnados, sin perjuicio del impulso que corresponda al Letrado de la Administración de Justicia.

2.º Examinar la proposición de medios de prueba que las partes presenten e informar sobre su admisibilidad, pertinencia y utilidad.

3.º Informar los recursos interpuestos contra las decisiones del Tribunal y los recursos interpuestos contra las decisiones del Letrado de la Administración de Justicia que deba resolver el Tribunal.

4.º Dictar las providencias y proponer las demás resoluciones que deba dictar el Tribunal.

5.º Redactar las resoluciones que dicte el Tribunal, sin perjuicio de lo dispuesto en el párrafo segundo del artículo 203[303].

Sección 2.ª *De las vistas y las comparecencias*[304] *(arts. 182 a 193)*

Artículo 182. *Señalamiento de las vistas*

1. Corresponderá a los Presidentes de Sala y a los de Sección de los órganos colegiados el señalamiento de fecha y hora para la deliberación y votación de los asuntos que deban fallarse sin celebración de vista.

Del mismo modo, corresponde al Juez o Presidente el señalamiento cuando la decisión de convocar, reanudar o señalar de nuevo un juicio, vista o trámite equivalente se adopte en el transcurso de cualquier acto procesal ya iniciado y que presidan,

---

[302] Véanse los arts. 203 y 204 de la LOPJ.
[303] Véase el art. 205 de la LOPJ.
[304] Rúbrica modificada por la Ley 13/2009, de 3 de noviembre. Entrada en vigor desde 4 de mayo de 2010.

siempre que puedan hacerla en el mismo acto, y teniendo en cuenta las necesidades de la agenda programada de señalamientos.

2. Los titulares de órganos jurisdiccionales unipersonales y los Presidentes de Sala o Sección en los Tribunales colegiados fijarán los criterios generales y darán las concretas y específicas instrucciones con arreglo a los cuales se realizará el señalamiento de las vistas o trámites equivalentes.

3. Esos criterios e instrucciones abarcarán:

1.º La fijación de los días predeterminados para tal fin, que deberá sujetarse a la disponibilidad de Sala prevista para cada órgano judicial y a la necesaria coordinación con los restantes órganos judiciales.

2.º Horas de audiencia.

3.º Número de señalamientos.

4.º Duración aproximada de la vista en concreto, según hayan podido determinar una vez estudiado el asunto o pleito de que se trate.

5.º Naturaleza y complejidad de los asuntos.

6.º Cualquier otra circunstancia que se estime pertinente.

4. Los Letrados de la Administración de Justicia establecerán la fecha y hora de las vistas o trámites equivalentes sujetándose a los criterios e instrucciones anteriores y gestionando una agenda programada de señalamientos y teniendo en cuenta las siguientes circunstancias:

1.º El orden en que los procedimientos lleguen a estado en que deba celebrarse vista o juicio, salvo las excepciones legalmente establecidas o los casos en que el órgano jurisdiccional excepcionalmente establezca que deben tener preferencia. En tales casos serán antepuestos a los demás cuyo señalamiento no se haya hecho.

2.º La disponibilidad de sala prevista para cada órgano judicial.

3.º La organización de los recursos humanos de la Oficina judicial.

4.º El tiempo que fuera preciso para las citaciones y comparecencias de los peritos y testigos.

5.º La coordinación con el Ministerio Fiscal en los procedimientos en que las leyes prevean su intervención.

5. A medida que se incluyan los señalamientos en la agenda programada y, en todo caso, antes de su notificación a las partes, se dará cuenta al Juez o Presidente.

En el caso de que no se ajusten a los criterios e instrucciones establecidos, el Juez o Presidente decidirá sobre señalamiento[305].

Artículo 183. *Solicitud de nuevo señalamiento de vista u otros actos procesales*[306]

1. Si a cualquiera de los que hubieren de acudir a una vista le resultare imposible asistir a ella en el día señalado, por causa de fuerza mayor u otro motivo de análoga entidad, tales como nacimiento y cuidado de menor, enfermedad grave y accidente con hospitalización, fallecimiento de cónyuge o de persona a la que estuviese unido en relación análoga al matrimonio, fallecimiento de parientes hasta segundo grado de consanguinidad o afinidad o baja laboral certificada por la seguridad social o sistema sanitario o de previsión social equivalente, lo manifestará de inmediato al tribunal, acreditando cumplidamente la causa o motivo y solicitando señalamiento de nueva vista o resolución que atienda a la situación.

2. Cuando sea el abogado o abogada de una de las partes quien considerare imposible acudir a la vista o acto procesal de que se trate, si se considerase atendible y acreditada la situación que se alegue, el letrado o letrada de la Administración de Justicia hará nuevo señalamiento.

3. Cuando sea la parte quien alegue la situación de imposibilidad, prevista en el apartado primero, el Letrado de la Administración de Justicia, si considerase atendible y acreditada la situación que se alegue, adoptará una de las siguientes resoluciones:

1.ª Si la vista fuese de procesos en los que la parte no esté asistida de abogado o representada por procurador, efectuará nuevo señalamiento.

2.ª Si la vista fuese para actuaciones en que, aun estando la parte asistida por abogado o representada por procurador, sea necesaria la presencia personal de la parte, efectuará igualmente nuevo señalamiento de vista.

En particular, si la parte hubiese sido citada a la vista para responder al interrogatorio regulado en los artículos 301 y siguientes, el Letrado de la Administración de Justicia efectuará nuevo señalamiento, con las citaciones que sean procedentes. Lo mismo resolverá cuando esté citada para interrogatorio una parte contraria a la que alegase y acreditase la imposibilidad de asistir.

[305] Véanse los arts. 249.1.2.º, 455.3, 494, 524.5, 527.4, 734.1, 736. 1 de la presente norma y los arts. 249 y 250 de la LOPJ.
[306] La rúbrica y los apartados 1 y 2 de este artículo se modifican por el RD-Ley 5/2023, de 28 de junio. Entrada en vigor desde 29 de julio de 2023. Y se añade el apartado 3 bis por el RD-Ley 6/2023, de 19 de diciembre. Entrada en vigor desde 20 de marzo de 2024.

3 bis. Si una de las partes o de las personas que han de intervenir en la vista es una persona con una edad de ochenta años o más, podrá solicitar y así se acordará por el letrado o la letrada de la Administración de Justicia que se practique el señalamiento en las primeras horas de audiencia o bien en las últimas, en función de las necesidades de la persona afectada.

4. El Letrado de la Administración de Justicia pondrá en conocimiento del Tribunal la fecha y hora fijadas para el nuevo señalamiento, en el mismo día o en el día hábil siguiente a aquél en que hubiera sido acordado.

5. Cuando un testigo o perito que haya sido citado a vista por el Tribunal manifieste y acredite encontrarse en la misma situación de imposibilidad expresada en el primer apartado de este precepto, el Letrado de la Administración de Justicia dispondrá que se oiga a las partes por plazo común de tres días sobre si se deja sin efecto el señalamiento de la vista y se efectúa uno nuevo o si se cita al testigo o perito para la práctica de la actuación probatoria fuera de la vista señalada. Transcurrido el plazo, el Tribunal decidirá lo que estime conveniente, y si no considerase atendible o acreditada la excusa del testigo o del perito, mantendrá el señalamiento de la vista y el Letrado de la Administración de Justicia lo notificará así a aquéllos, requiriéndoles a comparecer, con el apercibimiento que prevé el apartado segundo del artículo 292.

6. Cuando el Letrado de la Administración de Justicia, al resolver sobre las situaciones a que se refieren los apartados 2 y 3 anteriores, entendiera que el abogado o el litigante han podido proceder con dilación injustificada o sin fundamento alguno, dará cuenta al Juez o Tribunal, quien podrá imponerles multa de hasta seiscientos euros, sin perjuicio de lo que el Secretario resuelva sobre el nuevo señalamiento.

La misma multa podrá imponerse por el Tribunal en los supuestos previstos en el apartado 5 de este artículo, de entender que concurren las circunstancias a que se alude en el párrafo anterior[307].

Artículo 184. *Tiempo para la celebración de vistas*

1. Para la celebración de las vistas se podrán emplear todas las horas hábiles y habilitadas del día en una o más sesiones y, en caso necesario, continuar el día o días siguientes.

2. Salvo en los casos en que la ley disponga otra cosa, entre el señalamiento y la celebración de la vista deberán mediar, al menos, 10 días hábiles[308].

---

[307] Véanse los arts. 14.2, 188, 193 y 430 de la presente norma.
[308] Véanse los arts. 130 y 131 de la presente norma.

Artículo 185. *Celebración de las vistas*

1. Constituido el Tribunal en la forma que dispone esta ley, el Juez o Presidente declarará que se procede a celebrar vista pública, excepto cuando el acto se celebra a puerta cerrada. Iniciada la vista, se relacionarán sucintamente los antecedentes del caso o las cuestiones que hayan de tratarse.

2. Seguidamente, informarán, por su orden, el actor y el demandado o el recurrente y el recurrido, por medio de sus abogados, o las partes mismas, cuando la ley lo permita.

3. Si se hubiera admitido prueba para el acto de la vista se procederá a su práctica conforme a lo dispuesto en las normas que la regulan.

4. Concluida la práctica de prueba o, si ésta no se hubiera producido, finalizado el primer turno de intervenciones, el Juez o Presidente concederá de nuevo la palabra a las partes para rectificar hechos o conceptos y, en su caso, formular concisamente las alegaciones que a su derecho convengan sobre el resultado de las pruebas practicadas[309].

Artículo 186. *Dirección de los debates*

Durante el desarrollo de las vistas corresponde al Juez o Presidente, o al Letrado de la Administración de Justicia en el caso de vistas celebradas exclusivamente ante él, la dirección de los debates y, en particular:

1.° Mantener, con todos los medios a su alcance, el buen orden en las vistas, exigiendo que se guarde el respeto y consideración debidos a los tribunales y a quienes se hallen actuando ante ellos, corrigiendo en el acto las faltas que se cometan del modo que se dispone en la Ley Orgánica del Poder Judicial.

2.° Agilizar el desarrollo de las vistas, a cuyo efecto llamará la atención del abogado o de la parte que en sus intervenciones se separen notoriamente de las cuestiones que se debatan, instándoles a evitar divagaciones innecesarias, y si no atendiesen a la segunda advertencia que en tal sentido se les formule, podrá retirarles el uso de la palabra[310].

Artículo 187. *Documentación de las vistas*

1. El desarrollo de la vista se registrará en soporte apto para la grabación y reproducción del sonido y de la imagen o, si no fuere posible, sólo del sonido, conforme a lo dispuesto en el artículo 147 de esta ley.

---

[309] Véanse los arts. 137 y ss. , 285, 290, 445 y ss. de la presente norma y los arts. 196 a 198 de la LOPJ.
[310] Véanse los arts. 190, 195 y 565 de la LOPJ.

Las partes podrán en todo caso, solicitar a su costa una copia de los soportes en que hubiera quedado grabada la vista.

2. Si los medios de registro a que se refiere el apartado anterior no pudieran utilizarse por cualquier causa, la vista se documentará por medio de acta realizada por el Letrado de la Administración de Justicia[311].

Artículo 188. *Suspensión de las vistas u otros actos procesales*[312]

1. La celebración de las vistas u otros actos procesales en el día señalado sólo podrá suspenderse en los siguientes supuestos:

1.º Por impedirla la continuación de otra vista pendiente del día anterior.

2.º Por faltar el número de magistrados o magistradas necesario para dictar resolución o por indisposición sobrevenida del juez, la jueza o el letrado o letrada de la Administración de Justicia, si no pudiere ser sustituido o sustituida.

3.º Por solicitarlo de acuerdo las partes, alegando justa causa a juicio del letrado o letrada de la Administración de Justicia.

4.º Por imposibilidad absoluta de cualquiera de las partes citadas para ser interrogadas en el juicio o vista, siempre que tal imposibilidad, justificada suficientemente a juicio del letrado o letrada de la Administración de Justicia, se hubiese producido cuando ya no fuera posible solicitar nuevo señalamiento conforme a lo dispuesto en el artículo 183.

5.º Por muerte, enfermedad o imposibilidad absoluta, baja por nacimiento y cuidado de menor del abogado o abogada de la parte que pidiere la suspensión o cualquier otra de las circunstancias previstas en el apartado 3 del artículo 179, justificadas suficientemente, a juicio del letrado o letrada de la Administración de Justicia, siempre que tales hechos se hubiesen producido cuando ya no fuera posible solicitar nuevo señalamiento conforme a lo dispuesto en el artículo 183, se garantice el derecho a la tutela judicial efectiva y no se cause indefensión.

Igualmente, serán equiparables a los supuestos anteriores y con los mismos requisitos, otras situaciones análogas previstas en otros sistemas de previsión social y por el mismo tiempo por el que se otorgue la baja y la prestación de los permisos previstos en la legislación de la Seguridad Social.

---

[311] Véanse los arts. 146 y 149 de la presente norma y 453 y ss. de la LOPJ.

[312] La rúbrica y los apartados 1 y 2 de este artículo se modifican por el RD-Ley 5/2023, de 28 de junio. Entrada en vigor desde 29 de julio de 2023. Y se añade el apartado 3 bis por el RD-Ley 6/2023, de 19 de diciembre. Entrada en vigor desde 20 de marzo de 2024.

En los casos de urgencia médica ocurrida el mismo día de un señalamiento o dentro de las veinticuatro horas inmediatamente anteriores, para la suspensión del acto procesal bastará la aportación de cualquier medio que permita al tribunal tener conocimiento de la situación generadora de la necesidad de suspensión, sin perjuicio de su necesaria acreditación posterior.

Si cualquiera de las circunstancias de este numeral 5.° afectaren al procurador o procuradora de una de las partes y el hecho se hubiera producido sin la oportunidad de poder designar en ese momento profesional que le sustituya, se suspenderá igualmente la celebración de la vista, que no podrá volver a señalarse hasta tres días después, con objeto de que el Colegio de Procuradores pueda, en su caso, organizar debidamente su sustitución.

6.° Por tener el abogado defensor dos señalamientos de vista para el mismo día en distintos tribunales, resultando imposible, por el horario fijado o por la distancia existente entre ambos órganos judiciales, su asistencia a ambos, siempre que acredite suficientemente que, al amparo del artículo 183, intentó, sin resultado, un nuevo señalamiento que evitara la coincidencia. En este caso, tendrá preferencia la vista relativa a causa criminal con preso o menor internado, niño, niña o adolescente víctima de violencia y, en defecto de esta actuación, la del señalamiento más antiguo, y si los dos señalamientos fuesen de la misma fecha, se suspenderá la vista correspondiente al procedimiento más moderno.

No se acordará la suspensión de la vista si la comunicación de la solicitud para que aquélla se acuerde se produce con más de tres días de retraso desde la notificación del señalamiento que se reciba en segundo lugar. A estos efectos deberá acompañarse con la solicitud copia de la notificación del citado señalamiento.

Lo dispuesto en el párrafo anterior no será de aplicación a las vistas relativas a causa criminal con preso o menor internado, sin perjuicio de la responsabilidad en que se hubiere podido incurrir.

7.° Por haberse acordado la suspensión del curso de las actuaciones o resultar procedente tal suspensión de acuerdo con lo dispuesto por esta ley.

8.° Por imposibilidad técnica en los casos que, habiéndose acordado la celebración de la vista o la asistencia de algún interviniente por medio de videoconferencia, no se pudiese realizar la misma en las condiciones necesarias para el buen desarrollo de la vista.

2. Toda suspensión que el Letrado de la Administración de Justicia acuerde se hará saber en el mismo día o en el día hábil siguiente al Tribunal y se comunicará por el

Secretario a las partes personadas y a quienes hubiesen sido citados judicialmente en calidad de testigos, peritos o en otra condición.

3. Este régimen de suspensión de las vistas será de aplicación, en lo que proceda, a los demás actos procesales que estuvieren señalados.

Artículo 189. *Nuevo señalamiento de las vistas suspendidas*[313]

1. En caso de suspensión de la vista el Letrado de la Administración de Justicia hará el nuevo señalamiento al acordarse la suspensión y, si no fuere posible, tan pronto como desaparezca el motivo que la ocasionó.

2. El nuevo señalamiento se hará para el día más inmediato posible, sin alterar el orden de los que ya estuvieren hechos.

3. Para los casos del artículo 179.3, y con los límites establecidos en el mismo, se respetará en la fecha del nuevo señalamiento el período de baja obligatoria que, por enfermedad, nacimiento o cuidado de menor, tuviere establecido la persona profesional de la abogacía[314].

Artículo 189 bis. *De las comparecencias*[315]

Se estará al contenido de los artículos 188 y 189, en lo que resultaren de aplicación, para las comparecencias a celebrar exclusivamente ante el Letrado de la Administración de Justicia.

Artículo 190. *Cambios en el personal juzgador después del señalamiento de vistas y posible recusación*

1. Cuando después de efectuado el señalamiento y antes de la celebración de la vista hubiera cambiado el Juez o algún Magistrado integrante del tribunal, tan luego como ello ocurra y, en todo caso, antes de darse principio a la vista, se harán saber dichos cambios a las partes, sin perjuicio de proceder a la celebración de ella, a no ser que en el acto fuese recusado, aunque sea verbalmente, el Juez o alguno de los Magistrados que, como consecuencia del cambio, hubieren pasado a formar parte del tribunal.

---

[313] Se añade el apartado 3 por el RD-Ley 5/2023, de 28 de junio. Entrada en vigor desde 29 de julio de 2023.

[314] Véase el art. 182 de la presente norma.

[315] Añadido por el artículo 15 apartado 110 de la Ley 13/2009, de 3 de noviembre. Entrada en vigor desde 4 de mayo de 2010.

2. Si se formulare la recusación a que se refiere el apartado anterior, se suspenderá la vista y se tramitará el incidente según lo dispuesto en esta ley, haciéndose el nuevo señalamiento una vez resuelta la recusación.

La recusación que se formule verbalmente habrá de contener expresión sucinta de la causa o causas y deberá formalizarse por escrito en el plazo de tres días. Si así no se hiciere dentro de dicho plazo, no será admitida y se impondrá al recusante una multa de ciento cincuenta a seiscientos euros, condenándole, además, al pago de las costas ocasionadas con la suspensión. En el mismo día en que se dictara la anterior resolución, el Letrado de la Administración de Justicia hará el nuevo señalamiento para la vista lo antes posible[316].

Artículo 191. *Recusación posterior a la vista*

1. En el caso de cambio de Juez o de Magistrado o Magistrados, a que se refiere el apartado 1 del artículo anterior, cuando se hubiere celebrado la vista por no haber mediado recusación, si el tribunal fuere unipersonal, dejará el Juez transcurrir tres días antes de dictar la resolución y si se tratare de tribunal colegiado, se suspenderá por tres días la discusión y votación de la misma.

2. Dentro del plazo a que se refiere el apartado precedente podrán ser recusados el Juez o los Magistrados que hubieren entrado a formar parte del tribunal después del señalamiento, y si las partes no hicieren uso de ese derecho, empezará a correr el plazo para dictar resolución.

3. En el caso a que se refiere el presente artículo sólo se admitirán las recusaciones basadas en causas que no hubieran podido conocerse antes del comienzo de la vista[317].

Artículo 192. *Efectos de la decisión de la recusación formulada después de la vista*

Si se declarase procedente, por medio de auto, la recusación formulada conforme a lo previsto en el artículo anterior, quedará sin efecto la vista y se verificará de nuevo en el día más próximo que pueda señalarse, ante Juez o con Magistrados hábiles en sustitución de los recusados.

Cuando se declare no haber lugar a la recusación, dictarán la resolución el Juez o los Magistrados que hubieren asistido a la vista, comenzando a correr el plazo para dictarla al día siguiente de la fecha en que se hubiese decidido sobre la recusación.

---

[316] Véanse el art. 111.2, y la DF 17 de la presente norma y los arts. 217 y ss. de la LOPJ.
[317] Véanse el art. 111.2 de la presente norma y los arts. 217 y ss. de la LOPJ.

Artículo 192 bis. *Cambio del Letrado de la Administración de Justicia después del señalamiento. Posible recusación*[318]

Lo dispuesto en los tres artículos anteriores será de aplicación a los Letrados de la Administración de Justicia respecto de aquellas actuaciones que hayan de celebrarse únicamente ante ellos.

Artículo 193. *Interrupción de las vistas*

1. Una vez iniciada la celebración de una vista, sólo podrá interrumpirse:

1.º Cuando el Tribunal deba resolver alguna cuestión incidental que no pueda decidir en el acto.

2.º Cuando se deba practicar alguna diligencia de prueba fuera de la sede del Tribunal y no pudiera verificarse en el tiempo intermedio entre una y otra sesión.

3.º Cuando no comparezcan los testigos o peritos citados judicialmente y el Tribunal considere imprescindible la declaración o el informe de los mismos.

4.º Cuando, después de iniciada la vista, se produzca alguna de las circunstancias que habrían determinado la suspensión de la celebración, y así se acuerde por el Juez o Presidente.

2. La vista se reanudará una vez desaparecida la causa que motivó su interrupción.

3. Cuando pueda reanudarse la vista dentro de los veinte días siguientes a su interrupción, así como en todos los casos en que el nuevo señalamiento pueda realizarse al mismo tiempo de acordar la interrupción, se hará por el Juez o Presidente, que tendrá en cuenta las necesidades de la agenda programada de señalamientos y las demás circunstancias contenidas en el artículo 182.4.

Cuando no pueda reanudarse la vista dentro de los veinte días siguientes a su interrupción ni pueda señalarse nueva fecha en el mismo acto, la fecha se fijará por el Letrado de la Administración de Justicia, conforme a las previsiones del artículo 182, para la fecha más inmediata posible[319].

Sección 3.ª De las votaciones y fallos de los asuntos
(arts. 194 a 205)

---

[318] Añadido por el artículo 15 apartado 112 de la Ley 13/2009, de 3 de noviembre. Entrada en vigor desde 4 de mayo de 2010

[319] Véanse los arts. 188, 292 y 389 y ss. de la presente norma.

Artículo 194. *Jueces y Magistrados a los que corresponde fallar los asuntos*

1. En los asuntos que deban fallarse después de la celebración de una vista o juicio, la redacción y firma de la resolución, en los tribunales unipersonales, o la deliberación y votación, en los tribunales colegiados, se realizarán, respectivamente, por el Juez o por los Magistrados que hayan asistido a la vista o juicio, aunque después de ésta hubieran dejado aquéllos de ejercer sus funciones en el tribunal que conozca del asunto.

2. Se exceptúan de lo dispuesto en el apartado anterior los Jueces y Magistrados que, después de la vista o juicio:

1.º Hubiesen perdido la condición de Juez o Magistrado.

Se aplicará, no obstante, lo dispuesto en el apartado 1 de este artículo a los Jueces y Magistrados jubilados por edad y a los Jueces sustitutos y Magistrados suplentes que hayan cesado en el cargo por renuncia, transcurso del plazo para el que fueron nombrados o por cumplir la edad de setenta y dos años.

2.º Hubiesen sido suspendidos del ejercicio de sus funciones.

3.º Hubiesen accedido a cargo público o profesión incompatible con el ejercicio de la función jurisdiccional o pasado a la situación de excedencia voluntaria para presentarse como candidatos a cargos de elección popular[320].

Artículo 194 bis. *Letrados de la Administración de Justicia a los que corresponda resolver*[321]

Lo dispuesto en el artículo anterior será de aplicación a los Letrados de la Administración de Justicia que deban dictar resolución después de celebrados los actos y comparecencias previstos en esta ley.

Artículo 195. *Información de los Magistrados sobre el contenido de los autos en tribunales colegiados*

1. El ponente tendrá a su disposición los autos para dictar sentencia o resolución decisoria de incidentes o recursos, y los demás miembros del tribunal podrán examinar aquéllos en cualquier tiempo.

---

[320] Véanse los arts. 357 y 380 y ss. de la LOPJ.
[321] Añadido por el artículo 15 apartado 114 de la Ley 13/2009, de 3 de noviembre. Entrada en vigor desde 4 de mayo de 2010.

2. Concluida la vista en los asuntos en que ésta preceda a la decisión o, en otro caso, desde el día en que el Presidente haga el señalamiento para la deliberación, votación y fallo, cualquiera de los Magistrados podrá pedir los autos para su estudio.

Cuando los pidieren varios, el que presida fijará el tiempo por el que haya de tenerlos cada uno, de modo que puedan dictarse las sentencias dentro del plazo señalado para ello[322].

Artículo 196. *Deliberación y votación de las resoluciones en tribunales colegiados*[323]

En los tribunales colegiados se discutirán y votarán las resoluciones inmediatamente después de la vista, si ésta se celebrare y, en otro caso, señalará el Presidente el día en que se hayan de discutir y votar, dentro del plazo señalado por la Ley. En ambos casos, la deliberación y votación podrán tener lugar por medios electrónicos, cuando se cuente con ellos, de conformidad con lo que establezca la normativa que regule los usos de la tecnología en la Administración de Justicia[324].

Artículo 197. *Forma de la discusión y votación de las resoluciones en los tribunales colegiados*

1. En los tribunales colegiados, la discusión y votación de las resoluciones será dirigida por el Presidente y se verificará siempre a puerta cerrada.

2. El Magistrado ponente someterá a la deliberación de la Sala o Sección los puntos de hecho y las cuestiones y fundamentos de derecho, así como la decisión que, a su juicio, deba recaer y, previa la discusión necesaria, se procederá a la votación[325].

Artículo 198. *Votación de las resoluciones*

1. El Presidente podrá acordar que la votación tenga lugar separadamente sobre los distintos pronunciamientos de hecho o de derecho que hayan de hacerse, o sobre parte de la decisión que haya de dictarse.

2. Votará primero el ponente y después los restantes Magistrados, por el orden inverso a su antigüedad. El Presidente votará el último.

---

[322] Véanse los arts. 251 y 252 de la LOPJ.

[323] Artículo modificado por el RD-Ley 6/2023, de 19 de diciembre. Entrada en vigor desde 20 de marzo de 2024

[324] Véase el art. 253 de la LOPJ

[325] Véase el art. 233 de la LOPJ.

3. Empezada la votación, no podrá interrumpirse sino por algún impedimento insuperable[326].

Artículo 199. *Voto de Magistrados impedidos después de la vista*

1. Si después de la vista se imposibilitare algún Magistrado, de suerte que no pueda asistir a la discusión y votación, dará su voto por escrito, fundado y firmado, y lo remitirá directamente al Presidente del tribunal. Si no pudiere escribir ni firmar, se valdrá del Secretario del tribunal.

El voto así emitido se computará con los demás y se conservará, rubricado por el que presida, con el libro de sentencias.

2. Cuando el Magistrado impedido no pudiere votar ni aun de aquel modo, se decidirá el asunto por los demás Magistrados que hubieren asistido a la vista, si compusiesen los necesarios para formar mayoría. No habiéndolos, se procederá a nueva vista, con asistencia de los que hubieren concurrido a la anterior y de aquel o aquellos que deban sustituir a los impedidos, siendo en este caso aplicable lo dispuesto en los artículos 190 a 192 de la presente Ley.

3. Lo dispuesto en el apartado anterior se aplicará también cuando alguno de los Magistrados que participaron en la vista no pueda intervenir en la deliberación y votación por hallarse en alguno de los casos previstos en el apartado 2 del artículo 194[327].

Artículo 200. *Impedimento del Juez o del Letrado de la Administración de Justicia que hubiere asistido a la vista o comparecencia*[328]

1. En los Tribunales unipersonales, cuando después de la vista se imposibilitare el Juez que hubiere asistido a ella y no pudiere dictar la resolución ni siquiera con la asistencia del Letrado de la Administración de Justicia, se celebrará nueva vista presidida por el Juez que sustituya al impedido.

Lo mismo se hará cuando el Juez que haya participado en la vista no pueda dictar la resolución por hallarse comprendido en alguno de los casos previstos en el apartado 2 del artículo 194.

2. Lo anterior será de aplicación a los Letrados de la Administración de Justicia que no pudieren dictar resolución, bien porque se imposibilitaren o porque incurrieran en

---

[326] Véase el art. 254 de la LOPJ.

[327] Véanse los arts. 194.2 de la presente norma y los arts. 257, 258 y 261 de la LOPJ.

[328] Modificado por el artículo 15 apartado 115 de la Ley 13/2009, de 3 de noviembre. Entrada en vigor desde 4 de mayo de 2010.

los supuestos contemplados en el artículo 194 bis, después de celebrada la comparecencia ante ellos[329].

Artículo 201. *Mayoría de votos*

En los tribunales colegiados, los autos y sentencias se dictarán por mayoría absoluta de votos, salvo que expresamente la ley señale una mayor proporción.

En ningún caso se podrá exigir un número determinado de votos conformes que desvirtúe la regla de la mayoría[330].

Artículo 202. *Discordias*

1. Cuando en la votación de una resolución no resultare mayoría de votos sobre cualquiera de los pronunciamientos de hecho o de derecho que deban hacerse, volverán a discutirse y a votarse los puntos en que hayan disentido los votantes.

2. Si no se obtuviere acuerdo, la discordia se resolverá mediante celebración de nueva vista, concurriendo los Magistrados que hubieran asistido a la primera, aumentándose dos más, si hubiese sido impar el número de los discordantes, y tres en el caso de haber sido par. Concurrirá para ello, en primer lugar, el Presidente de la Sala o Sección, si no hubiere ya asistido; en segundo lugar, los Magistrados de la misma Sala que no hayan visto el pleito; en tercer lugar, el Presidente de la Audiencia; y, finalmente, los Magistrados de las demás Salas o Secciones, con preferencia de los del mismo orden jurisdiccional, según el orden que por la Sala de Gobierno se acuerde.

3. El que deba presidir la Sala compuesta según el apartado anterior hará el señalamiento, mediante providencia, de las vistas de discordia y designaciones oportunas.

4. Cuando en la votación de una resolución por la Sala prevista en el segundo apartado de este artículo no se reuniere tampoco mayoría sobre los puntos discordados, se procederá a nueva votación, sometiendo sólo a ésta los dos pareceres que hayan obtenido mayor número de votos en la precedente[331].

Artículo 203. *Redacción de las resoluciones en los tribunales colegiados*

En los tribunales colegiados corresponde al ponente la redacción de las resoluciones que se hayan sometido a discusión de la Sala o Sección, si se conformare con lo acordado.

---

[329] Véase el art. 258 de la LOPJ.
[330] Véase el art. 255 de la LOPJ.
[331] Véanse los arts. 262 y 263 de la LOPJ.

Cuando el ponente no se conformare con el voto de la mayoría, declinará la redacción de la resolución, debiendo formular motivadamente su voto particular. En este caso, el Presidente encomendará la redacción a otro Magistrado y dispondrá la rectificación necesaria en el turno de ponencias para restablecer la igualdad en el mismo[332].

Artículo 204. *Firma de las resoluciones*

1. Las resoluciones judiciales serán firmadas por el Juez o por todos los Magistrados no impedidos dentro del plazo establecido para dictarlas.

2. Cuando después de decidido el asunto por un tribunal colegiado se imposibilitare algún Magistrado de los que hubieren votado y no pudiere firmar la resolución, el que hubiere presidido lo hará por él, expresando el nombre del Magistrado por quien firma y haciendo constar que el Magistrado imposibilitado votó pero no pudo firmar.

Si el impedido fuera el Presidente, el Magistrado más antiguo firmará por él.

3. Las resoluciones judiciales deberán ser autorizadas o publicadas mediante firma por el Letrado de la Administración de Justicia, bajo pena de nulidad[333].

Artículo 205. *Votos particulares*

1. Todo el que tome parte en la votación de una sentencia o auto definitivo firmará lo acordado, aunque hubiere disentido de la mayoría; pero podrá, en este caso, anunciándolo en el momento de la votación o en el de la firma, formular voto particular, en forma de sentencia, en la que podrán aceptarse, por remisión, los puntos de hecho y fundamentos de derecho de la dictada por el tribunal con los que estuviere conforme.

2. El voto particular, con la firma del autor, se incorporará al libro de sentencias y se notificará a las partes junto con la sentencia aprobada por mayoría. Cuando, de acuerdo con la ley, sea preceptiva la publicación de la sentencia, el voto particular, si lo hubiere, habrá de publicarse junto a ella.

3. También podrá formularse voto particular, con sujeción a lo dispuesto en los apartados anteriores, en lo que resulte aplicable, respecto de los autos y providencias sucintamente motivadas[334].

---

[332] Véanse el art. 181.5 de la presente norma y los arts. 205 y 206 de la LOPJ.

[333] Véase los arts. 259, 261 y 266 de la LOPJ.

[334] Véase el art. 260 de la LOPJ.

CAPÍTULO VIII
De las resoluciones procesales[335]
(arts. 206 a 224)

Sección 1.ª De las clases, forma y contenido de las resoluciones y del modo de dictarlas, publicarlas y archivarlas
(arts. 206 a 215)

Artículo 206. *Clases de resoluciones*[336]

1. Son resoluciones judiciales las providencias, autos y sentencias dictadas por los jueces y tribunales.

En los procesos de declaración, cuando la ley no exprese la clase de resolución judicial que haya de emplearse, se observarán las siguientes reglas:

1.ª Se dictará providencia cuando la resolución se refiera a cuestiones procesales que requieran una decisión judicial por así establecerlo la ley, siempre que en tales casos no exigiera expresamente la forma de auto.

2.ª Se dictarán autos cuando se decidan recursos contra providencias o decretos, cuando se resuelva sobre admisión o inadmisión de demanda, reconvención, acumulación de acciones, admisión o inadmisión de la prueba, aprobación judicial de transacciones, acuerdos de mediación y convenios, medidas cautelares y nulidad o validez de las actuaciones.

También revestirán la forma de auto las resoluciones que versen sobre presupuestos procesales, anotaciones e inscripciones registrales y cuestiones incidentales, tengan o no señalada en esta ley tramitación especial, siempre que en tales casos la ley exigiera decisión del tribunal así como las que pongan fin a las actuaciones de una instancia o recurso antes de que concluya su tramitación ordinaria, salvo que, respecto de estas últimas, la ley hubiera dispuesto que deban finalizar por decreto. El recurso de casación podrá decidirse mediante auto en los casos previstos en el artículo 487.1.

3.ª Se dictará sentencia para poner fin al proceso, en primera o segunda instancia, una vez que haya concluido su tramitación ordinaria prevista en la ley. También se resolverán mediante sentencia los recursos de casación y los procedimientos para la revisión de sentencias firmes, salvo lo dispuesto en el artículo 487.1.

[335] Rúbrica modificada por la Ley 13/2009, de 3 de noviembre. Entrada en vigor desde 4 de mayo de 2010.
[336] Apartado 1 modificado por el RD-Ley 6/2023, de 19 de diciembre. Entrada en vigor desde 20 de marzo de 2024

2. Las resoluciones de los Letrados de la Administración de Justicia se denominarán diligencias y decretos.

Cuando la ley no exprese la clase de resolución que haya de emplearse, se observarán las siguientes reglas:

1.ª Se dictará diligencia de ordenación cuando la resolución tenga por objeto dar a los autos el curso que la ley establezca.

2.ª Se dictará decreto cuando se admita a trámite la demanda, cuando se ponga término al procedimiento del que el Secretario tuviera atribuida competencia exclusiva y, en cualquier clase de procedimiento, cuando fuere preciso o conveniente razonar lo resuelto.

3.ª Se dictarán diligencias de constancia, comunicación o ejecución a los efectos de reflejar en autos hechos o actos con trascendencia procesal.

3. En los procesos de ejecución se seguirán, en lo que resulten aplicables, las reglas establecidas en los apartados anteriores[337].

Artículo 207. *Resoluciones definitivas. Resoluciones firmes. Cosa juzgada formal*

1. Son resoluciones definitivas las que ponen fin a la primera instancia y las que decidan los recursos interpuestos frente a ellas.

2. Son resoluciones firmes aquéllas contra las que no cabe recurso alguno bien por no preverlo la ley, bien porque, estando previsto, ha transcurrido el plazo legalmente fijado sin que ninguna de las partes lo haya presentado.

3. Las resoluciones firmes pasan en autoridad de cosa juzgada y el tribunal del proceso en que hayan recaído deberá estar en todo caso a lo dispuesto en ellas.

4. Transcurridos los plazos previstos para recurrir una resolución sin haberla impugnado, quedará firme y pasada en autoridad de cosa juzgada, debiendo el tribunal del proceso en que recaiga estar en todo caso a lo dispuesto en ella[338].

Artículo 208. *Forma de las resoluciones escritas*[339]

1. Las diligencias de ordenación y las providencias se limitarán a expresar lo que por ellas se mande e incluirán además una sucinta motivación cuando así lo disponga la ley o quien haya de dictarlas lo estime conveniente.

---

[337] Véanse el art. 545.4 de la presente norma y el art. 245 de la LOPJ.

[338] Véanse el art. 222 de la presente norma y el art. 245.3 de la LOPJ.

[339] Modificado por el artículo 15 apartado 115 de la Ley 13/2009, de 3 de noviembre. Entrada en vigor desde 4 de mayo de 2010. Rúbrica modificada por la LO 1/2025, de 2 de enero. Entrada en vigor el 3 de abril de 2025.

2. Los decretos y los autos serán siempre motivados y contendrán en párrafos separados y numerados los antecedentes de hecho y los fundamentos de derecho en los que se base la subsiguiente parte dispositiva o fallo.

3. Si se tratara de sentencias y autos habrá de indicarse el Tribunal que las dicte, con expresión del Juez o Magistrados que lo integren y su firma e indicación del nombre del ponente, cuando el Tribunal sea colegiado. En el caso de providencias dictadas por Salas de Justicia, bastará con la firma del ponente.

En las resoluciones dictadas por los Letrados de la Administración de Justicia se indicará siempre el nombre del que la hubiere dictado, con extensión de su firma.

4. Toda resolución incluirá la mención del lugar y fecha en que se adopte y si la misma es firme o si cabe algún recurso contra ella, con expresión, en este último caso, del recurso que proceda, del órgano ante el que debe interponerse y del plazo para recurrir[340].

Artículo 209. *Reglas especiales sobre forma y contenido de las sentencias escritas*[341]

Las sentencias dictadas por escrito habrán de cumplir lo dispuesto en el artículo anterior y se sujetarán, además, a las siguientes reglas:

1.ª En el encabezamiento deberán expresarse los nombres de las partes y, cuando sea necesario, la legitimación y representación en virtud de las cuales actúen, así como los nombres de los abogados, las abogadas, los procuradores y las procuradoras y el objeto del juicio.

2.ª En los antecedentes de hecho se consignarán, con la claridad y la concisión posibles y en párrafos separados y numerados, las pretensiones de las partes o interesados, los hechos en que las funden, que hubieren sido alegados oportunamente y tengan relación con las cuestiones que hayan de resolverse, las pruebas que se hubiesen propuesto y practicado y los hechos probados, en su caso.

3.ª En los fundamentos de derecho se expresarán, en párrafos separados y numerados, los puntos de hecho y de derecho fijados por las partes y los que ofrezcan las cuestiones controvertidas, dando las razones y fundamentos legales del fallo que haya de dictarse, con expresión concreta de las normas jurídicas aplicables al caso.

4.ª El fallo, que se acomodará a lo previsto en los artículos 216 y siguientes, contendrá, numerados, los pronunciamientos correspondientes a las pretensiones de las partes, aunque la estimación o desestimación de todas o algunas

---

[340] Véanse el art. 120.3 de la CE, el art. 545.4 de la presente norma y los arts. 248 y 258 de la LOPJ.
[341] Artículo modificado por la LO 1/2025, de 2 de enero. Entrada en vigor el 3 de abril de 2025.

de dichas pretensiones pudiera deducirse de los fundamentos jurídicos, así como el pronunciamiento sobre las costas. También determinará, en su caso, la cantidad objeto de la condena, sin que pueda reservarse su determinación para la ejecución de la sentencia, sin perjuicio de lo dispuesto en el artículo 219 de esta ley[342].

Artículo 210. *Resoluciones orales*[343]

1. Salvo que la ley permita diferir el pronunciamiento, las resoluciones distintas de sentencia que deban dictarse en la celebración de una vista, audiencia o comparecencia ante el Tribunal o el letrado o letrada de la Administración de Justicia se pronunciarán oralmente en el mismo acto, documentándose este con expresión del fallo y motivación sucinta de aquellas resoluciones. Asimismo, se expresará si la resolución es o no firme, indicando, en este caso, los recursos que procedan, órgano ante el cual deben interponerse y plazo para ello.

2. Pronunciada oralmente una resolución, si todas las personas que fueren parte en el proceso estuvieren presentes en el acto, por sí o debidamente representadas, y expresaren su decisión de no recurrir, se declarará, en el mismo acto, la firmeza de la resolución.

Fuera de este caso, el plazo para recurrir comenzará a contar desde la notificación de la resolución debidamente redactada.

3. Salvo en los procedimientos en los que no intervenga abogado de conformidad con lo dispuesto en el artículo 31.2, podrán dictarse sentencias oralmente en el ámbito del juicio verbal, haciéndose expresión de las pretensiones de las partes, las pruebas propuestas y practicadas y, en su caso, de los hechos probados a resultas de las mismas, haciendo constar las razones y fundamentos legales del fallo que haya de dictarse, con expresión concreta de las normas jurídicas aplicables al caso. El fallo se ajustará a las previsiones de la regla 4.ª del artículo 209.

La sentencia se dictará al concluir el mismo acto de la vista en presencia de las partes, sin perjuicio de su ulterior redacción por el juez, la jueza o el magistrado o la magistrada. Se expresará si la sentencia es o no firme, indicando, en este caso, los recursos que procedan, órgano ante el cual deben interponerse y plazo para ello.

4. Pronunciada oralmente una sentencia, si todas las personas que fueren parte en el proceso estuvieren presentes en el acto, por sí o debidamente representadas, y expresaren su decisión de no recurrir, se declarará, en el mismo acto, la firmeza de la

---

[342] Véase el art. 248.3 de la LOPJ.
[343] Artículo modificado por la LO 1/2025, de 2 de enero. Entrada en vigor el 3 de abril de 2025.

resolución. Fuera de este caso, el plazo para recurrir comenzará a contar desde la notificación de la sentencia debidamente redactada. Las partes tendrán un plazo de cinco días desde la celebración de la vista para presentar un escrito manifestando su interés en recurrirla, con expresión de los pronunciamientos objeto del mismo. El plazo para interponer el recurso de apelación comenzará a contar desde el día siguiente al que se notificase a la parte la sentencia por escrito con expresión del fallo y con motivación sucinta[344].

Artículo 211. *Plazo para dictar las resoluciones judiciales*[345]

1. Las resoluciones de Tribunales y Letrados de la Administración de Justicia serán dictadas dentro del plazo que la ley establezca.

2. La inobservancia del plazo dará lugar a corrección disciplinaria, a no mediar justa causa, que se hará constar en la resolución[346].

Artículo 212. *Publicación y archivo de las sentencias*[347]

1. Las sentencias y demás resoluciones definitivas, una vez extendidas y firmadas por quienes las hubieran dictado, serán publicadas y depositadas en la Oficina judicial, ordenándose por el Letrado de la Administración de Justicia su notificación y archivo, dándoseles publicidad en la forma permitida u ordenada en la Constitución y las leyes.

2. Sin perjuicio de lo establecido en el párrafo segundo del apartado 1 del artículo 236 quinquies de la Ley Orgánica 6/1985, de 1 de julio, del Poder Judicial, se permitirá a cualquier interesado el acceso al texto de las sentencias o a determinados extremos de las mismas. Este acceso sólo podrá llevarse a cabo previa disociación de los datos de carácter personal que los mismos contuvieran y con pleno respeto al derecho a la intimidad, a los derechos de las personas que requieran un especial deber de tutela, a la garantía del anonimato de los perjudicados, cuando proceda, así como, con carácter general, para evitar que las sentencias puedan ser usadas con fines contrarios a las leyes.

3. Las sentencias que se dicten en los procedimientos sobre la aplicación de los artículos 81 y 82 del Tratado de la Comunidad Europea o los artículos 1 y 2 de la

---

[344] Véanse el art. 285.2 de la presente norma y los arts. 245.2 y 247 de la LOPJ.

[345] Apartado 1 modificados por el artículo 15 apartado 120 de la Ley 13/2009, de 3 de noviembre. Entrada en vigor desde 4 de mayo de 2010.

[346] Véanse los arts. 132, 428, 434, 447, 453, 464 y 465 de la presente norma y los arts. 414 y ss. de la LOPJ.

[347] Apartado 2, nueva redacción por la Disposición Final 4 apartado 9 de la LO 7/2015, de 21 de julio. Entrada en vigor desde 1 de octubre de 2015. Apartado 4 modificado por el RD-Ley 6/2023, de 19 de diciembre. Entrada en vigor desde 20 de marzo de 2024.

Ley de Defensa de la Competencia se comunicarán por el Letrado de la Administración de Justicia a la Comisión Nacional de la Competencia.

4. En los casos en que el tribunal no cuente con expediente judicial electrónico, los letrados de la Administración de Justicia pondrán en los autos certificación literal de las sentencias y demás resoluciones definitivas.

En los casos en que el tribunal cuente con expediente judicial electrónico, se velará por la incorporación y constancia en el mismo de la sentencia, firmada electrónicamente en los términos que prevea la normativa que regule el uso de la tecnología en la Administración de Justicia[348].

Artículo 213. *Libro de sentencias*[349]

En cada tribunal se llevará, bajo la custodia del letrado o letrada de la Administración de Justicia, un libro de sentencias, en el que se incluirán firmadas todas las definitivas, autos de igual carácter, así como los votos particulares que se hubieren formulado, que serán ordenados correlativamente según su fecha. Cuando los sistemas informáticos permitan la generación de libros electrónicos, el letrado o letrada de la Administración de Justicia velará por el adecuado uso de los sistemas[350].

Artículo 213 bis. *Libro de decretos*[351]

En cada Tribunal se llevará, bajo la responsabilidad y custodia del letrado o letrada de la Administración de Justicia, un libro de decretos, en el que se incluirán firmados todos los definitivos, que serán ordenados cronológicamente. Cuando los sistemas informáticos permitan la generación de libros electrónicos, el letrado o letrada de la Administración de Justicia velará por el adecuado uso de los sistemas.

Artículo 214. *Invariabilidad de las resoluciones. Aclaración y corrección*[352]

1. Los tribunales no podrán variar las resoluciones que pronuncien después de firmadas, pero sí aclarar algún concepto oscuro y rectificar cualquier error material de que adolezcan.

---

[348] Véanse el art. 120.3 de la CE, los arts. 248.3, 259 y 266 de la LOPJ y el art. 208.3 de la presente norma.

[349] Modificado por el RD-Ley 6/2023, de 19 de diciembre. Entrada en vigor desde 20 de marzo de 2024.

[350] Véanse los arts. 265 y 266 de la LOPJ.

[351] Añadido por el artículo 15 apartado 122 de la Ley 13/2009, de 3 de noviembre. Entrada en vigor desde 4 de mayo de 2010. Modificado por el RD-Ley 6/2023, de 19 de diciembre. Entrada en vigor desde 20 de marzo de 2024.

[352] Apartados 2 y 3 modificados y el apartado 4 añadido por el artículo 15 apartado 123 de la Ley 13/2009, de 3 de noviembre. Entrada en vigor desde 4 de mayo de 2010.

2. Las aclaraciones a que se refiere el apartado anterior podrán hacerse de oficio, por el Tribunal o Letrado de la Administración de Justicia, según corresponda, dentro de los dos días hábiles siguientes al de la publicación de la resolución, o a petición de parte o del Ministerio Fiscal formulada dentro del mismo plazo, siendo en este caso resuelta por quien hubiera dictado la resolución de que se trate dentro de los tres días siguientes al de la presentación del escrito en que se solicite la aclaración.

3. Los errores materiales manifiestos y los aritméticos en que incurran las resoluciones de los Tribunales y Letrados de la Administración de Justicia podrán ser rectificados en cualquier momento.

4. No cabrá recurso alguno contra la resolución que decida sobre la aclaración o corrección, sin perjuicio de los recursos que procedan, en su caso, contra la resolución a la que se refiera la solicitud o actuación de oficio[353].

Artículo 215. *Subsanación y complemento de sentencias y autos defectuosos o incompletos*[354]

1. Las omisiones o defectos de que pudieren adolecer sentencias y autos y que fuere necesario remediar para llevar plenamente a efecto dichas resoluciones podrán ser subsanadas, mediante auto, en los mismos plazos y por el mismo procedimiento establecidos en el artículo anterior.

2. Si se tratase de sentencias o autos que hubieren omitido manifiestamente pronunciamientos relativos a pretensiones oportunamente deducidas y sustanciadas en el proceso, el Tribunal, a solicitud escrita de parte en el plazo de 5 días a contar desde la notificación de la resolución, previo traslado por el Letrado de la Administración de Justicia de dicha solicitud a las demás partes, para alegaciones escritas por otros 5 días, dictará auto por el que resolverá completar la resolución con el pronunciamiento omitido o no haber lugar a completarla.

3. Si el tribunal advirtiese en sentencias o autos que dictara las omisiones a que se refiere el apartado anterior, podrá, en el plazo de 5 días a contar desde la fecha en que se dicta, proceder de oficio, mediante auto, a completar su resolución, pero sin modificar ni rectificar lo que hubiere acordado.

4. Del mismo modo al establecido en los apartados anteriores se procederá por el Letrado de la Administración de Justicia cuando se precise subsanar o completar los decretos que hubiere dictado.

---

[353] Véase el art. 267 de la LOPJ.

[354] Apartados 2 y 4 modificados y el apartado 5 añadido por el artículo 15 apartado 124 de la Ley 13/2009, de 3 de noviembre. Entrada en vigor desde 4 de mayo de 2010.

5. No cabrá recurso alguno contra los autos o decretos en que se completen o se deniegue completar las resoluciones a que se refieren los anteriores apartados de este artículo, sin perjuicio de los recursos que procedan, en su caso, contra la sentencia, auto o decreto a que se refiriera la solicitud o la actuación de oficio del Tribunal o Letrado de la Administración de Justicia. Los plazos para estos recursos, si fueren procedentes, se interrumpirán desde que se solicite su aclaración, rectificación, subsanación o complemento, continuando el cómputo desde el día siguiente a la notificación de la resolución que reconociera o negara la omisión de pronunciamiento y acordara o denegara remediarla[355].

Sección 2.ª De los requisitos internos de la sentencia y de sus efectos (arts. 216 a 222)

Artículo 216. *Principio de justicia rogada*

Los tribunales civiles decidirán los asuntos en virtud de las aportaciones de hechos, pruebas y pretensiones de las partes, excepto cuando la ley disponga otra cosa en casos especiales.

Artículo 217. *Carga de la prueba*[356]

1. Cuando, al tiempo de dictar sentencia o resolución semejante, el tribunal considerase dudosos unos hechos relevantes para la decisión, desestimará las pretensiones del actor o del reconviniente, o las del demandado o reconvenido, según corresponda a unos u otros la carga de probar los hechos que permanezcan inciertos y fundamenten las pretensiones.

2. Corresponde al actor y al demandado reconviniente la carga de probar la certeza de los hechos de los que ordinariamente se desprenda, según las normas jurídicas a ellos aplicables, el efecto jurídico correspondiente a las pretensiones de la demanda y de la reconvención.

3. Incumbe al demandado y al actor reconvenido la carga de probar los hechos que, conforme a las normas que les sean aplicables, impidan, extingan o enerven la eficacia jurídica de los hechos a que se refiere el apartado anterior.

4. En los procesos sobre competencia desleal y sobre publicidad ilícita corresponderá al demandado la carga de la prueba de la exactitud y veracidad de las indicaciones y manifestaciones realizadas y de los datos materiales que la publicidad exprese, respectivamente.

---

[355] Véanse los arts. 225 y ss., y el art. 267 de la LOPJ.
[356] Apartado 5 modificado por la Ley 4/2023, de 28 de febrero. Entrada en vigor desde 2 de marzo de 2023.

5. En aquellos procesos en los que las alegaciones de la parte actora se fundamenten en actuaciones discriminatorias por razón del sexo, la orientación e identidad sexual, expresión de género o las características sexuales, y aporte indicios fundados sobre su existencia, corresponderá a la parte demandada la aportación de una justificación objetiva y razonable, suficientemente probada, de las medidas adoptadas y de su proporcionalidad.

A los efectos de lo dispuesto en el párrafo anterior, el órgano judicial, de oficio o a instancia de parte, podrá recabar informe o dictamen de los organismos públicos competentes.

6. Las normas contenidas en los apartados precedentes se aplicarán siempre que una disposición legal expresa no distribuya con criterios especiales la carga de probar los hechos relevantes.

7. Para la aplicación de lo dispuesto en los apartados anteriores de este artículo el tribunal deberá tener presente la disponibilidad y facilidad probatoria que corresponde a cada una de las partes del litigio[357].

Artículo 218. *Exhaustividad y congruencia de las sentencias. Motivación*

1. Las sentencias deben ser claras, precisas y congruentes con las demandas y con las demás pretensiones de las partes, deducidas oportunamente en el pleito. Harán las declaraciones que aquéllas exijan, condenando o absolviendo al demandado y decidiendo todos los puntos litigiosos que hayan sido objeto del debate.

El tribunal, sin apartarse de la causa de pedir acudiendo a fundamentos de hecho o de Derecho distintos de los que las partes hayan querido hacer valer, resolverá conforme a las normas aplicables al caso, aunque no hayan sido acertadamente citadas o alegadas por los litigantes.

2. Las sentencias se motivarán expresando los razonamientos fácticos y jurídicos que conducen a la apreciación y valoración de las pruebas, así como a la aplicación e interpretación del derecho. La motivación deberá incidir en los distintos elementos fácticos y jurídicos del pleito, considerados individualmente y en conjunto, ajustándose siempre a las reglas de la lógica y de la razón.

3. Cuando los puntos objeto del litigio hayan sido varios, el tribunal hará con la debida separación el pronunciamiento correspondiente a cada uno de ellos[358].

---

[357] Véanse los arts. 281 y ss. de la presente norma.
[358] Véase el art. 120.3 de la CE.

Artículo 219. *Sentencias con reserva de liquidación*

1. Cuando se reclame en juicio el pago de una cantidad de dinero determinada o de frutos, rentas, utilidades o productos de cualquier clase, no podrá limitarse la demanda a pretender una sentencia meramente declarativa del derecho a percibirlos, sino que deberá solicitarse también la condena a su pago, cuantificando exactamente su importe, sin que pueda solicitarse su determinación en ejecución de sentencia, o fijando claramente las bases con arreglo a las cuales se deba efectuar la liquidación, de forma que ésta consista en una pura operación aritmética.

2. En los casos a que se refiere el apartado anterior, la sentencia de condena establecerá el importe exacto de las cantidades respectivas, o fijará con claridad y precisión las bases para su liquidación, que deberá consistir en una simple operación aritmética que se efectuará en la ejecución.

3. Fuera de los casos anteriores, no podrá el demandante pretender, ni se permitirá al tribunal en la sentencia, que la condena se efectúe con reserva de liquidación en la ejecución. No obstante lo anterior, se permitirá al demandante solicitar, y al tribunal sentenciar, la condena al pago de cantidad de dinero, frutos, rentas, utilidades o productos cuando ésa sea exclusivamente la pretensión planteada y se dejen para un pleito posterior los problemas de liquidación concreta de las cantidades[359].

Artículo 220. *Condenas a futuro*

1. Cuando se reclame el pago de intereses o de prestaciones periódicas, la sentencia podrá incluir la condena a satisfacer los intereses o prestaciones que se devenguen con posterioridad al momento en que se dicte.

2. En los casos de reclamaciones de rentas periódicas, cuando la acción de reclamación se acumule a la acción de desahucio por falta de pago o por expiración legal o contractual del plazo, y el demandante lo hubiere interesado expresamente en su escrito de demanda, la sentencia, el auto o el decreto incluirán la condena a satisfacer también las rentas debidas que se devenguen con posterioridad a la presentación de la demanda hasta la entrega de la posesión efectiva de la finca, tomándose como base de la liquidación de las rentas futuras, el importe de la última mensualidad reclamada al presentar la demanda.

Artículo 221. *Sentencias dictadas en procesos promovidos por asociaciones de consumidores o usuarios*

1. Sin perjuicio de lo dispuesto en los artículos anteriores, las sentencias dictadas a consecuencia de demandas interpuestas por asociaciones de consumidores o usua-

---

[359] Véanse el art. 209.4 de la presente norma y los arts. 1101, 1105, 1107 y 1153 del CC.

rios con la legitimación a que se refiere el artículo 11 de esta Ley estarán sujetas a las siguientes reglas:

1.ª Si se hubiere pretendido una condena dineraria, de hacer, no hacer o dar cosa específica o genérica, la sentencia estimatoria determinará individualmente los consumidores y usuarios que, conforme a las leyes sobre su protección, han de entenderse beneficiados por la condena.

Cuando la determinación individual no sea posible, la sentencia establecerá los datos, características y requisitos necesarios para poder exigir el pago y, en su caso, instar la ejecución o intervenir en ella, si la instara la asociación demandante.

2.ª Si, como presupuesto de la condena o como pronunciamiento principal o único, se declarara ilícita o no conforme a la ley una determinada actividad o conducta, la sentencia determinará si, conforme a la legislación de protección a los consumidores y usuarios, la declaración ha de surtir efectos procesales no limitados a quienes hayan sido partes en el proceso correspondiente.

3.ª Si se hubieren personado consumidores o usuarios determinados, la sentencia habrá de pronunciarse expresamente sobre sus pretensiones.

2. En las sentencias estimatorias de una acción de cesación en defensa de los intereses colectivos y de los intereses difusos de los consumidores y usuarios el Tribunal, si lo estima procedente, y con cargo al demandado, podrá acordar la publicación total o parcial de la sentencia o, cuando los efectos de la infracción puedan mantenerse a lo largo del tiempo, una declaración rectificadora[360].

Artículo 222. *Cosa juzgada material*[361]

1. La cosa juzgada de las sentencias firmes, sean estimatorias o desestimatorias, excluirá, conforme a la ley, un ulterior proceso cuyo objeto sea idéntico al del proceso en que aquélla se produjo.

2. La cosa juzgada alcanza a las pretensiones de la demanda y de la reconvención, así como a los puntos a que se refieren los apartados 1 y 2 del artículo 408 de esta Ley.

Se considerarán hechos nuevos y distintos, en relación con el fundamento de las referidas pretensiones, los posteriores a la completa preclusión de los actos de alegación en el proceso en que aquéllas se formularen.

---

[360] Véanse los arts. 6.1.7.º y 8.º, 13.1 y 15, 78.4 y 519 de la presente norma.
[361] Apartado 3 modificado por el RD-Ley 6/2023, de 19 de diciembre. Entrada en vigor desde 20 de marzo de 2024.

3. La cosa juzgada afectará a las partes del proceso en que se dicte y a sus herederos y causahabientes, así como a los sujetos, no litigantes, titulares de los derechos que fundamenten la legitimación de las partes conforme a lo previsto en los artículos 11 y 11 bis de esta ley.

En las sentencias sobre estado civil, matrimonio, filiación, paternidad, maternidad y de medidas de apoyo para el ejercicio de la capacidad jurídica, la cosa juzgada tendrá efectos frente a terceros a partir de su inscripción o anotación en el Registro Civil.

Las sentencias que se dicten sobre impugnación de acuerdos societarios afectarán a todos los socios, aunque no hubieren litigado.

4. Lo resuelto con fuerza de cosa juzgada en la sentencia firme que haya puesto fin a un proceso vinculará al tribunal de un proceso posterior cuando en éste aparezca como antecedente lógico de lo que sea su objeto, siempre que los litigantes de ambos procesos sean los mismos o la cosa juzgada se extienda a ellos por disposición legal[362].

Sección 3.ª De las diligencias de ordenación
(arts. 223 a 224)

Artículo 223. Diligencias de ordenación[363]

(Sin contenido)

Artículo 224. Revisión de las diligencias de ordenación[364]

(Sin contenido)

CAPÍTULO IX
De la nulidad de las actuaciones[365]
(arts. 225 a 231)

---

[362] Véanse los arts. 400.2 y 447 de la presente norma.

[363] Derogado por el artículo 15 apartado 125 de la Ley 13/2009, de 3 de noviembre. Entrada en vigor desde 4 de mayo de 2010.

[364] Derogado por el artículo 15 apartado 125 de la Ley 13/2009, de 3 de noviembre. Entrada en vigor desde 4 de mayo de 2010.

[365] Rúbrica modificada por la Ley 13/2009, de 3 de noviembre. Entrada en vigor desde 4 de mayo de 2010.

Artículo 225. *Nulidad de pleno derecho*[366]

Los actos procesales serán nulos de pleno derecho en los casos siguientes:

1.º Cuando se produzcan por o ante Tribunal con falta de jurisdicción o de competencia objetiva o funcional.

2.º Cuando se realicen bajo violencia o intimidación.

3.º Cuando se prescinda de normas esenciales del procedimiento, siempre que, por esa causa, haya podido producirse indefensión.

4.º Cuando se realicen sin intervención de abogado, en los casos en que la ley la establezca como obligatoria.

5.º Cuando se celebren vistas sin la preceptiva intervención del Letrado de la Administración de Justicia.

6.º Cuando se resolvieran mediante diligencias de ordenación o decreto cuestiones que, conforme a la ley, hayan de ser resueltas por medio de providencia, auto o sentencia.

7.º En los demás casos en que esta ley así lo establezca[367].

Artículo 226. *Modo de proceder en caso de intimidación o violencia*

1. Los tribunales cuya actuación se hubiere producido con intimidación o violencia, tan luego como se vean libres de ella, declararán nulo todo lo practicado y promoverán la formación de causa contra los culpables, poniendo los hechos en conocimiento del Ministerio Fiscal.

2. También se declararán nulos los actos de las partes o de personas que intervengan en el proceso si se acredita que se produjeron bajo intimidación o violencia. La nulidad de estos actos entrañará la de todos los demás relacionados con él o que pudieren haberse visto condicionados o influidos sustancialmente por el acto nulo[368].

Artículo 227. *Declaración de nulidad y pretensiones de anulación de actuaciones procesales*

1. La nulidad de pleno derecho, en todo caso, y los defectos de forma en los actos procesales que impliquen ausencia de los requisitos indispensables para alcanzar su

---

[366] Modificado por el artículo 15 apartado 127 de la Ley 13/2009, de 3 de noviembre. Entrada en vigor desde 4 de mayo de 2010

[367] Véase el art. 238 de la LOPJ.

[368] Véase el art. 239 de la LOPJ.

fin o determinen efectiva indefensión, se harán valer por medio de los recursos establecidos en la ley contra la resolución de que se trate.

2. Sin perjuicio de ello, el tribunal podrá, de oficio o a instancia de parte, antes de que hubiere recaído resolución que ponga fin al proceso, y siempre que no proceda la subsanación, declarar, previa audiencia de las partes, la nulidad de todas las actuaciones o de alguna en particular.

En ningún caso podrá el tribunal, con ocasión de un recurso, decretar de oficio una nulidad de las actuaciones que no haya sido solicitada en dicho recurso, salvo que apreciare falta de jurisdicción o de competencia objetiva o funcional o se hubiese producido violencia o intimidación que afectare a ese tribunal[369].

Artículo 228. *Incidente excepcional de nulidad de actuaciones*[370]

1. No se admitirán con carácter general incidentes de nulidad de actuaciones. Sin embargo, excepcionalmente, quienes sean parte legítima o hubieran debido serlo podrán pedir por escrito que se declare la nulidad de actuaciones fundada en cualquier vulneración de un derecho fundamental de los referidos en el artículo 53.2 de la Constitución, siempre que no haya podido denunciarse antes de recaer resolución que ponga fin al proceso y siempre que dicha resolución no sea susceptible de recurso ordinario ni extraordinario.

Será competente para conocer de este incidente el mismo Tribunal que dictó la resolución que hubiere adquirido firmeza. El plazo para pedir la nulidad será de veinte días, desde la notificación de la resolución o, en todo caso, desde que se tuvo conocimiento del defecto causante de indefensión, sin que, en este último caso, pueda solicitarse la nulidad de actuaciones después de transcurridos 5 años desde la notificación de la resolución.

El Tribunal inadmitirá a trámite, mediante providencia sucintamente motivada, cualquier incidente en el que se pretenda suscitar otras cuestiones. Contra la resolución por la que se inadmita a trámite el incidente no cabrá recurso alguno.

2. Admitido a trámite el escrito en que se pida la nulidad fundada en los vicios a que se refiere el apartado anterior de este artículo, no quedará en suspenso la ejecución y eficacia de la sentencia o resolución irrecurribles, salvo que se acuerde de forma expresa la suspensión para evitar que el incidente pudiera perder su finalidad, por el Letrado de la Administración de Justicia se dará traslado de dicho escrito, junto

---

[369] Véase el art. 240 de la LOPJ.
[370] Modificado por el artículo 15 apartado 128 de la Ley 13/2009, de 3 de noviembre. Entrada en vigor desde 4 de mayo de 2010.

con copia de los documentos que se acompañasen, en su caso, para acreditar el vicio o defecto en que la petición se funde, a las demás partes, que en el plazo común de 5 días podrán formular por escrito sus alegaciones, a las que acompañarán los documentos que se estimen pertinentes.

Si se estimara la nulidad, se repondrán las actuaciones al estado inmediatamente anterior al defecto que la haya originado y se seguirá el procedimiento legalmente establecido. Si se desestimara la solicitud de nulidad, se condenará, por medio de auto, al solicitante en todas las costas del incidente y, en caso de que el Tribunal entienda que se promovió con temeridad, le impondrá, además, una multa de noventa a seiscientos euros.

Contra la resolución que resuelva el incidente no cabrá recurso alguno[371].

Artículo 229. *Actuaciones judiciales realizadas fuera del tiempo establecido*

Las actuaciones judiciales realizadas fuera del tiempo establecido sólo podrán anularse si lo impusiere la naturaleza del término o plazo[372].

Artículo 230. *Conservación de los actos*[373]

La nulidad de un acto no implicará la de los sucesivos que fueren independientes de aquél ni la de aquéllos cuyo contenido hubiese permanecido invariado aún sin haberse cometido la infracción que dio lugar a la nulidad[374].

Artículo 231. *Subsanación*[375]

El Tribunal y el Letrado de la Administración de Justicia cuidarán de que puedan ser subsanados los defectos en que incurran los actos procesales de las partes[376].

CAPÍTULO X
De la reconstrucción de los autos[377]
(arts. 232 a 235)

---

[371] Véase el art. 241 de la LOPJ.

[372] Véase el art. 242 de la LOPJ.

[373] Modificado por el artículo 15 apartado 129 de la Ley 13/2009, de 3 de noviembre. Entrada en vigor desde 4 de mayo de 2010.

[374] Véase el art. 243 de la LOPJ.

[375] Modificado por el artículo 15 apartado 130 de la Ley 13/2009, de 3 de noviembre. Entrada en vigor desde 4 de mayo de 2010

[376] Véase el art. 243. 3 y 4 de la LOPJ.

[377] Rúbrica modificada por la Ley 13/2009, de 3 de noviembre. Entrada en vigor desde 4 de mayo de 2010.

Artículo 232. *Competencia e intervención del Ministerio Fiscal*[378]

1. Será competente para tramitar la reconstitución total o parcial de todo tipo de actuaciones judiciales el Secretario de la Oficina judicial en que la desaparición o mutilación hubiere acontecido.

2. En los procedimientos de reconstrucción de actuaciones será siempre parte el Ministerio Fiscal.

Artículo 233. *Inicio del expediente de reconstrucción de actuaciones*[379]

El Tribunal, o el Letrado de la Administración de Justicia en actuaciones de su exclusiva competencia, de oficio, o las partes o sus herederos, en su caso, podrán instar la reconstrucción de los autos. Si el procedimiento se iniciara a instancia de parte, deberá comenzar mediante escrito que contendrá los siguientes extremos:

1.º Cuándo ocurrió la desaparición o mutilación, con la precisión que sea posible.

2.º Situación procesal del asunto.

3.º Los datos que conozca y medios de investigación que puedan conducir a la reconstitución.

A este escrito se acompañarán, en cuanto fuese posible, las copias auténticas y privadas que se conservasen de los documentos, y en otro caso se señalarán los protocolos o registros en que obrasen sus matrices o se hubiere efectuado algún asiento o inscripción. También se adjuntarán las copias de los escritos presentados y las resoluciones de toda clase recaídas en el juicio, así como cuantos otros documentos pudieran ser útiles para la reconstrucción.

Artículo 234. *Citación a comparecencia de las partes. Efectos de su inasistencia*[380]

1. Acordado por el Tribunal mediante providencia o, en su caso, por el Letrado de la Administración de Justicia mediante diligencia, el inicio del procedimiento de reconstrucción de las actuaciones, el Letrado de la Administración de Justicia mandará citar a las partes, a una comparecencia ante sí mismo, que habrá de celebrarse den-

---

[378] Apartado 1 modificado por el artículo 15 apartado 132 de la Ley 13/2009, de 3 de noviembre. Entrada en vigor desde 4 de mayo de 2010.

[379] Modificado el párrafo 1 por el artículo 15 apartado 133 de la Ley 13/2009, de 3 de noviembre. Entrada en vigor desde 4 de mayo de 2010.

[380] Modificado por el artículo 15 apartado 134 de la Ley 13/2009, de 3 de noviembre. Entrada en vigor desde 4 de mayo de 2010.

tro del plazo máximo de 10 días. A este acto deberán asistir las partes y sus abogados, siempre que la intervención de éstos fuere preceptiva en el proceso cuyas actuaciones se pretenden reconstruir.

2. La inasistencia de alguna de las partes no impedirá la prosecución de la comparecencia con las que estén presentes. Cuando no compareciera ninguna se sustanciará el trámite con el Ministerio Fiscal.

Artículo 235. *Inicio de la comparecencia. Inexistencia de controversia. Prueba y decisión*[381]

1. La comparecencia se iniciará requiriendo a las partes para que manifiesten su conformidad o disconformidad con la exactitud de los escritos y documentos presentados por la parte instante del procedimiento, así como con aquellos que hubieren podido aportar las demás partes en el mismo acto.

2. El Letrado de la Administración de Justicia, oídas las partes y examinados los escritos y documentos presentados, previo informe del Fiscal, determinará los extremos en que haya habido acuerdo entre los litigantes y aquellos otros en que, prescindiendo de diferencias accidentales, haya mediado disconformidad.

3. Cuando no existiere ninguna controversia sobre los extremos a que afecte la reconstrucción, el Letrado de la Administración de Justicia dictará decreto declarando reconstituidas las actuaciones y fijando la situación procesal de la que deba partirse para el ulterior curso del juicio de que se trate.

4. Cuando entre las partes existiere desacuerdo total o parcial, el Letrado de la Administración de Justicia convocará a las partes y al Ministerio Fiscal a vista ante el Tribunal, que habrá de celebrarse en los 10 días siguientes y en la que se propondrá la prueba que sea precisa, que se practicará en el mismo acto, o si ello no fuera posible, en el plazo de quince días. El Tribunal resolverá mediante auto la forma en que deben quedar reconstituidas las actuaciones, o la imposibilidad de su reconstitución. Contra dicho auto podrá interponerse recurso de apelación.

TÍTULO VI
De la cesación de las actuaciones judiciales y de la caducidad de la instancia
(arts. 236-240)

---

[381] Modificado por el artículo 15 apartado 135 de la Ley 13/2009, de 3 de noviembre. Entrada en vigor desde 4 de mayo de 2010.

Artículo 236. *Impulso del procedimiento por las partes y caducidad*

La falta de impulso del procedimiento por las partes o interesados no originará la caducidad de la instancia o del recurso.

Artículo 237[382]. *Caducidad de la instancia*

1. Se tendrán por abandonadas las instancias y recursos en toda clase de pleitos si, pese al impulso de oficio de las actuaciones, no se produce actividad procesal alguna en el plazo de 2 años, cuando el pleito se hallare en primera instancia; y de 1, si estuviere en segunda instancia o pendiente de recurso de casación.

Estos plazos se contarán desde la última notificación a las partes.

2. Contra el decreto que declare la caducidad sólo cabrá recurso de revisión.

Artículo 238. *Exclusión de la caducidad por fuerza mayor o contra la voluntad de las partes*

No se producirá caducidad de la instancia o del recurso si el procedimiento hubiere quedado paralizado por fuerza mayor o por cualquiera otra causa contraria o no imputable a la voluntad de las partes o interesados.

Artículo 239. *Exclusión de la caducidad de la instancia en la ejecución*

Las disposiciones de los artículos que preceden no serán aplicables en las actuaciones para la ejecución forzosa.

Estas actuaciones se podrán proseguir hasta obtener el cumplimiento de lo juzgado, aunque hayan quedado sin curso durante los plazos señalados en este Título.

Artículo 240[383]. *Efectos de la caducidad de la instancia*

1. Si la caducidad se produjere en la segunda instancia o en el recurso de casación, se tendrá por desistida la apelación o el recurso de casación y por firme la resolución recurrida y se devolverán las actuaciones al Tribunal del que procedieren.

2. Si la caducidad se produjere en la primera instancia, se entenderá producido el desistimiento en dicha instancia, por lo que podrá interponerse nueva demanda, sin perjuicio de la caducidad de la acción.

---

[382] Modificado por el RD-Ley 6/2023, de 19 de diciembre. Entrada en vigor desde 20 de marzo de 2024.
[383] Modificado por el RD-Ley 6/2023, de 19 de diciembre. Entrada en vigor desde 20 de marzo de 2024.

3. La declaración de caducidad no contendrá imposición de costas, debiendo pagar cada parte las causadas a su instancia y las comunes por mitad.

TÍTULO VII
De la tasación de costas
(arts. 241 a 246)

Artículo 241[384]. *Pago de las costas y gastos del proceso*

1. Salvo lo dispuesto en la Ley de Asistencia Jurídica Gratuita, cada parte pagará los gastos y costas del proceso causados a su instancia a medida que se vayan produciendo.

Se considerarán gastos del proceso aquellos desembolsos que tengan su origen directo e inmediato en la existencia de dicho proceso, y costas la parte de aquéllos que se refieran al pago de los siguientes conceptos:

1.° Honorarios de la defensa y de la representación técnica cuando sean preceptivas.

2.° Inserción de anuncios o edictos que de forma obligada deban publicarse en el curso del proceso.

3.° Depósitos necesarios para la presentación de recursos.

4.° Derechos de peritos y demás abonos que tengan que realizarse a personas que hayan intervenido en el proceso.

5.° Copias, certificaciones, notas, testimonios y documentos análogos que hayan de solicitarse conforme a la Ley, salvo los que se reclamen por el Tribunal a registros y protocolos públicos, que serán gratuitos.

6.° Derechos arancelarios que deban abonarse como consecuencia de actuaciones necesarias para el desarrollo del proceso.

7.° La tasa por el ejercicio de la potestad jurisdiccional, cuando sea preceptiva. No se incluirá en las costas del proceso el importe de la tasa abonada en los procesos de ejecución de las hipotecas constituidas para la adquisición de vivienda habitual. Tampoco se incluirá en los demás procesos de ejecución derivados de dichos préstamos o créditos hipotecarios cuando se dirijan contra el propio ejecutado o contra los avalistas.

---

[384] Modificado por el RD-Ley 3/2013, de 22 de febrero, por el que se modifica el régimen de las tasas en el ámbito de la Administración de Justicia y el sistema de asistencia jurídica gratuita.

2. Los titulares de créditos derivados de actuaciones procesales podrán reclamarlos de la parte o partes que deban satisfacerlos sin esperar a que el proceso finalice y con independencia del eventual pronunciamiento sobre costas que en éste recaiga.

Artículo 242[385]. *Solicitud de tasación de costas*

1. Cuando hubiere condena en costas, luego que sea firme, se procederá a la exacción de las mismas por el procedimiento de apremio, previa su tasación, si la parte condenada no las hubiere satisfecho antes de que la contraria solicite dicha tasación.

2. La parte que pida la tasación de costas presentará con la solicitud los justificantes de haber satisfecho las cantidades cuyo reembolso reclame.

3. Una vez firme la resolución en que se hubiese impuesto la condena, los procuradores, abogados, peritos y demás personas que hayan intervenido en el juicio y que tengan algún crédito contra las partes que deba ser incluido en la tasación de costas podrán presentar ante la Oficina Judicial minuta detallada de sus derechos u honorarios y cuenta detallada y justificada de los gastos que hubieren suplido.

4. Se regularán con sujeción a los aranceles los derechos que correspondan a los funcionarios, procuradores y profesionales que a ellos estén sujetos.

5. Los abogados, peritos y demás profesionales y funcionarios que no estén sujetos a arancel fijarán sus honorarios con sujeción, en su caso, a las normas reguladoras de su estatuto profesional.

Artículo 243[386]. *Práctica de la tasación de costas*

1. En todo tipo de procesos e instancias, la tasación de costas se practicará por el Letrado de la Administración de Justicia del Tribunal que hubiera conocido del proceso o recurso, respectivamente, o, en su caso, por el Letrado de la Administración de Justicia encargado de la ejecución.

2. No se incluirán en la tasación los derechos correspondientes a escritos y actuaciones que sean inútiles, superfluas o no autorizadas por la ley, ni las partidas de las minutas que no se expresen detalladamente o que se refieran a honorarios que no se hayan devengado en el pleito.

---

[385] Modificado por la Ley 13/2009, de 3 de noviembre, de reforma de la legislación procesal para la implantación de la nueva Oficina judicial. Entrada en vigor desde 4 de mayo de 2010.
[386] Modificado por la Ley 42/2015, de 5 de octubre, de reforma de la Ley 1/2000, de 7 de enero, de Enjuiciamiento Civil. Entrada en vigor desde 7 de octubre de 2015.

Tampoco serán incluidos en la tasación de costas los derechos de los procuradores devengados por la realización de los actos procesales de comunicación, cooperación y auxilio a la Administración de Justicia, así como de las demás actuaciones meramente facultativas que hubieran podido ser practicadas, en otro caso, por las Oficinas Judiciales.

El Letrado de la Administración de Justicia reducirá el importe de los honorarios de los abogados y demás profesionales que no estén sujetos a tarifa o arancel, cuando los reclamados excedan del límite a que se refiere el apartado 3 del artículo 394 y no se hubiese declarado la temeridad del litigante condenado en costas.

En las tasaciones de costas, los honorarios de abogado y derechos de procurador incluirán el Impuesto sobre el Valor Añadido de conformidad con lo dispuesto en la ley que lo regula. No se computará el importe de dicho impuesto a los efectos del apartado 3 del artículo 394.

3. Tampoco se incluirán las costas de actuaciones o incidentes en que hubiese sido condenada expresamente la parte favorecida por el pronunciamiento sobre costas en el asunto principal.

Artículo 244. *Traslado a las partes. Aprobación*

1. Practicada por el Letrado de la Administración de Justicia la tasación de costas se dará traslado de ella a las partes por plazo común de 10 días.

2. Una vez acordado el traslado a que se refiere el apartado anterior no se admitirá la inclusión o adición de partida alguna, reservando al interesado su derecho para reclamarla de quien y como corresponda.

3. Transcurrido el plazo establecido en el apartado 1 sin haber sido impugnada la tasación de costas practicada o sin haberse solicitado la exoneración o reducción de acuerdo con lo previsto en el artículo siguiente, el letrado o la letrada de la Administración de Justicia la aprobará mediante decreto. Contra esta resolución cabe recurso directo de revisión, y contra el auto resolviendo el recurso de revisión no cabe recurso alguno[387].

Artículo 245. *Impugnación de la tasación de costas y solicitud de exoneración o moderación de las mismas*[388]

1. La tasación de costas podrá ser impugnada dentro del plazo a que se refiere el apartado 1 del artículo anterior.

---

[387] Apartado 3 modificado por la LO 1/2025, de 2 de enero. Entrada en vigor el 3 de abril de 2025.
[388] Artículo modificado por la LO 1/2025, de 2 de enero. Entrada en vigor el 3 de abril de 2025.

2. La impugnación podrá basarse en que se han incluido en la tasación, partidas, derechos o gastos indebidos. Pero, en cuanto a los honorarios de los abogados, las abogadas, peritos o profesionales no sujetos a arancel, también podrá impugnarse la tasación alegando que el importe de dichos honorarios es excesivo.

3. La parte favorecida por la condena en costas podrá impugnar la tasación por no haberse incluido en aquélla gastos debidamente justificados y reclamados.

También podrá fundar su reclamación en no haberse incluido la totalidad de la minuta de honorarios de su abogado, abogada, o de perito, profesional o personal funcionario no sujeto a arancel que hubiese actuado en el proceso a su instancia, o en no haber sido incluidos correctamente los derechos de su procurador.

4. En el escrito de impugnación habrán de mencionarse las cuentas o minutas y las partidas concretas a que se refiera la discrepancia y las razones de ésta. De no efectuarse dicha mención, el letrado o la letrada de la Administración de Justicia, mediante decreto, inadmitirá la impugnación a trámite. Frente a dicho decreto cabrá interponer recurso de revisión.

5. Sin perjuicio de lo dispuesto en los apartados anteriores y en el mismo plazo, la parte condenada al pago de las costas podrá solicitar la exoneración de su pago o la moderación de su cuantía cuando hubiera formulado una propuesta a la parte contraria en cualquiera de los medios adecuados de solución de controversias al que hubieran acudido, la misma no hubiera sido aceptada por la parte requerida y la resolución judicial que ponga término al procedimiento sea sustancialmente coincidente con el contenido de dicha propuesta.

Las mismas consecuencias tendrá el rechazo injustificado de la propuesta que hubiese formulado el tercero neutral, cuando la sentencia recaída en el proceso sea sustancialmente coincidente con la citada propuesta.

A la solicitud de exoneración o modificación deberá acompañar la documentación íntegra referida a la propuesta formulada, que en este momento procesal y a estos efectos, estará dispensada de confidencialidad. De no acompañarse dicha documentación, el Letrado de la Administración de Justicia, mediante decreto, inadmitirá a trámite la solicitud. Frente a este decreto cabrá interponer recurso de revisión.

Artículo 245 bis. *Tramitación y decisión de la solicitud de exoneración o reducción*[389]

1. Si tras la tasación la parte condenada al pago de las costas hubiera solicitado su exoneración o la moderación de su cuantía de acuerdo con lo dispuesto en el ar-

---

[389] Artículo añadido por la LO 1/2025, de 2 de enero. Entrada en vigor el 3 de abril de 2025.

tículo 245.5, el letrado o la letrada de la Administración de Justicia dará traslado a la otra parte por tres días para que se pronuncie sobre dicha solicitud.

2. En el caso de que la parte favorecida por la condena en costas aceptase la exoneración o la reducción solicitada de contrario, se procederá por el letrado o la letrada de la Administración de Justicia a dictar decreto fijando, en su caso, la cantidad debida en los términos de la solicitud. Se entenderá que presta su conformidad a la solicitud si deja pasar el plazo sin evacuar el traslado.

Contra este decreto cabrá interponer recurso de revisión.

3. En el caso de que la parte favorecida por la condena en costas no aceptase la exoneración o la reducción solicitada de contrario, se resolverá por el tribunal si son o no procedentes en la cuantía tasada, mediante auto sin condena en costas. Si se considerara procedente una reducción, el auto deberá indicar el porcentaje concreto y las partidas objeto de la misma.

Contra este auto cabrá interponer recurso de reposición.

4. Una vez firme la resolución que hubiera denegado la exoneración o la reducción, así como la que hubiera reducido la cuantía de las costas, se procederá, en su caso, a tramitar la impugnación de la tasación de costas por excesivas o indebidas de acuerdo con lo previsto en el artículo siguiente.

Artículo 246. *Tramitación y decisión de la impugnación*

1. Si la tasación se impugnara por considerar excesivos los honorarios de los abogados o las abogadas, se oirá en el plazo de 5 días al abogado o abogada de que se trate y, si no aceptara la reducción de honorarios que se le reclame, se pasará testimonio de los autos, o de la parte de ellos que resulte necesaria, al Colegio de Abogados para que emita informe. No será necesario en el ámbito del artículo 438 bis cuando ya se haya emitido informe previamente, salvo que resulte justificado por la concurrencia de circunstancias diversas de las tenidas en cuenta por el Colegio de abogados para la elaboración del informe previo[390].

2. Lo establecido en el apartado anterior se aplicará igualmente respecto de la impugnación de honorarios de peritos, pidiéndose en este caso el dictamen del Colegio, Asociación o Corporación profesional a que pertenezcan.

3. El Letrado o Letrada de la Administración de Justicia, a la vista de lo actuado y de los dictámenes emitidos, dictará Decreto manteniendo la tasación realizada o, en su caso, introducirá las modificaciones que estime oportunas[391].

---

[390] Apartado 1 modificado por la LO 1/2025, de 2 de enero. Entrada en vigor el 3 de abril de 2025.
[391] Apartado 3 modificado por la LO 1/2025, de 2 de enero. Entrada en vigor el 3 de abril de 2025.

4. Cuando sea impugnada la tasación por haberse incluido en ella partidas de derechos u honorarios indebidas, o por no haberse incluido en aquélla gastos debidamente justificados y reclamados, el Letrado o Letrada de la Administración de Justicia dará traslado a la otra parte por 3 días para que se pronuncie sobre la inclusión o exclusión de las partidas reclamadas.

El Letrado o Letrada de la Administración de Justicia resolverá en los 3 días siguientes mediante Decreto. Frente a esta resolución podrá ser interpuesto recurso directo de revisión y contra el Auto resolviendo el recurso de revisión no cabe recurso alguno.

Si la impugnación referida en el apartado 1 o en este apartado fuere totalmente desestimada, se impondrán las costas del incidente a la parte impugnante si hubiera obrado con abuso del servicio público de Justicia, o al profesional que impugnó la tasación para que se incluyeran gastos que consideraba debidamente justificados o reclamados. Si fuere total o parcialmente estimada, se impondrán, también en el caso de que hubiera obrado con abuso del servicio público de Justicia, al perito o la parte a la que defienda el abogado o abogada cuyos honorarios se hubieran considerado excesivos o indebidos.

Contra dichos Decretos cabe recurso de revisión.

Contra el Auto resolviendo el recurso de revisión no cabe recurso alguno[392].

5. Cuando se alegue que alguna partida de honorarios de abogados o peritos incluida en la tasación de costas es indebida y que, en caso de no serlo, sería excesiva, se tramitarán ambas impugnaciones simultáneamente, con arreglo a lo prevenido para cada una de ellas en los apartados anteriores, pero la resolución sobre si los honorarios son excesivos quedará en suspenso hasta que se decida sobre si la partida impugnada es o no debida.

6. Cuando una de las partes sea titular del derecho a la asistencia jurídica gratuita, no se discutirá ni se resolverá en el incidente de tasación de costas cuestión alguna relativa a la obligación de la Administración de asumir el pago de las cantidades que se le reclaman por aplicación de la Ley de Asistencia Jurídica Gratuita.

TÍTULO VIII
De la buena fe procesal
(art. 247)

Artículo 247. *Respeto a las reglas de la buena fe procesal. Multas por su incumplimiento*

1. Los intervinientes en todo tipo de procesos deberán ajustarse en sus actuaciones a las reglas de la buena fe.

---

[392] Apartado 4 modificado por la LO 1/2025, de 2 de enero. Entrada en vigor el 3 de abril de 2025.

2. Los Tribunales rechazarán fundadamente las peticiones e incidentes que se formulen con manifiesto abuso de derecho o entrañen fraude de ley o procesal.

3. Si los Tribunales estimaren que alguna de las partes ha actuado conculcando las reglas de la buena fe procesal o con abuso del servicio público de Justicia, podrán imponerle, en pieza separada, mediante acuerdo motivado y respetando el principio de proporcionalidad, una multa que podrá oscilar de 180 a 6.000 euros, sin que en ningún caso pueda superar la tercera parte de la cuantía del litigio.

Para determinar la cuantía de la multa el Tribunal deberá tener en cuenta las circunstancias del hecho de que se trate, los perjuicios que, al procedimiento, a la otra parte o a la Administración de Justicia se hubieren podido causar, la capacidad económica del infractor, así como la reiteración en la conducta.

En todo caso, por el Letrado o Letrada de la Administración de Justicia se hará constar el hecho que motive la actuación correctora, las alegaciones del implicado y el acuerdo que se adopte por el Tribunal[393].

4. Si los Tribunales entendieren que la actuación contraria a las reglas de la buena fe o con abuso del servicio público de Justicia podría ser imputable a alguno de los profesionales intervinientes en el proceso, sin perjuicio de lo dispuesto en el apartado anterior, darán traslado de tal circunstancia a los Colegios Profesionales respectivos por si pudiera proceder la imposición de algún tipo de sanción disciplinaria. En los casos en los que tal actuación se produzca en el ámbito de un proceso en el que la parte litigase con el beneficio de justicia gratuita, tal comunicación se remitirá también a la Comisión de Asistencia Jurídica Gratuita correspondiente[394].

5. Las sanciones impuestas al amparo de este artículo se someten al régimen de recursos previstos en el Título V del Libro VII de la Ley Orgánica del Poder Judicial.

LIBRO II
De los procesos declarativos
(arts. 248 a 516)

TÍTULO I
De las disposiciones comunes a los procesos declarativos
(arts. 248 a 398)

---

[393] Apartado 3 modificado por la LO 1/2025, de 2 de enero. Entrada en vigor el 3 de abril de 2025.
[394] Apartado 4 modificado por la LO 1/2025, de 2 de enero. Entrada en vigor el 3 de abril de 2025.

CAPÍTULO I
De las reglas para determinar el proceso correspondiente
(arts. 248 a 255)

Artículo 248. *Clases de procesos declarativos*

1. Toda contienda Judicial entre partes que no tenga señalada por la Ley otra tramitación, será ventilada y decidida en el proceso declarativo que corresponda.

2. Pertenecen a la clase de los procesos declarativos:

   1.º El juicio ordinario.

   2.º El juicio verbal.

3. Las normas de determinación de la clase de juicio por razón de la cuantía sólo se aplicarán en defecto de norma por razón de la materia.

Artículo 249[395]. *Ámbito del juicio ordinario*

1. Se decidirán en el juicio ordinario, cualquiera que sea su cuantía:

   1.º Las demandas relativas a derechos honoríficos de la persona.

   2.º Las que pretendan la tutela del derecho al honor, a la intimidad y a la propia imagen, y las que pidan la tutela Judicial civil de cualquier otro derecho fundamental, salvo las que se refieran al derecho de rectificación. En estos procesos, será siempre parte el Ministerio Fiscal y su tramitación tendrá carácter preferente.

   3.º Las demandas sobre impugnación de acuerdos sociales adoptados por Juntas o Asambleas Generales o especiales de socios o de obligacionistas o por órganos colegiados de administración en entidades mercantiles.

   4.º Las demandas en materia de competencia desleal, defensa de la competencia, en aplicación de los artículos 101 y 102 del Tratado de Funcionamiento de la Unión Europea o de los artículos 1 y 2 de la Ley 15/2007, de 3 de julio, de Defensa de la Competencia, propiedad industrial, propiedad intelectual y publicidad, siempre que no versen exclusivamente sobre reclamaciones de cantidad, en cuyo caso se tramitarán por el procedimiento que les corresponda en función de la cuantía que se reclame y los recursos contra las resoluciones de la Oficina Española de patentes y marcas en materia de pro-

---

[395] Modificado por el RD-Ley 6/2023, de 19 de diciembre. Entrada en vigor desde 20 de marzo de 2024. Entrada en vigor desde 24 de diciembre de 2009.

piedad industrial que pongan fin a la vía administrativa que se tramitarán por los trámites del juicio verbal conforme a lo dispuesto en el artículo 250.3 de esta ley.

No obstante, se estará a lo dispuesto en el numeral 12.º del apartado 1 del artículo 250 de esta ley cuando se trate del ejercicio de la acción de cesación en defensa de los intereses colectivos y de los intereses difusos de los consumidores y usuarios en materia de publicidad.

5.º Las demandas en que se ejerciten acciones colectivas relativas a condiciones generales de contratación en los casos previstos en la legislación sobre esta materia.

6.º Las que versen sobre cualesquiera asuntos relativos a arrendamientos urbanos o rústicos de bienes inmuebles, salvo que se trate de reclamaciones de rentas o cantidades debidas por el arrendatario o del desahucio por falta de pago o por extinción del plazo de la relación arrendaticia, o salvo que sea posible hacer una valoración de la cuantía del objeto del procedimiento, en cuyo caso el proceso será el que corresponda a tenor de las reglas generales de esta ley.

7.º Las que ejerciten una acción de retracto de cualquier tipo.

8.º Cuando se ejerciten las acciones que otorga a las Juntas de Propietarios y a éstos la Ley 49/1960, de 21 de julio, sobre propiedad horizontal, siempre que no versen exclusivamente sobre reclamaciones de cantidad, en cuyo caso se tramitarán por las reglas del juicio verbal o por el procedimiento especial que corresponda.

2. Se decidirán también en el juicio ordinario las demandas cuya cuantía exceda de 15.000 euros y aquéllas cuyo interés económico resulte imposible de calcular, ni siquiera de modo relativo.

Artículo 250[396]. *Ámbito del juicio verbal*

1. Se decidirán en juicio verbal, cualquiera que sea su cuantía, las demandas siguientes:

1.º Las que versen sobre reclamación de cantidades por impago de rentas y cantidades debidas y las que, igualmente, con fundamento en el impago de

---

[396] Modificado por el RD-Ley 6/2023, de 19 de diciembre. Entrada en vigor desde 20 de marzo de 2024.

la renta o cantidades debidas por el arrendatario, o en la expiración del plazo fijado contractual o legalmente, pretendan que el dueño, usufructuario o cualquier otra persona con derecho a poseer una finca rústica o urbana dada en arrendamiento, ordinario o financiero o en aparcería, recuperen la posesión de dicha finca.

2.º Las que pretendan la recuperación de la plena posesión de una finca rústica o urbana, cedida en precario, por el dueño, usufructuario o cualquier otra persona con derecho a poseer dicha finca.

3.º Las que pretendan que el Tribunal ponga en posesión de bienes a quien los hubiere adquirido por herencia si no estuvieren siendo poseídos por nadie a título de dueño o usufructuario.

4.º Las que pretendan la tutela sumaria de la tenencia o de la posesión de una cosa o derecho por quien haya sido despojado de ellas o perturbado en su disfrute.

Podrán pedir la inmediata recuperación de la plena posesión de una vivienda o parte de ella, siempre que se hayan visto privados de ella sin su consentimiento, la persona física que sea propietaria o poseedora legítima por otro título, las entidades sin ánimo de lucro con derecho a poseerla y las entidades públicas propietarias o poseedoras legítimas de vivienda social.

5.º Las que pretendan que el Tribunal resuelva, con carácter sumario, la suspensión de una obra nueva.

6.º Las que pretendan que el Tribunal resuelva, con carácter sumario, la demolición o derribo de obra, edificio, árbol, columna o cualquier otro objeto análogo en estado de ruina y que amenace causar daños a quien demande.

7.º Las que, instadas por los titulares de derechos reales inscritos en el Registro de la Propiedad, demanden la efectividad de esos derechos frente a quienes se opongan a ellos o perturben su ejercicio, sin disponer de título inscrito que legitime la oposición o la perturbación.

8.º Las que soliciten alimentos debidos por disposición legal o por otro título.

9.º Las que supongan el ejercicio de la acción de rectificación de hechos inexactos y perjudiciales.

10.º Las que pretendan que el Tribunal resuelva, con carácter sumario, sobre el incumplimiento por el comprador de las obligaciones derivadas de los contratos inscritos en el Registro de Venta a Plazos de Bienes Muebles y formalizados en el modelo oficial establecido al efecto, al objeto de obtener una sentencia condenatoria que permita dirigir la ejecución exclusivamente sobre el bien o bienes adquiridos o financiados a plazos.

11.º Las que pretendan que el Tribunal resuelva, con carácter sumario, sobre el incumplimiento de un contrato de arrendamiento financiero, de arrendamiento de bienes muebles, o de un contrato de venta a plazos con reserva de dominio, siempre que estén inscritos en el Registro de Venta a Plazos de Bienes Muebles y formalizados en el modelo oficial establecido al efecto, mediante el ejercicio de una acción exclusivamente encaminada a obtener la inmediata entrega del bien al arrendador financiero, al arrendador o al vendedor o financiador en el lugar indicado en el contrato, previa declaración de resolución de éste, en su caso.

12.º Las que supongan el ejercicio de la acción de cesación en defensa de los intereses colectivos y difusos de los consumidores y usuarios.

13.º Las que pretendan la efectividad de los derechos reconocidos en el artículo 160 del Código Civil. En estos casos, el juicio verbal se sustanciará con las peculiaridades dispuestas en el Capítulo I del Título I del Libro IV de esta Ley[397].

14.º Las demandas en que se ejerciten acciones individuales relativas a condiciones generales de contratación en los casos previstos en la legislación sobre esta materia.

15.º Aquéllas en las que se ejerciten las acciones que otorga a las Juntas de Propietarios y a éstos la Ley 49/1960, de 21 de julio, sobre Propiedad Horizontal, siempre que versen exclusivamente sobre reclamaciones de cantidad, sea cual fuere dicha cantidad.

16.º Aquéllas en las que se ejercite la acción de división de cosa común.

2. Se decidirán también en el juicio verbal las demandas cuya cuantía no exceda de 15.000 euros y no se refieran a ninguna de las materias previstas en el apartado 1 del artículo anterior.

3. Se decidirán en juicio verbal, con las especialidades establecidas en el artículo 447 bis de esta ley, los recursos contra las resoluciones que agoten la vía administrativa dictadas en materia de propiedad industrial por la Oficina Española de Patentes y Marcas.

---

[397] Se refiere a las normas sobre los procesos sobre provisión de medidas judiciales de apoyo a las personas con discapacidad, filiación, matrimonio y menores (arts. 748 y ss. de la LEC).

Artículo 251[398]. *Reglas de determinación de la cuantía*

La cuantía se fijará según el interés económico de la demanda, que se calculará de acuerdo con las reglas siguientes:

1.ª Si se reclama una cantidad de dinero determinada, la cuantía de la demanda estará representada por dicha cantidad, y si falta la determinación, aun en forma relativa, la demanda se considerará de cuantía indeterminada.

2.ª Cuando el objeto del proceso sea la condena de dar bienes muebles o inmuebles, con independencia de que la reclamación se base en derechos reales o personales, se estará al valor de los mismos al tiempo de interponerse la demanda, conforme a los precios corrientes en el mercado o en la contratación de bienes de la misma clase.

Para este cálculo podrá servirse el actor de cualesquiera valoraciones oficiales de los bienes litigiosos, si no es posible determinar el valor por otros medios, sin que se pueda atribuir a los inmuebles un valor inferior al que conste en el catastro.

3.ª La anterior regla de cálculo se aplicará también:

1.º A las demandas dirigidas a garantizar el disfrute de las facultades que se derivan del dominio.

2.º A las demandas que afecten a la validez, nulidad o eficacia del título de dominio, así como a la existencia o a la extensión del dominio mismo.

3.º A aquellas otras peticiones, distintas de las establecidas en los dos casos anteriores, en que la satisfacción de la pretensión dependa de que se acredite por el demandante la condición de dueño.

4.º A las demandas basadas en el derecho a adquirir la propiedad de un bien o conjunto de bienes, ya sea por poseer un derecho de crédito que así lo reconoce, ya sea por cualquiera de los modos de adquisición de la propiedad, o por el derecho de retracto, de tanteo o de opción de compra; cuando el bien se reclame como objeto de una compraventa, tiene preferencia como criterio de valoración el precio pactado en el contrato, siempre que no sea inferior en el caso de los inmuebles a su valor catastral.

---

[398] Modificado por la Ley 19/2009, de 23 de noviembre, de medidas de fomento y agilización procesal del alquiler y de la eficiencia energética de los edificios. Entrada en vigor desde 24 de diciembre de 2009.

5.º Cuando el proceso verse sobre la posesión, y no sea aplicable otra regla de este artículo.

6.º A las acciones de deslinde, amojonamiento y división de la cosa común.

4.ª En los casos en que la reclamación verse sobre usufructo o la nuda propiedad, el uso, la habitación, el aprovechamiento por turnos u otro derecho real limitativo del dominio no sujeto a regla especial, el valor de la demanda se fijará atendiendo a la base imponible tributaria sobre la que gire el impuesto para la constitución o transmisión de estos derechos.

5.ª El valor de una demanda relativa a una servidumbre será el precio satisfecho por su constitución si constare y su fecha no fuese anterior en más de 5 años. En otro caso, se estimará por las reglas legales establecidas para fijar el precio de su constitución al tiempo del litigio, cualquiera que haya sido el modo de adquirirla, y, a falta de ellas, se considerará como cuantía la 20ª parte del valor de los predios dominante y sirviente, teniendo en cuenta lo dispuesto en la regla 2.ª de este artículo sobre bienes muebles e inmuebles.

6.ª En las demandas relativas a la existencia, inexistencia, validez o eficacia de un derecho real de garantía, el valor será el del importe de las sumas garantizadas por todos los conceptos.

7.ª En los juicios sobre el derecho a exigir prestaciones periódicas, sean temporales o vitalicias, se calculará el valor por el importe de una anualidad multiplicado por 10, salvo que el plazo de la prestación fuera inferior a 1 año, en que se estará al importe total de la misma.

8.ª En los juicios que versen sobre la existencia, validez o eficacia de un título obligacional, su valor se calculará por el total de lo debido, aunque sea pagadero a plazos. Este criterio de valoración será aplicable en aquellos procesos cuyo objeto sea la creación, modificación o extinción de un título obligacional o de un derecho de carácter personal, siempre que no sea aplicable otra regla de este artículo.

9.ª En los juicios sobre arrendamientos de bienes, salvo cuando tengan por objeto reclamaciones de las rentas o cantidades debidas, la cuantía de la demanda será el importe de una anualidad de renta, cualquiera que sea la periodicidad con que ésta aparezca fijada en el contrato.

10.ª En aquellos casos en que la demanda verse sobre valores negociados en Bolsa, la cuantía vendrá determinada por la media del cambio medio ponderado de los mismos, determinado conforme a la legislación aplicable durante el año natural anterior a la fecha de interposición de la demanda, o por la media del cambio medio ponderado de los valores durante el período en que éstos se hubieran negociado en Bolsa, cuando dicho período fuera inferior al año.

Si se trata de valores negociados en otro mercado secundario, la cuantía vendrá determinada por el tipo medio de negociación de los mismos durante el año natural anterior a la interposición de la demanda, en el mercado secundario en el que se estén negociando, o por el tipo medio de negociación durante el tiempo en que se hubieran negociado en el mercado secundario, cuando los valores se hayan negociado en dicho mercado por un período inferior al año.

El tipo medio de negociación o, en su caso, la media del cambio medio ponderado, se acreditará por certificación expedida por el órgano rector del mercado secundario de que se trate.

Si los valores carecen de negociación, la cuantía se calculará de acuerdo con las normas de valoración contable vigentes en el momento de interposición de la demanda.

11.ª Cuando la demanda tenga por objeto una prestación de hacer, su cuantía consistirá en el coste de aquello cuya realización se inste o en el importe de los daños y perjuicios derivados del incumplimiento, sin que en este caso sean acumulables ambas cantidades, salvo si además de instarse el cumplimiento, se pretende también la indemnización. El importe o cálculo de los daños y perjuicios habrá de ser tenido en cuenta cuando la prestación sea personalísima o consista en un no hacer, y ello incluso si lo que se insta con carácter principal es el cumplimiento.

12.ª En los pleitos relativos a una herencia o a un conjunto de masas patrimoniales o patrimonios separados, se aplicarán las reglas anteriores respecto de los bienes, derechos o créditos que figuren comprendidos en la herencia o en el patrimonio objeto del litigio.

Artículo 252[399]. *Reglas especiales en casos de procesos con pluralidad de objetos o de partes*

Cuando en el proceso exista pluralidad de objetos o de partes, la cuantía de la demanda se calculará de acuerdo con las reglas siguientes:

---

[399] Modificado por la Ley 19/2009, de 23 de noviembre, de medidas de fomento y agilización procesal del alquiler y de la eficiencia energética de los edificios. Entrada en vigor desde 24 de diciembre de 2009.

1.ª Cuando en la demanda se acumulen varias acciones principales, que no provengan de un mismo título, la cuantía de la demanda vendrá determinada por la cuantía de la acción de mayor valor. Idéntico criterio se seguirá para el caso de que las acciones estén acumuladas de forma eventual.

2.ª Si las acciones acumuladas provienen del mismo título o con la acción principal se piden accesoriamente intereses, frutos, rentas o daños y perjuicios, la cuantía vendrá determinada por la suma del valor de todas las acciones acumuladas. Pero si el importe de cualquiera de las acciones no fuera cierto y líquido, sólo se tomará en cuenta el valor de las acciones cuyo importe sí lo fuera.

Para la fijación del valor no se tomarán en cuenta los frutos, intereses o rentas por correr, sino sólo los vencidos. Tampoco se tomará en cuenta la petición de condena en costas.

Sin perjuicio de lo anterior, si las acciones acumuladas fueran la de desahucio por falta de pago o por expiración legal o contractual del plazo, y la de reclamación de rentas o cantidades debidas, la cuantía de la demanda vendrá determinada por la acción de mayor valor.

3.ª Cuando en una misma demanda se acumulen varias acciones reales referidas a un mismo bien mueble o inmueble, la cuantía nunca podrá ser superior al valor de la cosa litigiosa.

4.ª Cuando se reclamen varios plazos vencidos de una misma obligación se tomará en cuenta como cuantía la suma de los importes reclamados, salvo que se pida en la demanda declaración expresa sobre la validez o eficacia de la obligación, en que se estará al valor total de la misma. Si el importe de alguno de los plazos no fuera cierto, se excluirá éste del cómputo de la cuantía.

5.ª No afectarán a la cuantía de la demanda, o a la de la clase de juicio a seguir por razón de la cuantía, la reconvención ni la acumulación de autos.

6.ª La concurrencia de varios demandantes o de varios demandados en una misma demanda en nada afectará a la determinación de la cuantía, cuando la petición sea la misma para todos ellos. Lo mismo ocurrirá cuando los demandantes o demandados lo sean en virtud de vínculos de solidaridad.

7.ª Cuando la pluralidad de partes determine también la pluralidad de las acciones afirmadas, la cuantía se determinará según las reglas de determinación de la cuantía que se contienen en este artículo.

8.ª En caso de ampliación de la demanda, se estará también a lo ordenado en las reglas anteriores.

Artículo 253. *Expresión de la cuantía en la demanda*

1. El actor expresará justificadamente en su escrito inicial la cuantía de la demanda. Dicha cuantía se calculará, en todo caso, conforme a las reglas de los artículos anteriores.

La alteración del valor de los bienes objeto del litigio que sobrevenga después de interpuesta la demanda, no implicará la modificación de la cuantía ni la de la clase de juicio.

2. La cuantía de la demanda deberá ser expresada con claridad y precisión. No obstante, podrá indicarse en forma relativa, si el actor justifica debidamente que el interés económico del litigio al menos iguala la cuantía mínima correspondiente al juicio ordinario, o que no rebasa la máxima del juicio verbal. En ningún caso podrá el actor limitarse a indicar la clase de juicio a seguir, ni hacer recaer en el demandado la carga de determinar la cuantía.

3. Cuando el actor no pueda determinar la cuantía ni siquiera en forma relativa, por carecer el objeto de interés económico, por no poderse calcular dicho interés conforme a ninguna de las reglas legales de determinación de la cuantía, o porque, aun existiendo regla de cálculo aplicable, no se pudiera determinar aquélla al momento de interponer la demanda, ésta se sustanciará conforme a los cauces del juicio ordinario.

Artículo 254. *Control de oficio de la clase de juicio por razón de la cuantía*

1. Al juicio se le dará inicialmente la tramitación que haya indicado el actor en su demanda.

No obstante, si a la vista de las alegaciones de la demanda el Letrado de la Administración de Justicia advirtiere que el juicio elegido por el actor no corresponde al valor señalado o a la materia a que se refiere la demanda, acordará por diligencia de ordenación que se dé al asunto la tramitación que corresponda. Contra esta diligencia cabrá recurso directo de revisión ante el Tribunal, que no producirá efectos suspensivos.

El Tribunal no estará vinculado por el tipo de juicio solicitado en la demanda.

2. Si, en contra de lo señalado por el actor, el Letrado de la Administración de Justicia considera que la demanda es de cuantía inestimable o no determinable, ni aun en forma relativa, y que por tanto no procede seguir los cauces del juicio verbal, deberá, mediante diligencia, dar de oficio al asunto la tramitación del juicio ordinario, siempre que conste la designación de procurador y la firma de abogado.

3. Se podrán corregir de oficio los errores aritméticos del actor en la determinación de la cuantía. También los consistentes en la selección defectuosa de la regla legal de cálculo de la cuantía, si en la demanda existieran elementos fácticos suficientes como para poder determinarla correctamente a través de simples operaciones matemáticas.

Una vez calculada adecuadamente la cuantía, se dará al proceso el curso que corresponda.

4. En ningún caso podrá el Tribunal inadmitir la demanda porque entienda inadecuado el procedimiento por razón de la cuantía. Pero si la demanda se limitare a indicar sin más la clase de juicio que corresponde, o si, tras apreciarse de oficio por el Letrado de la Administración de Justicia que la cuantía fijada es incorrecta, no existieren en aquélla elementos suficientes para calcularla correctamente, no se dará curso a los autos hasta que el actor no subsane el defecto de que se trate.

El plazo para la subsanación será de 10 días, pasados los cuales el Tribunal resolverá lo que proceda.

Artículo 255[400]. *Impugnación de la cuantía y de la clase de juicio por razón de la cuantía*

1. El demandado podrá impugnar la cuantía de la demanda cuando entienda que, de haberse determinado de forma correcta, el procedimiento a seguir sería otro, o resultaría procedente el recurso de apelación.

2. En el juicio ordinario se impugnará la adecuación del procedimiento por razón de la cuantía en la contestación a la demanda y la cuestión será resuelta en la audiencia previa al juicio.

3. En el juicio verbal, el demandado impugnará la cuantía o la clase de juicio por razón de la cuantía en la contestación a la demanda, y el tribunal resolverá la cuestión en el trámite del artículo 438.10[401].

CAPÍTULO II
De las diligencias preliminares
(arts. 256 a 263)

Artículo 256[402]. *Clases de diligencias preliminares y su solicitud*

1. Todo juicio podrá prepararse:

1.º Por petición de que la persona a quien se dirigiría la demanda declare, bajo juramento o promesa de decir verdad, sobre algún hecho relativo a su

---

[400] Modificado por el RD-Ley 6/2023, de 19 de diciembre. Entrada en vigor desde 20 de marzo de 2024.

[401] Apartado 3 modificado por la LO 1/2025, de 2 de enero. Entrada en vigor el 3 de abril de 2025.

[402] Modificado por la Ley 21/2014, de 4 de noviembre, por la que se modifica el texto refundido de la Ley de Propiedad Intelectual, aprobado por el Real Decreto Legislativo 1/1996, de 12 de abril, y la Ley 1/2000, de 7 de enero, de Enjuiciamiento Civil.

capacidad, representación o legitimación, cuyo conocimiento sea necesario para el pleito, o exhiba los documentos en los que conste dicha capacidad, representación o legitimación.

2.º Mediante solicitud de que la persona a la que se pretende demandar exhiba la cosa que tenga en su poder y a la que se haya de referir el juicio.

3.º Por petición del que se considere heredero, coheredero o legatario, de exhibición, por quien lo tenga en su poder, del acto de última voluntad del causante de la herencia o legado.

4.º Por petición de un socio o comunero para que se le exhiban los documentos y cuentas de la sociedad o comunidad, dirigida a éstas o al consocio o condueño que los tenga en su poder.

5.º Por petición del que se considere perjudicado por un hecho que pudiera estar cubierto por seguro de responsabilidad civil, de que se exhiba el contrato de seguro por quien lo tenga en su poder.

5.º bis. Por la petición de la historia clínica al centro sanitario o profesional que la custodie, en las condiciones y con el contenido que establece la ley.

6.º Por petición de quien pretenda iniciar un proceso para la defensa de los intereses colectivos de consumidores y usuarios al objeto de concretar a los integrantes del grupo de afectados cuando, no estando determinados, sean fácilmente determinables. A tal efecto el Tribunal adoptará las medidas oportunas para la averiguación de los integrantes del grupo, de acuerdo a las circunstancias del caso y conforme a los datos suministrados por el solicitante, incluyendo el requerimiento al demandado para que colabore en dicha determinación.

7.º Mediante la solicitud, formulada por quien pretenda ejercitar una acción por infracción de un derecho de propiedad industrial o de un derecho de propiedad intelectual cometida mediante actos que no puedan considerarse realizados por meros consumidores finales de buena fe y sin ánimo de obtención de beneficios económicos o comerciales, de diligencias de obtención de datos sobre el posible infractor, el origen y redes de distribución de las obras, mercancías o servicios que infringen un derecho de propiedad intelectual o de propiedad industrial y, en particular, los siguientes:

a) Los nombres y direcciones de los productores, fabricantes, distribuidores, suministradores y prestadores de las mercancías y servicios, así como de quienes, con fines comerciales, hubieran estado en posesión de las mercancías.

b) Los nombres y direcciones de los mayoristas y minoristas a quienes se hubieren distribuido las mercancías o servicios.

c) Las cantidades producidas, fabricadas, entregadas, recibidas o encargadas, y las cantidades satisfechas como precio por las mercancías o servicios de que se trate y los modelos y características técnicas de las mercancías.

8.º Por petición de quien pretenda ejercitar una acción por infracción de un derecho de propiedad industrial o de un derecho de propiedad intelectual cometida mediante actos desarrollados a escala comercial, de la exhibición de los documentos bancarios, financieros, comerciales o aduaneros, producidos en un determinado tiempo y que se presuman en poder de quien sería demandado como responsable. La solicitud deberá acompañarse de un principio de prueba de la realidad de la infracción que podrá consistir en la presentación de una muestra de los ejemplares, mercancías o productos en los que materialice aquella infracción. El solicitante podrá pedir que el Letrado de la Administración de Justicia extienda testimonio de los documentos exhibidos si el requerido no estuviera dispuesto a desprenderse del documento para su incorporación a la diligencia practicada. Igual solicitud podrá formular en relación con lo establecido en el último párrafo del número anterior.

A los efectos de los números 7.º y 8.º de este apartado, se entiende por actos desarrollados a escala comercial aquellos que son realizados para obtener beneficios económicos o comerciales directos o indirectos.

9.º Por petición de las diligencias y averiguaciones que, para la protección de determinados derechos, prevean las correspondientes leyes especiales.

10.º Por petición, de quien pretenda ejercitar una acción por infracción de un derecho de propiedad industrial o de un derecho de propiedad intelectual, para que se identifique al prestador de un servicio de la sociedad de la información sobre el que concurran indicios razonables de que está poniendo a disposición o difundiendo de forma directa o indirecta, contenidos, obras o prestaciones objeto de tal derecho sin que se cumplan los requisitos establecidos por la legislación de propiedad industrial o de propiedad intelectual, considerando la existencia de un nivel apreciable de audiencia en España de dicho prestador o un volumen, asimismo apreciable, de obras y prestaciones protegidas no autorizadas puestas a disposición o difundidas.

La solicitud estará referida a la obtención de los datos necesarios para llevar a cabo la identificación y podrá dirigirse a los prestadores de servicios de la sociedad de la información, de pagos electrónicos y de publicidad que mantengan o hayan mantenido en los últimos 12 meses relaciones de prestación de un servicio con el prestador de servicios de la sociedad de la información que se desee identificar. Los citados prestadores proporcionarán la información solicitada, siempre que ésta pueda extraerse de los datos de que dispongan o conserven como resultado de la relación de servicio que mantengan o hayan mantenido con el prestador de servicios objeto de identificación, salvo los datos que exclusivamente estuvieran siendo objeto de tratamiento por un proveedor de servicios de Internet en cumplimiento de lo dispuesto en la Ley 25/2007, de 18 de octubre, de conservación de datos relativos a las comunicaciones electrónicas y a las redes públicas de comunicaciones.

11.º Mediante la solicitud, formulada por el titular de un derecho de propiedad intelectual que pretenda ejercitar una acción por infracción del mismo, de que un prestador de servicios de la sociedad de la información aporte los datos necesarios para llevar a cabo la identificación de un usuario de sus servicios, con el que mantengan o hayan mantenido en los últimos doce meses relaciones de prestación de un servicio, sobre el que concurran indicios razonables de que está poniendo a disposición o difundiendo de forma directa o indirecta, contenidos, obras o prestaciones objeto de tal derecho sin que se cumplan los requisitos establecidos por la legislación de propiedad intelectual, y mediante actos que no puedan considerarse realizados por meros consumidores finales de buena fe y sin ánimo de obtención de beneficios económicos o comerciales, teniendo en cuenta el volumen apreciable de obras y prestaciones protegidas no autorizadas puestas a disposición o difundidas.

2. En la solicitud de diligencias preliminares se expresarán sus fundamentos, con referencia circunstanciada al asunto objeto del juicio que se quiera preparar.

3. Los gastos que se ocasionen a las personas que hubieren de intervenir en las diligencias serán a cargo del solicitante de las diligencias preliminares. Al pedir éstas, dicho solicitante ofrecerá caución para responder tanto de tales gastos como de los daños y perjuicios que se les pudieren irrogar. La caución se perderá, en favor de dichas personas, si, transcurrido 1 mes desde la terminación de las diligencias, dejare de interponerse la demanda, sin justificación suficiente, a juicio del Tribunal.

La caución podrá prestarse en la forma prevista en el párrafo 2.º del apartado 2 del artículo 64 de esta Ley.

Artículo 257[403]. *Competencia*

1. Será competente para resolver sobre las peticiones y solicitudes a que se refiere el artículo anterior el Juez de Primera Instancia o de lo Mercantil, cuando proceda, del

domicilio de la persona que, en su caso, hubiera de declarar, exhibir o intervenir de otro modo en las actuaciones que se acordaran para preparar el juicio.

En los casos de los números 6.°, 7.°, 8.° y 9.° del apartado 1 del artículo anterior, será competente el Tribunal ante el que haya de presentarse la demanda determinada. Si, en estos casos, se solicitasen nuevas diligencias, a raíz del resultado de las hasta entonces practicadas, podrán instarse del mismo Tribunal o bien del que, a raíz de los hechos averiguados en la anterior diligencia, resultaría competente para conocer de la misma pretensión o de nuevas pretensiones que pudieran eventualmente acumularse.

2. No se admitirá declinatoria en las diligencias preliminares, pero el Juez al que se soliciten revisará de oficio su competencia y si entendiese que no le corresponde conocer de la solicitud, se abstendrá de conocer indicando al solicitante el Juzgado de Primera Instancia al que debe acudir. Si éste se inhibiere en su competencia, decidirá el conflicto negativo el Tribunal inmediato superior común, según lo previsto en el artículo 60 de la presente Ley.

Artículo 258. *Decisión sobre las diligencias preliminares y recurso*

1. Si el Tribunal apreciare que la diligencia es adecuada a la finalidad que el solicitante persigue y que en la solicitud concurren justa causa e interés legítimo, accederá a la pretensión, fijando la caución que deba prestarse. El Tribunal rechazará la petición de diligencias realizada, si no considerare que éstas resultan justificadas. La solicitud deberá resolverse en los 5 días siguientes a su presentación.

2. Contra el auto que acuerde las diligencias no se dará recurso alguno. Contra el que las deniegue, cabrá recurso de apelación.

3. Si la caución ordenada por el Tribunal no se prestare en 3 días, contados desde que se dicte el auto en que conceda las diligencias, se procederá por el Letrado de la Administración de Justicia, mediante decreto dictado al efecto, al archivo definitivo de las actuaciones.

Artículo 259[404]. *Citación para la práctica de diligencias preliminares*

1. En el auto en el que se acceda a la solicitud, se citará y requerirá a los interesados para que, en la sede de la Oficina Judicial o en el lugar y del modo que se consideren oportunos, y dentro de los 10 días siguientes, lleven a cabo la diligencia, que haya sido solicitada y acordada.

---

[404] Modificado por la Ley 42/2015, de 5 de octubre, de reforma de la Ley 1/2000, de 7 de enero, de Enjuiciamiento Civil. Entrada en vigor desde 7 de octubre de 2015.

2. Los documentos y títulos a que se refieren las diligencias señaladas en el apartado 1 del artículo 256 podrán ser presentados ante el Juzgado para su exhibición por medios telemáticos o electrónicos, en cuyo caso su examen se realizará en la sede de la Oficina Judicial, pudiendo obtener la parte solicitante, con los medios que aporte, copia electrónica de los mismos.

En todo caso, el solicitante podrá acudir asesorado por un experto en la materia, que actuará siempre a costa del solicitante.

3. En el caso de las diligencias del artículo 256.1.7.º, para garantizar la confidencialidad de la información requerida, el Tribunal podrá ordenar que la práctica del interrogatorio se celebre a puerta cerrada. Esta decisión se adoptará en la forma establecida en el artículo 138.3 y a solicitud de cualquiera que acredite interés legítimo.

4. La información obtenida mediante las diligencias de los números 7, 8, 10 y 11 del apartado 1 del artículo 256 se utilizará exclusivamente para la tutela jurisdiccional de los derechos de propiedad industrial o de propiedad intelectual del solicitante de las medidas, con prohibición de divulgarla o comunicarla a terceros. A instancia de cualquier interesado, el Tribunal podrá atribuir carácter reservado a las actuaciones, para garantizar la protección de los datos e información que tuvieran carácter confidencial.

Artículo 260[405]. *Oposición a la práctica de diligencias preliminares. Efectos de la decisión*

1. Dentro de los 5 días siguientes a aquel en que reciba la citación, la persona requerida para la práctica de diligencias preliminares podrá oponerse a ellas. En tal caso, se dará traslado de la oposición al requirente, quien podrá impugnarla por escrito en el plazo de 5 días. Las partes, en sus respectivos escritos de oposición y de impugnación de ésta, podrán solicitar la celebración de vista, siguiéndose los trámites previstos para los juicios verbales.

2. Celebrada la vista, el Tribunal resolverá mediante auto si considera que la oposición es justificada o si, por el contrario, carece de justificación.

3. Si el Tribunal considerare injustificada la oposición, condenará al requerido al pago de las costas causadas por el incidente. Esta decisión se acordará por medio de auto contra el que no cabrá recurso alguno.

4. Si el Tribunal considerare justificada la oposición, lo declarará así mediante auto, que podrá ser recurrido en apelación.

---

[405] Modificado por la Ley 42/2015, de 5 de octubre, de reforma de la Ley 1/2000, de 7 de enero, de Enjuiciamiento Civil. Entrada en vigor desde 7 de octubre de 2015.

Artículo 261[406]. *Negativa a llevar a cabo las diligencias*

Si la persona citada y requerida no atendiese el requerimiento ni formulare oposición, el Tribunal acordará, cuando resulte proporcionado, las siguientes medidas, por medio de un auto, en el que expresará las razones que las exigen:

1.ª Si se hubiere pedido declaración sobre hechos relativos a la capacidad, representación o legitimación del citado, se podrán tener por respondidas afirmativamente las preguntas que el solicitante pretendiera formularle y los hechos correspondientes se considerarán admitidos a efectos del juicio posterior.

2.ª Si se hubiese solicitado la exhibición de títulos y documentos y el Tribunal apreciare que existen indicios suficientes de que pueden hallarse en un lugar determinado, ordenará la entrada y registro de dicho lugar, procediéndose, si se encontraren, a ocupar los documentos y a ponerlos a disposición del solicitante, en la sede del Tribunal.

3.ª Si se tratase de la exhibición de una cosa y se conociese o presumiese fundadamente el lugar en que se encuentra, se procederá de modo semejante al dispuesto en el número anterior y se presentará la cosa al solicitante, que podrá pedir el depósito o medida de garantía más adecuada a la conservación de aquélla.

4.ª Si se hubiera pedido la exhibición de documentos contables, se podrán tener por ciertos, a los efectos del juicio posterior, las cuentas y datos que presente el solicitante.

5.ª Tratándose de las diligencias previstas en el artículo 256.1.6.º, ante la negativa del requerido o de cualquier otra persona que pudiera colaborar en la determinación de los integrantes del grupo, el Tribunal ordenará que se acuerden las medidas de intervención necesarias, incluida la de entrada y registro, para encontrar los documentos o datos precisos, sin perjuicio de la responsabilidad penal en que se pudiera incurrir por desobediencia a la autoridad Judicial. Iguales medidas ordenará el Tribunal en los casos de los números 5 bis, 7.º y 8.º del apartado 1 del artículo 256, ante la negativa del requerido a la exhibición de documentos.

Artículo 262. *Decisión sobre aplicación de la caución*

1. Cuando se hayan practicado las diligencias acordadas o el Tribunal las deniegue por considerar justificada la oposición, éste resolverá mediante auto, en el plazo

---

[406] Modificado por la Ley 19/2006, de 5 de junio, por la que se amplían los medios de tutela de los derechos de propiedad intelectual e industrial y se establecen normas procesales para facilitar la aplicación de diversos reglamentos comunitarios. Entrada en vigor desde 7 de junio de 2006.

de 5 días, sobre la aplicación de la caución a la vista de la petición de indemnización y de la justificación de gastos que se le presente, oído el solicitante.

La decisión sobre aplicación de la caución será apelable sin efectos suspensivos.

2. Cuando, aplicada la caución conforme al apartado anterior, quedare remanente, no se devolverá al solicitante de las diligencias hasta que transcurra el plazo de 1 mes previsto en el apartado 3 del artículo 256

Artículo 263[407]. *Diligencias preliminares previstas en leyes especiales*

Cuando se trate de las diligencias a que se refiere el artículo 256.1.9.°, los preceptos de este Capítulo se aplicarán en lo que no se oponga a lo dispuesto en la legislación especial sobre la materia de que se trate.

CAPÍTULO III
De la presentación de documentos, dictámenes, informes y otros medios e instrumentos
(arts. 264 a 272)

Artículo 264[408]. *Documentos procesales*

Con la demanda o la contestación habrán de presentarse:

1.° La certificación del registro electrónico de apoderamientos Judiciales o referencia al número asignado por dicho registro.

2.° Los documentos que acrediten la representación que el litigante se atribuya.

3.° Los documentos o dictámenes que acrediten el valor de la cosa litigiosa, a efectos de competencia y procedimiento.

4.° El documento que acredite haberse intentado la actividad negociadora previa a la vía judicial cuando la ley exija dicho intento como requisito de procedibilidad, o declaración responsable de la parte de la imposibilidad de llevar a cabo la actividad negociadora previa a la vía judicial por desco-

---

[407] Modificado por la Ley 19/2006, de 5 de junio, por la que se amplían los medios de tutela de los derechos de propiedad intelectual e industrial y se establecen normas procesales para facilitar la aplicación de diversos reglamentos comunitarios. Entrada en vigor desde 7 de junio de 2006.

[408] Modificado por el RD-Ley 6/2023, de 19 de diciembre. Entrada en vigor desde 20 de marzo de 2024.

nocer el domicilio de la parte demandada o el medio por el que puede ser requerido[409].

Artículo 265[410]. *Documentos y otros escritos y objetos relativos al fondo del asunto*

1. A toda demanda o contestación habrán de acompañarse:

1.º Los documentos en que las partes funden su derecho a la tutela Judicial que pretenden.

2.º Los medios e instrumentos a que se refiere el apartado 2 del artículo 299, si en ellos se fundaran las pretensiones de tutela formuladas por las partes.

3.º Las certificaciones y notas sobre cualesquiera asientos registrales o sobre el contenido de libros registro, actuaciones o expedientes de cualquier clase.

4.º Los dictámenes periciales en que las partes apoyen sus pretensiones, sin perjuicio de lo dispuesto en los artículos 337 y 339 de esta Ley. En el caso de que alguna de las partes sea titular del derecho de asistencia jurídica gratuita no tendrá que aportar con la demanda o con la contestación el dictamen, sino simplemente anunciarlo de acuerdo con lo que prevé el apartado 1 del artículo 339.

5.º Los informes, elaborados por profesionales de la investigación privada legalmente habilitados, sobre hechos relevantes en que aquéllas apoyen sus pretensiones. Sobre estos hechos, si no fueren reconocidos como ciertos, se practicará prueba testifical.

2. Sólo cuando las partes, al presentar su demanda o contestación, no puedan disponer de los documentos, medios e instrumentos a que se refieren los 3 primeros números del apartado anterior, podrán designar el archivo, protocolo o lugar en que se encuentren, o el registro, libro registro, actuaciones o expediente del que se pretenda obtener una certificación.

Si lo que pretenda aportarse al proceso se encontrara en archivo, protocolo, expediente o registro del que se puedan pedir y obtener copias fehacientes, se entenderá que el actor dispone de ello y deberá acompañarlo a la demanda, sin que pueda limitarse a efectuar la designación a que se refiere el párrafo anterior.

---

[409] Ordinal 4.º añadido por la LO 1/2025, de 2 de enero. Entrada en vigor el 3 de abril de 2025.
[410] Modificado por la Ley 42/2015, de 5 de octubre, de reforma de la Ley 1/2000, de 7 de enero, de Enjuiciamiento Civil. Entrada en vigor desde 7 de octubre de 2015.

3. No obstante lo dispuesto en los apartados anteriores, el actor podrá presentar en la audiencia previa al juicio, o en la vista del juicio verbal, los documentos, medios, instrumentos, dictámenes e informes, relativos al fondo del asunto, cuyo interés o relevancia sólo se ponga de manifiesto a consecuencia de alegaciones efectuadas por el demandado en la contestación a la demanda.

Artículo 266[411]. *Documentos exigidos en casos especiales*

Se habrán de acompañar a la demanda:

1.º Los documentos que justifiquen cumplidamente el título en cuya virtud se piden alimentos, cuando éste sea el objeto de la demanda.

2.º Los documentos que constituyan un principio de prueba del título en que se funden las demandas de retracto y, cuando la consignación del precio se exija por ley o por contrato, el documento que acredite haber consignado, si fuere conocido, el precio de la cosa objeto de retracto o haberse constituido caución que garantice la consignación en cuanto el precio se conociere.

3.º El documento en que conste fehacientemente la sucesión *mortis causa* en favor del demandante, así como la relación de los testigos que puedan declarar sobre la ausencia de poseedor a título de dueño o usufructuario, cuando se pretenda que el Tribunal ponga al demandante en posesión de unos bienes que se afirme haber adquirido en virtud de aquella sucesión.

4.º Aquellos otros documentos que esta u otra ley exija expresamente para la admisión de la demanda.

Artículo 267[412]. *Forma de presentación de los documentos públicos*

Cuando sean públicos los documentos que hayan de aportarse conforme a lo dispuesto en el artículo 265, podrán presentarse por copia simple, ya sea en soporte papel o, en su caso, en soporte electrónico a través de imagen digitalizada conforme a la normativa técnica del Comité Técnico Estatal de la Administración Judicial Electrónica sobre imagen electrónica y, si se impugnara su autenticidad, podrá llevarse a los autos original, copia o certificación del documento con los requisitos necesarios para que surta sus efectos probatorios.

---

[411] Modificado por la LO 7/2015, de 21 de julio, por la que se modifica la LO 6/1985, de 1 de julio, del Poder Judicial.

[412] Modificado por el RD-Ley 6/2023, de 19 de diciembre. Entrada en vigor desde 20 de marzo de 2024.

Artículo 268[413]. *Forma de presentación de los documentos privados*

1. Los documentos privados que hayan de aportarse se presentarán en original o mediante copia autenticada por el fedatario público competente y se unirán a los autos o se dejará testimonio de ellos, con devolución de los originales o copias fehacientes presentadas, si así lo solicitan los interesados. Estos documentos podrán ser también presentados mediante imágenes digitalizadas conforme a la normativa técnica del Comité Técnico Estatal de la Administración Judicial Electrónica sobre imagen electrónica y, si se impugnara su autenticidad, podrá llevarse a los autos original, copia o certificación del documento con los requisitos necesarios para que surta sus efectos probatorios.

2. Si la parte sólo posee copia simple del documento privado, podrá presentar ésta, ya sea en soporte papel o mediante imagen digitalizada en la forma descrita en el apartado anterior, que surtirá los mismos efectos que el original, siempre que la conformidad de aquélla con éste no sea cuestionada por cualquiera de las demás partes.

3. En el caso de que el original del documento privado se encuentre en un expediente, protocolo, archivo o registro público, se presentará copia auténtica o se designará el archivo, protocolo o registro, según lo dispuesto en el apartado 2 del artículo 265.

Artículo 268 bis[414]. *Presentación de documentos por medios electrónicos*

La presentación de documentos por medios electrónicos se ajustará en todo caso a lo que determine la Ley que regule el uso de las tecnologías en la Administración de Justicia.

Artículo 269. *Consecuencias de la falta de presentación inicial. Casos especiales*

1. Cuando con la demanda, la contestación o, en su caso, en la audiencia previa al juicio, no se presentara alguno de los documentos, medios, instrumentos, dictámenes e informes que, según los preceptos de esta Ley, han de aportarse en esos momentos o no se designara el lugar en que el documento se encuentre, si no se dispusiese de él, no podrá ya la parte presentar el documento posteriormente, ni solicitar que se traiga a los autos, excepto en los casos previstos en el artículo siguiente.

2. No se admitirán las demandas a las que no se acompañen los documentos a que se refiere el artículo 266.

---

[413] Modificado por el RD-Ley 6/2023, de 19 de diciembre. Entrada en vigor desde 20 de marzo de 2024.

[414] Añadido por el RD-Ley 6/2023, de 19 de diciembre. Entrada en vigor desde 20 de marzo de 2024.

Artículo 270[415]. *Presentación de documentos en momento no inicial del proceso*

1. El Tribunal después de la demanda y la contestación, o, cuando proceda, de la audiencia previa al juicio, sólo admitirá al actor o al demandado los documentos, medios e instrumentos relativos al fondo del asunto cuando se hallen en alguno de los casos siguientes:

1.º Ser de fecha posterior a la demanda o a la contestación o, en su caso, a la audiencia previa al juicio, siempre que no se hubiesen podido confeccionar ni obtener con anterioridad a dichos momentos procesales.

2.º Tratarse de documentos, medios o instrumentos anteriores a la demanda o contestación o, en su caso, a la audiencia previa al juicio, cuando la parte que los presente justifique no haber tenido antes conocimiento de su existencia.

3.º No haber sido posible obtener con anterioridad los documentos, medios o instrumentos, por causas que no sean imputables a la parte, siempre que haya hecho oportunamente la designación a que se refiere el apartado 2 del artículo 265, o en su caso, el anuncio al que se refiere el número 4.º del apartado primero del artículo 265 de la presente Ley.

2. Cuando un documento, medio o instrumento sobre hechos relativos al fondo del asunto, se presentase una vez precluidos los actos a que se refiere el apartado anterior, las demás partes podrán alegar en el juicio o en la vista la improcedencia de tomarlo en consideración, por no encontrarse en ninguno de los casos a que se refiere el apartado anterior. El Tribunal resolverá en el acto y, si apreciare ánimo dilatorio o mala fe procesal en la presentación del documento, podrá, además, imponer al responsable una multa de 180 a 1.200 euros.

3. La presentación de documentos en el curso de actos Judiciales o procesales celebrados por videoconferencia, en los casos en los que dicha presentación sea posible de conformidad con la presente Ley, se ajustará a lo establecido por la Ley que regule el uso de las tecnologías en la Administración de Justicia.

Artículo 271[416]. *Preclusión definitiva de la presentación y excepciones a la regla*

1. No se admitirá a las partes ningún documento, instrumento, medio, informe o dictamen que se presente después de la vista o juicio, sin perjuicio de lo previsto en la regla 3.ª del artículo 435, sobre diligencias finales en el juicio ordinario.

---

[415] Modificado por el RD-Ley 6/2023, de 19 de diciembre. Entrada en vigor desde 20 de marzo de 2024.

[416] Modificado por la Ley 13/2009, de 3 de noviembre, de reforma de la legislación procesal para la implantación de la nueva Oficina Judicial. Entrada en vigor desde 4 de mayo de 2010.

2. Se exceptúan de lo dispuesto en el apartado anterior, las sentencias o resoluciones Judiciales o de autoridad administrativa, dictadas o notificadas en fecha no anterior al momento de formular las conclusiones, siempre que pudieran resultar condicionantes o decisivas para resolver en primera instancia o en cualquier recurso.

Estas resoluciones se podrán presentar incluso dentro del plazo previsto para dictar sentencia, dándose traslado por diligencia de ordenación a las demás partes, para que, en el plazo común de 5 días, puedan alegar y pedir lo que estimen conveniente, con suspensión del plazo para dictar sentencia.

El Tribunal resolverá sobre la admisión y alcance del documento en la misma sentencia.

Artículo 272. *Inadmisión de documento presentado injustificadamente en momento no inicial del proceso*

Cuando se presente un documento con posterioridad a los momentos procesales establecidos en esta Ley, según los distintos casos y circunstancias, el Tribunal, por medio de providencia, lo inadmitirá, de oficio o a instancia de parte, mandando devolverlo a quien lo hubiere presentado.

Contra la resolución que acuerde la inadmisión no cabrá recurso alguno, sin perjuicio de hacerse valer en la segunda instancia.

CAPÍTULO IV
De las copias de los escritos y documentos y su traslado
(arts. 273 a 280)

Artículo 273[417]. *Forma de presentación de los escritos y documentos*

1. Todos los profesionales de la justicia están obligados al empleo de los sistemas telemáticos o electrónicos existentes en la Administración de Justicia para la presentación de escritos, iniciadores o no, y demás documentos, de forma tal que esté garantizada la autenticidad de la presentación y quede constancia fehaciente de la remisión y la recepción íntegras, así como de la fecha en que éstas se hicieren.

2. Las personas que no estén representadas por procurador podrán elegir en todo momento si actúan ante la Administración de Justicia a través de medios electrónicos o no, salvo que estén obligadas a relacionarse a través de medios electrónicos con la misma. El medio elegido podrá ser modificado en cualquier momento.

---

[417] Modificado por el RD-Ley 6/2023, de 19 de diciembre. Entrada en vigor desde 20 de marzo de 2024.

3. En todo caso, estarán obligados a intervenir a través de medios electrónicos con la Administración de Justicia, al menos, los siguientes sujetos:

a) Las personas jurídicas.

b) Las entidades sin personalidad jurídica.

c) Quienes ejerzan una actividad profesional para la que se requiera colegiación obligatoria para los trámites y actuaciones que realicen con la Administración de Justicia en ejercicio de dicha actividad profesional.

d) Los Notarios y Registradores.

e) Quienes representen a un interesado que esté obligado a relacionarse electrónicamente con la Administración de Justicia.

f) Los funcionarios de las Administraciones Públicas para los trámites y actuaciones que realicen por razón de su cargo.

4. Los escritos y documentos presentados por vía telemática o electrónica indicarán el tipo y número de expediente y año al que se refieren e irán debidamente referenciados mediante un índice electrónico que permita su debida localización y consulta. El escrito principal deberá incorporar firma electrónica basada en un certificado cualificado y se adaptará a lo establecido en la normativa reguladora del uso de las tecnologías en la Administración de Justicia[418].

5. El incumplimiento del deber del uso de las tecnologías previsto en este artículo o de las especificaciones técnicas que se establezcan conllevará que el Letrado de la Administración de Justicia conceda un plazo máximo de 5 días para su subsanación. Si no se subsana en este plazo, los escritos y documentos se tendrán por no presentados a todos los efectos.

6. Sin perjuicio de lo establecido en este artículo, se presentarán en soporte papel los escritos y documentos cuando expresamente lo indique la ley.

De todo escrito y de cualquier documento que se aporte o presente en soporte papel y en las vistas se acompañarán tantas copias literales cuantas sean las otras partes.

Artículo 274[419]. *Traslado por la Oficina Judicial de las copias a las otras partes interesadas, cuando no intervengan procuradores*

Cuando las partes no actúen representadas por procurador, firmarán las copias de los escritos y documentos que presenten, respondiendo de su exactitud, y dichas co-

---

[418] Apartado 4 modificado por la LO 1/2025, de 2 de enero. Entrada en vigor el 3 de abril de 2025.

[419] Modificado por la Ley 42/2015, de 5 de octubre, de reforma de la Ley 1/2000, de 7 de enero, de Enjuiciamiento Civil. Entrada en vigor desde 7 de octubre de 2015.

pias se entregarán por el Letrado de la Administración de Justicia a la parte o partes contrarias.

Si la presentación se realizara por medios telemáticos por estar obligados o haber optado por ello, siempre que cumplan los presupuestos y requisitos exigidos, el traslado de las copias a las demás partes se realizará por la Oficina Judicial por el medio que proceda.

Artículo 275. *Efectos de la no presentación de copias*

En los casos a que se refiere el artículo anterior, la omisión de la presentación de copias de los escritos y documentos no será motivo para dejar de admitir unos y otros.

Dicha omisión se hará notar por el Letrado de la Administración de Justicia a la parte, que habrá de subsanarla en el plazo de 5 días. Cuando la omisión no se remediare dentro de dicho plazo, el Letrado de la Administración de Justicia expedirá las copias de los escritos y documentos a costa de la parte que hubiese dejado de presentarlas, salvo que se trate de los escritos de demanda o contestación, o de los documentos que deban acompañarles, en cuyo caso se tendrán aquéllos por no presentados o éstos por no aportados, a todos los efectos.

Artículo 276[420]. *Traslado de copias de escritos y documentos cuando intervenga procurador*

1. Cuando las partes estuvieren representadas por procurador, cada uno de éstos deberá trasladar a los procuradores de las restantes partes las copias de los escritos y documentos que presente al Tribunal.

2. El traslado de copias de los escritos y documentos presentados de forma telemática, se hará por medios telemáticos de forma simultánea a la presentación y se entenderá efectuado en la fecha y hora que conste en el resguardo acreditativo de su presentación. En caso de que el traslado tenga lugar en día y hora inhábil a efectos procesales conforme a la ley se entenderá efectuado el primer día y hora hábil siguiente.

3. En los supuestos de presentación en soporte papel de conformidad con el apartado 4 del artículo 135, el procurador deberá trasladar de forma telemática y con carácter previo a los procuradores de las restantes partes las copias de los escritos y documentos que vaya a presentar al Tribunal.

---

[420] Modificado por el RD-Ley 6/2023, de 19 de diciembre, que suprime el apartado 4 del artículo 276. Entrada en vigor desde 20 de marzo de 2024.

Artículo 277. *Efectos de la omisión del traslado mediante procurador*

Cuando sean de aplicación los dos primeros apartados del artículo anterior el Letrado de la Administración de Justicia no admitirá la presentación de escritos y documentos si no consta que se ha realizado el traslado de las copias correspondientes a las demás partes personadas.

Artículo 278[421]. *Efectos del traslado respecto del curso y cómputo de plazos*

Cuando el acto del que se haya dado traslado en la forma establecida en el artículo 276 determine, según la ley, la apertura de un plazo para llevar a cabo una actuación procesal, el plazo comenzará su curso sin intervención del Tribunal y deberá computarse desde el día siguiente al de la fecha que se haya hecho constar en las copias entregadas o al de la fecha en que se entienda efectuado el traslado cuando se utilicen los medios técnicos a que se refiere el artículo 135.

Artículo 279[422]. *Función de las copias*

1. Las pretensiones de las partes se deducirán en vista de las copias de los escritos, de los documentos y de las resoluciones del Tribunal o Letrado de la Administración de Justicia, que cada litigante habrá de conservar en su poder.

2. No se entregarán a las partes los autos originales en formato papel, sin perjuicio de la puesta a disposición del expediente Judicial electrónico en los casos en que proceda, y de que, en los casos en que no estén obligadas a intervenir a través de medios electrónicos con la Administración de Justicia, puedan pedir y obtener copia de algún escrito o documento.

Artículo 280. *Denuncia de inexactitud de una copia y efectos*

Si se denunciare que la copia entregada a un litigante no se corresponde con el original, el Tribunal, oídas las demás partes, declarará la nulidad de lo actuado a partir de la entrega de la copia si su inexactitud hubiera podido afectar a la defensa de la parte, sin perjuicio de la responsabilidad en que incurra quien presentare la copia inexacta.

El Tribunal, al declarar la nulidad, dispondrá la entrega de copia conforme al original, a los efectos que procedan en cada caso.

---

[421] Modificado por la Ley 42/2015, de 5 de octubre, de reforma de la Ley 1/2000, de 7 de enero, de Enjuiciamiento Civil. Entrada en vigor desde 7 de octubre de 2015.

[422] Modificado por el RD-Ley 6/2023, de 19 de diciembre. Entrada en vigor desde 20 de marzo de 2024.

CAPÍTULO V
De la prueba: disposiciones generales
(arts. 281 a 298)

Sección 1.ª Del objeto, necesidad e iniciativa de la prueba
(arts. 281 a 283)

Artículo 281. *Objeto y necesidad de la prueba*

1. La prueba tendrá como objeto los hechos que guarden relación con la tutela Judicial que se pretenda obtener en el proceso.

2. También serán objeto de prueba la costumbre y el Derecho extranjero. La prueba de la costumbre no será necesaria si las partes estuviesen conformes en su existencia y contenido y sus normas no afectasen al orden público. El Derecho extranjero deberá ser probado en lo que respecta a su contenido y vigencia, pudiendo valerse el Tribunal de cuantos medios de averiguación estime necesarios para su aplicación.

3. Están exentos de prueba los hechos sobre los que exista plena conformidad de las partes, salvo en los casos en que la materia objeto del proceso esté fuera del poder de disposición de los litigantes.

4. No será necesario probar los hechos que gocen de notoriedad absoluta y general.

Artículo 282. *Iniciativa de la actividad probatoria*

Las pruebas se practicarán a instancia de parte. Sin embargo, el Tribunal podrá acordar, de oficio, que se practiquen determinadas pruebas o que se aporten documentos, dictámenes u otros medios e instrumentos probatorios, cuando así lo establezca la ley.

Artículo 283. *Impertinencia o inutilidad de la actividad probatoria.*

1. No deberá admitirse ninguna prueba que, por no guardar relación con lo que sea objeto del proceso, haya de considerarse impertinente.

2. Tampoco deben admitirse, por inútiles, aquellas pruebas que, según reglas y criterios razonables y seguros, en ningún caso puedan contribuir a esclarecer los hechos controvertidos.

3. Nunca se admitirá como prueba cualquier actividad prohibida por la ley.

Sección 1.ª bis[423]. Del acceso a las fuentes de prueba en procedimientos de reclamación de daños por infracción del derecho de la competencia (arts. 283 bis a)-283 bis k))

Artículo 283 bis a). *Exhibición de las pruebas en procesos para el ejercicio de acciones por daños derivados de infracciones del Derecho de la competencia*

1. Previa solicitud de una parte demandante que haya presentado una motivación razonada que contenga aquellos hechos y pruebas a los que tenga acceso razonablemente, que sean suficientes para justificar la viabilidad del ejercicio de acciones por daños derivados de infracciones del Derecho de la competencia, el Tribunal podrá ordenar que la parte demandada o un tercero exhiba las pruebas pertinentes que tenga en su poder, a reserva de las condiciones establecidas en la presente sección. El Tribunal también podrá ordenar a la parte demandante o un tercero la exhibición de las pruebas pertinentes, a petición del demandado.

Esta solicitud podrá hacer referencia, entre otros, a los siguientes datos:

a) La identidad y direcciones de los presuntos infractores.

b) Las conductas y prácticas que hubieran sido constitutivas de la presunta infracción.

c) La identificación y el volumen de los productos y servicios afectados.

d) La identidad y direcciones de los compradores directos e indirectos de los productos y servicios afectados.

e) Los precios aplicados sucesivamente a los productos y servicios afectados, desde la primera transmisión hasta la puesta a disposición de los consumidores o usuarios finales.

f) La identidad del grupo de afectados.

El presente apartado se entiende sin perjuicio de los derechos y obligaciones de los Tribunales españoles que derivan del Reglamento (CE) n.º 1206/2001, del Consejo, de 28 de mayo de 2001, relativo a la cooperación entre los órganos jurisdiccionales de los Estados miembros en el ámbito de la obtención de pruebas en materia civil o mercantil.

2. El Tribunal podrá ordenar la exhibición de piezas específicas de prueba o de categorías pertinentes de pruebas, lo más limitadas y acotadas como sea posible atendiendo a los hechos razonablemente disponibles en la motivación razonada.

---

[423] La Sección 1.ª bis fue añadida por el RD-Ley 9/2017, de 26 de mayo. Entrada en vigor desde 27 de mayo de 2017.

3. El Tribunal limitará la exhibición de las pruebas a lo que sea proporcionado. A la hora de determinar si la exhibición solicitada por una parte es proporcionada, el Tribunal tomará en consideración los intereses legítimos de todas las partes y de todos los terceros interesados. En particular, tendrá en cuenta:

a) La medida en que la reclamación o la defensa esté respaldada por hechos y pruebas disponibles que justifiquen la solicitud de exhibición de pruebas;

b) El alcance y el coste de la exhibición de las pruebas, especialmente para cualquier tercero afectado, también para evitar las búsquedas indiscriminadas de información que probablemente no llegue a ser relevante para las partes en el procedimiento;

c) El hecho de que las pruebas cuya exhibición se pide incluyen información confidencial, especialmente en relación con terceros, y las disposiciones existentes para proteger dicha información confidencial.

Artículo 283 bis b). *Reglas sobre confidencialidad*

1. El Tribunal podrá ordenar la exhibición de las pruebas que contengan información confidencial cuando lo considere pertinente en casos de acciones por daños. El Tribunal, cuando ordene exhibir esa información y lo considere oportuno, adoptará las medidas necesarias para proteger la confidencialidad, en los términos previstos en este artículo.

2. El interés de las empresas en evitar acciones por daños a raíz de una infracción del Derecho de la competencia no constituirá un interés que justifique protección.

3. Cuando ordene la exhibición de las pruebas el Tribunal dará pleno efecto a las reglas de confidencialidad de las comunicaciones entre abogado y cliente que resulten aplicables, así como a las reglas sobre deber de guardar secreto.

4. El Tribunal tendrá en cuenta si la fuente de prueba a la que pretende accederse incluye información confidencial, especialmente en relación con terceros, y las disposiciones existentes para proteger dicha información confidencial.

5. Cuando lo considere necesario, a la luz de las circunstancias del caso concreto, el Tribunal podrá ordenar el acceso del solicitante a fuentes de prueba que contengan información confidencial, tomando en todo caso medidas eficaces para protegerla.

A estos efectos, el Tribunal podrá adoptar, entre otras, las siguientes medidas:

1.ª Disociar pasajes sensibles en documentos o en otros soportes.

2.ª Realizar audiencias a puerta cerrada o restringir el acceso a las mismas.

3.ª Limitar las personas a las que se permite examinar las pruebas.

4.ª Encargar a peritos la elaboración de resúmenes de la información en una forma agregada no confidencial o en cualquier otra forma no confidencial.

5.ª Redactar una versión no confidencial de una resolución Judicial en la que se hayan suprimido pasajes que contengan datos confidenciales.

6.ª Limitar el acceso a determinadas fuentes de prueba a los representantes y defensores legales de las partes y a peritos sujetos a obligación de confidencialidad.

Artículo 283 bis c). *Gastos y caución*

1. Los gastos que ocasione la práctica de las medidas de acceso a fuentes de prueba serán a cargo del solicitante. El solicitante responderá también de los daños y perjuicios que pueda causar a resultas de una utilización indebida de aquéllas.

2. La persona de quien se interese una medida de acceso a fuentes de prueba podrá pedir al Tribunal que el solicitante preste caución suficiente para responder de los gastos, así como de los daños y perjuicios que se le pudieran irrogar. El Tribunal accederá o no a esta petición y, en su caso, determinará el importe de la caución. La caución podrá otorgarse en cualquiera de las formas previstas en el párrafo 2.º del apartado 3 del artículo 529 de esta ley.

3. No podrá exigirse una caución que por su inadecuación impida el ejercicio de las facultades previstas en esta sección.

Artículo 283 bis d). *Competencia*

1. Será Tribunal competente para conocer de las solicitudes sobre medidas de acceso a fuentes de prueba el que esté conociendo del asunto en primera instancia o, si el proceso no se hubiese iniciado, el que sea competente para conocer de la demanda principal.

2. No se admitirá declinatoria en las medidas de acceso a fuentes de prueba, pero el Tribunal al que se soliciten revisará de oficio su competencia y si entendiese que no le corresponde conocer de la solicitud, se abstendrá de conocer indicando al solicitante el Tribunal al que debe acudir. Si éste se inhibiere en su competencia, decidirá el conflicto negativo el Tribunal inmediato superior común, según lo previsto en el artículo 60 de la presente ley.

Artículo 283 bis e). *Momento para la solicitud de medidas de acceso a fuentes de prueba*

1. Las medidas de acceso a fuentes de prueba podrán solicitarse antes de la incoación del proceso, en la demanda, o durante la pendencia del proceso.

2. Cuando las medidas se hubieran acordado antes de la incoación del proceso el solicitante habrá de presentar demanda en los 20 días siguientes a la terminación de su práctica. En caso de no hacerlo:

a) El Tribunal, de oficio, condenará en costas al solicitante y declarará que es responsable de los daños y perjuicios que haya producido al sujeto respecto del cual se adoptaron las medidas, que podrán hacerse efectivos de conformidad con lo dispuesto en los artículos 712 y siguientes de esta Ley;

b) El Tribunal, a instancia de la parte perjudicada, podrá acordar las medidas necesarias para la revocación de los actos de cumplimiento que hubieran sido realizados, incluida, en particular, la devolución de todo tipo de documentos, actas, testimonios y objetos; asimismo, también a instancia de la parte perjudicada, podrá declarar que los datos e informaciones recabados por el solicitante no puedan ser utilizados por éste en ningún otro proceso, cuando se aprecie abuso por su parte. Estas peticiones se sustanciarán por los cauces del procedimiento previsto en el artículo siguiente.

Artículo 283 bis f). *Procedimiento*

1. Recibida la solicitud, se dará traslado a la persona frente a la que se solicite la medida y, en su caso, también a la persona frente a la que se ejercite o pretenda ejercitarse la pretensión o la defensa, y se citará a todas las partes a una vista oral, que habrá de celebrarse dentro de los 10 días siguientes sin necesidad de seguir el orden de los asuntos pendientes cuando así lo exija la efectividad de la medida solicitada.

2. La solicitud de medidas de acceso a fuentes de prueba puede incluir también la solicitud de medidas de aseguramiento de prueba, si procedieren con arreglo a los artículos 297 y 298 de esta ley. En tal caso, se seguirá el procedimiento previsto en este artículo.

3. En la vista, los sujetos interesados podrán exponer lo que convenga a su derecho, sirviéndose de cuantas pruebas dispongan, que se admitirán y practicarán si fueran útiles y pertinentes.

4. Terminada la vista, el Tribunal, en el plazo de 5 días, decidirá mediante auto. Contra esta resolución cabrá recurso de reposición, con efectos suspensivos, y si se desestimare la parte perjudicada podrá, en su caso, hacer valer sus derechos en la

segunda instancia; pero si se tratare de solicitud formulada con carácter previo a la interposición de la demanda, cabrá directamente recurso de apelación. La parte apelante podrá solicitar la suspensión de la eficacia de la resolución impugnada. El Tribunal de apelación se pronunciará sobre la suspensión solicitada mediante providencia sucintamente motivada que habrá de dictar tras la recepción de los autos, quedando entre tanto en suspenso la resolución impugnada.

5. Las costas se impondrán con arreglo a los criterios generales establecidos en esta ley.

Artículo 283 bis g). *Ejecución de la medida de acceso a fuentes de prueba*

1. En caso de que sea acordada por el Tribunal, la prestación de caución será siempre previa a cualquier acto de cumplimiento de la medida acordada.

2. El Tribunal empleará los medios que fueran necesarios para la ejecución de la medida acordada y dispondrá lo que proceda sobre el lugar y modo en el que haya de cumplirse. En particular, cuando la medida acordada consista en el examen de documentos y títulos, el solicitante podrá acudir asesorado por un experto en la materia, que actuará siempre a su costa.

3. De ser necesario podrá acordar mediante auto la entrada y registro de lugares cerrados y domicilios, y la ocupación de documentos y objetos que en ellos se encuentren.

4. A instancia de cualquiera de las partes el Tribunal dictará providencia dando por terminada la práctica de la medida.

Artículo 283 bis h). *Consecuencias de la obstrucción a la práctica de las medidas de acceso a fuentes de prueba*

1. Si el destinatario de la medida destruyese u ocultase las fuentes de prueba, o de cualquier otro modo imposibilitase el acceso efectivo a éstas, sin perjuicio de lo dispuesto en el apartado 3 del artículo anterior y de la responsabilidad penal en la que en su caso se pudiera incurrir por desobediencia a la autoridad Judicial, el solicitante podrá pedir al Tribunal que imponga alguna o algunas de las siguientes medidas:

a) Que declare como admitidos hechos a los cuales las fuentes de prueba supuestamente se referían. A estos efectos, el solicitante fijará con precisión los hechos a los que, a su juicio, debe extenderse esta declaración.

b) Que tenga al demandado o futuro demandado por tácitamente allanado a las pretensiones formuladas o que se vayan a formular. A estos efectos, el solicitante fijará con precisión cuáles son las pretensiones en relación con las cuales se debe declarar un allanamiento táctico.

c) Que desestime total o parcialmente las excepciones o reconvenciones que el sujeto afectado por la medida pudiese ejercitar en el proceso principal. A estos efectos, el solicitante fijará con precisión las excepciones o reconvenciones a los que, a su juicio, debe extenderse la desestimación.

d) Que imponga al destinatario de las medidas una multa coercitiva que oscilará entre 600 y 60.000 euros por día de retraso en el cumplimiento de la medida.

2. A cualquiera de las medidas anteriores se podrá añadir la solicitud de que se condene al destinatario de la medida en las costas del incidente de acceso a las fuentes de prueba y en las costas del proceso principal, cualquiera que sea el resultado de éste.

3. El Tribunal dará traslado de esta petición a las demás partes por un plazo de 10 días para que formulen alegaciones por escrito, tras lo cual resolverá mediante auto, que será recurrible en apelación.

Artículo 283 bis i). *Exhibición de las pruebas contenidas en un expediente de una autoridad de la competencia*

1. La exhibición de las pruebas contenidas en un expediente de una autoridad de la competencia se regirá por lo dispuesto en este artículo, y, en lo que resulten supletoriamente aplicables, por las disposiciones generales de esta sección.

2. Lo dispuesto en este artículo se entiende sin perjuicio de las normas y prácticas en materia de acceso público a los documentos con arreglo al Reglamento (CE) n.º 1049/2001, del Parlamento Europeo y del Consejo de 30 de mayo de 2001 relativo al acceso del público a los documentos del Parlamento Europeo, del Consejo y de la Comisión.

3. Lo dispuesto en este artículo también se entiende sin perjuicio de las normas y prácticas del Derecho de la Unión o del Derecho español sobre la protección de los documentos internos de las autoridades de la competencia y de la correspondencia entre las autoridades de la competencia.

4. Al evaluar la proporcionalidad de una orden de exhibición de información, el Tribunal, además de lo exigido en el artículo 283 bis a), examinará:

a) Si la solicitud ha sido formulada específicamente con arreglo a la naturaleza, el objeto o el contenido de los documentos presentados a una autoridad de la competencia o conservados en los archivos de dicha autoridad, en lugar de mediante una solicitud no específica relativa a documentos facilitados a una autoridad de la competencia;

b) Si la parte que solicita la exhibición lo hace en relación con una acción por daños ante un órgano jurisdiccional nacional, y

c) En relación con los apartados 5 y 10 de este artículo, o a petición de una autoridad de la competencia con arreglo al apartado 11 de este artículo, la necesidad de preservar la eficacia de la aplicación pública del Derecho de la competencia.

5. El Tribunal podrá ordenar la exhibición de las siguientes categorías de pruebas únicamente después de que una autoridad de la competencia haya dado por concluido su procedimiento mediante la adopción de una resolución o de otro modo:

a) La información que fue preparada por una persona física o jurídica específicamente para un procedimiento de una autoridad de la competencia;

b) la información que las autoridades de la competencia han elaborado y que ha sido enviada a las partes en el curso de su procedimiento, y

c) las solicitudes de transacción que se hayan retirado.

6. En ningún momento podrá el Tribunal ordenar a una parte o a un tercero la exhibición de cualquiera de las siguientes categorías de pruebas:

a) Las declaraciones en el marco de un programa de clemencia, y

b) Las solicitudes de transacción.

7. Un demandante podrá presentar una solicitud motivada para que un Tribunal acceda a las pruebas a las que se refiere el apartado 6, letras a) o b), con el único objeto de asegurar que sus contenidos se ajusten a las definiciones de declaración en el marco de un programa de clemencia y solicitud de transacción del apartado 3.º de la Disposición Adicional 4.ª de la Ley 15/2007, de 3 de julio, de Defensa de la Competencia. En dicha evaluación, los Tribunales podrán pedir asistencia solamente a las autoridades de la competencia competentes. También se ofrecerá a los autores de las pruebas de que se trate la posibilidad de ser oídos. El órgano jurisdiccional nacional no permitirá en ningún caso el acceso de otras partes o de terceros a esas pruebas.

8. Si sólo algunas partes de la prueba solicitada se ven cubiertas por el apartado 6, las restantes partes serán exhibidas, en función de la categoría en la que estén incluidas, con arreglo a las disposiciones pertinentes del presente artículo.

9. En las acciones por daños podrá ordenarse en todo momento la exhibición de pruebas que figuren en el expediente de una autoridad de la competencia y no se encuadren en ninguna de las categorías enumeradas en el presente artículo.

10. El Tribunal no requerirá a las autoridades de la competencia la exhibición de pruebas contenidas en los expedientes de estas, salvo que ninguna parte o ningún tercero sea capaz, en una medida razonable, de aportar dichas pruebas.

11. En la medida en que una autoridad de la competencia desee manifestar su punto de vista sobre la proporcionalidad de los requerimientos de exhibición, podrá presentar, por propia iniciativa, observaciones ante el Tribunal llamado a decidir sobre la admisibilidad de dicha exhibición.

Artículo 283 bis j). *Límites impuestos al uso de pruebas obtenidas exclusivamente a través del acceso al expediente de una autoridad de la competencia*

1. Las pruebas que se encuadren en las categorías definidas en el apartado 6 del artículo anterior, que sean obtenidas por una persona física o jurídica exclusivamente a través del acceso al expediente de una autoridad de la competencia, no serán admisibles en las acciones por daños derivados de infracciones al Derecho de la competencia.

2. Hasta que la autoridad de la competencia haya dado por concluido el procedimiento con la adopción de una decisión o de otro modo, las pruebas que se encuadren en las categorías definidas en el apartado 5 del artículo anterior, que sean obtenidas por una persona física o jurídica exclusivamente a través del acceso al expediente de esa autoridad de la competencia, no se considerarán admisibles en las acciones por daños derivados de infracciones al Derecho de la competencia o bien quedarán protegidas de otro modo con arreglo a las normas aplicables.

3. Las pruebas que sean obtenidas por una persona física o jurídica exclusivamente mediante el acceso al expediente de una autoridad de la competencia y que no estén contempladas en los apartados 1 o 2 de este artículo sólo podrán ser utilizadas en una acción por daños derivados de infracciones al Derecho de la competencia por dicha persona o por la persona física o jurídica que sea sucesora de sus derechos, incluida la persona que haya adquirido su reclamación.

Artículo 283 bis k). *Consecuencias del incumplimiento de las obligaciones de confidencialidad y uso de las fuentes de prueba*

1. Sin perjuicio de la responsabilidad penal en que en su caso pudiera incurrirse por delito de desobediencia a la autoridad Judicial, en caso de que se incumpliere algún deber de confidencialidad en el uso de fuentes de prueba o se incumplieren los límites en el uso de dichas fuentes de prueba, la parte perjudicada podrá solicitar al Tribunal que imponga alguna o algunas de las siguientes medidas:

a) La desestimación total o parcial de la acción o excepciones ejercitadas u opuestas en el proceso principal, si éste se encontrase pendiente en el momento de formularse la solicitud. A estos efectos, la parte perjudicada fijará con precisión las acciones o excepciones que deban desestimarse.

b) Que declare al infractor civilmente responsable de los daños y perjuicios causados y le condene a su pago. La cuantía de los daños podrá determinarse con arreglo a lo dispuesto en los artículos 712 y siguientes de esta ley.

c) Que se condene al infractor en las costas del incidente de acceso a las fuentes de prueba y en las costas del proceso principal, cualquiera que sea el resultado de éste.

2. Si el Tribunal apreciare que el incumplimiento no es grave podrá, en vez de acceder a lo solicitado por la parte perjudicada, imponer al infractor una multa que oscilará entre 6.000 y 1.000.000 de euros. A estos efectos, se podrá considerar infractor tanto a la parte como a sus representantes y defensores legales, pudiéndose imponer multas separadas a cada uno de ellos.

3. El Tribunal dará traslado de la solicitud a que se refiere el apartado 1 a las demás partes por un plazo de 10 días para que formulen alegaciones por escrito, tras lo cual resolverá mediante auto, que será recurrible en apelación.

Sección 2.ª De la proposición y admisión (arts. 284 a 288)

Artículo 284. *Forma de proposición de la prueba*

La proposición de los distintos medios de prueba se hará expresándolos con separación. Se consignará, asimismo, el domicilio o residencia de las personas que hayan de ser citadas, en su caso, para la práctica de cada medio de prueba.

Cuando, en el juicio ordinario, las partes no dispusieren de algunos datos relativos a dichas personas al proponer la prueba, podrán aportarlos al Tribunal dentro de los 5 días siguientes.

Artículo 285[424]. *Resolución sobre la admisibilidad de las pruebas propuestas*

1. El Tribunal resolverá sobre la admisión de cada una de las pruebas que hayan sido propuestas.

2. Contra la resolución que admita o inadmita cada una de las pruebas sólo cabrá recurso de reposición, que se sustanciará y resolverá en el acto, y, si se desestimare,

---

[424] Modificado por la Ley 42/2015, de 5 de octubre, de reforma de la Ley 1/2000, de 7 de enero, de Enjuiciamiento Civil. Entrada en vigor desde 7 de octubre de 2015.

la parte podrá formular protesta al efecto de hacer valer sus derechos en la segunda instancia.

Artículo 286. *Hechos nuevos o de nueva noticia. Prueba*

1. Si precluidos los actos de alegación previstos en esta Ley y antes de comenzar a transcurrir el plazo para dictar sentencia, ocurriese o se conociese algún hecho de relevancia para la decisión del pleito, las partes podrán hacer valer ese hecho, alegándolo de inmediato por medio de escrito, que se llamará de ampliación de hechos, salvo que la alegación pudiera hacerse en el acto del juicio o vista. En tal caso, se llevará a cabo en dichos actos cuanto se prevé en los apartados siguientes.

2. Del escrito de ampliación de hechos el Letrado de la Administración de Justicia dará traslado a la parte contraria, para que, dentro del 5.º día, manifieste si reconoce como cierto el hecho alegado o lo niega. En este caso, podrá aducir cuanto aclare o desvirtúe el hecho que se afirme en el escrito de ampliación.

3. Si el hecho nuevo o de nueva noticia no fuese reconocido como cierto, se propondrá y se practicará la prueba pertinente y útil del modo previsto en esta Ley según la clase de procedimiento cuando fuere posible por el estado de las actuaciones. En otro caso, en el juicio ordinario, se estará a lo dispuesto sobre las diligencias finales.

4. El Tribunal rechazará, mediante providencia, la alegación de hecho acaecido con posterioridad a los actos de alegación si esta circunstancia no se acreditase cumplidamente al tiempo de formular la alegación. Y cuando se alegase un hecho una vez precluidos aquellos actos pretendiendo haberlo conocido con posterioridad, el Tribunal podrá acordar, mediante providencia, la improcedencia de tomarlo en consideración si, a la vista de las circunstancias y de las alegaciones de las demás partes, no apareciese justificado que el hecho no se pudo alegar en los momentos procesales ordinariamente previstos.

En este último caso, si el Tribunal apreciare ánimo dilatorio o mala fe procesal en la alegación, podrá imponer al responsable una multa de 120 a 600 euros.

Artículo 287. *Ilicitud de la prueba*

1. Cuando alguna de las partes entendiera que en la obtención u origen de alguna prueba admitida se han vulnerado derechos fundamentales habrá de alegarlo de inmediato, con traslado, en su caso, a las demás partes.

Sobre esta cuestión, que también podrá ser suscitada de oficio por el tribunal, se resolverá en el acto del juicio. A tal efecto, se oirá a las partes y, en su caso, se practicarán las pruebas pertinentes y útiles que se propongan en el acto sobre el concreto extremo de la referida ilicitud[425].

2. Contra la resolución a que se refiere el apartado anterior sólo cabrá recurso de reposición, que se interpondrá, sustanciará y resolverá en el mismo acto del juicio o vista, quedando a salvo el derecho de las partes a reproducir la impugnación de la prueba ilícita en la apelación contra la sentencia definitiva.

3. En el caso de que la cuestión indicada en el apartado 1 se suscitase en el ámbito del juicio verbal, se resolverá conforme a lo dispuesto en el artículo 438.10[426].

Artículo 288. *Sanciones por no ejecución de la prueba en el tiempo previsto*

1. El litigante por cuya causa no se ejecutare temporáneamente una prueba admitida será sancionado por el Tribunal con multa que no podrá ser inferior a 60 euros ni exceder de 600, salvo que acreditase falta de culpa o desistiese de practicar dicha prueba si él la hubiese propuesto.

2. La multa prevista en el apartado anterior se impondrá en el acto del juicio o en la vista, previa audiencia de las partes.

Sección 3.ª De otras disposiciones generales sobre la práctica de la prueba (arts. 289 a 292)

Artículo 289. *Forma de practicarse las pruebas*

1. Las pruebas se practicarán contradictoriamente en vista pública, o con publicidad y documentación similares si no se llevasen a efecto en la sede del Tribunal.

2. Será inexcusable la presencia Judicial en el interrogatorio de las partes y de testigos, en el reconocimiento de lugares, objetos o personas, en la reproducción de palabras, sonidos, imágenes y, en su caso, cifras y datos, así como en las explicaciones impugnaciones, rectificaciones o ampliaciones de los dictámenes periciales.

3. Se llevarán a cabo ante el Letrado de la Administración de Justicia la presentación de documentos originales o copias auténticas, la aportación de otros medios o instrumentos probatorios, el reconocimiento de la autenticidad de un documento privado, la formación de cuerpos de escritura para el cotejo de letras y la mera ratificación de la autoría del dictamen pericial, siempre que tengan lugar fuera de la vista pública o el Letrado de la Administración de Justicia estuviera presente en el acto. Pero el Tri-

---

[425] Apartado 1 modificado por la LO 1/2025, de 2 de enero. Entrada en vigor el 3 de abril de 2025.
[426] Apartado 3 añadido por la LO 1/2025, de 2 de enero. Entrada en vigor el 3 de abril de 2025.

bunal habrá de examinar por sí mismo la prueba documental, los informes y dictámenes escritos y cualesquiera otros medios o instrumentos que se aportaren.

Artículo 290. *Señalamiento para actos de prueba que se practiquen separadamente*

Todas las pruebas se practicarán en unidad de acto. Excepcionalmente, el Tribunal podrá acordar, mediante providencia, que determinadas pruebas se celebren fuera del acto de juicio o vista; en estos casos, el Letrado de la Administración de Justicia señalará, con, al menos, 5 días de antelación, el día y la hora en que hayan de practicarse los actos de prueba que no sea posible llevar a cabo en el juicio o vista. Si, excepcionalmente, la prueba no se practicare en la sede del Tribunal, se determinará y notificará el lugar de que se trate.

Estas pruebas se practicarán en todo caso antes del juicio o vista.

Artículo 291. *Citación y posible intervención de las partes en la práctica de las pruebas fuera del juicio*

Aunque no sean sujetos u objetos de la prueba, las partes serán citadas con antelación suficiente, que será de al menos 48 horas, para la práctica de todas las pruebas que hayan de practicarse fuera del juicio o vista.

Las partes y sus abogados tendrán en las actuaciones de prueba la intervención que autorice la Ley según el medio de prueba de que se trate.

Artículo 292. *Obligatoriedad de comparecer a la audiencia. Multas*

1. Los testigos y los peritos citados tendrán el deber de comparecer en el juicio o vista que finalmente se hubiese señalado. La infracción de este deber se sancionará por el Tribunal, previa audiencia por 5 días, con multa de 180 a 600 euros.

2. Al tiempo de imponer la multa a que se refiere el apartado anterior, el Tribunal requerirá, mediante providencia, al multado para que comparezca cuando se le cite de nuevo por el Letrado de la Administración de Justicia, bajo apercibimiento de proceder contra él por desobediencia a la autoridad.

3. Cuando, sin mediar previa excusa, un testigo o perito no compareciere al juicio o vista, el Tribunal, oyendo a las partes que hubiesen comparecido, decidirá, mediante providencia, si la audiencia ha de suspenderse o debe continuar.

4. Cuando, también sin mediar previa excusa, no compareciere un litigante que hubiese sido citado para responder a interrogatorio, se estará a lo dispuesto en el artículo 304 y se impondrá a aquél la multa prevista en el apartado 1 de este artículo.

Sección 4.ª De la anticipación y el aseguramiento de la prueba (arts. 293 a 298)

Artículo 293. *Casos y causas de anticipación de la prueba. Competencia*

1. Previamente a la iniciación de cualquier proceso, el que pretenda incoarlo, o cualquiera de las partes durante el curso del mismo, podrá solicitar del Tribunal la práctica anticipada de algún acto de prueba, cuando exista el temor fundado de que, por causa de las personas o por el estado de las cosas, dichos actos no puedan realizarse en el momento procesal generalmente previsto.

2. La petición de actuaciones anticipadas de prueba, que se formule antes de la iniciación del proceso, se dirigirá al Tribunal que se considere competente para el asunto principal. Este Tribunal vigilará de oficio su jurisdicción y competencia objetiva, así como la territorial que se fundase en normas imperativas, sin que sea admisible la declinatoria.

Iniciado el proceso, la petición de prueba anticipada se dirigirá al Tribunal que esté conociendo del asunto.

Artículo 294. *Proposición de prueba anticipada, admisión, tiempo y recursos*

1. La proposición de pruebas anticipadas se realizará conforme a lo dispuesto en esta Ley para cada una de ellas, exponiendo las razones en que se apoye la petición.

2. Si el Tribunal estimare fundada la petición, accederá a ella, disponiendo, por medio de providencia, que las actuaciones se practiquen cuando se considere necesario, siempre con anterioridad a la celebración del juicio o vista, realizándose por el Letrado de la Administración de Justicia el oportuno señalamiento.

Artículo 295. *Práctica contradictoria de la prueba anticipada*

1. Cuando la prueba anticipada se solicite y se acuerde practicar antes del inicio del proceso, el que la haya solicitado designará la persona o personas a las que se proponga demandar en su día y serán citadas, con, al menos, 5 días de antelación, para que puedan tener en la práctica de la actuación probatoria la intervención que esta Ley autorice según el medio de prueba de que se trate.

2. Si estuviese ya pendiente el proceso al tiempo de practicar prueba anticipada, las partes podrán intervenir en ella según lo dispuesto en esta Ley para cada medio de prueba.

3. En los casos en que se practique prueba al amparo del apartado 1 de este artículo, no se otorgará valor probatorio a lo actuado si la demanda no se interpusie-

re en el plazo de 2 meses desde que la prueba anticipada se practicó, salvo que se acreditare que, por fuerza mayor u otra causa de análoga entidad, no pudo iniciarse el proceso dentro de dicho plazo.

4. La prueba practicada anticipadamente podrá realizarse de nuevo si, en el momento de proposición de la prueba, fuera posible llevarla a cabo y alguna de las partes así lo solicitara. En tal caso, el Tribunal admitirá que se practique la prueba de que se trate y valorará según las reglas de la sana crítica tanto la realizada anticipadamente como la efectuada con posterioridad.

Artículo 296. *Custodia de los materiales de las actuaciones de prueba anticipada*

1. Los documentos y demás piezas de convicción en que consistan las pruebas anticipadas o que se obtengan como consecuencia de su práctica, así como los materiales que puedan reflejar fielmente las actuaciones probatorias realizadas y sus resultados, quedarán bajo la custodia del Letrado de la Administración de Justicia del Tribunal que hubiere acordado la prueba hasta que se interponga la demanda, a la que se unirán, o hasta que llegue el momento procesal de conocerlos y valorarlos.

2. Si de la demanda hubiese de conocer en definitiva un Tribunal distinto del que acordó o practicó la prueba anticipada, reclamará de éste, a instancia de parte, la remisión, por conducto oficial, de las actas, documentos y demás materiales de las actuaciones.

Artículo 297. *Medidas de aseguramiento de la prueba*

1. Antes de la iniciación de cualquier proceso, el que pretenda incoarlo o cualquiera de los litigantes durante el curso del mismo, podrá pedir del Tribunal la adopción, mediante providencia, de medidas de aseguramiento útiles para evitar que, por conductas humanas o acontecimientos naturales, que puedan destruir o alterar objetos materiales o estados de cosas, resulte imposible en su momento practicar una prueba relevante o incluso carezca de sentido proponerla.

2. Las medidas consistirán en las disposiciones que, a juicio del Tribunal, permitan conservar cosas o situaciones o hacer constar fehacientemente su realidad y características. Para los fines de aseguramiento de la prueba, podrán también dirigirse mandatos de hacer o no hacer, bajo apercibimiento de proceder, en caso de infringirlos, por desobediencia a la autoridad.

En los casos de infracción de los derechos de propiedad industrial y de propiedad intelectual, una vez el solicitante de las medidas haya presentado aquellas pruebas de la infracción razonablemente disponibles, tales medidas podrán consistir en especial en la descripción detallada, con o sin toma de muestras, o la incautación efectiva de las mercancías y objetos litigiosos, así como de los materiales e instrumentos utilizados en la producción o la distribución de estas mercancías y de los documentos relacionados con ellas.

3. En cuanto a la jurisdicción y a la competencia para el aseguramiento de la prueba, se estará a lo dispuesto sobre prueba anticipada.

4. Cuando las medidas de aseguramiento de la prueba se hubiesen acordado antes del inicio del proceso, quedarán sin efecto si el solicitante no presenta su demanda en el plazo de 20 días siguientes a la fecha de la efectiva adopción de las medidas de aseguramiento acordadas. El Tribunal, de oficio, acordará mediante auto que se alcen o revoquen los actos de cumplimiento que hubieran sido realizados, condenará al solicitante en las costas y declarará que es responsable de los daños y perjuicios que haya producido al sujeto respecto del cual se adoptaron las medidas.

Artículo 298. Requisitos. Procedimiento para la adopción de las medidas de aseguramiento de la prueba. Contracautelas

1. El Tribunal acordará adoptar, mediante providencia, las medidas oportunas en cada caso si se cumplen los siguientes requisitos:

1.º Que la prueba que se pretende asegurar sea posible, pertinente y útil al tiempo de proponer su aseguramiento.

2.º Que haya razones o motivos para temer que, de no adoptarse las medidas de aseguramiento, puede resultar imposible en el futuro la práctica de dicha prueba.

3.º Que la medida de aseguramiento que se propone, u otra distinta que con la misma finalidad estime preferible el Tribunal, pueda reputarse conducente y llevarse a cabo dentro de un tiempo breve y sin causar perjuicios graves y desproporcionados a las personas implicadas o a terceros.

2. Para decidir sobre la adopción de las medidas de aseguramiento de una prueba, el Tribunal deberá tomar en consideración y podrá aceptar el eventual ofrecimiento que el solicitante de la medida haga de prestar garantía de los daños y perjuicios que la medida pueda irrogar.

3. También podrá el Tribunal acordar, mediante providencia, en lugar de la medida de aseguramiento, la aceptación del ofrecimiento que haga la persona que habría de soportar la medida de prestar, en la forma prevista en el párrafo 2.º del apartado 2 del artículo 64, caución bastante para responder de la práctica de la prueba cuyo aseguramiento se pretenda.

4. Las medidas de aseguramiento de la prueba se adoptarán previa audiencia de la persona que haya de soportarla. Si se solicitasen una vez iniciado el proceso, también se oirá al demandado. Sólo quien fuera a ser demandado o ya lo hubiera sido podrá aducir, al oponerse a su adopción, la imposibilidad, impertinencia o inutilidad de la prueba.

5. No obstante lo dispuesto en el apartado anterior, cuando sea probable que el retraso derivado de la audiencia previa ocasione daños irreparables al derecho del solicitante de la medida o cuando exista un riesgo demostrable de que se destruyan pruebas o se imposibilite de otro modo su práctica si así se solicita, el Tribunal podrá acordar la medida sin más trámites, mediante providencia. La providencia precisará, separadamente, los requisitos que la han exigido y las razones que han conducido a acordarla sin audiencia del demandado o de quien vaya a ser demandado. Esta providencia es irrecurrible y será notificada a las partes y a quien hubiera de soportarla sin dilación y, de no ser posible antes, inmediatamente después de la ejecución de las medidas.

6. Si la medida de aseguramiento se hubiera adoptado sin audiencia previa, quien fuera a ser demandado o ya lo hubiera sido o quien hubiera de soportarla podrán formular oposición en el plazo de 20 días, desde la notificación de la providencia que la acordó.

7. La oposición a la medida podrá fundarse en la inexistencia de riesgos de daños irreparables en el derecho para la futura práctica de la prueba, así como en la posibilidad de acordar otras medidas igualmente conducentes que resulten menos gravosas. También podrá sustituirse por la caución prevista en el apartado 3. Sólo quien fuera a ser demandado o ya lo hubiese sido podrá aducir la imposibilidad, impertinencia o inutilidad de la prueba.

8. Del escrito de oposición se dará traslado al solicitante y, en su caso, al ya demandado o a quien hubiera de soportar la medida. Todos ellos serán citados a una vista, en el plazo de 5 días, tras cuya celebración se decidirá sobre la oposición, en el plazo de 3 días, por medio de un auto que es irrecurrible.

CAPÍTULO VI
De los medios de prueba y las presunciones
(arts. 299 a 386)

Artículo 299. *Medios de prueba*

1. Los medios de prueba de que se podrá hacer uso en juicio son:

   1.º Interrogatorio de las partes.

2.º Documentos públicos.

3.º Documentos privados.

4.º Dictamen de peritos.

5.º Reconocimiento Judicial.

6.º Interrogatorio de testigos.

2. También se admitirán, conforme a lo dispuesto en esta Ley, los medios de reproducción de la palabra, el sonido y la imagen, así como los instrumentos que permiten archivar y conocer o reproducir palabras, datos, cifras y operaciones matemáticas llevadas a cabo con fines contables o de otra clase, relevantes para el proceso.

3. Cuando por cualquier otro medio no expresamente previsto en los apartados anteriores de este artículo pudiera obtenerse certeza sobre hechos relevantes, el Tribunal, a instancia de parte, lo admitirá como prueba, adoptando las medidas que en cada caso resulten necesarias.

Artículo 300. *Orden de práctica de los medios de prueba.*

1. Salvo que el Tribunal, de oficio o a instancia de parte, acuerde otro distinto, las pruebas se practicarán en el juicio o vista por el orden siguiente:

1.º Interrogatorio de las partes.

2.º Interrogatorio de testigos.

3.º Declaraciones de peritos sobre sus dictámenes o presentación de éstos, cuando excepcionalmente se hayan de admitir en ese momento.

4.º Reconocimiento Judicial, cuando no se haya de llevar a cabo fuera de la sede del Tribunal.

5.º Reproducción ante el Tribunal de palabras, imágenes y sonidos captados mediante instrumentos de filmación, grabación y otros semejantes.

2. Cuando alguna de las pruebas admitidas no pueda practicarse en la audiencia, continuará ésta para la práctica de las restantes, por el orden que proceda.

Sección 1.ª Del interrogatorio de las partes
(arts. 301 a 316)

Artículo 301. *Concepto y sujetos del interrogatorio de las partes*

1. Cada parte podrá solicitar del Tribunal el interrogatorio de las demás sobre hechos y circunstancias de los que tengan noticia y que guarden relación con el objeto

del juicio. Un colitigante podrá solicitar el interrogatorio de otro colitigante siempre y cuando exista en el proceso oposición o conflicto de intereses entre ambos.

2. Cuando la parte legitimada, actuante en el juicio, no sea el sujeto de la relación jurídica controvertida o el titular del derecho en cuya virtud se acciona, se podrá solicitar el interrogatorio de dicho sujeto o titular.

Artículo 302. *Contenido del interrogatorio y admisión de las preguntas*

1. Las preguntas del interrogatorio se formularán oralmente en sentido afirmativo, y con la debida claridad y precisión. No habrán de incluir valoraciones ni calificaciones, y si éstas se incorporaren se tendrán por no realizadas.

2. El Tribunal comprobará que las preguntas corresponden a los hechos sobre los que el interrogatorio se hubiera admitido, y decidirá sobre la admisibilidad de las preguntas en el mismo acto en que se lleve a cabo el interrogatorio.

Artículo 303. *Impugnación de las preguntas que se formulen*

La parte que haya de responder al interrogatorio, así como su abogado, en su caso, podrán impugnar en el acto la admisibilidad de las preguntas y hacer notar las valoraciones y calificaciones que, contenidas en las preguntas, sean, en su criterio, improcedentes y deban tenerse por no realizadas.

Artículo 304. *Incomparecencia y admisión tácita de los hechos*

Si la parte citada para el interrogatorio no compareciere al juicio, el Tribunal podrá considerar reconocidos los hechos en que dicha parte hubiese intervenido personalmente y cuya fijación como ciertos le sea enteramente perjudicial, además de imponerle la multa a que se refiere el apartado 4.º del artículo 292 de la presente Ley.

En la citación se apercibirá al interesado que, en caso de incomparecencia injustificada, se producirá el efecto señalado en el párrafo anterior.

Artículo 305. *Modo de responder al interrogatorio*

1. La parte interrogada responderá por sí misma, sin valerse de ningún borrador de respuestas; pero se le permitirá consultar en el acto documentos y notas o apuntes, cuando a juicio del Tribunal sean convenientes para auxiliar a la memoria.

2. Las respuestas habrán de ser afirmativas o negativas y, de no ser ello posible según el tenor de las preguntas, serán precisas y concretas. El declarante podrá agregar, en todo caso, las explicaciones que estime convenientes y que guarden relación con las cuestiones planteadas.

Artículo 306. *Facultades del Tribunal e intervención de abogados. Interrogatorio cruzado*

1. Una vez respondidas las preguntas formuladas por el abogado de quien solicitó la prueba, los abogados de las demás partes y el de aquella que declarare podrán, por este orden, formular al declarante nuevas preguntas que reputen conducentes para determinar los hechos. El Tribunal deberá repeler las preguntas que sean impertinentes o inútiles.

Con la finalidad de obtener aclaraciones y adiciones, también podrá el Tribunal interrogar a la parte llamada a declarar.

2. Cuando no sea preceptiva la intervención de abogado, las partes, con la venia del Tribunal, que cuidará de que no se atraviesen la palabra ni se interrumpan, podrán hacerse recíprocamente las preguntas y observaciones que sean convenientes para la determinación de los hechos relevantes en el proceso. El Tribunal deberá repeler las intervenciones que sean impertinentes o inútiles, y podrá interrogar a la parte llamada a declarar.

3. El declarante y su abogado podrán impugnar en el acto las preguntas a que se refieren los anteriores apartados de este precepto. Podrán, asimismo, formular las observaciones previstas en el artículo 303. El Tribunal resolverá lo que proceda antes de otorgar la palabra para responder.

Artículo 307. *Negativa a declarar, respuestas evasivas o inconcluyentes y admisión de hechos personales.*

1. Si la parte llamada a declarar se negare a hacerlo, el Tribunal la apercibirá en el acto de que, salvo que concurra una obligación legal de guardar secreto, puede considerar reconocidos como ciertos los hechos a que se refieran las preguntas, siempre que el interrogado hubiese intervenido en ellos personalmente y su fijación como ciertos le resultare perjudicial en todo o en parte.

2. Cuando las respuestas que diere el declarante fuesen evasivas o inconcluyentes, el Tribunal, de oficio o a instancia de parte, le hará el apercibimiento previsto en el apartado anterior.

Artículo 308. *Declaración sobre hechos no personales del interrogado*

Cuando alguna pregunta se refiera a hechos que no sean personales del declarante éste habrá de responder según sus conocimientos, dando razón del origen de éstos, pero podrá proponer que conteste también a la pregunta un tercero que tenga conocimiento personal de los hechos, por sus relaciones con el asunto, aceptando las consecuencias de la declaración.

Para que se admita esta sustitución deberá ser aceptada por la parte que hubiese propuesto la prueba. De no producirse tal aceptación, el declarante podrá solicitar que la persona mencionada sea interrogada en calidad de testigo, decidiendo el Tribunal lo que estime procedente.

Artículo 309. *Interrogatorio de persona jurídica o de entidad sin personalidad jurídica*

1. Cuando la parte declarante sea una persona jurídica o ente sin personalidad, y su representante en juicio no hubiera intervenido en los hechos controvertidos en el proceso, habrá de alegar tal circunstancia en la audiencia previa al juicio, y deberá facilitar la identidad de la persona que intervino en nombre de la persona jurídica o entidad interrogada, para que sea citada al juicio.

El representante podrá solicitar que la persona identificada sea citada en calidad de testigo si ya no formara parte de la persona jurídica o ente sin personalidad.

2. Cuando alguna pregunta se refiera a hechos en que no hubiese intervenido el representante de la persona jurídica o ente sin personalidad, habrá, no obstante, de responder según sus conocimientos, dando razón de su origen y habrá de identificar a la persona que, en nombre de la parte, hubiere intervenido en aquellos hechos. El Tribunal citará a dicha persona para ser interrogada fuera del juicio como diligencia final, conforme a lo dispuesto en la regla 2.ª del apartado 1 del artículo 435.

3. En los casos previstos en los apartados anteriores, si por la representación de la persona jurídica o entidad sin personalidad se manifestase desconocer la persona interviniente en los hechos, el Tribunal considerará tal manifestación como respuesta evasiva o resistencia a declarar, con los efectos previstos en los apartados 1 y 2 del artículo 307.

Artículo 310. *Incomunicación de declarantes*

Cuando sobre unos mismos hechos controvertidos hayan de declarar dos o más partes o personas asimiladas a ellas según el apartado 2.º del artículo 301, se adoptarán las medidas necesarias para evitar que puedan comunicarse y conocer previamente el contenido de las preguntas y de las respuestas.

Igual prevención se adoptará cuando deban ser interrogados varios litisconsortes.

Artículo 311[427]. *Interrogatorio domiciliario*

1. En el caso de que por enfermedad que lo impida o por otras circunstancias especiales de la persona que haya de contestar a las preguntas no pudiera ésta com-

---

[427] Modificado por el RD-Ley 6/2023, de 19 de diciembre. Entrada en vigor desde 20 de marzo de 2024.

parecer en la sede del Tribunal, a instancia de parte o de oficio, la declaración se podrá prestar en el domicilio o residencia del declarante ante el Juez o el miembro del Tribunal que corresponda, en presencia del Letrado de la Administración de Justicia.

2. Si las circunstancias no lo hicieran imposible o sumamente inconveniente, al interrogatorio domiciliario podrán concurrir las demás partes y sus abogados. Pero si, a juicio del Tribunal, la concurrencia de éstos y aquéllas no resultare procedente teniendo en cuenta las circunstancias de la persona y del lugar, se celebrará el interrogatorio a presencia del Tribunal y del Letrado de la Administración de Justicia, pudiendo presentar la parte proponente un pliego de preguntas para que, de ser consideradas pertinentes, sean formuladas por el Tribunal.

Artículo 312[428]. *Constancia en acta del interrogatorio domiciliario*

En los casos del artículo anterior, el Letrado de la Administración de Justicia extenderá acta suficientemente circunstanciada de las preguntas y de las respuestas, que podrá leer por sí misma la persona que haya declarado. Si no supiere o no quisiere hacerlo, le será leída por el Letrado de la Administración de Justicia y el Tribunal preguntará al interrogado si tiene algo que agregar o variar, extendiéndose a continuación lo que manifestare. Seguidamente, firmará el declarante y los demás asistentes, bajo la fe del Letrado de la Administración de Justicia.

Artículo 313[429]. *Interrogatorio domiciliario por vía de auxilio judicial*

Cuando la parte que hubiese de responder a interrogatorio resida fuera de la demarcación Judicial del Tribunal, y exista alguna de las circunstancias a que se refiere el párrafo 2.º del apartado 4.º del artículo 169, aquélla podrá ser examinada por vía de auxilio Judicial.

En tales casos, se acompañará al despacho una relación de preguntas formuladas por la parte proponente del interrogatorio, si ésta así lo hubiera solicitado por no poder concurrir al acto del interrogatorio. Las preguntas deberán ser declaradas pertinentes por el Tribunal que conozca del asunto.

Artículo 314. *Prohibición de reiterar el interrogatorio de las partes*

No procederá interrogatorio de las partes o personas a que se refiere el apartado 2 del artículo 301 sobre los mismos hechos que ya hayan sido objeto de declaración por esas partes o personas.

---

[428] Modificado por el RD-Ley 6/2023, de 19 de diciembre. Entrada en vigor desde 20 de marzo de 2024.
[429] Modificado por el RD-Ley 6/2023, de 19 de diciembre. Entrada en vigor desde 20 de marzo de 2024.

Artículo 315. *Interrogatorio en casos especiales*

1. Cuando sean parte en un proceso el Estado, una Comunidad Autónoma, una Entidad local y otro organismo público, y el Tribunal admita su declaración, se les remitirá, sin esperar al juicio o a la vista, una lista con las preguntas que, presentadas por la parte proponente en el momento en que se admita la prueba, el Tribunal declare pertinentes, para que sean respondidas por escrito y entregada la respuesta al Tribunal antes de la fecha señalada para aquellos actos.

2. Leídas en el acto del juicio o en la vista las respuestas escritas, se entenderán con la representación procesal de la parte que las hubiera remitido las preguntas complementarias que el Tribunal estime pertinentes y útiles, y si dicha representación justificase cumplidamente no poder ofrecer las respuestas que se requieran, se procederá a remitir nuevo interrogatorio por escrito como diligencia final.

3. Será de aplicación a la declaración prevista en este artículo lo dispuesto en el artículo 307.

Artículo 316. *Valoración del interrogatorio de las partes*

1. Si no lo contradice el resultado de las demás pruebas, en la sentencia se considerarán ciertos los hechos que una parte haya reconocido como tales si en ellos intervino personalmente y su fijación como ciertos le es enteramente perjudicial.

2. En todo lo demás, los Tribunales valorarán las declaraciones de las partes y de las personas a que se refiere el apartado 2 del artículo 301 según las reglas de la sana crítica, sin perjuicio de lo que se dispone en los artículos 304 y 307.

Sección 2.ª *De los documentos públicos*
(arts. 317 a 323)

Artículo 317. *Clases de documentos públicos*

A efectos de prueba en el proceso, se consideran documentos públicos:

1.º Las resoluciones y diligencias de actuaciones Judiciales de toda especie y los testimonios que de las mismas expidan los Letrados de la Administración de Justicia.

2.º Los autorizados por Notario con arreglo a Derecho.

3.º Los intervenidos por Corredores de Comercio Colegiados y las certificaciones de las operaciones en que hubiesen intervenido, expedidas por ellos con referencia al Libro Registro que deben llevar conforme a derecho.

4.º Las certificaciones que expidan los Registradores de la Propiedad y Mercantiles de los asientos registrales.

5.º Los expedidos por funcionarios públicos legalmente facultados para dar fe en lo que se refiere al ejercicio de sus funciones.

6.º Los que, con referencia a archivos y registros de órganos del Estado, de las Administraciones públicas o de otras entidades de Derecho público, sean expedidos por funcionarios facultados para dar fe de disposiciones y actuaciones de aquellos órganos, Administraciones o entidades.

Artículo 318[430]. *Modo de producción de la prueba por documentos públicos*

Los documentos públicos tendrán la fuerza probatoria establecida en el artículo 319 si se aportaren al proceso en original o por copia o certificación fehaciente, ya sean presentadas éstos en soporte papel o mediante documento electrónico, o si, habiendo sido aportado por copia simple, en soporte papel o imagen digitalizada, conforme a lo previsto en el artículo 267, no se hubiere impugnado su autenticidad.

Artículo 319. *Fuerza probatoria de los documentos públicos*

1. Con los requisitos y en los casos de los artículos siguientes, los documentos públicos comprendidos en los números 1.º a 6.º del artículo 317 harán prueba plena del hecho, acto o estado de cosas que documenten, de la fecha en que se produce esa documentación y de la identidad de los fedatarios y demás personas que, en su caso, intervengan en ella.

2. La fuerza probatoria de los documentos administrativos no comprendidos en los números 5.º y 6.º del artículo 317 a los que las leyes otorguen el carácter de públicos, será la que establezcan las leyes que les reconozca tal carácter. En defecto de disposición expresa en tales leyes, los hechos, actos o estados de cosas que consten en los referidos documentos se tendrán por ciertos, a los efectos de la sentencia que se dicte, salvo que otros medios de prueba desvirtúen la certeza de lo documentado.

3. En materia de usura, los Tribunales resolverán en cada caso formando libremente su convicción sin vinculación a lo establecido en el apartado 1.º de este artículo.

Artículo 320[431]. *Impugnación del valor probatorio del documento público. Cotejo o comprobación*

1. Si se impugnase la autenticidad de un documento público, para que pueda hacer prueba plena se procederá de la forma siguiente:

---

[430] Modificado por la Ley 41/2007, de 7 de diciembre.
[431] Modificado por el RD-Ley 6/2023, de 19 de diciembre. Entrada en vigor desde 20 de marzo de 2024.

1.º Las copias, certificaciones o testimonios fehacientes se cotejarán o comprobarán con los originales, dondequiera que se encuentren.

2.º Las pólizas intervenidas por Corredor de Comercio colegiado[432] se comprobarán con los asientos de su Libro Registro.

2. El cotejo o comprobación de los documentos públicos con sus originales se practicará por el Letrado de la Administración de Justicia, constituyéndose al efecto en el archivo o local donde se halle el original o matriz, a presencia, si concurrieren, de las partes y de sus defensores, que serán citados al efecto.

3. Cuando de un cotejo o comprobación resulte la autenticidad o exactitud de la copia o testimonio impugnados, las costas, gastos y derechos que origine el cotejo o comprobación serán exclusivamente de cargo de quien hubiese formulado la impugnación. Si, a juicio del Tribunal, la impugnación hubiese sido temeraria, podrá imponerle, además, una multa de 120 a 600 euros.

Artículo 321. *Testimonio o certificación incompletos*

El testimonio o certificación fehacientes de sólo una parte de un documento no hará prueba plena mientras no se complete con las adiciones que solicite el litigante a quien pueda perjudicarle.

Artículo 322. *Documentos públicos no susceptibles de cotejo o comprobación*

1. Harán prueba plena en juicio, sin necesidad de comprobación o cotejo y salvo prueba en contrario y la facultad de solicitar el cotejo de letras cuando sea posible:

1.º Las escrituras públicas antiguas que carezcan de protocolo y todas aquellas cuyo protocolo o matriz hubiese desaparecido.

2.º Cualquier otro documento público que, por su índole, carezca de original o registro con el que pueda cotejarse o comprobarse.

2. En los casos de desaparición del protocolo, la matriz o los expedientes originales, se estará a lo dispuesto en el artículo 1221 del Código Civil.

Artículo 323. *Documentos públicos extranjeros*

1. A efectos procesales, se considerarán documentos públicos los documentos extranjeros a los que, en virtud de tratados o convenios internacionales o de leyes especiales, haya de atribuírseles la fuerza probatoria prevista en el artículo 319 de esta Ley.

---

[432] En la actualidad, la referencia a los Corredores de Comercio se debe entender hecha a los Notarios.

2. Cuando no sea aplicable ningún tratado o convenio internacional ni ley especial, se considerarán documentos públicos los que reúnan los siguientes requisitos:

1.º Que en el otorgamiento o confección del documento se hayan observado los requisitos que se exijan en el país donde se hayan otorgado para que el documento haga prueba plena en juicio.

2.º Que el documento contenga la legalización o apostilla y los demás requisitos necesarios para su autenticidad en España.

3. Cuando los documentos extranjeros a que se refieren los apartados anteriores de este artículo incorporen declaraciones de voluntad, la existencia de éstas se tendrá por probada, pero su eficacia será la que determinen las normas españolas y extranjeras aplicables en materia de capacidad, objeto y forma de los negocios jurídicos.

Sección 3.ª De los documentos privados
(arts. 324 a 327)

Artículo 324. Clases de documentos privados

Se consideran documentos privados, a efectos de prueba en el proceso, aquellos que no se hallen en ninguno de los casos del artículo 317.

Artículo 325. Modo de producción de la prueba

Los documentos privados se presentarán del modo establecido en el artículo 268 de esta Ley.

Artículo 326[433]. Fuerza probatoria de los documentos privados

1. Los documentos privados harán prueba plena en el proceso, en los términos del artículo 319, cuando su autenticidad no sea impugnada por la parte a quien perjudiquen.

2. Cuando se impugnare la autenticidad de un documento privado, el que lo haya presentado podrá pedir el cotejo pericial de letras o proponer cualquier otro medio de prueba que resulte útil y pertinente al efecto.

Si del cotejo o de otro medio de prueba se desprendiere la autenticidad del documento, se procederá conforme a lo previsto en el apartado 3.º del artículo 320. Cuando no se pudiere deducir su autenticidad o no se hubiere propuesto prueba alguna, el Tribunal lo valorará conforme a las reglas de la sana crítica.

---

[433] Modificado en su apartado 3 por la Ley 6/2020, de 11 de noviembre, reguladora de determinados aspectos de los servicios electrónicos de confianza, que deroga la Ley 59/2003, de 19 de diciembre, de firma electrónica.

3. Cuando la parte a quien interese la eficacia de un documento electrónico lo pida o se impugne su autenticidad, se procederá con arreglo a lo establecido en el artículo 3 de la Ley de Firma Electrónica[434].

Artículo 327. *Libros de los comerciantes*

Cuando hayan de utilizarse como medio de prueba los libros de los comerciantes se estará a lo dispuesto en las leyes mercantiles. De manera motivada, y con carácter excepcional, el Tribunal podrá reclamar que se presenten ante él los libros o su soporte informático, siempre que se especifiquen los asientos que deben ser examinados.

Sección 4.ª *De las disposiciones comunes a las dos secciones anteriores (arts. 328 a 334)*

Artículo 328[435]. *Deber de exhibición documental entre partes*

1. Cada parte podrá solicitar de las demás la exhibición de documentos que no se hallen a disposición de ella y que se refieran al objeto del proceso o a la eficacia de los medios de prueba.

2. A la solicitud de exhibición deberá acompañarse copia simple del documento y, si no existiere o no se dispusiere de ella, se indicará en los términos más exactos posibles el contenido de aquél.

3. En los procesos seguidos por infracción de un derecho de propiedad industrial o de un derecho de propiedad intelectual, cometida a escala comercial, la solicitud de exhibición podrá extenderse, en particular, a los documentos bancarios, financieros, comerciales o aduaneros producidos en un determinado período de tiempo y que se presuman en poder del demandado. La solicitud deberá acompañarse de un principio de prueba que podrá consistir en la presentación de una muestra de los ejemplares, mercancías o productos en los que se hubiere materializado la infracción. A instancia de cualquier interesado, el Tribunal podrá atribuir carácter reservado a las actuaciones, para garantizar la protección de los datos e información que tuvieran carácter confidencial.

---

[434] Actualmente, la referencia a la Ley de firma electrónica se debe entender hecha a la Ley 6/2020, de 11 de noviembre, reguladora de determinados aspectos de los servicios electrónicos de confianza, que deroga la Ley 59/2003, de 19 de diciembre, de firma electrónica.

[435] Modificado por la Ley 19/2006, de 5 de junio, por la que se amplían los medios de tutela de los derechos de propiedad intelectual e industrial y se establecen normas procesales para facilitar la aplicación de diversos reglamentos comunitarios. Entrada en vigor desde 7 de junio de 2006. Dicha Ley añadió un apartado 3 al artículo 328.

Artículo 329. *Efectos de la negativa a la exhibición*

1. En caso de negativa injustificada a la exhibición del artículo anterior, el Tribunal, tomando en consideración las restantes pruebas, podrá atribuir valor probatorio a la copia simple presentada por el solicitante de la exhibición o a la versión que del contenido del documento hubiese dado.

2. En el caso de negativa injustificada a que se refiere el apartado anterior, el Tribunal, en lugar de lo que en dicho apartado se dispone, podrá formular requerimiento, mediante providencia, para que los documentos cuya exhibición se solicitó sean aportados al proceso, cuando así lo aconsejen las características de dichos documentos, las restantes pruebas aportadas, el contenido de las pretensiones formuladas por la parte solicitante y lo alegado para fundamentarlas.

Artículo 330. *Exhibición de documentos por terceros*

1. Salvo lo dispuesto en esta Ley en materia de diligencias preliminares, sólo se requerirá a los terceros no litigantes la exhibición de documentos de su propiedad cuando, pedida por una de las partes, el Tribunal entienda que su conocimiento resulta trascendente a los fines de dictar sentencia.

En tales casos el Tribunal ordenará, mediante providencia, la comparecencia personal de aquel en cuyo poder se hallen y, tras oírle, resolverá lo procedente. Dicha resolución no será susceptible de recurso alguno, pero la parte a quien interese podrá reproducir su petición en la segunda instancia.

Cuando estuvieren dispuestos a exhibirlos voluntariamente, no se les obligará a que los presenten en la Oficina Judicial, sino que, si así lo exigieren, irá el Letrado de la Administración de Justicia a su domicilio para testimoniarlos.

2. A los efectos del apartado anterior, no se considerarán terceros los titulares de la relación jurídica controvertida o de las que sean causa de ella, aunque no figuren como partes en el juicio.

Artículo 331[436]. *Testimonio de documentos exhibidos*

Si la persona de la que se requiera la exhibición según lo dispuesto en los artículos anteriores no estuviere dispuesta a desprenderse del documento para su incorporación a los autos, se extenderá testimonio de éste por el Letrado de la Administración de Justicia en la sede del Tribunal, si así lo solicitare el exhibente.

---

[436] Modificado por el RD-Ley 6/2023, de 19 de diciembre. Entrada en vigor desde 20 de marzo de 2024.

Artículo 332. *Deber de exhibición de entidades oficiales*

1. Las dependencias del Estado, Comunidades Autónomas, provincias, Entidades locales y demás entidades de Derecho público no podrán negarse a expedir las certificaciones y testimonios que sean solicitados por los Tribunales ni oponerse a exhibir los documentos que obren en sus dependencias y archivos, excepto cuando se trate de documentación legalmente declarada o clasificada como de carácter reservado o secreto. En este caso, se dirigirá al Tribunal exposición razonada sobre dicho carácter.

2. Salvo que exista un especial deber legal de secreto o reserva, las entidades y empresas que realicen servicios públicos o estén encargadas de actividades del Estado, de las Comunidades Autónomas, de las provincias, de los municipios y demás Entidades locales, estarán también sujetas a la obligación de exhibición, así como a expedir certificaciones y testimonios, en los términos del apartado anterior.

Artículo 333[437]. *Extracción de copias de documentos que no sean escritos*

Cuando se trate de dibujos, fotografías, croquis, planos, mapas y otros documentos que no incorporen predominantemente textos escritos, si sólo existiese el original, la parte podrá solicitar que en la exhibición se obtenga copia, a presencia del Letrado de la Administración de Justicia, que dará fe de ser fiel y exacta reproducción del original.

Artículo 334. *Valor probatorio de las copias reprográficas y cotejo*

1. Si la parte a quien perjudique el documento presentado por copia reprográfica impugnare la exactitud de la reproducción, se cotejará con el original, si fuere posible y, no siendo así, se determinará su valor probatorio según las reglas de la sana crítica, teniendo en cuenta el resultado de las demás pruebas.

2. Lo dispuesto en el apartado anterior de este artículo también será de aplicación a los dibujos, fotografías, pinturas, croquis, planos, mapas y documentos semejantes.

3. El cotejo a que el presente artículo se refiere se verificará por el Letrado de la Administración de Justicia, salvo el derecho de las partes a proponer prueba pericial.

Sección 5.ª Del dictamen de peritos
(arts. 335 a 352)

---

[437] Modificado por la Ley 42/2015, de 5 de octubre, de reforma de la Ley 1/2000, de 7 de enero, de Enjuiciamiento Civil. Entrada en vigor desde 7 de octubre de 2015.

Artículo 335[438]. *Objeto y finalidad del dictamen de peritos. Juramento o promesa de actuar con objetividad*

1. Cuando sean necesarios conocimientos científicos, artísticos, técnicos o prácticos para valorar hechos o circunstancias relevantes en el asunto o adquirir certeza sobre ellos, las partes podrán aportar al proceso el dictamen de peritos que posean los conocimientos correspondientes o solicitar, en los casos previstos en esta ley, que se emita dictamen por perito designado por el Tribunal.

2. Al emitir el dictamen, todo perito deberá manifestar, bajo juramento o promesa de decir verdad, que ha actuado y, en su caso, actuará con la mayor objetividad posible, tomando en consideración tanto lo que pueda favorecer como lo que sea susceptible de causar perjuicio a cualquiera de las partes, y que conoce las sanciones penales en las que podría incurrir si incumpliere su deber como perito.

3. Salvo acuerdo en contrario de las partes, no se podrá solicitar dictamen a un perito que hubiera intervenido en una mediación o arbitraje relacionados con el mismo asunto.

Artículo 336[439]. *Aportación con la demanda y la contestación de dictámenes elaborados por peritos designados por las partes*

1. Los dictámenes de que los litigantes dispongan, elaborados por peritos por ellos designados, y que estimen necesarios o convenientes para la defensa de sus derechos, habrán de aportarlos con la demanda o con la contestación, si ésta hubiere de realizarse en forma escrita, sin perjuicio de lo dispuesto en el artículo 337 de la presente Ley.

2. Los dictámenes se formularán por escrito, acompañados, en su caso, de los demás documentos, instrumentos o materiales adecuados para exponer el parecer del perito sobre lo que haya sido objeto de la pericia. Si no fuese posible o conveniente aportar estos materiales e instrumentos, el escrito de dictamen contendrá sobre ellos las indicaciones suficientes. Podrán, asimismo, acompañarse al dictamen los documentos que se estimen adecuados para su más acertada valoración.

3. Se entenderá que al demandante le es posible aportar con la demanda dictámenes escritos elaborados por perito por él designado, si no justifica cumplidamente que la defensa de su derecho no ha permitido demorar la interposición de aquélla hasta la obtención del dictamen.

---

[438] Modificado por la Ley 5/2012, de 6 de julio, de mediación en asuntos civiles y mercantiles. Entrada en vigor desde 27 de julio de 2012.

[439] Modificado por la Ley 42/2015, de 5 de octubre, de reforma de la Ley 1/2000, de 7 de enero, de Enjuiciamiento Civil. Entrada en vigor desde 7 de octubre de 2015.

4. En los juicios con contestación a la demanda por escrito, el demandado que no pueda aportar dictámenes escritos con aquella contestación a la demanda deberá justificar la imposibilidad de pedirlos y obtenerlos dentro del plazo para contestar.

Artículo 337[440]. *Anuncio de dictámenes cuando no se puedan aportar con la demanda o con la contestación. Aportación posterior*

1. Si no les fuese posible a las partes aportar dictámenes elaborados por peritos por ellas designados, junto con la demanda o contestación, expresarán en una u otra los dictámenes de que, en su caso, pretendan valerse, que habrán de aportar, para su traslado a la parte contraria, en cuanto dispongan de ellos y, en todo caso, 5 días antes de iniciarse la audiencia previa al juicio ordinario o de la vista en el verbal.

2. Aportados los dictámenes conforme a lo dispuesto en el apartado anterior, las partes habrán de manifestar si desean que los peritos autores de los dictámenes comparezcan en el juicio regulado en los artículos 431 y siguientes de esta Ley o, en su caso, en la vista del juicio verbal, expresando si deberán exponer o explicar el dictamen o responder a preguntas, objeciones o propuestas de rectificación o intervenir de cualquier otra forma útil para entender y valorar el dictamen en relación con lo que sea objeto del pleito.

Artículo 338[441]. *Aportación de dictámenes en función de actuaciones procesales posteriores a la demanda. Solicitud de intervención de los peritos en el juicio o vista*

1. Lo dispuesto en el artículo anterior no será de aplicación a los dictámenes cuya necesidad o utilidad se ponga de manifiesto a causa de alegaciones del demandado en la contestación a la demanda o de las alegaciones o pretensiones complementarias admitidas en la audiencia, a tenor del artículo 426 de esta Ley.

2. Los dictámenes cuya necesidad o utilidad venga suscitada por la contestación a la demanda o por lo alegado y pretendido en la audiencia previa al juicio se aportarán por las partes, para su traslado a las contrarias, con, al menos, 5 días de antelación a la celebración del juicio o de la vista, en los juicios verbales con trámite de contestación escrita, manifestando las partes al Tribunal si consideran necesario que concurran a dichos juicio o vista los peritos autores de los dictámenes, con expresión de lo que se señala en el apartado 2 del artículo 337.

El Tribunal podrá acordar también en este caso la presencia de los peritos en el juicio o vista en los términos señalados en el apartado 2 del artículo anterior.

---

[440] Modificado por el RD-Ley 6/2023, de 19 de diciembre. Entrada en vigor desde 20 de marzo de 2024.
[441] Modificado por Ley 42/2015, de 5 de octubre, de reforma de la Ley 1/2000, de 7 de enero, de Enjuiciamiento Civil. Entrada en vigor desde 7 de octubre de 2015.

Artículo 339[442]. *Solicitud de designación de peritos por el Tribunal y resolución Judicial sobre dicha solicitud. Designación de peritos por el Tribunal, sin instancia de parte*

1. Si cualquiera de las partes fuese titular del derecho de asistencia jurídica gratuita, no tendrá que aportar con la demanda o la contestación el dictamen pericial, sino simplemente anunciarlo, a los efectos de que se proceda a la designación Judicial de perito, conforme a lo que se establece en la Ley de Asistencia Jurídica Gratuita[443].

Si se tratara de juicios verbales sin trámite de contestación escrita, el demandado beneficiario de justicia gratuita deberá solicitar la designación Judicial de perito al menos con 10 días de antelación al que se hubiera señalado para la celebración del acto de la vista, a fin de que el perito designado pueda emitir su informe con anterioridad a dicho acto.

2. El demandante o el demandado, aunque no se hallen en el caso del apartado anterior, también podrán solicitar en sus respectivos escritos iniciales o el demandado con la antelación prevista en el párrafo 2.º del apartado anterior de este artículo, que se proceda a la designación Judicial de perito, si entienden conveniente o necesario para sus intereses la emisión de informe pericial. En tal caso, el Tribunal procederá a la designación, siempre que considere pertinente y útil el dictamen pericial solicitado. Dicho dictamen será a costa de quien lo haya pedido, sin perjuicio de lo que pudiere acordarse en materia de costas.

Salvo que se refiera a alegaciones o pretensiones no contenidas en la demanda, no se podrá solicitar, con posterioridad a la demanda o a la contestación o una vez transcurrido el plazo señalado en los apartados 1 y 2 de este artículo para la prueba pericial de los juicios verbales sin contestación escrita, informe pericial elaborado por perito designado Judicialmente.

La designación Judicial de perito deberá realizarse en el plazo de 5 días desde la presentación de la contestación a la demanda, con independencia de quien haya solicitado dicha designación, o en el plazo de 2 días a contar desde la presentación de la solicitud en los supuestos contemplados en el párrafo 2.º del apartado 1 y en el apartado 2 de este precepto. Cuando ambas partes la hubiesen pedido inicialmente, el Tribunal podrá designar, si aquéllas se muestran conformes, un único perito que emita el informe solicitado. En tal caso, el abono de los honorarios del perito corresponderá realizarlo a ambos litigantes por partes iguales, sin perjuicio de lo que pudiere acordarse en materia de costas.

---

[442] Modificado por Ley 42/2015, de 5 de octubre, de reforma de la Ley 1/2000, de 7 de enero, de Enjuiciamiento Civil. Entrada en vigor desde 7 de octubre de 2015.

[443] Véase la Ley 1/1996, de 10 de enero, de Asistencia Jurídica Gratuita.

3. En el juicio ordinario, si, a consecuencia de las alegaciones o pretensiones complementarias permitidas en la audiencia, las partes solicitasen, conforme previene el apartado 4.º del artículo 427, la designación por el Tribunal de un perito que dictamine, lo acordará éste así, siempre que considere pertinente y útil el dictamen, y ambas partes se muestren conformes en el objeto de la pericia y en aceptar el dictamen del perito que el Tribunal nombre.

Lo mismo podrá hacer el Tribunal cuando se trate de juicio verbal y las partes solicitasen designación de perito, con los requisitos del párrafo anterior.

4. En los casos señalados en los dos apartados anteriores, si las partes que solicitasen la designación de un perito por el Tribunal estuviesen además de acuerdo en que el dictamen sea emitido por una determinada persona o entidad, así lo acordará el Tribunal. Si no hubiese acuerdo de las partes, el perito será designado por el procedimiento establecido en el artículo 341.

5. El Tribunal podrá, de oficio, designar perito cuando la pericia sea pertinente en procesos sobre declaración o impugnación de la filiación, paternidad y maternidad, sobre la capacidad de las personas o en procesos matrimoniales.

6. El Tribunal no designará más que un perito titular por cada cuestión o conjunto de cuestiones que hayan de ser objeto de pericia y que no requieran, por la diversidad de su materia, el parecer de expertos distintos.

Artículo 340. *Condiciones de los peritos*

1. Los peritos deberán poseer el título oficial que corresponda a la materia objeto del dictamen y a la naturaleza de este y ser acreditados expertos en la materia. Si se tratare de materias que no estén comprendidas en títulos profesionales oficiales, habrán de ser nombrados entre personas entendidas en aquellas materias[444].

2. Podrá asimismo solicitarse dictamen de Academias e instituciones culturales y científicas que se ocupen del estudio de las materias correspondientes al objeto de la pericia. También podrán emitir dictamen sobre cuestiones específicas las personas jurídicas legalmente habilitadas para ello.

3. En los casos del apartado anterior, la institución a la que se encargue el dictamen expresará a la mayor brevedad qué persona o personas se encargarán directamente de prepararlo, a las que se exigirá el juramento o promesa previsto en el apartado 2.º del artículo 335.

---

[444] Apartado 1 modificado por la LO 1/2025, de 2 de enero. Entrada en vigor el 3 de abril de 2025.

Artículo 341. *Procedimiento para la designación Judicial de perito*

1. En el mes de enero de cada año se interesará de los distintos Colegios Profesionales o, en su defecto, de entidades análogas, así como de las Academias e instituciones culturales y científicas a que se refiere el apartado 2.º del artículo anterior el envío de una lista de colegiados o asociados dispuestos a actuar como peritos. La primera designación de cada lista se efectuará por sorteo realizado en presencia del Letrado de la Administración de Justicia, y a partir de ella se efectuarán las siguientes designaciones por orden correlativo.

2. Cuando haya de designarse perito a persona sin título oficial, práctica o entendida en la materia, previa citación de las partes, se realizará la designación por el procedimiento establecido en el apartado anterior, usándose para ello una lista de personas que cada año se solicitará de sindicatos, asociaciones y entidades apropiadas, y que deberá estar integrada por, al menos, 5 de aquellas personas. Si, por razón de la singularidad de la materia de dictamen, únicamente se dispusiera del nombre de una persona entendida o práctica, se recabará de las partes su consentimiento y sólo si todas lo otorgan se designará perito a esa persona.

Artículo 342[445]. *Llamamiento al perito designado, aceptación y nombramiento. Provisión de fondos*

1. En el mismo día o siguiente día hábil a la designación, el Letrado de la Administración de Justicia comunicará ésta al perito titular, requiriéndole para que en el plazo de 2 días manifieste si acepta el cargo. En caso afirmativo, se efectuará el nombramiento y el perito hará, en la forma en que se disponga, la manifestación bajo juramento o promesa que ordena el apartado 2 del artículo 335.

2. Si el perito designado adujere justa causa que le impidiere la aceptación y el Letrado de la Administración de Justicia la considerare suficiente, será sustituido por el siguiente de la lista, y así sucesivamente, hasta que se pudiere efectuar el nombramiento.

3. El perito designado podrá solicitar, en los 3 días siguientes a su nombramiento y con presentación de un presupuesto de lo que sería su futura factura, la provisión de fondos que considere necesaria, que será a cuenta de la liquidación final. El Letrado o Letrada de la Administración de Justicia, mediante Decreto, decidirá sobre la provisión solicitada y ordenará a la parte o partes que hubiesen propuesto la prueba pericial y no tuviesen derecho a la asistencia jurídica gratuita, que procedan a abonar la cantidad fijada en la Cuenta de Depósitos y Consignaciones del tribunal, en el plazo de 5 días.

---

[445] Modificado por el RD-Ley 6/2023, de 19 de diciembre. Entrada en vigor desde 20 de marzo de 2024.

Transcurrido dicho plazo, si no se hubiere depositado la cantidad establecida, el perito quedará eximido de emitir el dictamen, sin que pueda procederse a una nueva designación.

Cuando el perito designado lo hubiese sido de común acuerdo, y uno de los litigantes no realizare la parte de la consignación que le correspondiere, ofrecerá al otro litigante la posibilidad de completar la cantidad que faltare, indicando en tal caso los puntos sobre los que deba pronunciarse el dictamen, o de recuperar la cantidad depositada, en cuyo caso se aplicará lo dispuesto en el párrafo anterior.

Terminada la práctica de la prueba pericial el perito presentará su factura o minuta de honorarios, a la que se dará la tramitación prevista en cuanto a las impugnaciones de tasaciones de costas por honorarios excesivos que proceda, y firme que sea la resolución que recaiga se procederá a su pago[446].

Artículo 343. *Tachas de los peritos. Tiempo y forma de las tachas*

1. Sólo podrán ser objeto de recusación los peritos designados Judicialmente. En cambio, los peritos no recusables podrán ser objeto de tacha cuando concurra en ellos alguna de las siguientes circunstancias:

1.° Ser cónyuge o pariente por consanguinidad o afinidad, dentro del 4.° grado civil de una de las partes o de sus abogados o procuradores.

2.° Tener interés directo o indirecto en el asunto o en otro semejante.

3.° Estar o haber estado en situación de dependencia o de comunidad o contraposición de intereses con alguna de las partes o con sus abogados o procuradores.

4.° Amistad íntima o enemistad con cualquiera de las partes o sus procuradores o abogados.

5.° Cualquier otra circunstancia, debidamente acreditada, que les haga desmerecer en el concepto profesional.

2. Las tachas no podrán formularse después del juicio o de la vista, en los juicios verbales. Si se tratare de juicio ordinario, las tachas de los peritos autores de dictámenes aportados con demanda o contestación se propondrán en la audiencia previa al juicio.

Al formular tachas de peritos, se podrá proponer la prueba conducente a justificarlas, excepto la testifical.

---

[446] Apartado 3 modificado por la LO 1/2025, de 2 de enero. Entrada en vigor el 3 de abril de 2025.

Artículo 344. *Contradicción y valoración de la tacha. Sanción en caso de tacha temeraria o desleal*

1. Cualquier parte interesada podrá dirigirse al Tribunal a fin de negar o contradecir la tacha, aportando los documentos que consideren pertinentes a tal efecto. Si la tacha menoscabara la consideración profesional o personal del perito, podrá éste solicitar del Tribunal que, al término del proceso, declare, mediante providencia, que la tacha carece de fundamento.

2. Sin más trámites, el Tribunal tendrá en cuenta la tacha y su eventual negación o contradicción en el momento de valorar la prueba, formulando, en su caso, mediante providencia, la declaración de falta de fundamento de la tacha prevista en el apartado anterior. Si apreciase temeridad o deslealtad procesal en la tacha, a causa de su motivación o del tiempo en que se formulara, podrá imponer a la parte responsable, con previa audiencia, una multa de 60 a 600 euros.

Artículo 345. *Operaciones periciales y posible intervención de las partes en ellas*

1. Cuando la emisión del dictamen requiera algún reconocimiento de lugares, objetos o personas o la realización de operaciones análogas, las partes y sus defensores podrán presenciar uno y otras, si con ello no se impide o estorba la labor del perito y se puede garantizar el acierto e imparcialidad del dictamen.

2. Si alguna de las partes solicitare estar presente en las operaciones periciales del apartado anterior, el Tribunal decidirá lo que proceda y, en caso de admitir esa presencia, ordenará al perito que dé aviso directamente a las partes, con antelación de al menos cuarenta y ocho horas, del día, hora y lugar en que aquellas operaciones se llevarán a cabo.

Artículo 346[447]. *Emisión y ratificación del dictamen por el perito que el Tribunal designe*

El perito que el Tribunal designe emitirá por escrito su dictamen, que hará llegar al Tribunal en el plazo que se le haya señalado. De dicho dictamen se dará traslado por el Letrado de la Administración de Justicia a las partes por si consideran necesario que el perito concurra al juicio o a la vista a los efectos de que aporte las aclaraciones o explicaciones que sean oportunas. El Tribunal podrá acordar, en todo caso, mediante providencia, que considera necesaria la presencia del perito en el juicio o la vista para comprender y valorar mejor el dictamen realizado.

---

[447] Modificado por el RD-Ley 6/2023, de 19 de diciembre. Entrada en vigor desde 20 de marzo de 2024.

Artículo 347[448]. *Posible actuación de los peritos en el juicio o en la vista*

1. Los peritos tendrán en el juicio o en la vista la intervención solicitada por las partes, que el Tribunal admita.

El Tribunal sólo denegará las solicitudes de intervención que, por su finalidad y contenido, hayan de estimarse impertinentes o inútiles, o cuando existiera un deber de confidencialidad derivado de la intervención del perito en un procedimiento de mediación anterior entre las partes.

En especial, las partes y sus defensores podrán pedir:

1.º Exposición completa del dictamen, cuando esa exposición requiera la realización de otras operaciones, complementarias del escrito aportado, mediante el empleo de los documentos, materiales y otros elementos a que se refiere el apartado 2 del artículo 336.

2.º Explicación del dictamen o de alguno o algunos de sus puntos, cuyo significado no se considerase suficientemente expresivo a los efectos de la prueba.

3.º Respuestas a preguntas y objeciones, sobre método, premisas, conclusiones y otros aspectos del dictamen.

4.º Respuestas a solicitudes de ampliación del dictamen a otros puntos conexos, por si pudiera llevarse a cabo en el mismo acto y a efectos, en cualquier caso, de conocer la opinión del perito sobre la posibilidad y utilidad de la ampliación, así como del plazo necesario para llevarla a cabo.

5.º Crítica del dictamen de que se trate por el perito de la parte contraria.

6.º Formulación de las tachas que pudieren afectar al perito.

2. El Tribunal podrá también formular preguntas a los peritos y requerir de ellos explicaciones sobre lo que sea objeto del dictamen aportado, pero sin poder acordar, de oficio, que se amplíe, salvo que se trate de peritos designados de oficio conforme a lo dispuesto en el apartado 5 del artículo 339.

Artículo 348. *Valoración del dictamen pericial*

El Tribunal valorará los dictámenes periciales según las reglas de la sana crítica.

Artículo 349. *Cotejo de letras*

1. Se practicará por perito el cotejo de letras cuando la autenticidad de un documento privado se niegue o se ponga en duda por la parte a quien perjudique.

---

[448] Modificado por la Ley 5/2012, de 6 de julio, de mediación en asuntos civiles y mercantiles. Entrada en vigor desde 27 de julio de 2012.

2. También podrá practicarse cotejo de letras cuando se niegue o discuta la autenticidad de cualquier documento público que carezca de matriz y de copias fehacientes según lo dispuesto en el artículo 1221 del Código Civil, siempre que dicho documento no pueda ser reconocido por el funcionario que lo hubiese expedido o por quien aparezca como fedatario interviniente.

3. El cotejo de letras se practicará por perito designado por el Tribunal conforme a lo dispuesto en los artículos 341 y 342 de esta Ley.

Artículo 350. *Documentos indubitados o cuerpo de escritura para el cotejo*

1. La parte que solicite el cotejo de letras designará el documento o documentos indubitados con que deba hacerse.

2. Se considerarán documentos indubitados a los efectos de cotejar las letras:

1.º Los documentos que reconozcan como tales todas las partes a las que pueda afectar esta prueba pericial.

2.º Las escrituras públicas y los que consten en los archivos públicos relativos al Documento Nacional de Identidad.

3.º Los documentos privados cuya letra o firma haya sido reconocida en juicio por aquel a quien se atribuya la dudosa.

4.º El escrito impugnado, en la parte en que reconozca la letra como suya aquel a quien perjudique.

3. A falta de los documentos enumerados en el apartado anterior, la parte a la que se atribuya el documento impugnado o la firma que lo autorice podrá ser requerida, a instancia de la contraria, para que forme un cuerpo de escritura que le dictará el Tribunal o el Letrado de la Administración de Justicia. Si el requerido se negase, el documento impugnado se considerará reconocido.

4. Si no hubiese documentos indubitados y fuese imposible el cotejo con un cuerpo de escritura por fallecimiento o ausencia de quien debiera formarlo, el Tribunal apreciará el valor del documento impugnado conforme a las reglas de la sana crítica.

Artículo 351. *Producción y valoración del dictamen sobre el cotejo de letras*

1. El perito que lleve a cabo el cotejo de letras consignará por escrito las operaciones de comprobación y sus resultados.

2. Será de aplicación al dictamen pericial de cotejo de letras lo dispuesto en los artículos 346, 347 y 348 de esta Ley.

Artículo 352. *Otros dictámenes periciales instrumentales de pruebas distintas*

Cuando sea necesario o conveniente para conocer el contenido o sentido de una prueba o para proceder a su más acertada valoración, podrán las partes aportar o proponer dictámenes periciales sobre otros medios de prueba admitidos por el Tribunal al amparo de lo previsto en los apartados 2 y 3 del artículo 299.

Sección 6.ª *Del reconocimiento judicial*
(arts. 353 a 359)

Artículo 353[449]. *Objeto y finalidad del reconocimiento judicial e iniciativa para acordarlo*[450]

1. El reconocimiento judicial se acordará cuando para el esclarecimiento y apreciación de los hechos sea necesario o conveniente que el tribunal examine por sí mismo algún lugar, objeto o persona.

2. Sin perjuicio de la amplitud que el tribunal estime que ha de tener el reconocimiento judicial, la parte que lo solicite habrá de expresar los extremos principales a que quiere que éste se refiera e indicará si pretende concurrir al acto con alguna persona técnica o práctica en la materia.

La otra parte podrá, antes de la realización del reconocimiento judicial, proponer otros extremos que le interesen y asimismo deberá manifestar si asistirá con persona de las indicadas en el párrafo anterior.

3. Acordada por el Tribunal la práctica del reconocimiento judicial, el Secretario señalará con 5 días de antelación, por lo menos, el día y hora en que haya de practicarse el mismo[451].

Artículo 354. *Realización del reconocimiento judicial e intervención de las partes y de personas entendidas*

1. El tribunal podrá acordar cualesquiera medidas que sean necesarias para lograr la efectividad del reconocimiento, incluida la de ordenar la entrada en el lugar que deba reconocerse o en que se halle el objeto o la persona que se deba reconocer.

2. Las partes, sus procuradores y abogados podrán concurrir al reconocimiento judicial y hacer al tribunal, de palabra, las observaciones que estimen oportunas.

---

[449] Modificado por la Ley 13/2009, de 3 de noviembre. Entrada en vigor 4 de mayo de 2010.
[450] Véanse el art. 24.2 de la CE y los arts. 299 y 300 de la presente norma.
[451] Véase el art 453 de la LOPJ.

3. Si, de oficio o a instancia de parte, el tribunal considerase conveniente oír las observaciones o declaraciones de las personas indicadas en el apartado 2 del artículo anterior, les recibirá previamente juramento o promesa de decir verdad.

Artículo 355. *Reconocimiento de personas*

1. El reconocimiento judicial de una persona se practicará a través de un interrogatorio realizado por el tribunal, que se adaptará a las necesidades de cada caso concreto. En dicho interrogatorio, que podrá practicarse, si las circunstancias lo aconsejaren, a puerta cerrada o fuera de la sede del tribunal, podrán intervenir las partes siempre que el tribunal no lo considere perturbador para el buen fin de la diligencia.

2. En todo caso, en la práctica del reconocimiento judicial se garantizará el respeto a la dignidad e intimidad de la persona[452].

Artículo 356. *Concurrencia del reconocimiento judicial y el pericial*[453]

1. Cuando el tribunal lo considere conveniente, podrá disponer, mediante providencia, que se practiquen en un solo acto el reconocimiento judicial y el pericial, sobre el mismo lugar, objeto o persona, siguiéndose el procedimiento establecido en esta Sección.

2. Las partes podrán solicitar también la práctica conjunta de ambos reconocimientos y el tribunal la ordenará si la estima procedente.

Artículo 357. *Concurrencia del reconocimiento judicial y la prueba por testigos*[454]

1. A instancia de parte y a su costa, el tribunal podrá determinar mediante providencia que los testigos sean examinados acto continuo del reconocimiento judicial, cuando la vista del lugar o de las cosas o personas pueda contribuir a la claridad de su testimonio.

2. También se podrá practicar, a petición de parte, el interrogatorio de la contraria cuando se den las mismas circunstancias señaladas en el apartado anterior.

Artículo 358. *Acta del reconocimiento judicial*[455]

1. Del reconocimiento judicial practicado se levantará por el letrado o letrada de la Administración de Justicia acta detallada, consignándose en ella con claridad las

---

[452] Véanse los arts. 10 y 18.1 de la CE.
[453] Véase el art. 345 de la presente norma.
[454] Véase el art. 299 de la presente norma.
[455] Véase el art. 453 de la LOPJ.

percepciones y apreciaciones del tribunal, así como las observaciones hechas por las partes y por las personas a que se refiere el artículo 354.

Siempre que se cuente con los medios tecnológicos necesarios, no será de aplicación lo previsto en el párrafo anterior, sino que el letrado o letrada de la Administración de Justicia garantizará la autenticidad e integridad de lo grabado o reproducido mediante la utilización de la firma electrónica u otro sistema de seguridad que conforme a la ley ofrezca tales garantías.

2. También se recogerá en acta el resultado de las demás actuaciones de prueba que se hubieran practicado en el mismo acto del reconocimiento judicial, según lo dispuesto en los artículos 356 y 357.

Artículo 359. *Empleo de medios técnicos de constancia del reconocimiento judicial*[456]

Se utilizarán medios de grabación de imagen y sonido u otros instrumentos semejantes para dejar constancia de lo que sea objeto de reconocimiento judicial y de las manifestaciones de quienes intervengan en él[457].

Siempre que sea posible, se garantizará la autenticidad e integridad de lo grabado o reproducido mediante la utilización de la firma electrónica u otro sistema de seguridad.

Si no se pudiere garantizar la autenticidad e integridad de lo grabado o reproducido mediante la utilización de la firma electrónica u otro sistema de seguridad, se confeccionará acta escrita y se consignará en ella cuanto sea necesario para la identificación de las grabaciones, reproducciones o exámenes llevados a cabo, que habrán de incorporarse al expediente judicial electrónico, o en su defecto, conservarse por el letrado o letrada de la Administración de Justicia, de modo que no sufran alteraciones.

Cuando sea posible la copia, con garantías de autenticidad, de lo grabado o reproducido por los antedichos medios o instrumentos, la parte a quien interese, a su costa, podrá pedirla y obtenerla del tribunal.

Sección 7.ª Del interrogatorio de testigos
(arts. 360 a 381)

---

[456] Modificado el art. por el RD Ley 6/2023, de 19 de diciembre. Entrada en vigor desde 20 de marzo de 2024.

[457] Modificado artículo por la Ley 13/2009, de 3 de noviembre. Entrada en vigor desde 4 de mayo de 2010. Véase art. 147 de la presente norma..

Artículo 360. *Contenido de la prueba*

Las partes podrán solicitar que declaren como testigos las personas que tengan noticia de hechos controvertidos relativos a lo que sea objeto del juicio.

Artículo 361. *Idoneidad para ser testigos*

Podrán ser testigos todas las personas, salvo las que se hallen permanentemente privadas de razón o del uso de sentidos respecto de hechos sobre los que únicamente quepa tener conocimiento por dichos sentidos.

Los menores de catorce años podrán declarar como testigos si, a juicio del tribunal, poseen el discernimiento necesario para conocer y para declarar verazmente[458].

Artículo 362. *Designación de los testigos*[459]

Al proponer la prueba de testigos, se expresará su identidad, con indicación, en cuanto sea posible, del nombre y apellidos de cada uno, su profesión y su domicilio o residencia.

También podrá hacerse la designación del testigo expresando el cargo que ostentare o cualesquiera otras circunstancias de identificación, así como el lugar en que pueda ser citado.

Artículo 363. *Limitación del número de testigos*

Las partes podrán proponer cuantos testigos estimen conveniente, pero los gastos de los que excedan de tres por cada hecho discutido serán en todo caso de cuenta de la parte que los haya presentado.

Cuando el tribunal hubiere escuchado el testimonio de al menos tres testigos con relación a un hecho discutido, podrá obviar las declaraciones testificales que faltaren, referentes a ese mismo hecho, si considerare que con las emitidas ya ha quedado suficientemente ilustrado.

Artículo 364. *Declaración domiciliaria del testigo*[460]

1. Cuando el testigo resida fuera de la demarcación judicial del tribunal, la declaración se hará preferentemente a través de videoconferencia.

---

[458] Véase el art. 365.2 de la presente norma

[459] Véase el art. 429.5 de la presente norma.

[460] Modificado por el RD-Ley 6/2023, de 19 de diciembre. Entrada en vigor desde 20 de marzo de 2024.

2. Cuando no pueda realizarse por videoconferencia y por enfermedad u otro motivo de los referidos en el apartado 4 del artículo 169, el tribunal considerare que algún testigo no puede comparecer en la sede de aquél, podrá tomársele declaración en su domicilio, bien directamente, bien a través de auxilio judicial, según que dicho domicilio se halle o no en la demarcación del tribunal.

A la declaración podrán asistir las partes y sus abogados, y, si no pudieren comparecer, se les autorizará a que presenten interrogatorio escrito previo con las preguntas que desean formular al testigo interrogado.

3. Cuando, atendidas las circunstancias, el tribunal considere prudente no permitir a las partes y a sus abogados que concurran a la declaración domiciliaria, se dará a las partes vista de las respuestas obtenidas para que puedan solicitar, dentro del tercer día, que se formulen al testigo nuevas preguntas complementarias o que se le pidan las aclaraciones oportunas, conforme a lo prevenido en el artículo 372.

Artículo 365. *Juramento o promesa de los testigos*

1. Antes de declarar, cada testigo prestará juramento o promesa de decir verdad, con la conminación de las penas establecidas para el delito de falso testimonio en causa civil, de las que le instruirá el tribunal si manifestare ignorarlas.

2. Cuando se trate de testigos menores de edad penal, no se les exigirá juramento ni promesa de decir verdad.

Artículo 366. *Modo de declarar los testigos*

1. Los testigos declararán separada y sucesivamente, por el orden en que vinieran consignados en las propuestas, salvo que el tribunal encuentre motivo para alterarlo.

2. Los testigos no se comunicarán entre sí ni podrán unos asistir a las declaraciones de otros.

A este fin, se adoptarán las medidas que sean necesarias.

Artículo 367. *Preguntas generales al testigo*

1. El tribunal preguntará inicialmente a cada testigo, en todo caso:

1. Por su nombre, apellidos, edad, estado, profesión y domicilio.

2. Si ha sido o es cónyuge, pariente por consanguinidad o afinidad, y en qué grado, de alguno de los litigantes, sus abogados o procuradores o se halla ligado a éstos por vínculos de adopción, tutela o análogos.

3. Si es o ha sido dependiente o está o ha estado al servicio de la parte que lo haya propuesto o de su procurador o abogado o ha tenido o tiene con ellos alguna relación susceptible de provocar intereses comunes o contrapuestos.

4. Si tiene interés directo o indirecto en el asunto o en otro semejante.

5. Si es amigo íntimo o enemigo de alguno de los litigantes o de sus procuradores o abogados.

6. Si ha sido condenado alguna vez por falso testimonio.

2. En vista de las respuestas del testigo a las preguntas del apartado anterior, las partes podrán manifestar al tribunal la existencia de circunstancias relativas a su imparcialidad[461].

El tribunal podrá interrogar al testigo sobre esas circunstancias y hará que preguntas y respuestas se consignen en acta para la debida valoración de las declaraciones al dictar sentencia.

Artículo 368. *Contenido y admisibilidad de las preguntas que se formulen*

1. Las preguntas que se planteen al testigo deberán formularse oralmente y con la debida claridad y precisión. No habrán de incluir valoraciones ni calificaciones, y si éstas se incorporaran, se tendrán por no realizadas[462].

2. El tribunal decidirá sobre las preguntas planteadas en el mismo acto del interrogatorio, admitiendo las que puedan resultar conducentes a la averiguación de hechos y circunstancias controvertidos, que guarden relación con el objeto del juicio.

Se inadmitirán las preguntas que no se refieran a los conocimientos propios de un testigo según el artículo 360.

3. Si pese a haber sido inadmitida, se respondiese una pregunta, la respuesta no constará en acta.

Artículo 369. *Impugnación de la admisión de las preguntas y protesta contra su inadmisión*

1. En el acto mismo del interrogatorio, las partes distintas de quien haya formulado la pregunta podrán impugnar su admisión y hacer notar las valoraciones y calificaciones que estimen improcedentes y que, a su juicio, debieran tenerse por no realizadas.

---

[461] Véase el art. 377 de la presente norma.
[462] Modificado por la Ley 13/2009, de 3 de noviembre. Entrada en vigor desde 4 de mayo de 2010.

2. La parte que se muestre disconforme con la inadmisión de preguntas, podrá manifestarlo así y pedir que conste en acta su protesta.

Artículo 370. *Examen del testigo sobre las preguntas admitidas. Testigo-perito*

1. Una vez contestadas las preguntas generales, el testigo será examinado por la parte que le hubiera propuesto, y si hubiera sido propuesto por ambas partes, se comenzará por las preguntas que formule el demandante.

2. El testigo responderá por sí mismo, de palabra, sin valerse de ningún borrador de respuestas. Cuando la pregunta se refiera a cuentas, libros o documentos, se permitirá que los consulte antes de responder.

3. En cada una de sus respuestas, el testigo expresará la razón de ciencia de lo que diga.

4. Cuando el testigo posea conocimientos científicos, técnicos, artísticos o prácticos sobre la materia a que se refieran los hechos del interrogatorio, el tribunal admitirá las manifestaciones que en virtud de dichos conocimientos agregue el testigo a sus respuestas sobre los hechos.

En cuanto a dichas manifestaciones, las partes podrán hacer notar al tribunal la concurrencia de cualquiera de las circunstancias de tacha relacionadas en el artículo 343 de esta Ley.

Artículo 371. *Testigos con deber de guardar secreto*[463]

1. Cuando, por su estado o profesión, el testigo tenga el deber de guardar secreto respecto de hechos por los que se le interrogue, lo manifestará razonadamente y el tribunal, considerando el fundamento de la negativa a declarar, resolverá, mediante providencia, lo que proceda en Derecho. Si el testigo quedare liberado de responder, se hará constar así en el acta.

2. Si se alegare por el testigo que los hechos por los que se le pregunta pertenecen a materia legalmente declarada o clasificada como de carácter reservado o secreto, el tribunal, en los casos en que lo considere necesario para la satisfacción de los intereses de la administración de justicia, pedirá de oficio, mediante providencia, al órgano competente el documento oficial que acredite dicho carácter.

El tribunal, comprobado el fundamento de la alegación del carácter reservado o secreto, mandará unir el documento a los autos, dejando constancia de las preguntas afectadas por el secreto oficial.

---

[463] Véase el art. 332 de la presente norma.

Artículo 372. *Intervención de las partes en el interrogatorio y ampliación de éste*

1. Una vez respondidas las preguntas formuladas por el abogado de la parte que propuso la prueba testifical, podrán los abogados de cualquiera de las demás partes plantear al testigo nuevas preguntas que reputen conducentes para determinar los hechos. El tribunal deberá repeler las preguntas que sean impertinentes o inútiles.

En caso de inadmisión de estas preguntas, será de aplicación lo dispuesto en el apartado 2 del artículo 369 sobre disconformidad con la inadmisión.

2. Con la finalidad de obtener aclaraciones y adiciones, también podrá el tribunal interrogar al testigo.

Artículo 373. *Careo entre testigos y entre éstos y las partes*

1. Cuando los testigos incurran en graves contradicciones, el tribunal, de oficio o a instancia de parte, podrá acordar que se sometan a un careo.

2. También podrá acordarse que, en razón de las respectivas declaraciones, se celebre careo entre las partes y alguno o algunos testigos.

3. Las actuaciones a que se refiere este artículo habrán de solicitarse al término del interrogatorio y, en este caso, se advertirá al testigo que no se ausente para que dichas actuaciones puedan practicarse a continuación.

Artículo 374. *Modo de consignar las declaraciones testificales*[464]

Las declaraciones testificales prestadas en vista o juicio se documentarán conforme a lo dispuesto en el apartado 2 del artículo 146.

En el caso de la declaración domiciliaria de testigo del artículo 364, siempre que se cuente con los medios tecnológicos necesarios y el juez o Tribunal aprecie que resulta posible la grabación del interrogatorio sin afectar a la protección de la intimidad o dignidad de la persona, así lo ordenará, pudiendo ser la grabación únicamente de audio. En estos casos, el letrado o letrada de la Administración de Justicia garantizará la autenticidad e integridad de lo grabado o reproducido mediante la utilización de la firma electrónica u otro sistema de seguridad que conforme a la ley ofrezca tales garantías.

Artículo 375. *Indemnizaciones a los testigos*

1. Los testigos que atendiendo a la citación realizada comparezcan ante el Tribunal tendrán derecho a obtener de la parte que les propuso una indemnización por los

---

[464] Modificado por el RD-Ley 6/2023, de 19 de diciembre. Entrada en vigor desde 20 de marzo de 2024.

gastos y perjuicios que su comparecencia les haya originado, sin perjuicio de lo que pudiere acordarse en materia de costas. Si varias partes propusieran a un mismo testigo, el importe de la indemnización se prorrateará entre ellas.

2. El importe de la indemnización lo fijará el Letrado de la Administración de Justicia mediante decreto, que tendrá en cuenta los datos y circunstancias que se hubiesen aportado. Dicho decreto se dictará una vez finalizado el juicio o la vista.

Si la parte o partes que hayan de indemnizar no lo hiciesen en el plazo de 10 días desde la firmeza de la resolución mencionada en el párrafo anterior, el testigo podrá acudir directamente al procedimiento de apremio[465].

Artículo 376. *Valoración de las declaraciones de testigos*

Los tribunales valorarán la fuerza probatoria de las declaraciones de los testigos conforme a las reglas de la sana crítica, tomando en consideración la razón de ciencia que hubieren dado, las circunstancias que en ellos concurran y, en su caso, las tachas formuladas y los resultados de la prueba que sobre éstas se hubiere practicado.

Artículo 377. *Tachas de los testigos*

1. Con independencia de lo dispuesto en el apartado 2 del artículo 367, cada parte podrá tachar los testigos propuestos por la contraria en quienes concurran algunas de las causas siguientes:

1. Ser o haber sido cónyuge o pariente por consanguinidad o afinidad dentro del cuarto grado civil de la parte que lo haya presentado o de su abogado o procurador o hallarse relacionado con ellos por vínculo de adopción, tutela o análogo.

2. Ser el testigo, al prestar declaración, dependiente del que lo hubiere propuesto o de su procurador o abogado o estar a su servicio o hallarse ligado con alguno de ellos por cualquier relación de sociedad o intereses.

3. Tener interés directo o indirecto en el asunto de que se trate.

4. Ser amigo íntimo o enemigo de una de las partes o de su abogado o procurador.

5. Haber sido el testigo condenado por falso testimonio.

2. La parte proponente del testigo podrá también tachar a éste si con posterioridad a la proposición llegare a su conocimiento la existencia de alguna de las causas de tacha establecidas en el apartado anterior.

---

[465] Véase el art. 517.1.9.° de la presente norma

Artículo 378. *Tiempo de las tachas*[466]

Las tachas se habrán de formular desde el momento en que se admita la prueba testifical hasta que comience el juicio o la vista, sin perjuicio de la obligación que tienen los testigos de reconocer cualquier causa de tacha al ser interrogados conforme a lo dispuesto en el artículo 367 de esta Ley, en cuyo caso se podrá actuar conforme a lo que señala el apartado 2 de dicho artículo.

Artículo 379. *Prueba y oposición sobre las tachas*

1. Con la alegación de las tachas, se podrá proponer la prueba conducente a justificarlas, excepto la testifical.

2. Si formulada tacha de un testigo, las demás partes no se opusieren a ella dentro del tercer día siguiente a su formulación, se entenderá que reconocen el fundamento de la tacha. Si se opusieren, alegarán lo que les parezca conveniente, pudiendo aportar documentos.

3. Para la apreciación sobre la tacha y la valoración de la declaración testifical, se estará a lo dispuesto en el apartado 2 del artículo 344 y en el artículo 376.1.º

Artículo 380. *Interrogatorio acerca de los hechos que consten en informes escritos*

1. Si, conforme al número 4.o del apartado 1 del artículo 265, o en otro momento ulterior, al amparo del apartado tercero del mismo precepto, se hubiesen aportado a los autos informes sobre hechos y éstos no hubiesen sido reconocidos como ciertos por todas las partes a quienes pudieren perjudicar, se interrogará como testigos a los autores de los informes, en la forma prevenida en esta Ley, con las siguientes reglas especiales:

1.ª No procederá la tacha del testigo por razón de interés en el asunto, cuando el informe hubiese sido elaborado por encargo de una de las partes.

2.ª El autor del informe, una vez acreditada su habilitación profesional, habrá de reconocerlo y ratificarse en su contenido, antes de que se le formulen las preguntas pertinentes.

3.ª El interrogatorio se limitará a los hechos consignados en los informes.

2. Si los informes contuvieren también valoraciones fundadas en conocimientos científicos, artísticos, técnicos o prácticos de sus autores, se estará a lo dispuesto en el apartado 4 del artículo 370, sobre el testigo-perito.

---

[466] Véanse el art. 429 de la presente norma, para el juicio ordinario, y el art. 443.3 de la presente norma, para el juicio verbal.

Artículo 381. *Respuestas escritas a cargo de personas jurídicas y entidades públicas*

1. Cuando, sobre hechos relevantes para el proceso, sea pertinente que informen personas jurídicas y entidades públicas en cuanto tales, por referirse esos hechos a su actividad, sin que quepa o sea necesario individualizar en personas físicas determinadas el conocimiento de lo que para el proceso interese, la parte a quien convenga esta prueba podrá proponer que la persona jurídica o entidad, a requerimiento del tribunal, responda por escrito sobre los hechos en los 10 días anteriores al juicio o a la vista.

2. En la proposición de prueba a que se refiere el apartado anterior se expresarán con precisión los extremos sobre los que ha de versar la declaración o informe escrito. Las demás partes podrán alegar lo que consideren conveniente y, en concreto, si desean que se adicionen otros extremos a la petición de declaración escrita o se rectifiquen o complementen los que hubiere expresado el proponente de la prueba.

El tribunal, oídas las partes, en su caso, resolverá sobre la pertinencia y utilidad de la propuesta, determinando precisamente, en su caso, los términos de la cuestión o cuestiones que hayan de ser objeto de la declaración de la persona jurídica o entidad y requiriéndola para que la preste y remita al tribunal en el tiempo establecido, bajo apercibimiento de multa de 150 a 600 euros y de proceder, contra quien resultare personalmente responsable de la omisión, por desobediencia a la autoridad. La práctica de esta prueba no suspenderá el curso del procedimiento, salvo que el Juez lo estime necesario para impedir la indefensión de una o las dos partes[467].

Recibidas las respuestas escritas, el Letrado de la Administración de Justicia dará traslado de ellas a las partes, a los efectos previstos en el apartado siguiente.

3. A la vista de las respuestas escritas, o de la negativa u omisión de éstas, el tribunal podrá disponer, de oficio o a instancia de cualquiera de las partes, mediante providencia, que sea citada al juicio o vista, la persona o personas físicas cuyo testimonio pueda resultar pertinente y útil para aclarar o completar, si fuere oscura o incompleta, la declaración de la persona jurídica o entidad. También podrá admitir, a instancia de parte, cualquier prueba pertinente y útil para contradecir tal declaración.

4. Lo dispuesto en los apartados anteriores no será de aplicación a las entidades públicas cuando, tratándose de conocer hechos de las características establecidas en el apartado 1, pudieran obtenerse de aquéllas certificaciones o testimonios, susceptibles de aportarse como prueba documental.

---

[467] Modificado por el RD 1417/2011, de 17 de diciembre, Anexo I, en lo que a cuantía de la multa se refiere.

5. A las declaraciones reguladas en los apartados anteriores se aplicarán, en cuanto sea posible, las demás normas de la presente sección.

Sección 8.ª De la reproducción de la palabra, el sonido y la imagen y de los instrumentos que permiten archivar y conocer datos relevantes para el proceso (arts. 382 a 385)

Artículo 382. *Instrumentos de filmación, grabación y semejantes. Valor probatorio*

1. Las partes podrán proponer como medio de prueba la reproducción ante el tribunal de palabras, imágenes y sonidos captados mediante instrumentos de filmación, grabación y otros semejantes. Al proponer esta prueba, la parte deberá acompañar, en su caso, transcripción escrita de las palabras contenidas en el soporte de que se trate y que resulten relevantes para el caso[468].

2. La parte que proponga este medio de prueba podrá aportar los dictámenes y medios de prueba instrumentales que considere convenientes. También las otras partes podrán aportar dictámenes y medios de prueba cuando cuestionen la autenticidad y exactitud de lo reproducido.

3. El tribunal valorará las reproducciones a que se refiere el apartado 1 de este artículo según las reglas de la sana crítica.

Artículo 383. *Acta de la reproducción y custodia de los correspondientes materiales*

1. De los actos que se realicen en aplicación del artículo anterior se levantará la oportuna acta, donde se consignará cuanto sea necesario para la identificación de las filmaciones, grabaciones y reproducciones llevadas a cabo, así como, en su caso, las justificaciones y dictámenes aportados o las pruebas practicadas[469].

2. El material que contenga la palabra, la imagen o el sonido reproducidos habrá de conservarse por el letrado o letrada de la Administración de Justicia, con referencia a los autos del juicio, o en su caso incorporarse al expediente judicial electrónico, de modo que no sufra alteraciones[470].

---

[468] Modificado por la Ley 43/2015, de 5 de octubre. Entrada en vigor desde 7 de octubre de 2015. Véase el art. 265.1 de la presente norma.

[469] Véanse los arts. 146 y 431 de la presente norma. Suprimido párrafo 2.º por la Ley 42/2015, de 5 de octubre. Entrada en vigor desde 7 de octubre de 2015.

[470] Modificado por el RD-Ley 6/2023, de 19 de diciembre. Entrada en vigor desde 20 de marzo de 2024.

Artículo 384. *De los instrumentos que permitan archivar, conocer o reproducir datos relevantes para el proceso*

1. Los instrumentos que permitan archivar, conocer o reproducir palabras, datos, cifras y operaciones matemáticas llevadas a cabo con fines contables o de otra clase, que, por ser relevantes para el proceso, hayan sido admitidos como prueba, serán examinados por el tribunal por los medios que la parte proponente aporte o que el tribunal disponga utilizar y de modo que las demás partes del proceso puedan, con idéntico conocimiento que el tribunal, alegar y proponer lo que a su derecho convenga.

2. Será de aplicación a los instrumentos previstos en el apartado anterior lo dispuesto en el apartado 2 del artículo 382. La documentación en autos se hará del modo más apropiado a la naturaleza del instrumento, bajo la fe del Letrado de la Administración de Justicia, que, en su caso, adoptará también las medidas de custodia que resulten necesarias.

3. El tribunal valorará los instrumentos a que se refiere el apartado primero de este artículo conforme a las reglas de sana crítica aplicables a aquéllos según su naturaleza.

Sección 9.ª De las presunciones
(arts. 385 a 386)

Artículo 385. *Presunciones legales*

1. Las presunciones que la ley establece dispensan de la prueba del hecho presunto a la parte a la que este hecho favorezca.

Tales presunciones sólo serán admisibles cuando la certeza del hecho indicio del que parte la presunción haya quedado establecida mediante admisión o prueba.

2. Cuando la ley establezca una presunción salvo prueba en contrario, ésta podrá dirigirse tanto a probar la inexistencia del hecho presunto como a demostrar que no existe, en el caso de que se trate, el enlace que ha de haber entre el hecho que se presume y el hecho probado o admitido que fundamenta la presunción.

3. Las presunciones establecidas por la ley admitirán la prueba en contrario, salvo en los casos en que aquélla expresamente lo prohíba.

Artículo 386. *Presunciones judiciales*

1. A partir de un hecho admitido o probado, el tribunal podrá presumir la certeza, a los efectos del proceso, de otro hecho, si entre el admitido o demostrado y el presunto existe un enlace preciso y directo según las reglas del criterio humano.

La sentencia en la que se aplique el párrafo anterior deberá incluir el razonamiento en virtud del cual el tribunal ha establecido la presunción.

2. Frente a la posible formulación de una presunción judicial, el litigante perjudicado por ella siempre podrá practicar la prueba en contrario a que se refiere el apartado 2 del artículo anterior.

CAPÍTULO VII
De las cuestiones incidentales
(arts. 387 a 393)

Artículo 387. *Concepto de cuestiones incidentales*

Son cuestiones incidentales las que, siendo distintas de las que constituyan el objeto principal del pleito, guarden con éste relación inmediata, así como las que se susciten respecto de presupuestos y requisitos procesales de influencia en el proceso.

Artículo 388. *Norma general sobre procedimiento*

Las cuestiones incidentales que no tengan señalada en esta Ley otra tramitación, se ventilarán en la forma establecida en este capítulo.

Artículo 389. *Cuestiones incidentales de especial pronunciamiento*

Las cuestiones incidentales serán de especial pronunciamiento si exigen que el tribunal decida sobre ellas separadamente en la sentencia antes de entrar a resolver sobre lo que sea objeto principal del pleito.

Estas cuestiones no suspenderán el curso ordinario del proceso.

Artículo 390. *Cuestiones incidentales de previo pronunciamiento. Suspensión del curso de la demanda*

Cuando las cuestiones supongan, por su naturaleza, un obstáculo a la continuación del juicio por sus trámites ordinarios, se suspenderá el curso de las actuaciones hasta que aquéllas sean resueltas.

Artículo 391. *Cuestiones de previo pronunciamiento. Casos*

Además de los determinados expresamente en la Ley, se considerarán en el caso del anterior las cuestiones incidentales que se refieran:

1.º A la capacidad y representación de cualquiera de los litigantes, por hechos ocurridos después de la audiencia regulada en los artículos 414 y siguientes.

2.º Al defecto de algún otro presupuesto procesal o a la aparición de un óbice de la misma naturaleza, siempre que hayan sobrevenido después de la audiencia prevista en los artículos citados en el número anterior.

3.º A cualquier otra incidencia que ocurra durante el juicio y cuya resolución sea absolutamente necesaria, de hecho o de derecho, para decidir sobre la continuación del juicio por sus trámites ordinarios o su terminación.

Artículo 392. *Planteamiento de las cuestiones incidentales. Inadmisión de las que no sean tales*

1. Las cuestiones incidentales se plantearán por escrito, al que se acompañarán los documentos pertinentes y en el que se propondrá la prueba que fuese necesaria y se indicará si, a juicio de quien proponga la cuestión, ha de suspenderse o no el curso normal de las actuaciones hasta la resolución de aquélla.

2. El tribunal repelerá, mediante auto, el planteamiento de toda cuestión que no se halle en ninguno de los casos anteriores.

Artículo 393. *Admisión, sustanciación y decisión de las cuestiones incidentales*

1. En el procedimiento ordinario no se admitirá el planteamiento de ninguna cuestión incidental una vez iniciado el juicio, y en el verbal, una vez admitida la prueba propuesta.

2. En la providencia sucintamente motivada en que se admita el planteamiento de la cuestión se resolverá si ha de considerarse de previo o de especial pronunciamiento, suspendiéndose, en el primer caso, el curso ordinario de las actuaciones.

3. El Letrado de la Administración de Justicia dará traslado del escrito en que se plantee la cuestión a las demás partes, quienes podrán contestar lo que estimen oportuno en el plazo de 5 días y, transcurrido este plazo, el Secretario, señalando día y hora, citará a las partes a una comparecencia ante el Tribunal, que se celebrará conforme a lo dispuesto para las vistas de los juicios verbales[471].

4. Formuladas las alegaciones y practicada, en su caso, la prueba que en la misma vista se admita, si la cuestión fuere de previo pronunciamiento, se dictará, en el plazo de 10 días, auto resolviendo la cuestión y disponiendo lo que sea procedente respecto a la continuación del proceso.

Si la cuestión fuere de especial pronunciamiento, será resuelta, con la debida separación, en la sentencia definitiva.

---

[471] Modificado por la Ley 13/2009, de 3 de noviembre. Entrada en vigor desde 4 de mayo de 2010.. Véase el art. 193.1 de la presente norma.

5. Cuando la cuestión se resuelva por medio de auto, si éste acordare poner fin al proceso, cabrá recurso de apelación, y si decidiere su continuación, no cabrá recurso alguno, sin perjuicio de que la parte perjudicada pueda impugnar la resolución al apelar la sentencia definitiva.

CAPÍTULO VIII
De la condena en costas
(arts. 394 a 398)

Artículo 394[472]. *Condena en las costas de la primera instancia* [473]

1. En los procesos declarativos, las costas de la primera instancia se impondrán a la parte que haya visto rechazadas todas sus pretensiones, salvo que el tribunal aprecie, y así lo razone, que el caso presentaba serias dudas de hecho o de derecho.

Para apreciar, a efectos de condena en costas, que el caso era jurídicamente dudoso se tendrá en cuenta la jurisprudencia recaída en casos similares.

No obstante, cuando la participación en un medio de solución de conflictos sea legalmente preceptiva, o se hubiere acordado, previa conformidad de las partes, por el Juez, la Jueza o el Tribunal o el Letrado o la Letrada de la Administración de Justicia durante el curso del proceso, no habrá pronunciamiento de costas a favor de aquella parte que hubiere rehusado expresamente o por actos concluyentes, y sin justa causa, participar en un medio adecuado de solución de controversias al que hubiese sido efectivamente convocado.

2. Si fuere parcial la estimación o desestimación de las pretensiones, cada parte abonará las costas causadas a su instancia y las comunes por mitad, a no ser que hubiere méritos para imponerlas a una de ellas por haber litigado con temeridad.

No obstante, si alguna de las partes no hubiere acudido, sin causa que lo justifique, a un medio adecuado de solución de controversias, cuando fuera legalmente preceptivo o así lo hubiera acordado el Juez, la Jueza o el Tribunal o el Letrado de la Administración de Justicia durante el proceso, se le podrá condenar al pago de las costas, en decisión debidamente motivada, aun cuando la estimación de la demanda sea parcial.

---

[472] Artículo modificado por la LO 1/2025, de 2 de enero. Entrada en vigor el 3 de abril de 2025.

[473] Véanse los arts. 16, 32.5, 209.4, 506, 516.2, 539.2, 559, 561, 603, 620, 741 y 882 de la presente norma

3. Cuando, en aplicación de lo dispuesto en el apartado 1, se impusieren las costas al litigante vencido, éste sólo estará obligado a pagar, de la parte que corresponda a los abogados y demás profesionales que no estén sujetos a tarifa o arancel, una cantidad total que no exceda de la tercera parte de la cuantía del proceso, por cada uno de los litigantes que hubieren obtenido tal pronunciamiento; a estos solos efectos, las pretensiones inestimables se valorarán en 24.000 euros, salvo que, en razón de la complejidad del asunto, el Tribunal disponga otra cosa.

No se aplicará lo dispuesto en el párrafo anterior cuando el Tribunal declare la temeridad del litigante condenado en costas.

Cuando el condenado en costas sea titular del derecho de asistencia jurídica gratuita, éste únicamente estará obligado a pagar las costas causadas en defensa de la parte contraria en los casos expresamente señalados en la Ley 1/1996, de 10 de enero, de Asistencia Jurídica Gratuita. Cuando la parte beneficiada en costas sea titular del derecho de asistencia jurídica gratuita, las mismas deberán ser abonadas a las personas profesionales que se hayan designado para su representación y dirección jurídica, que estarán obligadas a devolver las cantidades eventualmente percibidas con cargo a fondos públicos por su intervención en el proceso. A tales efectos, se comunicará por la Oficina judicial a los colegios profesionales correspondientes dicha circunstancia.

4. Si la parte requerida para iniciar una actividad negociadora previa tendente a evitar el proceso judicial hubiese rehusado intervenir en la misma, la parte requirente quedará exenta de la condena en costas, salvo que se aprecie un abuso del servicio público de Justicia.

5. En ningún caso se impondrán las costas al Ministerio Fiscal en los procesos en que intervenga como parte.

Artículo 395. *Condena en costas en caso de allanamiento*

1. Si el demandado se allanare a la demanda antes de contestarla, no procederá la imposición de costas salvo que el tribunal, razonándolo debidamente, aprecie mala fe en su conducta o abuso del servicio público de Justicia.

Se entenderá que existe mala fe a estos efectos cuando, antes de presentada la demanda, se hubiese requerido al demandado para el cumplimiento de la obligación de forma fehaciente y justificada, o cuando hubiese rechazado el acuerdo ofrecido o la participación en un medio adecuado de solución de controversias[474].

---

[474] Apartado modificado por la LO 1/2025, de 2 de enero. Entrada en vigor el 3 de abril de 2025.

2. Si el allanamiento se produjere tras la contestación a la demanda, se aplicará el apartado 1 del artículo anterior[475].

Si la parte demandada no hubiere acudido, sin causa que lo justifique, a un medio adecuado de solución de controversias, cuando fuera legalmente preceptivo o así lo hubiera acordado el Juez, la Jueza o el Tribunal o el Letrado o la Letrada de la Administración de Justicia durante el proceso y luego se allanare a la demanda, se le condenará en costas, salvo que el Tribunal, en decisión debidamente motivada, aprecie circunstancias excepcionales para no imponérselas[476].

Artículo 396. *Condena en costas cuando el proceso termine por desistimiento*[477]

1. Si el proceso terminara por desistimiento del actor, que no haya de ser consentido por el demandado, aquél será condenado a todas las costas.

2. Si el desistimiento que pusiere fin al proceso fuere consentido por el demandado o demandados, no se condenará en costas a ninguno de los litigantes.

Artículo 397. *Apelación en materia de costas*[478]

Lo dispuesto en el artículo 394 será de aplicación para resolver en segunda instancia el recurso de apelación en que se impugne la condena o la falta de condena en las costas de la primera instancia.

Artículo 398. *Costas en apelación y recurso de casación*[479]

1. En los casos de un recurso de apelación, en cuanto a las costas del recurso, se aplicará lo dispuesto en el artículo 394.

2. La desestimación total del recurso de casación llevará aparejada la imposición de costas a la parte recurrente, salvo que la Sala aprecie circunstancias especiales que justifiquen otro pronunciamiento.

3. Si el recurso de casación fuere estimado total o parcialmente, no se impondrán las costas a ninguna de las partes.

---

[475] Véanse los arts. 19 y 21 de la presente norma.
[476] Párrafo añadido por la LO 1/2025, de 2 de enero. Entrada en vigor el 3 de abril de 2025.
[477] Véanse los arts. 19, 20.2 y 3, y 450 de la presente norma.
[478] Véanse los arts. 455 a 467 de la presente norma.
[479] Modificado por el RD-Ley 6/2023, de 19 de noviembre. Entrada en vigor desde 20 de marzo de 2024. Véase el art. 458.2 de esta Ley.

TÍTULO II
Del juicio ordinario
(arts. 399 a 436)

CAPÍTULO I
De las alegaciones iniciales
(arts. 399 a 413)

Sección 1.ª De la demanda y su objeto
(arts. 399 a 404)

Artículo 399. *La demanda y su contenido*

1. El juicio principiará por demanda, en la que, consignados de conformidad con lo que se establece en el artículo 155 los datos y circunstancias de identificación del actor y del demandado y el domicilio o residencia en que pueden ser emplazados, se expondrán numerados y separados los hechos y los fundamentos de derecho, y se fijará con claridad y precisión lo que se pida.

Asimismo, el demandante consignará un número de teléfono, dispositivo electrónico, servicio de mensajería simple o una dirección de correo electrónico, de disponer de ellos, a los meros efectos de contacto por el tribunal.

En el supuesto de que se trate de personas obligadas a relacionarse electrónicamente con la Administración de Justicia, o que elijan hacerlo pese a no venir obligadas a ello, se consignarán necesariamente un número de teléfono y una dirección de correo electrónico.

Además, se indicarán cualquiera de los medios previstos en el apartado 1 del artículo 162, a través de los cuales se podrán realizar notificaciones, requerimientos o emplazamientos personales, incluidos, en su caso, los actos de comunicación correspondientes al procedimiento de ejecución.

Los actos de comunicación a través de dichos medios deberán realizarse en la forma y con las garantías previstas en el artículo 162 para su debida constancia[480].

2. Junto a la designación del actor se hará mención del nombre y apellidos del procurador y del abogado, cuando intervengan[481].

---

[480] Apartado 1 modificado por la LO 1/2025, de 2 de enero. Entrada en vigor el 3 de abril de 2025. Véanse los arts. 249, 264 a 266, 273 a 280 de la presente norma.

[481] Véanse los arts. 23 y 31 de la presente norma.

3. Los hechos se narrarán de forma ordenada y clara con objeto de facilitar su admisión o negación por el demandado al contestar. Con igual orden y claridad se expresarán los documentos, medios e instrumentos que se aporten en relación con los hechos que fundamenten las pretensiones y, finalmente, se formularán valoraciones o razonamientos sobre éstos, si parecen convenientes para el derecho del litigante.

Así mismo, se hará constar en la demanda la descripción del proceso de negociación previo llevado a cabo o la imposibilidad del mismo, conforme a lo establecido en el ordinal 4.º del artículo 264, y se manifestarán, en su caso, los documentos que justifiquen que se ha acudido a un medio adecuado de solución de controversias, salvo en los supuestos exceptuados en la Ley de este requisito de procedibilidad[482].

4. En los fundamentos de derecho, además de los que se refieran al asunto de fondo planteado, se incluirán, con la adecuada separación, las alegaciones que procedan sobre capacidad de las partes, representación de ellas o del procurador, jurisdicción, competencia y clase de juicio en que se deba sustanciar la demanda, así como sobre cualesquiera otros hechos de los que pueda depender la validez del juicio y la procedencia de una sentencia sobre el fondo[483].

5. En la petición, cuando sean varios los pronunciamientos judiciales que se pretendan, se expresarán con la debida separación. Las peticiones formuladas subsidiariamente, para el caso de que las principales fuesen desestimadas, se harán constar por su orden y separadamente.

Artículo 400. *Preclusión de la alegación de hechos y fundamentos jurídicos*

1. Cuando lo que se pida en la demanda pueda fundarse en diferentes hechos o en distintos fundamentos o títulos jurídicos, habrán de aducirse en ella cuantos resulten conocidos o puedan invocarse al tiempo de interponerla, sin que sea admisible reservar su alegación para un proceso ulterior.

La carga de la alegación a que se refiere el párrafo anterior se entenderá sin perjuicio de las alegaciones complementarias o de hechos nuevos o de nueva noticia permitidas en esta Ley en momentos posteriores a la demanda y a la contestación[484].

---

[482] Apartado modificado por la LO 1/2025, de 2 de enero. Entrada en vigor el 3 de abril de 2025. Véanse los arts. 253 y 264 a 266 de la presente norma.

[483] Véase el art. 71.4 de la presente norma.

[484] Véanse los arts. 286, 420.1 y 426 de la presente norma.

2. De conformidad con lo dispuesto en el apartado anterior, a efectos de litispendencia y de cosa juzgada, los hechos y los fundamentos jurídicos aducidos en un litigio se considerarán los mismos que los alegados en otro juicio anterior si hubiesen podido alegarse en éste[485].

Artículo 401. *Momento preclusivo de la acumulación de acciones. Ampliación objetiva y subjetiva de la demanda*[486]

1. No se permitirá la acumulación de acciones después de contestada la demanda.

2. Antes de la contestación podrá ampliarse la demanda para acumular nuevas acciones a las ya ejercitadas o para dirigirlas contra nuevos demandados. En tal caso, el plazo para contestar a la demanda se volverá a contar desde el traslado de la ampliación de la demanda.

Artículo 402. *Oposición a la acumulación de acciones*

El demandado podrá oponerse en la contestación a la demanda a la acumulación pretendida, cuando no se acomode a lo dispuesto en los artículos 71 y siguientes de esta Ley. Sobre esta oposición se resolverá en la audiencia previa al juicio[487].

Artículo 403. *Admisión y casos excepcionales de inadmisión de la demanda*[488]

1. Las demandas sólo se inadmitirán en los casos y por las causas expresamente previstas en esta Ley.

2. No se admitirán las demandas cuando no se acompañen a ella los documentos que la ley expresamente exija para la admisión de aquellas, cuando no se hagan constar las circunstancias a las que se refiere el 2º párrafo del apartado 3 del artículo 399 en los casos en que se haya acudido a un medio adecuado de solución de controversias por exigirlo la ley como requisito de procedibilidad o cuando no se hayan efectuado los requerimientos, reclamaciones o consignaciones que se exijan en casos especiales[489].

---

[485] Véanse los arts. 222, 286, 412, 426, 433.1 y 469.2 de la presente norma.
[486] Véanse los arts. 71 a 73 y 252.8 de la presente norma..
[487] Véanse los arts. 405.1 y 419 de la presente norma..
[488] Modificado por la LO 7/2015, de 21 de julio. Entrada en vigor desde 1 de octubre de 2015.
[489] Apartado 2 modificado por la LO 1/2025, de 2 de enero. Entrada en vigor el 3 de abril de 2025.

Artículo 404. Admisión de la demanda, emplazamiento al demandado y plazo para la contestación

1. El Letrado de la Administración de Justicia, examinada la demanda, dictará decreto admitiendo la misma y dará traslado de ella al demandado para que la conteste en el plazo de veinte días.

2. El Letrado de la Administración de Justicia, no obstante, dará cuenta al Tribunal para que resuelva sobre la admisión en los siguientes casos:

1) cuando estime falta de jurisdicción o competencia del Tribunal o

2) cuando la demanda adoleciese de defectos formales y no se hubiesen subsanado por el actor en el plazo concedido para ello por el Letrado de la Administración de Justicia.

3. En los procesos en los que sean de aplicación los artículos 81 y 82 del Tratado de la Comunidad Europea o los artículos 1 y 2 de la Ley de Defensa de la Competencia, el Letrado de la Administración de Justicia dará traslado a la Comisión Nacional de la Competencia de la resolución admitiendo la demanda en el plazo previsto en el párrafo primero[490].

Sección 2.ª De la contestación a la demanda y la reconvención (arts. 405 a 409)

Artículo 405. Contestación y forma de la contestación a la demanda[491]

1. En la contestación a la demanda, que se redactará en la forma prevenida para ésta en el artículo 399, el demandado deberá asumir idéntico compromiso que la persona demandante a los efectos de recibir notificaciones, requerimientos o emplazamientos personales directamente procedentes del órgano judicial, en los supuestos legalmente previstos o cuando actúe sin procurador o procuradora y siempre que se trate de personas obligadas a relacionarse electrónicamente con la Administración de Justicia, y expondrá los fundamentos de su oposición a las pretensiones del actor, alegando las excepciones materiales que tuviere por conveniente. Si considerare inadmisible la acumulación de acciones, lo manifestará así, expresando las razones de la inadmisibilidad. También podrá manifestar en la contestación su allanamiento a alguna o algunas de las pretensiones del actor, así como a parte de la única pretensión aducida.

---

[490] Modificado por la Ley 13/2009, de 3 de noviembre. Entrada en vigor desde 4 de mayo de 2010. Párrafo 3 añadido por la Ley 15/2007, de 3 de julio, de Defensa de la Competencia. Entrada en vigor desde 1 de septiembre de 2007.
[491] Modificado por el RD-Ley 6/2023, de 19 de diciembre. Entrada en vigor desde 20 de marzo de 2024. Véanse los arts. 19, 21, 264 a 266, 273 a 280 y 402 de la presente norma.

2. En la contestación a la demanda habrán de negarse o admitirse los hechos aducidos por el actor. El tribunal podrá considerar el silencio o las respuestas evasivas del demandado como admisión tácita de los hechos que le sean perjudiciales.

3. También habrá de aducir el demandado, en la contestación a la demanda, las excepciones procesales y demás alegaciones que pongan de relieve cuanto obste a la válida prosecución y término del proceso mediante sentencia sobre el fondo.

4. En cuanto a la subsanación de los posibles defectos del escrito de contestación a la demanda, será de aplicación lo dispuesto en el subapartado 2 del apartado 2 del artículo anterior.

Artículo 406. *Contenido y forma de la reconvención. Inadmisibilidad de la reconvención no conexa con la demanda y de la reconvención implícita*

1. Al contestar a la demanda, el demandado podrá, por medio de reconvención, formular la pretensión o pretensiones que crea que le competen respecto del demandante. Sólo se admitirá la reconvención si existiere conexión entre sus pretensiones y las que sean objeto de la demanda principal[492].

2. No se admitirá la reconvención cuando el Juzgado carezca de competencia objetiva por razón de la materia o de la cuantía o cuando la acción que se ejercite deba ventilarse en juicio de diferente tipo o naturaleza.

Sin embargo, podrá ejercitarse mediante reconvención la acción conexa que, por razón de la cuantía, hubiere de ventilarse en juicio verbal.

De igual modo, si se estuviera tramitando un proceso ante un Juzgado de Primera Instancia y se planteara mediante reconvención una acción conexa a la principal que fuera competencia de los Juzgados de lo Mercantil, previa audiencia del actor y demás partes personadas por un plazo de 5 días, el Juzgado de Primera Instancia deberá inhibirse del conocimiento del asunto, remitiendo los autos en el estado en que se hallen al Juez de lo Mercantil que resulte competente.

Se procederá de la misma manera cuando el demandado alegare la nulidad a que se refiere el apartado 2 del artículo 408 y ésta se fundare en una materia competencia de los Juzgados de lo Mercantil.

El auto que inadmita la reconvención por falta de competencia objetiva para conocer de la acción reconvencional podrá ser recurrido en apelación, suspendiéndose la tramitación del procedimiento principal hasta que dicho recurso sea resuelto[493].

---

[492] Véanse los arts. 252.5, 438.1 y 770.2 de la presente norma.
[493] Añadidos párrafos 3, 4 y 5 por LO 7/2022, de 27 de julio (entrada en vigor 17 de agosto de 2022). Véase el art. 73.1 de la presente norma.

3. La reconvención se propondrá a continuación de la contestación y se acomodará a lo que para la demanda se establece en el artículo 399. La reconvención habrá de expresar con claridad la concreta tutela judicial que se pretende obtener respecto del actor y, en su caso, de otros sujetos. En ningún caso se considerará formulada reconvención en el escrito del demandado que finalice solicitando su absolución respecto de la pretensión o pretensiones de la demanda principal.

4. Será de aplicación a la reconvención lo dispuesto para la demanda en el artículo 400[494].

Artículo 407. *Destinatarios de la demanda reconvencional. Contestación a la reconvención*

1. La reconvención podrá dirigirse también contra sujetos no demandantes, siempre que puedan considerarse litisconsortes voluntarios o necesarios del actor reconvenido por su relación con el objeto de la demanda reconvencional[495].

2. El actor reconvenido y los sujetos expresados en el apartado anterior podrán contestar a la reconvención en el plazo de veinte días a partir de la notificación de la demanda reconvencional. Esta contestación se ajustará a lo dispuesto en el artículo 405.

Artículo 408. *Tratamiento procesal de la alegación de compensación y de la nulidad del negocio jurídico en que se funde la demanda. Cosa juzgada*

1. Si, frente a la pretensión actora de condena al pago de cantidad de dinero, el demandado alegare la existencia de crédito compensable, dicha alegación podrá ser controvertida por el actor en la forma prevenida para la contestación a la reconvención, aunque el demandado sólo pretendiese su absolución y no la condena al saldo que a su favor pudiera resultar[496].

2. Si el demandado adujere en su defensa hechos determinantes de la nulidad absoluta del negocio en que se funda la pretensión o pretensiones del actor y en la demanda se hubiere dado por supuesta la validez del negocio, el actor podrá pedir al Letrado de la Administración de Justicia contestar a la referida alegación de nulidad en el mismo plazo establecido para la contestación a la reconvención, y así lo dispondrá el Letrado de la Administración de Justicia mediante decreto[497].

---

[494] Añadido por la Ley 13/2009, de 3 de noviembre. Entrada en vigor desde 4 de mayo de 2010.
[495] Véase el art. 12 de la presente norma
[496] Véanse los arts. 1195 a 1202 del CC.
[497] Modificado por la Ley 13/2009, de 3 de noviembre. Entrada en vigor desde 4 de mayo de 2010.

3. La sentencia que en definitiva se dicte habrá de resolver sobre los puntos a que se refieren los apartados anteriores de este artículo y los pronunciamientos que la sentencia contenga sobre dichos puntos tendrán fuerza de cosa juzgada[498].

Artículo 409. *Sustanciación y decisión de las pretensiones de la contestación y la reconvención*

Las pretensiones que deduzca el demandado en la contestación y, en su caso, en la reconvención, se sustanciarán y resolverán al propio tiempo y en la misma forma que las que sean objeto de la demanda principal.

Sección 3.ª De los efectos de la pendencia del proceso (arts. 410 a 413)

Artículo 410. *Comienzo de la litispendencia*

La litispendencia, con todos sus efectos procesales, se produce desde la interposición de la demanda, si después es admitida[499].

Artículo 411. *Perpetuación de la jurisdicción*

Las alteraciones que una vez iniciado el proceso, se produzcan en cuanto al domicilio de las partes, la situación de la cosa litigiosa y el objeto del juicio no modificarán la jurisdicción y la competencia, que se determinarán según lo que se acredite en el momento inicial de la litispendencia[500].

Artículo 412. *Prohibición del cambio de demanda y modificaciones admisibles*

1. Establecido lo que sea objeto del proceso en la demanda, en la contestación y, en su caso, en la reconvención, las partes no podrán alterarlo posteriormente.

2. Lo dispuesto en el apartado anterior ha de entenderse sin perjuicio de la facultad de formular alegaciones complementarias, en los términos previstos en la presente Ley[501].

Artículo 413. *Influencia del cambio de circunstancias en la sentencia sobre el fondo. Satisfacción extraprocesal. Pérdida de interés legítimo*

1. No se tendrán en cuenta en la sentencia las innovaciones que, después de iniciado el juicio, introduzcan las partes o terceros en el estado de las cosas o de las

---

[498] Véanse los arts. 209 y 222 de la presente norma.
[499] Véanse los arts. 416.1.2.ª y 421 de la presente norma.
[500] Véase el art. 253.1 de la presente norma.
[501] Véanse los arts. 286, 400, 426 y 460.2 de la presente norma.

personas que hubiere dado origen a la demanda y, en su caso, a la reconvención, excepto si la innovación privare definitivamente de interés legítimo las pretensiones que se hubieran deducido en la demanda o en la reconvención, por haber sido satisfechas extraprocesalmente o por cualquier otra causa.

2. Cuando, según lo previsto en el apartado anterior, las pretensiones hayan quedado privadas de interés legítimo, se estará a lo dispuesto en el artículo 22.

CAPÍTULO II
De la audiencia previa al juicio
(arts. 414 a 430)

Artículo 414. *Finalidad, momento procesal y sujetos intervinientes en la audiencia*

1. Una vez contestada la demanda y, en su caso, la reconvención, o transcurridos los plazos correspondientes, el letrado o letrada de la Administración de Justicia, dentro del tercer día, convocará a las partes a una audiencia, que habrá de celebrarse en el plazo de veinte días desde la convocatoria.

La audiencia tendrá por objeto intentar que las partes puedan alcanzar un acuerdo o transacción que ponga fin al proceso, examinar las cuestiones procesales que pudieran obstar a la prosecución de éste y a su terminación mediante sentencia sobre su objeto, fijar con precisión dicho objeto y los extremos, de hecho o de derecho, sobre los que exista controversia entre las partes y, en su caso, proponer y admitir la prueba[502].

2. Las partes habrán de comparecer en la audiencia asistidas de abogado.

Las partes y sus representantes procesales deberán comparecer por videoconferencia o mediante la utilización de medios electrónicos para la reproducción del sonido y, en su caso, de la imagen, con los requisitos establecidos en el artículo 137 bis, cuando el tribunal lo acordase de oficio o a instancia de alguna de las partes.

Al efecto del intento de arreglo o transacción, cuando las partes no concurrieren personalmente sino a través de su procurador o procuradora, habrán de otorgar a éste o ésta poder para renunciar, allanarse o transigir. Si no concurrieren personalmente ni otorgaren aquel poder, se les tendrá por no comparecidos a la audiencia[503].

---

[502] Apartado 1 modificado por la LO 1/2025, de 2 de enero. Entrada en vigor el 3 abril de 2025. Véanse los arts. 16 a 19 Ley 5/2012, de 6 de julio citada en nota anterior.

[503] Modificado apartado por el RD-Ley 6/2023, de 19 de diciembre. Entrada en vigor desde 20 de marzo de 2024.. Véase el art. 25 de la presente norma.

3. Si no compareciere a la audiencia ninguna de las partes, se levantará acta haciéndolo constar y el tribunal, sin más trámites, dictará auto de sobreseimiento del proceso, ordenando el archivo de las actuaciones.

También se sobreseerá el proceso si a la audiencia sólo concurriere el demandado y no alegare interés legítimo en que continúe el procedimiento para que se dicte sentencia sobre el fondo. Si fuere el demandado quien no concurriere, la audiencia se entenderá con el actor en lo que resultare procedente.

4. Cuando faltare a la audiencia el abogado del demandante, se sobreseerá el proceso, salvo que el demandado alegare interés legítimo en la continuación del procedimiento para que se dicte sentencia sobre el fondo. Si faltare el abogado del demandado, la audiencia se seguirá con el demandante en lo que resultare procedente.

Artículo 415. *Intento de conciliación o transacción. Sobreseimiento por desistimiento bilateral. Homologación y eficacia del acuerdo*

1. Comparecidas las partes, el tribunal declarará abierto el acto y comprobará si subsiste el litigio entre ellas.

Si manifestasen haber llegado a un acuerdo o se mostrasen dispuestas a concluirlo de inmediato, podrán desistir del proceso o solicitar del tribunal que homologue lo acordado.

Las partes de común acuerdo podrán también solicitar la suspensión del proceso de conformidad con lo previsto en el apartado 4 del artículo 19, para someterse a mediación.

En este caso, el tribunal examinará previamente la concurrencia de los requisitos de capacidad jurídica y poder de disposición de las partes o de sus representantes debidamente acreditados, que asistan al acto[504].

2. El acuerdo homologado judicialmente surtirá los efectos atribuidos por la ley a la transacción judicial y podrá llevarse a efecto por los trámites previstos para la ejecución de sentencias y convenios judicialmente aprobados. Dicho acuerdo podrá impugnarse por las causas y en la forma que se prevén para la transacción judicial[505].

---

[504] Modificado apartado por Ley 42/2015, de 5 de octubre. Entrada en vigor desde 7 de octubre de 2015. Modificado por la Ley 5/2012, de 6 de julio, sobre mediación en asuntos civiles y mercantiles. Entrada en vigor desde 27 de julio de 2012.
[505] Véanse los arts. 1816, 1817 y 1819 del CC.

3. Si las partes no hubiesen llegado a un acuerdo o no se mostrasen dispuestas a concluirlo de inmediato, la audiencia continuará según lo previsto en los artículos siguientes.

Cuando se hubiera suspendido el proceso para acudir a mediación, terminada la misma, cualquiera de las partes podrá solicitar que se alce la suspensión y se señale fecha para la continuación de la audiencia[506].

Artículo 416. *Examen y resolución de cuestiones procesales, con exclusión de las relativas a jurisdicción y competencia*

1. Descartado el acuerdo entre las partes, el tribunal resolverá, del modo previsto en los artículos siguientes, sobre cualesquiera circunstancias que puedan impedir la válida prosecución y término del proceso mediante sentencia sobre el fondo y, en especial, sobre las siguientes:

1.ª Falta de capacidad de los litigantes o de representación en sus diversas clases[507].

2.ª Cosa juzgada o litispendencia[508].

3.ª Falta del debido litisconsorcio[509].

4.ª Inadecuación del procedimiento[510].

5.ª Defecto legal en el modo de proponer la demanda o, en su caso, la reconvención, por falta de claridad o precisión en la determinación de las partes o de la petición que se deduzca.

2. En la audiencia, el demandado no podrá impugnar la falta de jurisdicción o de competencia del tribunal, que hubo de proponer en forma de declinatoria según lo dispuesto en los artículos 63 y siguientes de esta Ley.

Lo dispuesto en el párrafo anterior se entiende sin perjuicio de lo previsto en la ley sobre apreciación por el tribunal, de oficio, de su falta de jurisdicción o de competencia[511].

---

[506] Modificado apartado por la Ley 5/2012, de 6 de julio, sobre mediación en asuntos civiles y mercantiles. Entrada en vigor desde 27 de julio de 2012.
[507] Véanse los arts. 6 a 9, 23 y 51 de la presente norma.
[508] Véanse los arts. 222, 410 a 413 de la presente norma.
[509] Véase el art. 12 de la presente norma.
[510] Véanse los arts. 399, 405 y 406 de la presente norma.
[511] Véanse los arts. 38, 48, 56 y 62 de la presente norma.

Artículo 417. *Orden de examen de las cuestiones procesales y resolución sobre ellas*

1. Cuando la audiencia verse sobre varias circunstancias de las referidas en el artículo anterior, se examinarán y resolverán por el orden en que aparecen en los artículos siguientes.

2. Cuando sea objeto de la audiencia más de una de las cuestiones y circunstancias del artículo anterior, el tribunal, dentro de los 5 días siguientes a la audiencia, se pronunciará en un mismo auto sobre todas las suscitadas que, conforme a los artículos siguientes, no resuelva oralmente en la misma audiencia[512].

Artículo 418. *Defectos de capacidad o representación. Efectos de su no subsanación o corrección. Declaración de rebeldía*

1. Cuando el demandado haya alegado en la contestación o el actor aduzca en la audiencia defectos de capacidad o representación, que sean subsanables o susceptibles de corrección, se podrán subsanar o corregir en el acto y si no fuese posible en ese momento, se concederá para ello un plazo, no superior a 10 días, con suspensión, entre tanto, de la audiencia[513].

2. Cuando el defecto o falta no sean subsanables ni corregibles o no se subsanen o corrijan en el plazo concedido se dará por concluida la audiencia y se dictará auto poniendo fin al proceso, salvo lo dispuesto en el apartado siguiente de este precepto.

3. Si el defecto no subsanado afectase a la personación en forma del demandado, se le declarará en rebeldía, sin que de las actuaciones que hubiese llevado a cabo quede constancia en autos[514].

Artículo 419. *Admisión de la acumulación de acciones*

Una vez suscitadas y resueltas, en su caso, las cuestiones de capacidad y representación, si en la demanda se hubiesen acumulado diversas acciones y el demandado en su contestación se hubiera opuesto motivadamente a esa acumulación, el tribunal, oyendo previamente al actor en la misma audiencia, resolverá oralmente sobre la procedencia y admisibilidad de la acumulación. La audiencia y el proceso seguirán su curso respecto de la acción o acciones que, según la resolución judicial, puedan constituir el objeto del proceso[515].

---

[512] Véanse los arts. 210, 420.2, 421.3 y 423.2 de la presente norma.
[513] Véanse los arts. 6 a 9, 23 y 416.1 de la preente norma.
[514] Véanse los arts. 496 a 500 de la presente norma.
[515] Véanse los arts. 71 a 73 y 402 de la presente norma.

Artículo 420. *Posible integración voluntaria de la litis. Resolución en casos controvertidos de litisconsorcio necesario*

1. Cuando el demandado haya alegado en la contestación falta del debido litisconsorcio, podrá el actor, en la audiencia, presentar, con las copias correspondientes, escrito dirigiendo la demanda a los sujetos que el demandado considerase que habían de ser sus litisconsortes y el tribunal, si estima procedente el litisconsorcio, lo declarará así, ordenando emplazar a los nuevos demandados para que contesten a la demanda, con suspensión de la audiencia.

El demandante, al dirigir la demanda a los litisconsortes, sólo podrá añadir a las alegaciones de la demanda inicial aquellas otras imprescindibles para justificar las pretensiones contra los nuevos demandados, sin alterar sustancialmente la causa de pedir[516].

2. Si el actor se opusiere a la falta de litisconsorcio, aducida por el demandado, el tribunal oirá a las partes sobre este punto y, cuando la dificultad o complejidad del asunto lo aconseje, podrá resolverlo mediante auto que deberá dictar en el plazo de 5 días siguientes a la audiencia. En todo caso, ésta deberá proseguir para sus restantes finalidades.

3. Si el tribunal entendiere procedente el litisconsorcio, concederá al actor el plazo que estime oportuno para constituirlo, que no podrá ser inferior a 10 días. Los nuevos demandados podrán contestar a la demanda dentro del plazo establecido en el artículo 404, quedando entre tanto en suspenso, para el demandante y el demandado iniciales, el curso de las actuaciones[517].

4. Transcurrido el plazo otorgado al actor para constituir el litisconsorcio sin haber aportado copias de la demanda y documentos anejos, dirigidas a nuevos demandados, se pondrá fin al proceso por medio de auto y se procederá al archivo definitivo de las actuaciones[518].

Artículo 421. *Resolución en casos de litispendencia o cosa juzgada*

1. Cuando el tribunal aprecie la pendencia de otro juicio o la existencia de resolución firme sobre objeto idéntico, conforme a lo dispuesto en los apartados 2 y 3 del artículo 222, dará por finalizada la audiencia y dictará, en el plazo de los siguientes 5 días, auto de sobreseimiento.

---

[516] Véanse los arts. 12 y 400 de la presente norma.

[517] Véanse los arts. 12.2 y 416.1 de la presenten norma.

[518] Modificado artículo por la Ley 13/2009, de 3 de noviembre. Entrada en vigor desde 4 de mayo de 2010.

Sin embargo, no se sobreseerá el proceso en el caso de que, conforme al aparta-do 4 del artículo 222, el efecto de una sentencia firme anterior haya de ser vinculante para el tribunal que está conociendo del proceso posterior.

2. Si el tribunal considerare inexistente la litispendencia o la cosa juzgada, lo de-clarará así, motivadamente, en el acto y decidirá que la audiencia prosiga para sus restantes finalidades.

3. No obstante lo dispuesto en los apartados anteriores, cuando la dificultad o complejidad de las cuestiones suscitadas sobre litispendencia o cosa juzgada lo acon-sejen, podrá también resolver sobre dichas cuestiones mediante auto, dentro de los 5 días siguientes a la audiencia, que proseguirá en todo caso para sus restantes finali-dades. Si fuese necesario resolver sobre alguna cuestión de hecho, las actuaciones oportunas, que ordenará el tribunal, se practicarán dentro del plazo antedicho[519].

Artículo 422. *Resolución en casos de inadecuación de procedimiento por razón de la cuantía*

1. Si la alegación de procedimiento inadecuado formulada en la contestación a la demanda se fundase en disconformidad con el valor de la cosa litigiosa o con el modo de calcular, según las reglas legales, el interés económico de la demanda, el tribunal oirá a las partes en la audiencia y resolverá en el acto lo que proceda, ate-niéndose, en su caso, al acuerdo al que pudieran llegar las partes respecto del valor de la cosa litigiosa.

2. Si no se diese acuerdo sobre el valor de la cosa litigiosa, el tribunal, en la mis-ma audiencia, decidirá oralmente, de forma motivada, lo que proceda, tomando en cuenta los documentos, informes y cualesquiera otros elementos útiles para calcular el valor, que las partes hayan aportado.

Si correspondiese seguir los trámites del juicio verbal el Juez pondrá fin a la audien-cia, procediéndose a señalar fecha para la vista de dicho juicio, salvo que la deman-da apareciese interpuesta fuera del plazo de caducidad que, por razón de la materia, establezca la ley. En este caso, el Juez declarará sobreseído el proceso[520].

Siempre que el señalamiento pueda hacerse en el mismo acto, se hará por el Juez, teniendo en cuenta las necesidades de la agenda programada de señalamientos y las demás circunstancias contenidas en el artículo 182.4.

---

[519] Véanse los arts. 222, 410, 416.1 y 447 de la presente norma.
[520] Modificado apartado por la Ley 13/2009, de 3 de noviembre. Entrada en vigor desde 4 de mayo de 2010.

En los restantes casos se fijará la fecha por el Letrado de la Administración de Justicia, conforme a lo prevenido en el artículo 182[521].

Artículo 423. *Resolución en casos de inadecuación de procedimiento por razón de la materia*

1. Cuando la alegación de procedimiento inadecuado se funde en no corresponder el que se sigue a la materia objeto del proceso, el tribunal, oídas las partes en la audiencia, podrá decidir motivadamente en el acto lo que estime procedente y si considera infundada la alegación, la audiencia proseguirá para sus restantes finalidades[522].

2. También el tribunal, si la complejidad del asunto lo aconseja, podrá decidir lo que sea procedente sobre el procedimiento que se ha de seguir, dentro de los 5 días siguientes a la audiencia, que proseguirá en todo caso para sus restantes finalidades[523].

3. Si el procedimiento adecuado fuese el del juicio verbal, al declararlo así se dispondrá que el Letrado de la Administración de Justicia cite a las partes para la vista, salvo que la demanda apareciese interpuesta fuera del plazo de caducidad que, por razón de la materia, establezca la ley. En este caso, se declarará sobreseído el proceso.

También dispondrá el Tribunal el sobreseimiento si, al iniciarse la vista, no apareciesen cumplidos los requisitos especiales que las leyes exijan, por razón de la materia, para la admisión de la demanda[524].

Artículo 424. *Actividad y resolución en caso de demanda defectuosa*

1. Si el demandado alegare en la contestación a la demanda la falta de claridad o precisión de ésta en la determinación de las partes o en las pretensiones deducidas, o si el actor adujere en la audiencia esos mismos defectos en la contestación o en la reconvención, o si, de oficio, el tribunal apreciare unos u otros, admitirá en el acto de la audiencia las aclaraciones o precisiones oportunas.

2. En caso de no formularse aclaraciones y precisiones, el tribunal sólo decretará el sobreseimiento del pleito si no fuese en absoluto posible determinar en qué consisten

---

[521] Véanse los arts. 210, 417.1, 439 y 440 de la presente norma.
[522] Véanse los arts. 249, 250. 255 y 416.1 de la presente norma
[523] Véanse los arts. 210 y 417.1 de la presente norma.
[524] Modificado apartado por Ley 13/2009, de 3 de noviembre. Entrada en vigor desde 4 de mayo de 2010). Véanse los arts. 430 y 440 de la presente norma.

las pretensiones del actor o, en su caso, del demandado en la reconvención, o frente a qué sujetos jurídicos se formulan las pretensiones[525].

Artículo 425. *Decisión judicial en casos de circunstancias procesales análogas a las expresamente previstas*

La resolución de circunstancias alegadas o puestas de manifiesto de oficio, que no se hallen comprendidas en el artículo 416, se acomodará a las reglas establecidas en estos preceptos para las análogas.

Artículo 426. *Alegaciones complementarias y aclaratorias. Pretensiones complementarias. Hechos acaecidos o conocidos con posterioridad a la demanda y la contestación. Presentación de documentos sobre dichos extremos*

1. En la audiencia, los litigantes, sin alterar sustancialmente sus pretensiones ni los fundamentos de éstas expuestos en sus escritos, podrán efectuar alegaciones complementarias en relación con lo expuesto de contrario[526].

2. También podrán las partes aclarar las alegaciones que hubieren formulado y rectificar extremos secundarios de sus pretensiones, siempre sin alterar éstas ni sus fundamentos.

3. Si una parte pretendiere añadir alguna petición accesoria o complementaria de las formuladas en sus escritos, se admitirá tal adición si la parte contraria se muestra conforme. Si se opusiere, el tribunal decidirá sobre la admisibilidad de la adición, que sólo acordará cuando entienda que su planteamiento en la audiencia no impide a la parte contraria ejercitar su derecho de defensa en condiciones de igualdad.

4. Si después de la demanda o de la contestación ocurriese algún hecho de relevancia para fundamentar las pretensiones de las partes en el pleito, o hubiese llegado a noticia de las partes alguno anterior de esas características, podrán alegarlo en la audiencia.

Será de aplicación a la alegación de hecho nuevo o de nueva noticia lo dispuesto en el apartado 4 del artículo 286.

5. En el acto de la audiencia, las partes podrán aportar documentos y dictámenes que se justifiquen en razón de las alegaciones complementarias, rectificaciones, peticiones, adiciones y hechos nuevos a que se refieren los apartados anteriores de este artículo.

---

[525] Véanse los arts. 399, 406 y 416.1.5.ª de la presente norma.
[526] Véanse los arts. 400 y 412 de la presente norma.

A la presentación de estos documentos será de aplicación, según sus clases, lo dispuesto en los artículos 267 y 268 de esta Ley.

6. El tribunal podrá también requerir a las partes para que realicen las aclaraciones o precisiones necesarias respecto de los hechos y argumentos contenidos en sus escritos de demanda o contestación. Si tales aclaraciones o precisiones no se efectuaren, el tribunal les advertirá de que puede tenerlos por conformes con relación a los hechos y argumentos aducidos de contrario[527].

Artículo 427. *Posición de las partes ante los documentos y dictámenes presentados*

1. En la audiencia, cada parte se pronunciará sobre los documentos aportados de contrario hasta ese momento, manifestando si los admite o impugna o reconoce o si, en su caso, propone prueba acerca de su autenticidad[528].

2. Las partes, si fuere el caso, expresarán lo que convenga a su derecho acerca de los dictámenes periciales presentados hasta ese momento, admitiéndolos, contradiciéndolos o proponiendo que sean ampliados en los extremos que determinen[529]. También se pronunciarán sobre los informes que se hubieran aportado al amparo del número 5.º del apartado 1 del artículo 265.

3. Si las alegaciones o pretensiones a que se refieren los tres primeros apartados del artículo 426 suscitasen en todas o en alguna de las partes la necesidad de aportar al proceso algún dictamen pericial, podrán hacerlo dentro del plazo establecido en el apartado segundo del artículo 338.

4. En el mismo caso del apartado anterior, las partes que asistieren a la audiencia, en vez de aportar dictamen del perito que libremente designen, podrán solicitar, en la misma audiencia, la designación por el tribunal de un perito que dictamine. Esta solicitud se resolverá con arreglo a lo establecido en la sección 5.ª del capítulo VI del Título I del Libro II de esta Ley[530].

Artículo 428. *Fijación de los hechos controvertidos y posible sentencia inmediata*

1. En su caso, la audiencia continuará para que las partes o sus defensores, con el tribunal, fijen los hechos sobre los que exista conformidad y disconformidad de los litigantes.

---

[527] Véanse los arts. 286, 400, 412 y 460.2 de la presente norma.
[528] Véase el art. 320 de la presente norma.
[529] Véase el art. 336 de la presente norma.
[530] Véase el art. 339 de la presente norma.

2. A la vista del objeto de la controversia, el tribunal podrá exhortar a las partes o a sus representantes y a sus abogados para que lleguen a un acuerdo que ponga fin al litigio. En su caso, será de aplicación al acuerdo lo dispuesto en el artículo 415 de esta Ley.

3. Si las partes no pusieran fin al litigio mediante acuerdo, conforme al apartado anterior, pero estuvieren conformes en todos los hechos y la discrepancia quedase reducida a cuestión o cuestiones jurídicas, el tribunal dictará sentencia dentro de veinte días a partir del siguiente al de la terminación de la audiencia[531].

Artículo 429. *Proposición y admisión de la prueba. Señalamiento del juicio*

1. Si no hubiese acuerdo de las partes para finalizar el litigio ni existiera conformidad sobre los hechos, la audiencia proseguirá para la proposición y admisión de la prueba.

La prueba se propondrá de forma verbal, sin perjuicio de la obligación de las partes de aportar en el acto escrito detallado de la misma, pudiendo completarlo durante la audiencia. La omisión de la presentación de dicho escrito no dará lugar a la inadmisión de la prueba, quedando condicionada ésta a que se presente en el plazo de los dos días siguientes.

Cuando el tribunal considere que las pruebas propuestas por las partes pudieran resultar insuficientes para el esclarecimiento de los hechos controvertidos lo pondrá de manifiesto a las partes indicando el hecho o hechos que, a su juicio, podrían verse afectados por la insuficiencia probatoria. Al efectuar esta manifestación, el tribunal, ciñéndose a los elementos probatorios cuya existencia resulte de los autos, podrá señalar también la prueba o pruebas cuya práctica considere conveniente.

En el caso a que se refiere el párrafo anterior, las partes podrán completar o modificar sus proposiciones de prueba a la vista de lo manifestado por el tribunal[532].

2. Una vez admitidas las pruebas pertinentes y útiles, se procederá a señalar la fecha del juicio, que deberá celebrarse en el plazo de un mes desde la conclusión de la audiencia. Siempre que el señalamiento pueda hacerse en el mismo acto, se hará por el juez o jueza, teniendo en cuenta las necesidades de la agenda programada de señalamientos y las demás circunstancias contenidas en el artículo 182.4. En los restantes casos se fijará la fecha por el letrado o letrada de la Administración de Justicia, conforme a lo prevenido en el artículo 182.

---

[531] Véanse los arts. 286.2, 405.2 y 426.6 de la presente norma.

[532] Modificado apartado por la Ley 42/2015, de 5 de octubre. Entrada en vigor desde 7 de octubre de 2015. Véanse los arts. 281, 282, 284 a 288 y 443.4 de la presente norma.

Si se hiciera uso de la facultad prevista en el artículo 19.5 y todas las partes manifestaran su conformidad con la derivación, se acordará mediante providencia que podrá dictarse oralmente.

La actividad de negociación deberá desarrollarse durante el tiempo que media entre la finalización de la audiencia previa y la fecha señalada para el juicio. No obstante, si quince días antes de llegar dicho término todas las partes manifestaran la conveniencia de prorrogar dicho plazo por una sola vez y por un tiempo determinado que deberán especificar, el letrado o letrada de Administración de Justicia fijará nueva fecha para la celebración del juicio.

En el caso de haberse alcanzado un acuerdo entre las partes, éstas deberán comunicarlo al tribunal para que decrete el archivo del procedimiento, sin perjuicio de solicitar previamente su homologación judicial.

Si el procedimiento seguido para alcanzar el acuerdo fuere una conciliación ante notario o registrador, se acreditará mediante la escritura o certificación registral, sin que sea precisa la homologación judicial[533].

3. A solicitud de parte, cuando toda la prueba o gran parte de ella hubiera de realizarse fuera del lugar en que tenga su sede el Tribunal que conozca del pleito, el Tribunal podrá acordar que el juicio se señale por el Letrado de la Administración de Justicia para su celebración dentro del plazo de dos meses[534].

4. Las pruebas que no hayan de practicarse en el acto del juicio se llevarán a cabo con anterioridad a éste[535].

5. Las partes deberán indicar qué testigos y peritos se comprometen a presentar en el juicio y cuáles, por el contrario, han de ser citados por el tribunal. La citación se acordará en la audiencia y se practicará con la antelación suficiente.

También las partes deberán señalar qué declaraciones e interrogatorios consideran que han de realizarse a través del auxilio judicial. El tribunal decidirá lo que proceda a ese respecto y, en caso de que estime necesario recabar el auxilio judicial, acordará en el acto la remisión de los exhortos oportunos, dando a las partes un plazo de tres días a los efectos de que presenten, cuando fuere necesario, una lista de pregun-

---

[533] Apartado modificado por la LO 1/2025, de 2 de enero. Entrada en vigor el 3 de abril de 2025. Véanse los arts. 182 y 183 de la preente norma.

[534] Modificado apartado por la Ley 13/2009, de 3 de noviembre. Entrada en vigor desde 4 de mayo de 2010. Véanse los arts. 169, 290, 291, 313 y 364 de la presente norma.

[535] Véanse los arts. 290 y 293 a 295 de la presente norma.

tas. En cualquier caso, la falta de cumplimentación de tales exhortos no suspenderá el acto del juicio[536].

6. No será necesario citar para el juicio a las partes que, por sí o por medio de su procurador, hayan comparecido a la audiencia previa.

7. Cuando, de manera excepcional y motivada, y por razón de las pruebas admitidas, fuese de prever que el juicio no podrá finalizar en una sola sesión dentro del día señalado, la citación lo expresará así, indicando si la sesión o sesiones ulteriores se llevarán a cabo en el día o días inmediatamente sucesivos o en otros, que se señalarán por el Letrado de la Administración de Justicia, con expresión en todo caso de la hora en que las sesiones del juicio hayan de dar comienzo.

8. Cuando la única prueba que resulte admitida sea la de documentos, y éstos ya se hubieran aportado al proceso sin resultar impugnados, o cuando se hayan presentado informes periciales, y ni las partes ni el tribunal solicitaren la presencia de los peritos en el juicio para la ratificación de su informe, el tribunal procederá a dictar sentencia, sin previa celebración del juicio, dentro de los veinte días siguientes a aquel en que termine la audiencia.

Artículo 430. *Solicitud de nuevo señalamiento del juicio*

Si cualquiera de los que hubieren de acudir al acto del juicio no pudiere asistir a éste por causa de fuerza mayor u otro motivo de análoga entidad podrá solicitar nuevo señalamiento de juicio. Esta solicitud se sustanciará y resolverá conforme a lo previsto en el artículo 183.

CAPÍTULO III
Del juicio
(arts. 431 a 433)

Artículo 431. *Finalidad del juicio*

El juicio tendrá por objeto la práctica de las pruebas de declaración de las partes, testifical, informes orales y contradictorios de peritos, reconocimiento judicial en su caso y reproducción de palabras, imágenes y sonidos. Asimismo, una vez practicadas las pruebas, en el juicio se formularán las conclusiones sobre éstas[537].

---

[536] Véanse los arts. 159, 169, 183.4, 292, 337, 338.2, 346, 347 y 362 de la presente norma.
[537] Véanse los arts. 289 y 299 de la presente norma.

Artículo 432. *Comparecencia e incomparecencia de las partes*

1. Sin perjuicio de la intervención personal en el interrogatorio que se hubiera admitido, las partes comparecerán en el juicio representadas por procurador y asistidas de abogado.

Las partes y sus representantes procesales deberán comparecer por videoconferencia o mediante la utilización de medios electrónicos para la reproducción del sonido y, en su caso, de la imagen, cuando el tribunal lo acordase de oficio o a instancia de alguna de ellas, y se cumplan los requisitos establecidos en el artículo 137 bis[538].

2. Si no compareciere en el juicio ninguna de las partes, se levantará acta haciéndolo constar y el tribunal, sin más trámites, declarará el pleito visto para sentencia. Si sólo compareciere alguna de las partes, se procederá a la celebración del juicio.

Artículo 433. *Desarrollo del acto del juicio*

1. El juicio comenzará practicándose, conforme a lo dispuesto en los artículos 299 y siguientes, las pruebas admitidas, pero si se hubiera suscitado o se suscitare la vulneración de derechos fundamentales en la obtención u origen de alguna prueba, se resolverá primero sobre esta cuestión.

Asimismo, con carácter previo a la práctica de las pruebas, si se hubiesen alegado o se alegaren hechos acaecidos o conocidos con posterioridad a la audiencia previa, se procederá a oír a las partes y a la proposición y admisión de pruebas previstas en el artículo 286[539].

2. Practicadas las pruebas, las partes formularán oralmente sus conclusiones sobre los hechos controvertidos, exponiendo de forma ordenada, clara y concisa, si, a su juicio, los hechos relevantes han sido o deben considerarse admitidos y, en su caso, probados o inciertos.

A tal fin, harán un breve resumen de cada una de las pruebas practicadas sobre aquellos hechos, con remisión pormenorizada, en su caso, a los autos del juicio. Si entendieran que algún hecho debe tenerse por cierto en virtud de presunción, lo manifestarán así, fundamentando su criterio. Podrán, asimismo, alegar lo que resulte de la carga de la prueba sobre los hechos que reputen dudosos.

En relación con el resultado de las pruebas y la aplicación de las normas sobre presunciones y carga de la prueba, cada parte principiará refiriéndose a los hechos

---

[538] Modificado apartado por el RD Ley 6/2023, de 19 de diciembre. Entrada en vigor desde 20 de marzo de 2024. Véase el art. 304 de la presente norma.

[539] Véanse el art. 11 de la LOPJ y los arts. 185, 186, 187, 189, 193, 400, 412, 416 y 460.2 de la presente norma.

aducidos en apoyo de sus pretensiones y seguirá con lo que se refiera a los hechos aducidos por la parte contraria[540].

3. Expuestas sus conclusiones sobre los hechos controvertidos, cada parte podrá informar sobre los argumentos jurídicos en que se apoyen sus pretensiones, que no podrán ser alteradas en ese momento.

4. Si el tribunal no se considerase suficientemente ilustrado sobre el caso con las conclusiones e informes previstos en los apartados anteriores, podrá conceder a las partes la palabra cuantas veces estime necesario para que informen sobre las cuestiones que les indique.

CAPÍTULO IV
De la sentencia
(arts. 434 a 436)

Artículo 434. *Sentencia*

1. La sentencia se dictará dentro de los veinte días siguientes a la terminación del juicio[541].

2. Si, dentro del plazo para dictar sentencia y conforme a lo prevenido en los artículos siguientes, se acordasen diligencias finales, quedará en suspenso el plazo para dictar aquélla.

3. Se podrá suspender el plazo para dictar sentencia en los procedimientos sobre la aplicación de los artículos 81 y 82 del Tratado de la Comunidad Europea o de los artículos 1 y 2 de la Ley de Defensa de la Competencia cuando el tribunal tenga conocimiento de la existencia de un expediente administrativo ante la Comisión Europea, la Comisión Nacional de la Competencia o los órganos competentes de las Comunidades Autónomas y resulte necesario conocer el pronunciamiento del órgano administrativo. Dicha suspensión se adoptará motivadamente, previa audiencia de las partes, y se notificará al órgano administrativo. Este, a su vez, habrá de dar traslado de su resolución al tribunal.

Contra el auto de suspensión del proceso sólo se dará recurso de reposición[542].

---

[540] Véanse los arts. 217, 385 y 386 de la presente norma.

[541] Véanse los arts. 194 a 205, 206.2, 209, 211, 212 y 218 de la presente norma.

[542] Añadido por la Ley 15/2007, de 3 de julio de Defensa de la Competencia. Entrada en vigor desde 1 de septiembre de 2007. Véanse los arts. 42, 216 a 222 de la presente norma.

Artículo 435. *Diligencias finales. Procedencia*

1. Sólo a instancia de parte podrá el tribunal acordar, mediante auto, como diligencias finales, la práctica de actuaciones de prueba, conforme a las siguientes reglas:

1.ª No se practicarán como diligencias finales las pruebas que hubieran podido proponerse en tiempo y forma por las partes, incluidas las que hubieran podido proponerse tras la manifestación del tribunal a que se refiere el apartado 1 del artículo 429.

2.ª Cuando, por causas ajenas a la parte que la hubiese propuesto, no se hubiese practicado alguna de las pruebas admitidas.

3.ª También se admitirán y practicarán las pruebas pertinentes y útiles, que se refieran a hechos nuevos o de nueva noticia, previstos en el artículo 286[543].

2. Excepcionalmente, el tribunal podrá acordar, de oficio o a instancia de parte, que se practiquen de nuevo pruebas sobre hechos relevantes, oportunamente alegados, si los actos de prueba anteriores no hubieran resultado conducentes a causa de circunstancias ya desaparecidas e independientes de la voluntad y diligencia de las partes, siempre que existan motivos fundados para creer que las nuevas actuaciones permitirán adquirir certeza sobre aquellos hechos.

En este caso, en el auto en que se acuerde la práctica de las diligencias habrán de expresarse detalladamente aquellas circunstancias y motivos.

Artículo 436. *Plazo para la práctica de las diligencias finales. Sentencia posterior*

1. Las diligencias que se acuerden según lo dispuesto en los artículos anteriores se llevarán a cabo, dentro del plazo de veinte días y en la fecha que señale a tal efecto, de resultar necesario, el Letrado de la Administración de Justicia, en la forma establecida en esta ley para las pruebas de su clase. Una vez practicadas, las partes podrán, dentro del quinto día, presentar escrito en que resuman y valoren el resultado[544].

2. El plazo para dictar sentencia volverá a computarse cuando transcurra el otorgado a las partes para presentar el escrito a que se refiere el apartado anterior[545].

---

[543] Véanse los arts. 286.3, 309.2, 315.2, 400, 412 y 426 de la presente norma.

[544] Modificado apartado por la Ley 13/2009, de 3 de noviembre. Entrada en vigor desde 4 de mayo de 2010.

[545] Modificado apartado por el RD-Ley 6/2023, de 19 de diciembre. Entrada en vigor desde 20 de marzo de 2024.

TÍTULO III
Del juicio verbal
(arts. 437 a 447)

Artículo 437. *Forma de la demanda. Acumulación objetiva y subjetiva de acciones*

1. El juicio verbal principiará por demanda, con el contenido y forma propios del juicio ordinario, siendo también de aplicación lo dispuesto para dicho juicio en materia de preclusión de alegaciones y litispendencia[546].

2. No obstante, en los juicios verbales en que no se actúe con abogado y procurador, el demandante podrá formular una demanda sucinta, donde se consignarán los datos y circunstancias de identificación del actor y del demandado y el domicilio o los domicilios en que pueden ser citados, y se fijará con claridad y precisión lo que se pida, concretando los hechos fundamentales en que se basa la petición[547].

A tal fin, se podrán cumplimentar unos impresos normalizados que se hallarán a su disposición en el órgano judicial correspondiente o en la sede judicial electrónica.

3. Si en la demanda se solicitase el desahucio de finca urbana por falta de pago de las rentas o cantidades debidas al arrendador, o por expiración legal o contractual del plazo, el demandante podrá anunciar en ella que asume el compromiso de condonar al arrendatario todo o parte de la deuda y de las costas, con expresión de la cantidad concreta, condicionándolo al desalojo voluntario de la finca dentro del plazo que se indique por el arrendador, que no podrá ser inferior al plazo de quince días desde que se notifique la demanda. Igualmente, podrá interesarse en la demanda que se tenga por solicitada la ejecución del lanzamiento en la fecha y hora que se fije por el juzgado a los efectos señalados en el apartado 3 del artículo 549[548].

3 bis. Cuando se solicitase en la demanda la recuperación de la posesión de una vivienda o parte de ella a la que se refiere el párrafo segundo del numeral 4.º del apartado 1 del artículo 250, aquélla podrá dirigirse genéricamente contra los desconocidos ocupantes de la misma, sin perjuicio de la notificación que de ella se realice a quien en concreto se encontrare en el inmueble al tiempo de llevar a cabo dicha

---

[546] Véanse los arts. 264 a 266 y 273 de la presente norma.

[547] Modificado apartado por el RD-Ley 6/2023 de 19 de diciembre. Entrada en vigor desde 20 de marzo de 2024. Modificado apartado por la Ley 4/2011, de 24 de marzo. Entrada en vigor desde 14 de abril de 2011.

[548] Modificado apartado por la Ley 19/2009, de 23 de noviembre , de medidas de fomento y agilización procesal del alquiler y de la eficiencia energética de los edificios. Entrada en vigor desde 24 de diciembre de 2009. Este apartado fue añadido por la Ley 23/2003, de 10 de julio, de Garantías en la venta de bienes de consumo. Entrada en vigor desde 1 de septiembre de 2003.

notificación. A la demanda se deberá acompañar el título en que el actor funde su derecho a poseer[549].

4. No se admitirá en los juicios verbales la acumulación objetiva de acciones, salvo las excepciones siguientes:

1.ª La acumulación de acciones basadas en unos mismos hechos, siempre que proceda, en todo caso, el juicio verbal.

2.ª La acumulación de la acción de resarcimiento de daños y perjuicios a otra acción que sea prejudicial de ella.

3.ª La acumulación de las acciones en reclamación de rentas o cantidades análogas vencidas y no pagadas, cuando se trate de juicios de desahucios de finca por falta de pago o por expiración legal o contractual del plazo, con independencia de la cantidad que se reclame. Asimismo, también podrán acumularse las acciones ejercitadas contra el fiador o avalista solidario previo requerimiento de pago no satisfecho.

4.ª En los procedimientos de separación, divorcio o nulidad y en los que tengan por objeto obtener la eficacia civil de las resoluciones o decisiones eclesiásticas, cualquiera de los cónyuges podrá ejercer simultáneamente la acción de división de la cosa común respecto de los bienes que tengan en comunidad ordinaria indivisa. Si hubiere diversos bienes en régimen de comunidad ordinaria indivisa y uno de los cónyuges lo solicitare, el tribunal puede considerarlos en conjunto a los efectos de formar lotes o adjudicarlos.

5. Podrán acumularse las acciones que uno tenga contra varios sujetos o varios contra uno siempre que se cumplan los requisitos establecidos en el artículo 72 y en el apartado 1 del artículo 73.

Artículo 438. *Admisión de la demanda y contestación. Reconvención*[550]

1. El letrado o letrada de la Administración de Justicia, examinada la demanda, la admitirá por decreto o dará cuenta de ella al tribunal en los supuestos del artículo 404 para que resuelva lo que proceda. Admitida la demanda, dará traslado de ella al demandado para que la conteste por escrito en el plazo de 10 días conforme a lo dispuesto para el juicio ordinario. Si el demandado no compareciere en el plazo otorgado será declarado en rebeldía conforme al artículo 496.

---

[549] Modificado por la Ley 5/2018, de 11 de junio. Entrada en vigor desde 7 de octubre de 2018.

[550] Modificado artículo por el RD-Ley 6/2023, de 19 de diciembre. Entrada en vigor desde 20 de marzo de 2024 en sus apartados 1 y 4. Se han incorporado los apartados 5, 6, 7 y 8. Modificado artículo por la Ley 42/2015, de 5 de octubre. Entrada en vigor desde 7 de octubre de 2015.

En los casos en que sea posible actuar sin abogado ni procurador, se indicará así en el decreto de admisión y se comunicará al demandado que están a su disposición en el órgano judicial correspondiente o en la sede judicial electrónica unos formularios o impresos normalizados, que puede emplear para la contestación a la demanda.

2. En ningún caso se admitirá reconvención en los juicios verbales que, según la ley, deban finalizar por sentencia sin efectos de cosa juzgada.

En los demás juicios verbales se admitirá la reconvención siempre que no determine la improcedencia del juicio verbal y exista conexión entre las pretensiones de la reconvención y las que sean objeto de la demanda principal. Admitida la reconvención se regirá por las normas previstas en el juicio ordinario, salvo el plazo para su contestación que será de 10 días[551].

3. El demandado podrá oponer en la contestación a la demanda un crédito compensable, siendo de aplicación lo dispuesto en el artículo 408. Si la cuantía de dicho crédito fuese superior a la que determine que se siga el juicio verbal, el tribunal tendrá por no hecha tal alegación en la vista, advirtiéndolo así al demandado, para que use de su derecho ante el tribunal y por los trámites que correspondan[552].

4. En los casos del numeral 7.º del apartado 1 del artículo 250, en el emplazamiento para contestar la demanda se apercibirá a la persona demandada de que, en caso de no contestar, se dictará sentencia acordando las actuaciones que, para la efectividad del derecho inscrito, hubiere solicitado el actor. También se apercibirá al demandado, en su caso, de que la misma sentencia se dictará si contesta, pero no presta caución, en cualquiera de las formas previstas en el párrafo segundo del apartado 2 del artículo 64, en la cuantía que, tras oírle, el tribunal determine, dentro de la solicitada por el actor[553].

5. En los casos de demandas en las que se ejercite la pretensión de desahucio por falta de pago de rentas o cantidades debidas, acumulando o no la pretensión de condena al pago de las mismas, el letrado o letrada de la Administración de Justicia, tras la admisión, y previamente a la vista que se señale, requerirá a la persona demandada para que, en el plazo de 10 días, desaloje el inmueble, pague al actor o, en

---

[551] Véase el art. 447.2 y 3 de la presente norma.

[552] Modificado apartado por la Ley 42/2015, de 5 de octubre. Entrada en vigor desde 7 de octubre de 2015. Modificado apartado por la Ley 19/2009, de 23 de noviembre de medidas de fomento y agilización procesal del alquiler y de la eficiencia energética de los edificios. Entrada en vigor desde 24 de diciembre de 2009. Modificado apartado por la Ley 23/2003, de 10 de julio, de garantías en la venta de bienes de consumo. Entrada en vigor desde 11 de septiembre de 2003.

[553] Modificado apartado por la Ley 5/2012, de 6 de julio, de mediación en asuntos civiles y mercantiles. Entrada en vigor desde 27 de julio de 2012.

caso de pretender la enervación, pague la totalidad de lo que deba o ponga a disposición de aquel en el tribunal o notarialmente el importe de las cantidades reclamadas en la demanda y el de las que adeude en el momento de dicho pago enervador del desahucio; o en otro caso comparezca ante éste y alegue sucintamente, formulando oposición, las razones por las que, a su entender, no debe, en todo o en parte, la cantidad reclamada o las circunstancias relativas a la procedencia de la enervación.

Si el demandante ha expresado en su demanda que asume el compromiso a que se refiere el apartado 3 del artículo 437, se le pondrá de manifiesto en el requerimiento, y la aceptación de este compromiso equivaldrá a un allanamiento con los efectos del artículo 21.

Además, el requerimiento expresará el día y la hora que se hubieran señalado para que tengan lugar la eventual vista en caso de oposición del demandando, para la que servirá de citación, y el día y la hora exactos para la práctica del lanzamiento en caso de que no hubiera oposición. Asimismo, se expresará que en caso de solicitar asistencia jurídica gratuita el demandado, deberá hacerlo en los tres días siguientes a la práctica del requerimiento, así como que la falta de oposición al requerimiento supondrá la prestación de su consentimiento a la resolución del contrato de arrendamiento que le vincula con el arrendador.

El requerimiento se practicará en la forma prevista en el artículo 161, teniendo en cuenta las previsiones contenidas en apartado 3 del artículo 155 y en el último párrafo del artículo 164, apercibiendo al demandado de que, de no realizar ninguna de las actuaciones citadas, se procederá a su inmediato lanzamiento, sin necesidad de notificación posterior, así como de los demás extremos comprendidos en el apartado siguiente de este mismo artículo.

Si el demandado no atendiere el requerimiento de pago o no compareciere para oponerse o allanarse, el letrado o letrada de la Administración de Justicia dictará decreto dando por terminado el juicio de desahucio y se procederá al lanzamiento en el día y la hora fijadas.

Si el demandado atendiere el requerimiento en cuanto al desalojo del inmueble sin formular oposición ni pagar la cantidad que se reclamase, el letrado o letrada de la Administración de Justicia lo hará constar, y dictará decreto dando por terminado el procedimiento, y dejando sin efecto la diligencia de lanzamiento, a no ser que la parte demandante interese su mantenimiento para que se levante acta sobre el estado en que se encuentre la finca, dando traslado a la parte demandante para que inste el despacho de ejecución en cuanto a la cantidad reclamada, bastando para ello con la mera solicitud.

En los dos supuestos anteriores, el decreto dando por terminado el juicio de desahucio impondrá las costas al demandado e incluirá las rentas debidas que se devenguen con posterioridad a la presentación de la demanda hasta la entrega de la posesión efectiva de la finca, tomándose como base de la liquidación de las rentas futuras el importe de la última mensualidad reclamada al presentar la demanda. Si el demandado formulara oposición, se celebrará la vista en la fecha señalada.

6. En todos los casos de desahucio, también se apercibirá al demandado en el requerimiento que se le realice que, de no comparecer a la vista, se declarará el desahucio sin más trámites y que queda citado para recibir la notificación de la sentencia que se dicte el sexto día siguiente al señalado para la vista, presencialmente o a través de sede electrónica. Igualmente, en la resolución que se dicte teniendo por opuesto al demandado se fijará día y hora exacta para que tenga lugar, en su caso, el lanzamiento, que deberá verificarse antes de treinta días desde la fecha señalada para la vista, advirtiendo al demandado que, si la sentencia fuese condenatoria y no se recurriera, se procederá al lanzamiento en el día y la hora fijadas, sin necesidad de notificación posterior.

En todos los casos de desahucio y en todos los decretos o resoluciones judiciales que tengan como objeto el señalamiento del lanzamiento, independientemente de que este se haya intentado llevar a cabo con anterioridad, se deberá incluir el día y hora exacta en que tendrá lugar el mismo.

7. Tratándose de un caso de recuperación de la posesión de una vivienda a que se refiere el párrafo segundo del numeral 4.º del apartado 1 del artículo 250, si el demandado o demandados no contestaran a la parte demanda en el plazo legalmente previsto, se procederá de inmediato a dictar sentencia. La sentencia estimatoria de la pretensión permitirá su ejecución, previa solicitud del demandante, sin necesidad de que transcurra el plazo de veinte días previsto en el artículo 548.

8. Contestada la demanda y, en su caso, la reconvención o el crédito compensable, o transcurridos los plazos correspondientes, el letrado o la letrada de la Administración de Justicia dictará diligencia de ordenación acordando dar traslado del escrito de contestación a la parte demandante y concediendo a ambas partes el plazo común de cinco días a fin de que propongan la prueba que quieran practicar, debiendo, igualmente, indicar las personas que, por no poder presentar ellas mismas, han de ser citadas por el letrado o la letrada de la Administración de Justicia a la vista para que declaren en calidad de parte, testigos o peritos, a cuyo fin facilitarán todos los datos y circunstancias precisos para llevar a cabo la citación. En el mismo plazo de cinco días podrán las partes pedir respuestas escritas a cargo de personas jurídicas o entidades públicas, por los trámites establecidos en el artículo 381. En el supuesto que alguna de las partes hubiera anunciado la presentación de una prueba pericial conforme al artículo 337.1, dicho plazo de cinco días empezará a contar desde que se tenga por aportado el referido dictamen o haya transcurrido el plazo para su presentación.

Dentro del mismo plazo de cinco días la parte actora podrá realizar las alegaciones que tenga por conveniente con respecto a las excepciones procesales planteadas por el demandado en su escrito de contestación que puedan impedir la válida prosecución y término del proceso mediante sentencia sobre el fondo[554].

9. En los tres días siguientes al traslado del escrito de proposición de prueba, las partes podrán, en su caso, presentar las impugnaciones a las que se refieren los artículos 280, 283, 287 y 427[555].

10. Transcurrido el plazo señalado en el apartado anterior, el tribunal resolverá por auto sobre la impugnación de la cuantía del pleito de haberse producido, sobre las excepciones procesales planteadas, sobre la admisión de la prueba propuesta y sobre la pertinencia de la celebración de vista, acordando, en caso de no considerarla necesaria, que queden los autos conclusos para dictar sentencia.

Contra este auto cabrá interponer recurso de reposición, que tendrá efecto suspensivo.

Cuando la única prueba que resulte admitida sea la de documentos, y éstos ya se hubieran aportado al proceso sin resultar impugnados, o cuando se hayan presentado informes periciales y el tribunal no haya considerado pertinente o útil la presencia de los peritos en el juicio, se procederá a dictar sentencia, sin previa celebración de la vista[556].

Artículo 438 bis. *Procedimiento testigo*[557]

1. En el caso de las demandas referidas en el artículo 250.1.14.°, sin perjuicio de lo dispuesto en el párrafo primero del artículo 438.1, el letrado o letrada de la Administración de Justicia procederá a dar cuenta al tribunal, con carácter previo a la admisión de la demanda, cuando considere que la misma incluye pretensiones que están siendo objeto de procedimientos anteriores planteados por otros litigantes, que no es preciso realizar un control de transparencia de la cláusula ni valorar la existencia de vicios en el consentimiento del contratante y que las condiciones generales de contratación cuestionadas tienen identidad sustancial.

La parte actora y la parte demandada podrán solicitar en su escrito de demanda y contestación que el procedimiento se someta a la regulación de este artículo, siempre que concurran los presupuestos señalados en el párrafo anterior.

2. Dada cuenta y examinado el asunto, el tribunal dictará auto acordando la suspensión del curso de las actuaciones hasta que se dicte sentencia firme en el procedi-

[554] Apartado 8 modificado por la LO 1/2025, de 3 de enero. Entrada en vigor el 3 de abril de 2025.
[555] Apartado 9 añadido por la LO 1/2025, de 2 de enero. Entrada en vigor el 3 de abril de 2025.
[556] Apartado 10 añadido por la LO 1/2025, de 2 de enero. Entrada en vigor el 3 de abril de 2025.
[557] Añadido por el RD-Ley 6/2023, de 19 de diciembre. Entrada en vigor desde 20 de marzo de 2024.

miento identificado como testigo o, en su caso, dictará providencia acordando seguir con la tramitación del procedimiento. En caso de que se hubiera dictado el auto acordando la suspensión, junto a su notificación se remitirá copia de aquellas actuaciones que consten en el procedimiento testigo y que, a juicio del tribunal, permitan apreciar las circunstancias establecidas en el apartado primero, quedando unido al procedimiento testimonio de las mismas. La expedición de las copias y del testimonio deberá realizarse de acuerdo con lo previsto en el artículo 236 quinquies de la Ley Orgánica 6/1985, de 1 de julio, del Poder Judicial.

El procedimiento testigo se tramitará con carácter preferente.

Contra el auto acordando la suspensión cabrá recurso de apelación que se tramitará de modo preferente y urgente.

3. Una vez adquiera firmeza la sentencia dictada en el procedimiento testigo, el tribunal dictará providencia en la que indicará si considera procedente o no la continuación del procedimiento suspendido instado, por haber sido resueltas o no todas las cuestiones planteadas en él en la sentencia del procedimiento testigo, relacionando aquellas que considere no resueltas y dando traslado al demandante del procedimiento suspendido para que en 5 días solicite:

a) El desistimiento en sus pretensiones.

b) La continuación del procedimiento suspendido, indicando las razones o pretensiones que deben ser, a su juicio, resueltas.

c) La extensión de los efectos de la sentencia dictada en el procedimiento testigo.

4. En caso de desistimiento, el letrado o letrada de la Administración de Justicia dictará decreto acordando el mismo, sin condena en costas[558].

5. En caso de que se inste la continuación, el letrado o letrada de la Administración de Justicia alzará la suspensión y acordará la continuación del proceso en los términos que la parte demandante mantenga conforme al apartado 3.b). En estos casos, cuando el tribunal hubiera expresado en la providencia indicada en el apartado 3 la innecesaria continuación del procedimiento y se dicte una sentencia estimando íntegramente la parte de la demanda que coincida sustancialmente con aquello que fue resuelto en el procedimiento testigo, el tribunal, razonándolo, podrá disponer que cada parte abone sus propias costas y las comunes por mitad.

6. Si el demandante solicitara la extensión de los efectos de la sentencia del procedimiento testigo, se estará a lo dispuesto en el artículo 519.

---

[558] Véase el art. 20 de la presente norma.

Artículo 439. *Inadmisión de la demanda en casos especiales*[559]

1. No se admitirán las demandas que pretendan retener o recobrar la posesión si se interponen transcurrido el plazo de un año a contar desde el acto de la perturbación o el despojo[560].

2. En los casos del número 7.° del apartado 1 del artículo 250, no se admitirán las demandas en los casos siguientes:

1.° Cuando en ellas no se expresen las medidas que se consideren necesarias para asegurar la eficacia de la sentencia que recayere.

2.° Si, salvo renuncia del demandante, que hará constar en la demanda, no se señalase en ésta la caución que, conforme a lo previsto en el párrafo segundo del apartado 2 del artículo 64, ha de prestar el demandado, en caso de comparecer y contestar, para responder de los frutos que haya percibido indebidamente, de los daños y perjuicios que hubiere irrogado y de las costas del juicio.

3.° Si no se acompañase a la demanda certificación literal del Registro de la Propiedad que acredite expresamente la vigencia, sin contradicción alguna, del asiento que legitima al demandante[561].

3. No se admitirán las demandas de desahucio de finca urbana por falta de pago de las rentas o cantidades debidas por el arrendatario si el arrendador no indicare las circunstancias concurrentes que puedan permitir o no, en el caso concreto, la enervación del desahucio[562].

4. En los casos de los números 10.° y 11.° del apartado 1 del artículo 250, cuando la acción ejercitada se base en el incumplimiento de un contrato de venta de bienes muebles a plazos, no se admitirán las demandas a las que no se acompañe la acreditación del requerimiento de pago al deudor, con diligencia expresiva del impago y de la no entrega del bien, en los términos previstos en el apartado segundo del artículo 16 de la Ley de Venta a Plazos de Bienes Muebles, así como certificación de la inscripción de los bienes en el Registro de Venta a Plazos de Bienes Muebles, si se tratase de bienes susceptibles de inscripción en el mismo. Cuando se ejerciten acciones basadas en el incumplimiento de un contrato de arrendamiento financiero o de bienes muebles, no se admitirán las demandas a las que no se acompañe la acredi-

---

[559] Apartados 6 c) y 7 anulados. Actualización introducida por la declaración de inconstitucionalidad de los preceptos por la STC 26/2025, de 29 de enero. Entrada en vigor desde el 28 de febrero de 2025.

[560] Véanse el art. 1968.1 del CC y el art. 250.1 de la presente norma.

[561] Véase el art. 41 Ley Hipotecaria.

[562] Véanse los arts. 22.4, 250.1, 440.3 y 444.1 de la presente norma.

tación del requerimiento de pago al deudor, con diligencia expresiva del impago y de la no entrega del bien, en los términos previstos en el apartado tercero de la disposición adicional primera de la Ley de Venta a Plazos de Bienes Muebles[563].

5. No se admitirán las demandas que tengan por objeto las acciones de reclamación de devolución de las cantidades indebidamente satisfechas por el consumidor en aplicación de determinadas cláusulas suelo o de cualesquiera otras cláusulas que se consideren abusivas contenidas en contratos de préstamo o crédito garantizados con hipoteca inmobiliaria cuando no se acompañe a la demanda documento que justifique haber practicado el consumidor una reclamación previa extrajudicial a la persona física o jurídica que realice la actividad de concesión de préstamos o créditos de manera profesional, con el fin de que reconozca expresamente el carácter abusivo de dichas cláusulas, con la consiguiente devolución de las cantidades indebidamente satisfechas por el consumidor[564].

6. En los casos de los números 1.°, 2.°, 4.° y 7.° del apartado 1 del artículo 250, no se admitirán las demandas, que pretendan la recuperación de la posesión de una finca, en que no se especifique:

a) Si el inmueble objeto de las mismas constituye vivienda habitual de la persona ocupante.

b) Si concurre en la parte demandante la condición de gran tenedora de vivienda, en los términos que establece el artículo 3.k) de la Ley 12/2023, de 24 de mayo, por el derecho a la vivienda.

En el caso de indicarse que no se tiene la condición de gran tenedor, a efectos de corroborar tal extremo, se deberá adjuntar a la demanda certificación del Registro de la Propiedad en el que consten la relación de propiedades a nombre de la parte actora.

c) (Anulado)

7. (Anulado)

8. Tampoco se admitirán las demandas de juicio verbal cuando no se cumplan los requisitos de admisibilidad, que, para casos especiales, puedan establecer las leyes[565].

---

563 Modificado apartado por la Ley 37/2011, de 10 de octubre. Entrada en vigor desde 31 de octubre de 2011.

564 Apartado modificado por la LO 1/2025, de 2 de enero. Entrada en vigor el 3 de abril de 2025.

565 Apartado 8 añadido por la LO 1/2025, de 2 de enero. Entrada en vigor el 3 de abril de 2025.

Artículo 439 bis. *Reclamación previa relativa a la actividad de concesión de préstamos o créditos de manera oficial*[566]

A los fines previstos en el apartado 5 del artículo 439, el consumidor remitirá la reclamación previa a la persona física o jurídica que realice la actividad de concesión de préstamos o créditos de manera profesional, que deberá admitir o denegar la reclamación. Recibida la reclamación, la persona o entidad destinataria efectuará un cálculo de la cantidad a devolver de manera desglosada, incluyendo necesariamente las cantidades que correspondan en concepto de intereses. En su caso, admitirá o rechazará la nulidad de las cláusulas que el consumidor señale como abusivas.

En el caso en que considere que la devolución no es procedente o, en su caso, rechace la abusividad de las cláusulas, comunicará razonadamente los motivos en los que funda su decisión, sin que pueda alegar otros diferentes en el proceso judicial que se siga. El consumidor deberá manifestar, en su caso, si está de acuerdo con el cálculo y la postura del concedente del préstamo o crédito respecto a la abusividad de las cláusulas interesadas. Si lo estuviera, la persona o entidad que hubiere concedido el préstamo o crédito acordará con el consumidor la devolución del efectivo y, en su caso, reconocerá la nulidad de las cláusulas.

El plazo máximo para que el consumidor y la persona o entidad a la que se reclamó lleguen a un acuerdo será de un mes a contar desde la presentación de la reclamación. En todo caso, se entenderá que el procedimiento extrajudicial ha concluido sin acuerdo:

a) Si la persona o entidad a quien se ha dirigido la reclamación rechaza expresamente la solicitud del consumidor.

b) Si finaliza el plazo de un mes desde la recepción de la comunicación, sin comunicación alguna por su parte.

c) Si el consumidor no está de acuerdo con el cálculo de la cantidad a devolver efectuado por la persona o entidad concedente del préstamo o crédito, si rechaza la cantidad ofrecida, o si no muestra su conformidad con la posición de dicha persona o entidad sobre la nulidad de las cláusulas interesadas.

Si transcurrido el plazo de un mes a partir del momento en que conste fehacientemente la aceptación de la oferta por el consumidor no se ha puesto a su disposición de modo efectivo la cantidad ofrecida, ésta devengará los intereses legales del dinero incrementados en ocho puntos desde que conste fehacientemente que ha sido aceptada la oferta por el perjudicado.

---

[566] Artículo añadido por la LO 1/2025, de 2 de enero. Entrada en vigor el 3 de abril de 2025.

Si transcurriera dicho plazo de un mes sin hacerse efectiva la cantidad ofrecida, quedará expedita la vía judicial para el consumidor, sin perjuicio de que continúe el devengo de los intereses referidos.

Las partes no podrán ejercitar entre sí ninguna acción judicial o extrajudicial en relación con el objeto de la reclamación previa durante el tiempo en que esta se sustancie. La posición mantenida por las partes durante esta negociación previa podrá ser valorada en el seno del proceso ulterior, caso de haberlo, a los efectos previstos en el artículo 394 y, en su caso, en los artículos 245 y 247. Este procedimiento de reclamación extrajudicial tendrá carácter gratuito.

La formalización de la escritura pública y la inscripción registral que, en su caso, pudiera derivarse del acuerdo entre el concedente del préstamo o crédito y el consumidor devengará exclusivamente los derechos arancelarios notariales y registrales correspondientes, de manera respectiva, a un documento sin cuantía y a una inscripción mínima, cualquiera que sea la base.

Artículo 440. *Citación para la vista*[567]

Contestada la demanda y, en su caso, la reconvención o el crédito compensable, o transcurridos los plazos correspondientes, el letrado o letrada de la Administración de Justicia, cuando haya de celebrarse vista de acuerdo con lo expresado en el artículo 438, citará a las partes a tal fin dentro de los cinco días siguientes. La vista habrá de tener lugar dentro del plazo máximo de un mes.

En la citación se fijará el día y hora en el que haya de celebrarse la vista, y se informará a las partes de la posibilidad de recurrir a una negociación para intentar solucionar el conflicto, incluido el recurso a una mediación, en cuyo caso aquéllas indicarán en la vista o antes de ella su decisión al respecto y las razones de la misma.

En la citación se hará constar que la vista no se suspenderá por inasistencia del demandado y se advertirá a los litigantes que, si no asistieren y se hubiere admitido su interrogatorio, podrán considerarse admitidos los hechos del interrogatorio conforme a lo dispuesto en el artículo 304. Asimismo, se prevendrá a la parte demandante y demandada de lo dispuesto en el artículo 442, para el caso de que no comparecieren a la vista.

---

[567] Artículo modificado por la LO 1/2025, de 2 de enero. Entrada en vigor el 3 de abril de 2025. Véanse los arts. 149 a 168, 182 a 193 y 299 a 316 de la presente norma.

Artículo 441. *Casos especiales en la tramitación inicial del juicio verbal*[568]

1. Interpuesta la demanda en el caso del numeral 3.° del apartado 1 del artículo 250, el letrado o letrada de la Administración de Justicia llamará a los testigos propuestos por el demandante y, según sus declaraciones, el tribunal dictará auto en el que denegará u otorgará, sin perjuicio de mejor derecho, la posesión solicitada, llevando a cabo las actuaciones que repute conducentes a tal efecto. El auto será publicado en el Tablón Edictal Judicial Único, instando a los interesados a comparecer y reclamar mediante contestación a la demanda, en el plazo de cuarenta días, si consideran tener mejor derecho que el demandante[569].

Si nadie compareciere, se confirmará al demandante en la posesión; pero en caso de que se presentaren reclamantes, previo traslado de sus escritos al demandante, el Letrado de la Administración de Justicia le citará, con todos los comparecientes, a la vista, sustanciándose en adelante las actuaciones del modo que se dispone en los artículos siguientes.

1 bis. Cuando se trate de una demanda de recuperación de la posesión de una vivienda o parte de ella que se tramite según lo previsto en el artículo 250.1.4.°, la notificación se hará a quien se encuentre habitando aquélla. Se podrá hacer además a los ignorados ocupantes de la vivienda. A efectos de proceder a la identificación del receptor y demás ocupantes, quien realice el acto de comunicación podrá ir acompañado de los agentes de la autoridad.

Si el demandante hubiera solicitado la inmediata entrega de la posesión de la vivienda, en el decreto de admisión a trámite de la demanda se requerirá a sus ocupantes para que aporten, en el plazo de 5 días desde la notificación de aquella, título que justifique su situación posesoria.

Si no se aportara justificación suficiente, el tribunal ordenará mediante auto el desalojo de los ocupantes y la inmediata entrega de la posesión de la vivienda al demandante, siempre que el título que se hubiere acompañado a la demanda fuere bastante para la acreditación de su derecho a poseer y sin perjuicio de lo establecido en los apartados 5, 6 y 7 de este mismo artículo si ha sido posible la identificación del receptor de la notificación o demás ocupantes de la vivienda.

---

[568] Modificado por la Ley 42/2015, de 5 de octubre. Entrada en vigor desde 7 de octubre de 2015.
[569] Modificado apartado por el RD-Ley 6/2023, de 23 de diciembre. Entrada en vigor desde 20 de marzo de 2024. Modificado por la Ley 37/2011, de 10 de octubre. Entrada en vigor desde 31 de octubre de 2011. Modificado por la Ley 13/2009, de 3 de noviembre. Entrada en vigor desde 4 de mayo de 2010.

Contra el auto que decida sobre el incidente no cabrá recurso alguno y se llevará a efecto contra cualquiera de los ocupantes que se encontraren en ese momento en la vivienda[570].

2. Si la demanda pretendiere que se resuelva judicialmente, con carácter sumario, la suspensión de una obra nueva, el tribunal, antes incluso de que se dé traslado para la contestación a la demanda, dirigirá inmediata orden de suspensión al dueño o encargado de la obra, que podrá ofrecer caución para continuarla, así como la realización de las obras indispensables para conservar lo ya edificado. El tribunal podrá disponer que se lleve a cabo reconocimiento judicial, pericial o conjunto, antes de la vista.

La caución podrá prestarse en la forma prevista en el párrafo segundo del apartado 2 del artículo 64.

3. En los casos del número 7.º del apartado 1 del artículo 250, tan pronto se admita la demanda, el tribunal adoptará las medidas solicitadas que, según las circunstancias, fuesen necesarias para asegurar en todo caso el cumplimiento de la sentencia que recayere[571].

4. En el caso del número 10.º del apartado 1 del artículo 250, admitida la demanda, el tribunal ordenará la exhibición de los bienes a su poseedor, bajo apercibimiento de incurrir en desobediencia a la autoridad judicial, y su inmediato embargo preventivo, que se asegurará mediante depósito, con arreglo a lo previsto en esta Ley. Cuando, al amparo de lo dispuesto en el número 11.º del apartado 1 del artículo 250, se ejerciten acciones basadas en el incumplimiento de un contrato de arrendamiento financiero, arrendamiento de bienes muebles o contrato de venta a plazos con reserva de dominio, admitida la demanda el tribunal ordenará el depósito del bien cuya entrega se reclame. No se exigirá caución al demandante para la adopción de estas medidas cautelares, ni se admitirá oposición del demandado a las mismas. Tampoco se admitirán solicitudes de modificación o de sustitución de las medidas por caución[572].

Además de lo dispuesto en el párrafo anterior, el Letrado de la Administración de Justicia emplazará al demandado por 5 días para que se persone en las actuaciones,

---

[570] Añadido apartado por la Ley 5/2018, de 13 de junio. Entrada en vigor desde 2 de julio de 2018. Modificado apartado por la Ley 12/2023, de 24 de mayo, por el Derecho a la vivienda. Entrada en vigor desde 26 de mayo de 2023.

[571] Modificado apartado por la Ley 13/2009, de 3 de noviembre. Entrada en vigor desde 4 de mayo de 2010. Véanse los arts. 721 a 729 de la presente norma.

[572] Modificado apartado por la Ley 37/2011, de 10 de octubre. Entrada en vigor desde 31 de octubre de 2011.

por medio de procurador, al objeto de contestar a la demanda por alguna de las causas previstas en el apartado 3 del artículo 444. Si el demandado dejare transcurrir el plazo sin contestar a la demanda, o si fundara ésta en causa no comprendida en el apartado 3 del artículo 444, se dictará, sin más trámites, sentencia estimatoria de las pretensiones del actor.

Cuando el demandado contestara a la demanda con arreglo a lo previsto en el párrafo anterior, el Letrado de la Administración de Justicia citará a las partes para la vista y, si el demandado no asistiera a la misma sin concurrir justa causa o asistiera, pero no mantuviera su oposición o fundara ésta en causa no comprendida en el apartado 3 del artículo 444, se dictará, sin más trámites, sentencia estimatoria de las pretensiones del actor. En estos casos el demandado, además, será sancionado con multa de hasta la quinta parte del valor de la reclamación, con un mínimo de ciento ochenta euros[573].

Contra la sentencia que se dicte en los casos de ausencia de oposición a que se refieren los dos párrafos anteriores no se dará recurso alguno.

5. En los casos de los números 1.°, 2.°, 4.° y 7.° del apartado 1 del artículo 250, siempre que el inmueble objeto de la controversia constituya la vivienda habitual de la parte demandada, se informará a esta, en el decreto de admisión a trámite de la demanda, de la posibilidad de acudir a las Administraciones Públicas autonómicas y locales competentes en materia de vivienda, asistencia social, evaluación e información de situaciones de necesidad social y atención inmediata a personas en situación o riesgo de exclusión social. La información deberá comprender los datos exactos de identificación de dichas Administraciones y el modo de tomar contacto con ellas, a efectos de que puedan apreciar la posible situación de vulnerabilidad de la parte demandada.

Sin perjuicio de lo dispuesto en el párrafo anterior, se comunicará inmediatamente y de oficio por el Juzgado la existencia del procedimiento a las Administraciones autonómicas y locales competentes en materia de vivienda, asistencia social, evaluación e información de situaciones de necesidad social y atención inmediata a personas en situación o riesgo de exclusión social, a fin de que puedan verificar la situación de vulnerabilidad y, de existir esta, presentar al Juzgado propuesta de alternativa de vivienda digna en alquiler social a proporcionar por la Administración competente para ello y propuesta de medidas de atención inmediata a adoptar igualmente por la Administración competente, así como de las posibles ayudas económicas y subvenciones de las que pueda ser beneficiaria la parte demandada.

---

[573] Modificado apartado por el RD 1417/2001, de 17 de diciembre. Entrada en vigor desde 1 de enero de 2002.

En caso de que estas Administraciones Públicas confirmasen que el hogar afectado se encuentra en situación de vulnerabilidad económica y, en su caso, social, se notificará al órgano judicial a la mayor brevedad y en todo caso en el plazo máximo de 10 días.

En los casos previstos por los apartados 6 y 7 del artículo 439, cuando la parte actora sea una gran tenedora de vivienda y hubiera presentado junto con la demanda documento acreditativo de la vulnerabilidad de la parte demandada, en el oficio a las Administraciones públicas competentes se hará constar esta circunstancia a efectos de que efectúen directamente, en el mismo plazo, la propuesta de medidas de atención inmediata a adoptar, así como de las posibles ayudas económicas y subvenciones de las que pueda ser beneficiaria la parte demandada y las causas, que, en su caso, han impedido su aplicación con anterioridad.

Recibida dicha comunicación o transcurrido el plazo, el letrado o letrada de la Administración de Justicia dará traslado a las partes para que en el plazo de 5 días puedan instar lo que a su derecho convenga, procediendo a suspender la fecha prevista para la celebración de la vista o para el lanzamiento, de ser necesaria tal suspensión por la inmediatez de las fechas[574].

6. Presentados los escritos de las partes o transcurrido el plazo concedido para ello, el tribunal resolverá por auto, a la vista de la información recibida de las Administraciones Públicas competentes y de las alegaciones de las partes, sobre si suspende el proceso para que se adopten las medidas propuestas por las Administraciones públicas, durante un plazo máximo de suspensión de dos meses si el demandante es una persona física o de cuatro meses si se trata de una persona jurídica.

Una vez adoptadas las medidas por las Administraciones Públicas competentes o transcurrido el plazo máximo de suspensión previsto en el párrafo anterior, se alzará ésta automáticamente y continuará el procedimiento por todos sus trámites[575].

7. El tribunal tomará la decisión previa valoración ponderada y proporcional del caso concreto, apreciando las situaciones de vulnerabilidad que pudieran concurrir también en la parte actora y cualquier otra circunstancia acreditada en autos.

A estos efectos, en particular, el tribunal para apreciar la situación de vulnerabilidad económica podrá considerar el hecho de que el importe de la renta, si se trata

---

[574] Añadido apartado por el RD-Ley 7/2019, de 1 de marzo, de medidas urgentes en materia de vivienda y alquiler. Entrada en vigor desde 6 de marzo de 2019. Modificado apartado por la Ley 12/2023, de 24 de mayo, sobre el Derecho a la vivienda. Entrada en vigor desde 26 de mayo de 2023. Modificado apartado por la Ley 13/2009, de 3 de noviembre. Entrada en vigor desde 4 de mayo de 2010.

[575] Añadido apartado por la Ley 12/2023, de 24 de mayo, sobre el Derecho a la vivienda. Entrada en vigor desde 26 de mayo de 2023.

de un juicio de desahucio por falta de pago, más el de los suministros de electricidad, gas, agua y telecomunicaciones suponga más del 30 por 100 de los ingresos de la unidad familiar y que el conjunto de dichos ingresos no alcance:

a) Con carácter general, el límite de 3 veces el Indicador Público de Renta de Efectos Múltiples mensual (en adelante IPREM).

b) Este límite se incrementará en 0,3 veces el IPREM por cada hijo a cargo en la unidad familiar. El incremento aplicable por hijo a cargo será de 0,35 veces el IPREM por cada hijo en el caso de unidad familiar monoparental o en el caso de cada hijo con discapacidad igual o superior al 33 por ciento.

c) Este límite se incrementará en 0,2 veces el IPREM por cada persona mayor de 65 años miembro de la unidad familiar o personas en situación de dependencia a cargo.

d) En caso de que alguno de los miembros de la unidad familiar tenga declarada discapacidad igual o superior al 33 por ciento, situación de dependencia o enfermedad que le incapacite acreditadamente de forma permanente para realizar una actividad laboral, el límite previsto en la letra a) será de 5 veces el IPREM, sin perjuicio de los incrementos acumulados por hijo a cargo.

A estos mismos efectos, el tribunal para apreciar la vulnerabilidad social podrá considerar el hecho de que, entre quienes ocupen la vivienda, se encuentren personas dependientes de conformidad con lo dispuesto en el apartado 2 del artículo 2 de la Ley 39/2006, de 14 de diciembre, de Promoción de la Autonomía Personal y Atención a las personas en situación de dependencia, víctimas de violencia sobre la mujer o personas menores de edad[576].

Artículo 442. *Inasistencia de las partes a la vista*[577]

1. Si el demandante no asistiese a la vista, y el demandado no alegare interés legítimo en la continuación del proceso para que se dicte sentencia sobre el fondo, se tendrá en el acto por desistido a aquél de la demanda, se le impondrán las costas causadas y se le condenará a indemnizar al demandado comparecido, si éste lo solicitare y acreditare los daños y perjuicios sufridos[578].

2. Si no compareciere el demandado, se procederá a la celebración del juicio[579].

---

[576] Añadido apartado por la Ley 12/2023, de 24 de mayo, sobre el Derecho a la vivienda. Entrada en vigor desde 26 de mayo de 2023.

[577] Modificado por la Ley 42/2015, de 5 de octubre. Entrada en vigor desde 7 de octubre de 2015.

[578] Véanse los arts. 20.2 y 3 de la presente norma

[579] Véanse los arts. 496 a 508 de la presente norma.

Artículo 443. *Desarrollo de la vista* [580]

1. Comparecidas las partes, presencialmente o por videoconferencia en los casos que así se haya acordado, el tribunal declarará abierto el acto y comprobará si subsiste el litigio entre ellas. Si manifestasen haber llegado a un acuerdo o se mostrasen dispuestas a concluirlo de inmediato, podrán desistir del proceso o solicitar del tribunal que homologue lo acordado. El acuerdo homologado judicialmente surtirá los efectos atribuidos por la ley a la transacción judicial y podrá llevarse a efecto por los trámites previstos para la ejecución de sentencias y convenios judicialmente aprobados. Dicho acuerdo podrá impugnarse por las causas y en la forma que se prevén para la transacción judicial. Las partes de común acuerdo podrán también solicitar la suspensión del proceso de conformidad con lo previsto en el apartado 4 del artículo 19, para someterse a mediación u otro medio adecuado de solución de controversias. En este caso, el tribunal examinará previamente la concurrencia de los requisitos de capacidad jurídica y poder de disposición de las partes o de sus representantes debidamente acreditados, que asistan al acto. Cuando se hubiera suspendido el proceso para acudir a mediación u otro medio adecuado de solución de controversias, terminada la actividad de negociación sin acuerdo, cualquiera de las partes podrá solicitar que se alce la suspensión y se señale fecha para la continuación de la vista. Por el contrario, en el caso de haberse alcanzado acuerdo entre las partes, éstas deberán comunicarlo al tribunal para que decrete el archivo del procedimiento, sin perjuicio de solicitar previamente su homologación judicial.

2. En atención al objeto del proceso el tribunal, antes de la práctica de la prueba, podrá plantear a las partes la posibilidad de derivación del litigio a un medio adecuado de solución de controversias, siempre que considere y fundadamente que es posible un acuerdo entre las partes de conformidad con lo dispuesto en el apartado 5 del artículo 19. Si todas las partes manifestaran su conformidad con la derivación, se acordará previa suspensión del procedimiento mediante providencia que podrá dictarse oralmente.

La actividad de negociación deberá desarrollarse en el plazo máximo que fije el tribunal atendiendo a la complejidad del procedimiento y demás circunstancias concurrentes. No obstante, si quince días antes de cumplirse el plazo fijado judicialmente todas las partes manifestaran la conveniencia de prorrogar dicho plazo por una sola vez y por un tiempo determinado que deberán especificar de común acuerdo, el tribunal podrá acceder a ello si observa avances en la negociación que permiten prever una solución extrajudicial de la controversia en el nuevo plazo solicitado. Las partes deberán comunicar al tribunal si han alcanzado o no un acuerdo dentro del plazo fi-

---

[580] Artículo modificado por la LO 1/2025, de 2 de enero. Entrada en vigor el 3 de abril de 2025.

jado. Si han llegado a un acuerdo total el tribunal decretará el archivo del procedimiento, sin perjuicio de que las partes deban solicitar previamente su homologación judicial. En caso de desacuerdo o en caso de acuerdo parcial, y sin perjuicio de la homologación judicial del mismo, se acordará el levantamiento de la suspensión y la continuación de la vista para la práctica de las pruebas en el día que se señale al efecto. La asignación de fecha para la continuación de la vista se hará con carácter preferente.

3. Si las partes no hubiesen llegado a un acuerdo o no se mostrasen dispuestas a concluirlo de inmediato, el tribunal dará la palabra a las partes para realizar aclaraciones y fijar los hechos sobre los que exista contradicción.

4. Si no hubiere conformidad sobre todos ellos, se practicarán seguidamente las pruebas que resultaron en su momento admitidas. La proposición de prueba de las partes podrá completarse con arreglo a lo dispuesto en el apartado 1 del artículo 429.

Artículo 444. Causas tasadas de oposición[581]

1. Cuando en el juicio verbal se pretenda la recuperación de finca, rústica o urbana, dada en arrendamiento, por impago de la renta o cantidad asimilada sólo se permitirá al demandado alegar y probar el pago o las circunstancias relativas a la procedencia de la enervación.

1 bis. Tratándose de un caso de recuperación de la posesión de una vivienda a que se refiere el párrafo segundo del numeral 4.º del apartado 1 del artículo 250, la oposición del demandado podrá fundarse exclusivamente en la existencia de título suficiente frente al actor para poseer la vivienda o en la falta de título por parte del actor.

2. En los casos del numeral 7.º del apartado 1 del artículo 250, la oposición del demandado únicamente podrá fundarse en alguna de las causas siguientes:

1.º Falsedad de la certificación del Registro u omisión en ella de derechos o condiciones inscritas, que desvirtúen la acción ejercitada.

2.º Poseer el demandado la finca o disfrutar el derecho discutido por contrato u otra cualquier relación jurídica directa con el último titular o con titulares anteriores o en virtud de prescripción, siempre que ésta deba perjudicar al titular inscrito.

3.º Que la finca o el derecho se encuentren inscritos a favor del demandado y así lo justifique presentando certificación del Registro de la Propiedad acreditativa de la vigencia de la inscripción.

---

[581] Artículo modificado por la LO 1/2025, de 2 de enero. Entrada en vigor el 3 de abril de 2025.

4.º No ser la finca inscrita la que efectivamente posea el demandado.

3. En los casos de los numerales 10.º y 11.º del apartado 1 del artículo 250, la oposición del demandado sólo podrá fundarse en alguna de las causas siguientes:

1.ª Falta de jurisdicción o de competencia del tribunal.

2.ª Pago acreditado documentalmente.

3.ª Inexistencia o falta de validez de su consentimiento, incluida la falsedad de la firma.

4.ª Falsedad del documento en que aparezca formalizado el contrato.

Artículo 445. *Prueba, diligencias finales y presunciones en los juicios verbales*[582]

En materia de prueba, de diligencias finales y de presunciones, será de aplicación a los juicios verbales lo establecido en los capítulos V y VI del título I del presente libro, así como los artículos 435 y 436 de este texto legal.

Artículo 446. *Resoluciones sobre la prueba y recursos*[583]

Contra las resoluciones del tribunal sobre admisión o inadmisión de pruebas en el acto de la vista solo cabrá recurso de reposición, que se sustanciará y resolverá en el acto y, si se desestimare, la parte podrá formular protesta a efecto de hacer valer sus derechos, en su caso, en la segunda instancia.

Artículo 447. *Sentencia. Ausencia de cosa juzgada en casos especiales*

1. Practicadas las pruebas, incluidas las diligencias finales a las que serán de aplicación lo dispuesto en el artículo 435, el tribunal podrá conceder a las partes un turno de palabra para formular oralmente conclusiones. A continuación, se dará por terminada la vista y el tribunal, salvo en los casos en que pronuncie sentencia oralmente según lo establecido en el artículo 210.3, dictará sentencia dentro de los diez días siguientes. Se exceptúan los juicios verbales en que se pida el desahucio de finca urbana, en que la sentencia se dictará en los cinco días siguientes, convocándose en el acto de la vista a las partes a la sede del tribunal para recibir la no-

---

[582] Artículo modificado por la LO 1/2025, de 2 de enero. Entrada en vigor el 3 de abril de 2025.

[583] Modificado por el RD-Ley 6/2023, de 19 de diciembre. Entrada en vigor desde 20 de marzo de 2024. Y por la Ley 42/2015, de 5 de octubre. Entrada en vigor desde 7 de octubre de 2015. Véanse los arts. 459 y 460.2 de la presente norma.

tificación sino estuvieran representadas por procurador o no debiera realizarse por medios telemáticos, que tendrá lugar el día más próximo posible dentro de los cinco siguientes al de la sentencia.

Sin perjuicio de lo anterior, en las sentencias de condena por allanamiento a que se refieren el apartado 3 del artículo 437 y el apartado 5 del artículo 438, en previsión de que no se verifique por el arrendatario el desalojo voluntario en el plazo señalado, se fijará con carácter subsidiario día y hora en que tendrá lugar, en su caso, el lanzamiento directo del demandado, que se llevará a término sin necesidad de ulteriores trámites en un plazo no superior a 15 días desde la finalización de dicho periodo voluntario. Del mismo modo, en las sentencias de condena por incomparecencia del demandado, se procederá al lanzamiento en la fecha fijada sin más trámite[584].

2. No producirán efectos de cosa juzgada las sentencias que pongan fin a los juicios verbales sobre tutela sumaria de la posesión ni las que decidan sobre la pretensión de desahucio o recuperación de finca, rústica o urbana, dada en arrendamiento, por impago de la renta o alquiler o por expiración legal o contractual del plazo, y sobre otras pretensiones de tutela que esta Ley califique como sumarias[585].

En relación con las demandas en las que se acumulen a la pretensión de desahucio o recuperación de finca dada en arrendamiento, por impago de renta o alquiler o por expiración legal o contractual del plazo, las acciones de reclamación de rentas o cantidades análogas vencidas y no pagadas, así como las acciones ejercitadas contra el fiador o avalista solidario, los pronunciamientos de la sentencia en relación con esas acciones acumuladas a la de desahucio producirán efectos de cosa juzgada[586].

3. Carecerán también de efectos de cosa juzgada las sentencias que se dicten en los juicios verbales en que se pretenda la efectividad de derechos reales inscritos frente a quienes se opongan a ellos o perturben su ejercicio, sin disponer de título inscrito.

---

[584] Apartado 1 modificado por la LO 1/2025, de 2 de enero. Entrada en vigor el 3 de abril de 2025.

[585] Véanse los arts. 222 y 438.1 de la presente norma. Modificado apartado 1.º por la Ley 42/2015, de 5 de octubre. Entrada en vigor desde 7 de octubre de 2015. Modificado por la Ley 19/2009, de 23 de noviembre, de medidas de fomento del alquiler y de la eficiencia energética de los edificios. Entrada en vigor desde 24 de diciembre de 2009.

[586] Párrafo añadido por la LO 1/2025, de 2 de enero. Entrada en vigor el 3 de abril de 2025.

4. Tampoco tendrán efectos de cosa juzgada las resoluciones judiciales a las que, en casos determinados, las leyes nieguen esos efectos[587].

Artículo 447 bis. *Especialidades para la tramitación de los recursos contra las resoluciones que agoten la vía administrativa dictadas en materia de propiedad industrial por la Oficina Española de Patentes y Marcas*[588]

La impugnación de las resoluciones que agoten la vía administrativa dictadas en materia de propiedad industrial por la Oficina Española de Patentes y Marcas se sustanciará por los trámites del juicio verbal con las siguientes especialidades:

1.ª Están legitimadas para la interposición del recurso las partes que hubieran intervenido en el procedimiento administrativo previo cuya resolución se recurre.

2.ª El plazo para interponer el recurso será de dos meses contados desde el día siguiente al de la notificación o publicación en el Boletín Oficial de la Propiedad Industrial de la resolución dictada si fuera expresa. Si no lo fuera, el plazo será de seis meses y se contará a partir del día siguiente a aquel en que, de acuerdo con su normativa específica, se produzca el acto presunto.

3.ª Admitido el recurso, el letrado de la Administración de Justicia requerirá a la Oficina Española de Patentes y Marcas para que remita el expediente administrativo.

4.ª El expediente deberá ser remitido en el plazo improrrogable de veinte días, a contar desde que la comunicación judicial tenga entrada en el registro general de la Oficina Española de Patentes y Marcas.

5.ª Transcurrido el plazo de remisión del expediente sin haberse recibido completo, se reiterará la reclamación.

6.ª Recibido el expediente, el letrado de la Administración de Justicia acordará el emplazamiento de los interesados para que se puedan personar como demandados en el plazo de nueve días.

7.ª El emplazamiento de la Oficina Española de Patentes y Marcas se entenderá efectuado por la reclamación del expediente. La Oficina Española de Patentes y Marcas se entenderá personada por el envío del expediente.

---

[587] Véase el art. 787.5 de la presente norma.
[588] Añadido por la LO 7/2022, de 27 de julio. Entrada en vigor desde 17 de julio de 2022.

8.ª Los interesados legalmente emplazados podrán personarse en autos dentro del plazo concedido. Si lo hicieren posteriormente, se les tendrá por parte para los trámites no precluidos. Si no se personaren oportunamente continuará el procedimiento por sus trámites, sin que haya lugar a practicarles, en estrados o en cualquier otra forma, notificaciones de clase alguna.

9.ª El letrado de la Administración de Justicia acordará que se entregue el expediente al recurrente para que se deduzca la demanda en el plazo de veinte días.

10.ª El demandante podrá pretender la declaración de no ser conforme a Derecho y, en su caso, la anulación de la resolución recurrida.

También podrá pretender el reconocimiento y restablecimiento de una situación jurídica individualizada y la adopción de las medidas adecuadas para el pleno restablecimiento de la misma.

11.ª Si la demanda no se presenta dentro del plazo, el Tribunal, de oficio, declarará por auto el archivo de las actuaciones.

12.ª Transcurrido el término para la remisión del expediente administrativo sin que éste hubiera sido enviado, la parte recurrente podrá pedir, por sí o a iniciativa del letrado de la Administración de Justicia, que se conceda plazo para formalizar la demanda.

Si después de que la parte demandante hubiera usado del derecho establecido en el párrafo anterior se recibiera el expediente, el letrado de la Administración de Justicia pondrá éste de manifiesto a las partes por plazo común de 10 días para que puedan efectuar las alegaciones complementarias que estimen oportunas.

13.ª Presentada la demanda, el letrado de la Administración de Justicia dará traslado de la misma, con entrega del expediente administrativo o copia del mismo, a los interesados que hubieran comparecido, para que la contesten en el plazo de veinte días. Si la demanda se hubiere formalizado sin haberse recibido el expediente administrativo, se emplazará a la Oficina Española de Patentes y Marcas para contestar, apercibiéndola de que no se admitirá la contestación si no va acompañada de dicho expediente.

TÍTULO IV
De los recursos
(arts. 448 a 495)

CAPÍTULO I
De los recursos: disposiciones generales
(arts. 448 a 450)

Artículo 448. *Del derecho a recurrir*

1. Contra las resoluciones de los Tribunales y Letrados de la Administración de Justicia que les afecten desfavorablemente, las partes podrán interponer los recursos previstos en la ley[589].

2. Los plazos para recurrir se contarán desde el día siguiente al de la notificación de la resolución que se recurra, o, en su caso, a la notificación de su aclaración o de la denegación de ésta[590].

Artículo 449. *Derecho a recurrir en casos especiales*[591]

1. En los procesos que lleven aparejado el lanzamiento, no se admitirán al demandado los recursos de apelación o casación si, al interponerlos, no manifiesta, acreditándolo por escrito, tener satisfechas las rentas vencidas y las que con arreglo al contrato deba pagar adelantadas[592].

2. Los recursos de apelación o casación a que se refiere el apartado anterior, se declararán desiertos, cualquiera que sea el estado en que se hallen, si durante la sustanciación de los mismos el demandado recurrente dejare de pagar los plazos que venzan o los que deba adelantar. El arrendatario podrá adelantar o consignar el pago de varios períodos no vencidos, los cuales se sujetarán a liquidación una vez firme la sentencia. En todo caso, el abono de dichos importes no se considerará novación del contrato.

---

[589] Modificado apartado por la Ley 13/2009, de 3 de noviembre. Entrada en vigor desde 4 de mayo de 2010.

[590] Véanse el art. 185 LOPJ y los arts. 62, 133, 150, 207 y 214 de la presente norma.

[591] Modificado por la Ley 6/2023, de 19 de diciembre. Entrada en vigor desde 20 de marzo de 2024. Modificado por la Ley 37/2011, de 10 de octubre. Entrada en vigor desde 31 de octubre de 2011.

[592] Véase el art. 250.1 de la presente norma.

3. En los procesos en que se pretenda la condena a indemnizar los daños y perjuicios derivados de la circulación de vehículos de motor no se admitirán al condenado a pagar la indemnización los recursos de apelación o casación, si, al interponerlos, no acredita haber constituido depósito del importe de la condena más los intereses y recargos exigibles en el establecimiento destinado al efecto. Dicho depósito no impedirá, en su caso, la ejecución provisional de la resolución dictada.

4. En los procesos en que se pretenda la condena al pago de las cantidades debidas por un propietario a la comunidad de vecinos, no se admitirá al condenado el recurso de apelación o casación si, al interponerlos, no acredita tener satisfecha o consignada la cantidad líquida a que se contrae la sentencia condenatoria. La consignación de la cantidad no impedirá, en su caso, la ejecución provisional de la resolución dictada[593].

5. El depósito o consignación exigidos en los apartados anteriores podrá hacerse también mediante aval solidario de duración indefinida y pagadero a primer requerimiento emitido por entidad de crédito o sociedad de garantía recíproca o por cualquier otro medio que, a juicio del tribunal, garantice la inmediata disponibilidad, en su caso, de la cantidad consignada o depositada.

6. En los casos de los apartados anteriores, antes de que se rechacen o declaren desiertos los recursos, se estará a lo dispuesto en el artículo 231 para que puedan ser subsanados los defectos en que hubieran incurrido los actos procesales de las partes.

Artículo 450. *Del desistimiento de los recursos*

1. Todo recurrente podrá desistir del recurso antes de que sobre él recaiga resolución, excepto del recurso de casación una vez señalado día para su deliberación, votación y fallo[594].

2. Si, en caso de ser varios los recurrentes, sólo alguno o algunos de ellos desistieran, la resolución recurrida no será firme en virtud del desistimiento, pero se tendrán por abandonadas las pretensiones de impugnación que fueren exclusivas de quienes hubieren desistido[595].

---

[593] Véanse los arts. 64.2, 249.1 y 529.3 de la presente norma

[594] Modificado apartado por el RD-Ley 6/2023, de 19 de diciembre. Entrada en vigor desde 20 de marzo de 2024.

[595] Véanse los arts. 20.3, 25.2 y 396 de la presente norma.

CAPÍTULO II
De los recursos de reposición y revisión[596]
(arts. 451 a 454 bis)

Artículo 451. *Resoluciones recurribles en reposición. Inexistencia de efectos suspensivos*

1. Contra las diligencias de ordenación y decretos no definitivos cabrá recurso de reposición ante el Letrado de la Administración de Justicia que dictó la resolución recurrida, excepto en los casos en que la ley prevea recurso directo de revisión[597].

2. Contra todas las providencias y autos no definitivos cabrá recurso de reposición ante el mismo Tribunal que dictó la resolución recurrida.

3. La interposición del recurso de reposición no tendrá efectos suspensivos respecto de la resolución recurrida[598].

Artículo 452. *Plazo, forma e inadmisión del recurso de reposición*[599]

1. El recurso de reposición deberá interponerse en el plazo de 5 días, expresándose la infracción en que la resolución hubiera incurrido a juicio del recurrente.

2. Si no se cumplieran los requisitos establecidos en el apartado anterior, se inadmitirá, mediante providencia no susceptible de recurso, la reposición interpuesta frente a providencias y autos no definitivos, y mediante decreto directamente recurrible en revisión la formulada contra diligencias de ordenación y decretos no definitivos[600].

Artículo 453. *De la audiencia a las partes recurridas y de la resolución*[601]

1. Admitido a trámite el recurso de reposición por el Letrado de la Administración de Justicia, se concederá a las demás partes personadas un plazo común de 5 días para impugnarlo, si lo estiman conveniente.

2. Transcurrido el plazo de impugnación, hayanse o no presentado escritos, el Tribunal si se tratara de reposición interpuesta frente a providencias o autos, o el Letra-

---

[596] Rúbrica modificada por la Ley 13/2009, de 3 de noviembre. Entrada en vigor desde 4 de mayo de 2010.

[597] Modificado apartado por la Ley 13/2009, de 3 de noviembre. Entrada en vigor desde 4 de mayo de 2010.

[598] Véase el art. 207.1 de la presente norma.

[599] Modificado artículo por la Ley 13/2009, de 3 de noviembre. Entrada en vigor desde 4 de mayo de 2010.

[600] Véase el art. 207.4 de la presente norma.

[601] Modificado por la Ley 13/2009, de 3 de noviembre. Entrada en vigor desde 4 de mayo de 2010.

do de la Administración de Justicia si hubiera sido formulada frente a diligencias de ordenación o decretos, resolverán sin más trámites, mediante auto o decreto, respectivamente, en un plazo de 5 días.

Artículo 454. *Irrecurribilidad del auto que resuelve la reposición contra resoluciones judiciales*[602]

Salvo los casos en que proceda el recurso de queja, contra el auto que resuelva el recurso de reposición no cabrá recurso alguno, sin perjuicio de reproducir la cuestión objeto de la reposición al recurrir, si fuere procedente, la resolución definitiva[603].

Artículo 454 bis. *Recurso de revisión*[604]

1. Cabrá recurso de revisión ante el tribunal contra el decreto resolutivo de la reposición y recurso directo de revisión contra los decretos por los que se ponga fin al procedimiento o impidan su continuación. Dichos recursos carecerán de efectos suspensivos sin que, en ningún caso, proceda actuar en sentido contrario a lo que se hubiese resuelto.

Cabrá interponer igualmente recurso directo de revisión contra los decretos en aquellos casos en que expresamente se prevea[605].

2. El recurso de revisión deberá interponerse en el plazo de 5 días mediante escrito en el que deberá citarse la infracción en que la resolución hubiera incurrido. Cumplidos los anteriores requisitos, el Letrado de la Administración de Justicia, mediante diligencia de ordenación, admitirá el recurso concediendo a las demás partes personadas un plazo común de 5 días para impugnarlo, si lo estiman conveniente.

Si no se cumplieran los requisitos de admisibilidad del recurso, el Tribunal lo inadmitirá mediante providencia.

Transcurrido el plazo para impugnación, háyanse presentado o no escritos, el Tribunal resolverá sin más trámites, mediante auto, en un plazo de 5 días.

Contra las resoluciones sobre admisión o inadmisión no cabrá recurso alguno.

---

[602] Rúbrica modificada por la Ley 13/2009, de 3 de noviembre. Entrada en vigor desde 4 de mayo de 201).

[603] Véase el art. 495.1 de la presente norma.

[604] Añadido por la Ley 13/2009, de 3 de noviembre. Entrada en vigor desde 4 de mayo de 2010.

[605] Modificado apartado por el RD-Ley 6/2023, de 19 de noviembre. Entrada en vigor desde 20 de marzo de 2024. Modificado apartado 1.1.º por la Ley 37/2011, de 10 de octubre. Entrada en vigor desde 31 de octubre de 2011, siendo declarado inconstitucional en la redacción dada por esta Ley por STC 15/2020, de 28 de enero.

3. Contra el auto dictado resolviendo el recurso de revisión sólo cabrá recurso de apelación cuando ponga fin al procedimiento o impida su continuación.

CAPÍTULO III
Del recurso de apelación y de la segunda instancia[606]
(arts. 455 a 468)

Sección 1.ª Del recurso de apelación y de la segunda instancia: disposiciones generales
(arts. 455 a 456)

Artículo 455. Resoluciones recurribles en apelación. Competencia y tramitación preferente

1. Las sentencias dictadas en toda clase de juicio, los autos definitivos y aquéllos otros que la ley expresamente señale, serán apelables, con excepción de las sentencias dictadas en los juicios verbales por razón de la cuantía cuando ésta no supere los 3.000 euros[607].

2. Conocerán de los recursos de apelación:

1.º Los Juzgados de Primera Instancia, cuando las resoluciones apelables hayan sido dictadas por los Juzgados de Paz de su partido.

2.º Las Audiencias Provinciales, cuando las resoluciones apelables hayan sido dictadas por los Juzgados de Primera Instancia de su circunscripción[608].

3. Se tramitarán preferentemente los recursos de apelación legalmente previstos contra autos que inadmitan demandas por falta de requisitos que la ley exija para casos especiales.

4. Se tramitarán también preferentemente los recursos de apelación legalmente previstos contra resoluciones definitivas dictadas en la tramitación de los procedimientos testigo, así como contra los autos en que se acuerde la suspensión del curso de las actuaciones hasta que se dicte sentencia firme en el procedimiento identificado como testigo[609].

---

[606] Véanse DT 2 y 3 de la presente norma.

[607] Modificado apartado por la Ley 37/2011, de 10 de octubre. Entrada en vigor desde 31 de octubre de 2011.

[608] Véanse los arts. 82.4 y 85.3 LOPJ.

[609] Añadido apartado por el RD-Ley 6/2023, de 19 de diciembre. Entrada en vigor 20 de marzo de 2024. Véase el art. 438 bis de la presente norma.

Artículo 456. *Ámbito y efectos del recurso de apelación*

1. En virtud del recurso de apelación podrá perseguirse, con arreglo a los fundamentos de hecho y de derecho de las pretensiones formuladas ante el tribunal de primera instancia, que se revoque un auto o sentencia y que, en su lugar, se dicte otro u otra favorable al recurrente, mediante nuevo examen de las actuaciones llevadas a cabo ante aquel tribunal y conforme a la prueba que, en los casos previstos en esta Ley, se practique ante el tribunal de apelación.

2. La apelación contra sentencias desestimatorias de la demanda y contra autos que pongan fin al proceso carecerá de efectos suspensivos, sin que, en ningún caso, proceda actuar en sentido contrario a lo que se hubiese resuelto.

3. Las sentencias estimatorias de la demanda, contra las que se interponga el recurso de apelación, tendrán, según la naturaleza y contenido de sus pronunciamientos, la eficacia que establece el Título II del Libro III de esta Ley.

Sección 2.ª De la sustanciación de la apelación (arts. 457 [derogado] a 466)

Artículo 457. *Preparación de la apelación*

(Sin contenido)

Artículo 458. *Interposición del recurso*[610]

1. El recurso de apelación se interpondrá, cumpliendo en su caso con lo dispuesto en el artículo 276, ante el tribunal que sea competente para conocer del mismo, en el plazo de veinte días desde la notificación de la resolución impugnada, debiendo acompañarse copia de dicha resolución.

2. En la interposición del recurso el apelante deberá exponer las alegaciones en que se base la impugnación, además de citar la resolución apelada y los pronunciamientos que impugna[611].

3. Una vez interpuesto, y con carácter previo a la decisión de admisión o inadmisión a trámite del recurso, el letrado o letrada de la Administración de Justicia dictará en el plazo de tres días diligencia de ordenación requiriendo del órgano que hubiera dictado la resolución objeto de recurso la elevación de las actuaciones e indicándole la parte o partes apelantes. Sin perjuicio de lo anterior, en el mismo día en el que se

---

[610] Modificado por el RD-Ley 6/2023, de 19 de diciembre. Entrada en vigor desde 20 de marzo de 2024. Modificado por Ley 37/2011, de 10 de octubre. Entrada en vigor desde 31 de octubre de 2011.
[611] Modificado apartado por la Ley 13/2009, de 3 de noviembre. Entrada en vigor desde 4 de mayo de 2010.

reciba el escrito interponiendo recurso de apelación, se informará de esta circunstancia al órgano que hubiera dictado la resolución objeto de recurso.

Recibido el requerimiento anterior, el letrado o letrada de la Administración de Justicia del órgano que hubiera dictado la resolución objeto de recurso acordará la remisión de los autos, con emplazamiento de las partes no recurrentes al efecto de que comparezcan ante el tribunal competente para conocer del recurso en el plazo de 10 días.

4. Recibidos los autos, si la resolución impugnada fuera apelable y el recurso se hubiere formulado dentro de plazo, en el plazo de tres días el letrado o letrada de la Administración de Justicia tendrá por interpuesto el recurso. En caso contrario lo pondrá en conocimiento del tribunal para que se pronuncie sobre su admisión.

Si el tribunal entendiera que se cumplen los requisitos de admisión, dictará providencia teniendo por interpuesto el recurso; en caso contrario, dictará auto acordando la inadmisión y la remisión de las actuaciones al órgano que hubiera dictado la resolución objeto de recurso.

Contra la resolución por la que se tenga por interpuesto el recurso de apelación no cabrá recurso alguno, pero la parte recurrida podrá alegar la inadmisibilidad de la apelación en el trámite de oposición al recurso a que se refiere el artículo 461 de esta ley.

Artículo 459. *Apelación por infracción de normas o garantías procesales*

En el recurso de apelación podrá alegarse infracción de normas o garantías procesales en la primera instancia. Cuando así sea, el escrito de interposición deberá citar las normas que se consideren infringidas y alegar, en su caso, la indefensión sufrida. Asimismo, el apelante deberá acreditar que denunció oportunamente la infracción, si hubiere tenido oportunidad procesal para ello.

Artículo 460. *Documentos que pueden acompañarse al escrito de interposición. Solicitud de pruebas*

1. Sólo podrán acompañarse al escrito de interposición los documentos que se encuentren en alguno de los casos previstos en el artículo 270 y que no hayan podido aportarse en la primera instancia.

2. En el escrito de interposición se podrá pedir, además, la práctica en segunda instancia de las pruebas siguientes:

1.ª Las que hubieren sido indebidamente denegadas en la primera instancia, siempre que se hubiere intentado la reposición de la resolución denegatoria o se hubiere formulado la oportuna protesta en la vista[612].

---

[612] Véanse los arts. 285.2 y 446 de la presente norma.

2.ª Las propuestas y admitidas en la primera instancia que, por cualquier causa no imputable al que las hubiere solicitado, no hubieren podido practicarse, ni siquiera como diligencias finales[613].

3.ª Las que se refieran a hechos de relevancia para la decisión del pleito ocurridos después del comienzo del plazo para dictar sentencia en la primera instancia o antes de dicho término siempre que, en este último caso, la parte justifique que ha tenido conocimiento de ellos con posterioridad[614].

3. El demandado declarado en rebeldía que, por cualquier causa que no le sea imputable, se hubiere personado en los autos después del momento establecido para proponer la prueba en la primera instancia podrá pedir en la segunda que se practique toda la que convenga a su derecho[615].

Artículo 461. *Traslado del escrito de interposición a la parte apelada. Oposición al recurso e impugnación de la sentencia*

1. Del escrito de interposición del recurso de apelación, el letrado o letrada de la Administración de Justicia dará traslado a las demás partes, emplazándolas por 10 días para que presenten escrito de oposición al recurso o, en su caso, de impugnación de la resolución apelada en lo que le resulte desfavorable[616].

2. Los escritos de oposición al recurso y, en su caso, de impugnación de la sentencia por quien inicialmente no hubiere recurrido, se formularán con arreglo a lo establecido para el escrito de interposición.

3. Podrán acompañarse los documentos y solicitarse las pruebas que la parte o partes apeladas consideren necesarios, con arreglo a lo dispuesto en el artículo anterior, así como formularse las alegaciones que se estimen oportunas sobre la admisibilidad de los documentos aportados y de las pruebas propuestas por el apelante.

4. De los escritos de impugnación a que se refieren los apartados 1 y 2 de este artículo, el Letrado de la Administración de Justicia dará traslado al apelante principal, para que en el plazo de 10 días manifieste lo que tenga por conveniente sobre la admisibilidad de la impugnación y, en su caso, sobre los documentos aportados y pruebas propuestas por el apelado.

---

[613] Véase el art. 435 de la presente norma.

[614] Véanse los arts. 286, 400 y 426 de la presente norma

[615] Véanse los arts. 429.1, 443.4 y 499 de la presente norma.

[616] Modificado apartado por el RD-Ley 6/2023, de 19 de diciembre. Entrada en vigor desde 20 de marzo de 2024. Modificado por la Ley 13/2009, de 3 de noviembre. Entrada en vigor desde 4 de mayo de 2010.

5. En los procesos en los que sean de aplicación los artículos 81 y 82 del Tratado de la Comunidad Europea o los artículos 1 y 2 de la Ley de Defensa de la Competencia, el Letrado de la Administración de Justicia dará traslado a la Comisión Nacional de la Competencia del escrito de interposición del recurso de apelación[617].

Artículo 462. *Competencia del tribunal de la primera instancia durante la apelación*

Durante la sustanciación del recurso de apelación, la jurisdicción del tribunal que hubiere dictado la resolución recurrida se limitará a las actuaciones relativas a la ejecución provisional de la resolución apelada[618].

Artículo 463. *Ejecución provisional de la resolución recurrida*[619]

Si se hubiere solicitado la ejecución provisional, quedará en el tribunal de primera instancia testimonio de lo necesario para dicha ejecución.

Cuando se hubiere solicitado después de haberse remitido los autos al tribunal competente para resolver la apelación, el solicitante deberá obtener previamente de este testimonio de lo que sea necesario para la ejecución.

Artículo 464. *Admisión de pruebas y señalamiento de vista*

1. El tribunal que haya de resolver sobre la apelación, si se hubiesen aportado nuevos documentos o propuesta prueba, acordará lo que proceda sobre su admisión en el plazo de 10 días. Si hubiere de practicarse prueba, el letrado o letrada de la Administración de Justicia señalará día para la vista, que se celebrará, dentro del mes siguiente, con arreglo a lo previsto para el juicio verbal[620].

2. Si no se hubiere propuesto prueba o si toda la propuesta hubiere sido inadmitida, podrá acordarse también, mediante providencia, la celebración de vista siempre que así lo haya solicitado alguna de las partes o el Tribunal lo considere necesario. En caso de acordarse su celebración, el Letrado de la Administración de Justicia señalará día y hora para dicho acto.

---

[617] Añadido apartado por la Ley 15/2007, de 3 de julio de Defensa de la Competencia. Entrada en vigor desde 1 de septiembre de 2007.

[618] Véanse los arts. 524.2 y 535.2 de la presente norma.

[619] Modificado artículo por el RD-Ley 6/2023, de 19 de diciembre. Entrada en vigor desde 20 de marzo de 2024. Modificado por Ley 27/2011, de 10 de octubre. Entrada en vigor desde 31 de octubre de 2011. Modificado por Ley 13/2009, de 3 de noviembre. Entrada en vigor desde 4 de mayo de 2010. Modificado por la Ley 22/2003, de 9 de julio, Ley concursal. Entrada en vigor desde 11 de julio de 2003. Véase el art. 527.2 de la presente norma.

[620] Modificado apartado por el RD-Ley 6/2023, de 19 de diciembre. Entrada en vigor desde 20 de marzo de 2024. Modificado por Ley 13/2009, de 3 de noviembre. Entrada en vigor desde 4 de mayo de 2010. Véanse los arts. 443 a 446 de la presente norma.

Artículo 465. *Resolución de la apelación*[621]

1. El Tribunal resolverá sobre el recurso de apelación mediante auto cuando el mismo hubiera sido interpuesto contra un auto y mediante sentencia en caso contrario[622].

2. La resolución deberá ser dictada dentro de los 10 días siguientes a la terminación de la vista. Si no se hubiere celebrado vista, el auto o la sentencia habrán de dictarse en el plazo de un mes a contar desde el día siguiente a aquel en que se hubieran evacuado los trámites del artículo 461[623].

3. Si la infracción procesal alegada se hubiera cometido al dictar sentencia en la primera instancia, el Tribunal de apelación, tras revocar la sentencia apelada, resolverá sobre la cuestión o cuestiones que fueran objeto del proceso.

4. Cuando no sea de aplicación lo dispuesto en el apartado anterior de este artículo y la infracción procesal fuere de las que originan la nulidad radical de las actuaciones o de parte de ellas, el Tribunal lo declarará así mediante providencia, reponiéndolas al estado en que se hallasen cuando la infracción se cometió.

No se declarará la nulidad de actuaciones, si el vicio o defecto procesal pudiere ser subsanado en la segunda instancia, para lo que el Tribunal concederá un plazo no superior a 10 días, salvo que el vicio se pusiere de manifiesto en la vista y fuere subsanable en el acto.

Producida la subsanación y, en su caso, oídas las partes y practicada la prueba admisible, el Tribunal de apelación dictará resolución sobre la cuestión o cuestiones objeto del pleito.

5. El auto o sentencia que se dicte en apelación deberá pronunciarse exclusivamente sobre los puntos y cuestiones planteados en el recurso y, en su caso, en los escritos de oposición o impugnación a que se refiere el artículo 461. La resolución no podrá perjudicar al apelante, salvo que el perjuicio provenga de estimar la impugnación de la resolución de que se trate, formulada por el inicialmente apelado[624].

---

[621] Modificado por la Ley 13/2009, de 3 de noviembre. Entrada en vigor desde 4 de mayo de 2010.

[622] Véanse los arts. 194 a 205, 206.2, 209, 211, 212 y 218 de la presente norma.

[623] Modificado apartado por el RD-Ley 6/2023, de 19 de diciembre. Entrada en vigor desde 20 de marzo de 2024.

[624] Añadido apartado por la Ley 15/2007, de 3 de julio. Entrada en vigor desde 1 de septiembre de 2007.

6. Se podrá suspender el plazo para dictar sentencia en los procedimientos sobre la aplicación de los artículos 81 y 82 del Tratado de la Comunidad Europea o de los artículos 1 y 2 de la Ley de Defensa de la Competencia cuando el Tribunal tenga conocimiento de la existencia de un expediente administrativo ante la Comisión Europea, la Comisión Nacional de la Competencia o los órganos competentes de las Comunidades Autónomas y resulte necesario conocer el pronunciamiento del órgano administrativo. Dicha suspensión se adoptará motivadamente, previa audiencia de las partes, y se notificará al órgano administrativo. Este, a su vez, habrá de dar traslado de su resolución al Tribunal.

Contra el auto de suspensión del proceso sólo se dará recurso de reposición.

7. Firme la resolución que hubiera resuelto el recurso de apelación, el letrado o letrada de la Administración de Justicia acordará la remisión de las actuaciones al órgano que hubiera dictado la resolución objeto del mismo.

Artículo 466. *Recursos contra la sentencia de segunda instancia*

Contra las sentencias dictadas por las Audiencias Provinciales en la segunda instancia de cualquier tipo de proceso civil podrán las partes legitimadas interponer el recurso de casación[625].

Artículo 467. *Recurso de casación contra sentencias dictadas por las Audiencias Provinciales tras estimarse recurso extraordinario por infracción procesal*[626]

(Sin contenido)

CAPÍTULO IV
Del recurso extraordinario por infracción procesal

Artículos 468 a 476[627]

(Sin contenido)

---

[625] Artículo modificado por el RD-Ley 6/2023, de 19 de diciembre. Entrada en vigor 20 de marzo de 2024. Véanse los arts. 477 a 489 de la presente norma.

[626] Derogado por el RD-Ley 6/2023, de 19 de diciembre. Entrada en vigor desde 20 de marzo de 2024.

[627] Derogados por el RD-Ley 6/2023, de 19 de diciembre, por el que se aprueban medidas urgentes para la ejecución del Plan de Recuperación, Transformación y Resiliencia en materia de servicio público de justicia, función pública, régimen local y mecenazgo.

CAPÍTULO V
Del recurso de casación[628]
(arts. 477 a 489)

Artículo 477. Motivo del recurso de casación y resoluciones recurribles en casación[629]

1. Serán recurribles en casación las sentencias que pongan fin a la segunda instancia dictadas por las Audiencias Provinciales cuando, conforme a la ley, deban actuar como órgano colegiado y los autos y sentencias dictados en apelación en procesos sobre reconocimiento y ejecución de sentencias extranjeras en materia civil y mercantil al amparo de los tratados y convenios internacionales, así como de Reglamentos de la Unión Europea u otras normas internacionales, cuando la facultad de recurrir se reconozca en el correspondiente instrumento.

Serán también recurribles en casación las sentencias dictadas por las Audiencias Provinciales en los recursos contra las resoluciones que agotan la vía administrativa dictadas en materia de propiedad industrial por la Oficina Española de Patentes y Marca.

2. El recurso de casación habrá de fundarse en infracción de norma procesal o sustantiva, siempre que concurra interés casacional. No obstante, podrá interponerse en todo caso recurso de casación contra sentencias dictadas para la tutela judicial civil de derechos fundamentales susceptibles de recurso de amparo, aun cuando no concurra interés casacional.

3. Se considerará que un recurso presenta interés casacional cuando la resolución recurrida se oponga a doctrina jurisprudencial del Tribunal Supremo o resuelva puntos y cuestiones sobre los que exista jurisprudencia contradictoria de las Audiencias Provinciales o aplique normas sobre las que no existiese doctrina jurisprudencial del Tribunal Supremo.

Cuando se trate de recursos de casación de los que deba conocer un Tribunal Superior de Justicia, se entenderá que existe interés casacional cuando la sentencia recurrida se oponga a doctrina jurisprudencial, o no exista doctrina del Tribunal Superior de Justicia sobre normas de Derecho especial de la Comunidad Autónoma correspondiente, o resuelva puntos y cuestiones sobre los que exista jurisprudencia contradictoria de las Audiencias Provinciales.

4. La Sala Primera o, en su caso, las Salas de lo Civil y de lo Penal de los Tribunales Superiores de Justicia, podrán apreciar que existe interés casacional notorio cuan-

---

[628] Véase Acuerdo del Pleno no Jurisdiccional de la Sala de lo Civil del Tribunal Supremo de 27 de enero de 2017, sobre criterios de admisión de los recursos de casación y extraordinario por infracción procesal.

[629] Apartado 1 modificado por el RD-Ley 6/2023, de 19 de diciembre. Entrada en vigor a partir del 20 de marzo de 2024.

do la resolución impugnada se haya dictado en un proceso en el que la cuestión litigiosa sea de interés general para la interpretación uniforme de la ley estatal o autonómica. Se entenderá que existe interés general cuando la cuestión afecte potencial o efectivamente a un gran número de situaciones, bien en sí misma o por trascender del caso objeto del proceso.

5. La valoración de la prueba y la fijación de hechos no podrán ser objeto de recurso de casación, salvo error de hecho, patente e inmediatamente verificable a partir de las propias actuaciones.

6. Cuando el recurso se funde en infracción de normas procesales será imprescindible acreditar que, de haber sido posible, previamente al recurso de casación la infracción se ha denunciado en la instancia y que, de haberse producido en la primera, la denuncia se ha reproducido en la segunda instancia. Si la infracción procesal hubiere producido falta o defecto subsanable, deberá haberse pedido la subsanación en la instancia o instancias oportunas.

Artículo 478. *Competencia. Simultaneidad de recursos*[630]

1. El conocimiento del recurso de casación corresponde a la Sala Primera del Tribunal Supremo.

No obstante, corresponderá a las Salas de lo Civil y Penal de los Tribunales Superiores de Justicia conocer de los recursos de casación que procedan contra las resoluciones de los tribunales civiles con sede en la Comunidad Autónoma, siempre que el recurso se funde, exclusivamente o junto a otros motivos, en infracción de las normas del Derecho civil, foral o especial propio de la Comunidad, y cuando el correspondiente Estatuto de Autonomía haya previsto esta atribución.

2. Cuando la misma parte interponga recursos de casación contra una misma sentencia ante el Tribunal Supremo y ante el Tribunal Superior de Justicia, se tendrá, mediante providencia, por no presentado el primero de ellos, en cuanto se acredite esta circunstancia.

Artículo 479. *Interposición del recurso. Denuncia previa en la instancia. Tramitación preferente*[631]

1. El recurso de casación se interpondrá ante el tribunal que haya dictado la resolución que se impugne dentro del plazo de veinte días contados desde el día siguiente a la notificación de aquélla.

---

[630] Apartado 1 modificado por el RD-Ley 5/2023, de 28 de junio. Entrada en vigor el 29 de julio de 2023.

[631] Modificado por el RD-Ley 5/2023, de 28 de junio. Entrada en vigor el 29 de julio de 2023.

2. Si la resolución impugnada fuera susceptible de recurso, éste se hubiere formulado dentro de plazo y, tratándose de recurso fundado en infracción de normas procesales, se acredite, de haber sido posible, la previa denuncia de la infracción y, en su caso, el intento de subsanación, en la instancia o instancias precedentes, en el plazo de tres días el letrado o letrada de la Administración de Justicia tendrá por interpuesto el recurso. En caso contrario lo pondrá en conocimiento del tribunal para que se pronuncie sobre la admisión del recurso.

Si el tribunal entendiera que se cumplen los requisitos de admisión, dictará providencia teniendo por interpuesto el recurso en el plazo de 10 días; en caso contrario, en el mismo plazo, dictará auto declarando la inadmisión. Contra este auto sólo podrá interponerse recurso de queja.

Contra la providencia por la que se tenga por interpuesto el recurso no cabrá recurso alguno, pero la parte recurrida podrá oponerse a la admisión al comparecer ante el tribunal de casación.

3. Se dará tramitación preferente a los recursos de casación legalmente previstos contra sentencias definitivas dictadas en la tramitación de los procedimientos testigo.

Artículo 480. *Resolución sobre la preparación del recurso*

(Derogado)[632]

Artículo 481. *Contenido del escrito de interposición del recurso*[633]

1. En el escrito de interposición se identificará el cauce de acceso a la casación y, de ser este el interés casacional, se identificará asimismo la modalidad que se invoca y la justificación, con la necesaria claridad, de la concurrencia del interés casacional invocado. Además de ello, se expresará la norma procesal o sustantiva infringida, precisando, en las peticiones, la doctrina jurisprudencial que se interesa de la Sala, en su caso, y los pronunciamientos correspondientes sobre el objeto del pleito. También se podrá pedir la celebración de vista, que solo tendrá lugar si el tribunal lo considera necesario.

2. El recurso de casación se articulará en motivos. No podrán acumularse en un mismo motivo infracciones diferentes.

---

[632] Derogado por la Ley 37/2011, de 10 de octubre, de medidas de agilización procesal. En vigor desde 31 de octubre de 2011.

[633] Apartado 1 modificado por el RD-Ley 5/2023, de 28 de junio. Entrada en vigor desde 29 de julio de 2023. Véase Acuerdo de 14 de septiembre de 2023 de la Comisión Permanente del Consejo General del Poder Judicial, por el que se publica el Acuerdo de 8 de septiembre de 2023, de la Sala de Gobierno del Tribunal Supremo (*BOE* 21/09/2023).

3. Solo podrán denunciarse las infracciones que sean relevantes para el fallo, siempre que hubieran sido invocadas oportunamente en el proceso o consideradas por la Audiencia Provincial.

4. Cada motivo se iniciará con un encabezamiento, que contendrá la cita precisa de la norma infringida y el resumen de la infracción cometida.

5. En el desarrollo de cada motivo se expondrán los fundamentos del mismo, sin apartarse del contenido esencial del encabezamiento y con la claridad expositiva necesaria para permitir la identificación del problema jurídico planteado.

6. Al escrito de interposición se acompañarán copia de la sentencia impugnada, si contuviera firma electrónica o código de verificación que la identifique, o certificación en otro caso, y, cuando sea procedente, texto de las sentencias que se aduzcan como fundamento del interés casacional.

7. En su caso, en el escrito de interposición, además de fundamentarse el recurso de casación, se habrá de manifestar razonadamente cuanto se refiera a la inexistencia de doctrina jurisprudencial relativa a la norma que se estime infringida.

8. La Sala de Gobierno del Tribunal Supremo podrá determinar, mediante acuerdo que se publicará en el *Boletín Oficial del Estado,* la extensión máxima y otras condiciones extrínsecas, incluidas las relativas al formato en el que deban ser presentados, de los escritos de interposición y de oposición de los recursos de casación[634].

Artículo 482. *Remisión de los autos. Emplazamiento de las partes. Negativa a expedir certificaciones*[635]

1. Dentro de los 5 días siguientes a la resolución que tenga por interpuesto el recurso, el letrado o letrada de la Administración de Justicia remitirá todos los autos originales al tribunal competente para conocer del recurso de casación, con emplazamiento de las partes por término de treinta días.

Si el recurrente no compareciere dentro del plazo señalado, el letrado o letrada de la Administración de Justicia declarará desierto el recurso y quedará firme la resolución recurrida.

2. Si el recurrente no hubiere podido obtener la certificación de sentencia a que se refiere el artículo 481, se efectuará no obstante la remisión de los autos dispuesta

---

[634] Véase Acuerdo de 14 de septiembre de 23 de la Comisión Permanente del Consejo General del Poder Judicial por cuya virtud se publica el Acuerdo de 8 de septiembre de 23, de la Sala de Gobierno del Tribunal Supremo, sobre extensión y otras condiciones extrínsecas de los escritos de casación y oposición civiles (*BOE* 21 de septiembre de 2023).

[635] Modificado por el RD-Ley 5/2023, de 28 de junio. En vigor desde 29 de julio de 2023.

en el apartado anterior. La negativa o resistencia a expedir la certificación será corregida disciplinariamente y, si fuere necesario, la Sala de casación las reclamará del Letrado de la Administración de Justicia que deba expedirla.

Artículo 483. *Decisión sobre la admisión del recurso*[636]

1. Una vez transcurrido el término del emplazamiento, el letrado o letrada de la Administración de Justicia comprobará que el recurso de casación se haya interpuesto en tiempo y en forma, incluyendo, en el caso de infracciones procesales, la denuncia previa en la instancia, de haber sido posible, así como la debida constitución de los depósitos para recurrir y el cumplimiento, en su caso, de los requisitos del artículo 449, procediendo en caso contrario a la inadmisión mediante decreto.

2. Concurriendo los requisitos anteriores, el letrado o letrada de la Administración de Justicia elevará las actuaciones a la Sección de Admisión de la Sala Primera del Tribunal Supremo o a la Sala de lo Civil y Penal del Tribunal Superior de Justicia para que se pronuncie sobre la admisión del recurso.

3. El recurso de casación se inadmitirá por providencia sucintamente motivada que declarará, en su caso, la firmeza de la resolución recurrida y se admitirá por medio de auto que exprese las razones por las que la Sala Primera del Tribunal Supremo o la Sala de lo Civil y Penal del Tribunal Superior de Justicia debe pronunciarse sobre la cuestión o cuestiones planteadas en el recurso.

Si la causa de inadmisión no afectara más que a alguna de las infracciones alegadas, resolverá mediante auto la admisión del recurso respecto de las demás que el recurso denuncie.

4. Contra la providencia o el auto que resuelva sobre la admisión del recurso de casación no se dará recurso alguno.

Artículo 484. *Decisión sobre la competencia en trámite de admisión*[637]

1. En el trámite de admisión a que se refiere el artículo anterior, la Sección de Admisión de la Sala Primera del Tribunal Supremo o la Sala de lo Civil y Penal del Tribunal Superior de Justicia examinará su competencia para conocer del recurso de casación, antes de pronunciarse sobre la admisibilidad del mismo. Si no se considerare competente, acordará, previa audiencia de las partes y del Ministerio Fiscal por plazo de 10 días, la remisión de las actuaciones y emplazamiento de las partes para que comparezcan ante la Sala que se estime competente en el plazo de 10 días[638].

[636] Modificado por el RD-Ley 5/2023, de 28 de junio. En vigor desde 29 de julio de 2023.
[637] Modificado por el RD-Ley 5/2023, de 28 de junio. En vigor desde 29 de julio de 2023.
[638] Véase el art. 478 de la presente norma.

2. En el caso a que se refiere el apartado anterior, recibidas las actuaciones y personadas las partes ante la Sala que se haya considerado competente, continuará la sustanciación del recurso desde el trámite de admisión.

3. Las Salas de los Tribunales Superiores de Justicia no podrán declinar su competencia para conocer de los recursos de casación que les hayan sido remitidos por la Sala Primera del Tribunal Supremo.

Artículo 485. *Admisión y traslado a las otras partes*[639]

Admitido el recurso de casación, el letrado o letrada de la Administración de Justicia dará traslado del escrito de interposición, con sus documentos adjuntos, a la parte o partes recurridas y personadas, para que formalicen su oposición por escrito en el plazo de veinte días y manifiesten si consideran necesaria la celebración de vista.

Artículo 486. *Deliberación, votación y fallo. Eventual vista*[640]

1. Transcurrido el plazo a que se refiere el artículo anterior, háyanse presentado o no los escritos de oposición, el letrado o letrada de la Administración de Justicia señalará día y hora para la celebración de la vista cuando el tribunal hubiera resuelto, mediante providencia, por considerarlo conveniente para la mejor impartición de justicia, la celebración de dicho acto. En caso contrario, la Sala señalará día y hora para la deliberación, votación y fallo del recurso de casación.

2. En caso de celebrarse la vista, comenzará con el informe de la parte recurrente, para después proceder al de la parte recurrida. Si fueren varias las partes recurrentes, se estará al orden de interposición de los recursos, y siendo varias las partes recurridas, al orden de las comparecencias. La Sala podrá indicar a los abogados de las partes y, en su caso, al Ministerio Fiscal, el tiempo del que disponen para sus informes y las cuestiones que considera de especial interés[641].

Artículo 487. *Sentencia. Efectos*[642]

1. El recurso de casación se decidirá por sentencia, salvo que, habiendo ya doctrina jurisprudencial sobre la cuestión o cuestiones planteadas, la resolución impugnada se oponga a dicha doctrina, en cuyo caso el recurso podrá decidirse mediante auto que, casando la resolución recurrida, devolverá el asunto al tribunal de su procedencia para que dicte nueva resolución de acuerdo con la doctrina jurisprudencial.

---

[639] Modificado por el RD-Ley 5/2023, de 28 de junio. En vigor desde 29 de julio de 2023.
[640] Modificado por el RD-Ley 5/2023, de 28 de junio. En vigor desde 29 de julio de 2023.
[641] Véase el art. 182 de la presente norma.
[642] Modificado por el RD-Ley 5/2023, de 28 de junio. En vigor desde 29 de julio de 2023.

2. La sentencia, o en su caso el auto, se dictará dentro de los veinte días siguientes al de la finalización de la deliberación.

3. Cuando en el escrito de interposición se denuncien distintas infracciones, procesales y sustantivas, la Sala resolverá en primer lugar el motivo o motivos cuya eventual estimación determine una reposición de las actuaciones.

4. Contra la sentencia o el auto que resuelva el recurso de casación no cabrá recurso alguno.

5. Los pronunciamientos de la sentencia que se dicte en casación en ningún caso afectarán a las situaciones jurídicas creadas por las sentencias, distintas de la impugnada, que se hubieren invocado.

Artículo 488. *Sustanciación y decisión de los recursos de casación y extraordinario por infracción procesal, cuando litigantes de un mismo pleito opten por distinto recurso extraordinario*

1. Cuando distintos litigantes de un mismo proceso opten, cada uno de ellos, por diferente recurso extraordinario, el que se funde en infracción procesal se sustanciará por el tribunal competente con preferencia al de casación, cuya tramitación, sin embargo, será iniciada y continuará hasta que se decida su admisión, quedando después en suspenso[643].

2. Si se dictara sentencia totalmente desestimatoria del recurso por infracción procesal, se comunicará de inmediato al tribunal competente para la casación, se alzará de inmediato su suspensión y se tramitará el recurso con arreglo a lo dispuesto en el presente capítulo.

3. Si se estimare el recurso extraordinario por infracción procesal, el recurso de casación presentado quedará sin efecto, sin perjuicio de lo previsto en el artículo 467 de la presente Ley.

Artículo 489. *Sustanciación y decisión de los recursos de casación foral y extraordinario por infracción procesal, cuando litigantes de un mismo pleito opten por distinto recurso extraordinario*

Cuando distintos litigantes de un mismo proceso opten, cada uno de ellos, por diferente recurso extraordinario, uno por infracción procesal y otro por vulneración de las normas de Derecho civil foral o especial propio de una Comunidad Autónoma, ambos recursos se sustanciarán y decidirán acumulados en una sola pieza, resolvien-

---

[643] Véanse el art. 466.3 y la DF decimosexta de la presente norma.

do la Sala en una sola sentencia teniendo en cuenta que sólo podrá pronunciarse sobre el recurso de casación si no estimare el extraordinario por infracción procesal.

CAPÍTULO VI
Del recurso en interés de la ley
(Derogado)

Artículos 490 a 493

(Derogados)

CAPÍTULO VII
Del recurso de queja
(arts. 494 a 495)

Artículo 494. *Resoluciones recurribles en queja*[644]

Contra los autos en que el tribunal que haya dictado la resolución denegare la tramitación de un recurso de casación, se podrá interponer recurso de queja ante el órgano al que corresponda resolver del recurso no tramitado. Los recursos de queja se tramitarán y resolverán con carácter preferente.

No procederá el recurso de queja en los procesos de desahucios de finca urbana y rústica, cuando la sentencia que procediera dictar en su caso no tuviese la consideración de cosa juzgada.

Artículo 495. *Sustanciación y decisión*

1. El recurso de queja se interpondrá ante el órgano al que corresponda resolver el recurso no tramitado, en el plazo de 10 días desde la notificación de la resolución que deniega la tramitación del recurso de casación. Con el recurso deberá acompañarse copia de la resolución recurrida[645].

2. Presentado en tiempo el recurso con dicha copia, el tribunal resolverá sobre él en el plazo de 5 días. Si considerase bien denegada la tramitación del recurso, mandará ponerlo en conocimiento del tribunal correspondiente, para que conste en los

---

[644] Modificado por el RD-Ley 6/2023, de 19 de diciembre. Entrada en vigor desde 20 de marzo de 2024.

[645] Apartado 1 modificado por el RD-Ley 6/2023, de 19 de diciembre. Entrada en vigor desde 20 de marzo de 2024.

autos. Si la estimase mal denegada, ordenará a dicho tribunal que continúe con la tramitación.

3. Contra el auto que resuelva el recurso de queja no se dará recurso alguno.

TÍTULO V
De la rebeldía y de la rescisión de sentencias firmes y nueva audiencia al demandado rebelde (arts. 496 a 508)

Artículo 496. *Declaración de rebeldía y efectos*

1. El Letrado de la Administración de Justicia declarará en rebeldía al demandado que no comparezca en forma en la fecha o en el plazo señalado en la citación o emplazamiento, excepto en los supuestos previstos en esta ley en que la declaración de rebeldía corresponda al Tribunal.

2. La declaración de rebeldía no será considerada como allanamiento ni como admisión de los hechos de la demanda, salvo los casos en que la ley expresamente disponga lo contrario[646].

Artículo 497. *Régimen de notificaciones*[647]

1. La resolución que declare la rebeldía se notificará al demandado en forma electrónica cuando tenga obligación legal o contractual de relacionarse con la Administración de Justicia por dichos medios. En los demás casos, por correo, si su domicilio fuere conocido y, si no lo fuere, mediante edictos. Hecha esta notificación, no se llevará a cabo ninguna otra, excepto la de la resolución que ponga fin al proceso[648].

2. La sentencia o resolución que ponga fin al proceso se notificará al demandado personalmente, en la forma prevista en el artículo 161 de esta ley. Pero si el demandado se hallare en paradero desconocido, la notificación se hará publicando un extracto de la misma en el Tablón Edictal Judicial Único.

Lo mismo será de aplicación para las sentencias dictadas en apelación o en casación.

---

[646] Véanse los arts. 404, 418.3, 442.2, 602, 618 y 816.1 de la presente norma.

[647] Modificado por el RD-Ley 6/2023, de 19 de diciembre. Entrada en vigor desde 20 de marzo de 2024.

[648] Véanse los arts. 160 y 164 de la presente norma.

Artículo 498. *Comunicación de la existencia del proceso al demandado rebelde citado o emplazado por edictos*

Al demandado rebelde que, por carecer de domicilio conocido o hallarse en ignorado paradero, hubiese sido citado o emplazado para personarse mediante edictos, se le comunicará la pendencia del proceso, de oficio o a instancia de cualquiera de las partes personadas, en cuanto se tenga noticia del lugar en que pueda llevarse a cabo la comunicación.

Artículo 499. *Comparecencia posterior del demandado*

Cualquiera que sea el estado del proceso en que el demandado rebelde comparezca, se entenderá con él la sustanciación, sin que ésta pueda retroceder en ningún caso[649].

Artículo 500. *Ejercicio por el demandado rebelde de los recursos ordinarios*[650]

El demandado rebelde a quien haya sido notificada personalmente la sentencia sólo podrá utilizar contra ella el recurso de apelación, y el de casación, cuando procedan, si los interpone dentro del plazo legal.

Los mismos recursos podrá utilizar el demandado rebelde a quien no haya sido notificada personalmente la sentencia, pero en este caso, el plazo para interponerlos se contará desde el día siguiente al de la publicación del edicto de notificación de la sentencia en el Tablón Edictal Judicial Único o, en su caso, por los medios electrónicos a que se refiere el apartado 2 del artículo 497.

Artículo 501. *Rescisión de sentencia firme a instancias del rebelde. Casos en que procede*

Los demandados que hayan permanecido constantemente en rebeldía podrán pretender, del tribunal que la hubiere dictado, la rescisión de la sentencia firme en los casos siguientes:

1.° De fuerza mayor ininterrumpida, que impidió al rebelde comparecer en todo momento, aunque haya tenido conocimiento del pleito por haber sido citado o emplazado en forma.

2.° De desconocimiento de la demanda y del pleito, cuando la citación o emplazamiento se hubieren practicado por cédula, a tenor del artículo 161, pero ésta no hubiese llegado a poder del demandado rebelde por causa que no le sea imputable.

---

[649] Véase el art. 460.3 de la presente norma.
[650] Modificado por el RD-Ley 6/2023, de 19 de diciembre. Entrada en vigor desde 20 de marzo de 2024.

3.º De desconocimiento de la demanda y del pleito, cuando el demandado rebelde haya sido citado o emplazado por edictos y haya estado ausente del lugar en que se haya seguido el proceso y de cualquier otro lugar del Estado o de la Comunidad Autónoma, en cuyos Boletines Oficiales se hubiesen publicado aquéllos[651].

Artículo 502. *Plazos de caducidad de la acción de rescisión*

1. La rescisión de sentencia firme a instancia del demandado rebelde sólo procederá si se solicita dentro de los plazos siguientes:

1.º De veinte días, a partir de la notificación de la sentencia firme, si dicha notificación se hubiere practicado personalmente.

2.º De cuatro meses, a partir de la publicación del edicto de notificación de la sentencia firme, si ésta no se notificó personalmente.

2. Los plazos a que se refiere el apartado anterior podrán prolongarse, conforme al apartado segundo del artículo 134, si subsistiera la fuerza mayor que hubiera impedido al rebelde la comparecencia, pero sin que en ningún caso quepa ejercitar la acción de rescisión una vez transcurridos dieciséis meses desde la notificación de la sentencia.

Artículo 503. *Exclusión de la rescisión de sentencias sin efectos de cosa juzgada*

No procederá la rescisión de las sentencias firmes que, por disposición legal, carezcan de efectos de cosa juzgada[652].

Artículo 504. *Eventual suspensión de la ejecución. Procedimiento de la rescisión*

1. Las demandas de rescisión de sentencias firmes dictadas en rebeldía no suspenderán su ejecución, salvo lo dispuesto en el artículo 566 de esta Ley.

2. La pretensión del demandado rebelde de que se rescinda una sentencia firme se sustanciará por los trámites establecidos para el juicio ordinario, que podrá ser iniciado por quienes hayan sido parte en el proceso[653].

Artículo 505. *Sentencia de rescisión*

1. Celebrado el juicio, en el que se practicará la prueba pertinente sobre las causas que justifican la rescisión, resolverá sobre ella el tribunal mediante sentencia, que no será susceptible de recurso alguno.

---

[651] Véase el art. 164 de la presente norma.
[652] Véanse los arts. 207, 222 y 447 de la presente norma.
[653] Véanse los arts. 399 a 409 de la presente norma.

2. A instancia de parte, el tribunal de la ejecución deberá acordar la suspensión de la ejecución de la sentencia rescindida, si, conforme a lo previsto en el artículo 566, no hubiere ya decretado la suspensión.

Artículo 506. *Costas*

1. Cuando se declare no haber lugar a la rescisión solicitada por el litigante condenado en rebeldía, se impondrán a éste todas las costas del procedimiento.

2. Si se dictare sentencia estimando procedente la rescisión, no se impondrán las costas a ninguno de los litigantes, salvo que el tribunal aprecie temeridad en alguno de ellos[654].

Artículo 507. *Sustanciación del procedimiento tras la sentencia estimatoria*

1. Estimada la pretensión del demandado rebelde, se remitirá certificación de la sentencia que estime procedente la rescisión al tribunal que hubiere conocido del asunto en primera instancia y, ante él, se procederá conforme a las reglas siguientes:

1.ª Se entregarán los autos por 10 días al demandado para que pueda exponer y pedir lo que a su derecho convenga, en la forma prevenida para la contestación a la demanda[655].

2.ª De lo que se expusiere y pidiere se conferirá traslado por otros 10 días a la parte contraria, entregándole las copias de los escritos y documentos.

3.ª En adelante, se seguirán los trámites del juicio declarativo que corresponda, hasta dictar la sentencia que proceda, contra la que podrán interponerse los recursos previstos en esta Ley.

2. No será necesario remitir al tribunal de primera instancia la certificación a que se refiere el apartado anterior si dicho tribunal hubiere sido el que estimó procedente la rescisión.

Artículo 508. *Inactividad del demandado y nueva sentencia*

Si el demandado no formulase alegaciones y peticiones en el trámite a que se refiere la regla primera del artículo anterior, se entenderá que renuncia a ser oído y se dictará nueva sentencia en los mismos términos que la rescindida.

Contra esta sentencia no se dará recurso alguno.

---

[654] Véanse los arts. 241 y 394 y ss. de la presente norma.
[655] Véase el art. 405 de la presente norma

TÍTULO VI
De la revisión de sentencias firmes
(arts. 509 a 516)

Artículo 509. *Órgano competente y resoluciones recurribles*

La revisión de sentencias firmes se solicitará a la Sala de lo Civil del Tribunal Supremo o a las Salas de lo Civil y Penal de los Tribunales Superiores de Justicia, conforme a lo dispuesto en la Ley Orgánica del Poder Judicial[656].

Artículo 510. *Motivos*[657]

1. Habrá lugar a la revisión de una sentencia firme:

1.º Si después de pronunciada, se recobraren u obtuvieren documentos decisivos, de los que no se hubiere podido disponer por fuerza mayor o por obra de la parte en cuyo favor se hubiere dictado.

2.º Si hubiere recaído en virtud de documentos que al tiempo de dictarse ignoraba una de las partes haber sido declarados falsos en un proceso penal, o cuya falsedad declarare después penalmente.

3.º Si hubiere recaído en virtud de prueba testifical o pericial, y los testigos o los peritos hubieren sido condenados por falso testimonio dado en las declaraciones que sirvieron de fundamento a la sentencia.

4.º Si se hubiere ganado injustamente en virtud de cohecho, violencia o maquinación fraudulenta.

2. Asimismo se podrá interponer recurso de revisión contra una resolución judicial firme cuando el Tribunal Europeo de Derechos Humanos haya declarado que dicha resolución ha sido dictada en violación de alguno de los derechos reconocidos en el Convenio Europeo para la Protección de los Derechos Humanos y Libertades Fundamentales y sus Protocolos, siempre que la violación, por su naturaleza y gravedad, entrañe efectos que persistan y no puedan cesar de ningún otro modo que no sea mediante esta revisión, sin que la misma pueda perjudicar los derechos adquiridos de buena fe por terceras personas.

---

[656] Véanse los arts. 56.1 y 73.1 LOPJ

[657] Modificado por la LO 7/2015, de 21 de julio, de modificación de la Ley Orgánica del Poder Judicial. Entrada en vigor desde 1 de octubre de 2015.

Artículo 511. *Legitimación activa*[658]

Podrá solicitar la revisión quien hubiere sido parte perjudicada por la sentencia firme impugnada.

En el supuesto del apartado 2 del artículo anterior, la revisión sólo podrá ser solicitada por quien hubiera sido demandante ante el Tribunal Europeo de Derechos Humanos.

Artículo 512. *Plazo de interposición*[659]

1. En ningún caso podrá solicitarse la revisión después de transcurridos 5 años desde la fecha de la publicación de la sentencia que se pretende impugnar. Se rechazará toda solicitud de revisión que se presente pasado este plazo.

Lo dispuesto en el párrafo anterior no será aplicable cuando la revisión esté motivada en una Sentencia del Tribunal Europeo de Derechos Humanos. En este caso la solicitud deberá formularse en el plazo de un año desde que adquiera firmeza la sentencia del referido Tribunal.

2. Dentro del plazo señalado en el apartado anterior, se podrá solicitar la revisión siempre que no hayan transcurrido tres meses desde el día en que se descubrieren los documentos decisivos, el cohecho, la violencia o el fraude, o en que se hubiere reconocido o declarado la falsedad.

Artículo 513. *Depósito*

1. Para poder interponer la demanda de revisión será indispensable que a ella se acompañe documento justificativo de haberse depositado en el establecimiento destinado al efecto la cantidad de 300 euros. Esta cantidad será devuelta si el tribunal estimare la demanda de revisión[660].

2. La falta o insuficiencia del depósito mencionado, cuando no se subsane dentro del plazo que el Letrado de la Administración de Justicia señale al efecto, que no será en ningún caso superior a 5 días, determinará que el Tribunal repela de plano la demanda[661].

---

[658] Modificado por la LO 7/2015, de 21 de julio, de modificación de la Ley Orgánica del Poder Judicial. Entrada en vigor desde 1 de octubre de 2015.

[659] Modificado por la LO 7/2015, de 21 de julio, de modificación de la Ley Orgánica del Poder Judicial. Entrada en vigor desde 1 de octubre de 2015.

[660] Véanse el art. 243 de la LOPJ y el art. 231 de la presente norma.

[661] Véase Acuerdo del Pleno no Jurisdiccional de la Sala Primera del Tribunal Supremo de 26 de enero de 2022, sobre destino del depósito constituido con la interposición de las demandas de revisión y de error judicial.

Artículo 514. *Sustanciación*[662]

1. Presentada y admitida la demanda de revisión, el Letrado de la Administración de Justicia solicitará que se remitan al tribunal todas las actuaciones del pleito cuya sentencia se impugne, y emplazará a cuantos en él hubieren litigado, o a sus causahabientes, para que dentro del plazo de veinte días contesten a la demanda, sosteniendo lo que convenga a su derecho.

2. Contestada la demanda de revisión o transcurrido el plazo anterior sin haberlo hecho, el Letrado de la Administración de Justicia convocará a las partes a una vista que se sustanciará con arreglo a lo dispuesto en los artículos 440 y siguientes.

3. En todo caso, el Ministerio Fiscal deberá informar sobre la revisión antes de que se dicte sentencia sobre si ha o no lugar a la estimación de la demanda.

4. Si se suscitaren cuestiones prejudiciales penales durante la tramitación de la revisión, se aplicarán las normas generales establecidas en el artículo 40 de la presente Ley, sin que opere ya el plazo absoluto de caducidad a que se refiere el apartado 1 del artículo 512.

5. Salvo en aquellos procedimientos en que alguna de las partes esté representada y defendida por el abogado del Estado, el letrado o letrada de la Administración de Justicia dará traslado a la Abogacía General del Estado de la presentación de la demanda de revisión, así como de la decisión sobre su admisión, en los supuestos del apartado 2 del artículo 510. En tales supuestos la Abogacía del Estado podrá intervenir, sin tener la condición de parte, por propia iniciativa o a instancia del órgano judicial, mediante la aportación de información o presentación de observaciones escritas sobre cuestiones relativas a la ejecución de la Sentencia del Tribunal Europeo de Derechos Humanos.

Artículo 515. *Eventual suspensión de la ejecución*

Las demandas de revisión no suspenderán la ejecución de las sentencias firmes que las motiven, salvo lo dispuesto en el artículo 566 de esta Ley.

Artículo 516. *Decisión*[663]

1. Si el tribunal estimare procedente la revisión solicitada, lo declarará así, y rescindirá la sentencia impugnada. A continuación mandará expedir certificación del

---

[662] Modificado por el RD-Ley 6/2023, de 19 de diciembre. Entrada en vigor desde 20 de marzo de 24. Se añade apartado 5.º del artículo 514 de la presente norma. Modificado por la LO 7/2015, de 21 de julio, de modificación de la Ley Orgánica del Poder Judicial. Entrada en vigor desde 1 de octubre de 2015.

[663] Apartado 4 añadido por el RD-Ley 6/2023, de 19 de diciembre. Entrada en vigor desde 20 de marzo de 2024.

fallo, y devolverá los autos al tribunal del que procedan para que las partes usen de su derecho, según les convenga, en el juicio correspondiente.

En este juicio, habrán de tomarse como base y no podrán discutirse las declaraciones hechas en la sentencia de revisión.

2. Si el tribunal desestimare la revisión solicitada, se condenará en costas al demandante y perderá el depósito que hubiere realizado[664].

3. Contra la sentencia que dicte el tribunal de revisión no se dará recurso alguno.

4. En el supuesto del apartado 2 del artículo 510, el letrado o letrada de la Administración de Justicia notificará igualmente la decisión a la Abogacía General del Estado. Devueltos los autos al tribunal del que procedan conforme a lo dispuesto en el apartado 1 del presente artículo, el letrado o letrada de la Administración de Justicia de dicho tribunal informará a la Abogacía del Estado de las principales actuaciones que se lleven a cabo como consecuencia de la revisión.

LIBRO III
De la ejecución forzosa y de las medidas cautelares
(arts. 517 a 747)

TÍTULO I
De los títulos ejecutivos
(arts. 517 a 523)

CAPÍTULO I
De las sentencias y demás títulos ejecutivos
(arts. 517 a 522)

Artículo 517. *Acción ejecutiva. Títulos ejecutivos*[665]

1. La acción ejecutiva deberá fundarse en un título que tenga aparejada ejecución.

2. Solo tendrán aparejada ejecución los siguientes títulos:

1.º La sentencia de condena firme.

---

[664] Véanse los arts. 241 y 394 de la presente norma.
[665] Modificado por la Ley 6/2023, de 17 de marzo, de los Mercados de Valores y de los Servicios de Inversión (*BOE* 18 de marzo de 2023). Entrada en vigor desde 7 de abril de 2023.

2.° Los laudos o resoluciones arbitrales y los acuerdos de mediación, debiendo estos últimos haber sido elevados a escritura pública de acuerdo con la Ley de mediación en asuntos civiles y mercantiles, así como los acuerdos alcanzados por las partes en cualquier otro de los medios adecuados de solución de controversias que igualmente hubieren sido elevados a escritura pública[666].

3.° Las resoluciones judiciales que aprueben u homologuen transacciones judiciales y acuerdos logrados en el proceso, acompañadas, si fuere necesario para constancia de su concreto contenido, de los correspondientes testimonios de las actuaciones[667].

4.° La copia de la escritura pública matriz que el interesado solicite que se expida con tal carácter[668].

5.° Las pólizas de contratos mercantiles firmadas por las partes y por corredor de comercio colegiado que las intervenga, con tal que se acompañe certificación en la que dicho corredor acredite la conformidad de la póliza con los asientos de su libro registro y la fecha de estos.

5.° El testimonio expedido por el notario del original de la póliza debidamente conservado en su Libro-Registro o la copia autorizada de la misma, acompañada de la certificación a que se refiere el artículo 572.2 de esta ley[669].

6.° Los títulos al portador o nominativos, legítimamente emitidos, que representen obligaciones vencidas y los cupones, también vencidos, de dichos títulos, siempre que los cupones confronten con los títulos y éstos, en todo caso, con los libros talonarios[670].

La protesta de falsedad del título formulada en el acto de la confrontación no impedirá, si ésta resulta conforme, que se despache la ejecución, sin perjuicio de la posterior oposición a la ejecución que pueda formular el deudor alegando falsedad en el título.

7.° Los certificados no caducados expedidos por las entidades encargadas de los registros contables respecto de los valores representados mediante ano-

---

[666] Numeral 2 modificado por la LO 1/2025, de 2 de enero. Entrada en vigor el 3 de abril de 2025. Véase la Ley 5/2012, de 6 de julio, de mediación en asuntos civiles y mercantiles.

[667] Véanse los arts. 1509 y 1816 del CC

[668] Numeral 4 modificado por la LO 1/2025, de 2 de enero. Entrada en vigor el 3 de abril de 2025. Véanse los arts. 1216 y ss. del CC.

[669] Numeral 5 modificado por la LO 1/2025, de 2 de enero. Entrada en vigor el 3 de abril de 2025.

[670] Véanse los arts. 60, 215 y 545 del Código de Comercio (Real Decreto de 22 de agosto de 1885) y DF13.ª, arts. 819 y ss. de la presente norma.

taciones en cuenta a los que se refiere la Ley del Mercado de Valores, siempre que se acompañe copia de la escritura pública de representación de los valores o, en su caso, de la emisión, cuando tal escritura sea necesaria, conforme a la legislación vigente.

Instada y despachada la ejecución, no caducarán los certificados a que se refiere el párrafo anterior[671].

8. ° El auto que establezca la cantidad máxima reclamable en concepto de indemnización, dictado en los supuestos previstos por la ley en procesos penales incoados por hechos cubiertos por el Seguro Obligatorio de Responsabilidad Civil derivada del uso y circulación de vehículos de motor.

9.° Las demás resoluciones procesales y documentos que, por disposición de esta u otra ley, lleven aparejada ejecución.

Artículo 518. *Caducidad de la acción ejecutiva fundada en sentencia judicial, o resolución arbitral o acuerdo de mediación*[672]

La acción ejecutiva fundada en sentencia, en resolución del tribunal o del Letrado de la Administración de Justicia que apruebe una transacción judicial o un acuerdo alcanzado en el proceso, en resolución arbitral o en acuerdo de mediación caducará si no se interpone la correspondiente demanda ejecutiva dentro de los 5 años siguientes a la firmeza de la sentencia o resolución.

Artículo 519. *Acción ejecutiva de consumidores y usuarios fundada en sentencia de condena sin determinación individual de los beneficiados. Extensión de efectos de sentencias dictadas en procedimientos en los que se hayan ejercitado acciones individuales relativas a condiciones generales de la contratación*[673]

1. Cuando las sentencias de condena a que se refiere la regla primera del artículo 221 no hubiesen determinado los consumidores o usuarios individuales beneficiados por aquélla, el tribunal competente para la ejecución, a solicitud de uno o varios interesados y con audiencia del condenado, dictará auto en el que resolverá si, según los datos, características y requisitos establecidos en la sentencia, reconoce a los solicitantes como beneficiarios de la condena. Con testimonio de este auto, los sujetos reconocidos podrán instar la ejecución. El Ministerio Fiscal podrá instar

---

[671] Numeral 7 modificado por la LO 1/2025, de 2 de enero. Entrada en vigor el 3 de abril de 2025.

[672] Modificado por la Ley 5/2012, de 6 de julio, de mediación en asuntos civiles y mercantiles. Entrada en vigor desde 27 de julio de 2012.

[673] Modificado por el RD-Ley 6/2023, de 19 de diciembre. Entrada en vigor desde 20 de marzo de 2024. Modificación previa por la Ley 16/2011, de Contrato de Créditos al Consumo.

la ejecución de la sentencia en beneficio de los consumidores y usuarios afectados[674].

2. Sin perjuicio de que se pueda optar por acudir a un procedimiento declarativo, en el caso de las demandas referidas en el artículo 250.1.14.º, los efectos de una sentencia que reconozca una situación jurídica individualizada y que, de haberse dictado en primera instancia, hubiera adquirido firmeza tras haber sido recurrida ante la Audiencia Provincial, podrán extenderse a otras cuando concurran las siguientes circunstancias:

a) Que los interesados se encuentren en idéntica situación jurídica que los favorecidos por el fallo.

b) Que se trate del mismo demandado, o quien le sucediera en su posición.

c) Que no sea preciso realizar un control de transparencia de la cláusula ni valorar la existencia de vicios en el consentimiento del contratante.

d) Que las condiciones generales de contratación tengan identidad sustancial con las conocidas en la sentencia cuyos efectos se pretenden extender.

e) Que el órgano jurisdiccional sentenciador o competente para la ejecución de la sentencia cuyos efectos se pretende extender fuera también competente, por razón del territorio, para conocer de la pretensión.

En estos casos, la solicitud se planteará por medio de escrito en el que se indicará el número de procedimiento en el que se hubiera dictado la sentencia cuyos efectos se pretende extender, la concreta pretensión que podrá ser de anulación, de cantidad o ambas, la identidad de la situación jurídica y un número de cuenta bancaria en la que, eventualmente, puedan realizarse ingresos, acompañando en su caso la documentación en que funde su petición. Esta solicitud deberá formularse en el plazo máximo de un año desde la firmeza de la sentencia cuyos efectos se pretende extender.

3. De la solicitud y sus documentos se dará traslado por 10 días a la parte condenada en el procedimiento previo en el que se hubiera dictado la sentencia cuya extensión de efectos se pretende, que podrá allanarse u oponerse. A dicho escrito deberá acompañar la documentación en que funde su oposición o identificarla si ya obrara en autos. Si no se respondiere en plazo, se entenderá que muestra conformidad con la solicitud.

---

[674] Véanse el Real Decreto Legislativo 1/2007, de 16 de noviembre, los arts. 11 y 15 de la presente norma y el art. 73 de la LOPJ.

4. Sin más trámite, en los 5 días siguientes se dictará auto accediendo en todo o en parte a la solicitud de extensión de efectos, fijándose, en su caso, la cantidad debida, o rechazándola, sin que se pueda reconocer una situación jurídica distinta a la definida en la sentencia firme de que se trate. Si el auto accede total o parcialmente y hubiera habido oposición, se estará a la regulación sobre imposición de costas procesales prevista en el artículo 394. Si se rechaza la solicitud de extensión de efectos no se hará pronunciamiento condenatorio sobre las costas, sin perjuicio de poder acudir al juicio declarativo que proceda.

5. El auto que resuelva extender efectos en todo o en parte, o que deniegue la extensión, será susceptible de recurso de apelación, el cual será de tramitación preferente.

6. Si en el término previsto en el artículo 548 no se cumpliera voluntariamente realizando el ingreso en la cuenta designada por el solicitante, la parte interesada podrá instar la ejecución del auto que acuerde la extensión de efectos, para lo que servirá de título ejecutivo el testimonio del auto que acuerde la extensión de efectos.

Artículo 520. *Acción ejecutiva basada en títulos no judiciales ni arbitrales*

1. Cuando se trate de los títulos ejecutivos previstos en los números 4.º, 5.º, 6.º y 7.º del apartado 2 del artículo 517, sólo podrá despacharse ejecución por cantidad determinada que exceda de 300 euros:

    1.º En dinero efectivo.

    2.º En moneda extranjera convertible, siempre que la obligación de pago en la misma esté autorizada o resulte permitida legalmente.

    3.º En cosa o especie computable en dinero.

2. El límite de cantidad señalado en el apartado anterior podrá obtenerse mediante la adición de varios títulos ejecutivos de los previstos en dicho apartado.

Artículo 521. *Sentencias meramente declarativas y sentencias constitutivas*[675]

1. No se despachará ejecución de las sentencias meramente declarativas ni de las constitutivas.

---

[675] Añadido por la Ley 5/2019, de 15 de marzo, reguladora de los contratos de crédito inmobiliario (*BOE* 16 de marzo de 2019). Entrada en vigor desde 16 de junio de 2019.

2. Mediante su certificación y, en su caso, el mandamiento judicial oportuno, las sentencias constitutivas firmes podrán permitir inscripciones y modificaciones en Registros públicos, sin necesidad de que se despache ejecución[676].

3. Cuando una sentencia constitutiva contenga también pronunciamientos de condena, éstos se ejecutarán del modo previsto para ellos en esta Ley.

4. Las sentencias firmes dictadas en acciones colectivas o individuales por las que se declare la nulidad, cesación o retractación en la utilización de condiciones generales abusivas, se remitirán de oficio por el órgano judicial al Registro de Condiciones Generales de la Contratación, para su inscripción.

Artículo 522. *Acatamiento y cumplimiento de las sentencias constitutivas. Solicitud de actuaciones judiciales necesarias*

1. Todas las personas y autoridades, especialmente las encargadas de los Registros públicos, deben acatar y cumplir lo que se disponga en las sentencias constitutivas y atenerse al estado o situación jurídicos que surja de ellas, salvo que existan obstáculos derivados del propio Registro conforme a su legislación específica.

2. Quienes hayan sido parte en el proceso o acrediten interés directo y legítimo podrán pedir al tribunal las actuaciones precisas para la eficacia de las sentencias constitutivas y para vencer eventuales resistencias a lo que dispongan.

CAPÍTULO II
De los títulos ejecutivos extranjeros
(art. 523)

Artículo 523. *Fuerza ejecutiva en España. Ley aplicable al procedimiento*

1. Para que las sentencias firmes y demás títulos ejecutivos extranjeros lleven aparejada ejecución en España se estará a lo dispuesto en los Tratados internacionales y a las disposiciones legales sobre cooperación jurídica internacional[677].

2. En todo caso, la ejecución de sentencias y títulos ejecutivos extranjeros se llevará a cabo en España conforme a las disposiciones de la presente Ley, salvo que se dispusiere otra cosa en los Tratados internacionales vigentes en España.

---

[676] Véase el art. 5 de la presente norma.

[677] Véanse el Convenio de Nueva York, de 10 de junio de 1958; Convenio de la Haya, de 5 de octubre de 1961; Convenio de Lugano, de 16 de septiembre de 1988; DF 2.ª y DD 1.3.ª de la presente norma.

TÍTULO II
De la ejecución provisional de resoluciones judiciales
(arts. 524 a 537)

CAPÍTULO I
De la ejecución provisional: disposiciones generales
(arts. 524 a 525)

Artículo 524. *Ejecución provisional: demanda y contenido*

1. La ejecución provisional se instará por demanda o simple solicitud, según lo dispuesto en el artículo 549 de la presente ley.

2. La ejecución provisional de sentencias de condena, que no sean firmes, se despachará y llevará a cabo, del mismo modo que la ejecución ordinaria, por el tribunal competente para la primera instancia.

3. En la ejecución provisional de las sentencias de condena, las partes dispondrán de los mismos derechos y facultades procesales que en la ordinaria.

4. Mientras no sean firmes, o aun siéndolo, no hayan transcurrido los plazos indicados por esta Ley para ejercitar la acción de rescisión de la sentencia dictada en rebeldía, sólo procederá la anotación preventiva de las sentencias que dispongan o permitan la inscripción o la cancelación de asientos en Registros públicos.

5. La ejecución provisional de las sentencias en las que se tutelen derechos fundamentales tendrá carácter preferente.

Artículo 525. *Sentencias no provisionalmente ejecutables*

1. No serán en ningún caso susceptibles de ejecución provisional[678]:

1.ª Las sentencias dictadas en los procesos sobre paternidad, maternidad, filiación, nulidad de matrimonio, separación y divorcio, capacidad y estado civil, así como sobre las medidas relativas a la restitución o retorno de menores en los supuestos de sustracción internacional y derechos honoríficos, salvo los pronunciamientos que regulen las obligaciones y relaciones patrimoniales relacionadas con lo que sea objeto principal del proceso[679].

---

[678] Véanse DF 12.ª, Ley 42/2015, de 5 de octubre de reforma de la ley 1/2000, de 7 de enero, de enjuiciamiento civil.

[679] Numeral 1 modificado por la LO 1/2025, de 2 de enero. Entrada en vigor el 3 de abril de 2025. Véanse los arts. 749 a 755 de la presente norma y la Ley 15/2015, de 2 de julio, de la Jurisdicción Voluntaria.

2.ª Las sentencias que condenen a emitir una declaración de voluntad[680].

3.ª Las sentencias que declaren la nulidad o caducidad de títulos de propiedad industrial.

2. Tampoco procederá la ejecución provisional de las sentencias extranjeras no firmes, salvo que expresamente se disponga lo contrario en los Tratados internacionales vigentes en España.

3. No procederá la ejecución provisional de los pronunciamientos de carácter indemnizatorio de las sentencias que declaren la vulneración de los derechos al honor, a la intimidad personal y familiar y a la propia imagen.

CAPÍTULO II
De la ejecución provisional de sentencias de condena dictadas en primera instancia
(arts. 526 a 534)

Sección 1.ª De la ejecución provisional y de la oposición a ella
(arts. 526 a 531)

Artículo 526. *Ejecución provisional de las sentencias de condena en primera instancia. Legitimación*

Salvo en los casos a que se refiere el artículo anterior, quien haya obtenido un pronunciamiento a su favor en sentencia de condena dictada en primera instancia podrá, sin simultánea prestación de caución, pedir y obtener su ejecución provisional conforme a lo previsto en los artículos siguientes.

Artículo 527. *Solicitud de ejecución provisional, despacho de ésta y recursos*[681]

1. La ejecución provisional podrá pedirse en cualquier momento desde la notificación de la resolución en que se tenga por interpuesto el recurso de apelación, o en su caso, desde el traslado a la parte apelante del escrito del apelado adhiriéndose al recurso, y siempre antes de que haya recaído sentencia en éste.

2. Cuando se solicite la ejecución provisional después de haberse remitido los autos al Tribunal competente para resolver la apelación, el solicitante deberá obtener previamente de éste testimonio de lo que sea necesario para la ejecución y acompañar dicho testimonio a la solicitud.

---

[680] Véase el art. 708 de la presente norma.
[681] Añadido por el RD 6/2023, de 19 de diciembre. En vigor desde 20 de marzo de 2204.

Si la ejecución provisional se hubiere solicitado antes de la remisión de los autos a que se refiere el párrafo anterior, el Letrado de la Administración de Justicia expedirá el testimonio antes de hacer la remisión.

3. Solicitada la ejecución provisional, el tribunal la despachará salvo que se tratare de sentencia comprendida en el artículo 525 o que no contuviere pronunciamiento de condena en favor del solicitante.

4. Contra el auto que deniegue la ejecución provisional se dará recurso de apelación, que se tramitará y resolverá con carácter preferente. Contra el auto que despache la ejecución provisional no se dará recurso alguno, sin perjuicio de la oposición que pueda formular el ejecutado conforme a lo dispuesto en el artículo siguiente.

5. No serán a cargo del ejecutado las costas del proceso de ejecución provisional siempre y cuando hubiese cumplido con lo dispuesto en el auto que despachó la ejecución dentro del plazo de veinte días desde que le fue notificado.

Artículo 528. *Oposición a la ejecución provisional y a actuaciones ejecutivas concretas*

1. El ejecutado sólo podrá oponerse a la ejecución provisional una vez que ésta haya sido despachada.

2. La oposición a la ejecución provisional podrá fundarse únicamente, y sin perjuicio de lo establecido en el apartado 4 de este artículo, en las siguientes causas:

1.° En todo caso, haberse despachado la ejecución provisional con infracción del artículo anterior.

2.° Si la sentencia fuese de condena no dineraria, resultar imposible o de extrema dificultad, atendida la naturaleza de las actuaciones ejecutivas, restaurar la situación anterior a la ejecución provisional o compensar económicamente al ejecutado mediante el resarcimiento de los daños y perjuicios que se le causaren, si aquella sentencia fuese revocada[682].

3. Si la sentencia fuese de condena dineraria, el ejecutado no podrá oponerse a la ejecución provisional, sino únicamente a actuaciones ejecutivas concretas del procedimiento de apremio, cuando entienda que dichas actuaciones causarán una situación absolutamente imposible de restaurar o de compensar económicamente mediante el resarcimiento de daños y perjuicios[683].

Al formular esta oposición a medidas ejecutivas concretas, el ejecutado habrá de indicar otras medidas o actuaciones ejecutivas que sean posibles y no provoquen si-

---

[682] Véase el art. 530.2 de la presente norma.
[683] Añadido por la Ley 13/2009, de 3 de noviembre. Entrada en vigor desde 4 de mayo de 2010.

tuaciones similares a las que causaría, a su juicio, la actuación o medida a la que se opone, así como ofrecer caución suficiente para responder de la demora en la ejecución, si las medidas alternativas no fuesen aceptadas por el tribunal y el pronunciamiento de condena dineraria resultare posteriormente confirmado.

Si el ejecutado no indicara medidas alternativas ni ofreciese prestar caución, no procederá en ningún caso la oposición a la ejecución y así se decretará de inmediato por el Letrado de la Administración de Justicia. Contra dicho decreto cabrá recurso directo de revisión que no producirá efectos suspensivos.

4. Además de las causas citadas en los apartados que preceden, la oposición podrá estar fundada en el pago o cumplimiento de lo ordenado en la sentencia, que habrá de justificarse documentalmente, así como en la existencia de pactos o transacciones que se hubieran convenido y documentado en el proceso para evitar la ejecución provisional. Estas causas de oposición se tramitarán conforme a lo dispuesto para la ejecución ordinaria o definitiva.

Artículo 529. *Sustanciación de la oposición a la ejecución provisional o a actuaciones ejecutivas concretas*

1. El escrito de oposición a la ejecución provisional habrá de presentarse al tribunal de la ejecución dentro de los 5 días siguientes al de la notificación de la resolución que acuerde el despacho de ejecución o las actuaciones concretas a que se oponga.

2. Del escrito de oposición a la ejecución y de los documentos que se acompañen se dará traslado al ejecutante y a quienes estuvieren personados en la ejecución provisional, para que manifiesten y acrediten, en el plazo de 5 días, lo que consideren conveniente.

3. Si se tratase de ejecución provisional de sentencia de condena no dineraria y se hubiere alegado la causa segunda del apartado 2 del artículo 528, de oposición a la ejecución provisional, el que la hubiere solicitado, además de impugnar cuanto se haya alegado de contrario, podrá ofrecer caución suficiente para garantizar que, en caso de revocarse la sentencia, se restaurará la situación anterior o, de ser esto imposible, se resarcirán los daños y perjuicios causados.

La caución podrá constituirse en dinero efectivo, mediante aval solidario de duración indefinida y pagadero a primer requerimiento emitido por entidad de crédito o sociedad de garantía recíproca o por cualquier otro medio que, a juicio del tribunal, garantice la inmediata disponibilidad, en su caso, de la cantidad de que se trate[684].

[684] Véase el art. 449.3 de la presente norma.

Artículo 530. *Decisión sobre la oposición a la ejecución provisional y a medidas ejecutivas concretas. Irrecurribilidad*

1. Cuando se estime la oposición fundada en la causa primera del apartado 2 del artículo 528, la oposición a la ejecución provisional se resolverá mediante auto en el que se declarará no haber lugar a que prosiga dicha ejecución provisional, alzándose los embargos y trabas y las medidas de garantía que pudieran haberse adoptado.

2. Si la oposición se hubiese formulado en caso de ejecución provisional de condena no dineraria, cuando el tribunal estimare que, de revocarse posteriormente la condena, sería imposible o extremadamente difícil restaurar la situación anterior a la ejecución provisional o garantizar el resarcimiento mediante la caución que el solicitante se mostrase dispuesto a prestar, dictará auto dejando en suspenso la ejecución, pero subsistirán los embargos y las medidas de garantía adoptadas y se adoptarán las que procedieren, de conformidad con lo dispuesto en el artículo 700.

3. Cuando, siendo dineraria la condena, la oposición se hubiere formulado respecto de actividades ejecutivas concretas, se estimará dicha oposición si el tribunal considerara posibles y de eficacia similar las actuaciones o medidas alternativas indicadas por el provisionalmente ejecutado o si, habiendo éste ofrecido caución que se crea suficiente para responder de la demora en la ejecución, el tribunal apreciare que concurre en el caso una absoluta imposibilidad de restaurar la situación anterior a la ejecución o de compensar económicamente al ejecutado provisionalmente mediante ulterior resarcimiento de daños y perjuicios, en caso de ser revocada la condena.

La estimación de esta oposición únicamente determinará que se deniegue la realización de la concreta actividad ejecutiva objeto de aquélla, prosiguiendo el procedimiento de apremio según lo previsto en la presente Ley.

4. Contra el auto que decida sobre la oposición a la ejecución provisional o a medidas ejecutivas concretas no cabrá recurso alguno.

Artículo 531. *Suspensión de la ejecución provisional en caso de condenas dinerarias*[685]

El Letrado de la Administración de Justicia suspenderá mediante decreto la ejecución provisional de pronunciamientos de condena al pago de cantidades de dinero líquidas cuando el ejecutado pusiere a disposición del Juzgado, para su entrega al ejecutante, sin perjuicio de lo dispuesto en la sección siguiente, la cantidad a la que hubiere sido condenado, más los intereses correspondientes y las costas por los que se despachó ejecución. Liquidados aquéllos y tasadas éstas, se decidirá por el Letrado

---

[685] Añadido por la Ley 13/2009, de 3 de noviembre. Entrada en vigor desde 4 de mayo de 2010. Véanse los arts. 206.2.2.º y 3.º de la presente norma.

de la Administración de Justicia responsable de la ejecución provisional sobre la continuación o el archivo de la ejecución. El decreto dictado al efecto será susceptible de recurso directo de revisión ante el Tribunal que hubiera autorizado la ejecución.

Sección 2.ª De la revocación o confirmación de la sentencia provisionalmente ejecutada (arts. 532 a 534)

Artículo 532. Confirmación de la resolución provisionalmente ejecutada

Si se dictase sentencia que confirme los pronunciamientos provisionalmente ejecutados, la ejecución continuará si aún no hubiera terminado, salvo desistimiento expreso del ejecutante.

Si la sentencia confirmatoria no fuera susceptible de recurso o no se recurriere, la ejecución, salvo desistimiento, seguirá adelante como definitiva.

Artículo 533. Revocación de condenas al pago de cantidad de dinero[686]

1. Si el pronunciamiento provisionalmente ejecutado fuere de condena al pago de dinero y se revocara totalmente, se sobreseerá por el Letrado de la Administración de Justicia la ejecución provisional y el ejecutante deberá devolver la cantidad que, en su caso, hubiere percibido, reintegrar al ejecutado las costas de la ejecución provisional que éste hubiere satisfecho y resarcirle de los daños y perjuicios que dicha ejecución le hubiere ocasionado.

2. Si la revocación de la sentencia fuese parcial, sólo se devolverá la diferencia entre la cantidad percibida por el ejecutante y la que resulte de la confirmación parcial, con el incremento que resulte de aplicar a dicha diferencia, anualmente, desde el momento de la percepción, el tipo del interés legal del dinero.

3. Si la sentencia revocatoria no fuera firme, la percepción de las cantidades e incrementos previstos en los apartados anteriores de este artículo, podrá pretenderse por vía de apremio ante el tribunal que hubiere sustanciado la ejecución provisional. La liquidación de los daños y perjuicios se hará según lo dispuesto en los artículos 712 y siguientes de esta Ley.

El obligado a devolver, reintegrar e indemnizar podrá oponerse a actuaciones concretas de apremio, en los términos del apartado 3 del artículo 528.

---

[686] Añadido por la Ley 13/2009, de 3 de noviembre. Entrada en vigor desde 4 de mayo de 2010.

Artículo 534. *Revocación en casos de condenas no dinerarias*

1. Si la resolución provisionalmente ejecutada que se revocase hubiere condenado a la entrega de un bien determinado, se restituirá éste al ejecutado, en el concepto en que lo hubiere tenido, más las rentas, frutos o productos, o el valor pecuniario de la utilización del bien[687].

Si la restitución fuese imposible, de hecho o de derecho, el ejecutado podrá pedir que se le indemnicen los daños y perjuicios, que se liquidarán por el procedimiento establecido en los artículos 712 y siguientes.

2. Si se revocara una resolución que contuviese condena a hacer y éste hubiese sido realizado, se podrá pedir que se deshaga lo hecho y que se indemnicen los daños y perjuicios causados[688].

3. Para la restitución de la cosa, la destrucción de lo mal hecho o la exacción de daños y perjuicios, previstas en los apartados anteriores, procederá, en caso de que la sentencia revocatoria no sea firme, la vía de ejecución ante el tribunal competente para la provisional.

4. En los casos previstos en los apartados anteriores, el obligado a restituir, deshacer o indemnizar podrá oponerse, dentro de la vía de ejecución, con arreglo a lo previsto en el artículo 528 de esta Ley.

CAPÍTULO III
De la ejecución provisional de sentencias de condena dictadas en segunda instancia
(arts. 535 a 537)

Artículo 535. *Ejecución provisional de sentencias dictadas en segunda instancia*[689]

1. La ejecución provisional de sentencias dictadas en segunda instancia, que no sean firmes, así como la oposición a dicha ejecución, se regirán por lo dispuesto en el capítulo anterior de la presente Ley.

2. En los casos a los que se refiere el apartado anterior la ejecución provisional podrá solicitarse en cualquier momento desde la notificación de la resolución que tenga por interpuesto el recurso de casación y siempre antes de que haya recaído sentencia en este recurso.

---

[687] Véase el art. 1096 del CC.
[688] Véanse el art. 1099 del CC y el art. 18.2 de la Ley Orgánica 6/1985, de 1 de julio, del Poder Judicial
[689] Modificado por el RD 6/2023, de 19 de diciembre. En vigor desde 20 de marzo de 2024.

La solicitud se presentará ante el tribunal que haya conocido del proceso en primera instancia, acompañando certificación de la sentencia cuya ejecución provisional se pretenda, así como testimonio de cuantos particulares se estimen necesarios, certificación y testimonio que deberán obtenerse del tribunal que haya dictado la sentencia de apelación o, en su caso, del órgano competente para conocer del recurso que se haya interpuesto contra ésta.

3. La oposición a la ejecución provisional y a medidas ejecutivas concretas, en segunda instancia, se regirá por lo dispuesto en los artículos 528 a 531 de esta Ley.

Artículo 536. *Confirmación en segunda instancia de la resolución ejecutada provisionalmente*

Si se confirmare en todos sus pronunciamientos la sentencia de segunda instancia provisionalmente ejecutada, se estará a lo dispuesto en el párrafo segundo del artículo 532.

Artículo 537. *Revocación de la resolución ejecutada provisionalmente en segunda instancia*

Cuando se revocare la sentencia dictada en segunda instancia y provisionalmente ejecutada, serán de aplicación los artículos 533 y 534.

TÍTULO III
De la ejecución: disposiciones generales
(arts. 538 a 570)

CAPÍTULO I
De las partes de la ejecución
(arts. 538 a 544)

Artículo 538. *Partes y sujetos de la ejecución forzosa*

1. Son parte en el proceso de ejecución la persona o personas que piden y obtienen el despacho de la ejecución y la persona o personas frente a las que ésta se despacha.

2. Sin perjuicio de lo dispuesto en los artículos 540 a 544, a instancia de quien aparezca como acreedor en el título ejecutivo, sólo podrá despacharse ejecución frente a los siguientes sujetos:

1.º Quien aparezca como deudor en el mismo título.

2.º Quien, sin figurar como deudor en el título ejecutivo, responda personalmente de la deuda por disposición legal o en virtud de afianzamiento acreditado mediante documento público.

3.º Quien, sin figurar como deudor en el título ejecutivo, resulte ser propietario de los bienes especialmente afectos al pago de la deuda en cuya virtud se procede, siempre que tal afección derive de la Ley o se acredite mediante documento fehaciente. La ejecución se concretará, respecto de estas personas, a los bienes especialmente afectos.

3. También podrán utilizar los medios de defensa que la ley concede al ejecutado aquellas personas frente a las que no se haya despachado la ejecución, pero a cuyos bienes haya dispuesto el tribunal que ésta se extienda por entender que, pese a no pertenecer dichos bienes al ejecutado, están afectos los mismos al cumplimiento de la obligación por la que se proceda.

4. Si el ejecutante indujera al tribunal a extender la ejecución frente a personas o bienes que el título o la ley no autorizan, será responsable de los daños y perjuicios.

Artículo 539. *Representación y defensa. Costas y gastos de la ejecución*[690]

1. El ejecutante y el ejecutado deberán estar dirigidos por letrado y representados por procurador, salvo que se trate de la ejecución de resoluciones dictadas en procesos en que no sea preceptiva la intervención de dichos profesionales.

En los supuestos establecidos por la ley, previa solicitud de la parte ejecutante, y a su costa, el juez, jueza o Tribunal podrá acordar que determinadas actuaciones materiales propias del proceso de ejecución sean efectuadas por el profesional de la procura que le represente.

En el ejercicio de las funciones contempladas en este apartado, y sin perjuicio de la posibilidad de sustitución prevista en la Ley Orgánica del Poder Judicial, el o la profesional de la procura de la parte actuará de forma personal e indelegable y su actuación será impugnable ante el letrado o letrada de la Administración de Justicia conforme a la tramitación prevista en los artículos 452 y 453. Contra el decreto resolutivo de esta impugnación se podrá interponer recurso de revisión.

Para la ejecución derivada de procesos monitorios en que no haya habido oposición, se requerirá la intervención de abogado y procurador siempre que la cantidad por la que se despache ejecución sea superior a 2.000 euros.

---

[690] Artículo modificado por la LO 1/2025, de 2 de enero. Entrada en vigor el 3 de abril de 2025.

Para la ejecución derivada de un acuerdo de mediación o un laudo arbitral se requerirá la intervención de abogado y procurador siempre que la cantidad por la que se despache ejecución sea superior a 2.000 euros.

2. En las actuaciones del proceso de ejecución para las que esta ley prevea expresamente pronunciamiento sobre costas, las partes deberán satisfacer los gastos y costas que les correspondan conforme a lo previsto en el artículo 241 de esta ley, sin perjuicio de los reembolsos que procedan tras la decisión del tribunal o, en su caso, del letrado o la letrada de la Administración de Justicia sobre las costas.

Las costas del proceso de ejecución no comprendidas en el párrafo anterior serán a cargo del ejecutado sin necesidad de expresa imposición, pero, hasta su liquidación, el ejecutante deberá satisfacer los gastos y costas que se vayan produciendo, salvo los que correspondan a actuaciones que se realicen a instancia del ejecutado o de otros sujetos, que deberán ser pagados por quien haya solicitado la actuación de que se trate.

Artículo 540. *Ejecutante y ejecutado en casos de sucesión*[691]

1. La ejecución podrá despacharse o continuarse a favor de quien acredite ser sucesor del que figure como ejecutante en el título ejecutivo y frente al que se acredite que es el sucesor de quien en dicho título aparezca como ejecutado.

2. Para acreditar la sucesión, a los efectos del apartado anterior, habrán de presentarse al tribunal los documentos fehacientes en que aquélla conste. Si el tribunal los considera suficientes a tales efectos por concurrir los requisitos exigidos para su validez, procederá, sin más trámites, a despachar la ejecución a favor o frente a quien resulte ser sucesor en razón de los documentos presentados.

En el caso de que se hubiera despachado ya ejecución, se notificará la sucesión al ejecutado o ejecutante, según proceda, continuándose la ejecución a favor o frente a quien resulte ser sucesor.

3. Si la sucesión no constara en documentos fehacientes o el tribunal no los considerare suficientes, mandará que el Letrado de la Administración de Justicia dé traslado de la petición que deduzca el ejecutante o ejecutado cuya sucesión se haya producido, a quien conste como ejecutado o ejecutante en el título y a quien se pretenda que es su sucesor, dándoles audiencia por el plazo de 15 días. Presentadas las alegaciones o transcurrido el plazo sin que las hayan efectuado, el tribunal decidirá lo que proceda sobre la sucesión a los solos efectos del despacho o de la prosecución de la ejecución.

---

[691] Modificado por la Ley 42/2015, de 5 de octubre, de reforma de la Ley 1/2000, de 7 de enero, de enjuiciamiento civil. Entrada en vigor desde 7 de octubre de 2015.

Artículo 541. *Ejecución en bienes gananciales*

1. No se despachará ejecución frente a la comunidad de gananciales[692].

2. Cuando la ejecución se siga a causa de deudas contraídas por uno de los cónyuges, pero de las que deba responder la sociedad de gananciales, la demanda ejecutiva podrá dirigirse únicamente contra el cónyuge deudor, pero el embargo de bienes gananciales habrá de notificarse al otro cónyuge, dándole traslado de la demanda ejecutiva y del auto que despache ejecución a fin de que, dentro del plazo ordinario, pueda oponerse a la ejecución. La oposición a la ejecución podrá fundarse en las mismas causas que correspondan al ejecutado y, además, en que los bienes gananciales no deben responder de la deuda por la que se haya despachado la ejecución. Cuando la oposición se funde en esta última causa, corresponderá al acreedor probar la responsabilidad de los bienes gananciales. Si no se acreditara esta responsabilidad, el cónyuge del ejecutado podrá pedir la disolución de la sociedad conyugal conforme a lo dispuesto en el apartado siguiente.

3. Si la ejecución se siguiere a causa de deudas propias de uno de los cónyuges y se persiguiesen bienes comunes a falta o por insuficiencia de los privativos, el embargo de aquéllos habrá de notificarse al cónyuge no deudor. En tal caso, si éste optare por pedir la disolución de la sociedad conyugal, el tribunal, oídos los cónyuges, resolverá lo procedente sobre división del patrimonio y, en su caso, acordará que se lleve a cabo con arreglo a lo dispuesto en esta Ley, suspendiéndose entre tanto la ejecución en lo relativo a los bienes comunes.

4. En los casos previstos en los apartados anteriores, el cónyuge al que se haya notificado el embargo podrá interponer los recursos y usar de los medios de impugnación de que dispone el ejecutado para la defensa de los intereses de la comunidad de gananciales.

Artículo 542. *Ejecución frente al deudor solidario*

1. Las sentencias, laudos y otros títulos ejecutivos judiciales obtenidos sólo frente a uno o varios deudores solidarios no servirán de título ejecutivo frente a los deudores solidarios que no hubiesen sido parte en el proceso.

2. Si los títulos ejecutivos fueran extrajudiciales, sólo podrá despacharse ejecución frente al deudor solidario que figure en ellos o en otro documento que acredite la solidaridad de la deuda y lleve aparejada ejecución conforme a lo dispuesto en la ley.

---

[692] Véanse los arts. 806 a 811 de la presente norma y el art. 1347 del CC.

3. Cuando en el título ejecutivo aparezcan varios deudores solidarios, podrá pedirse que se despache ejecución, por el importe total de la deuda, más intereses y costas, frente a uno o algunos de esos deudores o frente a todos ellos[693].

Artículo 543. *Asociaciones o entidades temporales*

1. Cuando en el título ejecutivo aparezcan como deudores uniones o agrupaciones de diferentes empresas o entidades, sólo podrá despacharse ejecución directamente frente a sus socios, miembros o integrantes si, por acuerdo de éstos o por disposición legal, respondieran solidariamente de los actos de la unión o agrupación[694].

2. Si la ley expresamente estableciera el carácter subsidiario de la responsabilidad de los miembros o integrantes de las uniones o agrupaciones a que se refiere el apartado anterior, para el despacho de la ejecución frente a aquéllos será preciso acreditar la insolvencia de éstas.

Artículo 544. *Entidades sin personalidad jurídica*

En caso de títulos ejecutivos frente a entidades sin personalidad jurídica que actúen en el tráfico como sujetos diferenciados, podrá despacharse ejecución frente a los socios, miembros o gestores que hayan actuado en el tráfico jurídico en nombre de la entidad, siempre que se acredite cumplidamente, a juicio del tribunal, la condición de socio, miembro o gestor y la actuación ante terceros en nombre de la entidad.

Lo dispuesto en el párrafo anterior no será de aplicación a las comunidades de propietarios de inmuebles en régimen de propiedad horizontal[695].

CAPÍTULO II
Del tribunal competente
(arts. 545 a 547)

Artículo 545. *Tribunal competente. Forma de las resoluciones en la ejecución forzosa*

1. Si el título ejecutivo consistiera en resoluciones judiciales, resoluciones dictadas por Letrados de la Administración de Justicia a las que esta ley reconozca carácter de título ejecutivo o transacciones y acuerdos judicialmente homologados o aprobados, será competente para dictar el auto que contenga la orden general de ejecución y despacho de la misma el Tribunal que conoció del asunto en primera instancia o en el que se homologó o aprobó la transacción o acuerdo.

---

[693] Véanse los arts. 1137 a 1145 del CC.
[694] Véanse los arts. 6.1.5.ª y 7.6 de la presente norma y el art. 13.1 de la Ley 49/1960, de 21 de julio.
[695] Véanse los arts. 13.3 y 22 de la Ley 49/1961, de 21 de julio.

2. Cuando el título sea un laudo arbitral o un acuerdo de mediación, será competente para denegar o autorizar la ejecución y el correspondiente despacho el Juzgado de Primera Instancia del lugar en que se haya dictado el laudo o se hubiera firmado el acuerdo de mediación[696].

3. Para la ejecución fundada en títulos distintos de los expresados en los apartados anteriores, será competente el Juzgado de Primera Instancia del lugar que corresponda con arreglo a lo dispuesto en los artículos 50 y 51 de esta Ley. La ejecución podrá instarse también, a elección del ejecutante, ante el Juzgado de Primera Instancia del lugar de cumplimiento de la obligación, según el título, o ante el de cualquier lugar en que se encuentren bienes del ejecutado que puedan ser embargados, sin que sean aplicables, en ningún caso, las reglas sobre sumisión expresa o tácita contenidas en la sección 2.ª del capítulo II del Título II del Libro I.

Si hubiese varios ejecutados, será competente el tribunal que, con arreglo al párrafo anterior, lo sea respecto de cualquier ejecutado, a elección del ejecutante.

No obstante lo dispuesto en el párrafo anterior, cuando la ejecución recaiga sólo sobre bienes especialmente hipotecados o pignorados, la competencia se determinará con arreglo a lo dispuesto en el artículo 684 de esta Ley.

4. En todos los supuestos reseñados en los apartados que anteceden corresponderá al Letrado de la Administración de Justicia la concreción de los bienes del ejecutado a los que ha de extenderse el despacho de la ejecución, la adopción de todas las medidas necesarias para la efectividad del despacho, ordenando los medios de averiguación patrimonial que fueran necesarios conforme a lo establecido en los artículos 589 y 590 de esta ley, así como las medidas ejecutivas concretas que procedan.

5. En los procesos de ejecución adoptarán la forma de auto las resoluciones del Tribunal que:

1.º Contengan la orden general de ejecución por la que se autoriza y despacha la misma.

2.º Decidan sobre oposición a la ejecución definitiva basada en motivos procesales o de fondo.

3.º Resuelvan las tercerías de dominio.

4.º Aquellas otras que se señalen en esta ley.

---

[696] Apartado 2 modificado por la Ley 5/2012, de 6 de julio. Entrada en vigor desde 27 de julio de 2012. Véanse los arts. 8.4 y 44 de la Ley de Arbitraje, 60/2003, de 23 de diciembre.

6. Adoptarán la forma de decreto las resoluciones del Letrado de la Administración de Justicia que determinen los bienes del ejecutado a los que ha de extenderse el despacho de la ejecución y aquellas otras que se señalen en esta ley.

7. El Tribunal decidirá por medio de providencia en los supuestos en que así expresamente se señale, y en los demás casos, las resoluciones que procedan se dictarán por el Letrado de la Administración de Justicia a través de diligencias de ordenación, salvo cuando proceda resolver por decreto.

Artículo 546. *Examen de oficio de la competencia territorial*

1. Antes de despachar ejecución, el tribunal examinará de oficio su competencia territorial y si, conforme al título ejecutivo y demás documentos que se acompañen a la demanda, entendiera que no es territorialmente competente, dictará auto absteniéndose de despachar ejecución e indicando al demandante el tribunal ante el que ha de presentar la demanda. Esta resolución será recurrible conforme a lo dispuesto en el apartado 2 del artículo 552[697].

2. Una vez despachada ejecución el tribunal no podrá, de oficio, revisar su competencia territorial.

Artículo 547. *Declinatoria en la ejecución forzosa*

El ejecutado podrá impugnar la competencia del tribunal proponiendo declinatoria dentro de los 5 días siguientes a aquel en que reciba la primera notificación del proceso de ejecución[698].

La declinatoria se sustanciará y decidirá conforme a lo previsto en el artículo 65 de esta Ley.

CAPÍTULO III
Del despacho de la ejecución
(arts. 548 a 555)

Artículo 548. *Plazo de espera de la ejecución de resoluciones procesales o arbitrales o de acuerdos de mediación*[699]

No se despachará ejecución de resoluciones procesales o arbitrales o de acuerdos de mediación, dentro de los veinte días posteriores a aquel en que la resolución

---

[697] Véase el art. 238 de la Ley Orgánica 6/1985, de 1 de julio, del Poder Judicial.

[698] Véanse los arts. 23, 31 y 539 de la presente norma.

[699] Modificado por la Ley 5/2012, de 6 de julio. Entrada en vigor desde 27 de julio de 2012.

de condena sea firme, o la resolución de aprobación del convenio o de firma del acuerdo haya sido notificada al ejecutado.

Artículo 549. *Demanda ejecutiva. Contenido*[700]

1. Sólo se despachará ejecución a petición de parte, en forma de demanda, en la que se expresarán:

1.º El título en que se funda el ejecutante.

2.º La tutela ejecutiva que se pretende, en relación con el título ejecutivo que se aduce, precisando, en su caso, la cantidad que se reclame conforme a lo dispuesto en el artículo 575 de esta Ley.

3.º Los bienes del ejecutado susceptibles de embargo de los que tuviere conocimiento y, en su caso, si los considera suficientes para el fin de la ejecución.

4.º En su caso, las medidas de localización e investigación que interese al amparo del artículo 590 de esta Ley.

5.º La persona o personas, con expresión de sus circunstancias identificativas, frente a las que se pretenda el despacho de la ejecución, por aparecer en el título como deudores o por estar sujetos a la ejecución según lo dispuesto en los artículos 538 a 544 de esta Ley.

2. Cuando el título ejecutivo sea una resolución del Letrado de la Administración de Justicia o una sentencia o resolución dictada por el Tribunal competente para conocer de la ejecución, la demanda ejecutiva podrá limitarse a la solicitud de que se despache la ejecución, identificando la sentencia o resolución cuya ejecución se pretenda.

3. En la sentencia condenatoria de todos los tipos de desahucio, o en los decretos que pongan fin al referido desahucio si no hubiera oposición al requerimiento, la solicitud de su ejecución en la demanda de desahucio será suficiente para la ejecución directa de dichas resoluciones, sin necesidad de ningún otro trámite para proceder al lanzamiento en el día y hora exacta señalados en la propia sentencia o en el día y hora exacta que se hubiera fijado al ordenar la realización del requerimiento al demandado.

4. El plazo de espera legal al que se refiere el artículo anterior no será de aplicación en la ejecución de resoluciones de condena de desahucio por falta de pago de

[700] Modificado por el RD 6/2023, de 19 de diciembre. En vigor desde 20 de marzo de 2024. Modificado anteriormente por la Ley 12/2023, de 24 de mayo.

rentas o cantidades debidas, o por expiración legal o contractual del plazo, que se regirá por lo previsto en tales casos.

No obstante, cuando se trate de vivienda habitual, con carácter previo al lanzamiento deberá haberse procedido en los términos de los apartados 5, 6 y 7 del artículo 441 de esta ley.

Artículo 550. *Documentos que han de acompañar a la demanda ejecutiva*

1. A la demanda ejecutiva se acompañarán:

1.º El título ejecutivo, salvo que la ejecución se funde en sentencia, decreto, acuerdo o transacción   que conste en los autos. Cuando el título sea un laudo, se acompañarán, además, el convenio arbitral y los documentos acreditativos de la notificación de aquél a las partes. Cuando el título sea un acuerdo de mediación o de un medio adecuado de solución de controversias en vía extrajudicial elevado a escritura pública, se acompañará, además, copia de las actas de la sesión constitutiva y final del procedimiento.

2.º La certificación del registro electrónico de apoderamientos judiciales o referencia al número asignado por dicho registro, siempre que no conste ya en las actuaciones, cuando se pidiere la ejecución de sentencias, transacciones o acuerdos aprobados judicialmente.

3.º Los documentos que acrediten los precios o cotizaciones aplicados para el cómputo en dinero de deudas no dinerarias, cuando no se trate de datos oficiales o de público conocimiento.

4.º Los demás documentos que la ley exija para el despacho de la ejecución[701].

2. También podrán acompañarse a la demanda ejecutiva cuantos documentos considere el ejecutante útiles o convenientes para el mejor desarrollo de la ejecución y contengan datos de interés para despacharla.

Artículo 551. *Orden general de ejecución y despacho de la ejecución*[702]

1. Presentada la demanda ejecutiva, el tribunal, siempre que concurran los presupuestos y requisitos procesales, el título ejecutivo no adolezca de ninguna irregularidad formal, no considere abusivas las cláusulas contenidas en los títulos extrajudiciales

---

[701] Apartado 1 modificado por la LO 1/2025, de 2 de enero. Entrada en vigor el 3 de abril de 2025.
[702] Modificado por el RD-Ley 6/2023, de 19 de diciembre. En vigor desde 20 de marzo de 2024. Anteriormente modificado por la Ley 42/2015, de 5 de octubre de reforma de la Ley 1/2000, de 7 de enero.

que sirven de fundamento a la ejecución o que determinan la cantidad exigible, y los actos de ejecución que se solicitan sean conformes con la naturaleza y contenido del título, dictará auto conteniendo la orden general de ejecución y despachando la misma.

Con carácter previo el letrado o letrada de la Administración de Justicia llevará a cabo la oportuna consulta al Registro Público Concursal a los efectos previstos en los artículos 600 y siguientes del texto refundido de la Ley Concursal, aprobado por Real Decreto Legislativo 1/2020, de 5 de mayo.

2. El citado auto expresará:

1.º La persona o personas a cuyo favor se despacha la ejecución y la persona o personas contra quien se despacha ésta.

2.º Si la ejecución se despacha en forma mancomunada o solidaria.

3.º La cantidad, en su caso, por la que se despacha la ejecución, por todos los conceptos.

4.º Las precisiones que resulte necesario realizar respecto de las partes o del contenido de la ejecución, según lo dispuesto en el título ejecutivo, y asimismo respecto de los responsables personales de la deuda o propietarios de bienes especialmente afectos a su pago o a los que ha de extenderse la ejecución, según lo establecido en el artículo 538 de esta ley.

5.º Cuando la ejecución se fundamente en un contrato celebrado entre un empresario o profesional y un consumidor o usuarios, que las cláusulas que sirven de fundamento a la ejecución y que determinan la cantidad exigible insertas en los títulos ejecutivos extrajudiciales no son abusivas.

6.º En su caso, las actuaciones materiales propias del proceso de ejecución que se delegan en el profesional de la procura de la parte ejecutante, a petición de la misma y a su costa, en los términos establecidos legalmente[703].

3. Dictado el auto por el juez o jueza, magistrado o magistrada, el letrado o letrada de la Administración de Justicia responsable de la ejecución, en el mismo día o en el siguiente día hábil a aquél en que hubiera sido dictado el auto despachando ejecución, dictará decreto en el que se contendrán:

1.º Las medidas ejecutivas concretas que resultaren procedentes, incluido si fuera posible el embargo de bienes.

---

[703] Ordinal 6.º introducido por la LO 1/2025, de 2 de enero. Entrada en vigor el 3 de abril de 2025.

2.º Las medidas de localización y averiguación de los bienes del ejecutado que procedan, conforme a lo previsto en los artículos 589 y 590.

3.º El contenido del requerimiento de pago que deba hacerse al deudor, en los casos en que la ley establezca este requerimiento, y si este se efectuara por funcionarios del cuerpo de auxilio judicial o por el procurador de la parte ejecutante, si lo hubiera solicitado.

El letrado o letrada de la Administración de Justicia pondrá en conocimiento del Registro Público Concursal la existencia del auto por el que se despacha la ejecución con expresa especificación del número de identificación fiscal del deudor persona física o jurídica contra el que se despache la ejecución. El Registro Público Concursal notificará al juzgado que esté conociendo de la ejecución la práctica de cualquier asiento que se lleve a cabo asociado al número de identificación fiscal notificado a los efectos previstos en la legislación concursal. El letrado o letrada de la Administración de Justicia pondrá en conocimiento del Registro Público Concursal la finalización del procedimiento de ejecución cuando la misma se produzca.

4. Contra el auto autorizando y despachando la ejecución no se dará recurso alguno, sin perjuicio de la oposición que pueda formular el ejecutado. Cuando se incluya en el auto el examen de abusividad previsto en el numeral 5.º del apartado 2 se indicará expresamente al deudor que puede oponerse a dicha valoración y se le advertirá que en caso de no hacerlo en tiempo y forma no podrá impugnarla en un momento ulterior.

5. Contra el decreto dictado por el letrado o letrada de la Administración de Justicia cabrá interponer recurso directo de revisión, sin efecto suspensivo, ante el tribunal que hubiere dictado la orden general de ejecución.

Artículo 552. *Denegación del despacho de la ejecución. Control de oficio. Recursos*[704]

1. Si el tribunal entendiese que no concurren los presupuestos y requisitos legalmente exigidos para el despacho de la ejecución, dictará auto denegando el despacho de la ejecución.

El tribunal examinará de oficio si alguna de las cláusulas incluidas en un título ejecutivo de los citados en el artículo 557.1 puede ser calificada como abusiva. Cuando apreciare que alguna cláusula puede ser calificada como tal dará audiencia por quince días a las partes. Oídas éstas, acordará lo procedente en el plazo de 5 días hábiles conforme a lo previsto en el artículo 561.1.3.º.

---

[704] Modificado por el RD-Ley 6/2023, de 19 de diciembre. En vigor desde 20 de marzo de 2024. Anteriormente modificado por la Ley 42/2015, de 5 de octubre, de reforma de la Ley 1/2000, de 7 de enero

2. El auto que deniegue el despacho de la ejecución será directamente apelable, sustanciándose la apelación sólo con el acreedor. También podrá el acreedor, a su elección, intentar recurso de reposición previo al de apelación.

3. Una vez firme el auto que deniegue el despacho de la ejecución, el acreedor sólo podrá hacer valer sus derechos en el proceso ordinario correspondiente, si no obsta a éste la cosa juzgada de la sentencia o resolución firme en que se hubiese fundado la demanda de ejecución.

4. Cuando la ejecución se fundamente en un contrato celebrado entre un empresario o profesional y un consumidor o usuario, y el tribunal en su examen de oficio apreciare que alguna de las cláusulas que constituyen el fundamento de la ejecución o que hayan determinado la cantidad exigible, incluidas en el título ejecutivo de los citados en el artículo 557.1, puede ser calificada como abusiva dará audiencia por quince días a las partes. Oídas estas, acordará lo procedente en el plazo de 5 días hábiles conforme a lo previsto en el artículo 561.1.3.ª Una vez firme el auto que resuelva la controversia, el pronunciamiento sobre la abusividad tendrá eficacia de cosa juzgada.

Artículo 553. *Notificación*[705]

El auto que autorice y despache ejecución así como el decreto que en su caso hubiera dictado el Letrado de la Administración de Justicia, junto con copia de la demanda ejecutiva, serán notificados simultáneamente al ejecutado o, en su caso, al procurador que le represente, sin citación ni emplazamiento, para que en cualquier momento pueda personarse en la ejecución, entendiéndose con él, en tal caso, las ulteriores actuaciones.

Artículo 554. *Medidas inmediatas tras el auto de despacho de la ejecución*

1. En los casos en que no se establezca requerimiento de pago, las medidas a que se refiere el número 2.º del apartado 3 del artículo 551 se llevarán a efecto de inmediato, sin oír previamente al ejecutado ni esperar a la notificación del decreto dictado al efecto[706].

2. Aunque deba efectuarse requerimiento de pago, se procederá también en la forma prevista en el apartado anterior cuando así lo solicitare el ejecutante, justificando, a juicio del Letrado de la Administración de Justicia responsable de la ejecución, que cualquier demora en la localización e investigación de bienes podría frustrar el buen fin de la ejecución.

---

[705] Modificado por la Ley 13/2009, de 3 de noviembre, de reforma de la legislación procesal para la implantación de la nueva Oficina Judicial. Entrada en vigor desde 4 de mayo de 2010. Véase el art. 538 de la presente norma.

[706] Véanse los arts. 580 a 583 y 686 de la presente norma.

Artículo 555. *Acumulación de ejecuciones*

1. A instancia de cualquiera de las partes, o de oficio, se acordará por el Letrado de la Administración de Justicia la acumulación de los procesos de ejecución pendientes entre el mismo acreedor ejecutante y el mismo deudor ejecutado[707]

2. Los procesos de ejecución que se sigan frente al mismo ejecutado podrán acumularse, a instancia de cualquiera de los ejecutantes, si el Letrado de la Administración de Justicia competente en el proceso más antiguo lo considera más conveniente para la satisfacción de todos los acreedores ejecutantes.

3. La petición de acumulación se sustanciará en la forma prevenida en los artículos 74 y siguientes.

4. Cuando la ejecución se dirija exclusivamente sobre bienes especialmente hipotecados, sólo podrá acordarse la acumulación a otros procesos de ejecución cuando estos últimos se sigan para hacer efectiva otras garantías hipotecarias sobre los mismos bienes.

CAPÍTULO IV
De la oposición a la ejecución y de la impugnación de actos de ejecución contrarios a la ley o al título ejecutivo
(arts. 556 a 565)

Artículo 556. *Oposición a la ejecución de resoluciones procesales o arbitrales o de los acuerdos de mediación*[708]

1. Si el título ejecutivo fuera una resolución procesal o arbitral de condena o un acuerdo de mediación, el ejecutado, dentro de los 10 días siguientes a la notificación del auto en que se despache ejecución, podrá oponerse a ella por escrito alegando el pago o cumplimiento de lo ordenado en la sentencia, laudo o acuerdo, que habrá de justificar documentalmente.

También se podrá oponer la caducidad de la acción ejecutiva, y los pactos y transacciones que se hubiesen convenido para evitar la ejecución, siempre que dichos pactos y transacciones consten en documento público[709].

2. La oposición que se formule en los casos del apartado anterior no suspenderá el curso de la ejecución.

---

[707] Véase el art. 77 de la presente norma.
[708] Modificado por la Ley 5/2012, de 6 de julio. Entrada en vigor desde 27 de julio de 2012.
[709] Véase el art. 518 de la presente norma.

3. No obstante lo dispuesto en los apartados anteriores, cuando la ejecución se haya despachado en virtud del auto a que se refiere el número 8.º del apartado 2 del artículo 517, una vez el Letrado de la Administración de Justicia haya tenido por formulada oposición a la ejecución, en la misma resolución ordenará la suspensión de ésta. Esta oposición podrá fundarse en cualquiera de las causas previstas en el artículo siguiente y en las que se expresan a continuación:

1.ª Culpa exclusiva de la víctima.

2.ª Fuerza mayor extraña a la conducción o al funcionamiento del vehículo.

3.ª Concurrencia de culpas.

Artículo 557. *Oposición a la ejecución fundada en títulos no judiciales ni arbitrales*

1. Cuando se despache ejecución por los títulos previstos en los números 4.º, 5.º, 6.º y 7.º, así como por otros documentos con fuerza ejecutiva a que se refiere el número 9.º del apartado 2 del artículo 517, el ejecutado sólo podrá oponerse a ella, en el tiempo y en la forma prevista en el artículo anterior, si se funda en alguna de las causas siguientes[710]:

1.ª Pago, que pueda acreditar documentalmente.

2.ª Compensación de crédito líquido que resulte de documento que tenga fuerza ejecutiva.

3.ª Pluspetición o exceso en la computación a metálico de las deudas en especie.

4.ª Prescripción y caducidad.

5.ª Quita, espera o pacto o promesa de no pedir, que conste documentalmente.

6.ª Transacción, siempre que conste en documento público.

7.ª Que el título contenga cláusulas abusivas[711].

2. Si se formulare la oposición prevista en el apartado anterior, el Letrado de la Administración de Justicia mediante diligencia de ordenación suspenderá el curso de la ejecución.

---

[710] Véanse los arts. 1157 a 1171 y 1195 del CC.
[711] Añadida por la Ley 1/2013, de 14 de mayo. Entrada en vigor desde 15 de mayo de 2013.

Artículo 558. *Oposición por pluspetición. Especialidades*[712]

1. La oposición fundada exclusivamente en pluspetición o exceso no suspenderá el curso de la ejecución, a no ser que el ejecutado ponga a disposición del Tribunal, para su inmediata entrega por el Letrado de la Administración de Justicia al ejecutante, la cantidad que considere debida. Fuera de este caso, la ejecución continuará su curso, pero el producto de la venta de bienes embargados, en lo que exceda de la cantidad reconocida como debida por el ejecutado, no se entregará al ejecutante mientras la oposición no haya sido resuelta.

2. En los casos a que se refieren los artículos 572 y 574, sobre saldos de cuentas e intereses variables, el Letrado de la Administración de Justicia encargado de la ejecución, a solicitud del ejecutado, podrá designar mediante diligencia de ordenación perito que, previa provisión de fondos, emita dictamen sobre el importe de la deuda. De este dictamen se dará traslado a ambas partes para que en el plazo común de 5 días presenten sus alegaciones sobre el dictamen emitido. Si ambas partes estuvieran conformes con lo dictaminado o no hubieran presentado alegaciones en el plazo para ello concedido, el Letrado de la Administración de Justicia dictará decreto de conformidad con aquel dictamen. Contra este decreto cabrá interponer recurso directo de revisión, sin efectos suspensivos, ante el Tribunal.

En caso de controversia o cuando solamente una de las partes hubiera presentado alegaciones, el Letrado de la Administración de Justicia señalará día y hora para la celebración de vista ante el Tribunal que hubiera dictado la orden general de ejecución.

Artículo 559. *Sustanciación y resolución de la oposición por defectos procesales*[713]

1. El ejecutado podrá también oponerse a la ejecución alegando los defectos siguientes[714]:

1.º Carecer el ejecutado del carácter o representación con que se le demanda.

2.º Falta de capacidad o de representación del ejecutante o no acreditar el carácter o representación con que demanda.

3.º Nulidad radical del despacho de la ejecución por no contener la sentencia o el laudo arbitral pronunciamientos de condena, o por no cumplir el

---

[712] Modificado por la Ley 13/2009, de 3 de noviembre. Entrada en vigor desde 4 de mayo de 2010.

[713] Modificado por la Ley 42/2015, de 5 de octubre, de reforma de la Ley 1/2000, de 7 de enero. Entrada en vigor desde 15 de octubre de 2015.

[714] Véanse los arts. 6 a 9 y 538 de la presente norma.

documento presentado, el laudo o el acuerdo de mediación los requisitos legales exigidos para llevar aparejada ejecución, o por infracción, al despacharse ejecución, de lo dispuesto en el artículo 520.

4.º Si el título ejecutivo fuera un laudo arbitral no protocolizado notarialmente, la falta de autenticidad de éste.

2. Cuando la oposición del ejecutado se fundare, exclusivamente o junto con otros motivos o causas, en defectos procesales, el ejecutante podrá formular alegaciones sobre éstos, en el plazo de 5 días. Si el tribunal entendiere que el defecto es subsanable, concederá mediante providencia al ejecutante un plazo de 10 días para subsanarlo.

Cuando el defecto o falta no sea subsanable o no se subsanare dentro de este plazo, se dictará auto dejando sin efecto la ejecución despachada, con imposición de las costas al ejecutante. Si el tribunal no apreciase la existencia de los defectos procesales a que se limite la oposición, dictará auto desestimándola y mandando seguir la ejecución adelante, e impondrá al ejecutado las costas de la oposición.

Artículo 560. *Sustanciación de la oposición por motivos de fondo*[715]

Cuando se haya resuelto sobre la oposición a la ejecución por motivos procesales o éstos no se hayan alegado, el ejecutante podrá impugnar la oposición basada en motivos de fondo en el plazo de 5 días, contados desde que se le notifique la resolución sobre aquellos motivos o desde el traslado del escrito de oposición.

Las partes, en sus respectivos escritos de oposición y de impugnación de ésta, podrán solicitar la celebración de vista, que el Tribunal acordará mediante providencia si la controversia sobre la oposición no pudiere resolverse con los documentos aportados, señalándose por el Letrado de la Administración de Justicia día y hora para su celebración dentro de los 10 siguientes a la conclusión del trámite de impugnación.

Si no se solicitara la vista o si el tribunal no considerase procedente su celebración, se resolverá sin más trámites la oposición conforme a lo dispuesto en el artículo siguiente.

Cuando se acuerde la celebración de vista, si no compareciere a ella el ejecutado el tribunal le tendrá por desistido de la oposición y adoptará las resoluciones previstas en el artículo 442. Si no compareciere el ejecutante, el tribunal resolverá sin oírle sobre la oposición a la ejecución. Compareciendo ambas partes, se desarrollará la vista con arreglo a lo previsto para el juicio verbal, dictándose a continuación la resolución que proceda conforme a lo dispuesto en el artículo siguiente.

---

[715] Modificado por la Ley 42/2015, de 5 de octubre, de reforma de la Ley 1/2000, de 7 de enero. Entrada en vigor desde 15 de octubre de 2015.

Artículo 561. *Auto resolutorio de la oposición por motivos de fondo*[716]

1. Oídas las partes sobre la oposición a la ejecución no fundada en defectos procesales y, en su caso, celebrada la vista, el tribunal adoptará, mediante auto, a los solos efectos de la ejecución, alguna de las siguientes resoluciones[717]:

1.ª Declarar procedente que la ejecución siga adelante por la cantidad que se hubiese despachado, cuando la oposición se desestimare totalmente. En caso de que la oposición se hubiese fundado en pluspetición y ésta se desestimare parcialmente, la ejecución se declarará procedente sólo por la cantidad que corresponda.

El auto que desestime totalmente la oposición condenará en las costas de ésta al ejecutado, conforme a lo dispuesto en el artículo 394 para la condena en costas en primera instancia.

2.ª Declarar que no procede la ejecución, cuando se estimare alguno de los motivos de oposición enumerados en los artículos 556 y 557 o se considerare enteramente fundada la pluspetición que se hubiere admitido conforme al artículo 558.

2. Cuando se apreciase el carácter abusivo de una o varias cláusulas, el auto que se dicte determinará las consecuencias de tal carácter, decretando bien la improcedencia de la ejecución, bien despachando la misma sin aplicación de aquéllas consideradas abusivas. Una vez firme el auto, el pronunciamiento sobre la abusividad tendrá eficacia de cosa juzgada.

3. Si se estimara la oposición a la ejecución, se dejará ésta sin efecto y se mandará alzar los embargos y las medidas de garantía de la afección que se hubieren adoptado, reintegrándose al ejecutado a la situación anterior al despacho de la ejecución, conforme a lo dispuesto en los artículos 533 y 534. También se condenará al ejecutante a pagar las costas de la oposición.

4. Contra el auto que resuelva la oposición podrá interponerse recurso de apelación, que no suspenderá el curso de la ejecución si la resolución recurrida fuera desestimatoria de la oposición.

Cuando la resolución recurrida sea estimatoria de la oposición el ejecutante podrá solicitar que se mantengan los embargos y medidas de garantía adoptadas y que se adopten las que procedan de conformidad con lo dispuesto en el artículo 700, y el

---

[716] Modificado por el RD-Ley 6/2023, de 19 de diciembre. En vigor desde 20 de marzo de 2024.

[717] Modificado por el RD-Ley 6/2023, de 19 de diciembre. En vigor desde 20 de marzo de 2024. Véanse los arts. 529.3 y 569 de la presente norma.

tribunal así lo acordará, mediante providencia, siempre que el ejecutante preste caución suficiente, que se fijará en la propia resolución, para asegurar la indemnización que pueda corresponder al ejecutado en caso de que la estimación de la oposición sea confirmada.

Artículo 562. *Impugnación de infracciones legales en el curso de la ejecución*

1. Con independencia de la oposición a la ejecución por el ejecutado según lo dispuesto en los artículos anteriores, todas las personas a que se refiere el artículo 538 podrán denunciar la infracción de normas que regulen los actos concretos del proceso de ejecución:

1.º Por medio del recurso de reposición establecido en la presente ley si la infracción constara o se cometiera en resolución del Tribunal de la ejecución o del Letrado de la Administración de Justicia.

2.º Por medio del recurso de apelación en los casos en que expresamente se prevea en esta Ley.

3.º Mediante escrito dirigido al Tribunal si no existiera resolución expresa frente a la que recurrir. En el escrito se expresará con claridad la resolución o actuación que se pretende para remediar la infracción alegada[718].

2. Si se alegase que la infracción entraña nulidad de actuaciones o el Tribunal lo estimase así, se estará a lo dispuesto en los artículos 225 y siguientes. Cuando dicha nulidad hubiera sido alegada ante el Letrado de la Administración de Justicia o éste entendiere que hay causa para declararla, dará cuenta al Tribunal que autorizó la ejecución para que resuelva sobre ello.

Artículo 563. *Actos de ejecución contradictorios con el título ejecutivo judicial*

1. Cuando, habiéndose despachado ejecución en virtud de sentencias o resoluciones judiciales, el tribunal competente para la ejecución provea en contradicción con el título ejecutivo, la parte perjudicada podrá interponer recurso de reposición y, si se desestimare, de apelación.

Si la resolución contraria al título ejecutivo fuere dictada por el Letrado de la Administración de Justicia, previa reposición, cabrá contra ella recurso de revisión ante el tribunal y, si fuera desestimado, recurso de apelación.

2. En los casos del apartado anterior, la parte que recurra podrá pedir la suspensión de la concreta actividad ejecutiva impugnada, que se concederá si, a juicio del

---

[718] Modificado por la Ley 13/2009, de 3 de noviembre. En vigor desde 4 de mayo de 2010.

Tribunal, presta caución suficiente para responder de los daños que el retraso pueda causar a la otra parte.

Podrá constituirse la caución en cualquiera de las formas previstas en el párrafo segundo del apartado 3 del artículo 529.

Artículo 564. *Defensa jurídica del ejecutado fundada en hechos y actos no comprendidos en las causas de oposición a la ejecución*

Si, después de precluidas las posibilidades de alegación en juicio o con posterioridad a la producción de un título ejecutivo extrajudicial, se produjesen hechos o actos, distintos de los admitidos por esta Ley como causas de oposición a la ejecución, pero jurídicamente relevantes respecto de los derechos de la parte ejecutante frente al ejecutado o de los deberes del ejecutado para con el ejecutante, la eficacia jurídica de aquellos hechos o actos podrá hacerse valer en el proceso que corresponda.

CAPÍTULO V
De la suspensión y término de la ejecución
(arts. 566 a 570)

Artículo 565. *Alcance y norma general sobre suspensión de la ejecución*

1. Sólo se suspenderá la ejecución en los casos en que la Ley lo ordene de modo expreso, o así lo acuerden todas las partes personadas en la ejecución.

En cualquier momento del proceso de ejecución, las partes podrán someterse a mediación o a cualquier otro de los medios adecuados de solución de controversias, en cuyo caso se suspenderá el curso de la ejecución.

En caso de que la mediación o el medio adecuado de solución de controversias de que se trate finalizara sin acuerdo de las partes, la suspensión se alzará a petición de cualquiera de ellas. Si las partes llegaran a un acuerdo extrajudicial por dichos medios, y este se cumpliera o determinara la innecesaria continuación del proceso de ejecución, la parte ejecutante lo pondrá en conocimiento del órgano judicial, que procederá a su archivo. Las partes podrán pedir, en todo caso, la homologación judicial del acuerdo alcanzado, que determinará igualmente el archivo del procedimiento[719].

2. Decretada la suspensión, podrán, no obstante, adoptarse o mantenerse medidas de garantía de los embargos acordados y se practicarán, en todo caso, los que ya hubieren sido acordados.

---

[719] Apartado 1 modificado por la LO 1/2025, de 2 de enero. Entrada en vigor el 3 de abril de 2025. Véanse los arts. 598.1.°, 695.1.° y 696.2.° de la presente norma.

Artículo 566. *Suspensión, sobreseimiento y reanudación de la ejecución en casos de rescisión y de revisión de sentencia firme*[720]

1. Si, despachada ejecución, se interpusiera y admitiera demanda de revisión o de rescisión de sentencia firme dictada en rebeldía, el tribunal competente para la ejecución podrá ordenar, a instancia de parte, y si las circunstancias del caso lo aconsejaran, que se suspendan las actuaciones de ejecución de la sentencia. Para acordar la suspensión el tribunal deberá exigir al que la pida caución por el valor de lo litigado y los daños y perjuicios que pudieren irrogarse por la inejecución de la sentencia. Antes de decidir sobre la suspensión de la ejecución de la sentencia objeto de revisión, el tribunal oirá el parecer del Ministerio Fiscal.

La caución a que se refiere el párrafo anterior podrá otorgarse en cualquiera de las formas previstas en el párrafo segundo del apartado 3 del artículo 529.

2. Se alzará la suspensión de la ejecución y se ordenará que continúe cuando le conste al Letrado de la Administración de Justicia responsable de la ejecución la desestimación de la revisión o de la demanda de rescisión de sentencia dictada en rebeldía.

3. Se sobreseerá por el Letrado de la Administración de Justicia la ejecución cuando se estime la revisión o cuando, después de rescindida la sentencia dictada en rebeldía, se dicte sentencia absolutoria del demandado.

4. Cuando, rescindida la sentencia dictada en rebeldía, se dicte sentencia con el mismo contenido que la rescindida o que, aun siendo de distinto contenido, tuviere pronunciamientos de condena, se procederá a su ejecución, considerándose válidos y eficaces los actos de ejecución anteriores en lo que fueren conducentes para lograr la efectividad de los pronunciamientos de dicha sentencia.

Artículo 567. *Interposición de recursos ordinarios y suspensión*

La interposición de recursos ordinarios no suspenderá, por sí misma, el curso de las actuaciones ejecutivas. Sin embargo, si el ejecutado acredita que la resolución frente a la que recurre le produce daño de difícil reparación podrá solicitar del Tribunal que despachó la ejecución la suspensión de la actuación recurrida, prestando, en las formas permitidas por esta ley, caución suficiente para responder de los perjuicios que el retraso pudiera producir.

---

[720] Añadido por la Ley 13/2009, de 3 de noviembre. En vigor desde 4 de mayo de 2010.

Artículo 568. *Suspensión en caso de situaciones concursales o preconcursales*[721]

1. No se dictará auto autorizando y despachando la ejecución cuando conste al Tribunal que el demandado se halla en situación de concurso o se haya efectuado la comunicación a que se refiere el artículo 5 bis de la Ley Concursal y respecto a los bienes determinados en dicho artículo. En este último caso, cuando la ejecución afecte a una garantía real, se tendrá por iniciada la ejecución a los efectos del artículo 57.3 de la Ley Concursal para el caso de que sobrevenga finalmente el concurso a pesar de la falta de despacho de ejecución.

2. El Letrado de la Administración de Justicia decretará la suspensión de la ejecución en el estado en que se halle en cuanto conste en el procedimiento la declaración del concurso. El inicio de la ejecución y la continuación del procedimiento ya iniciado que se dirija exclusivamente contra bienes hipotecados y pignorados estarán sujetos a cuanto establece la Ley Concursal.

3. Si existieran varios demandados, y sólo alguno o algunos de ellos se encontraran en el supuesto al que se refieren los dos apartados anteriores, la ejecución no se suspenderá respecto de los demás.

Artículo 569. *Suspensión por prejudicialidad penal*

1. La presentación de denuncia o la interposición de querella en que se expongan hechos de apariencia delictiva relacionados con el título ejecutivo o con el despacho de la ejecución forzosa no determinarán, por sí solas, que se decrete la suspensión de ésta.

Sin embargo, si se encontrase pendiente causa criminal en que se investiguen hechos de apariencia delictiva que, de ser ciertos, determinarían la falsedad o nulidad del título o la invalidez o ilicitud del despacho de la ejecución, el Tribunal que la autorizó, oídas las partes y el Ministerio Fiscal, acordará la suspensión de la ejecución[722].

2. Si la causa penal a que se refiere el apartado anterior finalizare por resolución en que se declare la inexistencia del hecho o no ser éste delictivo, el ejecutante podrá pedir indemnización de daños y perjuicios, en los términos del apartado séptimo del artículo 40.

3. No obstante lo dispuesto en el apartado primero de este artículo, la ejecución podrá seguir adelante si el ejecutante presta, en cualquiera de las formas previstas en el párrafo segundo del apartado 3 del artículo 529, caución suficiente, a juicio del Tribunal que la despachó, para responder de lo que perciba y de los daños y perjuicios que la ejecución produzca al ejecutado.

---

[721] Modificado por la Ley 17/2014, de 30 de septiembre. En vigor desde 2 de octubre de 2014.
[722] Véase el art. 40 de la presente norma.

Artículo 570. *Final de la ejecución*

La ejecución forzosa sólo terminará con la completa satisfacción del acreedor ejecutante, lo que se acordará por decreto del Letrado de la Administración de Justicia, contra el cual podrá interponerse recurso directo de revisión[723].

TÍTULO IV
De la ejecución dineraria
(arts. 571 a 698)

CAPÍTULO I
De la ejecución dineraria: disposiciones generales
(arts. 571 a 579)

Artículo 571. *Ámbito del presente Título*

Las disposiciones del presente Título se aplicarán cuando la ejecución forzosa proceda en virtud de un título ejecutivo del que, directa o indirectamente, resulte el deber de entregar una cantidad de dinero líquida.

Artículo 572. *Cantidad líquida. Ejecución por saldo de operaciones*

1. Para el despacho de la ejecución se considerará líquida toda cantidad de dinero determinada, que se exprese en el título con letras, cifras o guarismos comprensibles. En caso de disconformidad entre distintas expresiones de cantidad, prevalecerá la que conste con letras. No será preciso, sin embargo, al efecto de despachar ejecución, que sea líquida la cantidad que el ejecutante solicite por los intereses que se pudieran devengar durante la ejecución y por las costas que ésta origine[724].

2. También podrá despacharse ejecución por el importe del saldo resultante de operaciones derivadas de contratos formalizados en escritura pública o en póliza intervenida por corredor de comercio colegiado, siempre que se haya pactado en el título que la cantidad exigible en caso de ejecución será la resultante de la liquidación efectuada por el acreedor en la forma convenida por las partes en el propio título ejecutivo.

En este caso, sólo se despachará la ejecución si el acreedor acredita haber notificado previamente al ejecutado y al fiador, si lo hubiere, la cantidad exigible resultante de la liquidación.

---

[723] Modificado por la Ley 13/2009, de 3 de noviembre. En vigor desde 4 de mayo de 2010.
[724] Véase el art. 558.2 de la presente norma.

Artículo 573. *Documentos que han de acompañarse a la demanda ejecutiva por saldo de cuenta*

1. En los casos a que se refiere el apartado segundo del artículo anterior, a la demanda ejecutiva deberán acompañarse, además del título ejecutivo y de los documentos a que se refiere el artículo 550, los siguientes[725]:

1.º El documento o documentos en que se exprese el saldo resultante de la liquidación efectuada por el acreedor, así como el extracto de las partidas de cargo y abono y las correspondientes a la aplicación de intereses que determinan el saldo concreto por el que se pide el despacho de la ejecución.

2.º El documento fehaciente que acredite haberse practicado la liquidación en la forma pactada por las partes en el título ejecutivo.

3.º El documento que acredite haberse notificado al deudor y al fiador, si lo hubiere, la cantidad exigible.

2. También podrán acompañarse a la demanda, cuando el ejecutante lo considere conveniente, los justificantes de las diversas partidas de cargo y abono.

3. Si el acreedor tuviera duda sobre la realidad o exigibilidad de alguna partida o sobre su efectiva cuantía, podrá pedir el despacho de la ejecución por la cantidad que le resulta indubitada y reservar la reclamación del resto para el proceso declarativo que corresponda, que podrá ser simultáneo a la ejecución.

Artículo 574. *Ejecución en casos de intereses variables*

1. El ejecutante expresará en la demanda ejecutiva las operaciones de cálculo que arrojan como saldo la cantidad determinada por la que pide el despacho de la ejecución en los siguientes casos[726]:

1.º Cuando la cantidad que reclama provenga de un préstamo o crédito en el que se hubiera pactado un interés variable.

2.º Cuando la cantidad reclamada provenga de un préstamo o crédito en el que sea preciso ajustar las paridades de distintas monedas y sus respectivos tipos de interés.

2. En todos los casos anteriores será de aplicación lo dispuesto en los números segundo y tercero del apartado primero del artículo anterior y en los apartados segundo y tercero de dicho artículo.

---

[725] Véase el art. 575.3 de la presente norma.
[726] Véase el art. 558.2 de la presente norma.

Artículo 575. *Determinación de la cantidad y despacho de la ejecución*

1. La ejecución se despachará por la cantidad que se reclame en la demanda ejecutiva en concepto de principal e intereses ordinarios y moratorios vencidos, incrementada por la que se prevea para hacer frente a los intereses que, en su caso, puedan devengarse durante la ejecución y a las costas de ésta. La cantidad prevista para estos dos conceptos, que se fijará provisionalmente, no podrá superar el 30 por 100 de la que se reclame en la demanda ejecutiva, sin perjuicio de la posterior liquidación.

Excepcionalmente, si el ejecutante justifica que, atendiendo a la previsible duración de la ejecución y al tipo de interés aplicable, los intereses que puedan devengarse durante la ejecución más las costas de ésta superaran el límite fijado en el párrafo anterior, la cantidad que provisionalmente se fije para dichos conceptos podrá exceder del límite indicado.

1 bis. En todo caso, en el supuesto de ejecución de vivienda habitual las costas exigibles al deudor ejecutado no podrán superar el 5 por cien de la cantidad que se reclame en la demanda ejecutiva.

2. Sin perjuicio de la pluspetición que pueda alegar el ejecutado, el tribunal no podrá denegar el despacho de la ejecución porque entienda que la cantidad debida es distinta de la fijada por el ejecutante en la demanda ejecutiva[727].

3. Sin embargo, no se despachará ejecución si, en su caso, la demanda ejecutiva no expresase los cálculos a que se refieren los artículos anteriores o a ella no se acompañasen los documentos que estos preceptos exigen.

Artículo 576. *Intereses de la mora procesal*

1. Desde que fuere dictada en primera instancia, toda sentencia o resolución que condene al pago de una cantidad de dinero líquida determinará, en favor del acreedor, el devengo de un interés anual igual al del interés legal del dinero incrementado en dos puntos o el que corresponda por pacto de las partes o por disposición especial de la ley.

2. En los casos de revocación parcial, el tribunal resolverá sobre los intereses de demora procesal conforme a su prudente arbitrio, razonándolo al efecto[728].

3. Lo establecido en los anteriores apartados será de aplicación a todo tipo de resoluciones judiciales de cualquier orden jurisdiccional, los laudos arbitrales y los

---

[727] Añadido por la Ley 1/2013, de 14 de mayo. En vigor desde 15 de mayo de 2013.
[728] Véase el art. 24 de la Ley 47/2003, de 26 de noviembre.

acuerdos de mediación que impongan el pago de cantidad líquida, salvo las especialidades legalmente previstas para las Haciendas Públicas[729].

Artículo 577. *Deuda en moneda extranjera*

1. Si el título fijase la cantidad de dinero en moneda extranjera, se despachará la ejecución para obtenerla y entregarla. Las costas y gastos, así como los intereses de demora procesal, se abonarán en la moneda nacional.

2. Para el cálculo de los bienes que han de ser embargados, la cantidad de moneda extranjera se computará según el cambio oficial al día del despacho de la ejecución.

En el caso de que se trate de una moneda extranjera sin cotización oficial, el cómputo se hará aplicando el cambio que, a la vista de las alegaciones y documentos que aporte el ejecutante en la demanda, el tribunal considere adecuado, sin perjuicio de la ulterior liquidación de la condena, que se efectuará conforme a lo dispuesto en los artículos 714 a 716 de esta Ley.

Artículo 578. *Vencimiento de nuevos plazos o de la totalidad de la deuda*

1. Si, despachada ejecución por deuda de una cantidad líquida, venciera algún plazo de la misma obligación en cuya virtud se procede, o la obligación en su totalidad, se entenderá ampliada la ejecución por el importe correspondiente a los nuevos vencimientos de principal e intereses, si lo pidiere así el actor y sin necesidad de retrotraer el procedimiento.

2. La ampliación de la ejecución podrá solicitarse en la demanda ejecutiva. En este caso, al notificarle el auto que despache la ejecución, se advertirá al ejecutado que la ejecución se entenderá ampliada automáticamente si, en las fechas de vencimiento, no se hubieren consignado a disposición del Juzgado las cantidades correspondientes.

Cuando el ejecutante solicite la ampliación automática de la ejecución, deberá presentar una liquidación final de la deuda incluyendo los vencimientos de principal e intereses producidos durante la ejecución. Si esta liquidación fuera conforme con el título ejecutivo y no se hubiera consignado el importe de los vencimientos incluidos en ella, el pago al ejecutante se realizará con arreglo a lo que resulte de la liquidación presentada[730].

---

[729] Véase la Ley 5/2012, de 6 de julio.
[730] Véase el art. 549 de la presente norma.

3. La ampliación de la ejecución será razón suficiente para la mejora del embargo y podrá hacerse constar en la anotación preventiva de éste conforme a lo dispuesto en el apartado 4 del artículo 613 de esta Ley.

En el caso del apartado anterior, la ampliación de la ejecución no comportará la adopción automática de estas medidas, que sólo se acordarán, si procede, cuando el ejecutante las solicite después de cada vencimiento que no hubiera sido atendido.

Artículo 579. *Ejecución dineraria en casos de bienes especialmente hipotecados o pignorados*

1. Cuando la ejecución se dirija exclusivamente contra bienes hipotecados o pignorados en garantía de una deuda dineraria se estará a lo dispuesto en el capítulo V de este Título. Si, subastados los bienes hipotecados o pignorados, su producto fuera insuficiente para cubrir el crédito, el ejecutante podrá pedir el despacho de la ejecución por la cantidad que falte, y contra quienes proceda, y la ejecución proseguirá con arreglo a las normas ordinarias aplicables a toda ejecución[731].

2. Sin perjuicio de lo previsto en el apartado anterior, en el supuesto de adjudicación de la vivienda habitual hipotecada, si el remate aprobado fuera insuficiente para lograr la completa satisfacción del derecho del ejecutante, la ejecución, que no se suspenderá, por la cantidad que reste, se ajustará a las siguientes especialidades:

a) El ejecutado quedará liberado si su responsabilidad queda cubierta, en el plazo de 5 años desde la fecha del decreto de aprobación del remate o adjudicación, por el 65 por cien de la cantidad total que entonces quedara pendiente, incrementada exclusivamente en el interés legal del dinero hasta el momento del pago. Quedará liberado en los mismos términos si, no pudiendo satisfacer el 65 por cien dentro del plazo de 5 años, satisficiera el 80 por cien dentro de los 10 años. De no concurrir las anteriores circunstancias, podrá el acreedor reclamar la totalidad de lo que se le deba según las estipulaciones contractuales y normas que resulten de aplicación.

b) En el supuesto de que se hubiera aprobado el remate o la adjudicación en favor del ejecutante o de aquél a quien le hubiera cedido su derecho y éstos, o cualquier sociedad de su grupo, dentro del plazo de 10 años desde la aprobación, procedieran a la enajenación de la vivienda, la deuda remanente que corresponda pagar al ejecutado en el momento de la enajenación se verá reducida en un 50 por cien de la plusvalía obtenida en tal venta, para cuyo cálculo se deducirán todos los costes que debidamente acredite el ejecutante.

---

[731] Véanse los arts. 681 y ss. de la presente norma. Modificado por la Ley 1/2013, de 14 de mayo. En vigor desde 15 de mayo de 2013.

Si en los plazos antes señalados se produce una ejecución dineraria que exceda del importe por el que el deudor podría quedar liberado según las reglas anteriores, se pondrá a su disposición el remanente. El Letrado de la Administración de Justicia encargado de la ejecución hará constar estas circunstancias en el decreto de adjudicación y ordenará practicar el correspondiente asiento de inscripción en el Registro de la Propiedad en relación con lo previsto en la letra b) anterior.

CAPÍTULO II
Del requerimiento de pago
(arts. 580 a 583)

Artículo 580. *Casos en que no procede el requerimiento de pago*

Cuando el título ejecutivo consista en resoluciones del Letrado de la Administración de Justicia, resoluciones judiciales o arbitrales o que aprueben transacciones o convenios alcanzados dentro del proceso, o acuerdos de mediación, que obliguen a entregar cantidades determinadas de dinero, no será necesario requerir de pago al ejecutado para proceder al embargo de sus bienes[732].

Artículo 581. *Casos en que procede el requerimiento de pago*[733]

1. Cuando la ejecución para la entrega de cantidades determinadas de dinero no se funde en resoluciones procesales o arbitrales, despachada la ejecución, se requerirá de pago al ejecutado por la cantidad reclamada en concepto de principal e intereses devengados, en su caso, hasta la fecha de la demanda y, si no pagase en el acto, el letrado o letrada de la Administración de Justicia procederá al embargo de sus bienes en la medida suficiente para responder de la cantidad por la que se haya despachado ejecución y las costas de ésta.

2. No se practicará el requerimiento establecido en el apartado anterior cuando a la demanda ejecutiva se haya acompañado acta notarial que acredite haberse requerido de pago al ejecutado con al menos 10 días de antelación.

Artículo 582. *Lugar del requerimiento de pago*

El requerimiento de pago se efectuará en el domicilio que figure en el título ejecutivo. Podrá también hacerse a través de la sede judicial electrónica en el caso de que el ejecutado esté obligado a intervenir con la Administración de Justicia a través de

---

[732] Véanse los arts. 517.2.1.°, 2.°, 3.° y 9° de la presente norma.
[733] Modificado por el RD-Ley 6/2023, de 19 de diciembre. Entrada en vigor desde 20 de marzo de 2024.

medios electrónicos. Pero, a petición del ejecutante, el requerimiento podrá hacerse, además, en cualquier lugar en el que, incluso de forma accidental, el ejecutado pudiera ser hallado[734].

Si no se encontrase el ejecutado en el domicilio que conste en el título ejecutivo, podrá practicarse el embargo si el ejecutante lo solicita, sin perjuicio de intentar de nuevo el requerimiento con arreglo a lo dispuesto en esta Ley para los actos de comunicación mediante entrega de la resolución o de cédula y, en su caso, para la comunicación edictal[735].

Artículo 583. *Pago por el ejecutado. Costas*

1. Si el ejecutado pagase en el acto del requerimiento o antes del despacho de la ejecución, el Letrado de la Administración de Justicia pondrá la suma de dinero correspondiente a disposición del ejecutante, y entregará al ejecutado justificante del pago realizado[736].

2. Aunque pague el deudor en el acto del requerimiento, serán de su cargo todas las costas causadas, salvo que justifique que, por causa que no le sea imputable, no pudo efectuar el pago antes de que el acreedor promoviera la ejecución.

3. Satisfechos intereses y costas, de haberse devengado, el Letrado de la Administración de Justicia dictará decreto dando por terminada la ejecución.

CAPÍTULO III
Del embargo de bienes
(arts. 584 a 633)

Sección 1.ª *De la traba de los bienes*
(arts. 584 a 592)

Artículo 584. *Alcance objetivo y suficiencia del embargo*

No se embargarán bienes cuyo previsible valor exceda de la cantidad por la que se haya despachado ejecución, salvo que en el patrimonio del ejecutado sólo existieren bienes de valor superior a esos conceptos y la afección de dichos bienes resultare necesaria a los fines de la ejecución.

---

[734] Modificado por el RD-Ley 6/2023, de 19 de diciembre. Entrada en vigor desde 20 de marzo de 2024.

[735] Véanse los arts. 160, 161, 164 y 686 de la presente norma.

[736] Véase el art. 539.2 de la presente norma.

Artículo 585[737]. *Evitación del embargo mediante consignación*

Despachada la ejecución, se procederá al embargo de bienes conforme a lo dispuesto en la presente Ley, a no ser que el ejecutado consignare la cantidad por la que ésta se hubiere despachado, en cuyo caso se suspenderá el embargo.

El ejecutado que no hubiere hecho la consignación antes del embargo podrá efectuarla en cualquier momento posterior, antes de que se resuelva la oposición a la ejecución. En este caso, una vez realizada la consignación, se alzarán los embargos que se hubiesen trabado.

Artículo 586[738]. *Destino de la cantidad consignada*

Si el ejecutado formulare oposición, la cantidad consignada conforme al artículo anterior se depositará en el establecimiento designado para ello y el embargo seguirá en suspenso.

Si el ejecutado no formulare oposición, la cantidad consignada para evitar el embargo se entregará al ejecutante sin perjuicio de la posterior liquidación de intereses y costas.

Artículo 587[739]. *Momento del embargo*

1. El embargo se entenderá hecho desde que se decrete por el Letrado de la Administración de Justicia o se reseñe la descripción de un bien en el acta de la diligencia de embargo, aunque no se hayan adoptado aún medidas de garantía o publicidad de la traba. El Letrado de la Administración de Justicia adoptará inmediatamente dichas medidas de garantía y publicidad, expidiendo de oficio los despachos precisos, de los que, en su caso, se hará entrega al procurador del ejecutante que así lo hubiera solicitado.

2. Lo dispuesto en el apartado anterior se entenderá sin perjuicio de las normas de protección del tercero de buena fe que deban ser aplicadas[740].

Artículo 588[741]. *Nulidad del embargo indeterminado. Embargo de cuentas abiertas en entidades de crédito*

1. Será nulo el embargo sobre bienes y derechos cuya efectiva existencia no conste.

---

[737] Véanse el art. 553 de la presente norma y el RD-Ley 937/2020, de 27 de octubre.

[738] Véanse los arts. 556 a 564 de la presente norma.

[739] Modificado el apartado primero por la Ley 13/2009, de 3 de noviembre. Entrada en vigor desde 4 de mayo de 2010.

[740] Véase el art. 34 de la LH.

[741] Modificado el apartado segundo por la Ley 13/2009, de 3 de noviembre. Entrada en vigor desde 4 de mayo de 2010. Añadido los apartados tercero y cuarto por la Ley 3/2018, de 11 de junio. Entrada en vigor desde 2 de julio de 2018.

404 • art. 589

404 • art. 589

2. No obstante lo dispuesto en el apartado anterior, podrán embargarse los depósitos bancarios y los saldos favorables que arrojaren las cuentas abiertas en entidades de crédito, siempre que, en razón del título ejecutivo, se determine por el Letrado de la Administración de Justicia una cantidad como límite máximo.

De lo que exceda de ese límite podrá el ejecutado disponer libremente.

3. Cuando los fondos se encuentren depositados en cuentas a nombre de varios titulares sólo se embargará la parte correspondiente al deudor. A estos solos efectos, en el caso de cuentas de titularidad indistinta con solidaridad activa frente al depositario o de titularidad conjunta mancomunada, el embargo podrá alcanzar a la parte del saldo correspondiente al deudor, entendiéndose que corresponde a partes iguales a los titulares de la cuenta, salvo que conste una titularidad material de los fondos diferente.

4. Cuando en la cuenta afectada por el embargo se efectúe habitualmente el abono del salario, sueldo, pensión, retribución o su equivalente, deberán respetarse las limitaciones establecidas en esta Ley, mediante su aplicación sobre el importe que deba considerarse sueldo, salario, pensión o retribución del deudor o su equivalente. A estos efectos se considerará sueldo, salario, pensión, retribución o su equivalente el importe ingresado en dicha cuenta por ese concepto en el mes en el que se practique el embargo o, en su defecto, en el mes anterior.

Artículo 589[742]. *Manifestación de bienes del ejecutado*

1. Salvo que el ejecutante señale bienes cuyo embargo estime suficiente para el fin de la ejecución, el Letrado de la Administración de Justicia requerirá, mediante diligencia de ordenación, de oficio al ejecutado para que manifieste relacionadamente bienes y derechos suficientes para cubrir la cuantía de la ejecución, con expresión, en su caso, de cargas y gravámenes, así como, en el caso de inmuebles, si están ocupados, por qué personas y con qué título.

2. El requerimiento al ejecutado para la manifestación de sus bienes se hará con apercibimiento de las sanciones que pueden imponérsele, cuando menos por desobediencia grave, en caso de que no presente la relación de sus bienes, incluya en ella bienes que no sean suyos, excluya bienes propios susceptibles de embargo o no desvele las cargas y gravámenes que sobre ellos pesaren[743].

---

[742] Modificado los apartados primero y cuarto por la Ley 13/2009, de 3 de noviembre. Entrada en vigor desde 4 de mayo de 2010. Añadido el apartado tercero por la Ley 16/2022, de 5 de septiembre. Entrada en vigor desde 26 de septiembre de 2022.

[743] Véanse los arts. 410 a 412 y 556 del CP.

3. Si el ejecutado no señalare bienes susceptibles de embargo o el valor de los señalados fuera insuficiente para el fin de la ejecución, el letrado de la Administración de Justicia dictará decreto advirtiendo al ejecutado de que, en caso de probabilidad de insolvencia, de insolvencia inminente o de insolvencia actual, puede comunicar al juzgado competente el inicio o la voluntad de iniciar negociaciones con acreedores para alcanzar un plan de reestructuración, con paralización de las ejecuciones durante esa negociación en los términos establecidos por la ley; y que, si encontrándose en estado de insolvencia actual no lo hace, tiene el deber de solicitar la declaración de concurso de acreedores dentro de los dos meses siguientes a la fecha en que hubiera conocido o debido conocer ese estado de insolvencia.

4. El Letrado de la Administración de Justicia podrá también, mediante decreto, imponer multas coercitivas periódicas al ejecutado que no respondiere debidamente al requerimiento a que se refiere el apartado anterior.

Para fijar la cuantía de las multas, se tendrá en cuenta la cantidad por la que se haya despachado ejecución, la resistencia a la presentación de la relación de bienes y la capacidad económica del requerido, pudiendo modificarse o dejarse sin efecto el apremio económico en atención a la ulterior conducta del requerido y a las alegaciones que pudiere efectuar para justificarse.

Frente a estas resoluciones del Secretario cabrá recurso directo de revisión, sin efecto suspensivo, ante el Tribunal que conozca de la ejecución.

Artículo 590[744]. *Investigación judicial del patrimonio del ejecutado*

A instancias del ejecutante que no pudiere designar bienes del ejecutado suficientes para el fin de la ejecución, el Letrado de la Administración de Justicia acordará, por diligencia de ordenación, dirigirse a las entidades financieras, organismos y registros públicos y personas físicas y jurídicas que el ejecutante indique, para que faciliten la relación de bienes o derechos del ejecutado de los que tengan constancia. Al formular estas indicaciones, el ejecutante deberá expresar sucintamente las razones por las que estime que la entidad, organismo, registro o persona de que se trate dispone de información sobre el patrimonio del ejecutado. Cuando lo solicite el ejecutante y a su costa, su procurador podrá intervenir en el diligenciamiento de los oficios que hubieran sido librados a tal efecto y recibir la cumplimentación de los mismos, sin perjuicio de lo previsto en el apartado 1 del artículo siguiente.

El Letrado de la Administración de Justicia no reclamará datos de organismos y registros cuando el ejecutante pudiera obtenerlos por sí mismo, o a través de su procurador, debidamente facultado al efecto por su poderdante.

---

[744] Modificado por la Ley 13/2009, de 3 de noviembre. Entrada en vigor desde 4 de mayo de 2010.

Artículo 591[745]. *Deber de colaboración*

1. Todas las personas y entidades públicas y privadas están obligadas a prestar su colaboración en las actuaciones de ejecución y a entregar al Letrado de la Administración de Justicia encargado de la ejecución o al procurador del ejecutante, cuando así lo solicite su representado y a su costa, cuantos documentos y datos tengan en su poder, y cuya entrega haya sido acordada por el Letrado de la Administración de Justicia, sin más limitaciones que los que imponen el respeto a los derechos fundamentales o a los límites que, para casos determinados, expresamente impongan las leyes. Cuando dichas personas o entidades alegaran razones legales o de respeto a los derechos fundamentales para no realizar la entrega dejando sin atender la colaboración que les hubiera sido requerida, el Letrado de la Administración de Justicia dará cuenta al Tribunal para que éste acuerde lo procedente[746].

2. El Tribunal, previa audiencia de los interesados, podrá, en pieza separada, acordar la imposición de multas coercitivas periódicas a las personas y entidades que no presten la colaboración que el Tribunal les haya requerido con arreglo al apartado anterior. En la aplicación de estos apremios, el Tribunal tendrá en cuenta los criterios previstos en el apartado 3 del artículo 589.

3. Las sanciones impuestas al amparo de este artículo se someten al régimen de recursos previstos en el Título V del Libro VII de la Ley Orgánica del Poder Judicial.

Artículo 592[747]. *Orden en los embargos. Embargo de empresas*

1. Si acreedor y deudor no hubieren pactado otra cosa, dentro o fuera de la ejecución, el Letrado de la Administración de Justicia responsable de la ejecución embargará los bienes del ejecutado procurando tener en cuenta la mayor facilidad de su enajenación y la menor onerosidad de ésta para el ejecutado.

2. Si por las circunstancias de la ejecución resultase imposible o muy difícil la aplicación de los criterios establecidos en el apartado anterior, los bienes se embargarán por el siguiente orden:

1.º Dinero o cuentas corrientes de cualquier clase.

2.º Créditos y derechos realizables en el acto o a corto plazo, y títulos, valores u otros instrumentos financieros admitidos a negociación en un mercado secundario oficial de valores.

---

[745] Modificado por la Ley 13/2009, de 3 de noviembre. Entrada en vigor desde 4 de mayo de 2010.

[746] Véase el art. 95.1 de la LGT.

[747] Modificado el apartado primero por la Ley 13/2009, de 3 de noviembre. Entrada en vigor desde 4 de mayo de 2010.

3.º Joyas y objetos de arte.

4.º Rentas en dinero, cualquiera que sea su origen y la razón de su devengo.

5.º Intereses, rentas y frutos de toda especie.

6.º Bienes muebles o semovientes, acciones, títulos o valores no admitidos a cotización oficial y participaciones sociales.

7.º Bienes inmuebles.

8.º Sueldos, salarios, pensiones e ingresos procedentes de actividades profesionales y mercantiles autónomas.

9.º Créditos, derechos y valores realizables a medio y largo plazo.

3. También podrá decretarse el embargo de empresas cuando, atendidas todas las circunstancias, resulte preferible al embargo de sus distintos elementos patrimoniales[748].

Sección 2.ª Del embargo de bienes de terceros y de la tercería de dominio (arts. 593 a 604)

Artículo 593[749]. Pertenencia al ejecutado. Prohibición de alzamiento de oficio del embargo

1. Para juzgar sobre la pertenencia al ejecutado de los bienes que se proponga embargar, el Letrado de la Administración de Justicia, sin necesidad de investigaciones ni otras actuaciones, se basará en indicios y signos externos de los que razonablemente pueda deducir aquélla.

2. Cuando por percepción directa o por manifestaciones del ejecutado o de otras personas, el Letrado de la Administración de Justicia tuviera motivos racionales para entender que los bienes que se propone trabar pueden pertenecer a un tercero, ordenará mediante diligencia de ordenación que se le haga saber la inminencia de la traba. Si, en el plazo de 5 días, el tercero no compareciere o no diere razones, el Letrado de la Administración de Justicia dictará decreto mandando trabar los bienes, a no ser que las partes, dentro del mismo plazo concedido al tercero, hayan manifestado su conformidad en que no se realice el embargo. Si el tercero se opusiere razonadamente al embargo aportando, en su caso, los documentos que justifiquen su derecho, el Letrado de la Administración de Justicia, previo traslado a las

---

[748] Véanse los arts. 630 a 633 de la presente norma.
[749] Modificado por la Ley 13/2009, de 3 de noviembre. Entrada en vigor desde 4 de mayo de 2010.

partes por plazo común de 5 días, remitirá los autos al Tribunal para que resuelva lo que proceda[750].

3. Tratándose de bienes cuyo dominio sea susceptible de inscripción registral, se ordenará, en todo caso, su embargo a no ser que el tercero acredite ser titular registral mediante la correspondiente certificación del Registrador, quedando a salvo el derecho de los eventuales titulares no inscritos, que podrá ejercitarse contra quien y como corresponda.

No obstante lo dispuesto en el párrafo anterior, cuando el bien de cuyo embargo se trate sea la vivienda familiar del tercero y éste presentare al Tribunal el documento privado que justifique su adquisición, el Letrado de la Administración de Justicia dará traslado a las partes y, si éstas, en el plazo de 5 días, manifestaren su conformidad en que no se realice el embargo, el Secretario se abstendrá de acordarlo[751].

Artículo 594. *Posterior transmisión de bienes embargados no pertenecientes al ejecutado*

1. El embargo trabado sobre bienes que no pertenezcan al ejecutado será, no obstante, eficaz. Si el verdadero titular no hiciese valer sus derechos por medio de la tercería de dominio, no podrá impugnar la enajenación de los bienes embargados, si el rematante o adjudicatario los hubiera adquirido de modo irreivindicable, conforme a lo establecido en la legislación sustantiva.

2. Lo dispuesto en el apartado anterior se entenderá sin perjuicio de las acciones de resarcimiento o enriquecimiento injusto o de nulidad de la enajenación.

Artículo 595. *Tercería de dominio. Legitimación*

1. Podrá interponer tercería de dominio, en forma de demanda, quien, sin ser parte en la ejecución, afirme ser dueño de un bien embargado como perteneciente al ejecutado y que no ha adquirido de éste una vez trabado el embargo.

2. Podrán también interponer tercerías para el alzamiento del embargo quienes sean titulares de derechos que, por disposición legal expresa, puedan oponerse al embargo o a la realización forzosa de uno o varios bienes embargados como pertenecientes al ejecutado.

3. Con la demanda de tercería de dominio deberá aportarse un principio de prueba por escrito del fundamento de la pretensión del tercerista.

---

[750] Véanse los arts. 595 a 604 de la presente norma.
[751] Véanse los arts. 6 a 41 de la LH.

Artículo 596. *Momento de interposición y posible rechazo de plano de la tercería de dominio*

1. La tercería de dominio podrá interponerse desde que se haya embargado el bien o bienes a que se refiera, aunque el embargo sea preventivo.

2. El tribunal, mediante auto, rechazará de plano y sin sustanciación alguna la demanda de tercería de dominio a la que no se acompañe el principio de prueba exigido en el apartado 3 del artículo anterior, así como la que se interponga con posterioridad al momento en que, de acuerdo con lo dispuesto en la legislación civil, se produzca la transmisión del bien al acreedor o al tercero que lo adquiera en pública subasta[752].

Artículo 597. *Prohibición de segundas y ulteriores tercerías*

No se permitirá, en ningún caso, segunda o ulterior tercería sobre los mismos bienes, fundada en títulos o derechos que poseyera el que la interponga al tiempo de formular la primera.

Artículo 598[753]. *Efectos de la admisión de la tercería*

1. La admisión de la demanda de tercería sólo suspenderá la ejecución respecto del bien a que se refiera, debiendo el Letrado de la Administración de Justicia adoptar las medidas necesarias para dar cumplimiento a la suspensión acordada[754].

2. Admitida la demanda por el Letrado de la Administración de Justicia, el Tribunal, previa audiencia de las partes si lo considera necesario, podrá condicionar la suspensión de la ejecución respecto del bien a que se refiere la demanda de tercería a que el tercerista preste caución por los daños y perjuicios que pudiera producir al acreedor ejecutante. Esta caución podrá otorgarse en cualquiera de las formas previstas en el párrafo segundo del apartado 3 del artículo 529.

3. La admisión de una tercería de dominio será razón suficiente para que el Letrado de la Administración de Justicia, a instancia de parte, ordene, mediante decreto, la mejora del embargo[755].

Artículo 599[756]. *Competencia y sustanciación*

La tercería de dominio, que habrá de interponerse ante el Letrado de la Administración de Justicia responsable de la ejecución, se resolverá por el tribunal que dictó la

---

[752] Véase el art. 609 del CC.
[753] Modificado por la Ley 13/2009, de 3 de noviembre. Entrada en vigor desde 4 de mayo de 2010.
[754] Véase el art. 565.1 de la presente norma.
[755] Véase el art. 612 de la presente norma.
[756] Modificado por la Ley 13/2011, de 10 de octubre. Entrada en vigor desde 31 de octubre de 2011.

orden general y despacho de la misma y se sustanciará por los trámites previstos para el juicio verbal[757].

Artículo 600[758]. *Legitimación pasiva. Litisconsorcio voluntario. Intervención del ejecutado no demandado*

La demanda de tercería se interpondrá frente al acreedor ejecutante y también frente al ejecutado cuando el bien al que se refiera haya sido por él designado.

Aunque no se haya dirigido la demanda de tercería frente al ejecutado, podrá éste intervenir en el procedimiento con los mismos derechos procesales que las partes de la tercería, a cuyo fin se le notificará en todo caso la admisión a trámite de la demanda para que pueda tener la intervención que a su derecho convenga.

Artículo 601. *Objeto de la tercería de dominio*

1. En la tercería de dominio no se admitirá más pretensión del tercerista que la dirigida al alzamiento del embargo.

2. El ejecutante y, en su caso, el ejecutado, no podrán pretender en la tercería de dominio sino el mantenimiento del embargo o sujeción a la ejecución del bien objeto de tercería.

Artículo 602. *Efectos de la no contestación*

Si los demandados no contestaran la demanda de tercería de dominio, se entenderá que admiten los hechos alegados en la demanda[759].

Artículo 603. *Resolución sobre la tercería*

La tercería de dominio se resolverá por medio de auto, que se pronunciará sobre la pertenencia del bien y la procedencia de su embargo a los únicos efectos de la ejecución en curso, sin que produzca efectos de cosa juzgada en relación con la titularidad del bien.

El auto que decida la tercería se pronunciará sobre las costas, con arreglo a lo dispuesto en los artículos 394 y siguientes de esta Ley. A los demandados que no contesten no se les impondrán las costas, salvo que el tribunal, razonándolo debidamente, aprecie mala fe en su actuación procesal teniendo en cuenta, en su caso, la

---

[757] Véanse los arts. 399 a 404 y 545 de la presente norma.

[758] Modificado el párrafo segundo por la Ley 13/2009, de 3 de noviembre. Entrada en vigor desde 4 de mayo de 2010.

[759] Véase el art. 281.3 de la presente norma.

intervención que hayan tenido en las actuaciones a que se refieren los apartados 2 y 3 del artículo 593.

Artículo 604. *Resolución estimatoria y alzamiento del embargo*

El auto que estime la tercería de dominio ordenará el alzamiento de la traba y la remoción del depósito, así como la cancelación de la anotación preventiva y de cualquier otra medida de garantía del embargo del bien al que la tercería se refiriera.

Sección 3.ª *De los bienes inembargables* (arts. 605 a 612)

Artículo 605[760]. *Bienes absolutamente inembargables*

No serán en absoluto embargables:

1.º Los animales de compañía, sin perjuicio de la embargabilidad de las rentas que los mismos puedan generar.

1.º bis Los bienes que hayan sido declarados inalienables.

2.º Los derechos accesorios, que no sean alienables con independencia del principal.

3.º Los bienes que carezcan, por sí solos, de contenido patrimonial.

4.º Los bienes expresamente declarados inembargables por alguna disposición legal[761].

Artículo 606. *Bienes inembargables del ejecutado*

Son también inembargables:

1.º El mobiliario y el menaje de la casa, así como las ropas del ejecutado y de su familia, en lo que no pueda considerarse superfluo. En general, aquellos bienes como alimentos, combustible y otros que, a juicio del tribunal, resulten imprescindibles para que el ejecutado y las personas de él dependientes puedan atender con razonable dignidad a su subsistencia.

2.º Los libros e instrumentos necesarios para el ejercicio de la profesión, arte u oficio a que se dedique el ejecutado, cuando su valor no guarde proporción con la cuantía de la deuda reclamada.

---

[760] Añadido el numeral primero y renumerado por la Ley 17/2021, de 15 de diciembre. Entrada en vigor desde 5 de enero de 2022.

[761] Véanse los arts. 23 de la LGP y 80 de la LRBRL.

3.º Los bienes sacros y los dedicados al culto de las religiones legalmente registradas.

4.º Las cantidades expresamente declaradas inembargables por Ley.

5.º Los bienes y cantidades declarados inembargables por Tratados ratificados por España.

Artículo 607[762]. *Embargo de sueldos y pensiones*

1. Es inembargable el salario, sueldo, pensión, retribución o su equivalente, que no exceda de la cuantía señalada para el salario mínimo interprofesional[763].

2. Los salarios, sueldos, jornales, retribuciones o pensiones que sean superiores al salario mínimo interprofesional se embargarán conforme a esta escala:

1.º Para la primera cuantía adicional hasta la que suponga el importe del doble del salario mínimo interprofesional, el 30 por 100.

2.º Para la cuantía adicional hasta el importe equivalente a un tercer salario mínimo interprofesional, el 50 por 100.

3.º Para la cuantía adicional hasta el importe equivalente a un cuarto salario mínimo interprofesional, el 60 por 100.

4.º Para la cuantía adicional hasta el importe equivalente a un quinto salario mínimo interprofesional, el 75 por 100.

5.º Para cualquier cantidad que exceda de la anterior cuantía, el 90 por 100.

3. Si el ejecutado es beneficiario de más de una percepción, se acumularán todas ellas para deducir una sola vez la parte inembargable. Igualmente serán acumulables los salarios, sueldos y pensiones, retribuciones o equivalentes de los cónyuges cuando el régimen económico que les rija no sea el de separación de bienes y rentas de toda clase, circunstancia que habrán de acreditar al Letrado de la Administración de Justicia.

4. En atención a las cargas familiares del ejecutado, el Letrado de la Administración de Justicia podrá aplicar una rebaja de entre un 10 a un 15 por ciento en los porcentajes establecidos en los números 1.º, 2.º, 3.º y 4.º del apartado 2 del presente artículo.

---

[762] Modificados los apartados tercero y cuarto y añadido el apartado séptimo por la Ley 13/2009, de 3 de noviembre. Entrada en vigor desde 4 de mayo de 2010.

[763] Véanse el RD 145/2024, de 6 de febrero, por el que se regula el SMI (entrada en vigor 7 de febrero de 2024), el RD-Ley 8/2011, de 1 de julio (entrada en vigor 7 de julio de 2011) y la Ley 4/2024, de 29 de diciembre (entrada en vigor desde 1 de enero de 2024).

5. Si los salarios, sueldos, pensiones o retribuciones estuvieron gravados con descuentos permanentes o transitorios de carácter público, en razón de la legislación fiscal, tributaria o de Seguridad Social, la cantidad líquida que percibiera el ejecutado, deducidos éstos, será la que sirva de tipo para regular el embargo.

6. Los anteriores apartados de este artículo serán de aplicación a los ingresos procedentes de actividades profesionales y mercantiles autónomas.

7. Las cantidades embargadas de conformidad con lo previsto en este precepto podrán ser entregadas directamente a la parte ejecutante, en la cuenta que ésta designe previamente, si así lo acuerda el Letrado de la Administración de Justicia encargado de la ejecución.

En este caso, tanto la persona o entidad que practique la retención y su posterior entrega como el ejecutante, deberán informar trimestralmente al Letrado de la Administración de Justicia sobre las sumas remitidas y recibidas, respectivamente, quedando a salvo en todo caso las alegaciones que el ejecutado pueda formular, ya sea porque considere que la deuda se halla abonada totalmente y en consecuencia debe dejarse sin efecto la traba, o porque las retenciones o entregas no se estuvieran realizando conforme a lo acordado por el Letrado de la Administración de Justicia.

Contra la resolución del Letrado de la Administración de Justicia acordando tal entrega directa cabrá recurso directo de revisión ante el Tribunal.

Artículo 608. *Ejecución por condena a prestación alimenticia*[764]

Lo dispuesto en el artículo anterior no será de aplicación cuando se proceda por ejecución de sentencia que condene al pago de alimentos, en todos los casos en que la obligación de satisfacerlos nazca directamente de la Ley, incluyendo los pronunciamientos de las sentencias dictadas en procesos de nulidad, separación o divorcio sobre alimentos debidos al cónyuge o a los hijos o de los decretos o escrituras públicas que formalicen el convenio regulador que los establezcan. Tampoco será de aplicación lo dispuesto en el artículo anterior cuando se proceda por ejecución de sentencia, decreto o escritura pública que establezca el pago de pensión compensatoria siempre que la parte ejecutante así lo solicite y acredite una necesidad económica que lo justifique, previa ponderación de la situación económica del ejecutante y ejecutado. En estos casos, así como en los de las medidas cautelares correspondientes, el tribunal fijará la cantidad que puede ser embargada.

---

[764] Artículo modificado por la LO 1/2025, de 2 de enero. Entrada en vigor el 3 de abril de 2025.

Artículo 609[765]. *Efectos de la traba sobre bienes inembargables*[766]

El embargo trabado sobre bienes inembargables será nulo de pleno derecho.

El ejecutado podrá denunciar esta nulidad ante el Tribunal mediante los recursos ordinarios o por simple comparecencia ante el Letrado de la Administración de Justicia si no se hubiera personado en la ejecución ni deseara hacerlo, resolviendo el Tribunal sobre la nulidad denunciada.

Artículo 610[767]. *Reembargo. Efectos*

1. Los bienes o derechos embargados podrán ser reembargados y el reembargo otorgará al reembargante el derecho a percibir el producto de lo que se obtenga de la realización de los bienes reembargados, una vez satisfechos los derechos de los ejecutantes a cuya instancia se hubiesen decretado embargos anteriores o, sin necesidad de esta satisfacción previa, en el caso del párrafo segundo del apartado siguiente.

2. Si, por cualquier causa, fuere alzado el primer embargo, el ejecutante del proceso en el que se hubiera trabado el primer reembargo quedará en la posición del primer ejecutante y podrá solicitar la realización forzosa de los bienes reembargados.

Sin embargo, el reembargante podrá solicitar la realización forzosa de los bienes reembargados, sin necesidad de alzamiento del embargo o embargos anteriores, cuando los derechos de los embargantes anteriores no hayan de verse afectados por aquella realización.

3. Los ejecutantes de los procesos en que se decretare el reembargo podrán solicitar del Letrado de la Administración de Justicia que adopte medidas de garantía de esta traba siempre que no entorpezcan una ejecución anterior y no sean incompatibles con las adoptadas a favor de quien primero logró el embargo[768].

Artículo 611[769]. *Embargo de sobrante*

Sin perjuicio de lo dispuesto en el artículo 588, podrá pedirse el embargo de lo que sobrare en la realización forzosa de bienes celebrada en otra ejecución ya despachada.

---

[765] Modificado el párrafo segundo por la Ley 13/2009, de 3 de noviembre. Entrada en vigor desde 4 de mayo de 2010.

[766] Véase el art. 562.1 de la presente norma.

[767] Modificado el apartado tercero por la Ley 13/2009, de 3 de noviembre. Entrada en vigor desde 4 de mayo de 2010.

[768] Véanse los arts. 621 a 628 de la presente norma.

[769] Modificado el párrafo segundo por la Ley 13/2009, de 3 de noviembre. Entrada en vigor desde 4 de mayo de 2010.

La cantidad que así se obtenga se ingresará en la Cuenta de Depósitos y Consignaciones para su disposición en el proceso donde se ordenó el embargo del sobrante.

Cuando los bienes realizados sean inmuebles, se ingresará la cantidad que sobrare después de pagado el ejecutante, así como los acreedores que tengan su derecho inscrito o anotado con posterioridad al del ejecutante y que tengan preferencia sobre el acreedor en cuyo favor se acordó el embargo del sobrante.

Artículo 612[770]. *Mejora, reducción y modificación del embargo*

1. Además de lo dispuesto en los artículos 598 y 604 para los casos de admisión y estimación, respectivamente, de una tercería de dominio, el ejecutante podrá pedir la mejora o la modificación del embargo o de las medidas de garantía adoptadas cuando un cambio de las circunstancias permita dudar de la suficiencia de los bienes embargados en relación con la exacción de la responsabilidad del ejecutado. También el ejecutado podrá solicitar la reducción o la modificación del embargo y de sus garantías, cuando aquél o éstas pueden ser variadas sin peligro para los fines de la ejecución, conforme a los criterios establecidos en el artículo 584.

2. El Letrado de la Administración de Justicia resolverá mediante decreto sobre estas peticiones. Contra dicho decreto cabrá recurso directo de revisión que no producirá efectos suspensivos.

3. Podrá acordarse también la mejora del embargo en los casos previstos en el apartado cuarto del artículo siguiente.

Sección 4.ª *De la prioridad del embargante y de la tercería de mejor derecho (arts. 613 a 620)*

Artículo 613. *Efectos del embargo. Anotaciones preventivas y terceros poseedores*

1. El embargo concede al acreedor ejecutante el derecho a percibir el producto de lo que se obtenga de la realización de los bienes embargados a fin de satisfacer el importe de la deuda que conste en el título, los intereses que procedan y las costas de la ejecución.

2. Sin estar completamente reintegrado el ejecutante del capital e intereses de su crédito y de todas las costas de la ejecución, no podrán aplicarse las sumas realizadas a ningún otro objeto que no haya sido declarado preferente por sentencia dictada en tercería de mejor derecho.

---

[770] Modificado el apartado primero por el RD-Ley 6/2023, de 19 de diciembre. Entrada en vigor desde 20 de marzo de 2024. Modificado el apartado segundo y añadido el apartado tercero por la Ley 13/2009, de 3 de noviembre. Entrada en vigor desde 4 de mayo de 2010.

3. Sin perjuicio de lo dispuesto en los apartado anteriores, cuando los bienes sean de las clases que permiten la anotación preventiva de su embargo, la responsabilidad de los terceros poseedores que hubieran adquirido dichos bienes en otra ejecución, tendrá como límite las cantidades que, para la satisfacción del principal, intereses y costas, aparecieran consignadas en la anotación en la fecha en que aquéllos hubieran inscrito su adquisición.

4. El ejecutante podrá pedir que se mande hacer constar en la anotación preventiva de embargo el aumento de la cantidad prevista en concepto de intereses devengados durante la ejecución y de costas de ésta, acreditando que unos y otras han superado la cantidad que, por tales conceptos, constara en la anotación anterior.

Artículo 614. *Tercería de mejor derecho. Finalidad. Prohibición de segunda tercería*

1. Quien afirme que le corresponde un derecho a que su crédito sea satisfecho con preferencia al del acreedor ejecutante podrá interponer demanda de tercería de mejor derecho, a la que habrá de acompañarse un principio de prueba del crédito que se afirma preferente.

2. No se admitirá la demanda de tercería de mejor derecho si no se acompaña el principio de prueba a que se refiere el apartado anterior. Y, en ningún caso, se permitirá segunda tercería de mejor derecho, que se funde en títulos o derechos que poseyera el que la interponga al tiempo de formular la primera.

Artículo 615. *Tiempo de la tercería de mejor derecho*

1. La tercería de mejor derecho procederá desde que se haya embargado el bien a que se refiera la preferencia, si ésta fuere especial o desde que se despachare ejecución, si fuere general.

2. No se admitirá demanda de tercería de mejor derecho después de haberse entregado al ejecutante la suma obtenida mediante la ejecución forzosa o, en caso de adjudicación de los bienes embargados al ejecutante, después de que éste adquiera la titularidad de dichos bienes conforme a lo dispuesto en la legislación civil.

Artículo 616. *Efectos de la tercería de mejor derecho*

1. Interpuesta tercería de mejor derecho, la ejecución forzosa continuará hasta realizar los bienes embargados, depositándose lo que se recaude en la Cuenta de Depósitos y Consignaciones para reintegrar al ejecutante en las costas de la ejecución y hacer pago a los acreedores por el orden de preferencia que se determine al resolver la tercería.

2. Si el tercerista de mejor derecho dispusiese de título ejecutivo en que conste su crédito, podrá intervenir en la ejecución desde que sea admitida la demanda de tercería. Si no dispusiere de título ejecutivo, el tercerista no podrá intervenir hasta que, en su caso, se estime la demanda.

Artículo 617[771]. *Procedimiento, legitimación pasiva y litisconsorcio*[772]

1. La tercería de mejor derecho se dirigirá siempre frente al acreedor ejecutante, y se sustanciará por los cauces del juicio verbal.

2. El ejecutado podrá intervenir en el procedimiento de tercería con plenitud de derechos procesales y habrá de ser demandado cuando el crédito cuya preferencia alegue el tercerista no conste en un título ejecutivo.

3. Aún cuando no fuere demandado, se notificará en todo caso al ejecutado la admisión a trámite de la demanda, a fin de que pueda realizar la intervención que a su derecho convenga[773].

Artículo 618. *Efectos de la no contestación*

Si los demandados no contestaran la demanda de tercería de mejor derecho, se entenderá que admiten los hechos alegados en la demanda[774].

Artículo 619[775]. *Allanamiento y desistimiento del ejecutante. Participación del tercerista de preferencia en los costes de la ejecución*

1. Cuando el crédito del tercerista conste en título ejecutivo, si el ejecutante se allanase a la tercería de mejor derecho, se dictará, sin más trámites, auto ordenando seguir adelante la ejecución para satisfacer en primer término al tercerista, pero el Letrado de la Administración de Justicia no le hará entrega de cantidad alguna sin haber antes satisfecho al ejecutante las tres quintas partes de las costas y gastos originados por las actuaciones llevadas a cabo a su instancia hasta la notificación de la demanda de tercería.

---

[771] Modificado el apartado primero por la Ley 42/2015, de 5 de octubre. Entrada en vigor desde 7 de octubre de 2015. Añadido el apartado tercero por la Ley 13/2009, de 3 de noviembre. Entrada en vigor desde 4 de mayo de 2010.

[772] Véanse el RD-Ley 6/2023, de 19 de diciembre, la DF 12.ª de la Ley 42/2015, de 5 de octubre, y la Ley 18/2011, de 5 de junio.

[773] Véanse los arts. 399 a 404 de la presente norma.

[774] Véase el art. 281.3 de la presente norma.

[775] Modificado por la Ley 13/2009, de 3 de noviembre. Entrada en vigor desde 4 de mayo de 2010.

Si el crédito del tercerista no constase en título ejecutivo, el ejecutado que estuviere personado en la tercería deberá expresar su conformidad o disconformidad con el allanamiento del ejecutante dentro de los 5 días siguientes a aquel en que se le hubiera dado traslado del escrito de allanamiento. Si el ejecutado se mostrase conforme con el allanamiento o dejara transcurrir el plazo sin expresar su disconformidad, se procederá conforme a lo dispuesto en el párrafo anterior. Cuando el ejecutado se oponga al allanamiento, se dictará auto teniendo por allanado al ejecutante y mandando seguir la tercería con el ejecutado[776].

2. Si, notificada la demanda de tercería, el ejecutante desistiese de la ejecución, siempre que el crédito del tercerista constase en título ejecutivo, el Letrado de la Administración de Justicia dictará decreto ordenando seguir adelante la ejecución para satisfacer en primer término al tercerista. Si no fuera así, dictará decreto de desistimiento del proceso de ejecución, y dará por finalizada ésta, salvo que el ejecutado se mostrare de acuerdo en que prosiga para satisfacer el crédito del tercerista[777].

Artículo 620. *Efectos de la sentencia. Costas de la tercería y participación del tercerista en los costes de la ejecución*

1. La sentencia que se dicte en la tercería de mejor derecho resolverá sobre la existencia del privilegio y el orden en que los créditos deben ser satisfechos en la ejecución en que aquella sentencia recaiga, pero sin prejuzgar otras acciones que a cada uno pudiera corresponder, especialmente las de enriquecimiento.

Asimismo, si la sentencia desestimara la tercería, condenará en todas las costas de ésta al tercerista. Cuando la estimare, las impondrá al ejecutante que hubiera contestado a la demanda y, si el ejecutado hubiere intervenido, oponiéndose también a la tercería, las impondrá a éste, por mitad con el ejecutante, salvo cuando, por haberse allanado el ejecutante, la tercería se hubiera sustanciado sólo con el ejecutado, en cuyo caso las costas se impondrán a éste en su totalidad.

2. Siempre que la sentencia estimase la tercería de mejor derecho, no se entregará al tercerista cantidad alguna procedente de la ejecución, mientras no se haya satisfecho al ejecutante las tres quintas partes de las costas causadas en ésta hasta el momento en que recaiga aquella sentencia.

---

[776] Véase el art. 21 de la presente norma.
[777] Véase el art. 20.2 y 3 de la presente norma.

Sección 5.ª De la garantía de la traba de bienes muebles y derechos (arts. 621 a 628)

Artículo 621[778]. *Garantías del embargo de dinero, cuentas corrientes y sueldos*

1. Si lo embargado fuera dinero o divisas convertibles, se ingresarán en la Cuenta de Depósits y Consignaciones.

2. Cuando se embargaren saldos favorables en cuentas de cualquier clase abiertas en entidades de crédito, ahorro o financiación, el Letrado de la Administración de Justicia responsable de la ejecución enviará a la entidad orden de retención de las concretas cantidades que sean embargadas o con el límite máximo a que se refiere el apartado segundo del artículo 588. Esta orden podrá ser diligenciada por el procurador de la parte ejecutante. La entidad requerida deberá cumplimentarla en el mismo momento de su presentación, expidiendo recibo acreditativo de la recepción de la orden en el que hará constar las cantidades que el ejecutado, en ese instante, dispusiere en tal entidad. Dicho recibo se entregará en ese acto al procurador de la parte ejecutante que haya asumido su diligenciamiento; de no ser así, se remitirá directamente al órgano de la ejecución por el medio más rápido posible.

3. Si se tratase del embargo de sueldos, pensiones u otras prestaciones periódicas, se estará, en su caso, a lo previsto en el número 7 del artículo 607. En caso contrario, se ordenará a la persona, entidad u oficina pagadora que los retenga a disposición del Tribunal y los transfiera a la Cuenta de Depósitos y Consignaciones.

Artículo 622[779]. *Garantía del embargo de intereses, rentas y frutos*

1. Cuando lo embargado fueran intereses, rentas o frutos de toda clase, se enviará orden de retención a quien deba pagarlos o directamente los perciba, aunque sea el propio ejecutado, para que, si fueran intereses, los ingrese a su devengo en la Cuenta de Depósitos y Consignaciones o, si fueran de otra clase, los retenga a disposición del tribunal.

El letrado o letrada de la Administración de Justicia podrá acordar que esta orden sea diligenciada por la persona profesional de la procura de la parte ejecutante a petición de la misma y a su costa[780].

---

[778] Modificados los apartados segundo y tercero por la Ley 13/2009, de 3 de noviembre. Entrada en vigor desde 4 de mayo de 2010.

[779] Modificados los apartados segundo y tercero por la Ley 13/2009, de 3 de noviembre. Entrada en vigor desde 4 de mayo de 2010.

[780] Párrafo añadido por la LO 1/2025, de 2 de enero. Entrada en vigor el 3 de abril de 2025.

2. El Letrado de la Administración de Justicia sólo acordará mediante decreto la administración judicial en garantía del embargo de frutos y rentas, cuando la naturaleza de los bienes y derechos productivos, la importancia de los intereses, las rentas o los frutos embargados o las circunstancias en que se encuentre el ejecutado razonablemente lo aconsejen[781].

3. También podrá el Letrado de la Administración de Justicia acordar la administración judicial cuando se comprobare que la entidad pagadora o perceptora o, en su caso, el mismo ejecutado, no cumplen la orden de retención o ingreso de los frutos y rentas a que se refiere el apartado primero de este artículo.

Artículo 623. *Garantía del embargo de valores e instrumentos financieros*

1. Si lo embargado fueran valores u otros instrumentos financieros, el embargo se notificará a quien resulte obligado al pago, en caso de que éste debiere efectuarse periódicamente o en fecha determinada, o a la entidad emisora, en el supuesto de que fueran redimibles o amortizables a voluntad del tenedor o propietario de los mismos. A la notificación del embargo se añadirá el requerimiento de que, a su vencimiento o, en el supuesto de no tener vencimiento, en el acto de recibir la notificación, se retenga, a disposición del tribunal, el importe o el mismo valor o instrumento financiero, así como los intereses o dividendos que, en su caso, produzcan.

2. Cuando se trate de valores o instrumentos financieros que coticen en mercados secundarios oficiales, la notificación del embargo se hará al órgano rector a los mismos efectos del párrafo anterior, y, en su caso, el órgano rector lo notificará a la entidad encargada de la compensación y liquidación[782].

3. Si se embargaren participaciones en sociedades civiles, colectivas, comanditarias, en sociedades de responsabilidad limitada o acciones que no cotizan en mercados secundarios oficiales, se notificará el embargo a los administradores de la sociedad, que deberán poner en conocimiento del tribunal la existencia de pactos de limitación a la libre transmisión de acciones o cualquier otra cláusula estatutaria o contractual que afecte a las acciones embargadas.

4. Todas las comunicaciones previstas en este artículo podrán hacerse por la persona profesional de la procura que represente a la parte ejecutante, previa solicitud de la misma y a su costa, una vez autorizada por el letrado o letrada de la Administración de Justicia[783].

---

[781] Véanse los arts. 630 a 633 de la presente norma.
[782] Véanse los arts. 31 a 35 de la LMV.
[783] Apartado 4 añadido por la LO 1/2025, de 2 de enero. Entrada en vigor el 3 de abril de 2025.

Artículo 624[784]. *Diligencia de embargo de bienes muebles. Garantía del embargo*

1. Cuando se hayan de embargar bienes muebles, en el acta de la diligencia de embargo se incluirán los siguientes extremos:

1.º Relación de los bienes embargados, con descripción, lo más detallada posible, de su forma y aspecto, características principales, estado de uso y conservación, así como la clara existencia de defectos o taras que pudieran influir en una disminución de su valor. Para ello se utilizarán los medios de documentación gráfica o visual de que la Oficina judicial disponga o le facilite cualquiera de las partes para su mejor identificación.

2.º Manifestaciones efectuadas por quienes hayan intervenido en el embargo, en especial las que se refieran a la titularidad de las cosas embargadas y a eventuales derecho de terceros.

3.º Persona a la que se designa depositario y lugar donde se depositan los bienes[785].

2. Del acta en que conste la diligencia de embargo de bienes muebles se dará copia a las partes.

Artículo 625. *Consideración de efectos o caudales públicos*

Las cantidades de dinero y demás bienes embargados tendrán, desde que se depositen o se ordene su retención, la consideración de efectos o caudales públicos[786].

Artículo 626[787]. *Depósito judicial. Nombramiento de depositario*

1. Si se embargasen títulos valores u objetos especialmente valiosos o necesitados de especial conservación, podrán depositarse en el establecimiento público o privado que resulte más adecuado[788].

2. Si los bienes muebles embargados estuvieran en poder de un tercero, se le requerirá mediante decreto para que los conserve a disposición del Tribunal y se le nombrará depositario judicial, salvo que el Letrado de la Administración de Justicia motivadamente resuelva otra cosa.

---

[784] Modificado el punto primero del apartado primero por la Ley 13/2009, de 3 de noviembre. Entrada en vigor desde 4 de mayo de 2010.

[785] Véanse los arts. 626 a 628 de la presente norma.

[786] Véase el art. 435 del CP.

[787] Modificados los apartados segundo y cuarto por la Ley 13/2009, de 3 de noviembre. Entrada en vigor desde 4 de mayo de 2010.

[788] Véanse los arts. 1785 a 1789 del CC y el art. 628.2 de la presente norma.

3. Se nombrará depositario al ejecutado si éste viniere destinando los bienes embargados a una actividad productiva o si resultaran de difícil o costoso transporte o almacenamiento.

4. En casos distintos de los contemplados en los anteriores apartados o cuando lo considere más conveniente, el Letrado de la Administración de Justicia podrá nombrar mediante decreto depositario de los bienes embargados al acreedor ejecutante o bien, oyendo a éste, a un tercero.

El nombramiento podrá recaer en los Colegios de Procuradores del lugar en que se siga la ejecución, siempre que dispongan de un servicio adecuado para asumir las responsabilidades legalmente establecidas para el depositario. De ser así, el Colegio quedará facultado para proceder a la localización, gestión y depósito de los bienes expidiéndose a tal efecto la credencial necesaria.

5. El embargo de valores representados en anotaciones en cuenta se comunicará al órgano o entidad que lleve el registro de anotaciones en cuenta para que lo consigne en el libro respectivo.

Artículo 627[789]. *Responsabilidades del depositario. Depositarios interinos*

1. El depositario judicial estará obligado a conservar los bienes con la debida diligencia a disposición del Tribunal, a exhibirlos en las condiciones que el Letrado de la Administración de Justicia le indique y a entregarlos a la persona que éste designe.

A instancia de parte o, de oficio, si no cumpliere sus obligaciones, el Letrado de la Administración de Justicia encargado de la ejecución, mediante decreto, podrá remover de su cargo al depositario, designando a otro, sin perjuicio de la responsabilidad penal y civil en que haya podido incurrir el depositario removido[790].

2. Hasta que se nombre depositario y se le entreguen los bienes, las obligaciones y responsabilidades derivadas del depósito incumbirán, sin necesidad de previa aceptación ni requerimiento, al ejecutado y, si conocieran el embargo, a los administradores, representantes o encargados o al tercero en cuyo poder se encontraron los bienes.

Artículo 628[791]. *Gastos del depósito*

1. Si el depositario fuera persona distinta del ejecutante, del ejecutado y del tercero poseedor del bien mueble objeto del depósito tendrá derecho al reembolso de los

---

[789] Modificado el apartado primero por la Ley 13/2009, de 3 de noviembre. Entrada en vigor desde 4 de mayo de 2010.

[790] Véanse los arts. 435 del CP y 1788 del CC.

[791] Modificado por la Ley 13/2009, de 3 de noviembre. Entrada en vigor desde 4 de mayo de 2010.

gastos ocasionados por el transporte, conservación, custodia, exhibición y administración de los bienes, pudiendo acordarse por el Letrado de la Administración de Justicia encargado de la ejecución, mediante diligencia de ordenación, el adelanto de alguna cantidad por el ejecutante, sin perjuicio de su derecho al reintegro en concepto de costas.

El tercero depositario también tendrá derecho a verse resarcido de los daños y perjuicios que sufra a causa del depósito.

2. Cuando las cosas se depositen en entidad o establecimiento adecuados, según lo previsto en el apartado 1 del artículo 626, se fijará por el Letrado de la Administración de Justicia responsable de la ejecución, mediante diligencia de ordenación, una remuneración acorde con las tarifas y precios usuales. El ejecutante habrá de hacerse cargo de esta remuneración, sin perjuicio de su derecho al reintegro en concepto de costas.

Sección 6.ª De la garantía del embargo de inmuebles y de otros bienes susceptibles de inscripción
(art. 629)

Artículo 629[792]. *Anotación preventiva de embargo*

1. Cuando el embargo recaiga sobre bienes inmuebles u otros bienes o derechos susceptibles de inscripción registral, el letrado de la Administración de Justicia encargado de la ejecución, a instancia del ejecutante, librará mandamiento para que se haga anotación preventiva de embargo en el Registro de la Propiedad o anotación de equivalente eficacia en el Registro que corresponda. El mismo día de su expedición el letrado de la Administración de Justicia remitirá al Registro de la Propiedad o al Registro que corresponda el mandamiento en cualquiera de las formas previstas en el artículo 162. El Registrador extenderá el correspondiente asiento de presentación, quedando en suspenso la práctica de la anotación hasta que se presente el documento original en la forma prevista por la legislación hipotecaria.

El letrado o letrada de la Administración de Justicia podrá autorizar a la persona profesional de la procura que represente a la parte ejecutante, y a su costa, a que diligencie el mandamiento que le expida, a fin de que se lleve a cabo la anotación de embargo. En este caso, la persona titular del Registro de la Propiedad comunicará la práctica de la anotación o los defectos que impidan la realización de este asiento directamente a la persona profesional de la procura de la parte ejecutante, quien deberá ponerlo en conocimiento del órgano judicial en el plazo de dos días hábiles.

---

[792] Apartado 1 modificado por la LO 1/2025, de 2 de enero. Entrada en vigor el 3 de abril de 2025..

2. Si el bien no estuviere inmatriculado, o si estuviere inscrito en favor de persona distinta del ejecutado, pero de la que traiga causa el derecho de éste, podrá tomarse anotación preventiva de suspensión de la anotación del embargo, en la forma y con los efectos previstos en la legislación hipotecaria[793].

Sección 7.ª De la administración judicial
(arts. 630 a 633)

Artículo 630. *Casos en que procede*

1. Podrá constituirse una administración judicial cuando se embargue alguna empresa o grupo de empresas o cuando se embargaren acciones o participaciones que representen la mayoría del capital social, del patrimonio común o de los bienes o derechos pertenecientes a las empresas, o adscritos a su explotación.

2. También podrá constituirse una administración judicial para la garantía del embargo de frutos y rentas, en los casos previstos en los apartados 2 y 3 del artículo 622[794].

Artículo 631[795]. *Constitución de la administración. Nombramiento de administrador y de interventores*

1. Para constituir la administración judicial, se citará de comparecencia ante el Letrado de la Administración de Justicia encargado de la ejecución a las partes y, en su caso, a los administradores de las sociedades, cuando éstas no sean la parte ejecutada, así como a los socios o partícipes cuyas acciones o participaciones no se hayan embargado, a fin de que lleguen a un acuerdo o efectúen las alegaciones y prueba oportunas sobre el nombramiento de administrador, persona que deba desempeñar tal cargo, exigencia o no de caución, forma de actuación, mantenimiento o no de la administración preexistente, rendición de cuentas y retribución procedente.

A los interesados que no comparezcan injustificadamente se les tendrá por conformes con lo acordado por los comparecientes.

Si existe acuerdo, el Letrado de la Administración de Justicia establecerá por medio de decreto los términos de la administración judicial en consonancia con el acuerdo. Para la resolución de los extremos en que no exista acuerdo o medie oposición de

---

[793] Véanse los arts. 42 a 44, 65, 68 a 86 de la LH, los arts. 139 a 172, 196 a 199, 204 a 210 del RH y la Ley 2/1967, de 8 de abril.

[794] Véase el art. 634.3 de la presente norma.

[795] Modificados los apartados primero y segundo por la Ley 13/2009, de 3 de noviembre. Entrada en vigor desde 4 de mayo de 2010.

alguna de las partes, si pretendieren practicar prueba, se les convocará a comparecencia ante el Tribunal que dictó la orden general de ejecución, que resolverá, mediante auto, lo que estime procedente sobre la administración judicial. Si no se pretendiese la práctica de prueba, se pasarán las actuaciones al Tribunal para que directamente resuelva lo procedente.

2. Si se acuerda la administración judicial de una empresa o grupo de ellas, el Letrado de la Administración de Justicia deberá nombrar un interventor designado por el titular o titulares de la empresa o empresas embargadas y si sólo se embargare la mayoría del capital social o la mayoría de los bienes o derechos pertenecientes a una empresa o adscritos a su explotación, se nombrarán dos interventores, designados, uno por los afectados mayoritarios, y otro, por los minoritarios.

3. El nombramiento de administrador judicial será inscrito, cuando proceda, en el Registro Mercantil. También se anotará la administración judicial en el Registro de la Propiedad cuando afectare a bienes inmuebles.

Artículo 632[796]. *Contenido del cargo de administrador*

1. Cuando sustituya a los administradores preexistentes y no se disponga otra cosa, los derechos, obligaciones, facultades y responsabilidades del administrador judicial serán los que correspondan con carácter ordinario a los sustituidos, pero necesitará autorización del Letrado de la Administración de Justicia responsable de la ejecución para enajenar o gravar participaciones en la empresa o de ésta en otras, bienes inmuebles o cualesquiera otros que por su naturaleza o importancia hubiere expresamente señalado el Letrado de la Administración de Justicia.

2. De existir interventores designados por los afectados, para la enajenación o gravamen, el administrador los convocará a una comparecencia, resolviendo el Letrado de la Administración de Justicia mediante decreto.

3. Las resoluciones previstas en los dos números anteriores serán susceptibles de recurso directo de revisión ante el Tribunal que dictó la orden general de ejecución.

Artículo 633[797]. *Forma de actuación del administrador*

1. Acordada la administración judicial, el Secretario dará inmediata posesión al designado, requiriendo al ejecutado para que cese en la administración que hasta entonces llevara.

2. Las discrepancias que surjan sobre los actos del administrador serán resueltas por el Letrado de la Administración de Justicia responsable de la ejecución mediante

---

[796] Modificado por la Ley 13/2009, de 3 de noviembre. Entrada en vigor desde 4 de mayo de 2010.
[797] Modificado por la Ley 13/2009, de 3 de noviembre. Entrada en vigor desde 4 de mayo de 2010.

decreto, tras oír a los afectados y sin perjuicio del derecho de oponerse a la cuenta final que habrá de rendir el administrador.

3. De la cuenta final justificada que presente el administrador se dará vista a las partes y a los interventores, quienes podrán impugnarla en el plazo de 5 días, prorrogable hasta treinta atendida su complejidad.

De mediar oposición se resolverá tras citar a los interesados de comparecencia. El decreto que se dicte será recurrible directamente en revisión ante el Tribunal.

CAPÍTULO IV
Del procedimiento de apremio
(arts. 634 a 680)

Sección 1.ª Disposiciones generales para la realización de los bienes embargados
(arts. 634 a 636)

Artículo 634[798]. Entrega directa al ejecutante

1. El letrado o letrada de la Administración de Justicia responsable de la ejecución entregará directamente al ejecutante, por su valor nominal, los bienes embargados que sean:

    1.º Dinero efectivo.

    2.º Saldos de cuentas corrientes y de otras de inmediata disposición.

    3.º Divisas convertibles, previa conversión, en su caso.

    4.º Cualquier otro bien cuyo valor nominal coincida con su valor de mercado, o que, aunque inferior, el acreedor acepte la entrega del bien por su valor nominal.

2. El letrado o letrada de la Administración de Justicia podrá acordar la entrega de las cantidades embargadas, cuando tengan carácter periódico, mediante el dictado de una resolución que ampare las posteriores entregas hasta el completo pago del principal. Una vez cubierto el principal y, en su caso, liquidados los intereses y tasadas las costas, podrá acordarse también la entrega de las cantidades embargadas en la forma indicada y por esos conceptos mediante el dictado de una sola resolución[799].

---

[798] Modificado por el RD-Ley 6/2023, de 19 de diciembre. Entrada en vigor desde 20 de marzo de 2024.

[799] Véanse los arts. 630 a 633 de la presente norma.

3. Cuando se trate de saldos favorables en cuenta, con vencimiento diferido, el propio letrado o letrada de la Administración de Justicia adoptará las medidas oportunas para lograr su cobro, pudiendo designar un administrador cuando fuere conveniente o necesario para su realización.

4. En la ejecución de sentencias que condenen al pago de las cantidades debidas por incumplimiento de contratos de venta a plazos de bienes muebles, si el ejecutante lo solicita, el letrado o letrada de la Administración de Justicia le hará entrega inmediata del bien o bienes muebles vendidos o financiados a plazos por el valor que resulte de las tablas o índices referenciales de depreciación que se hubieran establecido en el contrato.

Artículo 635[800]. *Acciones y otras formas de participación sociales*

1. Si los bienes embargados fueren acciones, obligaciones u otros valores admitidos a negociación en mercado secundario, el letrado o letrada de la Administración de Justicia ordenará que se enajenen con arreglo a las leyes que rigen estos mercados.

Lo mismo se hará si el bien embargado cotiza en cualquier mercado reglado o puede acceder a un mercado con precio oficial.

2. Si lo embargado fueren acciones o participaciones societarias de cualquier clase, que no coticen en Bolsa, la realización se hará atendiendo a las disposiciones estatutarias y legales sobre enajenación de las acciones o participaciones y, en especial, a los derechos de adquisición preferente.

A falta de disposiciones especiales, la realización se hará a través de subasta judicial[801].

Artículo 636. *Realización de bienes o derechos no comprendidos en los artículos anteriores*[802]

1. Los bienes o derechos no comprendidos en los artículos anteriores se realizarán en la forma convenida entre las partes e interesados y aprobada por el letrado o letrada de la Administración de Justicia encargado de la ejecución, con arreglo a lo previsto en esta ley.

2. A falta de convenio de realización, la enajenación de los bienes embargados se llevará a cabo mediante subasta judicial.

---

[800] Modificado por el RD-Ley 6/2023, de 19 de diciembre. Entrada en vigor desde 20 de marzo de 2024.

[801] Véanse los arts. 643 a 649 y 655 a 669 de la presente norma.

[802] Artículo modificado por la LO 1/2025, de 2 de enero. Entrada en vigor el 3 de abril de 2025.

3. Sin perjuicio de lo dispuesto en los apartados anteriores, una vez embargados los bienes por el letrado o letrada de la Administración de Justicia, se practicarán las actuaciones precisas para la subasta judicial de los mismos, que se producirá en el plazo señalado si antes no se solicita y se ordena, con arreglo a lo previsto en esta ley, que la realización forzosa se lleve a cabo de manera diferente.

Sección 2.ª Valoración de los bienes embargados (arts. 637 a 639)

Artículo 637. Avalúo de los bienes

Si los bienes embargados no fueren de aquéllos a que se refieren los artículos 634 y 635, se procederá a su avalúo, a no ser que ejecutante y ejecutado se hayan puesto de acuerdo sobre su valor, antes o durante la ejecución.

Artículo 638[803]. Nombramiento de perito tasador, recusación e intervención de ejecutante y ejecutado en la tasación

1. Para valorar los bienes, el Letrado de la Administración de Justicia encargado de la ejecución designará el perito tasador que corresponda de entre los que presten servicio en la Administración de Justicia. En defecto de éstos, podrá encomendarse la tasación a organismos o servicios técnicos dependientes de las Administraciones Públicas que dispongan de personal cualificado y hayan asumido el compromiso de colaborar, a estos efectos, con la Administración de Justicia y, si tampoco pudiera recurrirse a estos organismos o servicios, se nombrará perito tasador de entre las personas físicas o jurídicas que figuren en una relación, que se formará con las listas que suministren las entidades públicas competentes para conferir habilitaciones para la valoración de bienes, así como los Colegios profesionales cuyos miembros estén legalmente capacitados para dicha valoración.

2. El perito designado por el Letrado de la Administración de Justicia podrá ser recusado por el ejecutante y el ejecutado que hubiere comparecido.

3. El perito designado podrá solicitar, en los tres días siguientes a su nombramiento, la provisión de fondos que considere necesaria, que será a cuenta de la liquidación final. El Letrado de la Administración de Justicia decidirá sobre la provisión solicitada y previo abono de la misma el perito emitirá dictamen[804]

---

[803] Modificado por la Ley 13/2009, de 3 de noviembre. Entrada en vigor desde 4 de mayo de 2010.
[804] Véanse los arts. 124 a 128 de la presente norma.

Artículo 639[805]. *Actuación del perito designado e intervención de las partes y de los acreedores posteriores en la tasación*[806]

1. El nombramiento se notificará al perito designado, quien en el siguiente día lo aceptará, si no concurre causa de abstención que se lo impida. La aceptación podrá ser comunicada telemáticamente al órgano judicial encargado de la ejecución.

2. El perito entregará la valoración de los bienes embargados simultáneamente al tribunal y a las partes personadas en el plazo de ocho días a contar desde la aceptación del encargo. Sólo por causas justificadas, que el letrado o letrada de la Administración de Justicia señalará mediante decreto, podrá ampliarse este plazo en función de la cuantía o complejidad de la valoración.

3. La tasación de bienes o derechos se hará por su valor de mercado, sin tener en cuenta, en caso de bienes inmuebles, las cargas y gravámenes que pesen sobre ellos, respecto de las cuales se estará a lo dispuesto en el artículo 666.

4. Hasta transcurridos 5 días desde que el perito designado haya entregado la valoración de los bienes, las partes y los acreedores a que se refiere el artículo 659 podrán presentar alegaciones a dicha valoración, así como informes, suscritos por perito tasador, en los que se exprese la valoración económica del bien o bienes objeto del avalúo. En tal caso, el letrado de la Administración de Justicia, a la vista de las alegaciones formuladas y apreciando todos los informes según las reglas de la sana crítica, determinará, mediante decreto, la valoración definitiva a efectos de la ejecución.

Sección 3.ª Del convenio de realización
(art. 640)

Artículo 640. *Convenio de realización aprobado por el letrado o la letrada de la Administración de Justicia*[807]

1. El ejecutante, el ejecutado y quien acredite interés directo en la ejecución podrán convenir el modo de realización más eficaz de los bienes hipotecados, pignorados o embargados, frente a los que se dirige la ejecución, incluida la realización por persona o entidad especializada.

---

[805] Modificado por el RD-Ley 6/2023, de 19 de diciembre. Entrada en vigor desde 20 de marzo de 2024.

[806] Véanse los arts. 105 y 342.2 de la presente norma.

[807] Artículo modificado por la LO 1/2025, de 2 de enero. Entrada en vigor el 3 de abril de 2025.

2. Si se llegare a un acuerdo entre ejecutante y ejecutado, que no pueda causar perjuicio para tercero cuyos derechos proteja esta ley, lo aprobará el letrado de la Administración de Justicia mediante decreto y suspenderá la ejecución respecto del bien o bienes objeto del acuerdo. También aprobará el acuerdo, con el mismo efecto suspensivo, si incluyere la conformidad expresa de los sujetos, distintos de ejecutante y ejecutado, a quienes afectare. En el supuesto de que la realización sea mediante subasta extrajudicial, por persona o entidad especializada, el letrado o la letrada de la Administración de Justicia aprobará la transmisión tras verificar el cumplimiento de la normativa de ordenación del comercio minorista, reguladora de la venta en pública subasta. Cuando el convenio se refiera a bienes susceptibles de inscripción registral será necesaria, para su aprobación, la conformidad expresa de los acreedores y terceros poseedores que hubieran inscrito o anotado sus derechos en el Registro correspondiente con posterioridad al gravamen que se ejecuta.

3. Cuando se acreditare el cumplimiento del acuerdo, el letrado de la Administración de Justicia sobreseerá la ejecución respecto del bien o bienes a que se refiriese. Si el acuerdo no se cumpliere dentro del plazo pactado o, por cualquier causa, no se lograse la satisfacción del ejecutante en los términos convenidos, podrá éste pedir que se alce la suspensión de la ejecución y se proceda a la subasta, en la forma prevista en esta ley.

4. Las disposiciones de esta ley sobre subsistencia y cancelación de cargas serán aplicables también cuando se transmita la titularidad de inmuebles hipotecados o embargados.

Las enajenaciones que se produzcan deberán ser aprobadas por el letrado de la Administración de Justicia encargado de la ejecución, mediante decreto, previa comprobación de que la transmisión del bien se produjo con conocimiento, por parte del adquirente, de la situación registral que resulte de la certificación de cargas, y con el consentimiento expreso de los acreedores y terceros poseedores que hubieran inscrito o anotado sus derechos en el Registro correspondiente con posterioridad al gravamen que se ejecuta.

Aprobada la transmisión, se estará a lo dispuesto para la subasta de inmuebles en lo que se refiere a la distribución de las sumas recaudadas, inscripción del derecho del adquirente y mandamiento de cancelación de cargas.

Será mandamiento bastante para el Registro de la Propiedad el testimonio del decreto por el que se apruebe la transmisión del bien.

Sección 4.ª De la realización por persona o entidad especializada (arts. 641 a 642)[808]

Artículo 641

(Sin contenido)

Artículo 642

(Sin contenido)

Sección 5.ª De la subasta de bienes muebles (arts. 643 a 654)

Artículo 643. *Preparación de la subasta. Bienes embargados sin valor relevante*

1. La subasta tendrá por objeto la venta de uno o varios bienes o lotes de bienes, según lo que resulte más conveniente para el buen fin de la ejecución. La formación de los lotes corresponderá al Letrado de la Administración de Justicia, previa audiencia de las partes. A tal efecto, antes de anunciar la subasta, se emplazará a las partes por 5 días para que aleguen lo que tengan por conveniente sobre la formación de lotes para la subasta.

2. No se convocará subasta de bienes o lotes de bienes cuando, según su tasación o valoración definitiva, sea previsible que con su realización no se obtendrá una cantidad de dinero que supere, cuando menos, los gastos originados por la misma subasta.

Artículo 644. *Convocatoria de la subasta*[809]

Una vez fijado el justiprecio de los bienes muebles embargados, el letrado o letrada de la Administración de Justicia, mediante decreto, acordará la convocatoria de la subasta. En este decreto se informará al ejecutado de que el plazo para pagar el resto del precio ofrecido y el traslado previsto por los artículos 650 y 670 para que el ejecutado pueda presentar a otra persona que mejore el precio resultante de la subasta, comenzará a contar desde la fecha de su cierre, sin necesidad de notificación personal. También se le informará de que, en el plazo de diez días desde la notificación del decreto, puede comunicar al tribunal su deseo de facilitar el mejor desarrollo de la subasta, pudiendo consentir la inspección del bien por los interesados. A tal

---

[808] Se suprime la sección 4.ª del capítulo IV del título IV del libro III, por la LO 1/2025, de 2 de enero. Entrada en vigor el 3 de abril de 2025. Los artículos 641 y 642 quedan sin contenido.

[809] Artículo modificado por la LO 1/2025, de 2 de enero. Entrada en vigor el 3 de abril de 2025.

efecto deberá facilitar, dentro de ese plazo, sus datos de contacto, así como fotografías y cuanta información disponga respecto al estado actual del bien y su situación posesoria. Si así lo hiciera, y se tratara de la subasta de un inmueble, podrá beneficiarse de una reducción de la deuda que puede alcanzar hasta un 2 por ciento del importe por el que se adjudicara, conforme prevé el artículo 669.3.

También se hará constar que el portal de subastas del "Boletín Oficial del Estado" permite a los usuarios registrados suscribirse a alertas por correo electrónico para conocer el momento de inicio de la subasta.

La notificación de este decreto al ejecutado no personado deberá practicarse en la forma prevista en el artículo 155.

La subasta se llevará a cabo, en todo caso, de forma electrónica en el Portal de Subastas, bajo la responsabilidad del letrado o letrada de la Administración de Justicia.

Artículo 645. *Anuncio y publicidad de la subasta*[810]

1. Una vez firme la resolución prevista en el artículo anterior, la convocatoria de la subasta se anunciará en el *Boletín Oficial del Estado*. El letrado o letrada de la Administración de Justicia ante el o la que se siga el procedimiento de ejecución ordenará la publicación del anuncio de la convocatoria de la subasta remitiéndose el mismo, con el contenido a que se refiere el artículo siguiente y de forma telemática, al *Boletín Oficial del Estado*.

El letrado de la Administración de Justicia autorizará al procurador del ejecutante, a petición de esta parte, a llevar a efecto el anuncio de la subasta en la forma indicada en el párrafo anterior.

Además, a instancia del ejecutante o del ejecutado y si el Letrado o letrada de la Administración de Justicia responsable de la ejecución lo juzga conveniente, se dará a la subasta la publicidad que resulte razonable, utilizando los medios públicos y privados que sean más adecuados a la naturaleza y valor de los bienes que se pretende realizar[811].

2. Cada parte estará obligada al pago de los gastos derivados de las medidas que, para la publicidad de la subasta, hubieran solicitado, sin perjuicio de incluir en la tasación de costas los gastos que, por la publicación en el *Boletín Oficial del Estado*, se hubieran generado al ejecutante[812].

---

[810] Modificado por la Ley 19/2015, de 13 de julio. Entrada en vigor desde 1 de octubre de 2015.

[811] Apartado 1 modificado por la LO 1/2025, de 2 de enero. Entrada en vigor el 3 de abril de 2025. Véase el art. 164 de la presente norma.

[812] Véase el art. 539.2 de la presente norma.

Artículo 646[813]. *Contenido del anuncio y de la publicidad de la subasta*

1. El anuncio de la subasta en el *Boletín Oficial Estado* contendrá exclusivamente la fecha del mismo, la Oficina judicial ante la que se sigue el procedimiento de ejecución, su número de identificación y clase, así como la dirección electrónica que corresponda a la subasta en el Portal de Subastas.

2. En el Portal de Subastas se incorporará, de manera separada para cada una de ellas, el edicto, que incluirá las condiciones generales y particulares de la subasta y de los bienes a subastar, así como todos los documentos que contengan datos y circunstancias que sean relevantes para la misma, y necesariamente el informe de avalúo o valoración del bien o bienes objeto de la subasta que sirve de tipo para la misma. Estos datos deberán remitirse al Portal de Subastas de forma que puedan ser tratados electrónicamente por este para facilitar y ordenar la información.

En el edicto y en el Portal de Subastas se hará constar que se entenderá que todo licitador acepta como bastante la titulación existente o asume su inexistencia, así como las consecuencias de que sus pujas no superen los porcentajes del tipo de la subasta establecidos en los artículos 650 y 670. También se informará de que el plazo para pagar el resto del precio ofrecido y el traslado previsto por esos artículos para que el ejecutado pueda presentar a otra persona que mejore el precio resultante de la subasta, comenzará a contar desde la fecha de su cierre, sin necesidad de notificación personal[814].

3. El contenido de la publicidad que se realice por otros medios se acomodará a la naturaleza del medio que, en cada caso, se utilice, procurando la mayor economía de costes, y podrá limitarse a los datos precisos para identificar los bienes o lotes de bienes, el valor de tasación de los mismos, su situación posesoria, así como la dirección electrónica que corresponda a la subasta dentro del Portal de Subastas.

Artículo 647. *Requisitos para pujar. Ejecutante licitador*[815]

1. Para tomar parte en la subasta los licitadores deberán cumplir los siguientes requisitos:

1.º Identificarse de forma suficiente, indicando si actúan en nombre propio o de terceros, total o parcialmente. Si actúan en representación de varios, informarán sobre el porcentaje de adjudicación que corresponda a cada uno.

Una vez concluida la subasta, quien resultara ser el mejor postor deberá acreditar su representación ante la Oficina judicial que haya intervenido como

---

[813] Modificado por la Ley 19/2015, de 13 de julio. Entrada en vigor desde 15 de octubre de 2015.
[814] Apartado 2 modificado por la LO 1/2025, de 2 de enero. Entrada en vigor el 3 de abril de 2025.
[815] Artículo modificado por la LO 1/2025, de 2 de enero. Entrada en vigor el 3 de abril de 2025.

autoridad gestora de la subasta, salvo que ya constara previamente. Si no lo hiciera en el plazo de tres días y no se ratificara en ella el propio representado, el letrado o letrada de la Administración de Justicia acordará la pérdida de su depósito que se aplicará a los fines de la ejecución, y solicitará al Portal de Subastas que comunique la identidad del siguiente postor con reserva de postura. También ordenará la devolución de los depósitos de los demás postores, quedando sin efecto sus reservas de postura.

La falta de acreditación de la representación no interrumpirá los plazos establecidos para el pago del resto del precio o de traslado al deudor para mejora de postura.

2.º Declarar que conocen las condiciones generales y particulares de la subasta.

3.º Estar en posesión de la correspondiente acreditación, para lo que será necesario haber consignado el 10 por ciento, del valor de los bienes o un mínimo de mil euros si el importe que resultara de la aplicación de ese porcentaje fuera inferior. El letrado o letrada de la Administración de Justicia está facultado para elevar o reducir el porcentaje del depósito, considerando las circunstancias de la subasta. La consignación se realizará por medios electrónicos a través del Portal de Subastas, que utilizará los servicios telemáticos que la Agencia Estatal de la Administración Tributaria pondrá a su disposición, quien a su vez recibirá los ingresos a través de sus entidades colaboradoras.

2. El ejecutante podrá tomar parte en la subasta, aunque no existan otros licitadores, sin necesidad de consignar cantidad alguna. Necesariamente habrá de hacerlo, en las condiciones previstas en los artículos 650 y 670, cuando pretenda adjudicarse los bienes. Finalizada la subasta, no podrá mejorar el precio final ofrecido por el mejor postor. Si no hubiera habido pujas, tampoco podrá solicitar la adjudicación de los bienes.

3. El ejecutante y los acreedores posteriores participan en la subasta con derecho a ceder el remate a un tercero, sin necesidad de manifestación expresa. Si no se hubiera efectuado con anterioridad, la cesión se verificará en el plazo de cinco días que deberá conferir el letrado o letrada de la Administración de Justicia cuando queden los autos pendientes de dictar el decreto de adjudicación y tras haberse pagado, en su caso, el precio de remate. A tal efecto, se presentará escrito firmado por cedente y cesionario al que se adjuntarán los documentos que permitan acreditar la identidad, facultades y representación de los firmantes, si no constaran ya en el expediente.

Si la cesión ha sido mediante precio, se acreditará documentalmente el pago de la cantidad total por la que el cesionario hubiera obtenido la cesión.

El precio de la cesión de remate podrá ser inferior al del remate o adjudicación sin perjuicio de que la minoración de deuda para el ejecutado deberá corresponderse con el importe total del remate o adjudicación.

Si hubiera sobreprecio también se aplicará a los fines de la ejecución, y así se hará constar en el decreto de adjudicación como un concepto distinto del precio de adjudicación. Si, a consecuencia de ese sobreprecio, existiera sobrante respecto al crédito total reclamado, se requerirá al ejecutante para que proceda a su ingreso en la cuenta del juzgado en el plazo de diez días.

Si no efectuara el pago en el plazo de diez días, se declarará la quiebra de la subasta y se descontará del crédito del ejecutante el importe equivalente al depósito exigido a los demás postores para participar en esa subasta, corriendo a su cargo los gastos de celebración de la nueva subasta[816].

Artículo 648[817]. *Subasta electrónica*[818]

La subasta electrónica se realizará con sujeción a las siguientes reglas:

1.ª La subasta tendrá lugar en el Portal dependiente de la Agencia Estatal Boletín Oficial del Estado para la celebración electrónica de subastas a cuyo sistema de gestión tendrán acceso todas las Oficinas judiciales. Todos los intercambios de información que deban realizarse entre las Oficinas judiciales y el Portal de Subastas se realizarán de manera telemática. Cada subasta estará dotada con un número de identificación único.

2.ª La subasta se abrirá transcurridas, al menos, veinticuatro horas desde la publicación del anuncio en el *Boletín Oficial del Estado,* cuando haya sido remitida al Portal de Subastas la información necesaria para el comienzo de la misma. El pago de la tasa exigida por el *Boletín Oficial del Estado* para la publicación del anuncio será realizado por el solicitante de la subasta dando cuenta al órgano judicial previamente a su inicio. Igualmente, si el solicitante no lo hiciere en el plazo de diez días desde la remisión, el pago podrá ser realizado por cualquiera de las demás partes de la ejecución, dando cuenta al órgano judicial previamente a su inicio[819].

3.ª Una vez abierta la subasta solamente se podrán realizar pujas electrónicas con sujeción a las normas de esta ley en cuanto a tipos de subasta, consignaciones y demás reglas que le fueren aplicables[820].

[816] Véase el art. 650.4 de la presente norma.

[817] Modificado por la Ley 42/2015, de 5 de octubre. Entrada en vigor desde 15 de octubre de 2015.

[818] Véanse la DF 12.ª de la Ley 42/2015, de 5 de octubre, y la Ley 18/2011, de 5 de julio.

[819] Regla 2.ª modificada por la LO 1/2025, de 2 de enero. Entrada en vigor el 3 de abril de 2025.

[820] Regla 3.ª modificada por la LO 1/2025, de 2 de enero. Entrada en vigor el 3 de abril de 2025.

4.ª Para poder participar en la subasta electrónica, los interesados deberán estar dados de alta como usuarios del sistema, accediendo al mismo mediante mecanismos seguros de identificación y firma electrónicos de acuerdo con lo previsto en el artículo 6 del Real Decreto-ley 6/2023, de 19 de diciembre, por el que se aprueban medidas urgentes para la ejecución del Plan de Recuperación, Transformación y Resiliencia en materia de servicio público de justicia, función pública, régimen local y mecenazgo, de forma que en todo caso exista una plena identificación de los licitadores. El alta se realizará a través del Portal de Subastas mediante mecanismos seguros de identificación y firma electrónicos e incluirá necesariamente todos los datos identificativos del interesado. A los ejecutantes se les identificará de forma que les permita comparecer como postores en las subastas dimanantes del procedimiento de ejecución por ellos iniciado sin necesidad de realizar consignación[821].

5.ª El ejecutante, el ejecutado o el tercer poseedor, si lo hubiere, podrán, bajo su responsabilidad y, en todo caso, a través de la oficina judicial ante la que se siga el procedimiento, enviar al Portal de Subastas toda la información de la que dispongan sobre el bien objeto de licitación, procedente de informes de tasación u otra documentación oficial, obtenida directamente por los órganos judiciales o mediante Notario y que a juicio de aquéllos pueda considerarse de interés para los posibles licitadores. También podrá hacerlo el Letrado de la Administración de Justicia por su propia iniciativa, si lo considera conveniente.

6.ª Las pujas se enviarán telemáticamente a través de sistemas seguros de comunicaciones al Portal de Subastas, que devolverá un acuse técnico, con inclusión de un sello de tiempo, del momento exacto de la recepción de la postura y de su cuantía. El postor deberá también indicar consiente o no la reserva a que se refiere el párrafo segundo del apartado 1 del artículo 652 y si puja en nombre propio o en nombre de un tercero. Un mismo postor podrá efectuar nuevas posturas por importe superior o inferior a la que ya hubiera realizado, en cuyo caso sólo será tenida en cuenta la última efectuada antes del cierre de la subasta. En el caso de que existan posturas por el mismo importe, se preferirá la anterior en el tiempo. Durante el período de celebración de la subasta, el portal no informará de la existencia o inexistencia de pujas ni de su cuantía, ya que tendrán carácter secreto. Al finalizar la subasta, el portal solo publicará el importe del mejor precio ofrecido, o que la subasta ha concluido sin postores[822].

---

[821] Regla 4.ª modificada por la LO 1/2025, de 2 de enero. Entrada en vigor el 3 de abril de 2025.
[822] Regla 6.ª modificada por la LO 1/2025, de 2 de enero. Entrada en vigor el 3 de abril de 2025.

Artículo 649[823]. *Desarrollo y terminación de la subasta. Aprobación del remate*[824]

1. La subasta admitirá posturas que tendrán carácter secreto, durante el plazo improrrogable de veinte días naturales desde su apertura. La subasta no podrá finalizar en sábados, domingos ni en los días de fiesta nacional. Tampoco podrá finalizar en los días que median entre el 24 de diciembre y el 6 de enero, ambos inclusive, ni en el mes de agosto. En el caso de que el letrado de la Administración de Justicia tenga conocimiento de la declaración de concurso del deudor, suspenderá mediante decreto la ejecución y procederá a dejar sin efecto la subasta, aunque ésta ya se hubiera iniciado. Tal circunstancia se comunicará inmediatamente al Portal de Subastas.

2. La suspensión de la subasta por un periodo superior a quince días naturales llevará consigo su cancelación, con devolución de los depósitos a los postores, retrotrayendo la situación al momento inmediatamente anterior a la publicación del anuncio. Si la suspensión no superara los quince días naturales, quedará paralizada la celebración de la subasta, que se reanudará por el tiempo que reste para su conclusión.

3. En la fecha del cierre de la subasta y a continuación del mismo, el Portal de Subastas remitirá al letrado o letrada de la Administración de Justicia información certificada de la postura telemática que hubiera resultado vencedora, con el nombre, apellidos y dirección electrónica del licitador.

En el caso de que el mejor licitador no completara el precio ofrecido, a solicitud del letrado o letrada de la Administración de Justicia, el Portal de Subastas le remitirá información certificada sobre el importe de la siguiente puja por orden decreciente y la identidad del postor que la realizó, siempre que este hubiera optado por la reserva de postura a que cumpla las condiciones del apartado 1 del artículo 652.

Además, el Portal de Subastas comunicará a la Oficina judicial las incidencias que se produzcan en el desarrollo de la subasta y facilitará toda la información que pueda serle solicitada para comprobar que la subasta se ha celebrado con la máxima publicidad, seguridad, confidencialidad y disponibilidad, sin resultar afectados los derechos de los postores y cumpliendo el resto de prescripciones legales. En caso contrario, el letrado o la letrada de la Administración de Justicia podrá no aprobar el resultado de la subasta y ordenar una nueva celebración.

---

[823] Artículo modificado por la LO 1/2025, de 2 de enero. Entrada en vigor el 3 de abril de 2025.
[824] Véanse la DF 12.ª de la Ley 42/2015, de 5 de octubre, y la Ley 18/2011, de 5 de julio.

4. Terminada la subasta y recibida la información, el letrado o letrada de la Administración de Justicia dejará constancia de su resultado en el expediente, expresando el nombre del mejor postor y de la postura que formuló. Si la mejor postura cumpliera los requisitos necesarios para la adjudicación del bien o lote, dictará inmediatamente decreto de aprobación de remate».

Artículo 650. *Aprobación del remate. Pago. Adjudicación de bienes*[825]

1. Cuando la mejor postura sea igual o superior al 50 por ciento del valor de subasta, el letrado o letrada de la Administración de Justicia mediante decreto, el día siguiente al del cierre de la subasta, aprobará el remate en favor del mejor postor. El mejor postor habrá de consignar el importe de dicha postura, menos el del depósito, en el plazo de diez días a contar desde el cierre de la subasta. Realizada esta consignación, se le pondrá inmediatamente en posesión de los bienes y se dictará el decreto de adjudicación[826].

2. Si fuera el ejecutante quien hiciese la mejor postura, igual o superior al 50 por 100 del valor de subasta, y la cantidad ofrecida fuera igual o inferior al principal reclamado, se le pondrá inmediatamente en posesión de los bienes y se dictará el decreto de adjudicación. Si la postura fuera superior, se procederá por el letrado o letrada de la Administración de Justicia a la liquidación de lo que se deba por principal, intereses y costas. Notificada esta liquidación, el ejecutante consignará la diferencia, si la hubiere, en el plazo de diez días. Pagada la diferencia, se le pondrá en posesión de los bienes y se dictará el decreto de adjudicación. Si no efectuara el pago en el plazo de diez días, se declarará la quiebra de la subasta y se descontará del crédito del ejecutante el importe equivalente al depósito exigido a los demás postores para participar en la subasta, corriendo a su cargo los gastos de celebración de la nueva subasta.

3. Cuando la mejor postura ofrecida en la subasta sea inferior al 50 por ciento del valor de subasta, podrá el ejecutado, en el plazo de diez días a contar desde la fecha de cierre de la subasta, presentar escrito indicando que otra persona está dispuesta a mejorar el precio de la subasta, ofreciendo una cantidad igual o superior al 50 por ciento del valor de subasta o que, aun siendo inferior a ese porcentaje, resulte suficiente para lograr la completa satisfacción del derecho del ejecutante.

La persona indicada por el ejecutado en su escrito deberá haber ingresado previamente en la cuenta de depósitos y consignaciones el importe equivalente al del depósito exigido para participar en la subasta y tendrá un plazo de diez días para pagar

---

[825] Artículo modificado por la LO 1/2025, de 2 de enero. Entrada en vigor el 3 de abril de 2025.
[826] Véanse los arts. 637 y 639.3 de la presente norma.

el resto del precio ofrecido. Ese plazo se computará a partir del día en que se haya efectuado el ingreso. Si no efectuara el pago en ese plazo perderá el depósito efectuado, que se aplicará a los fines de la ejecución y se acordará la celebración de una nueva subasta, si fuera necesaria. Ello sin perjuicio de que, si la mejora es por la cantidad suficiente para lograr la completa satisfacción del crédito del ejecutante, se practique la correspondiente liquidación a los efectos de ingresar la cantidad que falte o devolverle el sobrante que resulte. El ingreso del resto deberá efectuarse también en el plazo de diez días, con apercibimiento de pérdida del depósito.

Habiendo pujas y no siendo el mejor postor, el ejecutante no podrá mejorar el precio ni pedir la adjudicación del bien o lote subastado con posterioridad a la subasta, conforme a lo dispuesto por el artículo 647.

Cuando el ejecutado no haga uso de la facultad de mejora o ésta no tenga efecto, se aprobará el remate en favor del mejor postor, siempre que la cantidad que haya ofrecido sea igual o superior al 30 por ciento del valor de subasta. No obstante, también se aprobará el remate si la cantidad ofrecida fuera suficiente para lograr la completa satisfacción del derecho del ejecutante, aun cuando sea inferior a ese porcentaje.

Si la mejor postura no cumpliera estos requisitos, el letrado o letrada de la Administración de Justicia responsable de la ejecución, oídas las partes, resolverá sobre la aprobación del remate a la vista de las circunstancias del caso y teniendo en cuenta especialmente la conducta del deudor en relación con el cumplimiento de la obligación por la que se procede, las posibilidades de lograr la satisfacción del acreedor mediante la realización de otros bienes, el sacrificio patrimonial que la aprobación o no aprobación del remate suponga para el deudor, para el propio ejecutante o para terceros acreedores con sus derechos inscritos, y el beneficio que de ella obtenga el acreedor. En este último caso, contra el decreto que apruebe o deniegue el remate cabe recurso directo de revisión ante el tribunal que dictó la orden general de ejecución.

Cuando el letrado o letrada de la Administración de Justicia deniegue la aprobación del remate, a instancia del ejecutado, procederá al alzamiento del embargo.

4. Si por la cuantía de la puja el ejecutado pudiera ejercitar la facultad de mejorar la postura, el letrado o letrada de la Administración de Justicia, transcurrido el plazo indicado, realizará la preceptiva notificación a quien hubiera resultado mejor postor, informándole, en su caso, que la persona presentada por el ejecutado ha mejorado el precio ofrecido en la subasta y que se ordena la inmediata devolución del depósito efectuado para participar en ella.

Si no hubiera habido mejora, o ésta finalmente no se hubiera llevado a efecto, aprobado el remate, se requerirá al mejor postor para que, en el plazo de diez días efectúe el pago del resto del precio que ofreció, descontado el depósito. Verificado el ingreso, se le pondrá en posesión del lote subastado y se dictará el decreto de adjudicación. Si no realizara el pago, perderá su depósito, que se aplicará a los fines de la ejecución.

5. En cualquier momento anterior a la aprobación del remate o de la adjudicación al ejecutante podrá el ejecutado liberar sus bienes pagando íntegramente lo que se deba al ejecutante por principal, intereses y costas. En este supuesto, el letrado o letrada de la Administración de Justicia acordará mediante decreto la cancelación de la subasta o dejar sin efecto la misma si ya hubiera concluido.

6. Consignada, cuando proceda, en la cuenta de depósitos y consignaciones, la diferencia entre lo depositado y el precio total del remate, se ordenará al Portal de Subastas la devolución de los depósitos de los postores que han reservado postura. También se ordenará la devolución de esos depósitos cuando el mejor postor haya sido el ejecutante, cuando la persona presentada por el ejecutado para mejorar postura haya ingresado el depósito requerido para ello, o cuando por cualquier otra causa hubiera quedado sin efecto la subasta con posterioridad a su celebración.

Artículo 651. *Subasta sin postores*[827]

Si en el acto de la subasta no hubiere ningún postor, el letrado o letrada de la Administración de Justicia procederá al alzamiento del embargo, a instancia del ejecutado.

Artículo 652. *Devolución y destino de los depósitos constituidos para pujar. Reserva de postura*[828]

1. Finalizada la subasta, el Portal de Subastas devolverá inmediatamente los depósitos de los postores excepto lo que corresponda al mejor postor, que se reservará en depósito como garantía del cumplimiento de su obligación y, en su caso, como parte del precio de la venta.

Sin embargo, si los demás postores lo solicitan, también se mantendrá la reserva de las cantidades consignadas por ellos, para que, si el rematante no entregare en plazo el resto del precio, pueda adjudicarse el bien o lote en favor del primero de los que le sigan, por el orden de sus respectivas posturas y, si fueran iguales, por el orden cronológico en el que hubieran sido realizadas.

Si, en el plazo fijado, no consignase el rematante el complemento del precio, quedará sin efecto el remate inicial. El remate se podrá aprobar en favor del postor

---

[827] Artículo modificado por la LO 1/2025, de 2 de enero. Entrada en vigor el 3 de abril de 2025.
[828] Artículo modificado por la LO 1/2025, de 2 de enero. Entrada en vigor el 3 de abril de 2025.

que le hubiese seguido en el orden de su postura siempre que se hubiese producido la reserva y que la cantidad ofrecida por éste, sumada al depósito del primer postor, alcance el importe del remate principal fallido que constituirá el precio de adjudicación. En ningún caso se aprobará el remate en favor del segundo postor cuando, con el depósito constituido por el primer rematante, se puedan satisfacer el capital e intereses del crédito del ejecutante y las costas.

En el momento en que, como consecuencia del impago del precio por el primer postor, el Portal de Subastas comunique la identidad del siguiente postor cuya reserva de postura cumpla las condiciones exigidas, se devolverán los depósitos de los demás postores y quedarán sin efecto sus reservas de postura.

Cuando el mejor postor en la subasta haya sido el mismo ejecutante, se devolverán los depósitos de todos los postores que hubieran efectuado reserva de postura, como si el precio de remate ya hubiera sido satisfecho.

2. Las devoluciones que procedan con arreglo a lo establecido en el apartado anterior se harán a quien efectuó el depósito con independencia de si hubiere actuado por sí como postor o en nombre de otro[829].

Artículo 653[830]. *Quiebra de la subasta*

1. Si el mejor postor o, en su caso, el primero de los postores que hubiera reservado postura no efectuara el pago del precio en el plazo señalado o si por su culpa dejare de tener efecto la venta, perderá el depósito que hubiera efectuado y se procederá a nueva subasta, salvo que con los depósitos constituidos por aquellos rematantes se pueda satisfacer el capital e intereses del crédito del ejecutante y las costas[831].

2. Los depósitos de los rematantes que provocaron la quiebra de la subasta se aplicarán por el Letrado de la Administración de Justicia a los fines de la ejecución, con arreglo a lo dispuesto en los artículos 654 y 672, pero el sobrante, si lo hubiere, se entregará a los depositantes. Cuando los depósitos no alcancen a satisfacer el derecho del ejecutante y las costas, se destinarán, en primer lugar, a satisfacer los gastos que origine la nueva subasta y el resto se unirá a las sumas obtenidas en aquélla y se aplicará conforme a lo dispuesto en los artículos 654 y 672. En este último caso, si hubiere sobrante, se entregará al ejecutado hasta completar el precio ofrecido en la subasta y, en su caso, se le compensará de la disminución del precio que se

---

[829] Véanse los arts. 647.1 y 650.1 de la presente norma.

[830] Modificado el apartado segundo por la Ley 13/2009, de 3 de noviembre. Entrada en vigor desde 4 de mayo de 2010.

[831] Apartado modificado por la LO 1/2025, de 2 de enero. Entrada en vigor el 3 de abril de 2025. Véase el art. 650.1 de la presente norma.

haya producido en el nuevo remate; sólo después de efectuada esta compensación, se devolverá lo que quedare a los depositantes.

Artículo 654[832]. *Pago al ejecutante, destino del remanente, imputación de pagos y certificación de deuda pendiente en caso de insuficiencia de la ejecución*

1. El precio del remate se entregará al ejecutante a cuenta de la cantidad por la que se hubiere despachado ejecución y, si sobrepasare dicha cantidad, se retendrá el remanente a disposición del tribunal, hasta que se efectúe la liquidación de lo que, finalmente, se deba al ejecutante y del importe de las costas de la ejecución[833].

2. Se entregará al ejecutado el remanente que pudiere existir una vez finalizada la realización forzosa de los bienes, satisfecho plenamente el ejecutante y pagadas las costas.

3. En el caso de que la ejecución resultase insuficiente para saldar toda la cantidad por la que se hubiera despachado ejecución más los intereses y costas devengados durante la ejecución, dicha cantidad se imputará por el siguiente orden: intereses remuneratorios, principal, intereses moratorios y costas. Además, el letrado o letrada de la Administración de Justicia expedirá certificación acreditativa del precio del remate y de la deuda pendiente por todos los conceptos, con distinción de la correspondiente a principal, a intereses remuneratorios, a intereses de demora y a costas[834].

Sección 6.ª *De la subasta de bienes inmuebles* (arts. 655 a 675)

Artículo 655. *Ámbito de aplicación de esta sección y aplicación supletoria de las disposiciones de la sección anterior*

1. Las normas de esta sección se aplicarán a las subastas de bienes inmuebles y a las de bienes muebles sujetos a un régimen de publicidad registral similar al de aquéllos, exceptuando, en relación con estos últimos, las reglas relativas a la adjudicación y puesta en posesión de los bienes[835].

2. En las subastas a que se refiere el apartado anterior serán aplicables las normas de la subasta de bienes muebles, salvo las especialidades que se establecen en los artículos siguientes[836].

---

[832] Modificado por la Ley 1/2013, de 14 de mayo. Entrada en vigor desde 15 de mayo de 2013.
[833] Véanse los arts. 539.2, 575.1 y 576 de la presente norma.
[834] Apartado modificado por la LO 1/2025, de 2 de enero. Entrada en vigor el 3 de abril de 2025.
[835] Apartado modificado por la LO 1/2025, de 2 de enero. Entrada en vigor el 3 de abril de 2025.
[836] Véanse los arts. 643 a 654 de la presente norma.

Artículo 655 bis. *Subasta de bienes inmuebles*[837]

(Anulado)

Artículo 656[838]. *Certificación de dominio y cargas*[839]

1. Cuando el objeto de la subasta esté comprendido en el ámbito de esta Sección, el Letrado de la Administración de Justicia responsable de la ejecución librará mandamiento al registrador a cuyo cargo se encuentre el Registro de que se trate para que remita al juzgado certificación en la que consten los siguientes extremos:

1.º La titularidad del dominio y demás derechos reales del bien o derecho gravado.

2.º Los derechos de cualquier naturaleza que existan sobre el bien registrable embargado, en especial, relación completa de las cargas inscritas que lo graven o, en su caso, que se halla libre de cargas[840].

En todo caso, la certificación se expedirá en formato electrónico y dispondrá de información con contenido estructurado.

2. El registrador hará constar por nota marginal la expedición de la certificación a que se refiere el apartado anterior, expresando la fecha y el procedimiento a que se refiera[841]. Si la petición de subasta del inmueble objeto de la ejecución se demorase más de seis meses desde la fecha de expedición de la certificación de cargas, el letrado o letrada de la Administración de Justicia, previamente a dictar el decreto de convocatoria de subasta, podrá solicitar, de oficio, nota simple registral actualizada a efectos de comprobar si su estado registral actual concuerda con el que resulta de la certificación de cargas obrante en el expediente. Se comprobará la vigencia actual de las cargas preferentes que fueron tenidas en cuenta para valorar el bien a efectos de subasta, por si fuera necesarios liquidarlas nuevamente. Esta nota simple registral se pondrá a disposición de los interesados en participar en la subasta, incorporándola a la documentación a publicar en el Portal de Subastas del *Boletín Oficial del Estado*. Desde el inicio de la subasta que haya de celebrarse, y hasta su finalización, el regis-

---

[837] Artículo anulado. Actualización introducida por la declaración de inconstitucionalidad del precepto por la STC 26/2025, de 29 de enero. Entrada en vigor desde el 28 de febrero de 2025.

[838] Modificado por la Ley 19/2015, de 13 de julio. Entrada en vigor desde 15 de octubre de 2015. Modificado el apartado primero por la Ley 42/2015, de 5 de octubre. Entrada en vigor desde 15 de octubre de 2015.

[839] Véanse la DF 12.ª de la Ley 42/2015, de 5 de octubre, y la Ley 18/2011, de 5 de julio.

[840] Véanse los arts. 223, 229 a 237 de la LH y los arts. 167 y 241.1 de la presente norma.

[841] Véase la Instrucción de la DGRN, de 19 de febrero de 2002, relativa a la transmisión de vehículos gravados.

trador notificará, inmediatamente y de forma telemática, al letrado o letrada de la Administración de Justicia y al Portal de Subastas el hecho de haberse presentado otro u otros títulos que afecten o modifiquen la información inicial a los efectos del artículo 667. A estos mismos efectos, el letrado o letrada de la Administración de Justicia incorporará el código registral único de la finca a subastar, si se dispone del mismo, a la información que transmita al Portal de Subastas conforme al artículo 668 y éste, a su vez, comunicará electrónicamente la publicación, cancelación o cierre de la subasta al Registro correspondiente. El Portal de Subastas recogerá la información proporcionada por el Registro de modo inmediato para su traslado a los que consulten su contenido[842].

3. Sin perjuicio de lo anterior, el Procurador de la parte ejecutante, debidamente facultado por el Letrado de la Administración de Justicia y una vez anotado el embargo, podrá solicitar la certificación a la que se refiere el apartado 1 de este precepto, cuya expedición será igualmente objeto de nota marginal. En todo caso, la certificación se expedirá en formato electrónico y con contenido estructurado.

4. Expedida la certificación a que se refieren los apartados anteriores, el Registro la hará llegar en todo caso por medios electrónicos al órgano judicial correspondiente, sin perjuicio de su entrega o remisión al procurador que hubiera cuidado de su diligenciado, en su caso[843].

Artículo 657[844]. *Información de cargas extinguidas o aminoradas*

1. El letrado o letrada de la Administración de Justicia responsable de la ejecución se dirigirá de oficio a los acreedores registrales cuyos créditos sean preferentes o de igual rango al que sirvió para el despacho de la ejecución y al ejecutado para que informen sobre la subsistencia actual del crédito garantizado y su actual cuantía. Aquéllos a quienes se reclame esta información deberán indicar con la mayor precisión si el crédito subsiste o se ha extinguido por cualquier causa y, en caso de subsistir, qué cantidad resta pendiente de pago, la fecha de vencimiento y, en su caso, los plazos y condiciones en que el pago deba efectuarse. Si el crédito estuviera vencido y no pagado, se informará también de los intereses moratorios vencidos y de la cantidad a la que asciendan los intereses que se devenguen por cada día de retraso. Cuando la preferencia resulte de una anotación de embargo anterior, se expresarán la cantidad pendiente de pago por principal e intereses vencidos a la fecha en que se produzca la información, así como la cantidad a que asciendan los intereses mo-

---

[842] Apartado 1 modificado por la LO 1/2025, de 2 de enero. Entrada en vigor el 3 de abril de 2025.
[843] Apartado 4 añadido por la LO 1/2025, de 2 de enero. Entrada en vigor el 3 de abril de 2025.
[844] Modificado por la Ley 13/2009, de 3 de noviembre. Entrada en vigor desde 4 de mayo de 2010. Modificado el apartado tercero por la Ley 19/2015, de 13 de julio. Entrada en vigor desde 15 de octubre de 2015.

ratorios que se devenguen por cada día que transcurra sin que se efectúe el pago al acreedor y la previsión de costas. En el supuesto de que el crédito hubiera sido satisfecho íntegramente en virtud de subrogación de acreedor, se deberá identificar al pagador. En este caso, el nuevo acreedor será quien deba informar del estado actual de su crédito.

Los oficios que se expidan en virtud de lo dispuesto en el párrafo anterior se remitirán a la dirección electrónica habilitada del acreedor. Si no la tuviera, se entregarán al procurador del ejecutante para que se encargue de su cumplimiento. Tratándose de entidades de crédito, la contestación deberá ir acompañada de los documentos que acrediten la identidad, facultades y representación del firmante de la certificación requerida. Sin estos documentos, no se tendrá por atendido el requerimiento[845].

2. A la vista de lo que el ejecutado y los acreedores a que se refiere el apartado anterior declaren sobre la subsistencia y cuantía actual de los créditos, si hubiera conformidad sobre ello, el Letrado de la Administración de Justicia encargado de la ejecución, a instancia del ejecutante, expedirá los mandamientos que procedan a los efectos previstos en el artículo 144 de la Ley Hipotecaria. De existir disconformidad les convocará a una vista ante el Tribunal, que deberá celebrarse dentro de los tres días siguientes, resolviéndose mediante auto, no susceptible de recurso, en los 5 días siguientes.

3. Transcurridos diez días desde el requerimiento al ejecutado y a los acreedores sin que ninguno de ellos haya contestado, el letrado o letrada de la Administración de Justicia podrá reiterarlos, con el apercibimiento de la imposición de las multas previstas en los artículos 589 y 591 de esta ley, mientras no sean atendidos[846].

Artículo 658[847]. *Bien inscrito a nombre de persona distinta del ejecutado*

Si de la certificación que expida el registrador resultare que el bien embargado se encuentra inscrito a nombre de persona distinta del ejecutado, el Letrado de la Administración de Justicia, oídas las partes personadas, ordenará alzar el embargo, a menos que el procedimiento se siga contra el ejecutado en concepto de heredero de quien apareciere como dueño en el Registro o que el embargo se hubiere trabado teniendo en cuenta tal concepto.

---

[845] Apartado 1 modificado por la LO 1/2025, de 2 de enero. Entrada en vigor el 3 abril de 2025.

[846] Apartado 3 modificado por la LO 1/2025, de 2 de enero. Entrada en vigor el 3 abril de 2025. Véase la Instrucción del DGRN de 12 de diciembre de 2000.

[847] Modificado el párrafo primero por la Ley 13/2009, de 3 de noviembre. Entrada en vigor desde 4 de mayo de 2010.

No obstante lo dispuesto en el párrafo anterior, si la inscripción del dominio a nombre de persona distinta del ejecutado fuera posterior a la anotación del embargo, se mantendrá éste y se estará a lo dispuesto en el artículo 662[848].

Artículo 659[849]. *Titulares de derechos posteriormente inscritos*

1. El registrador comunicará la existencia de la ejecución a los titulares de derechos que figuren en la certificación de cargas y que aparezcan en asientos posteriores al del derecho del ejecutante, siempre que su domicilio conste en el Registro.

2. A los titulares de derechos inscritos con posterioridad a la expedición de la certificación de dominio y cargas no se les realizará comunicación alguna, pero, acreditando al Letrado de la Administración de Justicia responsable de la ejecución la inscripción de su derecho, se les dará intervención en el avalúo y en las demás actuaciones del procedimiento que les afecten.

3. Cuando los titulares de derechos inscritos con posterioridad al gravamen que se ejecuta satisfagan antes del remate el importe del crédito, intereses y costas, dentro del límite de responsabilidad que resulte del Registro, quedarán subrogados en los derechos del actor hasta donde alcance el importe satisfecho. Se harán constar el pago y la subrogación al margen de la inscripción o anotación del gravamen en que dichos acreedores se subrogan y las de sus créditos o derechos respectivos, mediante la presentación en el Registro del acta notarial de entrega de las cantidades indicadas o del oportuno mandamiento expedido por el Letrado de la Administración de Justicia, en su caso.

Artículo 660[850]. *Forma de practicarse las comunicaciones*[851]

1. Las comunicaciones a que se refieren los artículos 657 y 659 se practicarán en el domicilio que conste en el Registro, por correo con acuse de recibo o por otro medio fehaciente.

A efectos de lo dispuesto en el presente artículo, cualquier titular registral de un derecho real, carga o gravamen que recaiga sobre un bien podrá hacer constar en el Registro un domicilio en territorio nacional en el que desee ser notificado en caso de ejecución. Esta circunstancia se hará constar por nota al margen de la inscripción del

---

[848] Véanse el art. 38 de la LH y los arts. 558.3 y 662 de la presente norma.

[849] Modificado el apartado segundo y tercero por la Ley 13/2009, de 3 de noviembre. Entrada en vigor desde 4 de mayo de 2010.

[850] Modificado los apartados primero por la Ley 19/2015, de 13 de julio. Entrada en vigor desde 15 de octubre de 2015. Modificado el párrafo segundo del apartado primero por la Ley 42/2015, de 5 de octubre. Entrada en vigor desde 15 de octubre de 2015.

[851] Véanse la DF 12.ª de la Ley 42/2015, de 5 de octubre y la Ley 18/2011, de 5 de julio.

derecho real, carga o gravamen del que sea titular. También podrá hacerse constar una dirección electrónica a efectos de notificaciones. Habiéndose señalado una dirección electrónica se entenderá que se consiente este procedimiento para recibir notificaciones, sin perjuicio de que estas puedan realizarse en forma acumulativa y no alternativa a las personales. En este caso, el cómputo de los plazos se realizará a partir del día siguiente de la primera de las notificaciones positivas que se hubiese realizado conforme a las normas procesales o a la Ley 18/2011, de 5 de julio, reguladora del uso de las tecnologías de la información y la comunicación en la Administración de Justicia. El establecimiento o cambio de domicilio o dirección electrónica podrá comunicarse al Registro en cualquiera de las formas y con los efectos referidos en el apartado 2 del artículo 683 de esta Ley.

La certificación a la que se refiere el artículo 656, ya sea remitida directamente por el Registrador o aportada por el Procurador del ejecutante, deberá expresar la realización de dichas comunicaciones.

En el caso de que el domicilio no constare en el Registro o que la comunicación fuese devuelta por cualquier motivo, el Registrador practicará nueva comunicación mediante edicto, que se insertará en el *Boletín Oficial del Estado*[852].

2. La ausencia de las comunicaciones del Registro o los defectos de forma de que éstas pudieran adolecer no serán obstáculo para la inscripción del derecho de quien adquiera el inmueble en la ejecución.

Artículo 661[853]. *Comunicación de la ejecución a arrendatarios y a ocupantes de hecho. Publicidad de la situación posesoria*

1. Cuando, por la manifestación de bienes del ejecutado, por indicación del ejecutante o de cualquier otro modo, conste en el procedimiento la existencia e identidad de personas, distintas del ejecutado, que ocupen el inmueble embargado, se les notificará la existencia de la ejecución, para que, en el plazo de 10 días, presenten ante el Tribunal los títulos que justifiquen su situación[854]. Esta notificación podrá ser practicada por el procurador de la parte ejecutante que así lo solicite o cuando atendiendo a las circunstancias lo acuerde el Letrado de la Administración de Justicia.

En la publicidad de la subasta que se realice en el Portal de Subastas, así como en los medios públicos o privados en su caso, se expresará, con el posible detalle, la situación posesoria del inmueble o que, por el contrario, se encuentra desocupado, si se acreditase cumplidamente esta circunstancia al Letrado de la Administración de Justicia responsable de la ejecución.

---

[852] Véanse los arts. 160 y 161 de la presente norma.
[853] Modificado por la Ley 19/2015, de 13 de julio. Entrada en vigor desde 15 de octubre de 2015.
[854] Véase el art. 589.1 de la presente norma.

2. El ejecutante podrá pedir que, antes de anunciarse la subasta, el Tribunal declare que el ocupante u ocupantes no tienen derecho a permanecer en el inmueble, una vez que éste se haya enajenado en la ejecución. La petición se tramitará con arreglo a lo establecido en el apartado 3 del artículo 675 y el Tribunal accederá a ella y hará, por medio de auto no recurrible, la declaración solicitada, cuando el ocupante u ocupantes puedan considerarse de mero hecho o sin título suficiente. En otro caso, declarará, también sin ulterior recurso, que el ocupante u ocupantes tienen derecho a permanecer en el inmueble, dejando a salvo las acciones que pudieran corresponder al futuro adquirente para desalojar a aquéllos.

Las declaraciones a que se refiere el párrafo anterior se harán constar en la publicidad de la subasta.

Artículo 662[855]. *Tercer poseedor*

1. Si antes de que se venda o adjudique en la ejecución un bien inmueble y después de haberse anotado su embargo o de consignado registralmente el comienzo del procedimiento de apremio, pasare aquel bien a poder de un tercer poseedor, éste, acreditando la inscripción de su título, podrá pedir que se le exhiban los autos en la Oficina judicial, lo que se acordará por el Letrado de la Administración de Justicia sin paralizar el curso del procedimiento, entendiéndose también con él las actuaciones ulteriores[856].

2. Se considerará, asimismo, tercer poseedor a quien, en el tiempo a que se refiere el apartado anterior, hubiere adquirido solamente el usufructo o dominio útil de la finca hipotecada o embargada, o bien la nuda propiedad o dominio directo.

3. En cualquier momento anterior a la aprobación del remate o a la adjudicación al acreedor, el tercer poseedor podrá liberar el bien satisfaciendo lo que se deba al acreedor por principal, intereses y costas, dentro de los límites de la responsabilidad a que esté sujeto el bien, y siendo de aplicación, en su caso, lo dispuesto en el apartado 3 del artículo 613 de esta Ley.

Artículo 663[857]. *Presentación de la titulación de los inmuebles embargados*

1. En la misma resolución en que se mande expedir certificación de dominio y cargas de los bienes inmuebles embargados, el Letrado de la Administración de Justi-

---

[855] Modificado el apartado primero por la Ley 13/2009, de 3 de noviembre. Entrada en vigor desde 4 de mayo de 2010.

[856] Véanse los arts. 126 y 127 de la LH, los arts. 222, 223 del RH y el art. 658 de la presente norma.

[857] Modificado el párrafo primero y numerado por la Ley 13/2009, de 3 de noviembre. Entrada en vigor desde 4 de mayo de 2010.

cia podrá, mediante diligencia de ordenación, de oficio o a instancia de parte, requerir al ejecutado para que en el plazo de 10 días presente los títulos de propiedad de que disponga, si el bien está inscrito en el Registro.

2. Cuando la parte así lo solicite el procurador de la parte ejecutante podrá practicar el requerimiento previsto en el número anterior.

La presentación de los títulos se comunicará al ejecutante para que manifieste si los encuentra suficientes, o proponga la subsanación de las faltas que en ellos notare[858].

Artículo 664[859]. *No presentación o inexistencia de títulos*

Si el ejecutado no hubiere presentado los títulos dentro del plazo antes señalado, el Letrado de la Administración de Justicia, a instancia del ejecutante, podrá emplear los apremios que estime conducentes para obligarle a que los presente, obteniéndolos, en su caso, de los registros o archivos en que se encuentren, para lo que podrá facultarse al procurador del ejecutante si los archivos y registros fueran públicos.

Cuando no existieren títulos de dominio, podrá suplirse su falta por los medios establecidos en el Título VI de la Ley Hipotecaria. Si el tribunal de la ejecución fuera competente para reconocer de las actuaciones judiciales que, a tal efecto, hubieran de practicarse, se llevarán a cabo éstas dentro del proceso de ejecución[860].

Artículo 665. *Subasta sin suplencia de la falta de títulos*

A instancia del acreedor podrán sacarse los bienes a pública subasta sin suplir previamente la falta de títulos de propiedad, expresando en los edictos esta circunstancia. En tal caso se observará lo prevenido en la regla 5.ª del artículo 140 del Reglamento para la ejecución de la Ley Hipotecaria.

Artículo 666[861]. *Valoración de inmuebles para su subasta*

1. Los bienes inmuebles saldrán a subasta por el valor que resulte de deducir de su avalúo, realizado de acuerdo con lo previsto en los artículos 637 y siguientes de esta Ley, el importe de todas las cargas y derechos anteriores al gravamen por el que se hubiera despachado ejecución cuya preferencia resulte de la certificación registral de dominio y cargas.

---

[858] Véase el art. 656 de la presente norma.

[859] Modificado el párrafo primero por la Ley 13/2009, de 3 de noviembre. Entrada en vigor desde 4 de mayo de 2010.

[860] Véanse los arts. 198 a 210 de la LH.

[861] Modificado el apartado segundo por la Ley 13/2009, de 3 de noviembre. Entrada en vigor desde 4 de mayo de 2010.

Esta operación se realizará por el Letrado de la Administración de Justicia descontando del valor por el que haya sido tasado el inmueble el importe total garantizado que resulte de la certificación de cargas o, en su caso, el que se haya hecho constar en el Registro con arreglo a lo dispuesto en el apartado 2 del artículo 657[862].

2. Si el valor de las cargas o gravámenes iguala o excede del determinado para el bien, el Letrado de la Administración de Justicia dejará en suspenso la ejecución sobre ese bien.

Artículo 667[863]. *Convocatoria, anuncio y publicidad de la subasta*[864]

1. La subasta se convocará de acuerdo con lo previsto en el artículo 644, y se anunciará y publicará conforme lo previsto en el artículo 645[865].

2. El Portal de Subastas se comunicará, a través de los sistemas del Colegio de Registradores, con el Registro correspondiente a fin de que este confeccione y expida una información registral electrónica referida a la finca o fincas subastadas que se mantendrá permanentemente actualizada hasta el término de la subasta, y será servida a través del Portal de Subastas. De la misma manera, si la finca estuviera identificada en bases gráficas, se dispondrá la información de las mismas. En el caso de que dicha información no pudiera ser emitida por cualquier causa transcurridas cuarenta y ocho horas desde la publicación del anuncio, se expresará así y se comenzará la subasta, sin perjuicio de su posterior incorporación al Portal de Subastas antes de la finalización de la subasta.

Artículo 668[866]. *Contenido del anuncio y publicidad de la subasta*

1. El contenido del anuncio de la subasta y su publicidad se realizará con arreglo a lo previsto en el artículo 646.

2. En el Portal de Subastas se incorporará, de manera separada para cada una de ellas, el edicto que expresará, además de los datos indicados en el artículo 646, la identificación de la finca o fincas objeto de la subasta, sus datos registrales, incluido el código registral único, y la referencia catastral si la tuvieran, así como la documentación que contenga cuantos datos y circunstancias sean relevantes para la subasta y, necesariamente, la certificación de dominio y cargas que se hubiera expedido al inicio de la ejecución, el avalúo o valoración que sirve de tipo para la misma, incluyendo, a estos efectos, el informe de tasación extrajudicial, cuyo certificado conste en el

---

[862] Véase el art. 670.5 de la presente norma.
[863] Modificado por la Ley 19/2015, de 13 de julio. Entrada en vigor desde 15 de octubre de 2015.
[864] Rúbrica modificada por la LO 1/2025, de 2 de enero. Entrada en vigor el 3 de abril de 2025.
[865] Apartado 1 modificado por la LO 1/2025, de 2 de enero. Entrada en vigor el 3 de abril de 2025.
[866] Modificado por la Ley 19/2015, de 13 de julio. Entrada en vigor desde 15 de octubre de 2015.

título ejecutivo, y que hubiera servido como referencia para determinar el valor de subasta; la minoración de cargas preferentes, si las hubiera, mediante la incorporación de las comunicaciones donde conste la situación actualizada de esos créditos; y su situación posesoria, si consta en el procedimiento de ejecución. También se indicará, si procede, la posibilidad de visitar el inmueble objeto de subasta prevista en el apartado 3 del artículo 669. Estos datos y documentos deberán remitirse al Portal de Subastas de forma que puedan ser tratados electrónicamente por este para facilitar y ordenar la información.

En el edicto y en el Portal de Subastas se hará constar igualmente que se entenderá que todo licitador acepta como bastante la titulación existente en el procedimiento de ejecución o asume su inexistencia, así como las consecuencias de que sus pujas no superen los porcentajes del tipo de la subasta establecidos en el artículo 670. También se informará de que el traslado previsto por ese artículo, para que el ejecutado pueda presentar a otra persona que mejore el precio resultante de la subasta, comenzará a contar desde la fecha de su cierre, sin necesidad de notificación, haciéndose constar este extremo en el decreto acordando la subasta. Además se señalará que las cargas, gravámenes y asientos anteriores al crédito del actor continuarán subsistentes y que, por el solo hecho de participar en la subasta, el licitador los admite y acepta quedar subrogado en la responsabilidad derivada de aquéllos si el remate se adjudicare a su favor[867].

3. De toda finca objeto de licitación se facilitará desde el Registro correspondiente, a través del Portal de Subastas, la información registral actualizada a que se refiere el artículo 667, la referencia catastral si estuviera incorporada a la finca e información gráfica, urbanística o medioambiental asociada a la finca en los términos legalmente previstos, si ello fuera posible[868].

Artículo 669[869]. *Condiciones especiales de la subasta*

1. Para tomar parte en la subasta los postores deberán, previamente, consignar en la forma establecida en el apartado 1 del artículo 647 una cantidad equivalente al 20 por ciento del valor que se haya dado a los bienes con arreglo a lo establecido en el artículo 666, o un mínimo de 1.000 euros si el importe que resultara de la aplicación de ese porcentaje fuera inferior.

---

[867] Apartado modificado por la LO 1/2025, de 2 de enero. Entrada en vigor el 3 de abril de 2025.
[868] Apartado modificado por la LO 1/2025, de 2 de enero. Entrada en vigor el 3 de abril de 2025.
[869] Modificado por la Ley 19/2015, de 13 de julio. Entrada en vigor desde 15 de octubre de 2015.

El letrado o letrada de la Administración de Justicia está facultado para elevar o reducir el porcentaje del depósito, considerando las circunstancias de la subasta[870].

2. Por el mero hecho de participar en la subasta se entenderá que los postores aceptan como suficiente la titulación que consta en autos o que no exista titulación y que aceptan, asimismo, subrogarse en las cargas anteriores al crédito por el que se ejecuta, en caso de que el remate se adjudique a su favor.

3. Durante el periodo de licitación cualquier interesado en la subasta podrá solicitar del Tribunal inspeccionar el inmueble o inmuebles ejecutados, quien lo comunicará a quien estuviere en la posesión, solicitando su consentimiento. Cuando el poseedor consienta la inspección del inmueble y colabore adecuadamente ante los requerimientos del Tribunal para facilitar el mejor desarrollo de la subasta del bien, el deudor podrá solicitar al Tribunal una reducción de la deuda de hasta un 2 por cien del valor por el que el bien hubiera sido adjudicado si fuera el poseedor o éste hubiera actuado a su instancia. El Tribunal, atendidas las circunstancias, y previa audiencia del ejecutante por plazo no superior a 5 días, decidirá la reducción de la deuda que proceda dentro del máximo deducible.

4. La reanudación de la subasta suspendida por un periodo superior a quince días se realizará mediante una nueva publicación del anuncio y una nueva petición de información registral desde el Portal de Subastas, en su caso, como si de una nueva subasta se tratase, en la forma prevista por el artículo 667[871].

Artículo 670. *Aprobación del remate. Pago. Adjudicación de los bienes al acreedor*[872]

1. Si la mejor postura fuera igual o superior al 70 por ciento del valor por el que el bien hubiere salido a subasta, el letrado o letrada de la Administración de Justicia responsable de la ejecución, mediante decreto, el día siguiente al del cierre de la subasta, aprobará el remate en favor del mejor postor. En el plazo de veinte días siguientes al cierre de la subasta, el mejor postor habrá de consignar en la Cuenta de Depósitos y Consignaciones la diferencia entre lo depositado y el precio total del remate.

2. Si fuera el ejecutante quien hiciese la mejor postura igual o superior al 70 por 100 del valor por el que el bien hubiere salido a subasta, y fuera superior al principal reclamado, aprobado el remate se procederá por el letrado o letrada de la Administración de Justicia a la liquidación de lo que se deba por principal, intereses y costas. Notificada esta liquidación, el ejecutante consignará la diferencia, si la hubiere, y se

---

[870] Apartado modificado por la LO 1/2025, de 2 de enero. Entrada en vigor el 3 de abril de 2025.
[871] Apartado modificado por la LO 1/2025, de 2 de enero. Entrada en vigor el 3 de abril de 2025.
[872] Artículo modificado por la LO 1/2025, de 2 de enero. Entrada en vigor el 3 de abril de 2025.

dictará el decreto de adjudicación. Si no efectuara el pago en el plazo de diez días, se declarará la quiebra de la subasta y se descontará del crédito del ejecutante el importe equivalente al depósito exigido a los demás postores para participar en la subasta, corriendo a su cargo los gastos de celebración de la nueva subasta.

3. Cuando la mejor postura ofrecida en la subasta sea inferior al 70 por ciento del valor por el que el bien hubiere salido a subasta, podrá el ejecutado, en el plazo de diez días a contar desde la fecha de cierre de la subasta, presentar escrito indicando que otra persona está dispuesta a mejorar el precio de la subasta ofreciendo una cantidad igual o superior al 60 por ciento del valor de subasta o que, aun siendo inferior a ese porcentaje, resulte suficiente para lograr la completa satisfacción del derecho del ejecutante.

La persona indicada por el ejecutado en su escrito deberá haber ingresado previamente en la cuenta de depósitos y consignaciones el importe equivalente al del depósito exigido para participar en la subasta y tendrá un plazo de diez días para pagar el resto del precio ofrecido. Ese plazo se computará a partir del día en que se haya efectuado el ingreso. Si no efectuara el pago en ese plazo perderá el depósito realizado, que se aplicará a los fines de la ejecución, y se acordará la celebración de una nueva subasta, si fuera necesaria. Ello sin perjuicio de que, si la mejora es por la cantidad suficiente para lograr la completa satisfacción del crédito del ejecutante, se practique la correspondiente liquidación a los efectos de ingresar la cantidad que falte o devolverle el sobrante que resulte. El ingreso del resto deberá efectuarse también en el plazo de diez días, con apercibimiento de pérdida del depósito.

Habiendo pujas y no siendo el mejor postor, el ejecutante no podrá mejorar el precio ni pedir la adjudicación del bien o lote con posterioridad a la subasta, conforme a lo dispuesto en el artículo 647.

Cuando el ejecutado no haga uso de la facultad de mejora o ésta no haya tenido efecto, se aprobará el remate del bien en favor del mejor postor, aunque se haya subastado conjuntamente con otros bienes, siempre que la cantidad que se ofrezca por él sea igual o superior al 50 por ciento de su valor de subasta. No obstante, también se aprobará el remate por la cantidad suficiente para lograr la completa satisfacción del derecho del ejecutante, sin que pueda ser inferior al 40 por ciento del valor de subasta. En este caso, la adjudicación del bien supondrá la terminación de la ejecución por completa satisfacción del ejecutante, quedando liberados el resto de bienes que pudieran garantizar el pago de lo reclamado. Si la mejor postura no cumpliera estos requisitos, el letrado o letrada de la Administración de Justicia responsable de la ejecución, oídas las partes, resolverá sobre la aprobación del remate a la vista de las circunstancias del caso y teniendo en cuenta especialmente la conducta del deudor en relación con el cumplimiento de la obligación por la que se procede, las posibilidades de lograr la satisfacción del acreedor mediante la realización de otros bienes, el sacrificio patrimonial que la aprobación o no aprobación del remate suponga para el deudor, para el propio ejecutante o para terceros acreedores con sus derechos inscritos, y el beneficio que de ella obtenga el acreedor.

Contra el decreto que apruebe o deniegue el remate cabe recurso directo de revisión ante el tribunal que dictó la orden general de ejecución. Cuando el letrado o letrada de la Administración de Justicia deniegue la aprobación del remate, a instancia del ejecutado, procederá al alzamiento del embargo.

Tratándose de la vivienda habitual del deudor, no se aprobará el remate por cantidad inferior al 70 por 100 de su valor de subasta, salvo que se haga por la cantidad que se le deba al ejecutante por todos los conceptos. En este caso, no se podrá aprobar el remate de la vivienda por menos del 60 por 100 de ese valor. Cuando el ejecutante haya sido el mejor postor ofreciendo un precio que no cumple esas condiciones, el letrado o letrada de la Administración de Justicia, si el ejecutado no hace uso de su facultad de mejora, procederá a aprobar el remate de la vivienda por el 70 por 100 del valor de subasta o por la cantidad que se le deba por todos los conceptos si fuera inferior a ese porcentaje, con un mínimo del 60 por 100 de su valor de subasta. Se aplicará en todo caso la regla de imputación de pagos contenida en el artículo 654.3.

4. Si por la cuantía de la puja el ejecutado pudiera ejercitar la facultad de mejorar la postura, el letrado o letrada de la Administración de Justicia, transcurrido el plazo indicado, realizará la preceptiva notificación a quien hubiera resultado mejor postor informándole, en su caso, que la persona presentada por el ejecutado ha mejorado el precio ofrecido en la subasta y que se ordena la inmediata devolución del depósito efectuado para participar en ella.

Si no hubiera habido mejora, o ésta finalmente no se hubiera llevado a efecto, aprobado el remate, se requerirá al mejor postor para que en el plazo de veinte días efectúe el pago del resto del precio que ofreció, descontado el depósito. Verificado el ingreso, se dictará el decreto de adjudicación. Si no realizara el pago, perderá su depósito, que se aplicará a los fines de la ejecución[873].

5. Quien resulte adjudicatario del bien inmueble conforme a lo previsto en los apartados anteriores habrá de aceptar la subsistencia de las cargas o gravámenes anteriores, si los hubiere y subrogarse en la responsabilidad derivada de ellos.

6. Cuando se le reclame para constituir la hipoteca a que se refiere el número 12.º del artículo 107 de la Ley Hipotecaria, el letrado o letrada de la Administración de

---

[873] Véase el art. 674.1 de la presente norma.

Justicia expedirá inmediatamente testimonio del decreto de aprobación del remate, aun antes de haberse pagado el precio, haciendo constar la finalidad para la que se expide. La solicitud suspenderá el plazo para pagar el precio del remate, que se reanudará una vez entregado el testimonio al solicitante.

7. En cualquier momento anterior a la aprobación del remate o de la adjudicación al ejecutante, podrá el ejecutado liberar sus bienes pagando íntegramente lo que se deba al ejecutante por principal, intereses y costas. En este supuesto, el letrado o letrada de la Administración de Justicia acordará mediante decreto la cancelación de la subasta o dejar sin efecto la misma, si ya hubiera concluido.

8. Consignada, cuando proceda, en la Cuenta de Depósitos y Consignaciones, la diferencia entre lo depositado y el precio total del remate, se ordenará al Portal de Subastas la devolución de los depósitos de los postores que han reservado postura y se dictará decreto de adjudicación en el que se exprese, en su caso, que se ha consignado el precio, así como las demás circunstancias necesarias para la inscripción con arreglo a la legislación hipotecaria. También se ordenará la devolución de los depósitos de esos postores cuando el mejor postor haya sido el ejecutante, cuando la persona presentada por el ejecutado para mejorar postura haya ingresado el depósito requerido para ello, o cuando por cualquier otra causa hubiera quedado sin efecto la subasta con posterioridad a su celebración.

Artículo 671[874]. *Subasta sin ningún postor*[875]

Si en la subasta no hubiere ningún postor, el letrado o letrada de la Administración de Justicia, a instancia del ejecutado, procederá al alzamiento del embargo.

No obstante, desde la finalización de la subasta desierta, el ejecutado, por sí o a propuesta del ejecutante, puede designar una persona que esté dispuesta a adjudicarse el bien por un importe que sea igual o superior al 50 por ciento de su valor de subasta. También se podrá adjudicar por la cantidad suficiente para lograr la completa satisfacción del derecho del ejecutante, sin que pueda ser inferior al 40 por ciento del valor de subasta. En este caso, la adjudicación del bien supondrá la terminación de la ejecución por completa satisfacción del ejecutante, quedando liberados el resto de bienes que pudieran garantizar el pago de lo reclamado.

Si la petición de adjudicación fuera por importe inferior, el letrado o letrada de la Administración de Justicia responsable de la ejecución, oídas las partes, resolverá a la vista de las circunstancias del caso y teniendo en cuenta especialmente la conducta del deudor en relación con el cumplimiento de la obligación por la que se procede,

---

[874] Artículo modificado por la LO 1/2025, de 2 de enero. Entrada en vigor el 3 de abril de 2025.
[875] Véanse la DF 12.ª de la Ley 42/2015, de 5 de octubre, y la Ley 18/2011, de 5 de julio.

las posibilidades de lograr la satisfacción del acreedor mediante la realización de otros bienes, el sacrificio patrimonial que la aprobación o no aprobación del remate suponga para el deudor, para el propio ejecutante o para terceros acreedores con sus derechos inscritos, y el beneficio que de ella obtenga el acreedor. Contra el decreto que apruebe o deniegue el remate cabe recurso directo de revisión ante el tribunal que dictó la orden general de ejecución.

En todo caso, las partes de la ejecución pueden solicitar, de común acuerdo, la celebración de nueva subasta, o proponer otras formas de satisfacción del derecho del ejecutante, conforme a lo previsto por el artículo 640.

Artículo 672[876]. *Destino de las sumas obtenidas en la subasta de inmuebles*

1. Por el Letrado de la Administración de Justicia se dará al precio del remate el destino previsto en el apartado 1 del artículo 654, pero el remanente, si lo hubiere, se retendrá para el pago de quienes tengan su derecho inscrito o anotado con posterioridad al del ejecutante. Si satisfechos estos acreedores, aún existiere sobrante, se entregará al ejecutado o al tercer poseedor.

Lo dispuesto en este artículo se entiende sin perjuicio del destino que deba darse al remanente cuando se hubiera ordenado su retención en alguna otra ejecución singular o en cualquier proceso concursal.

2. El Letrado de la Administración de Justicia encargado de la ejecución requerirá a los titulares de créditos posteriores para que, en el plazo de treinta días, acrediten la subsistencia y exigibilidad de sus créditos y presenten liquidación de los mismos.

De las liquidaciones presentadas se dará traslado por el Letrado de la Administración de Justicia a las partes para que aleguen lo que a su derecho convenga y aporten la prueba documental de que dispongan en el plazo de 10 días. Transcurrido dicho plazo, el Letrado de la Administración de Justicia resolverá por medio de decreto recurrible lo que proceda, a los solos efectos de distribución de las sumas recaudadas en la ejecución y dejando a salvo las acciones que pudieran corresponder a los acreedores posteriores para hacer valer sus derechos como y contra quien corresponda. El decreto será recurrible solo en reposición y estarán legitimados para su interposición los terceros acreedores que hubieren presentado liquidación.

Artículo 673[877]. *Inscripción de la adquisición: título*

Será título bastante para la inscripción en el Registro de la Propiedad el testimonio, expedido por el Letrado de la Administración de Justicia, del decreto de adjudicación,

---

[876] Modificado por la Ley 13/2009, de 3 de noviembre. Entrada en vigor desde 4 de mayo de 2010.
[877] Modificado por la Ley 19/2015, de 13 de julio. Entrada en vigor desde 15 de octubre de 2015.

comprensivo de la resolución de aprobación del remate, de la adjudicación al acreedor o de la transmisión por convenio de realización o por persona o entidad especializada, y en el que se exprese, en su caso, que se ha consignado el precio, así como las demás circunstancias necesarias para la inscripción con arreglo a la legislación hipotecaria.

El testimonio expresará, en su caso, que el rematante ha obtenido crédito para atender el pago del precio del remate y, en su caso, el depósito previo, indicando los importes financiados y la entidad que haya concedido el préstamo, a los efectos previstos en el artículo 134 de la Ley Hipotecaria.

Artículo 674[878]. *Cancelación de cargas*

A instancia del adquirente, se expedirá, en su caso, mandamiento de cancelación de la anotación o inscripción del gravamen que haya originado el remate o la adjudicación.

Asimismo, el Letrado de la Administración de Justicia mandará la cancelación de todas las inscripciones y anotaciones posteriores, incluso las que se hubieran verificado después de expedida la certificación prevenida en el artículo 656, haciéndose constar en el mismo mandamiento que el valor de lo vendido o adjudicado fue igual o inferior al importe total del crédito del actor y, en el caso de haberlo superado, que se retuvo el remanente a disposición de los interesados.

También se expresarán en el mandamiento las demás circunstancias que la legislación hipotecaria exija para la inscripción de la cancelación[879].

A instancia de parte, el testimonio del decreto de adjudicación y el mandamiento de cancelación de cargas se remitirán electrónicamente al Registro o Registros de la Propiedad correspondientes.

Artículo 675[880]. *Posesión judicial y ocupantes del inmueble*

1. Si el adquirente lo solicitara, se le pondrá en posesión del inmueble que no se hallare ocupado.

2. Si el inmueble estuviera ocupado, el Letrado de la Administración de Justicia acordará de inmediato el lanzamiento cuando el Tribunal haya resuelto, con fijación de día y hora exacta y con arreglo a lo previsto en el apartado 2 del artículo 661, que el ocupante u ocupantes no tienen derecho a permanecer en él. Los ocupantes desalojados podrán ejercitar los derechos que crean asistirles en el juicio que corresponda.

---

[878] Modificado por la Ley 19/2015, de 13 de julio. Entrada en vigor desde 15 de octubre de 2015.

[879] Véanse los arts. 9, 78 a 103 y 107.12 de la LH, el art. 25.5 de la LAU y los arts. 647.1, 670.6 y 672.1 de la presente norma.

[880] Modificado por la Ley 12/2023, de 24 de mayo. Entrada en vigor desde 26 de mayo de 2023.

Cuando, estando el inmueble ocupado, no se hubiera procedido previamente con arreglo a lo dispuesto en el apartado 2 del artículo 661, el adquirente podrá pedir al Tribunal de la ejecución el lanzamiento de quienes, teniendo en cuenta lo dispuesto en el artículo 661, puedan considerarse ocupantes de mero hecho o sin título suficiente. La petición deberá efectuarse en el plazo de un año desde la adquisición del inmueble por el rematante o adjudicatario, transcurrido el cual la pretensión de desalojo sólo podrá hacerse valer en el juicio que corresponda[881].

3. La petición de lanzamiento a que se refiere el apartado anterior se notificará a los ocupantes indicados por el adquirente, con citación a una vista que señalará el Letrado de la Administración de Justicia dentro del plazo de 10 días, en la que podrán alegar y probar lo que consideren oportuno respecto de su situación. El Tribunal, por medio de auto, sin ulterior recurso, resolverá sobre el lanzamiento, que decretará en todo caso si el ocupante u ocupantes citados no comparecieren sin justa causa.

4. El auto que resolviere sobre el lanzamiento de los ocupantes de un inmueble deberá ser notificado a los ocupantes y fijará día y hora exacta en la que éste tendrá lugar y dejará a salvo, cualquiera que fuere su contenido, los derechos de los interesados, que podrán ejercitarse en el juicio que corresponda.

Sección 7.ª De la administración para pago
(arts. 676 a 680)

Artículo 676[882]. Constitución de la administración

1. En cualquier momento, podrá el ejecutante pedir del Letrado de la Administración de Justicia responsable de la ejecución que entregue en administración todos o parte de los bienes embargados para aplicar sus rendimientos al pago del principal, intereses y costas de la ejecución.

Si el ejecutante decidiera que la administración fuera realizada por terceras personas, el Letrado de la Administración de Justicia fijará, mediante decreto y a costa del ejecutado, su retribución.

2. El Letrado de la Administración de Justicia, mediante decreto, acordará la administración para pago cuando la naturaleza de los bienes así lo aconsejare y dispondrá que, previo inventario, se ponga al ejecutante en posesión de los bienes, y que se le dé a conocer a las personas que el mismo ejecutante designe.

---

[881] Véanse los arts. 703 y 704 de la presente norma.
[882] Modificado por la Ley 13/2009, de 3 de noviembre. Entrada en vigor desde 4 de mayo de 2010.

Antes de acordar la administración se dará audiencia, en su caso, a los terceros titulares de derechos sobre el bien embargado inscritos o anotados con posterioridad al del ejecutante.

3. El Letrado de la Administración de Justicia, a instancia del ejecutante, podrá imponer multas coercitivas al ejecutado que impida o dificulte el ejercicio de las facultades del administrador, sin perjuicio de las demás responsabilidades en que aquél hubiera podido incurrir. Igualmente a instancia del ejecutante, el Tribunal podrá imponer multas coercitivas a los terceros que impiden o dificulten el ejercicio de las facultades del administrador, en cuyo caso se seguirá el procedimiento establecido en los apartados 2 y 3 del artículo 591.

Artículo 677. *Forma de la administración*

La administración para pago se atendrá a lo que pactaren ejecutante y ejecutado; en ausencia de pacto, se entenderá que los bienes han de ser administrados según la costumbre del país.

Artículo 678[883]. *Rendición de cuentas*

1. Salvo que otra cosa acuerden el Letrado de la Administración de Justicia responsable de la ejecución o las partes, el acreedor rendirá cuentas anualmente de la administración para pago al Letrado de la Administración de Justicia. De las cuentas presentadas por el acreedor se dará vista al ejecutado, por plazo de quince días. Si éste formulare alegaciones, se dará traslado de las mismas al ejecutante para que, por plazo de nueve días, manifieste si está o no conforme con ellas.

2. Si no existiere acuerdo entre ellos, el Letrado de la Administración de Justicia convocará a ambos a una comparecencia en el plazo de 5 días, en la cual se admitirán las pruebas que se propusieren y se consideraren útiles y pertinentes, fijando para practicarlas el tiempo que se estime prudencial, que no podrá exceder de 10 días.

Practicada, en su caso, la prueba admitida, el Letrado de la Administración de Justicia dictará decreto, en el plazo de 5 días, en el que resolverá lo procedente sobre la aprobación o rectificación de las cuentas presentadas. Contra dicho decreto cabrá recurso directo de revisión.

Artículo 679[884]. *Controversias sobre la administración*

Salvo las controversias sobre rendición de cuentas, todas las demás cuestiones que puedan surgir entre el acreedor y el ejecutado, con motivo de la administración de las

---

[883] Modificado por la Ley 13/2009, de 3 de noviembre. Entrada en vigor desde 4 de mayo de 2010.
[884] Modificado por la Ley 13/2009, de 3 de noviembre. Entrada en vigor desde 4 de mayo de 2010.

fincas embargadas, se sustanciarán por los trámites establecidos para el juicio verbal ante el Tribunal que autorizó la ejecución[885].

Artículo 680[886]. *Finalización de la administración*

1. Cuando el ejecutante se haya hecho pago de su crédito, intereses y costas con el producto de los bienes administrados, volverán éstos a poder del ejecutado.

2. El ejecutado podrá en cualquier tiempo pagar lo que reste de su deuda, según el último estado de cuenta presentado por el acreedor, en cuyo caso será aquél repuesto inmediatamente en la posesión de sus bienes y cesará éste en la administración, sin perjuicio de rendir su cuenta general en los quince días siguientes, y de las demás reclamaciones a que uno y otro se crean con derecho.

3. Si el ejecutante no lograre la satisfacción de su derecho mediante la administración, podrá pedir que el Letrado de la Administración de Justicia encargado de la ejecución ponga término a ésta y que, previa rendición de cuentas, proceda a la realización forzosa por otros medios.

CAPÍTULO V
De las particularidades de la ejecución sobre bienes hipotecados o pignorados[887]
(arts. 681 a 698)

Artículo 681[888]. *Procedimiento para exigir el pago de deudas garantizadas por prenda o hipoteca*

1. La acción para exigir el pago de deudas garantizadas por prenda o hipoteca podrá ejercitarse directamente contra los bienes pignorados o hipotecados, sujetando su ejercicio a lo dispuesto en este título, con las especialidades que se establecen en el presente capítulo.

2. Cuando se reclame el pago de deudas garantizadas por hipoteca naval, lo dispuesto en el apartado anterior sólo podrá ejercitarse en los casos descritos en el artículo 140.a) y e) de la Ley de Navegación Marítima.

---

[885] Véanse los arts. 437 a 447 de la presente norma.

[886] Modificado el apartado tercero por la Ley 13/2009, de 3 de noviembre. Entrada en vigor desde 4 de mayo de 2010.

[887] Véanse la LH, el RH, la Ley de Hipoteca Mobiliaria y Prenda sin desplazamiento y la Ley de Hipoteca Naval.

[888] Modificado el apartado segundo por la Ley 14/2014, de 24 de julio. Entrada en vigor desde 25 de septiembre de 2014.

En los casos indicados en las letras c) y d) del referido artículo, la acción solo podrá ejercitarse previa constatación de la situación real del buque a través de certificación emitida por la administración competente y en el caso de la letra b) será necesario que se presente testimonio de la ejecutoria en que conste la declaración de concurso.

Artículo 682[889]. *Ámbito del presente capítulo*

1. Las normas del presente Capítulo sólo serán aplicables cuando la ejecución se dirija exclusivamente contra bienes pignorados o hipotecados en garantía de la deuda por la que se proceda.

2. Cuando se persigan bienes hipotecados, las disposiciones del presente Capítulo se aplicarán siempre que, además de lo dispuesto en el apartado anterior, se cumplan los requisitos siguientes:

1.º Que en la escritura de constitución de la hipoteca se determine el precio en que los interesados tasan la finca o bien hipotecado, para que sirva de tipo en la subasta, que no podrá ser inferior, en ningún caso, al 75 por cien del valor señalado en la tasación que, en su caso, se hubiere realizado en virtud de lo previsto en el artículo 18 del RD-Ley 24/2021, de 2 de noviembre, de transposición de directivas de la Unión Europea en las materias de bonos garantizados, distribución transfronteriza de organismos de inversión colectiva, datos abiertos y reutilización de la información del sector público, ejercicio de derechos de autor y derechos afines aplicables a determinadas transmisiones en línea y a las retransmisiones de programas de radio y televisión, exenciones temporales a determinadas importaciones y suministros, de personas consumidoras y para la promoción de vehículos de transporte por carretera limpios y energéticamente eficientes.

2.º Que, en la misma escritura, conste un domicilio, que fijará el deudor, para la práctica de los requerimientos y de las notificaciones.

Los actos de comunicación se practicarán siempre por medios electrónicos cuando sus destinatarios tengan obligación, legal o contractual, de relacionarse con la Administración de Justicia por dichos medios.

En la hipoteca sobre establecimientos mercantiles se tendrá necesariamente por domicilio el local en que estuviere instalado el establecimiento que se hipoteca.

---

[889] Modificado por la Ley 1/2013, de 14 de mayo. Entrada en vigor desde 15 de mayo de 2013. Modificado el apartado segundo por el RD-Ley 6/2023, de 19 de diciembre. Entrada en vigor desde 20 de marzo de 2024.

3. El Registrador hará constar en la inscripción de la hipoteca las circunstancias a que se refiere el apartado anterior.

Artículo 683[890]. *Cambio del domicilio señalado para requerimientos y notificaciones*

1. El deudor y el hipotecante no deudor podrán cambiar el domicilio que hubieren designado para la práctica de requerimientos y notificaciones, sujetándose a las reglas siguientes:

1.ª Cuando los bienes hipotecados sean inmuebles, no será necesario el consentimiento del acreedor, siempre que el cambio tenga lugar dentro de la misma población que se hubiere designado en la escritura, o de cualquier otra que esté enclavada en el término en que radiquen las fincas y que sirva para determinar la competencia del Juzgado.

Para cambiar ese domicilio a punto diferente de los expresados será necesaria la conformidad del acreedor.

2.ª Cuando se trate de hipoteca mobiliaria, el domicilio no podrá ser cambiado sin consentimiento del acreedor.

3.ª En caso de hipoteca naval, bastará con poner en conocimiento del acreedor el cambio de domicilio.

En todo caso, será necesario acreditar la notificación fehaciente al acreedor.

2. Los cambios de domicilio a que hace referencia el apartado anterior se harán constar en el Registro por nota al margen de la inscripción de hipoteca, bien mediante instancia con firma legitimada o ratificada ante el Registrador, bien mediante instancia presentada telemáticamente en el Registro, garantizada con certificado reconocido de firma electrónica, o bien mediante acta notarial.

3. A efectos de requerimientos y notificaciones, el domicilio de los terceros adquirentes de bienes hipotecados será el que aparezca designado en la inscripción de su adquisición. En todo caso será de aplicación la previsión contenida en el apartado 1 del artículo 660.

Artículo 684. *Competencia*

1. Para conocer de los procedimientos a que se refiere el presente capítulo será competente:

1.º Si los bienes hipotecados fueren inmuebles, el Juzgado de Primera Instancia del lugar en que radique la finca y si ésta radicare en más de un partido

---

[890] Modificado por la Ley 19/2015, de 13 de julio. Entrada en vigor desde 15 de octubre de 2015.

judicial, lo mismo que si fueren varias y radicaren en diferentes partidos, el Juzgado de Primera Instancia de cualquiera de ellos, a elección del demandante, sin que sean aplicables en este caso las normas sobre sumisión expresa o tácita contenidas en la presente Ley.

2.º Si los bienes hipotecados fueren buques, el Juzgado de Primera Instancia al que se hubieran sometido las partes en el título constitutivo de la hipoteca y, en su defecto, el Juzgado del lugar en que se hubiere constituido la hipoteca, el del puerto en que se encuentre el buque hipotecado, el del domicilio del demandado o el del lugar en que radique el Registro en que fue inscrita la hipoteca, a elección del actor.

3.º Si los bienes hipotecados fueren muebles, el Juzgado de Primera Instancia al que las partes se hubieran sometido en la escritura de constitución de hipoteca y, en su defecto, el del partido judicial donde ésta hubiere sido inscrita. Si fueren varios los bienes hipotecados e inscritos en diversos Registros, será competente el Juzgado de Primera Instancia de cualquiera de los partidos judiciales correspondientes, a elección del demandante.

4.º Si se tratase de bienes pignorados, el Juzgado de Primera Instancia al que las partes se hubieren sometido en la escritura o póliza de constitución de la garantía y, en su defecto, el del lugar en que los bienes se hallen, estén almacenados o se entiendan depositados.

2. El tribunal examinará de oficio su propia competencia territorial[891].

Artículo 685[892]. *Demanda ejecutiva y documentos que han de acompañarse a la misma*

1. La demanda ejecutiva deberá dirigirse frente al deudor y, en su caso, frente al hipotecante no deudor o frente al tercer poseedor de los bienes hipotecados, siempre que este último hubiese acreditado al acreedor la adquisición de dichos bienes[893].

2. A la demanda se acompañarán el título o títulos de crédito, revestidos de los requisitos que esta ley exige para el despacho de la ejecución, así como los demás documentos a que se refieren el artículo 550 y, en sus respectivos casos, los artículos 573 y 574 de la presente ley.

---

[891] Véase el art. 58 de la presente norma.

[892] Modificado el apartado segundo por la Ley 12/2023, de 24 de mayo. Entrada en vigor desde 26 de mayo de 2023. Añadido el apartado quinto por la Ley 19/2015, de 13 de julio. Entrada en vigor desde 15 de octubre de 2015. Modificado el apartado tercero por la Ley 14/2014, de 24 de julio. Entrada en vigor desde 25 de septiembre de 2014.

[893] Véase el art. 549 de la presente norma.

En caso de ejecución sobre bienes hipotecados o sobre bienes en régimen de prenda sin desplazamiento, si no pudiese presentarse el título inscrito, deberá acompañarse con el que se presente certificación del Registro que acredite la inscripción y subsistencia de la hipoteca.

En supuestos de demanda de ejecución sobre bienes hipotecados deberá indicarse si el inmueble objeto de la misma constituye la vivienda habitual del deudor, así como si concurre en la parte ejecutante la condición de gran tenedora de vivienda conforme a lo previsto en la letra b) del apartado 6 del artículo 439.

En el caso de indicarse que no se tiene la condición de gran tenedor, a efectos de corroborar tal extremo, se deberá adjuntar a la demanda certificación del Registro de la Propiedad en el que consten la relación de propiedades a nombre de la parte actora[894].

3. A los efectos del procedimiento regulado en el presente capítulo se considerará título suficiente para despachar ejecución el documento privado de constitución de la hipoteca naval inscrito en el Registro de Bienes Muebles conforme a lo dispuesto en el artículo 128 de la Ley de Navegación Marítima.

4. Para la ejecución de las hipotecas sobre bienes inmuebles constituidas a favor de una Entidad de las que legalmente pueden llegar a emitir cédulas hipotecarias o que, al iniciarse el procedimiento, garanticen créditos y préstamos afectos a una emisión de bonos hipotecarios, bastará la presentación de una certificación del Registro de la Propiedad que acredite la inscripción y subsistencia de la hipoteca. Dicha certificación se completará con cualquier copia autorizada de la escritura de hipoteca, que podrá ser parcial comprendiendo tan sólo la finca o fincas objeto de la ejecución.

5. A los efectos previstos en el apartado 1 del artículo 579 será necesario, para que pueda despacharse ejecución por la cantidad que falte y contra quienes proceda, que se les haya notificado la demanda ejecutiva inicial. Esta notificación podrá ser practicada por el procurador de la parte ejecutante que así lo solicite o cuando atendiendo a las circunstancias lo acuerde el Letrado de la Administración de Justicia.

La cantidad reclamada en ésta será la que servirá de base para despachar ejecución contra los avalistas o fiadores sin que pueda ser aumentada por razón de los intereses de demora devengados durante la tramitación del procedimiento ejecutivo inicial.

---

[894] Apartado 2 modificado tras la anulación de parte del mismo por su relación con los preceptos anulados por la declaración de inconstitucionalidad decretada por la STC 26/2025, de 29 de enero. Entrada en vigor desde el 28 de febrero de 2025.

Artículo 686[895]. *Requerimiento de pago*

1. En el auto por el que se autorice y despache la ejecución se mandará requerir de pago al deudor y, en su caso, al hipotecante no deudor o al tercer poseedor contra quienes se hubiere dirigido la demanda, en el domicilio que resulte vigente en el Registro.

En el requerimiento a que se refiere el párrafo anterior habrán de incluirse las indicaciones contenidas en el artículo 441.5, produciendo iguales efectos.

2. Sin perjuicio de la notificación al deudor del despacho de la ejecución, no se practicará el requerimiento a que se refiere el apartado anterior cuando se acredite haberse efectuado extrajudicialmente el requerimiento o requerimientos, conforme a lo dispuesto en el apartado 2 del artículo 581.

A estos efectos, el requerimiento al deudor y en su caso las notificaciones al tercer poseedor hipotecante no deudor y titulares, en su caso, de derechos inscritos con posterioridad al derecho real de hipoteca que se ejerce, habrá de realizarse en el domicilio que conste consignado por cada uno de ellos en el Registro. El requerimiento o notificación se hará por el Notario, en la forma que resulte de la legislación notarial, en la persona del destinatario, si se encontrare en el domicilio señalado. No hallándose en el domicilio, el Notario llevará a efecto la diligencia con la persona mayor de edad que allí se encontrare y manifieste tener con el requerido relación personal o laboral. El Notario hará constar expresamente la manifestación de dicha persona sobre su consentimiento a hacerse cargo de la cédula y su obligación de hacerla llegar a su destinatario.

No obstante lo anterior, será válido el requerimiento o la notificación realizada fuera del domicilio que conste en el Registro de la Propiedad siempre que se haga en la persona del destinatario y, previa su identificación por el Notario, con su consentimiento, que será expresado en el acta de requerimiento o notificación.

En caso de que el destinatario sea una persona jurídica el Notario entenderá la diligencia con una persona mayor de edad que se encontrare en el domicilio señalado en el Registro y que forme parte del órgano de administración, que acredite ser representante con facultades suficientes o que a juicio del Notario actúe notoriamente como persona encargada por la persona jurídica de recibir requerimientos o notificaciones fehacientes en su interés.

3. Intentado sin efecto el requerimiento en el domicilio que resulte del Registro, no pudiendo ser realizado el mismo con las personas a las que se refiere el apartado

---

[895] Modificado el apartado primero por el RD-Ley 7/2019, de 1 de marzo. Entrada en vigor desde 6 de marzo de 2019. Modificados los apartados segundo y tercero por la Ley 19/2015, de 13 de julio. Entrada en vigor desde 15 de octubre de 2015.

anterior, y realizadas por la Oficina judicial las averiguaciones pertinentes para determinar el domicilio del deudor, se procederá a ordenar la publicación de edictos en la forma prevista en el artículo 164.

Artículo 687[896]. *Depósito de los vehículos de motor hipotecados y de los bienes pignorados*

1. Cuando el procedimiento tenga por objeto deudas garantizadas por prenda o hipoteca de vehículos de motor, el Letrado de la Administración de Justicia mandará que los bienes pignorados o los vehículos hipotecados se depositen en poder del acreedor o de la persona que éste designe.

Los vehículos depositados se precintarán y no podrán ser utilizados, salvo que ello no fuere posible por disposiciones especiales, en cuyo caso el Letrado de la Administración de Justicia nombrará un interventor[897].

2. El depósito a que se refiere el apartado anterior se acordará mediante decreto por el Letrado de la Administración de Justicia si se hubiere requerido extrajudicialmente de pago al deudor. En otro caso, se ordenará requerir de pago al deudor con arreglo a lo previsto en esta ley y, si éste no atendiera el requerimiento, se mandará constituir el depósito.

3. Cuando no pudieren ser aprehendidos los bienes pignorados, ni constituirse el depósito de los mismos, no se seguirá adelante el procedimiento.

Artículo 688[898]. *Certificación de dominio y cargas. Sobreseimiento de la ejecución en caso de inexistencia o cancelación de la hipoteca*

1. Cuando la ejecución se siga sobre bienes hipotecados, se reclamará del Registrador certificación en la que consten los extremos a que se refiere el apartado 1 del artículo 656, así como inserción literal de la inscripción de hipoteca que se haya de ejecutar, expresándose que la hipoteca en favor del ejecutante se halla subsistente y sin cancelar o, en su caso, la cancelación o modificaciones que aparecieren en el Registro. En todo caso, será de aplicación lo dispuesto en el apartado 3 del artículo 656.

2. El registrador hará constar por nota marginal en la inscripción de hipoteca que se ha expedido la certificación de dominio y cargas, expresando su fecha y la existencia del procedimiento a que se refiere.

---

[896] Modificados los apartados primero y segundo por la Ley 13/2009, de 3 de noviembre. Entrada en vigor desde 4 de mayo de 2010.

[897] Véanse los arts. 626 a 628 de la presente norma.

[898] Modificado el apartado primero por la Ley 19/2015, de 13 de julio. Entrada en vigor desde 15 de octubre de 2015. Modificados los apartados segundo y tercero por la Ley 13/2009, de 3 de noviembre. Entrada en vigor desde 4 de mayo de 2010.

En tanto no se cancele por mandamiento del Letrado de la Administración de Justicia dicha nota marginal, el registrador no podrá cancelar la hipoteca por causas distintas de la propia ejecución.

3. Si de la certificación resultare que la hipoteca en la que el ejecutante funda su reclamación no existe o ha sido cancelada, el Letrado de la Administración de Justicia dictará decreto poniendo fin a la ejecución.

Artículo 689. *Comunicación del procedimiento al titular inscrito y a los acreedores posteriores*

1. Si de la certificación registral apareciere que la persona a cuyo favor resulte practicada la última inscripción de dominio no ha sido requerido de pago en ninguna de las formas notarial o judicial, previstas en los artículos anteriores, se notificará la existencia del procedimiento a aquella persona, en el domicilio que conste en el Registro, para que pueda, si le conviene, intervenir en la ejecución, conforme a lo dispuesto en el artículo 662, o satisfacer antes del remate el importe del crédito y los intereses y costas en la parte que esté asegurada con la hipoteca de su finca.

2. Cuando existan cargas o derechos reales constituidos con posterioridad a la hipoteca que garantiza el crédito del actor, se aplicará lo dispuesto en el artículo 659[899].

Artículo 690[900]. *Administración de la finca o bien hipotecado*

1. Transcurrido el término de 10 días desde el requerimiento de pago o, cuando éste se hubiera efectuado extrajudicialmente, desde el despacho de la ejecución, el acreedor podrá pedir que se le confiera la administración o posesión interina de la finca o bien hipotecado. El acreedor percibirá en dicho caso las rentas vencidas y no satisfechas, si así se hubiese estipulado, y los frutos, rentas y productos posteriores, cubriendo con ello los gastos de conservación y explotación de los bienes y después su propio crédito.

A los efectos anteriormente previstos, la administración interina se notificará al ocupante del inmueble, con la indicación de que queda obligado a efectuar al administrador los pagos que debieran hacer al propietario.

Tratándose de inmuebles desocupados, el administrador será puesto, con carácter provisional, en la posesión material de aquéllos[901].

---

[899] Véase la Instrucción de la DGRN, de 12 de diciembre de 2000.

[900] Modificados los apartados segundo, tercero y cuarto por la Ley 13/2009, de 3 de noviembre. Entrada en vigor desde 4 de mayo de 2010.

[901] Véanse los arts. 630 a 633 de la presente norma.

2. Si los acreedores fuesen más de uno, corresponderá la administración al que sea preferente, según el Registro, y si fueran de la misma prelación podrá pedirla cualquiera de ellos en beneficio común, aplicando los frutos, rentas y productos según determina el apartado anterior, a prorrata entre los créditos de todos los actores. Si lo pidieran varios de la misma prelación, decidirá el Letrado de la Administración de Justicia mediante decreto a su prudente arbitrio.

3. La duración de la administración y posesión interina que se conceda al acreedor no excederá, como norma general, de dos años, si la hipoteca fuera inmobiliaria, y de un año, si fuera mobiliaria o naval. A su término, el acreedor rendirá cuentas de su gestión al Letrado de la Administración de Justicia responsable de la ejecución, quien las aprobará, si procediese. Sin este requisito no podrá proseguirse la ejecución. Contra la resolución del Secretario podrá ser interpuesto recurso directo de revisión.

4. Cuando se siga el procedimiento por deuda garantizada con hipoteca sobre vehículo de motor, sólo se acordará por el Letrado de la Administración de Justicia la administración a que se refieren los apartados anteriores si el acreedor que la solicite presta caución suficiente en cualquiera de las formas previstas en el párrafo segundo del apartado 3 del artículo 529.

5. Cuando la ejecución hipotecaria concurra con un proceso concursal, en materia de administración o posesión interina se estará a lo que disponga el tribunal que conozca del proceso concursal, conforme a las normas reguladoras del mismo.

Artículo 691[902]. *Convocatoria de la subasta de bienes hipotecados. Anuncio y publicidad de la convocatoria*

1. Cumplido lo dispuesto en los artículos anteriores y transcurridos veinte días desde que tuvieron lugar el requerimiento de pago y las notificaciones antes expresadas, se procederá a instancia del actor, del deudor o del tercer poseedor, a la subasta de la finca o bien hipotecado.

2. La subasta se anunciará y dará publicidad en la forma determinada por los artículos 667 y 668.

3. Cuando se siga el procedimiento por deuda garantizada con hipoteca sobre establecimiento mercantil el edicto que se publique en el Portal de Subastas indicará que el adquirente quedará sujeto a lo dispuesto en la Ley sobre arrendamientos urbanos, aceptando, en su caso, el derecho del arrendador a elevar la renta por cesión del contrato.

---

[902] Modificado por la Ley 19/2015, de 13 de julio. Entrada en vigor desde 15 de octubre de 2015.

4. La subasta de bienes hipotecados, sean muebles o inmuebles, se realizará con arreglo a lo dispuesto en esta Ley para la subasta de bienes inmuebles.

5. Cuando le conste al Letrado de la Administración de Justicia la declaración de concurso del deudor, suspenderá la subasta aunque ya se hubiera iniciado. En este caso se reanudará la subasta cuando se acredite, mediante testimonio de la resolución del Juez del concurso, que los bienes o derechos no son necesarios para la continuidad de la actividad profesional o empresarial del deudor, siendo de aplicación lo dispuesto en el apartado 2 del artículo 649. En todo caso el Registrador de la Propiedad notificará a la Oficina judicial ante la que se siga el procedimiento ejecutivo la inscripción o anotación de concurso sobre la finca hipotecada, así como la constancia registral de no estar afecto o no ser necesario el bien a la actividad profesional o empresarial del deudor.

6. En los procesos de ejecución a que se refiere este Capítulo podrán utilizarse también la realización mediante convenio y la realización por medio de persona o entidad especializada reguladas en las Secciones 3.ª y 4.ª del Capítulo IV del presente Título[903].

Artículo 692. *Pago del crédito hipotecario y aplicación del sobrante*

1. El precio del remate se destinará, sin dilación, a pagar al actor el principal de su crédito, los intereses devengados y las costas causadas, sin que lo entregado al acreedor por cada uno de estos conceptos exceda del límite de la respectiva cobertura hipotecaria; el exceso, si lo hubiere, se depositará a disposición de los titulares de derechos posteriores inscritos o anotados sobre el bien hipotecado. Satisfechos, en su caso, los acreedores posteriores, se entregará el remanente al propietario del bien hipotecado.

No obstante lo dispuesto en el párrafo anterior, cuando el propietario del bien hipotecado fuera el propio deudor, el precio del remate, en la cuantía que exceda del límite de la cobertura hipotecaria, se destinará al pago de la totalidad de lo que se deba al ejecutante por el crédito que sea objeto de la ejecución, una vez satisfechos, en su caso, los créditos inscritos o anotados posteriores a la hipoteca y siempre que el deudor no se encuentre en situación de suspensión de pagos, concurso o quiebra[904].

2. Quien se considere con derecho al remanente que pudiera quedar tras el pago a los acreedores posteriores podrá promover el incidente previsto en el apartado 2 del artículo 672.

---

[903] Véanse los arts. 640 y 641 de la presente norma.
[904] Véase el art. 579 de la presente norma.

Lo dispuesto en este apartado y en el anterior se entiende sin perjuicio del destino que deba darse al remanente cuando se hubiera ordenado su retención en alguna otra ejecución singular o en cualquier proceso concursal.

3. En el mandamiento que se expida para la cancelación de la hipoteca que garantizaba el crédito del ejecutante y, en su caso, de las inscripciones y anotaciones posteriores, se expresará, además de lo dispuesto en el artículo 674, que se hicieron las notificaciones a que se refiere el artículo 689.

Artículo 693[905]. *Reclamación limitada a parte del capital o de los intereses cuyo pago deba hacerse en plazos diferentes. Vencimiento anticipado de deudas a plazos*

1. Lo dispuesto en este Capítulo será aplicable al caso en que deje de pagarse una parte del capital del crédito o los intereses, cuyo pago deba hacerse en plazos, si vencieren al menos tres plazos mensuales sin cumplir el deudor su obligación de pago o un número de cuotas tal que suponga que el deudor ha incumplido su obligación por un plazo al menos equivalente a tres meses. Así se hará constar por el Notario en la escritura de constitución y por el Registrador en el asiento correspondiente. Si para el pago de alguno de los plazos del capital o de los intereses fuere necesario enajenar el bien hipotecado, y aún quedaren por vencer otros plazos de la obligación, se verificará la venta y se transferirá la finca al comprador con la hipoteca correspondiente a la parte del crédito que no estuviere satisfecha.

2. Podrá reclamarse la totalidad de lo adeudado por capital y por intereses en los términos en los que así se hubiese convenido en la escritura de constitución y consten en el asiento respectivo. Siempre que se trate de un préstamo o crédito concluido por una persona física y que esté garantizado mediante hipoteca sobre vivienda o cuya finalidad sea la adquisición de bienes inmuebles para uso residencial, se estará a lo que prescriben el artículo 24 de la Ley 5/2019, reguladora de los contratos de crédito inmobiliario y, en su caso, el artículo 129 bis de la Ley Hipotecaria.

3. En el caso a que se refiere el apartado anterior, el acreedor podrá solicitar que, sin perjuicio de que la ejecución se despache por la totalidad de la deuda, se comunique al deudor que, antes de que se cierre la subasta, podrá liberar el bien mediante la consignación de la cantidad exacta que por principal e intereses estuviere vencida en la fecha de presentación de la demanda, incrementada, en su caso, con los vencimientos del préstamo y los intereses de demora que se vayan produciendo a lo largo del procedimiento y resulten impagados en todo o en parte. A estos efectos, el

---

[905] Modificado por la Ley 19/2015, de 13 de julio. Entrada en vigor desde 15 de octubre de 2015. Modificado el apartado segundo por la Ley 5/2019, de 15 de marzo. Entrada en vigor desde 16 de junio de 2019.

acreedor podrá solicitar que se proceda conforme a lo previsto en el apartado 2 del artículo 578.

Si el bien hipotecado fuese la vivienda habitual, el deudor podrá, aun sin el consentimiento del acreedor, liberar el bien mediante la consignación de las cantidades expresadas en el párrafo anterior.

Liberado un bien por primera vez, podrá liberarse en segunda o ulteriores ocasiones siempre que, al menos, medien tres años entre la fecha de la liberación y la del requerimiento de pago judicial o extrajudicial efectuada por el acreedor.

Si el deudor efectuase el pago en las condiciones previstas en los apartados anteriores, se tasarán las costas, que se calcularán sobre la cuantía de las cuotas atrasadas abonadas, con el límite previsto en el artículo 575.1 bis y, una vez satisfechas éstas, el Letrado de la Administración de Justicia dictará decreto liberando el bien y declarando terminado el procedimiento. Lo mismo se acordará cuando el pago lo realice un tercero con el consentimiento del ejecutante.

Artículo 694. *Realización de los bienes pignorados*

1. Constituido el depósito de los bienes pignorados, se procederá a su realización conforme a lo dispuesto en esta Ley para el procedimiento de apremio[906].

2. Cuando los bienes pignorados no fueren de aquéllos a que se refiere la sección 1.a del capítulo IV de este Título, se mandará anunciar la subasta conforme a lo previsto en los artículos 645 y siguientes de esta Ley.

El valor de los bienes para la subasta será el fijado en la escritura o póliza de constitución de la prenda y, si no se hubiese señalado, el importe total de la reclamación por principal, intereses y costas.

Artículo 695[907]. *Oposición a la ejecución*

1. En los procedimientos a que se refiere este Capítulo sólo se admitirá la oposición del ejecutado cuando se funde en las siguientes causas:

1.ª Extinción de la garantía o de la obligación garantizada, siempre que se presente certificación del Registro expresiva de la cancelación de la hipoteca

---

[906] Véanse los arts. 634 a 636 de la presente norma.

[907] Modificado por la Ley 1/2013, de 14 de mayo. Entrada en vigor desde 15 de mayo de 2013. Modificado el apartado segundo por la Ley 8/2013, de 26 de junio. Entrada en vigor desde 28 de junio de 2013. Modificado el apartado tercero por el RD-Ley 6/2023, de 19 de diciembre. Entrada en vigor desde 20 de marzo de 2024. Modificado el apartado cuarto por la Ley 9/2015, de 25 de mayo. Entrada en vigor desde 27 de mayo de 2015.

o, en su caso, de la prenda sin desplazamiento, o escritura pública de carta de pago o de cancelación de la garantía.

2.ª Error en la determinación de la cantidad exigible, cuando la deuda garantizada sea el saldo que arroje el cierre de una cuenta entre ejecutante y ejecutado. El ejecutado deberá acompañar su ejemplar de la libreta en la que consten los asientos de la cuenta y sólo se admitirá la oposición cuando el saldo que arroje dicha libreta sea distinto del que resulte de la presentada por el ejecutante.

No será necesario acompañar libreta cuando el procedimiento se refiera al saldo resultante del cierre de cuentas corrientes u operaciones similares derivadas de contratos mercantiles otorgados por entidades de crédito, ahorro o financiación en los que se hubiere convenido que la cantidad exigible en caso de ejecución será la especificada en certificación expedida por la entidad acreedora, pero el ejecutado deberá expresar con la debida precisión los puntos en que discrepe de la liquidación efectuada por la entidad.

3.ª En caso de ejecución de bienes muebles hipotecados o sobre los que se haya constituido prenda sin desplazamiento, la sujeción de dichos bienes a otra prenda, hipoteca mobiliaria o inmobiliaria o embargo inscritos con anterioridad al gravamen que motive el procedimiento, lo que habrá de acreditarse mediante la correspondiente certificación registral.

4.ª El carácter abusivo de una cláusula contractual que constituya el fundamento de la ejecución o que hubiese determinado la cantidad exigible[908].

2. Formulada la oposición a la que se refiere el apartado anterior, el Letrado de la Administración de Justicia suspenderá la ejecución y convocará a las partes a una comparecencia ante el Tribunal que hubiera dictado la orden general de ejecución, debiendo mediar quince días desde la citación, comparecencia en la que el Tribunal oirá a las partes, admitirá los documentos que se presenten y acordará en forma de auto lo que estime procedente dentro del segundo día.

3. El auto que estime la oposición basada en las causas 1.ª y 3.ª del apartado 1 de este artículo mandará sobreseer la ejecución; el que estime la oposición basada en la causa 2.ª fijará la cantidad por la que haya de seguirse la ejecución.

De estimarse la causa 4.ª, se acordará el sobreseimiento de la ejecución cuando la cláusula contractual fundamente la ejecución. En otro caso, se continuará la ejecución con la inaplicación de la cláusula abusiva. El auto se pronunciará expresamente sobre el carácter abusivo de las cláusulas examinadas, y una vez firme, dicho pronunciamiento tendrá eficacia de cosa juzgada.

---

[908] Véase la DT 4.ª.2 de la Ley 1/2013, de 14 de mayo.

4. Contra el auto que ordene el sobreseimiento de la ejecución, la inaplicación de una cláusula abusiva o la desestimación de la oposición por la causa prevista en el apartado 1.4.° anterior, podrá interponerse recurso de apelación.

Fuera de estos casos, los autos que decidan la oposición a que se refiere este artículo no serán susceptibles de recurso alguno y sus efectos se circunscribirán exclusivamente al proceso de ejecución en que se dicten[909].

Artículo 696. *Tercerías de dominio*

1. Para que pueda admitirse la tercería de dominio en los procedimientos a que se refiere este capítulo, deberá acompañarse a la demanda título de propiedad de fecha fehaciente anterior a la de constitución de la garantía. Si se tratare de bienes cuyo dominio fuere susceptible de inscripción en algún Registro, dicho título habrá de estar inscrito a favor del tercerista o de su causante con fecha anterior a la de inscripción de la garantía, lo que se acreditará mediante certificación registral expresiva de la inscripción del título del tercerista o de su causante y certificación de no aparecer extinguido ni cancelado en el Registro el asiento de dominio correspondiente[910].

2. La admisión de la demanda de tercería suspenderá la ejecución respecto de los bienes a los que se refiera y, si éstos fueren sólo parte de los comprendidos en la garantía, podrá seguir el procedimiento respecto de los demás, si así lo solicitare el acreedor.

Artículo 697. *Suspensión de la ejecución por prejudicialidad penal*

Fuera de los casos a que se refieren los dos artículos anteriores, los procedimientos a que se refiere este capítulo sólo se suspenderán por prejudicialidad penal, cuando se acredite, conforme a lo dispuesto en el artículo 569 de esta Ley, la existencia de causa criminal sobre cualquier hecho de apariencia delictiva que determine la falsedad del título, la invalidez o ilicitud del despacho de la ejecución.

Artículo 698. *Reclamaciones no comprendidas en los artículos anteriores*

1. Cualquier reclamación que el deudor, el tercer poseedor y cualquier interesado puedan formular y que no se halle comprendida en los artículos anteriores, incluso las que versen sobre nulidad del título o sobre el vencimiento, certeza, extinción o cuantía de la deuda, se ventilarán en el juicio que corresponda, sin producir nunca el efecto de suspender ni entorpecer el procedimiento que se establece en el presente capítulo.

---

[909] Véanse la DT 4.ª de la Ley 9/2015, de 25 de mayo, y los arts. 557.1, 675 y 695.1 de la presente norma.
[910] Véanse los arts. 593 a 604 de la presente norma.

La competencia para conocer de este proceso se determinará por las reglas ordinarias.

2. Al tiempo de formular la reclamación a que se refiere el apartado anterior o durante el curso de juicio a que diere lugar, podrá solicitarse que se asegure la efectividad de la sentencia que se dicte en el mismo, con retención del todo o de una parte de la cantidad que, por el procedimiento que se regula en este capítulo, deba entregarse al acreedor.

El tribunal, mediante providencia, decretará esta retención en vista de los documentos que se presenten, si estima bastantes las razones que se aleguen. Si el que solicitase la retención no tuviera solvencia notoria y suficiente, el tribunal deberá exigirle previa y bastante garantía para responder de los intereses de demora y del resarcimiento de cualesquiera otros daños y perjuicios que puedan ocasionarse al acreedor.

3. Cuando el acreedor afiance a satisfacción del tribunal la cantidad que estuviere mandada retener a las resultas del juicio a que se refiere el apartado primero, se alzará la retención.

TÍTULO V
De la ejecución no dineraria
(arts. 699 a 720)

CAPÍTULO I
De las disposiciones generales
(arts. 699 a 700)

Artículo 699. *Despacho de la ejecución*

Cuando el título ejecutivo contuviere condena u obligación de hacer o no hacer o de entregar cosa distinta a una cantidad de dinero, en el auto por el que se despache ejecución se requerirá al ejecutado para que, dentro del plazo que el tribunal estime adecuado, cumpla en sus propios términos lo que establezca el título ejecutivo.

En el requerimiento, el tribunal podrá apercibir al ejecutado con el empleo de apremios personales o multas pecuniarias.

Artículo 700[911]. *Embargo de garantía y caución sustitutoria*

Si el requerimiento para hacer, no hacer o entregar cosa distinta de una cantidad de dinero no pudiere tener inmediato cumplimiento, el Letrado de la Administración de

[911] Modificado por la Ley 13/2009, de 3 de noviembre. Entrada en vigor desde 4 de mayo de 2010.

Justicia, a instancia del ejecutante, podrá acordar las medidas de garantía que resulten adecuadas para asegurar la efectividad de la condena.

Se acordará, en todo caso, cuando el ejecutante lo solicite, el embargo de bienes del ejecutado en cantidad suficiente para asegurar el pago de las eventuales indemnizaciones sustitutorias y las costas de la ejecución. Contra este decreto cabe recurso directo de revisión sin efecto suspensivo ante el Tribunal que dictó la orden general de ejecución.

El embargo se alzará si el ejecutado presta caución en cuantía suficiente fijada por el Letrado de la Administración de Justicia al acordar el embargo, en cualquiera de las formas previstas en el párrafo segundo del apartado 3 del artículo 529.

CAPÍTULO II
De la ejecución por deberes de entregar cosa
(arts. 701 a 704)

Artículo 701[912]. *Entrega de cosa mueble determinada*

1. Cuando del título ejecutivo se desprenda el deber de entregar cosa mueble cierta y determinada y el ejecutado no lleve a cabo la entrega dentro del plazo que se le haya concedido, el Letrado de la Administración de Justicia responsable de la ejecución pondrá al ejecutante en posesión de la cosa debida, empleando para ello los apremios que crea precisos. Si fuera necesario proceder a la entrada en lugares cerrados recabará la autorización del Tribunal que hubiera ordenado la ejecución, pudiéndose auxiliar de la fuerza pública, si fuere preciso[913].

Cuando se trate de bienes muebles sujetos a un régimen de publicidad registral similar al inmobiliario, se dispondrá también lo necesario para adecuar el Registro de que se trate al título ejecutivo[914].

2. Si se ignorase el lugar en que la cosa se encuentra o si no se encontrara al buscarla en el sitio en que debiera hallarse, el Letrado de la Administración de Justicia interrogará al ejecutado o a terceros, con apercibimiento de incurrir en desobediencia, para que digan si la cosa está o no en su poder y si saben dónde se encuentra.

3. Cuando, habiéndose procedido según lo dispuesto en los apartados anteriores, no pudiere ser habida la cosa, ordenará el tribunal, mediante providencia, a instancia

---

[912] Modificados los párrafos 1 y 3 por la Ley 13/2009, de 3 de noviembre. Entrada en vigor desde 4 de mayo de 2010.
[913] Véanse los arts. 1095 y 1096 del CC.
[914] Véase, además del artículo 1096, el artículo 1097 del CC.

de ejecutante, que la falta de entrega de la cosa o cosas debidas se sustituya por una justa compensación pecuniaria, que se establecerá con arreglo a los artículos 712 y siguientes.

Artículo 702[915]. *Entrega de cosas genéricas o indeterminadas*

1. Si el título ejecutivo se refiere a la entrega de cosas genéricas o indeterminadas, que pueden ser adquiridas en los mercados y, pasado el plazo, no se hubiese cumplido el requerimiento, el ejecutante podrá instar del Letrado de la Administración de Justicia que le ponga en posesión de las cosas debidas o que se le faculte para que las adquiera, a costa del ejecutado, ordenando, al mismo tiempo, el embargo de bienes suficientes para pagar la adquisición, de la que el ejecutante dará cuenta justificada.

2. Si el ejecutante manifestara que la adquisición tardía de las cosas genéricas o indeterminadas con arreglo al apartado anterior no satisface ya su interés legítimo, se determinará el equivalente pecuniario, con los daños y perjuicios que hubieran podido causarse al ejecutante, que se liquidarán con arreglo a los artículo 712 y siguientes.

Artículo 703[916]. *Entrega de bienes inmuebles*

1. Si el título dispusiere la transmisión o entrega de un bien inmueble, una vez dictado el auto autorizando y despachando la ejecución, el Letrado de la Administración de Justicia responsable de la misma ordenará de inmediato lo que proceda según el contenido de la condena y, en su caso, dispondrá lo necesario para adecuar el Registro al título ejecutivo.

Si en el inmueble que haya de entregarse hubiere cosas que no sean objeto del título, el Letrado de la Administración de Justicia requerirá al ejecutado para que las retire dentro del plazo que señale. Si no las retirare, se considerarán bienes abandonados a todos los efectos.

En los casos de desahucio por falta de pago de rentas o cantidades debidas, o por expiración legal o contractual del plazo, para evitar demoras en la práctica del lanzamiento, previa autorización del Letrado de la Administración de Justicia, bastará con la presencia de un único funcionario con categoría de Gestor, que podrá solicitar el auxilio, en su caso, de la fuerza pública.

---

[915] Modificado por la Ley 13/2009, de 3 de noviembre. Entrada en vigor desde 4 de mayo de 2010.

[916] Modificado el apartado 1 por la Ley 4/2013, de 4 de junio. Entrada en vigor desde 6 de junio de 2023. Modificado el apartado 4 por la Ley 19/2009, de 23 de noviembre. Entrada en vigor desde 24 de diciembre de 2009.

2. Cuando en el acto del lanzamiento se reivindique por el que desaloje la finca la titularidad de cosas no separables, de consistir en plantaciones o instalaciones estrictamente necesarias para la utilización ordinaria del inmueble, se resolverá en la ejecución sobre la obligación de abono de su valor, de instarlo los interesados en el plazo de 5 días a partir del desalojo.

3. De hacerse constar en el lanzamiento la existencia de desperfectos en el inmueble originados por el ejecutado o los ocupantes, se podrá acordar la retención y constitución en depósito de bienes suficientes del posible responsable, para responder de los daños y perjuicios causados, que se liquidarán, en su caso y a petición del ejecutante, de conformidad con lo previsto en los artículos 712 y siguientes.

4. Si con anterioridad a la fecha fijada para el lanzamiento, en caso de que el título consista en una sentencia dictada en un juicio de desahucio de finca urbana, se entregare la posesión efectiva al demandante, acreditándolo el arrendador ante el Letrado de la Administración de Justicia encargado de la ejecución, se dictará decreto declarando ejecutada la sentencia y cancelando la diligencia, a no ser que el demandante interese su mantenimiento para que se levante acta del estado en que se encuentre la finca.

Artículo 704[917]. *Ocupantes de inmuebles que deban entregarse*

1. Cuando el inmueble cuya posesión se deba entregar fuera vivienda habitual del ejecutado o de quienes de él dependan, el Letrado de la Administración de Justicia les dará un plazo de un mes para desalojarlo. De existir motivo fundado, podrá prorrogarse dicho plazo un mes más[918].

Transcurridos los plazos señalados, se procederá de inmediato al lanzamiento, fijándose día y hora exacta de éste tanto en la resolución inicial como en la que acuerde la prórroga o en cualquier resolución ulterior que acuerde el lanzamiento, aunque este se haya intentado practicar con anterioridad.

2. Si el inmueble a cuya entrega obliga el título ejecutivo estuviera ocupado por terceras personas distintas del ejecutado y de quienes con él compartan la utilización de aquél, el Letrado de la Administración de Justicia responsable de la ejecución, tan pronto como conozca su existencia, les notificará el despacho de la ejecución o la pendencia de ésta, para que, en el plazo de 10 días, presenten los títulos que justifiquen su situación[919].

---

[917] Modificado por la Ley 12/2023, de 24 de mayo. Entrada en vigor desde 26 de mayo de 2023.
[918] Modificado por la Ley 13/2009, de 3 de noviembre. Entrada en vigor desde 4 de mayo de 2010.
[919] Modificado por la Ley 13/2009, de 3 de noviembre. Entrada en vigor desde 4 de mayo de 2010.

El ejecutante podrá pedir al tribunal el lanzamiento de quienes considere ocupantes de mero hecho o sin título suficiente. De esta petición se dará traslado a las personas designadas por el ejecutante, prosiguiendo las actuaciones conforme a lo previsto en los apartados 3 y 4 del artículo 675.

CAPÍTULO III
De la ejecución por obligaciones de hacer y no hacer
(arts. 705 a 711)

Artículo 705. *Requerimiento y fijación de plazo*[920]

Si el título ejecutivo obliga a hacer alguna cosa el tribunal requerirá al deudor para que la haga dentro de un plazo que fijará según la naturaleza el hacer y las circunstancias que concurran. A petición del ejecutante y a su costa, el o la Letrada de la Administración de Justicia podrá delegar en el o la profesional de la Procura de aquél la práctica de dicho requerimiento.

Artículo 706[921]. *Condena de hacer no personalísimo*

1. Cuando el hacer a que obligue el título ejecutivo no sea personalísimo, si el ejecutado no lo llevara a cabo en el plazo señalado por el Letrado de la Administración de Justicia, el ejecutante podrá pedir que se le faculte para encargarlo a un tercero, a costa del ejecutado, o reclamar el resarcimiento de daños y perjuicios.

Cuando el título contenga una disposición expresa para el caso de incumplimiento del deudor, se estará a lo dispuesto en aquél, sin que el ejecutante pueda optar entre la realización por tercero o el resarcimiento[922].

2. Si, conforme a lo dispuesto en el apartado anterior, el ejecutante optare por encargar el hacer a un tercero, se valorará previamente el coste de dicho hacer por un perito tasador designado por el Letrado de la Administración de Justicia y, si el ejecutado no depositase la cantidad que éste apruebe mediante decreto, susceptible de recurso directo de revisión sin efecto suspensivo ante el Tribunal que dictó la orden general de ejecución, o no afianzase el pago, se procederá de inmediato al embargo de bienes y a su realización forzosa hasta obtener la suma que sea necesaria.

Cuando el ejecutante optare por el resarcimiento de daños y perjuicios, se procederá a cuantificarlos conforme a lo previsto en los artículos 712 y siguientes.

---

[920] Artículo modificado por la LO 1/2025, de 2 de enero. Entrada en vigor el 3 de abril de 2025.
[921] Modificado por la Ley 13/2009, de 3 de noviembre. Entrada en vigor desde 4 de mayo de 2010.
[922] Véase el art. 1098 del CC.

Artículo 707. *Publicación de la sentencia en medios de comunicación*[923]

Cuando la sentencia ordene la publicación o difusión, total o parcial, de su contenido en medios de comunicación a costa de la parte vencida en el proceso, podrá despacharse la ejecución para obtener la efectividad de este pronunciamiento, requiriéndose por el Letrado de la Administración de Justicia al ejecutado para que contrate los anuncios que sean procedentes. A petición del ejecutante y a su costa, el o la Letrada de la Administración de Justicia podrá delegar la práctica de este requerimiento en la persona profesional de la Procura.

Artículo 708[924]. *Condena a la emisión de una declaración de voluntad*

1. Cuando una resolución judicial o arbitral firme condene a emitir una declaración de voluntad, transcurrido el plazo de veinte días que establece el artículo 548 sin que haya sido emitida por el ejecutado, el Tribunal competente, por medio de auto, resolverá tener por emitida la declaración de voluntad, si estuviesen predeterminados los elementos esenciales del negocio. Emitida la declaración, el ejecutante podrá pedir que el Letrado de la Administración de Justicia responsable de la ejecución libre, con testimonio del auto, mandamiento de anotación o inscripción en el Registro o Registros que correspondan, según el contenido y objeto de la declaración de voluntad.

Lo anterior se entenderá sin perjuicio de la observancia de las normas civiles y mercantiles sobre forma y documentación de actos y negocios jurídicos.

2. Si, en los casos del apartado anterior, no estuviesen predeterminados algunos elementos no esenciales del negocio o contrato sobre el que deba recaer la declaración de voluntad, el tribunal, oídas las partes, los determinará en la propia resolución en que tenga por emitida la declaración, conforme a lo que sea usual en el mercado o en el tráfico jurídico.

Cuando la indeterminación afectase a elementos esenciales del negocio o contrato sobre el que debiere recaer la declaración de voluntad, si ésta no se emitiere por el condenado, procederá la ejecución por los daños y perjuicios causados al ejecutante, que se liquidarán con arreglo a los artículos 712 y siguientes.

Artículo 709[925]. *Condena de hacer personalísimo*

1. Cuando el título ejecutivo se refiera a un hacer personalísimo, el ejecutado podrá manifestar al tribunal, dentro del plazo que se le haya concedido para cumplir el

---

[923] Artículo modificado por la LO 1/2025, de 2 de enero. Entrada en vigor el 3 de abril de 2025.
[924] Modificado por la Ley 13/2009, de 3 de noviembre. Entrada en vigor desde 4 de mayo de 2010.
[925] Modificado por la Ley 13/2009, de 3 de noviembre. Entrada en vigor desde 4 de mayo de 2010.

requerimiento a que se refiere el artículo 699, los motivos por los que se niega a hacer lo que el título dispone y alegar lo que tenga por conveniente sobre el carácter personalísimo o no personalísimo de la prestación debida. Transcurrido este plazo sin que el ejecutado haya realizado la prestación, el ejecutante podrá optar entre pedir que la ejecución siga adelante para entregar a aquél un equivalente pecuniario de la prestación de hacer o solicitar que se apremie al ejecutado con una multa por cada mes que transcurra sin llevarlo a cabo desde la finalización del plazo. El tribunal resolverá por medio de auto lo que proceda, accediendo a lo solicitado por el ejecutante cuando estime que la prestación que sea objeto de la condena tiene las especiales cualidades que caracterizan el hacer personalísimo. En otro caso, ordenará proseguir la ejecución con arreglo a lo dispuesto en el artículo 706.

2. Si se acordase seguir adelante la ejecución para obtener el equivalente pecuniario de la prestación debida, en la misma resolución se impondrá al ejecutado una única multa con arreglo a lo dispuesto en el artículo 711.

3. Cuando se acuerde apremiar al ejecutado con multas mensuales, se reiterarán trimestralmente por el Letrado de la Administración de Justicia responsable de la ejecución los requerimientos hasta que se cumpla un año desde el primero. Si, al cabo del año, el ejecutado continuare rehusando hacer lo que dispusiere el título, proseguirá la ejecución para entregar al ejecutante un equivalente pecuniario de la prestación o para la adopción de cualesquiera otras medidas que resulten idóneas para la satisfacción del ejecutante y que, a petición de éste y oído el ejecutado podrá acordar el tribunal. A petición del ejecutante y a su costa, el o la Letrada de la Administración de Justicia podrá acordar que la práctica de los requerimientos se realice por la persona profesional de la Procura[926].

4. No serán de aplicación las disposiciones de los anteriores apartados de este artículo cuando el título ejecutivo contenga una disposición expresa para el caso de incumplimiento del deudor. En tal caso, se estará a lo dispuesto en aquél.

Artículo 710[927]. *Condenas de no hacer*

1. Si el condenado a no hacer alguna cosa quebrantare la sentencia, se le requerirá, a instancia del ejecutante por parte del Letrado de la Administración de Justicia responsable de la ejecución, para que deshaga lo mal hecho si fuere posible, indemnice los daños y perjuicios causados y, en su caso, se abstenga de reiterar el quebran-

---

[926] Apartado 3 modificado por la LO 1/2025, de 2 de enero. Entrada en vigor el 3 de abril de 2025.
[927] Modificado por la Ley 13/2009, de 3 de noviembre. Entrada en vigor desde 4 de mayo de 2010.

tamiento, con apercibimiento de incurrir en el delito de desobediencia a la autoridad judicial[928].

Se procederá de esta forma cuantas veces incumpla la condena y para que deshaga lo mal hecho se le intimará por el letrado de la Administración de Justicia con la imposición de multas por cada mes que transcurra sin hacerlo. A petición del ejecutante y a su costa, el o la Letrada de la Administración de Justicia podrá acordar que estas resoluciones sean notificadas por la persona profesional de la Procura[929].

2. Si, atendida la naturaleza de la condena de no hacer, su incumplimiento no fuera susceptible de reiteración y tampoco fuera posible deshacer lo mal hecho, la ejecución procederá para resarcir al ejecutante por los daños y perjuicios que se le hayan causado[930].

Artículo 711[931]. *Cuantía de las multas coercitivas*[932]

1. Para determinar la cuantía de las multas previstas en los artículos anteriores se tendrá en cuenta el precio o la contraprestación del hacer personalísimo establecidos en el título ejecutivo y, si no constaran en él o se tratara de deshacer lo mal hecho, el coste dinerario que en el mercado se atribuya a esas conductas[933].

Las multas mensuales podrán ascender a un 20 por ciento del precio o valor y la multa única al 50 por ciento de dicho precio o valor.

2. La sentencia estimatoria de una acción de cesación en defensa de los intereses colectivos y de los intereses difusos de los consumidores y usuarios impondrá, sin embargo, una multa que oscilará entre seiscientos y sesenta mil euros, por día de retraso en la ejecución de la resolución judicial en el plazo señalado en la sentencia, según la naturaleza e importancia del daño producido y la capacidad económica del condenado. Dicha multa deberá ser ingresada en el Tesoro Público.

---

[928] Véase el art. 556 del CP.

[929] Apartado 1 modificado por la LO 1/2025, de 2 de enero. Entrada en vigor el 3 de abril de 2025.

[930] Véase el art. 1099 del CC.

[931] Véase el art. 292 de la presente norma.

[932] Modificado por el artículo 1.8 de la Ley 39/2002, de 28 de octubre. Entrada en vigor desde 18 de noviembre de 2002.

[933] Modificado por la Ley 13/2009, de 3 de noviembre. Entrada en vigor desde 4 de mayo de 2010.

CAPÍTULO IV
De la liquidación de daños y perjuicios, frutos y rentas y la rendición de cuentas
(arts. 712 a 720)

Artículo 712[934]. Ámbito de aplicación del procedimiento

Se procederá del modo que ordenan los artículos siguientes siempre que, conforme a esta Ley, deba determinarse en la ejecución forzosa el equivalente pecuniario de una prestación no dineraria o fijar la cantidad debida en concepto de daños y perjuicios o de frutos, rentas, utilidades o productos de cualquier clase o determinar el saldo resultante de la rendición de cuentas de una administración.

Artículo 713[935]. Petición de liquidación y presentación de relación de daños y perjuicios

1. Junto con el escrito en que solicite motivadamente su determinación judicial, el que haya sufrido los daños y perjuicios presentará una relación detallada de ellos, con su valoración, pudiendo acompañar los dictámenes y documentos que considere oportunos.

2. Del escrito y de la relación de daños y perjuicios y demás documentos se dará traslado por el Letrado de la Administración de Justicia a quien hubiere de abonar los daños y perjuicios, para que, en el plazo de 10 días, conteste lo que estime conveniente.

Artículo 714[936]. Conformidad del deudor con la relación de daños y perjuicios

1. Si el deudor se conforma con la relación de los daños y perjuicios y su importe, la aprobará el Letrado de la Administración de Justicia responsable de la ejecución mediante decreto, y se procederá a hacer efectiva la suma convenida en la forma establecida en los artículos 571 y siguientes para la ejecución dineraria.

2. Se entenderá que el deudor presta su conformidad a los hechos alegados por el ejecutante si deja pasar el plazo de 10 días sin evacuar el traslado o se limita a negar genéricamente la existencia de daños y perjuicios, sin concretar los puntos en que discrepa de la relación presentada por el acreedor, ni expresar las razones y el alcance de la discrepancia.

---

[934] Véase el art. 219 de la presente norma en cuanto determina la imposibilidad de dictar sentencias con reserva de liquidación para el proceso de ejecución.

[935] Modificado por la Ley 13/2009, de 3 de noviembre. Entrada en vigor desde 4 de mayo de 2010.

[936] Modificado por la Ley 13/2009, de 3 de noviembre. Entrada en vigor desde 4 de mayo de 2010.

Artículo 715[937]. *Oposición del deudor*

Si, dentro del plazo legal, el deudor se opusiera motivadamente a la petición del actor, sea en cuanto a las partidas de daños y perjuicios, sea en cuanto a su valoración en dinero, se sustanciará la liquidación de daños y perjuicios por los trámites establecidos para los juicios verbales, pero podrá el tribunal que dictó la orden general de ejecución, mediante providencia, a instancia de parte o de oficio, si lo considera necesario, nombrar un perito que dictamine sobre la efectiva producción de los daños y su evaluación en dinero, tras la presentación del escrito de impugnación de la oposición. En tal caso, fijará el plazo para que emita dictamen y lo entregue en el juzgado y la vista oral no se celebrará hasta pasados 10 días a contar desde el siguiente al traslado del dictamen a las partes.

Artículo 716. *Auto fijando la cantidad determinada*

Dentro de los 5 días siguientes a aquél en que se celebre la vista, el tribunal dictará, por medio de auto, la resolución que estime justa, fijando la cantidad que deba abonarse al acreedor como daños y perjuicios.

Este auto será apelable, sin efecto suspensivo y haciendo declaración expresa de la imposición de las costas de conformidad con lo dispuesto en el artículo 394 de esta Ley.

Artículo 717[938]. *Petición de determinación del equivalente dinerario de una prestación no dineraria*

Cuando se solicite la determinación del equivalente pecuniario de una prestación que no consista en la entrega de una cantidad de dinero, se expresarán las estimaciones pecuniarias de dicha prestación y las razones que las fundamenten, acompañándose los documentos que el solicitante considere oportunos para fundar su petición, de la que el Letrado de la Administración de Justicia dará traslado a quien hubiere de pagar para que, en el plazo de 10 días, conteste lo que estime conveniente.

La solicitud se sustanciará y resolverá del mismo modo que se establece en los artículos 714 a 716 para la liquidación de daños y perjuicios.

Artículo 718[939]. *Liquidación de frutos y rentas. Solicitud y requerimiento al deudor*

Si se solicitase la determinación de la cantidad que se debe en concepto de frutos, rentas, utilidades o productos de cualquier clase, el Letrado de la Administración de

---

[937] Modificado por el artículo único, apartado 71, de la Ley 42/2015, de 5 de octubre. Entrada en vigor desde 7 de octubre de 2015.

[938] Modificado por la Ley 13/2009, de 3 de noviembre. Entrada en vigor desde 4 de mayo de 2010.

[939] Modificado por la Ley 13/2009, de 3 de noviembre. Entrada en vigor desde 4 de mayo de 2010.

Justicia responsable de la ejecución requerirá al deudor para que, dentro de un plazo que se determinará según las circunstancias del caso, presente la liquidación, ateniéndose, en su caso, a las bases que estableciese el título.

Artículo 719[940]. *Liquidación presentada por el acreedor y traslado al deudor*

1. Si el deudor presentare la liquidación de frutos, rentas, utilidades o productos de cualquier clase a que se refiere el artículo anterior, se dará traslado de ella al acreedor y si se mostrare conforme, se aprobará por decreto y se procederá a hacer efectiva la suma convenida en la forma establecida en los artículos 571 y siguientes para la ejecución dineraria.

Cuando el acreedor no se conformare con la liquidación, ésta se sustanciará conforme a lo previsto en el artículo 715 de esta Ley.

2. Si dentro del plazo, el deudor no presentare la liquidación a que se refiere el apartado anterior, se requerirá al acreedor para que presente la que considere justa y se dará traslado de ella al ejecutado, prosiguiendo las actuaciones conforme a los artículos 714 a 716.

Artículo 720[941]. *Rendición de cuentas de una administración*[942]

Las disposiciones contenidas en los artículos 718 y 719 serán aplicables al caso en que el título ejecutivo se refiriese al deber de rendir cuentas de una administración y entregar el saldo de las mismas; pero los plazos podrán ampliarse mediante decreto por el Letrado de la Administración de Justicia responsable de la ejecución cuando lo estime necesario, atendida la importancia y complicación del asunto.

TÍTULO VI
De las medidas cautelares
(arts. 721 a 747)

CAPÍTULO I
De las medidas cautelares: disposiciones generales
(arts. 721 a 729)

---

[940] Modificado por la Ley 13/2009, de 3 de noviembre. Entrada en vigor desde 4 de mayo de 2010.

[941] Véanse los arts. 633 y 800 de la presente norma en cuanto reguladores de la rendición de cuentas por el administrador.

[942] Modificado por la Ley 13/2009, de 3 de noviembre. Entrada en vigor desde 4 de mayo de 2010.

Artículo 721[943]. *Necesaria instancia de parte*

1. Bajo su responsabilidad, todo actor, principal o reconvencional, podrá solicitar del tribunal, conforme a lo dispuesto en este Título, la adopción de las medidas cautelares que considere necesarias para asegurar la efectividad de la tutela judicial que pudiera otorgarse en la sentencia estimatoria que se dictare.

2. Las medidas cautelares previstas en este Título no podrán ser acordadas de oficio por el tribunal, sin perjuicio de lo que se disponga para los procesos especiales o para lo previsto en el apartado 3. Tampoco podrá éste acordar medidas más gravosas que las solicitadas[944].

3. Si, en aplicación de lo previsto en el artículo 43, el tribunal acordase la suspensión del proceso en que se ejercita la acción individual de un consumidor dirigida a obtener que se declare el carácter abusivo de una cláusula contractual, podrá acordar de oficio, sin necesidad de prestar caución, las medidas cautelares que considere necesarias para asegurar la eficacia de un eventual pronunciamiento estimatorio[945].

Artículo 722[946]. *Medidas cautelares en procedimiento arbitral y litigios extranjeros*[947]

Podrá pedir al Tribunal medidas cautelares quien acredite ser parte de convenio arbitral con anterioridad a las actuaciones arbitrales. También podrá pedirlas quien acredite ser parte de un proceso arbitral pendiente en España; o, en su caso, haber pedido la formalización judicial a que se refiere el artículo 15 de la Ley 60/2003, de 23 de diciembre, de Arbitraje; o en el supuesto de un arbitraje institucional, haber presentado la debida solicitud o encargo a la institución correspondiente según su Reglamento[948].

Sin perjuicio de las reglas especiales previstas en los Tratados y Convenios o en las normas comunitarias que sean de aplicación, también se podrá solicitar de un Tribunal español por quien acredite ser parte de un proceso jurisdiccional o arbitral que se siga en un país extranjero la adopción de medidas cautelares si se dan los presupuestos legalmente previstos salvo en los casos en que para conocer del asunto principal fuesen exclusivamente competentes los Tribunales españoles[949].

[943] Modificado por el RD 6/2023, de 19 de diciembre. Entrada en vigor desde 20 de marzo de 2024.
[944] Véase el art. 762 de la presente norma.
[945] Añadido por el RD 6/2023, de 19 de diciembre. Entrada en vigor desde 20 de marzo de 2024.
[946] Véanse los artículos 8.3, 11.3 y 23 de la Ley 60/2003, de 23 de diciembre.
[947] Modificado por la Ley 13/2009, de 3 de noviembre. Entrada en vigor desde 4 de mayo de 2010.
[948] Modificado por el párrafo primero de la DF 1.ª de la Ley 11/2011, de 20 de mayo. Entrada en vigor desde 10 de junio de 2011.
[949] Véanse los arts. 21 y 22 de la LOPJ y el citado artículo 23 de la Ley de Arbitraje.

Artículo 723[950]. *Competencia*

1. Será tribunal competente para conocer de las solicitudes sobre medidas cautelares el que esté conociendo del asunto en primera instancia o, si el proceso no se hubiese iniciado, el que sea competente para conocer de la demanda principal[951].

2. Para conocer de las solicitudes relativas a medidas cautelares que se formulen durante la sustanciación de la segunda instancia o de un recurso de casación, será competente el tribunal que conozca de la segunda instancia o de dicho recurso.

Artículo 724. *Competencia en casos especiales*

Cuando las medidas cautelares se soliciten estando pendiente un proceso arbitral o la formalización judicial del arbitraje, será tribunal competente el del lugar en que el laudo deba ser ejecutado, y, en su defecto, el del lugar donde las medidas deban producir su eficacia.

Lo mismo se observará cuando el proceso se siga ante un tribunal extranjero, salvo lo que prevean los Tratados[952].

Artículo 725. *Examen de oficio de la competencia. Medidas cautelares en prevención*

1. Cuando las medidas cautelares se soliciten con anterioridad a la demanda, no se admitirá declinatoria fundada en falta de competencia territorial, pero el tribunal examinará de oficio su jurisdicción, su competencia objetiva y la territorial. Si considerara que carece de jurisdicción o de competencia objetiva, previa audiencia del Ministerio Fiscal y del solicitante de las medidas cautelares, dictará auto absteniéndose de conocer y remitiendo a las partes a que usen de su derecho ante quien corresponda si la abstención no se fundara en la falta de jurisdicción de los tribunales españoles. Lo mismo se acordará cuando la competencia territorial del tribunal no pueda fundarse en ninguno de los fueros legales, imperativos o no, que resulten aplicables en atención a lo que el solicitante pretenda reclamar en el juicio principal. No obstante, cuando el fuero legal aplicable sea dispositivo, el tribunal no declinará su competencia si las partes se hubieran sometido expresamente a su jurisdicción para el asunto principal[953].

2. En los casos a que se refiere el apartado anterior, si el tribunal se considerara territorialmente incompetente, podrá, no obstante, cuando las circunstancias del caso

---

[950] Modificado por el RD 6/2023, de 19 de diciembre. Entrada en vigor desde 20 de marzo de 2024.
[951] Véanse los arts. 50 y 60 de la presente norma.
[952] Véanse el art. 8.3 de la Ley de Arbitraje y el art. 722 de la presente norma.
[953] Véanse los arts. 38, 48, 58 y 63 a 65 de la presente norma.

lo aconsejaren, ordenar en prevención aquellas medidas cautelares que resulten más urgentes, remitiendo posteriormente los autos al tribunal que resulte competente.

Artículo 726. *Características de las medidas cautelares*

1. El tribunal podrá acordar como medida cautelar, respecto de los bienes y derechos del demandado, cualquier actuación, directa o indirecta, que reúna las siguientes características:

1. Ser exclusivamente conducente a hacer posible la efectividad de la tutela judicial que pudiere otorgarse en una eventual sentencia estimatoria, de modo que no pueda verse impedida o dificultada por situaciones producidas durante la pendencia del proceso correspondiente.

2. No ser susceptible de sustitución por otra medida igualmente eficaz, a los efectos del apartado precedente, pero menos gravosa o perjudicial para el demandado.

2. Con el carácter temporal, provisional, condicionado y susceptible de modificación y alzamiento previsto en esta Ley para las medidas cautelares, el tribunal podrá acordar como tales las que consistan en órdenes y prohibiciones de contenido similar a lo que se pretenda en el proceso, sin prejuzgar la sentencia que en definitiva se dicte[954].

Artículo 727. *Medidas cautelares específicas*

Conforme a lo establecido en el artículo anterior, podrán acordarse, entre otras, las siguientes medidas cautelares:

1.ª El embargo preventivo de bienes, para asegurar la ejecución de sentencias de condena a la entrega de cantidades de dinero o de frutos, rentas y cosas fungibles computables a metálico por aplicación de precios ciertos.

Fuera de los casos del párrafo anterior, también será procedente el embargo preventivo si resultare medida idónea y no sustituible por otra de igual o superior eficacia y menor onerosidad para el demandado[955].

2.ª La intervención o la administración judiciales de bienes productivos, cuando se pretenda sentencia de condena a entregarlos a título de dueño, usufructuario o cualquier otro que comporte interés legítimo en mantener o me-

---

[954] Véanse los arts. 743 a 745 de la presente norma.
[955] Véanse los arts. 596.1, 630, 729 y 790 de la presente norma.

jorar la productividad o cuando la garantía de ésta sea de primordial interés para la efectividad de la condena que pudiere recaer[956].

3.ª El depósito de cosa mueble, cuando la demanda pretenda la condena a entregarla y se encuentre en posesión del demandado[957].

4.ª La formación de inventarios de bienes, en las condiciones que el tribunal disponga[958].

5.ª La anotación preventiva de demanda, o de inicio de un medio de solución de controversias, arbitrajes y litigios extranjeros, conforme a lo dispuesto en el artículo 722, cuando éstos se refieran a bienes o derechos susceptibles de inscripción en Registros públicos[959].

6.ª Otras anotaciones registrales, en casos en que la publicidad registral sea útil para el buen fin de la ejecución.

7.ª La orden judicial de cesar provisionalmente en una actividad; la de abstenerse temporalmente de llevar a cabo una conducta; o la prohibición temporal de interrumpir o de cesar en la realización de una prestación que viniera llevándose a cabo.

8.ª La intervención y depósito de ingresos obtenidos mediante una actividad que se considere ilícita y cuya prohibición o cesación se pretenda en la demanda, así como la consignación o depósito de las cantidades que se reclamen en concepto de remuneración de la propiedad intelectual.

9.ª El depósito temporal de ejemplares de las obras u objetos que se reputen producidos con infracción de las normas sobre propiedad intelectual e industrial, así como el depósito del material empleado para su producción.

10.ª La suspensión de acuerdos sociales impugnados, cuando el demandante o demandantes representen, al menos, el 1 o el 5 por 100 del capital social, según que la sociedad demandada hubiere o no emitido valores que, en el momento de la impugnación, estuvieren admitidos a negociación en mercado secundario oficial.

11.ª Aquellas otras medidas que, para la protección de ciertos derechos, prevean expresamente las leyes, o que se estimen necesarias para asegurar la

---

[956] Véanse los arts. 626 y 630 a 633 de la presente norma.

[957] Véanse los arts. 626 a 628 de la presente norma.

[958] Véanse los arts. 790 a 796 de la presente norma.

[959] Medida cautelar 5.ª modificada por la LO 1/2025, de 2 de enero. Entrada en vigor el 3 de abril de 2025. Véanse los arts. 42.1, 43 y 48 del Decreto de 8 de febrero de 1946 que aprobó la Ley Hipotecaria.

efectividad de la tutela judicial que pudiere otorgarse en la sentencia estimatoria que recayere en el juicio[960].

Artículo 728[961]. *Peligro por la mora procesal. Apariencia de buen derecho. Caución*[962]

1. Sólo podrán acordarse medidas cautelares si quien las solicita justifica, que, en el caso de que se trate, podrían producirse durante la pendencia del proceso, de no adoptarse las medidas solicitadas, situaciones que impidieren o dificultaren la efectividad de la tutela que pudiere otorgarse en una eventual sentencia estimatoria.

No se acordarán medidas cautelares cuando con ellas se pretenda alterar situaciones de hecho consentidas por el solicitante durante largo tiempo, salvo que éste justifique cumplidamente las razones por las cuales dichas medidas no se han solicitado hasta entonces.

2. El solicitante de medidas cautelares también habrá de presentar con su solicitud los datos, argumentos y justificaciones documentales que conduzcan a fundar, por parte del Tribunal, sin prejuzgar el fondo del asunto, un juicio provisional e indiciario favorable al fundamento de su pretensión. En defecto de justificación documental, el solicitante podrá ofrecerla por otros medios de prueba, que deberá proponer en forma en el mismo escrito.

3. Salvo que expresamente se disponga otra cosa, el solicitante de la medida cautelar deberá prestar caución suficiente para responder, de manera rápida y efectiva, de los daños y perjuicios que la adopción de la medida cautelar pudiera causar al patrimonio del demandado.

El tribunal determinará la caución atendiendo a la naturaleza y contenido de la pretensión y a la valoración que realice, según el apartado anterior, sobre el fundamento de la solicitud de la medida.

La caución a que se refiere el párrafo anterior podrá otorgarse en cualquiera de las formas previstas en el párrafo segundo del apartado 3 del artículo 529.

En los procedimientos en los que se ejercite una acción de cesación en defensa de los intereses colectivos y de los intereses difusos de los consumidores y usuarios, el

[960] Véanse los artículo 9.2 de la Ley Orgánica 1/1982, de 5 mayo, de Protección del Derecho al honor, a la Intimidad familiar y a la propia imagen; los arts. 18, 42, 43, 68 del Decreto de 8 de febrero de 1946 que aprobó la Ley Hipotecaria; los arts. 138 y 141 del RD 1/1996, de 12 de abril, de Propiedad Intelectual, y los arts. 584 a 604, 596, 626 a 628, 630 a 633, 726, 729, 762, 768, 771 a 773 y 790 a 796 de la presente norma.
[961] Modificado por la Ley 13/2009, de 3 de noviembre. Entrada en vigor desde 4 de mayo de 2010.
[962] Añadido el párrafo cuarto del apartado tercero por el art. 1.9 de la Ley 39/2002, de 28 de octubre. Entrada en vigor desde 18 de noviembre de 2002.

Tribunal podrá dispensar al solicitante de la medida cautelar del deber de prestar caución, atendidas las circunstancias del caso, así como la entidad económica y la repercusión social de los distintos intereses afectados[963].

Artículo 729. *Tercerías en casos de embargo preventivo*

En el embargo preventivo, podrá interponerse tercería de dominio, pero no se admitirá la tercería de mejor derecho, salvo que la interponga quien en otro proceso demande al mismo deudor la entrega de una cantidad de dinero.

La competencia para conocer de las tercerías a que se refiere el párrafo anterior corresponderá al tribunal que hubiese acordado el embargo preventivo[964].

CAPÍTULO II
Del procedimiento para la adopción de medidas cautelares
(arts. 730 a 738)

Artículo 730[965]. *Momentos para solicitar las medidas cautelares*

1. Las medidas cautelares se solicitarán, de ordinario, junto con la demanda principal.

2. Podrán también solicitarse medidas cautelares antes de la demanda si quien en ese momento las pide alega y acredita razones de urgencia o necesidad.

En este caso, las medidas que se hubieran acordado quedarán sin efecto si la demanda no se presentare ante el mismo tribunal que conoció de la solicitud de aquéllas en los veinte días siguientes a su adopción. El letrado o letrada de la Administración de Justicia, de oficio, acordará mediante decreto que se alcen o revoquen los actos de cumplimiento que hubieran sido realizados, condenará al solicitante en las costas y declarará que es responsable de los daños y perjuicios que haya producido al sujeto respecto del cual se adoptaron las medidas.

Cuando las medidas cautelares se hubieren acordado antes del inicio de un procedimiento de solución adecuada de controversias o durante su pendencia, alcanzado el acuerdo éste habrá de ser puesto de manifiesto ante el tribunal. En este acuerdo las partes deberán pronunciarse sobre el alzamiento, mantenimiento o modificación de las medidas cautelares adoptadas. Si ambas partes solicitan el alzamiento se ordenará por el letrado o la letrada de la Administración de Justicia. En otro caso, se dará cuenta al tribunal que, oídas las partes, resolverá lo procedente atendiendo a las circunstancias concurrentes. Si se hubiese practicado anotación preventiva de inicio

---

[963] Véase el art. 768.3 de la presente norma.
[964] Véanse los arts. 595 y ss. y 614 y ss. de la presente norma.
[965] Modificado por la Ley 13/2009, de 3 de noviembre. Entrada en vigor desde 4 de mayo de 2010.

de un procedimiento de solución extrajudicial, la anotación de demanda en el mismo asunto producirá sus efectos desde la fecha de la anotación vigente del procedimiento de solución extrajudicial.

Las partes podrán solicitar el alzamiento de las medidas cautelares ante el tribunal competente en el plazo de veinte días desde la terminación del proceso negociador sin acuerdo o desde la fecha de recepción de la propuesta por la parte requerida en caso de que dicha propuesta inicial de acuerdo no obtenga respuesta[966].

3. El requisito temporal a que se refiere el apartado anterior no regirá en los casos de formalización judicial del arbitraje o de arbitraje institucional. En ellos, para que la medida cautelar se mantenga, será suficiente con que la parte beneficiada por ésta lleve a cabo todas las actuaciones tendentes a poner en marcha el procedimiento arbitral.

4. Con posterioridad a la presentación de la demanda o pendiente recurso sólo podrá solicitarse la adopción de medidas cautelares cuando la petición se base en hechos y circunstancias que justifiquen la solicitud en esos momentos.

Esta solicitud se sustanciará conforme a lo prevenido en el presente capítulo.

Artículo 731. *Accesoriedad de las medidas cautelares. Ejecución provisional y medidas cautelares*

1. No se mantendrá una medida cautelar cuando el proceso principal haya terminado, por cualquier causa salvo que se trate de sentencia condenatoria o auto equivalente, en cuyo caso deberán mantenerse las medidas acordadas hasta que transcurra el plazo a que se refiere el artículo 548 de la presente Ley. Transcurrido dicho plazo, si no se solicitare la ejecución, se alzarán las medidas que estuvieren adoptadas.

Tampoco podrá mantenerse una medida cautelar si el proceso quedare en suspenso durante más de seis meses por causa imputable al solicitante de la medida.

2. Cuando se despache la ejecución provisional de una sentencia, se alzarán las medidas cautelares que se hubiesen acordado y que guarden relación con dicha ejecución[967].

Artículo 732. *Solicitud de las medidas cautelares*

1. La solicitud de medidas cautelares se formulará con claridad y precisión, justificando cumplidamente la concurrencia de los presupuestos legalmente exigidos para su adopción.

---

[966] Apartado 2 modificado por la LO 1/2025, de 2 de enero. Entrada en vigor el 3 de abril de 2025.
[967] Véanse los arts. 524 y 525 de la presente norma.

2. Se acompañarán a la solicitud los documentos que la apoyen o se ofrecerá la práctica de otros medios para el acreditamiento de los presupuestos que autorizan la adopción de medidas cautelares.

Cuando las medidas cautelares se soliciten en relación con procesos incoados por demandas en que se pretenda la prohibición o cesación de actividades ilícitas, también podrá proponerse al tribunal que, con carácter urgente y sin dar traslado del escrito de solicitud, requiera los informes u ordene las investigaciones que el solicitante no pueda aportar o llevar a cabo y que resulten necesarias para resolver sobre la solicitud.

Para el actor precluirá la posibilidad de proponer prueba con la solicitud de las medidas cautelares.

3. En el escrito de petición habrá de ofrecerse la prestación de caución, especificando de qué tipo o tipos se ofrece constituirla y con justificación del importe que se propone.

Artículo 733[968]. *Audiencia al demandado. Excepciones*[969]

1. Como regla general, el tribunal proveerá a la petición de medidas cautelares previa audiencia del demandado.

2. No obstante lo dispuesto en el apartado anterior, cuando el solicitante así lo pida y acredite que concurren razones de urgencia o que la audiencia previa puede comprometer el buen fin de la medida cautelar, el tribunal podrá acordarla sin más trámites mediante auto, en el plazo de 5 días, en el que razonará por separado sobre la concurrencia de los requisitos de la medida cautelar y las razones que han aconsejado acordarla sin oír al demandado.

Contra el auto que acuerde medidas cautelares sin previa audiencia del demandado no cabrá recurso alguno y se estará a lo dispuesto en el capítulo III de este título. El auto será notificado a las partes sin dilación y, de no ser posible antes, inmediatamente después de la ejecución de las medidas.

Artículo 734[970]. *Vista para la audiencia de las partes*

1. Recibida la solicitud, el Letrado de la Administración de Justicia, mediante diligencia, salvo los casos del párrafo segundo del artículo anterior, en el plazo de 5 días, contados desde la notificación de aquélla al demandado convocará a las partes a una

[968] Véase el art. 728.3 de la presente norma.
[969] Modificado por la Ley 19/2006, de 5 de junio. Entrada en vigor desde 7 de junio de 2006.
[970] Modificado por la Ley 13/2009, de 3 de noviembre. Entrada en vigor desde 4 de mayo de 2010.

vista, que se celebrará dentro de los 10 días siguientes sin necesidad de seguir el orden de los asuntos pendientes cuando así lo exija la efectividad de la medida cautelar[971].

2. En la vista, actor y demandado podrán exponer lo que convenga a su derecho, sirviéndose de cuantas pruebas dispongan, que se admitirán y practicarán si fueran pertinentes en razón de los presupuestos de las medidas cautelares. También podrán pedir, cuando sea necesario para acreditar extremos relevantes, que se practique reconocimiento judicial, que, si se considerare pertinente y no pudiere practicarse en el acto de la vista, se llevará a cabo en el plazo de 5 días.

Asimismo, se podrán formular alegaciones relativas al tipo y cuantía de la caución. Y quien debiere sufrir la medida cautelar podrá pedir al tribunal que, en sustitución de ésta, acuerde aceptar caución sustitutoria, conforme a lo previsto en el artículo 746 de esta Ley.

3. Contra las resoluciones del tribunal sobre el desarrollo de la comparecencia, su contenido y la prueba propuesta no cabrá recurso alguno, sin perjuicio de que, previa la oportuna protesta, en su caso, puedan alegarse las infracciones que se hubieran producido en la comparecencia en el recurso contra el auto que resuelva sobre las medidas cautelares.

Artículo 735. *Auto acordando medidas cautelares*

1. Terminada la vista, el tribunal, en el plazo de 5 días, decidirá mediante auto sobre la solicitud de medidas cautelares.

2. Si el tribunal estimare que concurren todos los requisitos establecidos y considerare acreditado, a la vista de las alegaciones y las justificaciones, el peligro de la mora procesal, atendiendo a la apariencia de buen derecho, accederá a la solicitud de medidas, fijará con toda precisión la medida o medidas cautelares que se acuerdan y precisará el régimen a que han de estar sometidas, determinando, en su caso, la forma, cuantía y tiempo en que deba prestarse caución por el solicitante.

Contra el auto que acuerde medidas cautelares cabrá recurso de apelación, sin efectos suspensivos.

Artículo 736. *Auto denegatorio de las medidas cautelares. Reiteración de la solicitud si cambian las circunstancias*

1. Contra el auto en que el tribunal deniegue la medida cautelar sólo cabrá recurso de apelación, al que se dará una tramitación preferente. Las costas se impondrán con arreglo a los criterios establecidos en el artículo 394.

---

[971] Véase el art. 182 de la presente norma.

2. Aun denegada la petición de medidas cautelares, el actor podrá reproducir su solicitud si cambian las circunstancias existentes en el momento de la petición[972].

Artículo 737. *Prestación de caución*

La prestación de caución será siempre previa a cualquier acto de cumplimiento de la medida cautelar acordada.

El tribunal decidirá, mediante providencia, sobre la idoneidad y suficiencia del importe de la caución[973].

Artículo 738[974]. *Ejecución de la medida cautelar*

1. Acordada la medida cautelar y prestada la caución se procederá, de oficio, a su inmediato cumplimiento empleando para ello los medios que fueran necesarios, incluso los previstos para la ejecución de las sentencias.

2. Si lo acordado fuera el embargo preventivo se procederá conforme a lo previsto en los artículos 584 y siguientes para los embargos decretados en el proceso de ejecución, pero sin que el deudor esté obligado a la manifestación de bienes que dispone el artículo 589. Las decisiones sobre mejora, reducción o modificación del embargo preventivo habrán de ser adoptadas, en su caso, por el Tribunal.

Si lo acordado fuera la administración judicial se procederá conforme a los artículos 630 y siguientes.

Si se tratare de la anotación preventiva se procederá conforme a las normas del Registro correspondiente.

3. Los depositarios, administradores judiciales o responsables de los bienes o derechos sobre los que ha recaído una medida cautelar sólo podrán enajenarlos, previa autorización por medio de providencia del tribunal y si concurren circunstancias tan excepcionales que resulte más gravosa para el patrimonio del demandado la conservación que la enajenación[975].

---

[972] Véase el art. 730.4 de la presente norma.
[973] Véanse los arts. 728.3 y 732.2 de la presente norma.
[974] Modificado por la Ley 13/2009, de 3 de noviembre. Entrada en vigor desde 4 de mayo de 2010.
[975] Véanse los arts. 524 y 525 de la presente norma.

CAPÍTULO III
De la la oposición a las medidas cautelares adoptadas sin audiencia del demandado
(arts. 739 a 742)

Artículo 739. *Oposición a la medida cautelar*

En los casos en que la medida cautelar se hubiera adoptado sin previa audiencia del demandado, podrá éste formular oposición en el plazo de veinte días, contados desde la notificación del auto que acuerda las medidas cautelares[976].

Artículo 740. *Causas de oposición. Ofrecimiento de caución sustitutoria*

El que formule oposición a la medida cautelar podrá esgrimir como causas de aquélla cuantos hechos y razones se opongan a la procedencia, requisitos, alcance, tipo y demás circunstancias de la medida o medidas efectivamente acordadas, sin limitación alguna.

También podrá ofrecer caución sustitutoria, con arreglo a lo dispuesto en el capítulo V de este título[977].

Artículo 741[978]. *Traslado de la oposición al solicitante, comparecencia en vista y decisión*

1. Del escrito de oposición se dará traslado por el Letrado de la Administración de Justicia al solicitante, procediéndose seguidamente conforme a lo previsto en el artículo 734.

2. Celebrada la vista, el tribunal, en el plazo de 5 días, decidirá en forma de auto sobre la oposición.

Si mantuviere las medidas cautelares acordadas condenará al opositor a las costas de la oposición.

Si alzare las medidas cautelares, condenará al actor a las costas y al pago de los daños y perjuicios que éstas hayan producido.

3. El auto en que se decida sobre la oposición será apelable sin efecto suspensivo.

---

[976] Véase el art. 733.2 de la presente norma.

[977] Véanse los arts. 746 y 747 de la presente norma.

[978] Modificado por la Ley 13/2009, de 3 de noviembre. Entrada en vigor desde 4 de mayo de 2010.

Artículo 742. *Exacción de daños y perjuicios*

Una vez firme el auto que estime la oposición, se procederá, a petición del demandado y por los trámites previstos en los artículos 712 y siguientes, a la determinación de los daños y perjuicios que, en su caso, hubiera producido la medida cautelar revocada; y, una vez determinados, se requerirá de pago al solicitante de la medida, procediéndose de inmediato, si no los pagare, a su exacción forzosa.

CAPÍTULO IV
De la modificación y alzamiento de las medidas cautelares
(arts. 743 a 745)

Artículo 743. *Posible modificación de las medidas cautelares*

Las medidas cautelares podrán ser modificadas alegando y probando hechos y circunstancias que no pudieron tenerse en cuenta al tiempo de su concesión o dentro del plazo para oponerse a ellas.

La solicitud de modificación será sustanciada y resuelta conforme a lo previsto en los artículos 734 y siguientes.

Artículo 744[979]. *Alzamiento de la medida tras sentencia no firme*

1. Absuelto el demandado en primera o segunda instancia, el Letrado de la Administración de Justicia ordenará el alzamiento de las medidas cautelares adoptadas, si el recurrente no solicitase su mantenimiento o la adopción de alguna medida cautelar distinta en el momento de interponer recurso contra la sentencia. En este caso se dará cuenta al tribunal, que oída la parte contraria y con anterioridad a remitir los autos al órgano competente para resolver el recurso contra la sentencia, resolverá lo procedente sobre la solicitud, atendiendo a la subsistencia de los presupuestos y circunstancias que justificasen el mantenimiento o la adopción de dichas medidas.

2. Si la estimación de la demanda fuere parcial, el tribunal, con audiencia de la parte contraria, decidirá mediante auto sobre el mantenimiento, alzamiento o modificación de las medidas cautelares acordadas.

Artículo 745[980]. *Alzamiento de las medidas tras sentencia absolutoria firme*

Firme una sentencia absolutoria, sea en el fondo o en la instancia, se alzarán de oficio por el Letrado de la Administración de Justicia todas las medidas cautelares

---

[979] Modificado por la Ley 37/2011, de 10 de octubre. Entrada en vigor desde 31 de octubre de 2011.
[980] Modificado por la Ley 13/2009, de 3 de noviembre. Entrada en vigor desde 4 de mayo de 2010.

adoptadas y se procederá conforme a lo dispuesto en el artículo 742 respecto de los daños y perjuicios que hubiere podido sufrir el demandado.

Lo mismo se ordenará en los casos de renuncia a la acción o desistimiento de la instancia.

CAPÍTULO V
De la caución sustitutoria de las medidas cautelares
(arts. 746 a 747)

Artículo 746. *Caución sustitutoria*

1. Aquél frente a quien se hubieren solicitado o acordado medidas cautelares podrá pedir al tribunal que acepte, en sustitución de las medidas, la prestación por su parte de una caución suficiente, a juicio del tribunal, para asegurar el efectivo cumplimiento de la sentencia estimatoria que se dictare.

2. Para decidir sobre la petición de aceptación de caución sustitutoria, el tribunal examinará el fundamento de la solicitud de medidas cautelares, la naturaleza y contenido de la pretensión de condena y la apariencia jurídica favorable que pueda presentar la posición del demandado, También tendrá en cuenta el tribunal si la medida cautelar habría de restringir o dificultar la actividad patrimonial o económica del demandado de modo grave y desproporcionado respecto del aseguramiento que aquella medida representaría para el solicitante.

Artículo 747[981]. *Solicitud de caución sustitutoria*

1. La solicitud de la prestación de caución sustitutoria de la medida cautelar se podrá formular conforme a lo previsto en el artículo 734 o, si la medida cautelar ya se hubiese adoptado, en el trámite de oposición o mediante escrito motivado, al que podrá acompañar los documentos que estime convenientes sobre su solvencia, las consecuencias de la adopción de la medida y la más precisa valoración del peligro de la mora procesal.

Previo traslado del escrito al solicitante de la medida cautelar, por 5 días, el Letrado de la Administración de Justicia convocará a las partes a una vista sobre la solicitud de caución sustitutoria, conforme a lo dispuesto en el artículo 734. Celebrada la vista, resolverá el Tribunal mediante auto lo que estime procedente, en el plazo de otros 5 días.

2. Contra el auto que resuelva aceptar o rechazar caución sustitutoria no cabrá recurso alguno.

---

[981] Modificado por la Ley 13/2009, de 3 de noviembre. Entrada en vigor desde 4 de mayo de 2010.

3. La caución sustitutoria de medida cautelar podrá otorgarse en cualquiera de las formas previstas en el párrafo segundo del apartado 3 del artículo 529.

LIBRO IV
De los procesos especiales
(arts. 748 a 827)

TÍTULO I
De los procesos sobre provisión de medidas judiciales de apoyo a las personas con discapacidad, filiación, matrimonio y menores (arts. 748 a 781bis)

CAPÍTULO I
De las disposiciones generales
(arts. 748 a 755)

Artículo 748[982]. *Ámbito de aplicación del presente título*

Las disposiciones del presente Título serán aplicables a los siguientes procesos:

1.º Los que versen sobre la adopción de medidas judiciales de apoyo a personas con discapacidad[983].

2.º Los de filiación, paternidad y maternidad.

3.º Los de nulidad del matrimonio, separación y divorcio y los de modificación de medidas adoptadas en ellos.

4.º Los que versen exclusivamente sobre guarda y custodia de hijos menores o sobre alimentos reclamados por un progenitor contra el otro en nombre de los hijos menores.

5.º Los de reconocimiento de eficacia civil de resoluciones o decisiones eclesiásticas en materia matrimonial.

6.º Los que versen sobre las medidas relativas a la restitución de menores en los supuestos de sustracción internacional.

7.º Los que tengan por objeto la oposición a las resoluciones administrativas en materia de protección de menores.

8.º Los que versen sobre la necesidad de asentimiento en la adopción.

---

[982] Modificado por la Ley 15/2015, de 2 de julio. Entrada en vigor desde 23 de julio de 2015.
[983] Modificado por la Ley 8/2021, de 2 de junio. Entrada en vigor desde 3 de septiembre de 2021.

Artículo 749[984]. *Intervención del Ministerio Fiscal*

1. En los procesos sobre la adopción de medidas judiciales de apoyo a las personas con discapacidad, en los de nulidad matrimonial, en los de sustracción internacional de menores y en los de determinación e impugnación de la filiación, será siempre parte el Ministerio Fiscal, aunque no haya sido promotor de los mismos ni deba, conforme a la ley, asumir la defensa de alguna de las partes[985].

El Ministerio Fiscal velará a lo largo de todo el procedimiento por la salvaguarda de la voluntad, deseos, preferencias y derechos de las personas con discapacidad que participen en dichos procesos, así como por el interés superior del menor.

2. En los demás procesos a que se refiere este título será preceptiva la intervención del Ministerio Fiscal, siempre que alguno de los interesados en el procedimiento sea menor, persona con discapacidad o esté en situación de ausencia legal.

Artículo 750[986]. *Representación y defensa de las partes*

1. Fuera de los casos en que, conforme a la Ley, deban ser defendidas por el Ministerio Fiscal, las partes actuarán en los procesos a que se refiere este título con asistencia de abogado y representadas por procurador.

2. En los procedimientos de separación o divorcio solicitado de común acuerdo por los cónyuges, éstos podrán valerse de una sola defensa y representación.

No obstante lo dispuesto en el párrafo anterior, cuando alguno de los pactos propuestos por los cónyuges no fuera aprobado por el Tribunal, el Letrado de la Administración de Justicia requerirá a las partes a fin de que en el plazo de 5 días manifiesten si desean continuar con la defensa y representación únicas o si, por el contrario, prefieren litigar cada una con su propia defensa y representación. Asimismo, cuando, a pesar del acuerdo suscrito por las partes y homologado por el Tribunal, una de las partes pida la ejecución judicial de dicho acuerdo, el Letrado de la Administración de Justicia requerirá a la otra para que nombre abogado y procurador que la defienda y represente[987].

Artículo 751[988]. *Indisponibilidad del objeto del proceso*

1. En los procesos a que se refiere este título no surtirán efecto la renuncia, el allanamiento ni la transacción.

---

[984] Modificado por la Ley 8/2021, de 2 de junio. Entrada en vigor desde 3 de septiembre de 2021.

[985] Véase el art. 394.4 de la presente norma, que determina que no se impongan las costas procesales al Ministerio Público.

[986] Modificado por la Ley 13/2009, de 3 de noviembre. Entrada en vigor desde 4 de mayo de 2010.

[987] Véanse los arts. 23.1, 31.1 y 777 de la presente norma.

[988] Modificado por la Ley 8/2021, de 2 de junio. Entrada en vigor desde 3 de septiembre de 2021.

2. El desistimiento requerirá la conformidad del Ministerio Fiscal, excepto en los casos siguientes:

1.° En los procesos que se refieran a filiación, paternidad y maternidad, siempre que no existan menores, personas con discapacidad con medidas judiciales de apoyo en las que se designe un apoyo con funciones representativas o ausentes interesados en el procedimiento.

2.° En los procesos de nulidad matrimonial por minoría de edad, cuando el cónyuge que contrajo matrimonio siendo menor ejercite, después de llegar a la mayoría de edad, la acción de nulidad.

3.° En los procesos de nulidad matrimonial por error, coacción o miedo grave.

4.° En los procesos de separación y divorcio.

3. No obstante lo dispuesto en los apartados anteriores, las pretensiones que se formulen en los procesos a que se refiere este Título y que tengan por objeto materias sobre las que las partes puedan disponer libremente, según la legislación civil aplicable, podrán ser objeto de renuncia, allanamiento, transacción o desistimiento, conforme a lo previsto en el capítulo IV del Título I del Libro I de esta Ley[989].

Artículo 752[990]. *Prueba*

1. Los procesos a que se refiere este Título se decidirán con arreglo a los hechos que hayan sido objeto de debate y resulten probados, con independencia del momento en que hubieren sido alegados o introducidos de otra manera en el procedimiento[991].

Sin perjuicio de las pruebas que se practiquen a instancia del Ministerio Fiscal y de las demás partes, el tribunal podrá decretar de oficio cuantas estime pertinentes[992].

Se podrá proponer por las partes o acordar de oficio por el tribunal la práctica de toda aquella prueba anticipada que se considere pertinente y útil al objeto del procedimiento. En este caso, se procurará que el resultado de dicha prueba admitida o acordada obre en las actuaciones con anterioridad a la celebración de la vista, estando a disposición de las partes.

---

[989] Véanse los arts. 19 a 22 de la presente norma.

[990] Modificado por el Real Decreto 6/2023, de 19 de diciembre. Entrada en vigor desde 20 de marzo de 2024.

[991] Véase el art. 281.3 de la presente norma.

[992] Véanse los arts. 282 y 759 de la presente norma.

2. La conformidad de las partes sobre los hechos no vinculará al tribunal, ni podrá éste decidir la cuestión litigiosa basándose exclusivamente en dicha conformidad o en el silencio o respuestas evasivas sobre los hechos alegados por la parte contraria. Tampoco estará el tribunal vinculado, en los procesos a que se refiere este título, a las disposiciones de esta Ley en materia de fuerza probatoria del interrogatorio de las partes, de los documentos públicos y de los documentos privados reconocidos[993].

3. Lo dispuesto en los apartados anteriores será aplicable asimismo a la segunda instancia.

4. Respecto de las pretensiones que se formulen en los procesos a que se refieren este título, y que tengan por objeto materias sobre las que las partes pueden disponer libremente según la legislación civil aplicable, no serán de aplicación las especialidades contenidas en los apartados anteriores.

Artículo 753[994]. *Tramitación*

1. Salvo que expresamente se disponga otra cosa, los procesos a que se refiere este título se sustanciarán por los trámites del juicio verbal. El letrado o letrada de la Administración de Justicia dará traslado de la demanda al Ministerio Fiscal, cuando proceda, y a las demás personas que, conforme a la ley, deban ser parte en el procedimiento, hayan sido o no demandados, emplazándoles para que la contesten en el plazo de veinte días, conforme a lo establecido en el artículo 405[995].

Cuando se presente ante un juzgado civil una demanda relativa a los procesos a que se refiere este título, de la que pueda ser competente por razón de la materia un juzgado de violencia sobre la mujer conforme a lo dispuesto por la Ley Orgánica 6/1985, de 1 de julio, del Poder Judicial, se recabará la oportuna consulta al sistema de registros administrativos de apoyo a la Administración de Justicia, así como al sistema de gestión procesal correspondiente a fin de verificar la competencia conforme al artículo 49 bis de esta ley[996].

La consulta al sistema de registros administrativos de apoyo a la Administración de Justicia y al sistema de gestión procesal correspondiente se reiterará antes de la celebración de la vista o comparecencia del procedimiento contencioso o de jurisdicción voluntaria o del acto de ratificación de los procedimientos de mutuo acuerdo.

---

[993] Véanse los arts. 307, 316, 319 y 326 de la presente norma.
[994] Modificado por el RD 6/2023, de 19 de diciembre. Entrada en vigor desde 20 de marzo de 2024.
[995] Véanse los arts. 433 a 437 de la presente norma.
[996] Véanse el art. 87 ter de la Ley Orgánica 6/1985, de 1 de julio, del Poder Judicial, y el art. 44 de la Ley Orgánica 1/2004, de 28 de diciembre, de Medidas de Protección Integral contra la Violencia de Género.

Del mismo modo, en el decreto de admisión, se requerirá a las partes para que comuniquen, en el plazo de 5 días, si existen o han existido procedimientos de violencia sobre la mujer entre los cónyuges o progenitores, su estado procesal actual, y si constan adoptadas medidas civiles o penales. Igualmente se advertirá a ambas partes de la obligación de comunicar inmediatamente cualquier procedimiento que inicien ante un juzgado de violencia sobre la mujer durante la tramitación del procedimiento civil, así como cualquier incidente de violencia sobre la mujer que se produzca.

2. En la celebración de la vista de juicio verbal en estos procesos y de la comparecencia a que se refiere el artículo 771 de la presente ley, una vez practicadas las pruebas el Tribunal permitirá a las partes formular oralmente sus conclusiones, siendo de aplicación a tal fin lo establecido en los apartados 2, 3 y 4 del artículo 433.

3. Los procesos a los que se refiere este título serán de tramitación preferente siempre que alguno de los interesados en el procedimiento sea menor, persona con discapacidad con medidas judiciales de apoyo en las que se designe un apoyo con funciones representativas, o esté en situación de ausencia legal.

Artículo 754. *Exclusión de la publicidad*

En los procesos a que se refiere este Título podrán decidir los tribunales, mediante providencia, de oficio o a instancia de parte, que los actos y vistas se celebren a puerta cerrada y que las actuaciones sean reservadas, siempre que las circunstancias lo aconsejen y aunque no se esté en ninguno de los casos del apartado 2 del artículo 138 de la presente Ley.

Artículo 755[997]. *Acceso de las sentencias a Registros públicos*

El letrado de la Administración de Justicia acordará que las sentencias y demás resoluciones dictadas en los procedimientos a que se refiere este Título se comuniquen de oficio a los Registros Civiles para la práctica de los asientos que correspondan[998].

A petición de parte, se comunicarán también al Registro de la Propiedad, al Registro Mercantil, al Registro de Bienes Muebles o a cualquier otro Registro público a los efectos que en cada caso correspondan. En el caso de medidas de apoyo, la comunicación se hará únicamente a petición de la persona en favor de la cual el apoyo se ha constituido.

---

[997] Modificado por la Ley 8/2021, de 2 de junio. Entrada en vigor desde 3 de septiembre de 2021.
[998] Véanse los arts. 521.2, 521.4 y 522.1 de la presente norma; el art. 40 de la Ley 20/2011, de 21 de julio, del Registro Civil; el art. 82 del Decreto de 14 de noviembre de 1958 por el que se aprueba el Reglamento del Registro Civil, y el art. 2.4 del Decreto de 8 de febrero de 1946 que aprobó la Ley Hipotecaria.

CAPÍTULO II
De los procesos sobre la adopción de medidas judiciales de apoyo a personas con discapacidad
(arts. 756 a 763)

Artículo 756[999]. *Ámbito de aplicación y competencia*

1. En los supuestos en los que, de acuerdo con la legislación civil aplicable, sea pertinente el nombramiento de curador y en el expediente de jurisdicción voluntaria dirigido a tal efecto se haya formulado oposición, o cuando el expediente no haya podido resolverse, la adopción de medidas judiciales de apoyo a personas con discapacidad se regirá por lo establecido en este Capítulo.

2. Será competente para conocer de las demandas sobre la adopción de medidas de apoyo a personas con discapacidad la autoridad judicial que conoció del previo expediente de jurisdicción voluntaria, salvo que la persona a la que se refiera la solicitud cambie con posterioridad de residencia, en cuyo caso lo será el juez de primera instancia del lugar en que esta resida.

3. Si antes de la celebración de la vista se produjera un cambio de la residencia habitual de la persona a que se refiera el proceso, se remitirán las actuaciones al Juzgado correspondiente en el estado en que se hallen.

Artículo 757[1000]. *Legitimación e intervención procesal*

1. El proceso para la adopción judicial de medidas de apoyo a una persona con discapacidad puede promoverlo la propia persona interesada, su cónyuge no separado de hecho o legalmente o quien se encuentre en una situación de hecho asimilable, su descendiente, ascendiente o hermano.

2. El Ministerio Fiscal deberá promover dicho proceso si las personas mencionadas en el apartado anterior no existieran o no hubieran presentado la correspondiente demanda, salvo que concluyera que existen otras vías a través de las que la persona interesada pueda obtener los apoyos que precisa.

3. Cuando con la demanda se solicite el inicio del procedimiento de provisión de apoyos, las medidas de apoyo correspondientes y un curador determinado, se le dará a este traslado de aquella a fin de que pueda alegar lo que considere conveniente sobre dicha cuestión.

---

[999] Modificado por la Ley 8/2021, de 2 de junio. Entrada en vigor desde 3 de septiembre de 2021.
[1000] Modificado por la Ley 8/2021, de 2 de junio. Entrada en vigor desde 3 de septiembre de 2021.

4. Las personas legitimadas para instar el proceso de adopción de medidas judiciales de apoyo o que acrediten un interés legítimo podrán intervenir a su costa en el ya iniciado, con los efectos previstos en el artículo 13.

Artículo 758[1001]. *Certificación registral y personación del demandado*

1. Admitida la demanda, el letrado de la Administración de Justicia recabará certificación del Registro Civil y, en su caso, de otros Registros públicos que considere pertinentes sobre las medidas de apoyo inscritas.

2. Una vez notificada la demanda por medio de remisión o entrega, o por edictos cuando la persona interesada no hubiera podido ser notificada personalmente, si transcurrido el plazo previsto para la contestación a la demanda la persona interesada no compareciera ante el Juzgado con su propia defensa y representación, el letrado de la Administración de Justicia procederá a designarle un defensor judicial, a no ser que ya estuviera nombrado o su defensa corresponda al Ministerio Fiscal por no ser el promotor del procedimiento. A continuación, se le dará al defensor judicial un nuevo plazo de veinte días para que conteste a la demanda si lo considera procedente[1002].

El letrado de la Administración de Justicia llevará a cabo las actuaciones necesarias para que la persona con discapacidad comprenda el objeto, la finalidad y los trámites del procedimiento, de conformidad con lo previsto en el artículo 7 bis.

Artículo 759[1003]. *Pruebas preceptivas en primera y segunda instancia*

1. En los procesos sobre adopción de medidas de apoyo a las que se refiere este Capítulo, además de las pruebas que se practiquen de conformidad con lo dispuesto en el artículo 752, el Tribunal practicará las siguientes:

1.º Se entrevistará con la persona con discapacidad.

2.º Dará audiencia al cónyuge no separado de hecho o legalmente o a quien se encuentre en situación de hecho asimilable, así como a los parientes más próximos de la persona con discapacidad.

3.º Acordará los dictámenes periciales necesarios o pertinentes en relación con las pretensiones de la demanda, no pudiendo decidirse sobre las medidas que deben adoptarse sin previo dictamen pericial acordado por el Tribunal.

[1001] Modificado por la Ley 8/2021, de 2 de junio. Entrada en vigor desde 3 de septiembre de 2021.
[1002] Véanse los arts. 8.1, 23.1, 31.1 y 750.1 de la presente norma.
[1003] Modificado por la Ley 8/2021, de 2 de junio. Entrada en vigor desde 3 de septiembre de 2021.

Para dicho dictamen preceptivo se contará en todo caso con profesionales especializados de los ámbitos social y sanitario, y podrá contarse también con otros profesionales especializados que aconsejen las medidas de apoyo que resulten idóneas en cada caso.

2. En los casos en que la demanda haya sido presentada por la propia persona con discapacidad, el Tribunal podrá, previa solicitud de esta y de forma excepcional, no practicar las audiencias preceptivas, si así resultara más conveniente para la preservación de su intimidad.

3. Cuando el nombramiento de curador no estuviera propuesto, sobre esta cuestión se oirá a la persona con discapacidad, al cónyuge no separado de hecho o legalmente o a quien se encuentre en situación de hecho asimilable, a sus parientes más próximos y a las demás personas que el Tribunal considere oportuno, siendo también de aplicación lo dispuesto en el apartado anterior.

4. Si la sentencia que decida sobre las medidas de apoyo fuere apelada, se ordenará también de oficio en la segunda instancia la práctica de las pruebas preceptivas a que se refieren los apartados anteriores de este artículo[1004].

Artículo 760[1005]. *Sentencia*

Las medidas que adopte la autoridad judicial en la sentencia deberán ser conformes a lo dispuesto sobre esta cuestión en las normas de derecho civil que resulten aplicables.

Artículo 761[1006]. *Revisión de las medidas de apoyo judicialmente adoptadas*

Las medidas contenidas en la sentencia dictada serán revisadas de conformidad con lo previsto en la legislación civil, debiendo seguirse los trámites previstos a tal efecto en la Ley de Jurisdicción Voluntaria.

En caso de que se produjera oposición en el expediente de jurisdicción voluntaria de revisión a que se refiere el párrafo anterior, o si dicho expediente no hubiera podido resolverse, se deberá instar el correspondiente proceso contencioso conforme a lo previsto en el presente Capítulo, pudiendo promoverlo cualquiera de las personas mencionadas en el apartado 1 del artículo 757, así como quien ejerza el apoyo de la persona con discapacidad.

[1004] Véanse los arts. 282 y 460 de la presente norma.
[1005] Modificado por la Ley 8/2021, de 2 de junio. Entrada en vigor desde 3 de septiembre de 2021.
[1006] Modificado por la Ley 8/2021, de 2 de junio. Entrada en vigor desde 3 de septiembre de 2021.

Artículo 762[1007]. *Medidas cautelares*

1. Cuando el Tribunal competente tenga conocimiento de la existencia de una persona en una situación de discapacidad que requiera medidas de apoyo, adoptará de oficio las que estime necesarias para la adecuada protección de aquella o de su patrimonio y pondrá el hecho en conocimiento del Ministerio Fiscal para que inicie, si lo estima procedente, un expediente de jurisdicción voluntaria.

2. El Ministerio Fiscal podrá también, en las mismas circunstancias, solicitar del Tribunal la inmediata adopción de las medidas a que se refiere el apartado anterior.

Tales medidas podrán adoptarse, de oficio o a instancia de parte, en cualquier estado del procedimiento.

3. Siempre que la urgencia de la situación no lo impida, las medidas a que se refieren los apartados anteriores se acordarán previa audiencia de las personas con discapacidad. Para ello será de aplicación lo dispuesto en los artículos 734, 735 y 736 de esta Ley.

Artículo 763. *Internamiento no voluntario por razón de trastorno psíquico*

1. El internamiento, por razón de trastorno psíquico, de una persona que no esté en condiciones de decidirlo por sí, aunque esté sometida a la patria potestad o a tutela, requerirá autorización judicial, que será recabada del tribunal del lugar donde resida la persona afectada por el internamiento[1008].

La autorización será previa a dicho internamiento, salvo que razones de urgencia hicieren necesaria la inmediata adopción de la medida. En este caso, el responsable del centro en que se hubiere producido el internamiento deberá dar cuenta de éste al tribunal competente lo antes posible y, en todo caso, dentro del plazo de veinticuatro horas, a los efectos de que se proceda a la preceptiva ratificación de dicha medida, que deberá efectuarse en el plazo máximo de setenta y dos horas desde que el internamiento llegue a conocimiento del tribunal.

En los casos de internamientos urgentes, la competencia para la ratificación de la medida corresponderá al tribunal del lugar en que radique el centro donde se haya producido el internamiento. Dicho tribunal deberá actuar, en su caso, conforme a lo dispuesto en el apartado 3 del artículo 757 de la presente Ley.

[1007] Modificado por la Ley 8/2021, de 2 de junio. Entrada en vigor desde 3 de septiembre de 2021.

[1008] Véase la Ley Orgánica 8/2015, de 22 de julio, que dota de constitucionalidad a este precepto cuyos dos primeros párrafos del apartado primero fueron declarados inconstitucionales por la1 STC, Pleno, 132/2010, de 2 de diciembre (ECLI:ES:TC: 2010:132).

2. El internamiento de menores se realizará siempre en un establecimiento de salud mental adecuado a su edad, previo informe de los servicios de asistencia al menor.

3. Antes de conceder la autorización o de ratificar el internamiento que ya se ha efectuado, el tribunal oirá a la persona afectada por la decisión, al Ministerio Fiscal y a cualquier otra persona cuya comparecencia estime conveniente o le sea solicitada por el afectado por la medida. Además, y sin perjuicio de que pueda practicar cualquier otra prueba que estime relevante para el caso, el tribunal deberá examinar por sí mismo a la persona de cuyo internamiento se trate y oír el dictamen de un facultativo por él designado. En todas las actuaciones, la persona afectada por la medida de internamiento podrá disponer de representación y defensa en los términos señalados en el artículo 758 de la presente Ley.

En todo caso, la decisión que el tribunal adopte en relación con el internamiento será susceptible de recurso de apelación.

4. En la misma resolución que acuerde el internamiento se expresará la obligación de los facultativos que atiendan a la persona internada de informar periódicamente al tribunal sobre la necesidad de mantener la medida, sin perjuicio de los demás informes que el tribunal pueda requerir cuando lo crea pertinente.

Los informes periódicos serán emitidos cada seis meses, a no ser que el tribunal, atendida la naturaleza del trastorno que motivó el internamiento, señale un plazo inferior.

Recibidos los referidos informes, el tribunal, previa la práctica, en su caso, de las actuaciones que estime imprescindibles, acordará lo procedente sobre la continuación o no del internamiento.

Sin perjuicio de lo dispuesto en los párrafos anteriores, cuando los facultativos que atiendan a la persona internada consideren que no es necesario mantener el internamiento, darán el alta al enfermo, y lo comunicarán inmediatamente al tribunal competente.

CAPÍTULO III
De los procesos sobre filiación, paternidad y maternidad
(arts. 764 a 768)

Artículo 764. *Determinación legal de la filiación por sentencia firme*

1. Podrá pedirse de los tribunales la determinación legal de la filiación, así como impugnarse ante ellos la filiación legalmente determinada, en los casos previstos en la legislación civil[1009].

[1009] Véanse los arts. 131 a 134.1 y 136 a 141 del CC.

2. Los tribunales rechazarán la admisión a trámite de cualquier demanda que pretenda la impugnación de la filiación declarada por sentencia firme, o la determinación de una filiación contradictoria con otra que hubiere sido establecida también por sentencia firme.

Si la existencia de dicha sentencia firme se acreditare una vez iniciado el proceso, el tribunal procederá de plano al archivo de éste[1010].

Artículo 765[1011]. Ejercicio de las acciones que correspondan al hijo menor o hijo con discapacidad que precise apoyo. Sucesión procesal

1. Las acciones de determinación o de impugnación de la filiación que, conforme a lo dispuesto en la legislación civil, correspondan al hijo menor de edad, podrán ser ejercitadas por su representante legal o por el Ministerio Fiscal, indistintamente.

Si fuere persona con discapacidad con medidas de apoyo para su ejercicio, dichas acciones podrán ser ejercitadas por ella, por quien preste el apoyo y se encuentre expresamente facultado para ello o, en su defecto, por el Ministerio Fiscal.

2. En todos los procesos a que se refiere este capítulo, a la muerte del actor, sus herederos podrán continuar las acciones ya entabladas[1012].

Artículo 766. Legitimación pasiva

En los procesos a que se refiere este capítulo serán parte demandada, si no hubieran interpuesto ellos la demanda, las personas a las que en ésta se atribuya la condición de progenitores y de hijo, cuando se pida la determinación de la filiación y quienes aparezcan como progenitores y como hijo en virtud de la filiación legalmente determinada, cuando se impugne ésta. Si cualquiera de ellos hubiere fallecido, serán parte demandada sus herederos.

Artículo 767. Especialidades en materia de procedimiento y prueba

1. En ningún caso se admitirá la demanda sobre determinación o impugnación de la filiación si con ella no se presenta un principio de prueba de los hechos en que se funde.

2. En los juicios sobre filiación será admisible la investigación de la paternidad y de la maternidad mediante toda clase de pruebas, incluidas las biológicas.

3. Aunque no haya prueba directa, podrá declararse la filiación que resulte del reconocimiento expreso o tácito, de la posesión de estado, de la convivencia con la

---

[1010] Véanse el art. 113 del CC y el art. 222 de la presente norma.
[1011] Modificado por la Ley 8/2021, de 2 de junio. Entrada en vigor desde 3 de septiembre de 2021.
[1012] Véase el art. 16 de la presente norma.

madre en la época de la concepción, o de otros hechos de los que se infiera la filiación, de modo análogo[1013].

4. La negativa injustificada a someterse a la prueba biológica de paternidad o maternidad permitirá al tribunal declarar la filiación reclamada, siempre que existan otros indicios de la paternidad o maternidad y la prueba de ésta no se haya obtenido por otros medios[1014].

Artículo 768[1015]. *Medidas cautelares*

1. Mientras dure el procedimiento por el que se impugne la filiación, el tribunal adoptará las medidas de protección oportunas sobre la persona y bienes del sometido a la potestad del que aparece como progenitor[1016].

2. Reclamada judicialmente la filiación, el tribunal podrá acordar alimentos provisionales a cargo del demandado y, en su caso, adoptar las medidas de protección a que se refiere el apartado anterior.

3. Como regla, las medidas a que se refieren los apartados anteriores se acordarán previa audiencia de las personas que pudieran resultar afectadas. Para ello será de aplicación lo dispuesto en los artículos 734, 735 y 736 de esta Ley.

No obstante, cuando concurran razones de urgencia, se podrán acordar las medidas sin más trámites, y el Letrado de la Administración de Justicia mandará citar a los interesados a una comparecencia, que se celebrará dentro de los 10 días siguientes y en la que, tras oír las alegaciones de los comparecientes sobre la procedencia de las medidas adoptadas, resolverá el Tribunal lo que proceda por medio de auto.

Para la adopción de las medidas cautelares en estos procesos, podrá no exigirse caución a quien las solicite.

CAPÍTULO IV
De los procesos matrimoniales y de menores
(arts. 769 a 778 ter)

Artículo 769[1017]. *Competencia*

1. Salvo que expresamente se disponga otra cosa, será tribunal competente para conocer de los procedimientos a que se refiere este capítulo el Juzgado de Primera

---

[1013] Véanse los arts. 112 y 113 del CC.
[1014] Véanse los arts. 385 y 386 de la presente norma.
[1015] Modificado por la Ley 13/2009, de 3 de noviembre. Entrada en vigor desde 4 de mayo de 2010.
[1016] Véanse los arts. 142 a 153 del CC.
[1017] Modificado por la Ley 15/2015, de 2 de julio. Entrada en vigor desde 23 de julio de 2015.

Instancia del lugar del domicilio conyugal. En el caso de residir los cónyuges en distintos partidos judiciales, será tribunal competente, a elección del demandante, el del último domicilio del matrimonio o el de residencia del demandado.

Los que no tuvieren domicilio ni residencia fijos podrán ser demandados en el lugar en que se hallen o en el de su última residencia, a elección del demandante y, si tampoco pudiere determinarse así la competencia, corresponderá ésta al tribunal del domicilio del actor.

2. En el procedimiento de separación o divorcio de mutuo acuerdo a que se refiere el artículo 777, será competente el Juzgado del último domicilio común o el del domicilio de cualquiera de los solicitantes.

3. En los procesos que versen exclusivamente sobre guarda y custodia de hijos menores o sobre alimentos reclamados por un progenitor contra el otro en nombre de los hijos menores, será competente el Juzgado de Primera Instancia del lugar del último domicilio común de los progenitores. En el caso de residir los progenitores en distintos partidos judiciales, será tribunal competente, a elección del demandante, el del domicilio del demandado o el de la residencia del menor.

4. El tribunal examinará de oficio su competencia.

Son nulos los acuerdos de las partes que se opongan a lo dispuesto en este artículo.

Artículo 770[1018]. *Procedimiento*

Las demandas de separación y divorcio, salvo las previstas en el artículo 777, las de nulidad del matrimonio y las demás que se formulen al amparo del título IV del libro I del Código Civil, se sustanciarán por los trámites del juicio verbal, conforme a lo establecido en el capítulo I de este título, y con sujeción, además, a las siguientes reglas:

1.ª A la demanda deberá acompañarse certificación de la inscripción del matrimonio, y en su caso, las de inscripción de nacimiento de los hijos en el Registro Civil, así como los documentos en que el cónyuge funde su derecho. Si se solicitan medidas de carácter patrimonial, tanto la parte actora como la parte demandada deberán aportar los documentos de que dispongan que permitan evaluar la situación económica de los cónyuges, y en su caso, de los hijos, tales como declaraciones tributarias, nóminas, certificaciones bancarias, títulos de propiedad o certificaciones registrales. De igual forma se deberá

[1018] Modificado por el RD 6/2023, de 19 de diciembre. Entrada en vigor desde 20 de marzo de 2024.

acreditar, de existir, la resolución judicial o acuerdo en virtud del cual corresponde el uso de la vivienda familiar.

2.ª La reconvención se propondrá con la contestación a la demanda[1019]. El actor dispondrá de 10 días para contestarla.

Sólo se admitirá la reconvención:

a) Cuando se funde en alguna de las causas que puedan dar lugar a la nulidad del matrimonio.

b) Cuando el cónyuge demandado de separación o de nulidad pretenda el divorcio.

c) Cuando el cónyuge demandado de nulidad pretenda la separación.

d) Cuando el cónyuge demandado pretenda la adopción de medidas definitivas, que no hubieran sido solicitadas en la demanda, y sobre las que el tribunal no deba pronunciarse de oficio.

3.ª A la vista deberán concurrir las partes por sí mismas, con apercibimiento de que su incomparecencia sin causa justificada podrá determinar que se consideren admitidos los hechos alegados por la parte que comparezca para fundamentar sus peticiones sobre medidas definitivas de carácter patrimonial. También será obligatoria la presencia de los abogados respectivos[1020].

4.ª Las pruebas que no puedan practicarse en el acto de la vista se practicarán dentro del plazo que el Tribunal señale, que no podrá exceder de treinta días.

Durante este plazo, el Tribunal podrá acordar de oficio las pruebas que estime necesarias para comprobar la concurrencia de las circunstancias en cada caso exigidas por el Código Civil para decretar la nulidad, separación o divorcio, así como las que se refieran a hechos de los que dependan los pronunciamientos sobre medidas que afecten a los hijos menores o a los mayores con discapacidad que precisen apoyo, de acuerdo con la legislación civil aplicable.

Si el procedimiento fuere contencioso y se estimare necesario de oficio o a petición del fiscal, partes o miembros del equipo técnico judicial o de los propios hijos, podrán ser oídos cuando tengan menos de doce años, debiendo ser oídos en todo caso si hubieran alcanzado dicha edad. También habrán de ser oídos cuando precisen apoyo para el ejercicio de su capacidad jurídica y este sea prestado por los progenitores, así como los hijos con discapacidad, cuando se discuta el uso de la vivienda familiar y la estén usando.

[1019] Véanse los arts. 406 y 407 de la presente norma.
[1020] Véase el art. 31.1 de la presente norma.

En las audiencias con los hijos menores o con los mayores con discapacidad que precisen apoyo para el ejercicio de su capacidad jurídica se garantizará por la autoridad judicial que sean realizadas en condiciones idóneas para la salvaguarda de sus intereses, sin interferencias de otras personas, y recabando excepcionalmente el auxilio de especialistas cuando ello sea necesario.

5.ª En cualquier momento del proceso, concurriendo los requisitos señalados en el artículo 777, las partes podrán solicitar que continúe el procedimiento por los trámites que se establecen en dicho artículo.

6.ª En los procesos que versen exclusivamente sobre guarda y custodia de hijos menores o sobre alimentos reclamados en nombre de los hijos menores, para la adopción de las medidas cautelares que sean adecuadas a dichos procesos se seguirán los trámites establecidos en esta Ley para la adopción de medidas previas, simultáneas o definitivas en los procesos de nulidad, separación o divorcio.

7.ª Las partes de común acuerdo podrán solicitar la suspensión del proceso de conformidad con lo previsto en el artículo 19.4 de esta Ley, para someterse a mediación.

8.ª En los procesos matrimoniales en que existieran hijos comunes mayores de dieciséis años que se hallasen en situación de necesitar medidas de apoyo por razón de su discapacidad, se seguirán, en su caso, los trámites establecidos en esta ley para los procesos para la adopción judicial de medidas de apoyo a una persona con discapacidad.

Artículo 771[1021]. *Medidas provisionales previas a la demanda de nulidad, separación o divorcio. Solicitud, comparecencia y resolución*

1. El cónyuge que se proponga demandar la nulidad, separación o divorcio de su matrimonio puede solicitar los efectos y medidas a que se refieren los artículos 102 y 103 del Código Civil ante el tribunal de su domicilio.

Para formular esta solicitud no será precisa la intervención de procurador y abogado, pero sí será necesaria dicha intervención para todo escrito y actuación posterior[1022].

2. A la vista de la solicitud, el letrado de la Administración de Justicia citará a los cónyuges y, si hubiere hijos menores o hijos con discapacidad con medidas de apoyo atribuidas a sus progenitores, al Ministerio Fiscal, a una comparecencia en la que se intentará un acuerdo de las partes, que señalará el letrado de la Administración de

---

[1021] Modificado por la Ley 8/2021, de 2 de junio. Entrada en vigor desde 3 de septiembre de 2021.
[1022] Véanse los arts. 23 y 31 de la presente norma.

Justicia y que se celebrará en los 10 días siguientes. A dicha comparecencia deberá acudir el cónyuge demandado asistido por su abogado y representado por su procurador.

De esta resolución dará cuenta en el mismo día al tribunal para que pueda acordar de inmediato, si la urgencia del caso lo aconsejare, los efectos a los que se refiere el artículo 102 del Código Civil y lo que considere procedente en relación con la custodia de los hijos y uso de la vivienda, atribución, convivencia y necesidades de los animales de compañía y ajuar familiares. Contra esta resolución no se dará recurso alguno.

3. En el acto de la comparecencia a que se refiere el apartado anterior, si no hubiere acuerdo de los cónyuges sobre las medidas a adoptar o si dicho acuerdo, oído, en su caso, el Ministerio Fiscal, no fuera aprobado en todo o en parte por el Tribunal, se oirán las alegaciones de los concurrentes y se practicará la prueba que éstos propongan y que no sea inútil o impertinente, así como la que el Tribunal acuerde de oficio. Si alguna prueba no pudiera practicarse en la comparecencia, el Letrado de la Administración de Justicia señalará fecha para su práctica, en unidad de acto, dentro de los 10 días siguientes[1023].

La falta de asistencia, sin causa justificada, de alguno de los cónyuges a la comparecencia podrá determinar que se consideren admitidos los hechos alegados por el cónyuge presente para fundamentar sus peticiones sobre medidas provisionales de carácter patrimonial.

4. Finalizada la comparecencia o, en su caso, terminado el acto que se hubiere señalado para la práctica de la prueba que no hubiera podido producirse en aquélla, el tribunal resolverá, en el plazo de tres días, mediante auto, contra el que no se dará recurso alguno.

5. Los efectos y medidas acordados de conformidad con lo dispuesto en este artículo sólo subsistirán si, dentro de los treinta días siguientes a su adopción se presenta la demanda de nulidad, separación o divorcio[1024].

Artículo 772[1025]. *Confirmación o modificación de las medidas provisionales previas a la demanda, al admitirse ésta*

1. Cuando se hubieren adoptado medidas con anterioridad a la demanda, admitida ésta, el Letrado de la Administración de Justicia unirá las actuaciones sobre adopción de dichas medidas a los autos del proceso de nulidad, separación o divorcio,

---

[1023] Modificado por la Ley 13/2009, de 3 de noviembre. Entrada en vigor desde 4 de mayo de 2010.
[1024] Véase el párrafo segundo del artículo 104 del CC.
[1025] Modificado por la Ley 13/2009, de 3 de noviembre. Entrada en vigor desde 4 de mayo de 2010.

solicitándose, a tal efecto, el correspondiente testimonio, si las actuaciones sobre las medidas se hubieran producido en Tribunal distinto del que conozca de la demanda.

2. Sólo cuando el Tribunal considere que procede completar o modificar las medidas previamente acordadas ordenará que se convoque a las partes a una comparecencia, que señalará el Letrado de la Administración de Justicia y se sustanciará con arreglo a lo dispuesto en el artículo anterior.

Contra el auto que se dicte no se dará recurso alguno.

Artículo 773[1026]. *Medidas provisionales derivadas de la admisión de la demanda de nulidad, separación o divorcio*

1. El cónyuge que solicite la nulidad de su matrimonio, la separación o el divorcio podrá pedir en la demanda lo que considere oportuno sobre las medidas provisionales a adoptar, siempre que no se hubieren adoptado con anterioridad. También podrán ambos cónyuges someter a la aprobación del tribunal el acuerdo a que hubieren llegado sobre tales cuestiones. Dicho acuerdo no será vinculante para las pretensiones respectivas de las partes ni para la decisión que pueda adoptar el tribunal en lo que respecta a las medidas definitivas[1027].

2. Admitida la demanda, el tribunal resolverá sobre las peticiones a que se refiere el apartado anterior y, en su defecto, acordará lo que proceda, dando cumplimiento, en todo caso, a lo dispuesto en el artículo 103 del Código Civil.

3. Antes de dictar el Tribunal la resolución a que se refiere el apartado anterior, el Letrado de la Administración de Justicia convocará a los cónyuges y, en su caso, al Ministerio Fiscal, a una comparecencia, que se sustanciará conforme a lo previsto en el artículo 771.

Contra el auto que se dicte no se dará recurso alguno.

4. También podrá solicitar medidas provisionales el cónyuge demandado, cuando no se hubieran adoptado con anterioridad o no hubieran sido solicitadas por el actor, con arreglo a lo dispuesto en los apartados precedentes. La solicitud deberá hacerse en la contestación a la demanda y se sustanciará en la vista principal, cuando ésta se señale dentro de los 10 días siguientes a la contestación, resolviendo el tribunal por medio de auto no recurrible cuando la sentencia no pudiera dictarse inmediatamente después de la vista.

Si la vista no pudiera señalarse en el plazo indicado, el Letrado de la Administración de Justicia convocará la comparecencia a que se refiere el apartado 3 de este artículo.

[1026] Modificado por la Ley 13/2009, de 3 de noviembre. Entrada en vigor desde 4 de mayo de 2010.
[1027] Véanse los arts. 102 a 104 del CC.

5. Las medidas provisionales quedarán sin efecto cuando sean sustituidas por las que establezca definitivamente la sentencia o cuando se ponga fin al procedimiento de otro modo[1028].

Artículo 774[1029]. *Medidas definitivas*

1. En la vista del juicio, si no lo hubieren hecho antes, conforme a lo dispuesto en los artículos anteriores, los cónyuges podrán someter al tribunal los acuerdos a que hubieren llegado para regular las consecuencias de la nulidad, separación o divorcio y proponer la prueba que consideren conveniente para justificar su procedencia.

2. A falta de acuerdo, se practicará la prueba útil y pertinente que los cónyuges o el Ministerio Fiscal propongan y la que el tribunal acuerde de oficio sobre los hechos que sean relevantes para la decisión sobre las medidas a adoptar.

3. El tribunal resolverá en la sentencia sobre las medidas solicitadas de común acuerdo por los cónyuges, tanto si ya hubieran sido adoptadas, en concepto de provisionales, como si se hubieran propuesto con posterioridad.

4. En defecto de acuerdo de los cónyuges o en caso de no aprobación del mismo, el tribunal determinará, en la propia sentencia, las medidas que hayan de sustituir a las ya adoptadas con anterioridad en relación con los hijos, la vivienda familiar, las cargas del matrimonio, la atribución, convivencia y necesidades de los animales de compañía, disolución del régimen económico y las cautelas o garantías respectivas, estableciendo las que procedan si para alguno de estos conceptos no se hubiera adoptado ninguna[1030].

5. Los recursos que, conforme a la ley, se interpongan contra la sentencia no suspenderán la eficacia de las medidas que se hubieren acordado en ésta. Si la impugnación afectara únicamente a los pronunciamientos sobre medidas, se declarará por el Letrado de la Administración de Justicia la firmeza del pronunciamiento sobre la nulidad, separación o divorcio.

Artículo 775[1031]. *Modificación de las medidas definitivas*

1. El Ministerio Fiscal, habiendo hijos menores o hijos con discapacidad con medidas de apoyo atribuidas a sus progenitores y, en todo caso, los cónyuges, podrán solicitar del Tribunal que acordó las medidas definitivas, la modificación de las medi-

---

[1028] Véase el art. 106 del CC.
[1029] Modificado por la Ley 13/2009, de 3 de noviembre. Entrada en vigor desde 4 de mayo de 2010.
[1030] Véase el art. 91 del CC.
[1031] Modificado por la Ley 42/2015, de 5 de octubre. Entrada en vigor desde 7 de octubre de 2015.

das convenidas por los cónyuges o de las adoptadas en defecto de acuerdo, siempre que hayan variado sustancialmente las circunstancias tenidas en cuenta al aprobarlas o acordarlas.

2. Estas peticiones se tramitarán conforme a lo dispuesto en el artículo 770. No obstante, si la petición se hiciera por ambos cónyuges de común acuerdo o por uno con el consentimiento del otro y acompañando propuesta de convenio regulador, regirá el procedimiento establecido en el artículo 777.

3. Las partes podrán solicitar, en la demanda o en la contestación, la modificación provisional de las medidas definitivas concedidas en un pleito anterior. Esta petición se sustanciará con arreglo a lo previsto en el artículo 773.

Artículo 776[1032]. *Ejecución forzosa de los pronunciamientos de medidas*

Los pronunciamientos sobre medidas se ejecutarán con arreglo a lo dispuesto en el Libro III de esta ley, con las especialidades siguientes:

1.ª Al cónyuge o progenitor que incumpla de manera reiterada las obligaciones de pago de cantidad que le correspondan podrán imponérsele por el letrado o letrada de la Administración de Justicia multas coercitivas, con arreglo a lo dispuesto en el artículo 711 y sin perjuicio de hacer efectivas sobre su patrimonio las cantidades debidas y no satisfechas.

2.ª En caso de incumplimiento de obligaciones no pecuniarias de carácter personalísimo, no procederá la sustitución automática por el equivalente pecuniario prevista en el apartado tercero del artículo 709 y podrán, si así lo juzga conveniente el Tribunal, mantenerse las multas coercitivas mensuales todo el tiempo que sea necesario más allá del plazo de un año establecido en dicho precepto.

3.ª El incumplimiento reiterado de las obligaciones derivadas del régimen de visitas, tanto por parte del progenitor guardador como del no guardador, podrá dar lugar a la modificación por el Tribunal del régimen de guarda y visitas siempre y cuando sea acorde con la evaluación del interés superior del menor realizada previamente.

4.ª Cuando deban ser objeto de ejecución forzosa gastos extraordinarios, no expresamente previstos en las medidas definitivas o provisionales, deberá solicitarse previamente al despacho de ejecución la declaración de que la cantidad reclamada tiene la consideración de gasto extraordinario. Del escrito solicitando la declaración de gasto extraordinario se dará vista a la contraria

---

[1032] Modificado por el RD 6/2023, de 19 de diciembre. Entrada en vigor desde 20 de marzo de 2024.

y, en caso de oposición dentro de los 5 días siguientes, el Tribunal convocará a las partes a una vista que se sustanciará con arreglo a lo dispuesto en los artículos 440 y siguientes y que resolverá mediante auto.

Artículo 777[1033]. *Separación o divorcio solicitados de mutuo acuerdo o por uno de los cónyuges con el consentimiento del otro*

1. Las peticiones de separación o divorcio presentadas de común acuerdo por ambos cónyuges o por uno con el consentimiento del otro se tramitarán por el procedimiento establecido en el presente artículo.

2. Al escrito por el que se promueva el procedimiento deberá acompañarse la certificación de la inscripción del matrimonio y, en su caso, las de inscripción de nacimiento de los hijos en el Registro Civil, así como la propuesta de convenio regulador conforme a lo establecido en la legislación civil y el documento o documentos en que el cónyuge o cónyuges funden su derecho, incluyendo, en su caso, el acuerdo final alcanzado en el procedimiento de mediación familiar. Si algún hecho relevante no pudiera ser probado mediante documentos, en el mismo escrito se propondrá la prueba de que los cónyuges quieran valerse para acreditarlo[1034].

3. Admitida la solicitud de separación o divorcio, el Letrado de la Administración de Justicia citará a los cónyuges, dentro de los tres días siguientes, para que se ratifiquen por separado en su petición. Si ésta no fuera ratificada por alguno de los cónyuges, el Letrado de la Administración de Justicia acordará de inmediato el archivo de las actuaciones, quedando a salvo el derecho de los cónyuges a promover la separación o el divorcio conforme a lo dispuesto en el artículo 770. Contra esta resolución del Letrado de la Administración de Justicia podrá interponerse recurso directo de revisión ante el Tribunal.

4. Ratificada por ambos cónyuges la solicitud, si la documentación aportada fuera insuficiente, el Juez o el Letrado de la Administración de Justicia que fuere competente concederá a los solicitantes un plazo de 10 días para que la completen. Durante este plazo se practicará, en su caso, la prueba que los cónyuges hubieren propuesto y la demás que el tribunal considere necesaria para acreditar la concurrencia de las circunstancias en cada caso exigidas por el Código Civil y para apreciar la procedencia de aprobar la propuesta de convenio regulador[1035].

5. Si hubiera hijos menores o hijos mayores con discapacidad y medidas de apoyo atribuidas a sus progenitores, el Tribunal recabará informe del Ministerio Fiscal so-

---

[1033] Modificado por la Ley 13/2009, de 3 de noviembre. Entrada en vigor desde 4 de mayo de 2010. Modificado también por la la Ley 15/2015, de 2 de julio. Entrada en vigor desde 23 de julio de 2015.

[1034] Véanse los arts. 90 del CC y 750.2 de la presente norma.

[1035] Véanse los arts. 81 a 83 y 86 del CC.

bre los términos del convenio relativos a los hijos y serán oídos cuando se estime necesario de oficio o a petición del fiscal, partes o miembros del equipo técnico judicial o del propio hijo. Estas actuaciones se practicarán durante el plazo a que se refiere el apartado anterior o, si este no se hubiera abierto, en el plazo de 5 días[1036].

6. Cumplido lo dispuesto en los dos apartados anteriores o, si no fuera necesario, inmediatamente después de la ratificación de los cónyuges, el tribunal dictará sentencia concediendo o denegando la separación o el divorcio y pronunciándose, en su caso, sobre el convenio regulador.

7. Concedida la separación o el divorcio, si la sentencia no aprobase en todo o en parte el convenio regulador propuesto, se concederá a las partes un plazo de 10 días para proponer nuevo convenio, limitado, en su caso, a los puntos que no hayan sido aprobados por el tribunal. Presentada la propuesta o transcurrido el plazo concedido sin hacerlo, el tribunal dictará auto dentro del tercer día, resolviendo lo procedente.

8. La sentencia que deniegue la separación o el divorcio y el auto que acuerde alguna medida que se aparte de los términos del convenio propuesto por los cónyuges podrán ser recurridos en apelación. El recurso contra el auto que decida sobre las medidas no suspenderá la eficacia de estas, ni afectará a la firmeza de la sentencia relativa a la separación o al divorcio.

La sentencia o el auto que aprueben en su totalidad la propuesta de convenio solo podrán ser recurridos, en interés de los hijos menores o en aras de la salvaguarda de la voluntad, preferencias y derechos de los hijos con discapacidad con medidas de apoyo atribuidas a sus progenitores, por el Ministerio Fiscal[1037].

9. La modificación del convenio regulador o de las medidas acordadas por el tribunal en los procedimientos a que se refiere este artículo se sustanciará conforme a lo dispuesto en el mismo cuando se solicite por ambos cónyuges de común acuerdo o por uno con el consentimiento del otro y con propuesta de nuevo convenio regulador. En otro caso, se estará a lo dispuesto en el artículo 775.

10. Si la competencia fuera del letrado de la Administración de Justicia por no existir hijos con discapacidad con medidas de apoyo atribuidas a sus progenitores ni menores no emancipados, inmediatamente después de la ratificación de los cónyuges ante el letrado de la Administración de Justicia, este dictará decreto pronunciándose sobre el convenio regulador.

El decreto que formalice la propuesta del convenio regulador declarará la separación o divorcio de los cónyuges.

[1036] Modificado por la Ley 8/2021, de 2 de junio. Entrada en vigor desde 3 de septiembre de 2021.
[1037] Modificado por la Ley 8/2021, de 2 de junio. Entrada en vigor desde 3 de septiembre de 2021.

Si considerase que, a su juicio, alguno de los acuerdos del convenio pudiera ser dañoso o gravemente perjudicial para uno de los cónyuges o para los hijos mayores o menores emancipados afectados, lo advertirá a los otorgantes y dará por terminado el procedimiento. En este caso, los cónyuges solo podrán acudir ante el juez para la aprobación de la propuesta de convenio regulador.

El decreto no será recurrible[1038].

Artículo 778. *Eficacia civil de resoluciones de los tribunales eclesiásticos o de decisiones pontificias sobre matrimonio rato y no consumado*

1. En las demandas en solicitud de la eficacia civil de las resoluciones dictadas por los tribunales eclesiásticos sobre nulidad del matrimonio canónico o las decisiones pontificias sobre matrimonio rato y no consumado, si no se pidiera la adopción o modificación de medidas, el tribunal dará audiencia por plazo de 10 días al otro cónyuge y al Ministerio Fiscal y resolverá por medio de auto lo que resulte procedente sobre la eficacia en el orden civil de la resolución o decisión eclesiástica[1039].

2. Cuando en la demanda se hubiere solicitado la adopción o modificación de medidas, se sustanciará la petición de eficacia civil de la resolución o decisión canónica conjuntamente con la relativa a las medidas, siguiendo el procedimiento que corresponda con arreglo a lo dispuesto en el artículo 770[1040].

Artículo 778 bis[1041]. *Ingreso de menores con problemas de conducta en centros de protección específicos*

1. La Entidad Pública, que ostente la tutela o guarda de un menor, y el Ministerio Fiscal estarán legitimados para solicitar la autorización judicial para el ingreso del menor en los centros de protección específicos de menores con problemas de conducta a los que se refiere el artículo 25 de la Ley Orgánica 1/1996, de 15 de enero, de Protección Jurídica del Menor, de modificación parcial del Código Civil y de Enjuiciamiento Civil, debiendo acompañar a la solicitud la valoración psicosocial que lo justifique.

2. Serán competentes para autorizar el ingreso de un menor en dichos centros los Juzgados de Primera Instancia del lugar donde radique el centro.

[1038] Modificado por la Ley 8/2021, de 2 de junio. Entrada en vigor desde 3 de septiembre de 2021.
[1039] Véase el art. 80 del CC.
[1040] Véase el art. 12 de la Ley 15/2015, de la Jurisdicción Voluntaria.
[1041] Añadido por el artículo 2.1 de la Ley Orgánica 8/2015, de 22 de julio. Entrada en vigor desde 12 de agosto de 2015.

3. La autorización judicial será obligatoria y deberá ser previa a dicho ingreso, salvo que razones de urgencia hicieren necesaria la inmediata adopción de la medida. En este caso, la Entidad Pública o el Ministerio Fiscal deberán comunicarlo al Juzgado competente, dentro de las veinticuatro horas siguientes, a los efectos de que proceda a la preceptiva ratificación de dicha medida, que deberá efectuarse en el plazo máximo de setenta y dos horas desde que llegue el ingreso a conocimiento del Juzgado, dejándose de inmediato sin efecto el ingreso en caso de que no sea autorizado.

En los supuestos previstos en este apartado, la competencia para la ratificación de la medida y para continuar conociendo del procedimiento será del Juzgado de Primera Instancia del lugar en que radique el centro del ingreso.

4. El Juzgado, para conceder la autorización o ratificar el ingreso ya efectuado, deberá examinar y oír al menor, quien deberá ser informado sobre el ingreso en formatos accesibles y en términos que le sean comprensibles y adaptados a su edad y circunstancias, a la Entidad Pública, a los progenitores o tutores que ostentaran la patria potestad o tutela, y a cualquier persona cuya comparecencia estime conveniente o le sea solicitada, y se emitirá informe por el Ministerio Fiscal. El Juzgado recabará, al menos, dictamen de un facultativo por él designado, sin perjuicio de que pueda practicar cualquier otra prueba que considere relevante para el caso o le sea instada. La autorización o ratificación del ingreso únicamente procederá cuando no resulte posible atender, de forma adecuada, al menor en unas condiciones menos restrictivas.

5. Frente a la resolución que el Juzgado adopte en relación con la autorización o ratificación del ingreso podrá interponerse recurso de apelación por el menor afectado, la Entidad Pública, el Ministerio Fiscal, o los progenitores o tutores que sigan teniendo legitimación para oponerse a las resoluciones en materia de protección de menores. El recurso de apelación no tendrá efecto suspensivo.

6. En la misma resolución en que se acuerde el ingreso se expresará la obligación de la Entidad Pública y del Director del centro de informar periódicamente al Juzgado y al Ministerio Fiscal sobre las circunstancias del menor y la necesidad de mantener la medida, sin perjuicio de los demás informes que el Juez pueda requerir cuando lo crea pertinente.

Los informes periódicos serán emitidos cada tres meses, a no ser que el Juez, atendida la naturaleza de la conducta que motivó el ingreso, señale un plazo inferior.

Transcurrido el plazo y recibidos los informes de la Entidad Pública y del Director del centro, el Juzgado, previa la práctica de las actuaciones que estime imprescindibles, y oído el menor y el Ministerio Fiscal, acordará lo procedente sobre la continuación o no del ingreso.

El control periódico de los ingresos corresponderá al Juzgado de Primera Instancia del lugar donde radique el centro. En caso de que el menor fuera trasladado a otro centro de protección específico de menores con problemas de conducta, no será necesaria una nueva autorización judicial, pasando a conocer del procedimiento el Juzgado de Primera Instancia del lugar en que radique el nuevo centro. La decisión de traslado será notificada a las personas interesadas, al menor y al Ministerio Fiscal, quienes podrán recurrirla ante el órgano que esté conociendo del ingreso, el cual resolverá tras recabar informe del centro y previa audiencia de las personas interesadas, del menor y del Ministerio Fiscal.

7. Los menores no permanecerán en el centro más tiempo del estrictamente necesario para atender a sus necesidades específicas.

El cese será acordado por el órgano judicial competente, de oficio o a propuesta de la Entidad Pública o del Ministerio Fiscal. Esta propuesta estará fundamentada en un informe psicológico, social y educativo.

8. El menor será informado de las resoluciones que se adopten.

Artículo 778 ter[1042]. *Entrada en domicilios y restantes lugares para la ejecución forzosa de las medidas de protección de menores*

1. La Entidad Pública deberá solicitar al Juzgado de Primera Instancia con competencia en el lugar donde radique su domicilio, autorización para la entrada en domicilios y restantes edificios y lugares cuyo acceso requiera el consentimiento de su titular u ocupante, cuando ello sea necesario para la ejecución forzosa de las medidas adoptadas por ella para la protección de un menor. Cuando se trate de la ejecución de un acto confirmado por una resolución judicial, la solicitud se dirigirá al órgano que la hubiera dictado.

2. La solicitud se iniciará por escrito en el que se harán constar, al menos, los siguientes extremos:

a) La resolución administrativa o el expediente que haya dado lugar a la solicitud.

b) El concreto domicilio o lugar al que se pretende acceder, y la identidad del titular u ocupante del mismo y cuyo acceso requiera su consentimiento.

c) La justificación de que se ha intentado recabar dicho consentimiento sin resultado o con resultado negativo. En el caso en el que ello no resulte proce-

---

[1042] Añadido por el artículo 2.1 de la Ley Orgánica 8/2015, de 22 de julio. Entrada en vigor desde 12 de agosto de 2015.

dente, se hará constar dicha circunstancia de manera razonada en el escrito de solicitud, sin que sea necesaria la aportación de la referida justificación.

d) La necesidad de dicha entrada para la ejecución de la resolución de la Entidad Pública.

3. Presentada por la Entidad Pública la solicitud, el Letrado de la Administración de Justicia, en el mismo día, dará traslado de ella al titular u ocupante del domicilio o edificio para que en el plazo de las 24 horas siguientes alegue lo que a su derecho convenga exclusivamente sobre la procedencia de conceder la autorización.

No obstante, cuando la Entidad Pública solicitante así lo pida de forma razonada y acredite que concurren razones de urgencia para acordar la entrada, bien porque la demora en la ejecución de la resolución administrativa pudiera provocar un riesgo para la seguridad del menor, o bien porque exista afectación real e inmediata de sus derechos fundamentales, el Juez podrá acordarla mediante auto dictado de forma inmediata y, en todo caso en el plazo máximo de las 24 horas siguientes a la recepción de la solicitud, previo informe del Ministerio Fiscal. En el auto dictado se razonará por separado sobre la concurrencia de los requisitos de la medida y las razones que han aconsejado acordarla sin oír al interesado.

4. Presentado el escrito de alegaciones por el interesado o transcurrido el plazo sin hacerlo, el Juez acordará o denegará la entrada por auto en el plazo máximo de las 24 horas siguientes, previo informe del Ministerio Fiscal, tras valorar la concurrencia de los extremos mencionados en el apartado 3 de este artículo, la competencia de la Entidad Pública para dictar el acto que se pretende ejecutar y la legalidad, necesidad y proporcionalidad de la entrada solicitada para alcanzar el fin perseguido con la medida de protección.

5. En el auto en el que se autorice la entrada se harán constar los límites materiales y temporales para la realización de la misma, que serán los estrictamente necesarios para la ejecución de la medida de protección.

6. El testimonio del auto en el que se autorice la entrada será entregado a la Entidad Pública solicitante para que proceda a realizarla. El auto será notificado sin dilación a las partes que hubieran intervenido en el procedimiento y, de no haber intervenido o de no ser posible la notificación antes de la realización de la diligencia de entrada, el Letrado de la Administración de Justicia procederá a su notificación al practicar la diligencia.

7. Contra el auto en que se acuerde o deniegue la autorización, aun cuando se hubiera dictado sin previa audiencia del interesado, cabrá recurso de apelación, sin efecto suspensivo, que deberá ser interpuesto en el plazo de los tres días siguientes, contados desde la notificación del auto, al que se dará una tramitación preferente.

Aun denegada la solicitud, la Entidad Pública podrá reproducir la misma si cambiaran las circunstancias existentes en el momento de la petición.

8. La entrada en el domicilio será practicada por el Letrado de la Administración de Justicia dentro de los límites establecidos, pudiendo auxiliarse de la fuerza pública, si fuera preciso, y siendo acompañado de la Entidad Pública solicitante. Finalizada la diligencia, se decretará el archivo del procedimiento.

CAPÍTULO IV BIS
Medidas relativas a la restitución o retorno de menores en los supuestos de sustracción internacional
(arts. 778 quáter a 778 sexies)

Artículo 778 quáter[1043]. *Ámbito de aplicación. Normas generales*

1. En los supuestos en que, siendo aplicables un convenio internacional o las disposiciones de la Unión Europea, se pretenda la restitución de un menor o su retorno al lugar de procedencia por haber sido objeto de un traslado o retención ilícito y se encuentre en España, se procederá de acuerdo con lo previsto en este Capítulo. No será de aplicación a los supuestos en los que el menor procediera de un Estado que no forma parte de la Unión Europea ni sea parte de algún convenio internacional.

2. En estos procesos, será competente el Juzgado de Primera Instancia de la capital de la provincia, de Ceuta o Melilla, con competencias en materia de derecho de familia, en cuya circunscripción se halle el menor que haya sido objeto de un traslado o retención ilícitos, si lo hubiere y, en su defecto, al que por turno de reparto corresponda. El Tribunal examinará de oficio su competencia.

3. Podrán promover el procedimiento la persona, institución u organismo que tenga atribuida la guarda y custodia o un régimen de estancia o visitas, relación o comunicación del menor, la Autoridad Central española encargada del cumplimiento de las obligaciones impuestas por el correspondiente convenio, en su caso, y, en representación de ésta, la persona que designe dicha autoridad.

4. Las partes deberán actuar con asistencia de Abogado y representadas por Procurador. La intervención de la Abogacía del Estado, cuando proceda a instancia de la Autoridad Central española, cesará desde el momento en que el solicitante de la restitución o del retorno comparezca en el proceso con su propio Abogado y Procurador.

[1043] Añadido por el artículo 2.1 de la Ley Orgánica 8/2015, de 22 de julio. Entrada en vigor desde 12 de agosto de 2015.

5. El procedimiento tendrá carácter urgente y preferente. Deberá realizarse, en ambas instancias, si las hubiere, en el inexcusable plazo total de seis semanas desde la fecha de la presentación de la solicitud instando la restitución o el retorno del menor, salvo que existan circunstancias excepcionales que lo hagan imposible.

6. En ningún caso se ordenará la suspensión de las actuaciones civiles por la existencia de prejudicialidad penal que venga motivada por el ejercicio de acciones penales en materia de sustracción de menores.

7. En este tipo de procesos y con la finalidad de facilitar las comunicaciones judiciales directas entre órganos jurisdiccionales de distintos países, si ello fuera posible y el Juez lo considerase necesario, podrá recurrirse al auxilio de las Autoridades Centrales implicadas, de las Redes de Cooperación Judicial Internacional existentes, de los miembros de la Red Internacional de Jueces de la Conferencia de La Haya y de los Jueces de enlace.

8. El Juez podrá acordar a lo largo de todo el proceso, de oficio, a petición de quien promueva el procedimiento o del Ministerio Fiscal, las medidas cautelares oportunas y de aseguramiento del menor que estime pertinentes conforme al artículo 773, además de las previstas en el artículo 158 del Código Civil.

Del mismo modo podrá acordar que durante la tramitación del proceso se garanticen los derechos de estancia o visita, relación y comunicación del menor con el demandante, incluso de forma supervisada, si ello fuera conveniente a los intereses del menor.

Artículo 778 quinquies[1044]. *Procedimiento*

1. El procedimiento se iniciará mediante demanda en la que se instará la restitución del menor o su retorno al lugar de procedencia e incluirá toda la información exigida por la normativa internacional aplicable y, en todo caso, la relativa a la identidad del demandante, del menor y de la persona que se considere que ha sustraído o retenido al menor, así como los motivos en que se basa para reclamar su restitución o retorno. Deberá igualmente aportar toda la información que disponga relativa a la localización del menor y a la identidad de la persona con la que se supone se encuentra.

A la demanda deberá acompañarse la documentación requerida, en su caso, por el correspondiente convenio o norma internacional y cualquier otra en la que el solicitante funde su petición.

2. El Letrado de la Administración de Justicia resolverá sobre la admisión de la demanda en el plazo de las 24 horas siguientes y, si entendiera que ésta no resulta

---

[1044] Añadido por el artículo 2.1 de la Ley Orgánica 8/2015, de 22 de julio. Entrada en vigor desde 12 de agosto de 2015.

admisible, dará cuenta al Juez para que resuelva lo que proceda dentro de dicho plazo.

En la misma resolución en la que sea admitida la demanda, el Letrado de la Administración de Justicia requerirá a la persona a quien se impute la sustracción o retención ilícita del menor para que, en la fecha que se determine, que no podrá exceder de los tres días siguientes, comparezca con el menor y manifieste si accede a su restitución o retorno, o se opone a ello, alegando en tal caso alguna de las causas establecidas en el correspondiente convenio o norma internacional aplicable.

El requerimiento se practicará con los apercibimientos legales y con entrega al requerido del texto del correspondiente convenio o norma internacional aplicable.

3. Cuando el menor no fuera hallado en el lugar indicado en la demanda, y si, tras la realización de las correspondientes averiguaciones por el Letrado de la Administración de Justicia sobre su domicilio o residencia, éstas son infructuosas, se archivará provisionalmente el procedimiento hasta ser encontrado.

Si el menor fuera hallado en otra provincia, el Letrado de la Administración de Justicia, previa audiencia del Ministerio Fiscal y de las partes personadas por el plazo de un día, dará cuenta al Juez para que resuelva al día siguiente lo que proceda mediante auto, remitiendo, en su caso, las actuaciones al Tribunal que considere territorialmente competente y emplazando a las partes para que comparezcan ante el mismo dentro del plazo de los tres días siguientes.

4. Llegado el día, si el requerido compareciere y accediere a la restitución del menor o a su retorno al lugar de procedencia, según corresponda, el Letrado de la Administración de Justicia levantará acta y el Juez dictará auto el mismo día acordando la conclusión del proceso y la restitución o el retorno del menor, pronunciándose en cuanto a los gastos, incluidos los de viaje, y las costas del proceso.

El demandado podrá comparecer en cualquier momento, antes de la finalización del procedimiento, y acceder a la entrega del menor, o a su retorno al lugar de procedencia, siendo de aplicación lo dispuesto en este apartado.

5. Si no compareciese o si comparecido no lo hiciera en forma, ni presentara oposición ni procediera, en este caso, a la entrega o retorno del menor, el Letrado de la Administración de Justicia en el mismo día le declarará en rebeldía y dispondrá la continuación del procedimiento sin el mismo, citando únicamente al demandante y al Ministerio Fiscal a una vista ante el Juez que tendrá lugar en un plazo no superior a los 5 días siguientes, a celebrar conforme a lo dispuesto en el apartado sexto de este artículo. Dicha resolución, no obstante, deberá ser notificada al demandado, tras lo cual no se llevará a cabo ninguna otra, excepto la de la resolución que ponga fin al proceso.

El Juez podrá decretar las medidas cautelares que estime pertinentes en relación con el menor, caso de no haberse adoptado ya con anterioridad, conforme al artículo 773.

6. Si en la primera comparecencia el requerido formulase oposición a la restitución o retorno del menor al amparo de las causas establecidas en el correspondiente convenio o norma internacional aplicable, lo que deberá realizar por escrito, el Letrado de la Administración de Justicia en el mismo día dará traslado de la oposición y citará a todos los interesados y al Ministerio Fiscal a una vista que se celebrará dentro del improrrogable plazo de los 5 días siguientes.

7. La celebración de la vista no se suspenderá por incomparecencia del demandante. Si fuera el demandado que se hubiera opuesto quien no compareciere, el Juez le tendrá por desistido de la oposición y continuará la vista.

Durante la celebración de la misma se oirá a las partes que comparezcan para que expongan lo que estimen procedente, en concreto, a la persona que solicitó la restitución o retorno, al Ministerio Fiscal y a la parte demandada, incluso si compareciere en este trámite por vez primera.

Se practicarán, en su caso, las pruebas útiles y pertinentes que las partes o el Ministerio Fiscal propongan y las que el Juez acuerde de oficio sobre los hechos que sean relevantes para la decisión sobre la ilicitud o no del traslado o retención y las medidas a adoptar, dentro del plazo improrrogable de seis días. El Juez podrá también recabar, de oficio, a instancia de parte o del Ministerio Fiscal, los informes que estime pertinentes cuya realización será urgente y preferente a cualquier otro proceso.

8. Antes de adoptar cualquier decisión relativa a la procedencia o improcedencia de la restitución del menor o su retorno al lugar de procedencia, el Juez, en cualquier momento del proceso y en presencia del Ministerio Fiscal, oirá separadamente al menor, a menos que la audiencia del mismo no se considere conveniente atendiendo a la edad o grado de madurez del mismo, lo que se hará constar en resolución motivada.

En la exploración del menor se garantizará que el mismo pueda ser oído en condiciones idóneas para la salvaguarda de sus intereses, sin interferencias de otras personas, y recabando excepcionalmente el auxilio de especialistas cuando ello fuera necesario. Esta actuación podrá realizarse a través de videoconferencia u otro sistema similar.

9. Celebrada la vista y, en su caso, practicadas las pruebas pertinentes, dentro de los tres días siguientes a su finalización, el Juez dictará sentencia en la que se pronunciará únicamente sobre si el traslado o la retención son ilícitos y acordará si procede

o no la restitución del menor a la persona, institución u organismo que tenga atribuida la guarda y custodia o su retorno al lugar de procedencia para permitir al solicitante el ejercicio del régimen de estancia, comunicación o relación con el menor, teniendo en cuenta el interés superior de éste y los términos del correspondiente convenio o de las disposiciones de la Unión Europea en la materia, según el caso. La resolución que acuerde la restitución del menor o su retorno establecerá detalladamente la forma y el plazo de ejecución, pudiendo adoptar las medidas necesarias para evitar un nuevo traslado o retención ilícito del menor tras la notificación de la sentencia.

10. Si se acordare la restitución o retorno del menor, en la resolución se establecerá que la persona que hubiere trasladado o retenido al menor abone las costas procesales, incluidas aquellas en que haya incurrido el solicitante, los gastos de viaje y los que ocasione la restitución o retorno del menor al Estado donde estuviera su residencia habitual con anterioridad a la sustracción.

En los demás casos se declararán de oficio las costas del proceso.

11. Contra la resolución que se dicte sólo cabrá recurso de apelación con efectos suspensivos, que tendrá tramitación preferente, debiendo ser resuelto en el improrrogable plazo de treinta días.

En la tramitación del recurso de apelación se seguirán las siguientes especialidades:

a) Se interpondrá ante el tribunal que haya de resolver el recurso en el plazo de 10 días contados desde el día siguiente a la notificación de la resolución, debiendo el órgano judicial acordar su admisión o no dentro de las veinticuatro horas siguientes a la presentación.

b) Admitido el recurso, las demás partes tendrán tres días para presentar escrito de oposición al recurso o, en su caso, de impugnación. En este último supuesto, igualmente el apelante principal dispondrá del plazo de tres días para manifestar lo que tenga por conveniente.

c) Si hubiere de practicarse prueba o si se acordase la celebración de vista, el Letrado de la Administración de Justicia señalará día para dentro de los tres días siguientes.

d) La resolución deberá ser dictada dentro de los tres días siguientes a la terminación de la vista o, en defecto de ésta, a contar desde el día siguiente a aquel en que se hubieran recibido los autos en el tribunal competente para la apelación.

12. En cualquier momento del proceso, ambas partes podrán solicitar la suspensión del mismo de conformidad con lo previsto en el artículo 19.4, para someterse a media-

ción. También el Juez podrá en cualquier momento, de oficio o a petición de cualquiera de las partes, proponer una solución de mediación si, atendiendo a las circunstancias concurrentes, estima posible que lleguen a un acuerdo, sin que ello deba suponer un retraso injustificado del proceso. En tales casos, el Letrado de la Administración de Justicia acordará la suspensión por el tiempo necesario para tramitar la mediación. La Entidad Publica que tenga las funciones de protección del menor puede intervenir como mediadora si así se solicitase de oficio, por las partes o por el Ministerio Fiscal.

La duración del procedimiento de mediación será lo más breve posible y sus actuaciones se concentrarán en el mínimo número de sesiones, sin que en ningún caso pueda la suspensión del proceso para mediación exceder del plazo legalmente previsto en este Capítulo.

El procedimiento judicial se reanudará si lo solicita cualquiera de las partes o, en caso de alcanzarse un acuerdo en la mediación, que deberá ser aprobado por el Juez teniendo en cuenta la normativa vigente y el interés superior del niño.

13. En la ejecución de la sentencia en la que se acuerde la restitución del menor o su retorno al Estado de procedencia, la Autoridad Central prestará la necesaria asistencia al Juzgado para garantizar que se realice sin peligro, adoptando en cada caso las medidas administrativas precisas.

Si el progenitor que hubiera sido condenado a la restitución del menor o a su retorno se opusiere, impidiera u obstaculizara su cumplimiento, el Juez deberá adoptar las medidas necesarias para la ejecución de la sentencia de forma inmediata, pudiendo ayudarse de la asistencia de los servicios sociales y de las Fuerzas y Cuerpos de Seguridad.

Artículo 778 sexies[1045]. *Declaración de ilicitud de un traslado o retención internacional*

Cuando un menor con residencia habitual en España sea objeto de un traslado o retención internacional, conforme a lo establecido en el correspondiente convenio o norma internacional aplicable, cualquier persona interesada, al margen del proceso que se inicie para pedir su restitución internacional, podrá dirigirse en España a la autoridad judicial competente para conocer del fondo del asunto con la finalidad de obtener una resolución que especifique que el traslado o la retención lo han sido ilícitos, a cuyo efecto podrán utilizarse los cauces procesales disponibles en el Título I del Libro IV para la adopción de medidas definitivas o provisionales en España, e incluso las medidas del artículo 158.

[1045] Añadido por el artículo 2.1 de la Ley Orgánica 8/2015, de 22 de julio. Entrada en vigor desde 12 de agosto de 2015.

La autoridad competente en España para emitir una decisión o una certificación del artículo 15 del Convenio de la Haya de 25 de octubre de 1980 sobre los aspectos civiles de la sustracción internacional de menores, que acredite que el traslado o retención del menor era ilícito en el sentido previsto en el artículo 3 del Convenio, cuando ello sea posible, lo será la última autoridad judicial que haya conocido en España de cualquier proceso sobre responsabilidad parental afectante al menor. En defecto de ello, será competente el Juzgado de Primera Instancia del último domicilio del menor en España. La Autoridad Central española hará todo lo posible por prestar asistencia al solicitante para que obtenga una decisión o certificación de esa clase.

CAPÍTULO V
De la oposición a las resoluciones administrativas en materia de protección de menores, del procedimiento para determinar la necesidad de asentimiento en la adopción y de la oposición a determinadas resoluciones y actos de la Dirección General de los Registros y del Notariado en materia de Registro Civil
(arts. 779 a 781 bis)

Artículo 779[1046]. *Carácter preferente del procedimiento. Competencia*

Los procedimientos en los que se sustancie la oposición a las resoluciones administrativas en materia de protección de menores tendrán carácter preferente y deberán realizarse en el plazo de tres meses desde la fecha en que se hubieren iniciado. La acumulación de procedimientos no suspenderá el plazo máximo.

Será competente para conocer de los mismos el Juzgado de Primera Instancia del domicilio de la Entidad Pública y, en su defecto o en los supuestos de los artículos 179 y 180 del Código Civil, el Tribunal del domicilio del adoptante.

Artículo 780[1047]. *Oposición a las resoluciones administrativas en materia de protección de menores*

1. No será necesaria reclamación previa en vía administrativa para formular oposición, ante los tribunales civiles, a las resoluciones administrativas en materia de protección de menores. La oposición a las mismas podrá formularse en el plazo de dos meses desde su notificación.

[1046] Modificado por la Ley 8/2021, de 4 de junio. Entrada en vigor desde 3 de septiembre de 2021.
[1047] Modificado por el RD 6/2023, de 19 de diciembre. Entrada en vigor desde 20 de marzo de 2024.

Estarán legitimados para formular oposición a las resoluciones administrativas en materia de protección de menores, siempre que tengan interés legítimo y directo en tal resolución, los menores afectados por la resolución, los progenitores, tutores, acogedores, guardadores, el Ministerio Fiscal y aquellas personas que expresamente la ley les reconozca tal legitimación. Aunque no fueran actores podrán personarse en cualquier momento en el procedimiento, sin que se retrotraigan las actuaciones.

Los menores tendrán derecho a ser parte y a ser oídos y escuchados en el proceso conforme a lo establecido en la Ley Orgánica de Protección Jurídica del Menor. Ejercitarán sus pretensiones en relación a las resoluciones administrativas que les afecten a través de sus representantes legales siempre que no tengan intereses contrapuestos a los suyos, o a través de la persona que se designe o que ellos mismos designen como su defensor para que les represente.

2. El proceso de oposición a una resolución administrativa en materia de protección de menores se iniciará mediante la presentación de un escrito inicial en el que el actor sucintamente expresará la pretensión y la resolución a que se opone.

En el escrito consignará expresamente la fecha de notificación de la resolución administrativa y manifestará si existen procedimientos relativos a ese menor.

3. El letrado o letrada de la Administración de Justicia reclamará a la entidad administrativa un testimonio completo o copia auténtica del expediente, que deberá ser aportado en el plazo de 10 días.

La entidad administrativa, podrá ser requerida para aportar al Tribunal antes de la vista, las actualizaciones que se hayan producido en el expediente del menor.

4. Recibido el testimonio o copia auténtica del expediente administrativo, el letrado o letrada de la Administración de Justicia, en el plazo máximo de 5 días, emplazará al actor por 10 días para que presente la demanda, que se tramitará con arreglo a lo previsto en el artículo 753.

El Tribunal dictará sentencia dentro de los 10 días siguientes a la terminación del juicio.

5. Se suprime.

6. Si el Ministerio Fiscal, las partes o el Juez competente tuvieren conocimiento de la existencia de más de un procedimiento de oposición a resoluciones administrativas relativas a la protección de un mismo menor, pedirán los primeros y dispondrá el segundo, incluso de oficio, la acumulación ante el Juzgado que estuviera conociendo del procedimiento más antiguo.

Acordada la acumulación, se procederá según dispone el artículo 84, con la especialidad de que no se suspenderá la vista que ya estuviera señalada si fuera posible tramitar el resto de procesos acumulados dentro del plazo determinado por el señalamiento. En caso contrario, el Letrado de la Administración de Justicia acordará la suspensión del que tuviera la vista ya fijada, hasta que los otros se hallen en el mismo estado, procediendo a realizar el nuevo señalamiento para todos con carácter preferente y, en todo caso, dentro de los 10 días siguientes.

Contra el auto que deniegue la acumulación podrán interponerse los recursos de reposición y apelación sin efectos suspensivos. Contra el auto que acuerde la acumulación no se dará recurso alguno.

Artículo 781[1048]. *Procedimiento para determinar la necesidad de asentimiento en la adopción*

1. Los progenitores que pretendan que se reconozca la necesidad de su asentimiento para la adopción podrán comparecer ante el Tribunal que esté conociendo del correspondiente expediente de adopción y manifestarlo así. El Letrado de la Administración de Justicia, con suspensión del expediente, otorgará el plazo de quince días para la presentación de la demanda, para cuyo conocimiento será competente el mismo Tribunal[1049].

2. Si no se presentara la demanda en el plazo fijado, el Letrado de la Administración de Justicia dictará decreto dando por finalizado el trámite y alzando la suspensión del expediente de adopción, que continuará tramitándose de conformidad con lo establecido en la legislación de jurisdicción voluntaria. El decreto será recurrible directamente en revisión ante el Tribunal. Firme dicha resolución, no se admitirá ninguna reclamación posterior de los mismos sujetos sobre la necesidad de asentimiento para la adopción de que se trate.

3. Presentada la demanda dentro de plazo, el Letrado de la Administración de Justicia dictará decreto declarando contencioso el expediente de adopción y acordará la tramitación de la demanda presentada en el mismo procedimiento, como pieza separada, con arreglo a lo previsto en el artículo 753.

Una vez firme la resolución que se dicte en la pieza separada sobre la necesidad del asentimiento de los progenitores del adoptando, el Letrado de la Administración de Justicia acordará la citación ante el Juez de las personas indicadas en el artículo 177 del Código Civil que deban prestar el consentimiento o el asentimiento a la adopción así como ser oídas, y que todavía no lo hayan hecho, debiendo resolver a continuación sobre la adopción.

[1048] Modificado por la Ley 26/2015, de 28 de junio. Entrada en vigor desde 18 de agosto de 2015.
[1049] Véase el art. 177 del CC.

Las citaciones se efectuarán de conformidad con las normas establecidas en la Ley de Jurisdicción Voluntaria para tales supuestos.

El auto que ponga fin al procedimiento será susceptible de recurso de apelación, que tendrá efectos suspensivos.

El testimonio de la resolución firme en la que se acuerde la adopción se remitirá al Registro Civil, para que se practique su inscripción.

Artículo 781 bis[1050]. *Oposición a las resoluciones y actos de la Dirección General de los Registros y del Notariado en materia de Registro Civil*

1. La oposición a las resoluciones de la Dirección General de los Registros y del Notariado en materia de Registro Civil, a excepción de las dictadas en materia de nacionalidad por residencia, podrá formularse en el plazo de dos meses desde su notificación, sin que sea necesaria la formulación de reclamación administrativa previa.

2. Quien pretenda oponerse a las resoluciones presentará un escrito inicial en el que sucintamente expresará su pretensión y la resolución a que se opone.

3. El letrado o letrada de la Administración de Justicia reclamará a la Dirección General de Seguridad Jurídica y Fe Pública un testimonio completo o copia auténtica del expediente, que deberá ser aportado en el plazo de veinte días.

4. Recibido el testimonio o copia auténtica del expediente administrativo, el letrado o letrada de la Administración de Justicia emplazará al actor por veinte días para que presente la demanda, que se tramitará con arreglo a lo previsto en el artículo 753.

TÍTULO II
De la división judicial de patrimonios
(arts. 782 a 811)

CAPÍTULO I
De la división de la herencia
(arts. 782 a 805)

Sección 1.ª *Del procedimiento para la división de la herencia (arts. 782 a 789)*

Artículo 782. *Solicitud de división judicial de la herencia*

1. Cualquier coheredero o legatario de parte alícuota podrá reclamar judicialmente la división de la herencia, siempre que esta no deba efectuarla un comisario o

---

[1050] Modificado por el RD 6/2023, de 19 de diciembre. Entrada en vigor desde 20 de marzo de 2024.

contador-partidor designado por el testador, por acuerdo entre los coherederos o por el Letrado de la Administración de Justicia o el Notario[1051].

2. A la solicitud deberá acompañarse el certificado de defunción de la persona de cuya sucesión se trate y el documento que acredite la condición de heredero o legatario del solicitante.

3. Los acreedores no podrán instar la división, sin perjuicio de las acciones que les correspondan contra la herencia, la comunidad hereditaria o los coherederos, que se ejercitarán en el juicio declarativo que corresponda, sin suspender ni entorpecer las actuaciones de división de la herencia.

4. No obstante, los acreedores reconocidos como tales en el testamento o por los coherederos y los que tengan su derecho documentado en un título ejecutivo podrán oponerse a que se lleve a efecto la partición de la herencia hasta que se les pague o afiance el importe de sus créditos. Esta petición podrá deducirse en cualquier momento, antes de que se produzca la entrega de los bienes adjudicados a cada heredero[1052].

5. Los acreedores de uno o más de los coherederos podrán intervenir a su costa en la partición para evitar que ésta se haga en fraude o perjuicio de sus derechos.

Artículo 783[1053]. *Convocatoria de Junta para designar contador y peritos*

1. Solicitada la división judicial de la herencia se acordará, cuando así se hubiere pedido y resultare procedente, la intervención del caudal hereditario y la formación de inventario.

2. Practicadas las actuaciones anteriores o, si no fuera necesario, a la vista de la solicitud de división judicial de la herencia, el Letrado de la Administración de Justicia convocará a Junta a los herederos, a los legatarios de parte alícuota y al cónyuge sobreviviente, señalando día dentro de los 10 siguientes[1054].

3. La citación de los interesados que estuvieren ya personados en las actuaciones se hará por medio del procurador. A los que no estuvieren personados se les citará personalmente, si su residencia fuere conocida. Si no lo fuere, se les llamará por edictos, conforme a lo dispuesto en el artículo 164.

4. El letrado de la Administración de Justicia convocará también al Ministerio Fiscal para que represente a los interesados en la herencia que sean menores y no tengan representación legítima y a los ausentes cuyo paradero se ignore. La representación

---

[1051] Véanse los arts. 1051 a 1060 del CC.
[1052] Véase el art. 1082 del CC.
[1053] Modificado por la Ley 13/2009, de 3 de noviembre. Entrada en vigor desde 4 de mayo de 2010.
[1054] Véanse los arts. 790 y ss. de la presente norma.

del Ministerio Fiscal cesará una vez que los menores estén habilitados de representante legal y, respecto de los ausentes, cuando se presenten en el juicio o puedan ser citados personalmente, aunque vuelvan a ausentarse[1055].

5. Los acreedores a que se refiere el apartado 5 del artículo anterior serán convocados por el Letrado de la Administración de Justicia a la Junta cuando estuvieren personados en el procedimiento. Los que no estuvieren personados no serán citados, pero podrán participar en ella si concurren en el día señalado aportando los títulos justificativos de sus créditos.

Artículo 784[1056]. *Designación del contador y de los peritos*

1. La Junta se celebrará, con los que concurran, en el día y hora señalado y será presidida por el Letrado de la Administración de Justicia.

2. Los interesados deberán ponerse de acuerdo sobre el nombramiento de un contador que practique las operaciones divisorias del caudal, así como sobre el nombramiento del perito o peritos que hayan de intervenir en el avalúo de los bienes. No podrá designarse más de un perito para cada clase de bienes que hayan de ser justipreciados.

3. Si de la Junta resultare falta de acuerdo para el nombramiento de contador, se designará uno por sorteo, conforme a lo dispuesto en el artículo 341, de entre los abogados ejercientes con especiales conocimientos en la materia y con despacho profesional en el lugar del juicio. Si no hubiera acuerdo sobre los peritos, se designarán por igual procedimiento los que el contador o contadores estimen necesarios para practicar los avalúos, pero nunca más de uno por cada clase de bienes que deban ser tasados.

4. Será aplicable al contador designado por sorteo lo dispuesto para la recusación y provisión de fondos de los peritos[1057].

Artículo 785[1058]. *Entrega de la documentación al contador. Obligación de cumplir el encargo aceptado y plazo para hacerlo*

1. Elegidos el contador y los peritos, en su caso, previa aceptación, el Letrado de la Administración de Justicia entregará los autos al primero y pondrá a disposición de éste y de los peritos cuantos objetos, documentos y papeles necesiten para practicar

---

[1055] Modificado por la Ley 8/2021, de 2 de junio. Entrada en vigor desde 3 de septiembre de 2021.

[1056] Modificado por la Ley 13/2009, de 3 de noviembre. Entrada en vigor desde 4 de mayo de 2010.

[1057] Véanse los arts. 124 a 128 de la presente norma.

[1058] Modificados los apartados primero y tercero por la Ley 13/2009, de 3 de noviembre. Entrada en vigor desde 4 de mayo de 2010.

el inventario, cuando éste no hubiere sido hecho, y el avalúo, la liquidación y la división del caudal hereditario.

2. La aceptación del contador dará derecho a cada uno de los interesados para obligarle a que cumpla su encargo.

3. A instancia de parte, podrá el Letrado de la Administración de Justicia mediante diligencia fijar al contador un plazo para que presente las operaciones divisorias, y si no lo verificare, será responsable de los daños y perjuicios.

Artículo 786. *Práctica de las operaciones divisorias*

1. El contador realizará las operaciones divisorias con arreglo a lo dispuesto en la ley aplicable a la sucesión del causante; pero si el testador hubiere establecido reglas distintas para el inventario, avalúo, liquidación y división de sus bienes, se atendrá a lo que resulte de ellas, siempre que no perjudiquen las legítimas de los herederos forzosos. Procurará, en todo caso, evitar la indivisión, así como la excesiva división de las fincas[1059].

2. Las operaciones divisorias deberán presentarse en el plazo máximo de dos meses desde que fueron iniciadas, y se contendrán en un escrito firmado por el contador, en el que se expresará:

1.º La relación de los bienes que formen el caudal partible.

2.º El avalúo de los comprendidos en esa relación.

3.º La liquidación del caudal, su división y adjudicación a cada uno de los partícipes.

Artículo 787[1060]. *Aprobación de las operaciones divisorias. Oposición a ellas*

1. El Letrado de la Administración de Justicia dará traslado a las partes de las operaciones divisorias, emplazándolas por 10 días para que formulen oposición. Durante este plazo, podrán las partes examinar en la Oficina judicial los autos y las operaciones divisorias y obtener, a su costa, las copias que soliciten.

La oposición habrá de formularse por escrito, expresando los puntos de las operaciones divisorias a que se refiere y las razones en que se funda.»

2. Pasado dicho término sin hacerse oposición o luego que los interesados hayan manifestado su conformidad, el Letrado de la Administración de Justicia dictará decreto aprobando las operaciones divisorias, mandando protocolizarlas.

[1059] Véanse los arts. 1061 a 1067 del CC.
[1060] Modificado por la Ley 13/2009, de 3 de noviembre. Entrada en vigor desde 4 de mayo de 2010.

536 • art. 788

3. Cuando en tiempo hábil se hubiere formalizado la oposición a las operaciones divisorias, el Letrado de la Administración de Justicia convocará al contador y a las partes a una comparecencia ante el Tribunal, que se celebrará dentro de los 10 días siguientes.

4. Si en la comparecencia se alcanzara la conformidad de todos los interesados respecto a las cuestiones promovidas, se ejecutará lo acordado y el contador hará en las operaciones divisorias las reformas convenidas, que serán aprobadas con arreglo a lo dispuesto en el apartado 2 de este artículo.

5. Si no hubiere conformidad, el tribunal oirá a las partes y admitirá las pruebas que propongan y que no sean impertinentes o inútiles, continuando la sustanciación del procedimiento con arreglo a lo dispuesto para el juicio verbal.

La sentencia que recaiga se llevará a efecto con arreglo a lo dispuesto en el artículo siguiente, pero no tendrá eficacia de cosa juzgada, pudiendo los interesados hacer valer los derechos que crean corresponderles sobre los bienes adjudicados en el juicio ordinario que corresponda[1061].

6. Cuando, conforme a lo establecido en el artículo 40 de esta ley, se hubieran suspendido las actuaciones por estar pendiente causa penal en que se investigue un delito de cohecho cometido en el avalúo de los bienes de la herencia, la suspensión se alzará por el Letrado de la Administración de Justicia, sin esperar a que la causa finalice por resolución firme, en cuanto los interesados, prescindiendo del avalúo impugnado, presentaren otro hecho de común acuerdo, en cuyo caso se dictará sentencia con arreglo a lo que resulte de éste.

Artículo 788[1062]. *Entrega de los bienes adjudicados a cada heredero*

1. Aprobadas definitivamente las particiones, el Letrado de la Administración de Justicia procederá a entregar a cada uno de los interesados lo que en ellas le haya sido adjudicado y los títulos de propiedad, poniéndose previamente en éstos por el actuario notas expresivas de la adjudicación[1063].

2. Luego que sean protocolizadas, el Letrado de la Administración de Justicia dará a los partícipes que lo pidieren testimonio de su haber y adjudicación respectivos.

3. No obstante lo dispuesto en los apartados anteriores, cuando se haya formulado por algún acreedor de la herencia la petición a que se refiere el apartado 4 del artículo 782, no se hará la entrega de los bienes a ninguno de los herederos ni legatarios sin estar aquéllos completamente pagados o garantizados a su satisfacción.

[1061] Véase el art. 447 de la presente norma.

[1062] Modificados los apartados primero y segundo por la Ley 13/2009, de 3 de noviembre. Entrada en vigor desde 4 de mayo de 2010.

[1063] Véanse los arts. 1068 y ss. del CC.

Artículo 789[1064]. *Terminación del procedimiento por acuerdo de los coherederos*

En cualquier estado del juicio podrán los interesados separarse de su seguimiento y adoptar los acuerdos que estimen convenientes. Cuando lo solicitaren de común acuerdo, deberá el Letrado de la Administración de Justicia sobreseer el juicio y poner los bienes a disposición de los herederos.

Sección 2.ª De la intervención del caudal hereditario (arts. 790 a 796)

Artículo 790[1065]. *Aseguramiento de los bienes de la herencia y de los documentos del difunto*

1. Siempre que el Tribunal tenga noticia del fallecimiento de una persona y no conste la existencia de testamento, ni de ascendientes, descendientes o cónyuge del finado o persona que se halle en una situación de hecho asimilable, ni de colaterales dentro del cuarto grado, adoptará de oficio las medidas más indispensables para el enterramiento del difunto si fuere necesario y para la seguridad de los bienes, libros, papeles, correspondencia y efectos del difunto susceptibles de sustracción u ocultación.

De la misma forma procederá cuando las personas de que habla el párrafo anterior estuvieren ausentes o cuando alguno de ellos sea menor y no tenga representante legal[1066].

2. En los casos a que se refiere este artículo, luego que comparezcan los parientes, o se nombre representante legal a los menores, se les hará entrega de los bienes y efectos pertenecientes al difunto, cesando la intervención judicial, salvo lo dispuesto en el artículo siguiente, debiendo acudir al Notario a fin de que proceda a la incoación del expediente de declaración de herederos.

Artículo 791[1067]. *Intervención judicial de la herencia cuando no conste la existencia de testamento ni de parientes llamados a la sucesión legítima*

1. En el caso a que se refiere el apartado 1 del artículo anterior, una vez practicadas las actuaciones que en él se mencionan, el Letrado de la Administración de Justicia adoptará mediante diligencia las medidas que estime más conducentes para averiguar si la persona de cuya sucesión se trata ha muerto con disposición testamentaria o sin ella, ordenando, a tal efecto, que se traiga a los autos certificado del Registro

---

[1064] Modificado por la Ley 13/2009, de 3 de noviembre. Entrada en vigor desde 4 de mayo de 2010.
[1065] Modificado por la Ley 8/2021, de 2 de junio. Entrada en vigor desde 3 de septiembre de 2021.
[1066] Véanse los arts. 912 y ss. del CC.
[1067] Modificado por la Ley 15/2015, de 2 de julio. Entrada en vigor desde 23 de julio de 2015.

General de Actos de Última Voluntad, así como el certificado de defunción luego que sea posible.

A falta de otros medios, el tribunal ordenará mediante providencia que sean examinados los parientes, amigos o vecinos del difunto sobre el hecho de haber muerto éste abintestato y sobre si tiene parientes con derecho a la sucesión legítima.

2. Si, en efecto, resultare haber fallecido sin testar y sin parientes llamados por la ley a la sucesión, mandará el Tribunal, por medio de auto, que se proceda:

1.º A ocupar los libros, papeles y correspondencia del difunto.

2.º A inventariar y depositar los bienes, disponiendo lo que proceda sobre su administración, con arreglo a lo establecido en esta Ley. El Tribunal podrá nombrar a una persona, con cargo al caudal hereditario, que efectúe y garantice el inventario y su depósito.

En la misma resolución ordenará de oficio la comunicación a la Delegación de Economía y Hacienda correspondiente por si resultare procedente la declaración de heredero abintestato a favor del Estado, con traslado del resultado de las diligencias realizadas y de la documentación recabada al amparo del apartado 1.

3. Desde el momento en que la Administración General del Estado o la Administración de una Comunidad Autónoma comunique al Tribunal que ha iniciado un procedimiento para su declaración como heredero abintestato, éste acordará que recaiga sobre ella la designación para la administración de los bienes. En este caso, no se exigirá a la Administración Pública que preste caución y realizará los informes periciales cuando sean necesarios mediante servicios técnicos propios.

La Administración deberá comunicar al Tribunal la resolución que ponga fin al procedimiento. Si dicha resolución concluyera que no procede efectuar la declaración de heredero abintestato a favor de la Administración, ésta no podrá continuar haciéndose cargo del caudal hereditario, solicitando al Tribunal que designe nuevo administrador judicial en el plazo de un mes desde aquella comunicación. Transcurrido este plazo de un mes, en todo caso, la Administración cesará en el cargo de administrador.

Cuando esa resolución declare a la Administración heredera abintestato, el órgano judicial que estuviese conociendo de la intervención del caudal hereditario adoptará, antes de un mes, las provisiones conducentes a la entrega de los bienes y derechos integrantes del caudal hereditario[1068].

[1068] Véanse los arts. 797 a 805 de la presente norma.

Artículo 792[1069]. *Intervención judicial de la herencia durante la tramitación de la declaración de herederos o de la división judicial de la herencia. Intervención a instancia de los acreedores de la herencia*

1. Las actuaciones a que se refiere el apartado 2 del artículo anterior podrán acordarse a instancia de parte en los siguientes casos:

1.º Por el cónyuge o cualquiera de los parientes que se crea con derecho a la sucesión legítima, siempre que acrediten haber promovido la declaración de herederos abintestato ante Notario o se formule la solicitud de intervención judicial del caudal hereditario al tiempo de promover la declaración notarial de herederos.

2.º Por cualquier coheredero o legatario de parte alícuota, al tiempo de solicitar la división judicial de la herencia, salvo que la intervención hubiera sido expresamente prohibida por disposición testamentaria.

3.º Por la Administración Pública que haya iniciado un procedimiento para su declaración como heredero abintestato.

2. También podrán pedir la intervención del caudal hereditario, con arreglo a lo establecido en el apartado segundo del artículo anterior, los acreedores reconocidos como tales en el testamento o por los coherederos y los que tengan su derecho documentado en un título ejecutivo.

Artículo 793[1070]. *Primeras actuaciones y citación de los interesados para la formación de inventario*

1. Acordada la intervención del caudal hereditario en cualquiera de los casos a que se refieren los artículos anteriores ordenará el tribunal, por medio de auto, si fuere necesario y no se hubiera efectuado anteriormente, la adopción de las medidas indispensables para la seguridad de los bienes, así como de los libros, papeles, correspondencia y efectos del difunto susceptibles de sustracción u ocultación.

2. Dictada dicha resolución, el Letrado de la Administración de Justicia señalará día y hora para la formación de inventario, mandando citar a los interesados[1071].

3. Deberán ser citados para la formación de inventario:

1.º El cónyuge sobreviviente.

[1069] Modificado por la Ley 15/2015, de 2 de julio. Entrada en vigor desde 23 de julio de 2015.

[1070] Modificado el apartado 3.5 por la Ley 8/2021, de 2 de junio. Entrada en vigor desde 3 de septiembre de 2021.

[1071] Véanse los arts. 1017 y ss. del CC.

2.º Los parientes que pudieran tener derecho a la herencia y fueren conocidos, cuando no conste la existencia de testamento ni se haya hecho la declaración de herederos abintestato.

3.º Los herederos o legatarios de parte alícuota.

4.º Los acreedores a cuya instancia se hubiere decretado la intervención del caudal hereditario y, en su caso, los que estuvieren personados en el procedimiento de división de la herencia.

5.º El Ministerio Fiscal, siempre que pudiere haber parientes desconocidos con derecho a la sucesión legítima, o que alguno de los parientes conocidos con derecho a la herencia o de los herederos o legatarios de parte alícuota no pudiere ser citado personalmente por no ser conocida su residencia, o cuando cualquiera de los interesados sea menor y no tenga representante legal.

6.º El abogado del Estado, o, en los casos previstos legalmente, los Servicios Jurídicos de las Comunidades Autónomas, cuando no conste la existencia de testamento ni de cónyuge o parientes que puedan tener derecho a la sucesión legítima.

Artículo 794[1072]. *Formación del inventario*

1. Citados todos los que menciona el artículo anterior, en el día y hora señalados, procederá el Letrado de la Administración de Justicia, con los que concurran, a formar el inventario, el cual contendrá la relación de los bienes de la herencia y de las escrituras, documentos y papeles de importancia que se encuentren.

2. Si por disposición testamentaria se hubieren establecido reglas especiales para el inventario de los bienes de la herencia, se formará éste con sujeción a dichas reglas.

3. Cuando no se pudiere terminar el inventario en el día señalado se continuará en los siguientes.

4. Si se suscitare controversia sobre la inclusión o exclusión de bienes en el inventario, el Letrado de la Administración de Justicia hará constar en el acta las pretensiones de cada una de las partes sobre los referidos bienes y su fundamentación jurídica, y citará a los interesados a una vista, continuando la tramitación con arreglo a lo previsto para el juicio verbal.

La sentencia que se pronuncie sobre la inclusión o exclusión de bienes en el inventario dejará a salvo los derechos de terceros.

[1072] Modificado por la Ley 42/2015, de 5 de octubre. Entrada en vigor desde 7 de octubre de 2015.

Artículo 795[1073]. *Resolución sobre la administración, custodia y conservación del caudal hereditario*

Hecho el inventario, determinará el tribunal, por medio de auto, lo que según las circunstancias corresponda sobre la administración del caudal, su custodia y conservación, ateniéndose, en su caso, a lo que sobre estas materias hubiere dispuesto el testador y, en su defecto, con sujeción a las reglas siguientes:

1.º El metálico y efectos públicos se depositarán con arreglo a derecho.

2.º Se nombrará administrador al viudo o viuda y, en su defecto, al heredero o legatario de parte alícuota que tuviere mayor parte en la herencia. A falta de éstos, o si no tuvieren, a juicio del tribunal, la capacidad necesaria para desempeñar el cargo, podrá el tribunal nombrar administrador a cualquiera de los herederos o legatarios de parte alícuota, si los hubiere, o a un tercero.

3.º El administrador deberá prestar, en cualquiera de las formas permitidas por esta Ley, caución bastante a responder de los bienes que se le entreguen, que será fijada por el tribunal. Podrá éste, no obstante, dispensar de la caución al cónyuge viudo o al heredero designado administrador cuando tengan bienes suficientes para responder de los que se le entreguen[1074].

4.º Los herederos y legatarios de parte alícuota podrán dispensar al administrador del deber de prestar caución. No habiendo acerca de esto conformidad, la caución será proporcionada al interés en el caudal de los que no otorguen su relevación. Se constituirá caución, en todo caso, respecto de la participación en la herencia de los menores que no tengan representante legal y de los ausentes a los que no se haya podido citar por ignorarse su paradero.

Artículo 796[1075]. *Cesación de la intervención judicial de la herencia*

1. Cesará la intervención judicial de la herencia cuando se efectúe la declaración de herederos, a no ser que alguno de ellos pida la división judicial de la herencia, en cuyo caso podrá subsistir la intervención, si así se solicita, hasta que se haga entrega a cada heredero de los bienes que les hayan sido adjudicados.

2. Durante la sustanciación del procedimiento de división judicial de la herencia podrán pedir los herederos, de común acuerdo, que cese la intervención judicial. El letrado de la Administración de Justicia así lo acordará mediante decreto, salvo cuan-

---

[1073] Modificado por la Ley 8/2021, de 2 de junio. Entrada en vigor desde 3 de septiembre de 2021.
[1074] Véanse los arts. 64.2 y 529.3 de la presente norma.
[1075] Modificado por la Ley 8/2021, de 2 de junio. Entrada en vigor desde 3 de septiembre de 2021.

do alguno de los interesados sea menor y no tenga representante legal o cuando haya algún heredero ausente al que no haya podido citarse por ignorarse su paradero.

3. Si hubiera acreedores reconocidos en el testamento o por los coherederos o con derecho documentado en un título ejecutivo, que se hubieran opuesto a que se lleve a efecto la partición de la herencia hasta que se les pague o afiance el importe de sus créditos, no se acordará la cesación de la intervención hasta que se produzca el pago o afianzamiento.

Sección 3.ª De la administración del caudal hereditario (arts. 797 a 805)

Artículo 797[1076]. Posesión del cargo de administrador de la herencia

1. Nombrado el administrador y prestada por éste la caución, el Letrado de la Administración de Justicia le pondrá en posesión de su cargo, dándole a conocer a las personas que el mismo designe de aquéllas con quienes deba entenderse para su desempeño.

2. Para que pueda acreditar su representación el letrado o letrada de la Administración de Justicia le dará testimonio o copia auténtica, en que conste su nombramiento y que se halla en posesión del cargo.

3. Podrá hacerse constar en el Registro de la Propiedad el estado de administración de las fincas de la herencia y el nombramiento de administrador mediante el correspondiente mandamiento expedido por el Letrado de la Administración de Justicia con los requisitos previstos en la legislación hipotecaria.

Artículo 798. Representación de la herencia por el administrador

Mientras la herencia no haya sido aceptada por los herederos, el administrador de los bienes representará a la herencia en todos los pleitos que se promuevan o que estuvieren principiados al fallecer el causante y ejercitará en dicha representación las acciones que pudieran corresponder al difunto, hasta que se haga la declaración de herederos.

Aceptada la herencia, el administrador sólo tendrá la representación de la misma en lo que se refiere directamente a la administración del caudal, su custodia y conservación, y en tal concepto podrá y deberá gestionar lo que sea conducente, ejercitando las acciones que procedan[1077].

[1076] Modificado por el RD 6/2023, de 19 de diciembre. Entrada en vigor desde 20 de marzo de 2024.
[1077] Véase el art. 1026, párrafo segundo del CC.

Artículo 799[1078]. *Rendición periódica de cuentas*

1. El administrador rendirá cuenta justificada en los plazos que el tribunal le señale, los que serán proporcionados a la importancia y condiciones del caudal, sin que en ningún caso puedan exceder de un año.

2. Al rendir la cuenta, el administrador consignará el saldo que de la misma resulte o presentará el resguardo original que acredite haberlo depositado en el establecimiento destinado al efecto. En el primer caso, el Letrado de la Administración de Justicia acordará inmediatamente mediante diligencia el depósito y, en el segundo, que se ponga en los autos diligencia expresiva de la fecha y cantidad del mismo.

3. Para el efecto de instruirse de las cuentas y a fin de inspeccionar la administración o promover cualesquiera medidas que versen sobre rectificación o aprobación de aquéllas, serán puestas de manifiesto en la Oficina judicial a la parte que, en cualquier tiempo, lo pidiere.

Artículo 800[1079]. *Rendición final de cuentas. Impugnación de las cuentas*

1. Cuando el administrador cese en el desempeño de su cargo, rendirá una cuenta final complementaria de las ya presentadas.

2. Todas las cuentas del administrador, incluso la final, serán puestas de manifiesto a las partes en la Oficina judicial, cuando cese en el desempeño de su cargo, por un término común, que el Letrado de la Administración de Justicia señalará mediante diligencia según la importancia de aquéllas.

3. Pasado dicho término sin hacerse oposición a las cuentas, el Letrado de la Administración de Justicia dictará decreto aprobándolas y declarando exento de responsabilidad al administrador. En el mismo decreto mandará devolver al administrador la caución que hubiere prestado.

4. Si las cuentas fueren impugnadas en tiempo hábil, se dará traslado del escrito de impugnación al cuentadante para que conteste conforme a lo establecido en el artículo 438. Las partes, en sus respectivos escritos de impugnación y contestación a ésta, podrán solicitar la celebración de vista, continuando la tramitación con arreglo a lo dispuesto para el juicio verbal[1080].

[1078] Modificado por la Ley 13/2009, de 3 de noviembre. Entrada en vigor desde 4 de mayo de 2010.
[1079] Modificado por la Ley 42/2015, de 5 de octubre. Entrada en vigor desde 7 de octubre de 2015.
[1080] Véanse los arts. 440 a 447 de la presente norma.

Artículo 801[1081]. *Conservación de los bienes de la herencia*

1. El administrador está obligado bajo su responsabilidad, a conservar sin menoscabo los bienes de la herencia, y a procurar que den las rentas, productos o utilidades que corresponda.

2. A este fin deberá hacer las reparaciones ordinarias que sean indispensables para la conservación de los bienes. Cuando sean necesarias reparaciones o gastos extraordinarios, lo pondrá en conocimiento del Juzgado, el cual, oyendo en una comparecencia a los interesados que menciona el apartado 3 del artículo 793, en el día y hora que a tal efecto se señale por el Letrado de la Administración de Justicia, y previo reconocimiento pericial y formación de presupuesto resolverá lo que estime procedente, atendidas las circunstancias del caso.

Artículo 802[1082]. *Destino de las cantidades recaudadas por el administrador en el desempeño del cargo*

1. El administrador depositará sin dilación a disposición del Juzgado las cantidades que recaude en el desempeño de su cargo, reteniendo únicamente las que fueren necesarias para atender los gastos de pleitos o notariales, pago de contribuciones y demás atenciones ordinarias.

2. Para atender los gastos extraordinarios a que se refiere el artículo anterior el tribunal, mediante providencia, podrá dejar en poder del administrador la suma que se crea necesaria, mandando sacarla del depósito si no pudiere cubrirse con los ingresos ordinarios. Esto último se ordenará también cuando deba hacerse algún gasto ordinario y el administrador no disponga de la cantidad suficiente procedente de la administración de la herencia.

Artículo 803. *Prohibición de enajenar los bienes inventariados. Excepciones a dicha prohibición*

1. El administrador no podrá enajenar ni gravar los bienes inventariados.

2. Exceptúanse de esta regla:

   1.º Los que puedan deteriorarse.

   2.º Los que sean de difícil y costosa conservación.

   3.º Los frutos para cuya enajenación se presenten circunstancias que se estimen ventajosas.

[1081] Modificado por la Ley 13/2009, de 3 de noviembre. Entrada en vigor desde 4 de mayo de 2010.
[1082] Modificado por la Ley 15/2015, de 2 de julio. Entrada en vigor desde 23 de julio de 2015.

4.º Los demás bienes cuya enajenación sea necesaria para el pago de deudas, o para cubrir otras atenciones de la administración de la herencia.

3. El tribunal, a propuesta del administrador, y oyendo a los interesados a que se refiere el apartado 3 del artículo 793, podrá decretar mediante providencia la venta de cualesquiera de dichos bienes, que se verificará en pública subasta conforme a lo establecido en la legislación notarial o en procedimiento de jurisdicción voluntaria.

Los valores admitidos a cotización oficial se venderán a través de dicho mercado.

Artículo 804[1083]. *Retribución del administrador*

1. El administrador no tendrá derecho a otra retribución que la siguiente:

1.º Sobre el producto líquido de la venta de frutos y otros bienes muebles de los incluídos en el inventario, percibirá el 2 por 100.

2.º Sobre el producto líquido de la venta de bienes raíces y cobranza de valores de cualquier especie, el 1 por 100.

3.º Sobre el producto líquido de la venta de efectos públicos, el medio por 100.

4.º Sobre los demás ingresos que haya en la administración, por conceptos diversos de los expresados en los párrafos precedentes, el Letrado de la Administración de Justicia le señalará del 4 al 10 por ciento, teniendo en consideración los productos del caudal y el trabajo de la administración.

2. También podrá acordar el Letrado de la Administración de Justicia, mediante decreto, cuando lo considere justo, que se abonen al administrador los gastos de viajes que tenga necesidad de hacer para el desempeño de su cargo.

Artículo 805[1084]. *Administraciones subalternas*

1. Se conservarán las administraciones subalternas que para el cuidado de sus bienes tuviera el finado, con la misma retribución y facultades que aquél les hubiere otorgado.

2. Dichos administradores rendirán sus cuentas y remitirán lo que recauden al administrador judicial, considerándose como dependientes del mismo, pero no podrán ser separados por éste sino por causa justa y con autorización mediante decreto del Letrado de la Administración de Justicia.

[1083] Modificado por la Ley 13/2009, de 3 de noviembre. Entrada en vigor desde 4 de mayo de 2010.
[1084] Modificado por la Ley 13/2009, de 3 de noviembre. Entrada en vigor desde 4 de mayo de 2010.

3. Con la misma autorización podrá proveer el administrador judicial, bajo su responsabilidad las vacantes que resultaren.

CAPÍTULO II
Del procedimiento para la liquidación del régimen económico matrimonial
(arts. 806 a 811)

Artículo 806. *Ámbito de aplicación*

La liquidación de cualquier régimen económico matrimonial que, por capitulaciones matrimoniales o por disposición legal, determine la existencia de una masa común de bienes y derechos sujeta a determinadas cargas y obligaciones se llevará a cabo, en defecto de acuerdo entre los cónyuges, con arreglo a lo dispuesto en el presente capítulo y a las normas civiles que resulten aplicables[1085].

Artículo 807[1086]. *Competencia*

Será competente para conocer del procedimiento de liquidación el Juzgado de Primera Instancia o Juzgado de Violencia sobre la Mujer que esté conociendo, o haya conocido o hubiera tenido la competencia para conocer del proceso de nulidad, separación o divorcio, o aquel ante el que se sigan o se hayan seguido las actuaciones sobre disolución del régimen económico matrimonial por alguna de las causas previstas en la legislación civil[1087].

Artículo 808[1088]. *Solicitud de inventario*

1. Admitida la demanda de nulidad, separación o divorcio, o iniciado el proceso en que se haya demandado la disolución del régimen económico matrimonial, cualquiera de los cónyuges o sus herederos, podrá solicitar la formación de inventario[1089].

2. La solicitud a que se refiere el apartado anterior deberá acompañarse de una propuesta en la que, con la debida separación, se harán constar las diferentes partidas que deban incluirse en el inventario con arreglo a la legislación civil.

[1085] Véanse los arts. 1392 y ss. y 1411 y ss. del CC.

[1086] Modificado por la Ley Orgánica 2/2022, de 21 de marzo. Entrada en vigor desde 23 de marzo de 2022.

[1087] Véanse el art. 769 de la presente norma, el art. 87 ter de la Ley Orgánica 6/1985, de 1 de julio, del Poder Judicial, y el art. 44 de la Ley Orgánica 1/2004, de 28 de diciembre, de Medidas de Protección Integral contra la Violencia de Género.

[1088] Modificado por la Ley Orgánica 2/2022, de 21 de marzo. Entrada en vigor desde 23 de marzo de 2022.

[1089] Modificado por la Ley Orgánica 2/2022, de 21 de marzo. Entrada en vigor desde 23 de marzo de 2022.

A la solicitud se acompañarán también los documentos que justifiquen las diferentes partidas incluidas en la propuesta.

Artículo 809[1090]. *Formación del inventario*

1. A la vista de la solicitud a que se refiere el artículo anterior, el Letrado de la Administración de Justicia señalará día y hora para que, en el plazo máximo de 10 días, se proceda a la formación de inventario, mandando citar a los cónyuges.

En el día y hora señalados, procederá el Letrado de la Administración de Justicia, con los cónyuges, a formar el inventario de la comunidad matrimonial, sujetándose a lo dispuesto en la legislación civil para el régimen económico matrimonial de que se trate.

Cuando, sin mediar causa justificada, alguno de los cónyuges no comparezca en el día señalado, se le tendrá por conforme con la propuesta de inventario que efectúe el cónyuge que haya comparecido. En este caso, así como cuando, habiendo comparecido ambos cónyuges, lleguen a un acuerdo, se consignará éste en el acta y se dará por concluido el acto.

En el mismo día o en el siguiente, se resolverá por el Tribunal lo que proceda sobre la administración y disposición de los bienes incluidos en el inventario.

2. Si se suscitare controversia sobre la inclusión o exclusión de algún concepto en el inventario o sobre el importe de cualquiera de las partidas, el Letrado de la Administración de Justicia hará constar en el acta las pretensiones de cada una de las partes sobre los referidos bienes y su fundamentación jurídica, y citará a los interesados a una vista, continuando la tramitación con arreglo a lo previsto para el juicio verbal[1091].

La sentencia resolverá sobre todas las cuestiones suscitadas, aprobando el inventario de la comunidad matrimonial, y dispondrá lo que sea procedente sobre la administración y disposición de los bienes comunes.

Artículo 810[1092]. *Liquidación del régimen económico matrimonial*

1. Concluido el inventario y, en su caso, una vez firme la resolución que declare disuelto el régimen económico matrimonial, cualquiera de los cónyuges o, de haber fallecido, sus herederos podrán solicitar la liquidación de este.

[1090] Modificado por la Ley 42/2015, de 5 de octubre. Entrada en vigor desde 7 de octubre de 2015.
[1091] Véanse los arts. 440 a 447 de la presente norma.
[1092] Modificado por la Ley Orgánica 2/2022, de 21 de marzo. Entrada en vigor desde 23 de marzo de 2022.

2. La solicitud deberá acompañarse de una propuesta de liquidación que incluya el pago de las indemnizaciones y reintegros debidos a cada cónyuge y la división del remanente en la proporción que corresponda, teniendo en cuenta, en la formación de los lotes, las preferencias que establezcan las normas civiles aplicables.

3. Admitida a trámite la solicitud de liquidación, el Letrado de la Administración de Justicia señalará, dentro del plazo máximo de 10 días, el día y hora en que los cónyuges o, de haber fallecido, sus herederos deberán comparecer ante el mismo al objeto de alcanzar un acuerdo y, en su defecto, designar contador y, en su caso, peritos, para la práctica de las operaciones divisorias.

4. Cuando, sin mediar causa justificada, alguno de los cónyuges o, de haber fallecido, sus herederos no comparezcan en el día señalado, se le tendrá por conforme con la propuesta de liquidación que efectúe el cónyuge o, de haber fallecido, el heredero que haya comparecido. En este caso, así como cuando, habiendo comparecido ambos cónyuges o, de haber fallecido, sus herederos, lleguen a un acuerdo, se consignará este en el acta y se dará por concluido el acto, llevándose a efecto lo acordado conforme a lo previsto en los dos primeros apartados del artículo 788 de esta ley.

5. De no lograrse acuerdo entre los cónyuges o, de haber fallecido, sus herederos sobre la liquidación de su régimen económico-matrimonial, se procederá, mediante diligencia, al nombramiento de contador y, en su caso, peritos, conforme a lo establecido en el artículo 784 de esta ley, continuando la tramitación con arreglo a lo dispuesto en los artículos 785 y siguientes.

Artículo 811[1093]. *Liquidación del régimen de participación*

1. No podrá solicitarse la liquidación de régimen de participación hasta que no sea firme la resolución que declare disuelto el régimen económico matrimonial.

2. La solicitud deberá acompañarse de una propuesta de liquidación que incluya una estimación del patrimonio inicial y final de cada cónyuge, expresando, en su caso, la cantidad resultante a pagar por el cónyuge que haya experimentado un mayor incremento patrimonial.

3. A la vista de la solicitud de liquidación, el Letrado de la Administración de Justicia señalará, dentro del plazo máximo de 10 días, el día y hora en que los cónyuges deberán comparecer ante él al objeto de alcanzar un acuerdo.

4. Cuando, sin mediar causa justificada, alguno de los cónyuges no comparezca en el día señalado, se le tendrá por conforme con la propuesta de liquidación que efectúe el cónyuge que haya comparecido. En este caso, así como cuando, habiendo

[1093] Modificado por la Ley 13/2009, de 3 de noviembre. Entrada en vigor desde 4 de mayo de 2010.

comparecido ambos cónyuges, lleguen a un acuerdo, se consignará éste en el acta y se dará por concluido el acto.

5. De no existir acuerdo entre los cónyuges, el Letrado de la Administración de Justicia les citará a una vista, y continuará la tramitación con arreglo a lo previsto para el juicio verbal.

La sentencia resolverá sobre todas las cuestiones suscitadas, determinando los patrimonios iniciales y finales de cada cónyuge, así como, en su caso, la cantidad que deba satisfacer el cónyuge cuyo patrimonio haya experimentado un mayor incremento y la forma en que haya de hacerse el pago.

TÍTULO III
De los procesos monitorio y cambiario
(arts. 812 a 827)

CAPÍTULO I
Del proceso monitorio
(arts. 812 a 818)

Artículo 812[1094]. *Casos en que procede el proceso monitorio*

1. Podrá acudir al proceso monitorio quien pretenda de otro el pago de deuda dineraria de cualquier importe, líquida, determinada, vencida y exigible, cuando la deuda se acredite de alguna de las formas siguientes:

1.ª Mediante documentos, cualquiera que sea su forma y clase o el soporte físico en que se encuentren, que aparezcan firmados por el deudor o con su sello, impronta o marca o con cualquier otra señal, física o electrónica.

2.ª Mediante facturas, albaranes de entrega, certificaciones, telegramas, telefax o cualesquiera otros documentos que, aun unilateralmente creados por el acreedor, sean de los que habitualmente documentan los créditos y deudas en relaciones de la clase que aparezca existente entre acreedor y deudor.

2. Sin perjuicio de lo dispuesto en el apartado anterior y cuando se trate de deudas que reúnan los requisitos establecidos en dicho apartado, podrá también acudirse al proceso monitorio, para el pago de tales deudas, en los casos siguientes:

1.º Cuando, junto al documento en que conste la deuda, se aporten documentos comerciales que acrediten una relación anterior duradera.

[1094] Modificado por la Ley 37/2011, de 10 de octubre. Entrada en vigor desde 31 de octubre de 2011.

2.° Cuando la deuda se acredite mediante certificaciones de impago de cantidades debidas en concepto de gastos comunes de Comunidades de propietarios de inmuebles urbanos[1095].

Artículo 813[1096]. *Competencia*

Será exclusivamente competente para el proceso monitorio el Juzgado de Primera Instancia del domicilio o residencia del deudor o, si no fueren conocidos, el del lugar en que el deudor pudiera ser hallado a efectos del requerimiento de pago por el Tribunal, salvo que se trate de la reclamación de deuda a que se refiere el número 2.° del apartado 2 del artículo 812, en cuyo caso será también competente el Juzgado del lugar en donde se halle la finca, a elección del solicitante.

En todo caso, no serán de aplicación las normas sobre sumisión expresa o tácita contenidas en la sección 2.ª del capítulo II del Título II del Libro I.

Si, tras la realización de las correspondientes averiguaciones por el Letrado de la Administración de Justicia sobre el domicilio o residencia, éstas son infructuosas o el deudor es localizado en otro partido judicial, el juez dictará auto dando por terminado el proceso, haciendo constar tal circunstancia y reservando al acreedor el derecho a instar de nuevo el proceso ante el Juzgado competente.

Artículo 814[1097]. *Petición inicial del procedimiento monitorio*

1. El procedimiento monitorio comenzará por petición del acreedor en la que se expresarán la identidad del deudor, el domicilio o domicilios del acreedor y del deudor o el lugar en que residieran o pudieran ser hallados y el origen y cuantía de la deuda, acompañándose el documento o documentos a que se refiere el artículo 812.

La petición podrá extenderse en impreso o formulario obtenido en papel o a través de la sede electrónica, que facilite la expresión de los extremos a que se refiere el apartado anterior.

2. Para la presentación de la petición inicial del procedimiento monitorio no será preciso valerse de procurador y abogado[1098].

[1095] Véase el art. 21.3 de la Ley 49/1960, de 21 de julio, de Propiedad Horizontal, en la redacción dada tras la modificación operada por la Ley 10/2022, de 14 de junio, de Medidas Urgentes para impulsar la Actividad de Rehabilitación Edificatoria en el contexto del Plan de Recuperación, Transformación y Resiliencia. Entrada en vigor desde 16 de junio de 2022.

[1096] Modificado por la Ley 4//2011, de 24 de marzo. Entrada en vigor desde 14 de abril de 2011.

[1097] Modificado por el RD 6/2023, de 19 de diciembre. Entrada en vigor desde 20 de marzo de 2024.

[1098] Véanse los arts. 23.2.1.° y 31.2.1.° de la presente norma.

Artículo 815[1099]. *Admisión de la petición y requerimiento de pago*

1. Si los documentos aportados con la petición fueran de los previstos en el apartado 2 del artículo 812 o constituyeren un principio de prueba del derecho del peticionario, confirmado por lo que se exponga en aquella, el letrado o letrada de la Administración de Justicia requerirá al deudor para que, en el plazo de veinte días, pague al peticionario, acreditándolo ante el tribunal, o comparezca ante éste y alegue de forma fundada y motivada, en escrito de oposición, las razones por las que, a su entender, no debe, en todo o en parte, la cantidad reclamada. En caso contrario dará cuenta al juez o jueza para que resuelva lo que corresponda sobre la admisión a trámite de la petición inicial.

El requerimiento se notificará en la forma prevista en el artículo 161, con apercibimiento de que, de no pagar ni comparecer alegando razones de la negativa al pago, se despachará contra él ejecución según lo prevenido en el artículo siguiente. Sólo se admitirá el requerimiento al demandado por medio de edictos en el supuesto regulado en el siguiente apartado de este artículo.

2. En las reclamaciones de deuda a que se refiere el numeral 2.º del apartado 2 del artículo 812, la notificación deberá efectuarse en el domicilio previamente designado por el deudor para las notificaciones y citaciones de toda índole relacionadas con los asuntos de la comunidad de propietarios. Si no se hubiere designado tal domicilio, se intentará la comunicación en el piso o local, y si tampoco pudiere hacerse efectiva de este modo, se le notificará conforme a lo dispuesto en el artículo 164 de la presente ley.

3. Si de la documentación aportada con la petición se desprende que la cantidad reclamada no es correcta, el letrado o letrada de la Administración de Justicia dará traslado al juez o jueza, quien, en su caso, mediante auto podrá plantear al peticionario aceptar o rechazar una propuesta de requerimiento de pago por el importe inferior al inicialmente solicitado que especifique.

Igualmente, si se considerase que la deuda se funda en un contrato celebrado entre un empresario o profesional y un consumidor o usuario, el letrado o letrada de la Administración de Justicia, previamente a efectuar el requerimiento de pago, dará cuenta al juez o jueza, quien, si estimare que alguna de las cláusulas que constituye el fundamento de la petición o que hubiese determinado la cantidad exigible pudiera ser calificada como abusiva, podrá plantear mediante auto una propuesta de requerimiento de pago por el importe que resultara de excluir de la cantidad reclamada la cuantía derivada de la aplicación de la cláusula.

[1099] Modificado por el RD 6/2023, de 19 de diciembre. Entrada en vigor desde 20 de marzo de 2024.

En ambos casos, el demandante deberá aceptar o rechazar la propuesta formulada en el plazo de 10 días, entendiéndose aceptada si dejara transcurrir el plazo sin realizar manifestación alguna. En ningún caso se entenderá la aceptación del demandante como renuncia parcial a su pretensión, pudiendo ejercitar la parte no satisfecha únicamente en el procedimiento declarativo que corresponda.

Si la propuesta fuera aceptada se requerirá de pago al demandado por dicha cantidad.

En otro caso se tendrá al demandante por desistido, pudiendo hacer valer su pretensión únicamente en el procedimiento declarativo que corresponda.

El auto que se dicte en este último caso será directamente apelable por la parte personada en el procedimiento.

4. Si el tribunal no apreciara motivo para reducir la cantidad por la que se pide el requerimiento de pago, lo declarará así y el letrado o letrada de la Administración de Justicia procederá a requerir al deudor en los términos previstos en el apartado 1.

Artículo 816[1100]. *Incomparecencia del deudor requerido y despacho de la ejecución. Intereses*

1. Si el deudor no atendiere el requerimiento de pago o no compareciere, el Letrado de la Administración de Justicia dictará decreto dando por terminado el proceso monitorio y dará traslado al acreedor para que inste el despacho de ejecución, bastando para ello con la mera solicitud, sin necesidad de que transcurra el plazo de veinte días previsto en el artículo 548 de esta Ley.

2. Despachada ejecución, proseguirá ésta conforme a lo dispuesto para la de sentencias judiciales, pudiendo formularse la oposición prevista en estos casos, pero el solicitante del proceso monitorio y el deudor ejecutado no podrán pretender ulteriormente en proceso ordinario la cantidad reclamada en el monitorio o la devolución de la que con la ejecución se obtuviere.

Desde que se dicte el auto despachando ejecución la deuda devengará el interés a que se refiere el artículo 576.

Artículo 817[1101]. *Pago del deudor*

Si el deudor atendiere el requerimiento de pago, tan pronto como lo acredite, el Letrado de la Administración de Justicia acordará el archivo de las actuaciones.

[1100] Modificado por la Ley 42/2015, de 5 de octubre. Entrada en vigor desde 7 de octubre de 2015.
[1101] Modificado por la Ley 13/2009, de 3 de noviembre. Entrada en vigor desde 4 de mayo de 2010.

Artículo 818[1102]. *Oposición del deudor*

1. Si el deudor presentare escrito de oposición dentro de plazo, el asunto se resolverá definitivamente en juicio que corresponda, teniendo la sentencia que se dicte fuerza de cosa juzgada.

El escrito de oposición deberá ir firmado por abogado y procurador cuando su intervención fuere necesaria por razón de la cuantía, según las reglas generales.

Si la oposición del deudor se fundara en la existencia de pluspetición, se actuará respecto de la cantidad reconocida como debida conforme a lo que dispone el apartado segundo del artículo 21 de la presente Ley.

2. Cuando la cuantía de la pretensión no excediera de la propia del juicio verbal, el letrado o la letrada de la Administración de Justicia dictará decreto dando por terminado el proceso monitorio y acordando seguir la tramitación conforme a lo previsto para este tipo de juicio, dando traslado de la oposición al actor, quien podrá impugnarla por escrito en el plazo de diez días. Presentado el escrito de impugnación o transcurrido el plazo sin haberse efectuado, se dictará diligencia de ordenación acordando conceder a ambas partes el plazo de cinco días a fin de que propongan la prueba que quieran practicar, debiendo, igualmente, indicar las personas que, por no poderlas presentar ellas mismas, han de ser citadas por el letrado o la letrada de la Administración de Justicia a la vista para que declaren en calidad de parte, testigos o peritos. A tal fin, facilitarán todos los datos y circunstancias precisos para llevar a cabo la citación y podrán pedir respuestas escritas a cargo de personas jurídicas o entidades públicas, por los trámites establecidos en el artículo 381, continuando el procedimiento por los trámites del artículo 438.9 y siguiente.

Cuando el importe de la reclamación exceda de dicha cantidad, si el peticionario no interpusiera la demanda correspondiente dentro del plazo de un mes desde el traslado del escrito de oposición, el letrado o la letrada de la Administración de Justicia dictará decreto sobreseyendo las actuaciones y condenando en costas al acreedor. Si presentare la demanda, en el decreto poniendo fin al proceso monitorio acordará dar traslado de ella al demandado conforme a lo previsto en los artículos 404 y siguientes, salvo que no proceda su admisión, en cuyo caso acordará dar cuenta al juez o jueza para que resuelva lo que corresponda[1103].

3. En todo caso, cuando se reclamen rentas o cantidades debidas por el arrendatario de finca urbana y éste formulare oposición, el asunto se resolverá definitivamente por los trámites del juicio verbal, cualquiera que sea su cuantía[1104].

[1102] Modificado por la Ley 42/2015, de 5 de octubre. Entrada en vigor desde 7 de octubre de 2015.
[1103] Apartado 2 modificado por la LO 1/2025, de 2 de enero. Entrada en vigor el 3 de abril de 2025.
[1104] Véanse los arts. 440 a 447 de la presente norma.

CAPÍTULO II
Del juicio cambiario
(arts. 819 a 827)

Artículo 819. *Casos en que procede*

Sólo procederá el juicio cambiario si, al incoarlo, se presenta letra de cambio, cheque o pagaré que reúnan los requisitos previstos en la Ley cambiaria y del cheque.

Artículo 820. *Competencia*

Será competente para el juicio cambiario el Juzgado de Primera Instancia del domicilio del demandado[1105].

Si el tenedor del título demandare a varios deudores cuya obligación surge del mismo título, será competente el domicilio de cualquiera de ellos, quienes podrán comparecer en juicio mediante una representación independiente.

No serán aplicables las normas sobre sumisión expresa o tácita contenida en la sección 2.ª del capítulo II, Título II del Libro I.

Artículo 821. *Iniciación. Demanda. Requerimiento de pago y embargo preventivo*

1. El juicio cambiario comenzará mediante demanda sucinta a la que se acompañará el título cambiario[1106].

2. El tribunal analizará, por medio de auto, la corrección formal del título cambiario y, si lo encuentra conforme, adoptará, sin más trámites, las siguientes medidas:

   1.ª Requerir al deudor para que pague en el plazo de 10 días.

   2.ª Ordenar el inmediato embargo preventivo de los bienes del deudor por la cantidad que figure en el título ejecutivo, más otra para intereses de demora, gastos y costas, por si no se atendiera el requerimiento de pago.

3. Contra el auto que deniegue la adopción de las medidas a que se refiere el apartado anterior podrá interponer el demandante los recursos a que se refiere el apartado 2 del artículo 552.

Artículo 822. *Pago*

Si el deudor cambiario atiende el requerimiento de pago se procederá como dispone el artículo 583, pero las costas serán de cargo del deudor.

[1105] Véase el artículo 54.1 de la presente norma.
[1106] Véanse los arts. 399 y 437 de la presente norma.

Artículo 823. *Alzamiento del embargo*

1. Si el deudor se personare por sí o por representante dentro de los 5 días siguientes a aquel en que se le requirió de pago y negare categóricamente la autenticidad de su firma o alegare falta absoluta de representación, podrá el tribunal, a la vista de las circunstancias del caso y de la documentación aportada, alzar los embargos que se hubieren acordado, exigiendo, si lo considera conveniente, la caución o garantía adecuada.

2. No se levantará el embargo en los casos siguientes:

1.º Cuando el libramiento, la aceptación, el aval o el endoso hayan sido intervenidos, con expresión de la fecha, por corredor de comercio colegiado o las respectivas firmas estén legitimadas en la propia letra por notario.

2.º Cuando el deudor cambiario en el protesto o en el requerimiento notarial de pago no hubiere negado categóricamente la autenticidad de su firma en el título o no hubiere alegado falta absoluta de representación.

3.º Cuando el obligado cambiario hubiera reconocido su firma judicialmente o en documento público.

Artículo 824. *Oposición cambiaria*

1. Sin perjuicio de lo establecido en el artículo anterior, en los 10 días siguientes al del requerimiento de pago el deudor podrá interponer demanda de oposición al juicio cambiario.

2. La oposición se hará en forma de demanda. El deudor cambiario podrá oponer al tenedor de la letra, el cheque o el pagaré todas las causas o motivos de oposición previstos en el artículo 67 de la Ley cambiaria y del cheque.

Artículo 825[1107]. *Efectos de la falta de oposición*

Cuando el deudor no interpusiera demanda de oposición en el plazo establecido, el Tribunal despachará ejecución por las cantidades reclamadas y tras ello el Letrado de la Administración de Justicia trabará embargo si no se hubiera podido practicar o, conforme a lo previsto en el artículo 823, hubiese sido alzado.

La ejecución despachada en este caso se sustanciará conforme a lo previsto en esta Ley para la de sentencias y resoluciones judiciales y arbitrales.

[1107] Modificado por la Ley 13/2009, de 3 de noviembre. Entrada en vigor desde 4 de mayo de 2010.

Artículo 826[1108]. *Sustanciación de la oposición cambiaria*

Presentado por el deudor escrito de oposición, el Letrado de la Administración de Justicia dará traslado de él al acreedor para que lo impugne por escrito en el plazo de 10 días. Las partes, en sus respectivos escritos de oposición y de impugnación de ésta, podrán solicitar la celebración de vista, siguiendo los trámites previstos en los artículos 438 y siguientes para el juicio verbal.

Si no se solicitara la vista o si el tribunal no considerase procedente su celebración, se resolverá sin más trámites la oposición.

Cuando se acuerde la celebración de vista, si no compareciere el deudor, el tribunal le tendrá por desistido de la oposición y adoptará las resoluciones previstas en el artículo anterior. Si no compareciere el acreedor, el tribunal resolverá sin oírle sobre la oposición.

Artículo 827[1109]. *Sentencia sobre la oposición. Eficacia*

1. En el plazo de 10 días, el tribunal dictará sentencia resolviendo sobre la oposición. Si ésta fuera desestimada y la sentencia fuere recurrida, será provisionalmente ejecutable conforme a lo dispuesto en esta Ley[1110].

2. Si la sentencia que estimare la oposición fuere recurrida, se estará, respecto de los embargos preventivos que se hubiesen trabado, a lo que dispone el artículo 744.

3. La sentencia firme dictada en juicio cambiario producirá efectos de cosa juzgada, respecto de las cuestiones que pudieron ser en él alegadas y discutidas, pudiéndose plantear las cuestiones restantes en el juicio correspondiente[1111].

Disposición adicional primera. *Carácter ordinario y Título competencial*

1. La presente ley es ordinaria a excepción de los artículos 763, 778 bis y 778 ter que tienen carácter orgánico y se dictan al amparo del artículo 81 de la Constitución.

2. La presente Ley se dicta al amparo de la competencia que corresponde al Estado conforme al artículo 149.1.6.a de la Constitución, sin perjuicio de las necesarias especialidades que en este orden se deriven de las particularidades del derecho sustantivo de las Comunidades Autónomas.

[1108] Modificado por la Ley 42/2015, de 5 de octubre. Entrada en vigor desde 7 de octubre de 2015.
[1109] Modificado por la Ley 42/2015, de 5 de octubre. Entrada en vigor desde 7 de octubre de 2015.
[1110] Véase el art. 524 de la presente norma.
[1111] Véase el art. 222 de la presente norma.

Disposición adicional segunda. *Actualización de cuantías*

1. El Gobierno, mediante Real Decreto, podrá actualizar cada 5 años las cuantías señaladas en esta Ley, previo informe del Consejo General del Poder Judicial y dictamen del Consejo de Estado.

2. Con al menos seis meses de antelación a la plena implantación de la moneda europea (euro), el Gobierno, previo informe del Consejo General del Poder Judicial y dictamen del Consejo de Estado, convertirá a dicha moneda las cuantías establecidas en pesetas en la presente Ley, eliminando las fracciones de aquella moneda y estableciendo los importes en euros de modo que, conforme a lo habitual en nuestras leyes, sean de fácil utilización. No obstante lo anterior, junto a las nuevas cuantías en moneda europea, se mantendrán las establecidas en pesetas por esta Ley en las reglas sobre determinación de la clase de juicio que se ha de seguir y sobre acceso a los recursos.

Disposición adicional tercera. *Medios materiales y recursos humanos para la constancia de vistas, audiencias y comparecencias*

En el plazo de un año, a partir de la aprobación de esta Ley, el Gobierno de la Nación y los Consejos de Gobierno de las Comunidades Autónomas que tengan transferidas las correspondientes competencias, adoptarán las medidas necesarias para que los Juzgados y Tribunales dispongan de los medios materiales y de los recursos humanos precisos para la constancia de las actuaciones orales conforme a lo dispuesto en el artículo 147 de la presente Ley.

Disposición adicional cuarta. *Tasas por la obtención de copias de documentos e instrumentos*

En el plazo de seis meses, a partir de la aprobación de esta Ley, el Gobierno de la Nación aprobará por Real Decreto un sistema de precios tasados referidos a la obtención de copias simples de documentos e instrumentos que consten en autos y que sean solicitados por las partes del proceso.

Disposición adicional quinta. *Medidas de agilización de determinados procesos civiles*

1. El Ministerio de Justicia, de acuerdo con la comunidad autónoma correspondiente con competencias en la materia, previo informe favorable del Consejo General del Poder Judicial, podrá crear Oficinas de Señalamiento Inmediato en aquellos partidos judiciales con separación entre Juzgados de Primera Instancia y Juzgados de Instrucción.

> Téngase en cuenta que se ha declarado inconstitucional y nulo el inciso destacado por Sentencia del TC 224/2012, de 29 de noviembre. Ref. BOE-A-2012-15758.

Estas Oficinas tendrán carácter de servicio común procesal y desarrollarán funciones de registro, reparto y señalamiento de vistas, comparecencias y actuaciones en los procedimientos a que se refiere la presente disposición adicional.

2. En aquellos partidos judiciales donde se constituyan Oficinas de Señalamiento Inmediato se presentarán ante ellas las demandas y solicitudes que versen sobre las siguientes materias y siempre que al demandante o solicitante le sea posible designar un domicilio o residencia del demandado a efectos de su citación:

a) Reclamaciones de cantidad referidas en el apartado 2 del artículo 250 de esta ley.

b) Desahucios de finca urbana por expiración legal o contractual del plazo o por falta de pago de rentas o cantidades debidas y, en su caso, reclamaciones de estas rentas o cantidades cuando la acción de reclamación se acumule a la acción de desahucio.

c) Medidas cautelares previas o simultáneas a la demanda, a las que se refiere la regla 6.ª del artículo 770.

d) Medidas provisionales de nulidad, separación o divorcio, previas o simultáneas a la demanda, previstas en los artículos 771 y 773.1.

e) Demandas de separación o divorcio solicitados de mutuo acuerdo, o por uno de los cónyuges con el consentimiento del otro.

3. Estas demandas y solicitudes presentadas ante las Oficinas de Señalamiento Inmediato se tramitarán conforme a las normas de esta ley, con las siguientes especialidades:

Primera. Con carácter previo a su admisión a trámite, en el mismo día de su presentación o, de no ser posible, en el siguiente día hábil, las Oficinas de Señalamiento Inmediato, en una misma diligencia:

a) Registrarán aquellas demandas o solicitudes previstas en el apartado anterior que ante ellas se presenten.

b) Acordarán su reparto al Juzgado que corresponda y señalarán directamente la vista referida en el artículo 440.1, la comparecencia prevista en los artículos 771.2 y 773.3, la comparecencia para ratificación de la demanda contemplada en el artículo 777.3, y la fecha y hora en que hubiera de tener lugar el lanzamiento, en el supuesto a que se refiere el artículo 440.3.

c) Ordenarán, librándolos al efecto, la práctica de las correspondientes citaciones y oficios, para que se realicen a través del servicio común de notificaciones o, en su caso, por el procurador que así lo solicite, y se entreguen cumplimentadas directamente al Juzgado correspondiente.

d) Requerirán a la parte actora, de ser necesario, para la subsanación de los defectos procesales de que pudiere adolecer la presentación de la demanda o solicitud, que deberán solventarse en un plazo máximo de tres días.

e) Remitirán inmediatamente la demanda o solicitud presentada al Juzgado que corresponda.

Segunda. Las citaciones para las comparecencias y vistas a que se refiere la regla anterior contendrán los requerimientos y advertencias previstos en cada caso en esta ley. También harán indicación de los extremos a que se refiere el apartado 3 del artículo 440.

Asimismo la citación expresará que, si el demandado solicita el reconocimiento del derecho de asistencia jurídica gratuita o interesa la designación de abogado y procurador de oficio en el caso del artículo 33.2, deberá instarlo ante el Juzgado en el plazo de tres días desde la recepción de la citación.

Tercera. Recibida la demanda o solicitud, se acordará lo procedente sobre su admisión a trámite. En el supuesto de que se admita la demanda, se estará al señalamiento realizado. Si no fuera admitida a trámite, se dejará sin efecto el señalamiento, comunicando el Juzgado esta circunstancia a quienes ya hubieren sido citados, a través del servicio común de actos de comunicación o, en su caso, del procurador que así lo hubiera solicitado.

Cuando alguna de las partes solicite el reconocimiento del derecho a la asistencia jurídica gratuita o la designación de abogado y procurador de oficio, se requerirá en la misma resolución de admisión de la demanda, si para entonces ya se conoce dicha solicitud o, en caso contrario, en decreto posterior, la inmediata designación de los profesionales de conformidad a lo establecido en el apartado 3 del artículo 33. En este caso, la designación se efectuará a favor de los profesionales asignados para la fecha en que haya de celebrarse la vista o comparecencia señalada, de acuerdo con un turno especial de asistencia establecido al efecto por los Colegios de Abogados y Procuradores.

Cuarta. Las Oficinas de Señalamiento Inmediato realizarán los señalamientos a que se refiere el párrafo b) del apartado 3, Primera, de esta disposición ante el Juzgado de Primera Instancia que por turno corresponda de acuerdo con un sistema programado de señalamientos, en el día y hora hábiles disponibles más próximos posibles, dentro en todo caso de los siguientes plazos:

a) Los señalamientos para las vistas a que se refiere el artículo 440.1 se efectuarán en los plazos señalados en el mismo precepto, contados partir del quinto día posterior a la presentación de la demanda en la Oficina de Señalamiento Inmediato.

b) Los señalamientos para las comparecencias previstas en los artículos 771.2 y 773.3 se efectuarán entre el quinto y el décimo día posteriores a la presentación de la solicitud o demanda en la Oficina de Señalamiento Inmediato.

c) Los señalamientos de las comparecencias para ratificación de la demanda contempladas en el artículo 777.3 se efectuarán dentro de los tres días siguientes a la presentación de la correspondiente demanda.

d) La fijación de fecha y hora en que, en su caso, haya de tener lugar el lanzamiento, de acuerdo con lo previsto en el último inciso del apartado 3 del artículo 440, se realizará en un plazo inferior a un mes desde la fecha en que se hubiera señalado la correspondiente vista.

Quinta. Cada Juzgado de Primera Instancia, en los partidos judiciales en que se constituyan Oficinas de Señalamiento Inmediato, deberá reservar la totalidad de su agenda en las fechas que le corresponda actuar en turno de asistencia continuada para que la Oficina de Señalamiento Inmediato realice directamente dichos señalamientos.

El Consejo General del Poder Judicial, previo informe favorable del Ministerio de Justicia, dictará los Reglamentos necesarios para regular la organización y funcionamiento del sistema programado de señalamientos, el establecimiento de los turnos de asistencia continuada entre los Juzgados de Primera Instancia y el fraccionamiento de franjas horarias para la realización directa de los señalamientos.

Sexta. Las normas de reparto de los partidos judiciales en que se constituyan Oficinas de Señalamiento Inmediato atribuirán el conocimiento de los procedimientos contemplados en el apartado 2 de esta disposición a aquel Juzgado de Primera Instancia que haya de actuar en turno de asistencia continuada en la fecha en que se realicen los señalamientos de las vistas y comparecencias a que se refiere la regla cuarta.

4. En las actuaciones realizadas en el ámbito de esta disposición adicional, los procuradores de las partes personadas podrán practicar, si así lo solicitan y a costa de la parte que representen, las notificaciones, citaciones, emplazamientos y requerimientos, por cualquiera de los medios admitidos con carácter general en esta ley.

Se tendrán por válidamente realizados estos actos de comunicación cuando quede constancia suficiente de haber sido practicados en la persona o en el domicilio del destinatario.

A estos efectos, el procurador acreditará, bajo su responsabilidad personal, la identidad y condición del receptor del acto de comunicación, cuidando de que en la copia quede constancia de su firma y de la fecha en que se realice.

En las comunicaciones por medio de entrega de copia de la resolución o cédula en el domicilio del destinatario, se estará a lo dispuesto en el artículo 161 en lo que sea aplicable, debiendo el procurador acreditar la concurrencia de las circunstancias contempladas en dicho precepto, para lo que podrá auxiliarse de dos testigos o de cualquier otro medio idóneo.

Disposición adicional sexta. *Adjudicación de bienes inmuebles*

En el caso de las adjudicaciones solicitadas por el acreedor ejecutante en los términos previstos en la sección VI del capítulo IV del título IV del libro III y siempre que las subastas en las que no hubiere ningún postor se realicen sobre bienes inmuebles diferentes de la vivienda habitual del deudor, el acreedor podrá pedir la adjudicación de los bienes por cantidad igual o superior al cincuenta por ciento de su valor de tasación o por la cantidad que se le deba por todos los conceptos.

Asimismo, en los términos previstos en la mencionada sección y para los citados bienes inmuebles diferentes de la vivienda habitual del deudor, cuando la mejor postura ofrecida sea inferior al 70 por ciento del valor por el que el bien hubiere salido a subasta y el ejecutado no hubiere presentado postor, podrá el acreedor pedir la adjudicación del inmueble por el 70 por ciento o por la cantidad que se le deba por todos los conceptos, siempre que esta cantidad sea superior a la mejor postura.

Disposición adicional séptima

En los procedimientos penales que se sigan por delito de usurpación del apartado 2 del artículo 245 del Código Penal, en caso de sustanciarse con carácter cautelar la medida de desalojo y restitución del inmueble objeto del delito a su legítimo poseedor y siempre que entre quienes ocupen la vivienda se encuentren personas dependientes de conformidad con lo dispuesto en el apartado 2 del artículo 2 de la Ley 39/2006, de 14 de diciembre, de Promoción de la Autonomía Personal y Atención a las personas en situación de dependencia, víctimas de violencia sobre la mujer o personas menores de edad, se dará traslado a las Administraciones Autonómicas y locales competentes en materia de vivienda, asistencia social, evaluación e información de situaciones de necesidad social y atención inmediata a personas en situación o riesgo de exclusión social, con el fin de que puedan adoptar las medidas de protección que correspondan.

Las mismas previsiones se adoptarán cuando el desalojo de la vivienda se acuerde en sentencia.

Disposición adicional octava. *Remisión de antecedentes por medios electrónicos*

La remisión por parte de un tribunal, oficina judicial u oficina fiscal a otro de todo o parte de un expediente judicial electrónico se realizará, si los sistemas electrónicos lo permiten, facilitando un acceso seguro y controlado a dichos elementos[1112].

Disposición adicional novena. *Funciones procesales llevadas a cabo por sistemas electrónicos*

En los casos en los que los sistemas de gestión procesal u otros electrónicos a disposición de los órganos judiciales posibiliten la realización automatizada de funciones informativas, de certificación, de las comprendidas en el artículo 145 de esta Ley, de generación de libros, así como procesales de constancia, dación de cuenta e impulso que esta u otra ley procesal atribuya al letrado o letrada de la Administración de Justicia o a la oficina judicial, será responsabilidad de la Administración competente la adecuada formación de los funcionarios para el cumplimiento de su obligación de correcto uso de tales sistemas. Será responsabilidad del letrado o letrada de la Administración de Justicia velar por su correcto y adecuado uso para la eficacia de tales funcionalidades, así como la supervisión del servicio.

Las referencias que la presente ley u otras hagan a la sede de la oficina judicial, o del Juzgado o Tribunal, se entenderán efectuadas también a la sede judicial electrónica y a la Carpeta Justicia, cuando ésta o aquélla dispongan de los servicios o aplicaciones que permitan realizar el trámite, presentación o actuación telemáticamente[1113].

[1112] Añadida por RD-Ley 6/2023, de 19 de diciembre. Entrada en vigor el 20 de marzo de 2024.
[1113] Añadida por RD-Ley 6/2023, de 19 de diciembre. Entrada en vigor el 20 de marzo 2024.

Disposición adicional décima. *Disponibilidad de soluciones tecnológicas seguras*

El Comité técnico estatal de la Administración judicial electrónica podrá definir condiciones de seguridad que las soluciones tecnológicas deban cumplir para asegurar el cumplimiento de las finalidades pretendidas en las normas procesales[1114].

Disposición adicional undécima. *Consentimiento informado para funciones atribuidas a profesionales de la procura*[1115]

El Ministerio de Justicia aprobará un formulario que acredite el consentimiento informado de la parte representada para los actos de comunicación, tareas de auxilio y cooperación con los tribunales y actividades materiales del proceso de ejecución que sean expresamente encomendadas al procurador o procuradora, por delegación del juez, jueza o tribunal, en su caso. El formulario deberá precisar que la parte representada da su consentimiento a la realización de actuaciones por el procurador o procuradora a su costa y que, si no fueran realizadas por éstos, lo serían por el tribunal.

Disposición adicional duodécima. *Referencias a la mediación*[1116]

Todas las referencias que en la presente ley se realizan a la mediación han de entenderse referidas también a cualquier otro de los medios adecuados de solución de controversias previstos por la Ley Orgánica de medidas en materia de eficiencia del Servicio Público de Justicia

Disposición transitoria primera. *Régimen de recursos contra resoluciones interlocutorias o no definitivas*

A las resoluciones interlocutorias o no definitivas que se dicten en toda clase de procesos e instancias tras la entrada en vigor de esta Ley les será de aplicación el régimen de recursos ordinarios que en ella se establece.

Disposición transitoria segunda. *Procesos en primera instancia*

Salvo lo dispuesto en la disposición transitoria primera, los procesos de declaración que se encontraren en primera instancia al tiempo de la entrada en vigor de la presente Ley se continuarán sustanciando, hasta que recaiga sentencia en dicha instancia, conforme a la legislación procesal anterior. En cuanto a la apelación, la segunda instancia, la ejecución, también la provisional, y los recursos extraordinarios, serán aplicables las disposiciones de la presente Ley.

[1114] Añadida por RD-Ley 6/2023, de 19 de diciembre. Entrada en vigor el 20 de marzo de 2024.

[1115] Disposición introducida por la LO 1/2025, de 2 de enero. Entrada en vigor el 3 de abril de 2025.

[1116] Disposición introducida por la LO 1/2025, de 2 de enero. Entrada en vigor el 3 de abril de 2025.

Disposición transitoria tercera. *Procesos en segunda instancia*

Salvo lo dispuesto en la disposición transitoria primera, cuando los procesos de declaración se encontraren en segunda instancia al tiempo de la entrada en vigor de esta Ley, se sustanciará esa instancia con arreglo a la Ley anterior y, a partir de la sentencia, se aplicará, a todos los efectos, la presente Ley.

No obstante, podrá pedirse conforme a lo dispuesto en esta Ley la ejecución provisional de la sentencia estimatoria apelada.

Disposición transitoria cuarta. *Asuntos en casación*

Los asuntos pendientes de recurso de casación al entrar en vigor la presente Ley seguirán sustanciándose y se decidirán conforme a la anterior, pero podrá pedirse, con arreglo a esta Ley, la ejecución provisional de la sentencia estimatoria recurrida en casación.

Disposición transitoria quinta. *Juicios ejecutivos*

Cualquiera que sea el título en que se funden, los juicios ejecutivos pendientes a la entrada en vigor de la presente Ley se seguirán tramitando conforme a la anterior, pero, si las actuaciones no hubieren llegado al procedimiento de apremio, se aplicará en su momento esta Ley en lo relativo a dicho procedimiento.

Disposición transitoria sexta. *Ejecución forzosa*

Los procesos de ejecución ya iniciados al entrar en vigor esta Ley se regirán por lo dispuesto en ella para las actuaciones ejecutivas que aún puedan realizarse o modificarse hasta la completa satisfacción del ejecutante.

Disposición transitoria séptima. *Medidas cautelares*

1. Las medidas cautelares que se soliciten, tras la entrada en vigor de esta Ley, en los procesos iniciados antes de su vigencia, se regirán por lo dispuesto en la presente Ley.

2. Las medidas cautelares ya adoptadas antes de entrar en vigor esta Ley se regirán por las disposiciones de la legislación anterior, pero se podrá pedir y obtener su revisión y modificación con arreglo a la presente Ley.

Disposición derogatoria única

1. Se deroga la Ley de Enjuiciamiento Civil, aprobada por Real Decreto de 3 de febrero de 1881, con las excepciones siguientes:

1.º Los Títulos XII y XIII del Libro II y el Libro III, que quedarán en vigor hasta la vigencia de la Ley Concursal y de la Ley sobre Jurisdicción Voluntaria, respectivamente, excepción hecha del artículo 1827 y los artículos 1880 a 1900, inclusive, que quedan derogados.

Asimismo, hasta la vigencia de las referidas Leyes, también quedarán en vigor los números 1.° y 5.° del artículo 4, los números 1.° y 3.° del artículo 10 y las reglas 8.ª, 9.ª, 16.ª, 17.ª, 18.ª, 19.ª, 22.ª, 23.ª, 24.ª, 25.ª, 26.° y 27.ª del artículo 63, todos ellos de la Ley de Enjuiciamiento Civil, de 1881.

Mientras no entre en vigor la Ley Concursal, los incidentes que surjan en el seno de procesos concursales se regirán por lo dispuesto en la presente Ley para la tramitación de incidentes.

En tanto no entre en vigor la Ley sobre Jurisdicción Voluntaria, las referencias al procedimiento contencioso procedente contenidas en el Libro III se entenderán hechas al juicio verbal.

2.ª El Título I del Libro II, así como el artículo 11, sobre la conciliación y la sección 2.ª del Título IX del Libro II, sobre declaración de herederos abintestato, que estarán vigentes hasta la entrada en vigor de la regulación de ambas materias en la Ley sobre Jurisdicción Voluntaria.

3.ª Los artículos 951 a 958, sobre eficacia en España de sentencias dictadas por tribunales extranjeros, que estarán en vigor hasta la vigencia de la Ley sobre cooperación jurídica internacional en materia civil.

2. Quedan también derogados los siguientes preceptos, leyes y disposiciones:

1.° El apartado segundo del artículo 8; el párrafo segundo del apartado sexto del artículo 12; los artículos 127 a 130, incluido; el párrafo segundo del artículo 134 y el artículo 135; los artículos 202 a 214, incluido; 294 a 296, incluido, y 298; y los artículos 1214, 1215, 1226 y 1231 a 1253, incluido, todos ellos del Código Civil.

2.° Los artículos 119, 120, 121 y 122.1 de la Ley de Sociedades Anónimas, texto refundido aprobado por Real Decreto legislativo 1564/1989, de 22 de diciembre.

3.° Los artículos 11, 12, 13, 14 y 15 de la Ley 62/1978, de 26 de diciembre, de Protección Jurisdiccional de los Derechos Fundamentales de la Persona.

4.° Los artículos 2, 8, 12 y 13 de la Ley de 23 de julio de 1908, referente a la nulidad de ciertos contratos de préstamos.

5.° Los artículos 17 y 18 de la Ley sobre Responsabilidad Civil y Seguro en la Circulación de Vehículos a Motor, texto refundido aprobado por Decreto 632/1968, de 21 de marzo.

6.º Los artículos 38 a 40, incluido, de la Ley 29/1994, de 24 de noviembre, de Arrendamientos Urbanos.

7.º Los artículos 123 a 137 de la Ley 83/1980, de 31 de diciembre, de Arrendamientos Rústicos.

8.º Los artículos 82, 83, 84, 85, 92 y 93 de la Ley de Hipoteca Mobiliaria y Prenda sin Desplazamiento, de 16 de diciembre de 1954.

9.º Los artículos 41 y 42 de la Ley de Hipoteca Naval, de 21 de agosto de 1893.

10.º Las disposiciones adicionales primera a novena de la Ley 30/1981, de 7 de julio, por la que se modifica la regulación del matrimonio en el Código Civil y se determina el procedimiento a seguir en las causas de nulidad, separación y divorcio.

11.º Los artículos 23, 25 y 26 de la Ley 3/1991, de 10 de enero, de Competencia Desleal.

12.º Los artículos 29, 30 y 33 de la Ley 34/1988, de 11 noviembre, General de Publicidad.

13.º El artículo 142 de la Ley de Propiedad Intelectual, texto refundido por Real Decreto legislativo 1/1996, de 12 de abril.

14.º Los apartados tercero y cuarto del artículo 125, el apartado segundo del artículo 133, el artículo 135 y los apartados primero y segundo del artículo 136 de la Ley 11/1986, de 20 de marzo, de Patentes.

15.º El apartado tercero del artículo 9 y los artículos 14, 15, 18 y 20 de la Ley 7/1998, de 13 de abril, sobre Condiciones Generales de la Contratación.

16.º El artículo 12 de la Ley 28/1998, de 13 de julio, de Venta a Plazos de Bienes Muebles.

17.º El Decreto-ley 18/1969, de 20 de octubre, sobre administración judicial en caso de embargo de empresas.

18.º El Decreto de 21 de noviembre de 1952, por el que se desarrolla la base décima de la Ley de 19 de julio de 1944 sobre normas procesales aplicables en la justicia municipal.

19.º La Ley 10/1968, de 20 de junio, sobre atribución de competencias en materia civil a las Audiencias Provinciales.

20.º El Decreto de 23 de febrero de 1940 sobre reconstrucción de autos y actuaciones judiciales.

21.º El Decreto-ley 5/1973, de 17 de julio, sobre declaración de inhábiles, a efectos judiciales, de todos los días del mes de agosto.

3. Asimismo, se consideran derogadas, conforme al apartado segundo del artículo 2 del Código Civil, cuantas normas se opongan o sean incompatibles con lo dispuesto en la presente Ley.

Se considera en vigor la Ley 52/1997, de 27 de noviembre, de Asistencia Jurídica al Estado e Instituciones Públicas.

Disposición final primera. *Reforma de la Ley de Propiedad Horizontal*

1. El párrafo tercero del apartado 2 del artículo 7 de la Ley 49/1960, de 21 de julio, sobre Propiedad Horizontal, modificada por la Ley 8/1999, de 6 de abril, queda redactado en los siguientes términos:

Si el infractor persistiere en su conducta el Presidente, previa autorización de la Junta de propietarios, debidamente convocada al efecto, podrá entablar contra él acción de cesación que, en lo no previsto expresamente por este artículo, se sustanciará a través del juicio ordinario.

2. El artículo 21 de la Ley 49/1960, de 21 de julio, de Propiedad Horizontal, quedará redactado en los siguientes términos[1117]:

1. Las obligaciones a que se refieren los apartados e) y f) del artículo 9 deberán cumplirse por el propietario de la vivienda o local en el tiempo y forma determinados por la Junta. En caso contrario, el presidente o el administrador, si así lo acordase la junta de propietarios, podrá exigirlo judicialmente a través del proceso monitorio.

2. La utilización del procedimiento monitorio requerirá la previa certificación del acuerdo de la Junta aprobando la liquidación de la deuda con la comunidad de propietarios por quien actúe como secretario de la misma, con el visto bueno del presidente, siempre que tal acuerdo haya sido notificado a los propietarios afectados en la forma establecida en el artículo 9.

3. A la cantidad que se reclame en virtud de lo dispuesto en el apartado anterior podrá añadirse la derivada de los gastos del requerimiento previo de

---

[1117] Nótese que ésta no es la redacción actual del citado artículo 21, relativo al impago de los gastos comunes, medidas preventivas de carácter convencional, reclamación judicial de la deuda y mediación y arbitraje, que ha sido modificada por la Ley 10/2022, de 14 de junio, de medidas urgentes para impulsar la actividad de rehabilitación edificatoria en el contexto del Plan de Recuperación, Transformación y Resiliencia. Entrada en vigor desde 16 de junio de 2022.

pago, siempre que conste documentalmente la realización de éste, y se acompañe a la solicitud el justificante de tales gastos.

4. Cuando el propietario anterior de la vivienda o local deba responder solidariamente del pago de la deuda, podrá dirigirse contra él la petición inicial, sin perjuicio de su derecho a repetir contra el actual propietario. Asimismo se podrá dirigir la reclamación contra el titular registral, que gozará del mismo derecho mencionado anteriormente.

En todos estos casos, la petición inicial podrá formularse contra cualquiera de los obligados o contra todos ellos conjuntamente.

5. Cuando el deudor se oponga a la petición inicial del proceso monitorio, el acreedor podrá solicitar el embargo preventivo de bienes suficientes de aquél, para hacer frente a la cantidad reclamada, los intereses y las costas.

El tribunal acordará, en todo caso, el embargo preventivo sin necesidad de que el acreedor preste caución. No obstante, el deudor podrá enervar el embargo prestando aval bancario por la cuantía por la que hubiese sido decretado.

6. Cuando en la solicitud inicial del proceso monitorio se utilizaren los servicios profesionales de abogado y procurador para reclamar las cantidades debidas a la Comunidad, el deudor deberá pagar, con sujeción en todo caso a los límites establecidos en el apartado tercero del artículo 394 de la Ley de Enjuiciamiento Civil, los honorarios y derechos que devenguen ambos por su intervención, tanto si aquél atendiere el requerimiento de pago como si no compareciere ante el tribunal. En los casos en que exista oposición, se seguirán las reglas generales en materia de costas, aunque si el acreedor obtuviere una sentencia totalmente favorable a su pretensión, se deberán incluir en ellas los honorarios del abogado y los derechos del procurador derivados de su intervención, aunque no hubiera sido preceptiva.

Disposición final segunda

1. El artículo 25.20 de la Ley de Propiedad Intelectual, texto refundido por Real Decreto legislativo 1/1996, de 12 de abril, quedará redactado en los siguientes términos[1118]:

[1118] Nótese que ésta no es la redacción actual del apartado 20 del artículo 25, cuyo contenido, tras las distintas reformas operadas en el texto legal, se incluye ahora en el apartado 5 del artículo 141 del texto refundido de la Ley de Propiedad Intelectual, conforme a la actual redacción dada por la Ley 2/2019, de 1 de marzo, que se modifica aquél e incorpora al ordenamiento jurídico español la Directiva 2014/26/UE del

20. *En el supuesto indicado en el apartado que antecede y en cualquier otro de impago de la remuneración, la entidad o entidades de gestión o, en su caso, la representación o asociación gestora, sin perjuicio de las acciones civiles y penales que les asistan, podrán solicitar del tribunal la adopción de las medidas cautelares procedentes conforme a lo dispuesto en la Ley de Enjuiciamiento Civil y, en concreto, el embargo de los correspondientes equipos, aparatos y materiales. Los bienes así embargados quedarán afectos al pago de la remuneración reclamada y a la oportuna indemnización de daños y perjuicios.*

2. El artículo 103 de la Ley de Propiedad Intelectual, texto refundido por Real Decreto legislativo 1/1996, de 12 de abril, quedará redactado en los siguientes términos:

Artículo 103. Medidas de protección. *«El titular de los derechos reconocidos en el presente Título podrá instar las acciones y procedimientos que, con carácter general, se disponen en el Título I, Libro III de la presente Ley y las medidas cautelares procedentes, conforme a lo dispuesto en la Ley de Enjuiciamiento Civil».*

3. El artículo 143 de la Ley de Propiedad Intelectual, texto refundido por Real Decreto legislativo 1/1996, de 12 de abril, quedará redactado en los siguientes términos:

Artículo 143. Causas criminales. *«En las causas criminales que se sigan por infracción de los derechos reconocidos en esta Ley, podrán adoptarse las medidas cautelares procedentes en procesos civiles, conforme a lo dispuesto en la Ley de Enjuiciamiento Civil. Estas medidas no impedirán la adopción de cualesquiera otras establecidas en la legislación procesal penal».*

4. El artículo 150 de la Ley de Propiedad Intelectual, texto refundido por Real Decreto legislativo 1/1996, de 12 de abril, quedará redactado en los siguientes términos[1119]:

Artículo 150. Legitimación. *«Las entidades de gestión, una vez autorizadas, estarán legitimadas en los términos que resulten de sus propios estatutos, para ejercer los derechos confiados a su gestión y hacerlos valer en toda clase de procedimientos administrativos o judiciales.*

Parlamento Europeo y del Consejo, de 26 de febrero de 2014, y la Directiva (UE) 2017/1564 del Parlamento Europeo y del Consejo, de 13 de septiembre de 2017. Entrada en vigor desde 3 de marzo de 2019.

[1119] Nótese que ésta no es la redacción actual del citado artículo 150, que ha sido modificada por la Ley 2/2019, de 1 de marzo, por la que se modifica el texto refundido de la Ley de Propiedad Intelectual, aprobado por el Real Decreto Legislativo 1/1996, de 12 de abril, y por el que se incorporan al ordenamiento jurídico español la Directiva 2014/26/UE del Parlamento Europeo y del Consejo, de 26 de febrero de 2014, y la Directiva (UE) 2017/1564 del Parlamento Europeo y del Consejo, de 13 de septiembre de 2017. Entrada en vigor desde 3 de marzo de 2019.

Para acreditar dicha legitimación, la entidad de gestión únicamente deberá aportar al inicio del proceso copia de sus estatutos y certificación acreditativa de su autorización administrativa. El demandado sólo podrá fundar su oposición en la falta de representación de la actora, la autorización del titular del derecho exclusivo o el pago de la remuneración correspondiente».

Disposición final tercera. *Reforma de la Ley de Sociedades Anónimas*[1120]

El artículo 118 del Real Decreto legislativo 1564/1989, de 22 de diciembre, por el que se aprueba el texto refundido de la Ley de Sociedades Anónimas, quedará redactado en los siguientes términos:

Para la impugnación de los acuerdos sociales, se seguirán los trámites del juicio ordinario y las disposiciones contenidas en la Ley de Enjuiciamiento Civil.

Los párrafos segundo y tercero del artículo 122 del citado texto de la Ley de Sociedades Anónimas, pasarán a ser los párrafos primero y segundo, respectivamente, de dicho artículo.

Disposición final cuarta. *Reforma de la Ley de Competencia Desleal*

El artículo 22 de la Ley 3/1991, de 10 de enero, de Competencia Desleal, quedará redactado en los siguientes términos[1121]:

Artículo 22. Procedimiento. Los procesos en materia de competencia desleal se tramitarán con arreglo a lo dispuesto en la Ley de Enjuiciamiento Civil para el juicio ordinario.

Disposición final quinta. *Reforma de la Ley de Patentes*

1. El apartado primero del artículo 125 de la Ley 11/1986, de 20 de marzo, de Patentes, quedará redactado en los siguientes términos[1122]:

[1120] Nótese que el Real Decreto Legislativo 1564/1989, de 22 de diciembre, por el que se aprueba el texto refundido de la Ley de Sociedades Anónimas, fue derogado por la Disposición derogatoria única del vigente Real Decreto Legislativo 1/2010, de 2 de julio, por el que se aprueba el texto refundido de la Ley de Sociedades de Capital. Entrada en vigor desde 1 de septiembre de 2010.

[1121] Nótese que ésta no es la redacción actual del artículo 22 de la Ley 3/1991, de 10 de enero, de Competencia Desleal. Así, tras la reforma de la Ley 3/1991, operada por la Ley 29/2009, de 30 de diciembre, por la que se modificó el régimen legal de la competencia desleal y de la publicidad para la mejora de la protección de los consumidores y usuarios, las cuestiones procesales pasaron a incluirse en el nuevo Capítulo IV –artículos 32 a 36– que creó dicha Ley. La redacción actual del Capítulo IV ha sido modificada por la Ley 15/2022, de 12 de julio, integral para la igualdad de trato y la no discriminación. Entrada en vigor desde 14 de julio de 2022.

[1122] Nótese que la Ley 17/2001, de 7 de diciembre, de Marcas, añadió un nuevo apartado 3 al artículo 125 de la Ley 11/1986. Entrada en vigor desde 31 de julio de 2002.

1. *Los litigios civiles que puedan surgir al amparo de la presente Ley se resolverán en el juicio que corresponda conforme a la Ley de Enjuiciamiento Civil.*

2. El artículo 133 de la Ley 11/1986, de 20 de marzo, de Patentes, quedará redactado en los siguientes términos:

Quien ejercite o vaya a ejercitar una acción de las previstas en la presente Ley, podrá solicitar del órgano judicial que haya de entender de aquélla la adopción de las medidas cautelares tendentes a asegurar la efectividad de dichas acciones, siempre que justifique la explotación de la patente objeto de la acción en los términos del artículo 83 de la presente Ley o que ha iniciado unos preparativos serios y efectivos a tales efectos.

Disposición final sexta. *Reforma de la Ley sobre Condiciones Generales de la Contratación*

1. El apartado segundo del artículo 12 de la Ley 7/1998, de 13 de abril, sobre Condiciones Generales de la Contratación, quedará redactado en los siguientes términos:

2. La acción de cesación se dirige a obtener una sentencia que condene al demandado a eliminar de sus condiciones generales las que se reputen nulas y a abstenerse de utilizarlas en lo sucesivo, determinando o aclarando, cuando sea necesario, el contenido del contrato que ha de considerarse válido y eficaz.

A la acción de cesación podrá acumularse, como accesoria, la de devolución de cantidades que se hubiesen cobrado en virtud de las condiciones a que afecte la sentencia y la de indemnización de daños y perjuicios que hubiere causado la aplicación de dichas condiciones.

2. El apartado tercero del artículo 12 de la Ley 7/1998, de 13 de abril, sobre Condiciones Generales de la Contratación, quedará redactado en los siguientes términos:

3. La acción de retractación tendrá por objeto obtener una sentencia que declare e imponga al demandado, sea o no el predisponente, el deber de retractarse de la recomendación que haya efectuado de utilizar las cláusulas de condiciones generales que se consideren nulas y de abstenerse de seguir recomendándolas en el futuro.

3. El apartado cuarto del artículo 12 de la Ley 7/1998, de 13 de abril, sobre Condiciones Generales de la Contratación, quedará redactado en los siguientes términos:

4. La acción declarativa se dirigirá a obtener una sentencia que reconozca una cláusula como condición general de la contratación y ordene su inscrip-

ción, cuando ésta proceda conforme a lo previsto en el inciso final del apartado 2 del artículo 11 de la presente Ley.

4. Se añade un nuevo párrafo al final del artículo 16 de la Ley 7/1998, de 13 de abril, sobre Condiciones Generales de la Contratación, en los siguientes términos[1123]:

> Estas entidades podrán personarse en los procesos promovidos por otra cualquiera de ellas, si lo estiman oportuno para la defensa de los intereses que representan.

5. Se añade una disposición adicional cuarta a la Ley 7/1998, de 13 de abril, sobre Condiciones Generales de la Contratación, en los siguientes términos:

> Disposición adicional cuarta. Las referencias contenidas en la Ley de Enjuiciamiento Civil a los consumidores y usuarios, deberán entenderse realizadas a todo adherente, sea o no consumidor o usuario, en los litigios en que se ejerciten acciones individuales o colectivas derivadas de la presente Ley de Condiciones Generales de la Contratación.
>
> Asimismo, las referencias contenidas en la Ley de Enjuiciamiento Civil a las asociaciones de consumidores y usuarios, deberán considerarse aplicables igualmente, en los litigios en que se ejerciten acciones colectivas contempladas en la presente Ley de Condiciones Generales de la Contratación, a las demás personas y entes legitimados activamente para su ejercicio.

Disposición final séptima. *Reforma de la Ley de Venta a Plazos de Bienes Muebles*

1. El párrafo primero del apartado tercero del artículo 15 de la Ley 28/1998, de 13 de julio, de Venta a Plazos de Bienes Muebles, quedará redactado en los siguientes términos:

> 3. En caso de embargo preventivo o ejecución forzosa respecto de bienes muebles se sobreseerá todo procedimiento de apremio respecto de dichos bienes o sus productos o rentas tan pronto como conste en autos, por certificación del registrador, que sobre los bienes en cuestión constan inscritos derechos en favor de persona distinta de aquella contra la cual se decretó el embargo o se sigue el procedimiento, a no ser que se hubiese dirigido contra ella la acción en concepto de heredera de quien aparezca como dueño en el Registro. Al acreedor ejecutante le quedará reservada su acción para perseguir en el mismo juicio otros bienes del deudor y para ventilar en el juicio correspondiente el

---

[1123] Nótese que ésta no es la redacción actual del artículo 16, cuyo contenido ha sido modificado por la Ley 39/2002, de 28 de octubre, de transposición al ordenamiento jurídico español de diversas directivas comunitarias en materia de protección de los intereses de los consumidores y usuarios.

derecho que creyere asistirle en cuanto a los bienes respecto de los cuales se suspenda el procedimiento.

2. El apartado primero del artículo 16 de la Ley 28/1998, de 13 de julio, de Venta a Plazos de Bienes Muebles, quedará redactado en los siguientes términos:

1. El acreedor podrá recabar el cumplimiento de las obligaciones derivadas de los contratos regulados por la presente Ley mediante el ejercicio de las acciones que correspondan en procesos de declaración ordinarios, en el proceso monitorio o en el proceso de ejecución, conforme a la Ley de Enjuiciamiento Civil.

Únicamente constituirán título suficiente para fundar la acción ejecutiva sobre el patrimonio del deudor los contratos de venta a plazos de bienes muebles que consten en alguno de los documentos a que se refieren los números 4.° y 5.° del apartado segundo del artículo 517 de la Ley de Enjuiciamiento Civil.

3. La letra d) del apartado segundo del artículo 16 de la Ley 28/1998, de 13 de julio, de Venta a Plazos de Bienes Muebles, quedará redactada en los siguientes términos:

d) Cuando el deudor no pagare la cantidad exigida ni entregare los bienes para la enajenación en pública subasta a que se refiere la letra anterior, el acreedor podrá reclamar del tribunal competente la tutela sumaria de su derecho, mediante el ejercicio de las acciones previstas en los números 10.° y 11.° del apartado primero del artículo 250 de la Ley de Enjuiciamiento Civil.

4. El apartado segundo de la disposición adicional primera de la Ley 28/1998, de 13 de julio, de Venta a Plazos de Bienes Muebles, quedará redactado en los siguientes términos:

El arrendador financiero podrá recabar el cumplimiento de las obligaciones derivadas de los contratos regulados por la presente Ley mediante el ejercicio de las acciones que correspondan en procesos de declaración ordinarios, en el proceso monitorio o en el proceso de ejecución, conforme a la Ley de Enjuiciamiento Civil.

Únicamente constituirán título suficiente para fundar la acción ejecutiva sobre el patrimonio del deudor los contratos de arrendamiento financiero que consten en alguno de los documentos a que se refieren los números 4.° y 5.° del apartado segundo del artículo 517 de la Ley de Enjuiciamiento Civil.

5. El primer párrafo y la letra c) del apartado tercero de la disposición adicional primera de la Ley 28/1998, de 13 de julio, de Venta a Plazos de Bienes Muebles, quedarán redactados en los siguientes términos:

3. En caso de incumplimiento de un contrato de arrendamiento financiero que conste en alguno de los documentos a que se refieren los números 4.° y 5.° del apartado segundo del artículo 517 de la Ley de Enjuiciamiento Civil o que se haya inscrito en el Registro de Venta a Plazos de Bienes Muebles y formalizado en el modelo oficial establecido al efecto, el arrendador, podrá pretender la recuperación del bien conforme a las siguientes reglas:

c) Cuando el deudor no pagare la cantidad exigida ni entregare los bienes al arrendador financiero, éste podrá reclamar del tribunal competente la inmediata recuperación de los bienes cedidos en arrendamiento financiero, mediante el ejercicio de las acciones previstas en el número 11.° del apartado primero del artículo 250 de la Ley de Enjuiciamiento Civil.

Disposición final octava. *Reforma de la Ley de Arbitraje.*

El artículo 11 de la Ley 36/1988, de 5 de diciembre, de Arbitraje, quedará redactado en los siguientes términos:

1. El convenio arbitral obliga a las partes a estar y pasar por lo estipulado e impedirá a los tribunales conocer de las cuestiones litigiosas sometidas a arbitraje en el convenio, siempre que la parte a quien interese lo invoque mediante declinatoria.

2. Las partes podrán renunciar por convenio al arbitraje pactado, quedando expedita la vía judicial. En todo caso, se entenderán que renuncian cuando, interpuesta demanda por cualquiera de ellas, el demandado o todos los demandados, si fuesen varios, realicen, después de personados en juicio, cualquier gestión procesal que no sea proponer en forma la declinatoria.

Disposición final novena. *Reforma de la Ley Hipotecaria*

Se modifican los artículos 41, 86, 107, 129, 130, 131, 132, 133, 134 y 135 de la Ley Hipotecaria, de 8 de febrero de 1946, que quedarán redactados en los siguientes términos:

1. Artículo 41

Las acciones reales procedentes de los derechos inscritos podrán ejercitarse a través del juicio verbal regulado en la Ley de Enjuiciamiento Civil, contra quienes, sin título inscrito, se opongan a aquellos derechos o perturben su ejercicio. Estas acciones, basadas en la legitimación registral que reconoce el artículo 38, exigirán siempre que por certificación del registrador se acredite la vigencia, sin contradicción alguna, del asiento correspondiente.

2. Artículo 86

Las anotaciones preventivas, cualquiera que sea su origen, caducarán a los cuatro años de la fecha de la anotación misma, salvo aquellas que tengan señalado en la Ley un plazo más breve. No obstante, a instancia de los interesados o por mandato de las autoridades que las decretaron, podrán prorrogarse por un plazo de cuatro años más, siempre que el mandamiento ordenando la prórroga sea presentado antes de que caduque el asiento. La anotación prorrogada caducará a los cuatro años de la fecha de la anotación misma de prórroga. Podrán practicarse sucesivas ulteriores prórrogas en los mismos términos.

La caducidad de las anotaciones preventivas se hará constar en el Registro a instancia del dueño del inmueble o derecho real afectado.

3. Artículo 107.12.º

12.º El derecho del rematante sobre los inmuebles subastados en un procedimiento judicial. Una vez satisfecho el precio del remate e inscrito el dominio en favor del rematante, la hipoteca subsistirá, recayendo directamente sobre los bienes adjudicados.

4. Artículo 129

La acción hipotecaria podrá ejercitarse directamente contra los bienes hipotecados sujetando su ejercicio a lo dispuesto en el Título IV del Libro III de la Ley de Enjuiciamiento Civil, con las especialidades que se establecen en su capítulo V. Además, en la escritura de constitución de la hipoteca podrá pactarse la venta extrajudicial del bien hipotecado, conforme al artículo 1.858 del Código Civil, para el caso de falta de cumplimiento de la obligación garantizada. La venta extrajudicial se realizará por medio de notario, con las formalidades establecidas en el Reglamento Hipotecario.

5. Artículo 130

El procedimiento de ejecución directa contra los bienes hipotecados sólo podrá ejercitarse como realización de una hipoteca inscrita y, dado su carácter constitutivo, sobre la base de los extremos contenidos en el asiento respectivo.

6. Artículo 131

Las anotaciones preventivas de demanda de nulidad de la propia hipoteca o cualesquiera otras que no se basen en alguno de los supuestos que puedan determinar la suspensión de la ejecución quedarán canceladas en virtud del mandamiento de cancelación a que se refiere el artículo 133, siempre que sean posteriores a la nota marginal de expedición de certificación de cargas. No se podrá inscribir la escritura de carta de pago de la hipoteca mientras no se haya cancelado previamente la citada nota marginal, mediante mandamiento judicial al efecto.

7. Artículo 132

A los efectos de las inscripciones y cancelaciones a que den lugar los procedimientos de ejecución directa sobre los bienes hipotecados, la calificación del registrador se extenderá a los extremos siguientes:

1.° Que se ha demandado y requerido de pago al deudor, hipotecante no deudor y terceros poseedores que tengan inscritos su derecho en el Registro en el momento de expedirse certificación de cargas en el procedimiento.

2.° Que se ha notificado la existencia del procedimiento a los acreedores y terceros cuyo derecho ha sido anotado o inscrito con posterioridad a la hipoteca, a excepción de los que sean posteriores a la nota marginal de expedición de certificación de cargas, respecto de los cuales la nota marginal surtirá los efectos de la notificación.

3.° Que lo entregado al acreedor en pago del principal del crédito, de los intereses devengados y de las costas causadas, no exceden del límite de la respectiva cobertura hipotecaria.

4.° Que el valor de lo vendido o adjudicado fue igual o inferior al importe total del crédito del actor, o en caso de haberlo superado, que se consignó el exceso en establecimiento público destinado al efecto a disposición de los acreedores posteriores.

8. Artículo 133

El testimonio expedido por el Secretario Judicial comprensivo del auto de remate o adjudicación y del que resulte la consignación, en su caso, del precio, será título bastante para practicar la inscripción de la finca o derecho adjudicado a favor del rematante o adjudicatario, siempre que se acompañe el mandamiento de cancelación de cargas a que se refiere el artículo 674 de la Ley de Enjuiciamiento Civil.

El mandamiento judicial de cancelación de cargas y el testimonio del auto de remate o adjudicación podrán constar en un solo documento en el que se consignará, en todo caso, el cumplimiento de los requisitos establecidos en el artículo anterior y las demás circunstancias que sean necesarias para practicar la inscripción y la cancelación.

9. Artículo 134

El testimonio del auto de adjudicación y el mandamiento de cancelación de cargas, determinarán la inscripción de la finca o derecho a favor del adjudicatario y la cancelación de la hipoteca que motivó la ejecución, así como la de todas las cargas, gravámenes e inscripciones de terceros poseedores que sean posteriores a ellas, sin excepción, incluso las que se hubieran verificado con posterioridad a la nota marginal de expedición de certificación de cargas en el correspondiente procedimiento.

Tan sólo subsistirán las declaraciones de obras nuevas y divisiones horizontales posteriores, cuando de la inscripción de la hipoteca resulte que ésta se extiende por ley o por pacto a las nuevas edificaciones.

10. Artículo 135

El registrador deberá comunicar al Juez ante quien se sustancie un procedimiento ejecutivo, incluso cuando recaiga directamente sobre bienes hipotecados, la extensión de ulteriores asientos que puedan afectar a la ejecución.

Disposición final décima. *Reforma de la Ley Cambiaria y del Cheque.*

1. Se modifica el último párrafo del artículo 67 de la Ley 19/1985, de 16 de julio, de la Ley Cambiaria y del Cheque, que quedará redactado en los siguientes términos:

Frente al ejercicio de la acción cambiaria sólo serán admisibles las excepciones enunciadas en este artículo.

2. Se modifica el párrafo segundo del artículo 49 de la Ley 19/1985, de 16 de julio, Cambiaria y del Cheque, sustituyendo la expresión: «[...] como en la ejecutiva [...]» por la siguiente: «[...] a través del proceso especial cambiario [...]».

3. Se modifica el artículo 66 de la Ley 19/1985, de 16 de julio, Cambiaria y del Cheque, que quedará redactado en los siguientes términos:

La letra de cambio tendrá aparejada ejecución a través del juicio cambiario que regula la Ley de Enjuiciamiento Civil en el capítulo II, Título III, del Libro IV, por la suma determinada en el título y por las demás cantidades, conforme a los artículos 58, 59 y 62 de la presente Ley, sin necesidad de reconocimiento judicial de las firmas.

4. Se modifica el artículo 68 de la Ley 19/1985, de 16 de julio, Cambiaria y del Cheque, que quedará redactado en los siguientes términos:

El ejercicio de la acción cambiaria, a través del proceso especial cambiario, se someterá al procedimiento establecido en la Ley de Enjuiciamiento Civil.

Disposición final undécima. *Reforma de la Ley de Procedimiento Laboral.*

Se modifican los artículos 2, 15, 47, 50, 183, 186, 234, 235 y 261 del Real Decreto legislativo 2/1995, de 7 de abril, por el que se aprueba el texto refundido de la Ley de Procedimiento Laboral, que quedarán redactados en los siguientes términos:

1. Artículo 2

d) Entre los asociados y las Mutualidades, excepto las establecidas por los Colegios Profesionales, en los términos previstos en los artículos 64 y siguientes y en la disposición adicional decimoquinta de la Ley 30/1995, de 8 de noviembre, de Ordenación y Supervisión de los Seguros Privados, así como entre las fundaciones laborales o entre éstas y sus beneficiarios, sobre cumplimiento, existencia o declaración de sus obligaciones específicas y derechos de carácter patrimonial, relacionados con los fines y obligaciones propios de esas entidades.

2. Artículo 15

1. La abstención y la recusación se regirán, en cuanto a sus causas, por la Ley Orgánica del Poder Judicial, y en cuanto al procedimiento, por lo dispuesto en la Ley de Enjuiciamiento Civil.

No obstante lo anterior, la recusación habrá de proponerse en instancia con anterioridad a la celebración de los actos de conciliación y juicio y, en recursos, antes del día señalado para la votación y fallo o, en su caso, para la vista.

En cualquier caso, la proposición de la recusación no suspenderá la ejecución.

2. Instruirán los incidentes de recusación:

a) Cuando el recusado sea el Presidente o uno o más Magistrados de la Sala de lo Social del Tribunal Supremo, de la Sala de lo Social de los Tribunales Superiores de Justicia, o de la Sala de lo Social de la Audiencia Nacional, un Magistrado de la Sala a la que pertenezca el recusado, designado en virtud de un turno establecido por orden de antigüedad.

b) Cuando se recusare a todos los Magistrados de una Sala de Justicia, el Magistrado que corresponda por turno de antigüedad de los que integren el Tribunal correspondiente, siempre que no estuviere afectado por la recusación, y si se recusare a todos los Magistrados que integran la Sala de lo Social del Tribunal correspondiente, un Magistrado de la Sala de lo Contencioso-administrativo designado por sorteo entre todos sus integrantes.

c) Cuando el recusado sea un Juez de lo Social, un Magistrado de la Sala de lo Social del Tribunal Superior de Justicia, designado en virtud de un turno establecido por orden de antigüedad.

La antigüedad se regirá por el orden de escalafón en la carrera judicial.

En los casos en que no fuere posible cumplir lo prevenido en los párrafos anteriores, la Sala de Gobierno del Tribunal correspondiente designará al instructor, procurando que sea de mayor categoría o, al menos, de mayor antigüedad que el recusado o recusados.

3. Decidirán los incidentes de recusación:

a) La Sala prevista en el artículo 61 de la Ley Orgánica del Poder Judicial cuando el recusado sea el Presidente de la Sala de lo Social o dos o más de los Magistrados de dicha Sala.

b) La Sala de lo Social del Tribunal Supremo, cuando se recuse a uno de los Magistrados que la integran.

c) La Sala a que se refiere el artículo 77 de la Ley Orgánica del Poder Judicial, cuando se hubiera recusado al Presidente de la Sala de lo Social de dicho Tribunal Superior.

d) La Sala a que se refiere el artículo 69 de la Ley Orgánica del Poder Judicial, cuando se hubiera recusado al Presidente de la Sala de lo Social de la Audiencia Nacional o a más de dos Magistrados de una Sección de dicha Sala.

e) Cuando se recusare a uno o dos Magistrados de la Sala de lo Social de la Audiencia Nacional, la Sección en la que no se encuentre integrado el recusado o la Sección que siga en orden numérico a aquella de la que el recusado forme parte.

f) Cuando se recusare a uno o dos Magistrados de la Sala de lo Social de los Tribunales Superiores de Justicia, la Sala en Pleno si no estuviera dividida en Secciones o, en caso contrario, la Sección en la que no se encuentre integrado el recusado o la Sección que siga en orden numérico a aquella de la que el recusado forme parte.

g) *Cuando el recusado sea un Juez de lo Social, la Sala de lo Social del Tribunal Superior de Justicia correspondiente, en Pleno, si no estuviera dividida en Secciones o, en caso contrario, la Sección primera.*

3. Artículo 47.2

2. Todo interesado podrá tener acceso al libro de sentencias a que se refiere el artículo 213 de la Ley de Enjuiciamiento Civil.

4. Artículo 50.1

1. El Juez, en el momento de terminar el juicio, podrá pronunciar sentencia de viva voz, que se consignará en el acta con el contenido y requisitos establecidos en la Ley de Enjuiciamiento Civil. También podrá limitarse a pronunciar el fallo, que se documentará en el acta mediante la fe del Secretario Judicial, sin perjuicio de la redacción posterior de la sentencia dentro del plazo y en la forma legalmente previstos.

5. Párrafo primero del artículo 183

A los procesos seguidos sin que haya comparecido el demandado, les serán de aplicación las normas contenidas en el Título V del Libro II de la Ley de Enjuiciamiento Civil, con las especialidades siguientes:

6. Regla 3.ª del artículo 183

El plazo para solicitar la audiencia será de tres meses desde la notificación de la sentencia en el «Boletín Oficial» correspondiente en los supuestos y condiciones previstos en el artículo 501 de la Ley de Enjuiciamiento Civil.

7. Artículo 186

Los recursos de reposición y de súplica se sustanciarán de conformidad con lo prevenido para el recurso de reposición en la Ley de Enjuiciamiento Civil.

8. Artículo 234

Contra cualquier sentencia dictada por los órganos del orden jurisdiccional social procederá el recurso de revisión previsto en la Ley de Enjuiciamiento Civil. El recurso se interpondrá ante la Sala de lo Social del Tribunal Supremo, que habrá de resolverlo con arreglo a lo dispuesto en dicha Ley de Enjuiciamiento, si bien el depósito para recurrir tendrá la cuantía que en la presente Ley se señala para los recursos de casación.

9. Artículo 235.1

1. Las sentencias firmes se llevarán a efecto en la forma establecida en la Ley de Enjuiciamiento Civil para la ejecución de sentencias, con las especialidades previstas en esta Ley.

10. Artículo 261.2

2. Si lo embargado fueren valores, se venderán en la forma establecida para ellos en la Ley de Enjuiciamiento Civil.

Disposición final duodécima. *Reforma de la Ley de Enjuiciamiento Criminal*

Se modifican los artículos 54, 56, 63, 68, 201 y 852 de la Ley de Enjuiciamiento Criminal, promulgada por Real Decreto de 14 de septiembre de 1882, que quedarán redactados en los siguientes términos:

1. Artículo 54

La abstención y la recusación se regirán, en cuanto a sus causas, por la Ley Orgánica del Poder Judicial, y en cuanto al procedimiento, por lo dispuesto en la Ley de Enjuiciamiento Civil.

2. Artículo 56

La recusación deberá proponerse tan luego como se tenga conocimiento de la causa en que se funde, pues, en otro caso, no se admitirá a trámite. Concretamente, se inadmitirán las recusaciones:

1.º Cuando no se propongan al comparecer o intervenir por vez primera en el proceso, en cualquiera de sus fases, si el conocimiento de la concurrencia de la causa de recusación fuese anterior a aquél.

2.º Cuando se propusieren iniciado ya el proceso, si la causa de recusación se conociese con anterioridad al momento procesal en que la recusación se proponga.

3. Artículo 63

Instruirán los incidentes de recusación:

a) Cuando el recusado sea el Presidente o uno o más Magistrados de la Sala de lo Penal del Tribunal Supremo, de la Sala de lo Penal de los Tribunales Superiores de Justicia, o de la Sala de lo Penal de la Audiencia Nacional, un Magistrado de la Sala a la que pertenezca el recusado, designado en virtud de un turno establecido por orden de antigüedad.

b) Cuando el recusado sea el Presidente o uno o más Magistrados de una Audiencia Provincial, un Magistrado de una Sección distinta a la que pertenezca el recusado, designado en virtud de un turno establecido por orden de antigüedad. Si sólo existiere una Sección, se procederá del modo que se establece en el apartado segundo del artículo 107 de la Ley de Enjuiciamiento Civil.

c) Cuando se recusare a todos los Magistrados de una Sala de Justicia, el Magistrado que corresponda por turno de antigüedad de los que integren el Tribunal correspondiente, siempre que no estuviere afectado por la recusación, y si se recusare a todos los Magistrados que integran la Sala del Tribunal correspondiente, un Magistrado designado por sorteo entre todos los integrantes de Tribunales del mismo ámbito territorial pertenecientes al resto de órdenes jurisdiccionales.

d) Cuando se recusare a un Juez Central de lo Penal o a un Juez Central de Instrucción, un Magistrado de la Sala de lo Penal de la Audiencia Nacional, designado en virtud de un turno establecido por orden de antigüedad.

e) Cuando el recusado sea un Juez de Instrucción o un Juez de lo Penal, un Magistrado de la Audiencia Provincial correspondiente, designado en virtud de un turno establecido por orden de antigüedad.

f) Cuando el recusado fuere un Juez de Paz, el Juez de Instrucción del partido correspondiente o, si hubiere en él varios Juzgados de Instrucción, el Juez titular designado en virtud de un turno establecido por orden de antigüedad.

4. Artículo 68

Decidirán los incidentes de recusación:

a) La Sala prevista en el artículo 61 de la Ley Orgánica del Poder Judicial cuando el recusado sea el Presidente del Tribunal Supremo o el Presidente de la Sala de lo Penal o dos o más de los Magistrados de dicha Sala.

b) La Sala de lo Penal del Tribunal Supremo, cuando se recuse a uno de los Magistrados que la integran.

c) La Sala a que se refiere el artículo 77 de la Ley Orgánica del Poder Judicial, cuando se hubiera recusado al Presidente del Tribunal Superior de Justicia, al Presidente de la Sala de lo Civil y Penal de dicho Tribunal Superior o al Presidente de Audiencia Provincial con sede en la Comunidad Autónoma o a dos o más Magistrados de una Sala o Sección o de una Audiencia Provincial.

d) La Sala a que se refiere el artículo 69 de la Ley Orgánica del Poder Judicial, cuando se hubiera recusado al Presidente de la Audiencia Nacional, al Presidente de su Sala de lo Penal o a más de dos Magistrados de una Sección de dicha Sala.

e) La Sala de lo Penal de la Audiencia Nacional, cuando se recusare a uno o dos de los Magistrados.

f) La Sala de lo Civil y Penal de los Tribunales Superiores de Justicia, cuando se recusara a uno de sus Magistrados.

g) Cuando el recusado sea Magistrado de una Audiencia Provincial, la Audiencia Provincial en pleno o, si ésta se compusiere de dos o más Secciones, la Sección en la que no se encuentre integrado el recusado o la Sección que siga en orden numérico a aquella de la que el recusado forme parte.

h) Cuando se recusara a un Juez Central, decidirá la recusación la Sección de la Sala de lo Penal de la Audiencia Nacional a la que corresponda por turno, establecido por la Sala de Gobierno de dicha Audiencia, excluyendo la Sección a la que corresponda conocer de los recursos que dicte el Juzgado del que sea titular el recusado.

i) Cuando el recusado sea un Juez de lo Penal o de Instrucción, la Audiencia Provincial o, si ésta se compusiere de dos o más Secciones, la Sección Segunda.

j) Cuando el recusado sea un Juez de paz, resolverá el mismo Juez instructor del incidente de recusación.

5. Artículo 201

Todos los días y horas del año serán hábiles para la instrucción de las causas criminales, sin necesidad de habilitación especial.

6. Artículo 852

En todo caso, el recurso de casación podrá interponerse fundándose en la infracción de precepto constitucional.

Disposición final decimotercera. *Reforma de la Ley sobre Responsabilidad Civil y Seguro en la Circulación de Vehículos a Motor.*

(Derogada)

Disposición final decimocuarta. *Reforma de la Ley Reguladora de la Jurisdicción Contencioso-administrativa.*

1. Se añade un segundo párrafo al apartado quinto del artículo 8 de la Ley 29/1998, de 13 de julio, Reguladora de la Jurisdicción Contencioso-administrativa, con la siguiente redacción:

Asimismo, corresponderá a los Juzgados de lo Contencioso-administrativo la autorización o ratificación judicial de las medidas que las autoridades sanita-

rias consideren urgentes y necesarias para la salud pública e impliquen privación o restricción de la libertad o de otro derecho fundamental.

2. El apartado tercero del artículo 87 de la Ley 29/1998, de 13 de julio, Reguladora de la Jurisdicción Contencioso-administrativa, quedará redactado en los siguientes términos:

3. Para que pueda prepararse el recurso de casación en los casos previstos en los apartados anteriores, es requisito necesario interponer previamente el recurso de súplica.

Disposición final decimoquinta. *Reforma de la Ley de Asistencia Jurídica Gratuita.*

Se modifica el número 6 del artículo 6 de la Ley 1/1996, de 10 de enero, de Asistencia Jurídica Gratuita, que quedará redactado en los siguientes términos:

6. Asistencia pericial gratuita en el proceso a cargo del personal técnico adscrito a los órganos jurisdiccionales, o, en su defecto, a cargo de funcionarios, organismos o servicios técnicos dependientes de las Administraciones públicas.

Excepcionalmente y cuando por inexistencia de técnicos en la materia de que se trate, no fuere posible la asistencia pericial de peritos dependientes de los órganos jurisdiccionales o de las Administraciones públicas, ésta se llevará a cabo, si el Juez o el Tribunal lo estima pertinente, en resolución motivada, a cargo de peritos designados de acuerdo a lo que se establece en las leyes procesales, entre los técnicos privados que correspondan.

Disposición final decimosexta. *Régimen transitorio en materia de recursos extraordinarios*

(Suprimida)[1124]

Disposición final decimoséptima. *Régimen transitorio en materia de abstención y recusación, nulidad de actuaciones y aclaración y corrección de resoluciones*

Mientras no se proceda a reformar la Ley Orgánica del Poder Judicial en las materias que a continuación se citan, no serán de aplicación los artículos 101 a 119 de la presente Ley, respecto de la abstención y recusación de Jueces, Magistrados y Secretarios Judiciales, ni el apartado 2 de la disposición final undécima, ni los apartados 1, 2, 3 y 4 de la disposición final duodécima. Tampoco se aplicarán, hasta tanto no se

---

[1124] Suprimida por el RD-Ley 6/2023, de 19 de diciembre. Entrada en vigor desde 20 de marzo de 2024.

reforme la citada Ley Orgánica, los artículos 225 a 230 y 214 de esta Ley, sobre nulidad de las actuaciones y aclaración y corrección de resoluciones, respectivamente.

Disposición final decimoctava. *Proyecto de Ley sobre Jurisdicción voluntaria*

En el plazo de un año a contar desde la fecha de entrada en vigor de esta Ley, el Gobierno remitirá a las Cortes Generales un proyecto de Ley sobre jurisdicción voluntaria[1125].

Disposición final decimonovena. *Proyecto de Ley Concursal*

En el plazo de seis meses a contar desde la fecha de entrada en vigor de esta Ley, el Gobierno remitirá a las Cortes Generales un proyecto de Ley Concursal[1126].

Disposición final vigésima. *Proyecto de Ley sobre cooperación jurídica internacional en materia civil*

En el plazo de seis meses a contar desde la fecha de entrada en vigor de esta Ley, el Gobierno remitirá a las Cortes Generales un proyecto de Ley sobre cooperación jurídica internacional en materia civil[1127].

Disposición final vigésima primera. *Medidas para facilitar la aplicación en España del Reglamento (CE) n.° 805/2004 del Parlamento Europeo y del Consejo, de 21 de abril de 2004, por el que se establece un título ejecutivo europeo para créditos no impugnados*[1128]

1. La certificación judicial de un título ejecutivo europeo se adoptará de forma separada y mediante providencia, en la forma prevista en el anexo I del Reglamento (CE) n.° 805/2004.

La competencia para certificar un título ejecutivo europeo corresponde al mismo tribunal que dictó la resolución.

El procedimiento para la rectificación de errores en un título ejecutivo europeo previsto en el artículo 10.1.a) del Reglamento (CE) n.° 805/2004 se resolverá en la forma prevista en los tres primeros apartados del artículo 267 de la Ley Orgánica 6/1985, de 1 de julio, del Poder Judicial.

[1125] Véase la Ley 15/2015, de 2 de julio, de Jurisdicción Voluntaria. Entrada en vigor desde 23 de julio de 2015.

[1126] Véanse el RD Legislativo 1/2020, de 5 de mayo, LC, entrada en vigor desde 1 de septiembre de 2020, y la Ley 16/2022, de 5 de septiembre, entrada en vigor desde 26 de septiembre de 2022.

[1127] Véase la Ley 29/2015, de 30 de julio, de cooperación jurídica internacional en materia civil. Entrada en vigor desde 20 de agosto de 2015.

[1128] Véase el Reglamento 2023/2844, de 13 de diciembre, que modifica parcialmente el Reglamento (CE) n° 805/2004 del Parlamento Europeo y del Consejo, de 21 de abril de 2004.

El procedimiento para la revocación de la emisión de un certificado de un título ejecutivo europeo a que se refiere el artículo 10.1.b) del Reglamento (CE) n.º 805/2004 se tramitará y resolverá de conformidad con lo previsto para el recurso de reposición regulado en la Ley 1/2000, de 7 de enero, de Enjuiciamiento Civil, con independencia del orden jurisdiccional al que pertenezca el tribunal.

La denegación de emisión de un certificado de título ejecutivo europeo se adoptará de forma separada y mediante providencia, y podrá impugnarse por los trámites del recurso de reposición[1129].

2. Para la certificación como título ejecutivo europeo de resoluciones judiciales que aprueben u homologuen transacciones se aplicará el apartado anterior, y se efectuará en la forma prevista en el anexo II del Reglamento (CE) n.º 805/2004.

3. Compete al notario autorizante, o a quien legalmente le sustituya o suceda en su protocolo, la expedición del certificado previsto en el artículo 25.1 y en el anexo III del Reglamento (CE) n.º 805/2004.De dicha expedición dejará constancia mediante nota en la matriz o póliza, y archivará el original que circulará mediante copia.

Corresponderá al notario en cuyo protocolo se encuentre el título ejecutivo europeo certificado expedir el relativo a su rectificación por error material y el de revocación previstos en el artículo 10.1 del Reglamento (CE) n.º 805/2004, así como el derivado de la falta o limitación de ejecutividad, según se establece en el artículo 6.2 y en el anexo IV del mismo reglamento.

Se exceptúa la pérdida de ejecutividad derivada de una resolución judicial, para cuya certificación se estará al apartado 1 de esta disposición adicional.

En todo caso, deberá constar en la matriz o póliza la rectificación, revocación, falta o limitación de ejecutividad.

La negativa del notario a la expedición de los certificados requeridos podrá ser impugnada por el interesado ante la Dirección General de los Registros y del Notariado por los trámites del recurso de queja previsto en la legislación notarial. Contra la resolución de este órgano directivo podrá interponerse recurso, en única instancia, ante el juez de primera instancia de la capital de la provincia donde tenga su domicilio el notario, el cual se resolverá por los trámites del juicio verbal.

4. La certificación a la que se refiere el anexo V del Reglamento (CE) n.º 805/2004 se expedirá por el órgano administrativo o jurisdiccional que hubiera dictado la resolución.

5. La competencia territorial para la ejecución de resoluciones, transacciones judiciales y documentos públicos certificados como título ejecutivo europeo corresponderá al juzgado de primera instancia del domicilio del demandado o del lugar de ejecución.

[1129] Véanse los arts. 451 a 454 de la presente norma.

6. El Gobierno adoptará las normas precisas para el desarrollo de esta disposición adicional.

Disposición final vigésima segunda. *Medidas para facilitar la aplicación en España del Reglamento (CE) n.° 2201/2003 del Consejo, de 27 de noviembre de 2003, relativo a la competencia, el reconocimiento y la ejecución de resoluciones judiciales en materia matrimonial y de responsabilidad parental*[1130]

1. La certificación relativa a las resoluciones judiciales en materia matrimonial y en materia de responsabilidad parental, prevista en el artículo 39 del Reglamento (CE) n.° 2201/2003, se expedirá por el Letrado de la Administración de Justicia de forma separada y mediante diligencia, cumplimentando el formulario correspondiente que figura en los anexos I y II del Reglamento citado.

2. La certificación judicial relativa a las resoluciones judiciales sobre el derecho de visita, previstas en el apartado 1 del artículo 41 del Reglamento (CE) n.° 2201/2003, se expedirá por el juez de forma separada y mediante providencia, cumplimentando el formulario que figura en el anexo III de dicho Reglamento.

3. La certificación judicial relativa a las resoluciones judiciales sobre la restitución del menor, previstas en el apartado 1 del artículo 42 del Reglamento (CE) n.° 2201/2003, se expedirá por el juez de forma separada y mediante providencia, cumplimentando el formulario que figura en el anexo IV del Reglamento citado.

4. El procedimiento para la rectificación de errores en la certificación judicial, previsto en el artículo 43.1 del Reglamento (CE) n.° 2001/2003, se resolverá de la forma establecida en los tres primeros apartados del artículo 267 de la Ley Orgánica 6/1985, de 1 de julio, del Poder Judicial. No cabrá recurso alguno contra la resolución en que se resuelva sobre la aclaración o rectificación de la certificación judicial a que se refieren los dos anteriores apartados.

5. La denegación de la expedición de la certificación a la que se refieren los apartados 1, 2 y 3 de este artículo se adoptará de forma separada y mediante decreto en el caso del apartado 1 y mediante Auto en el caso de los apartados 2 y 3, y podrá impugnarse por los trámites del recurso directo de revisión en el caso del apartado 1 y por los trámites del recurso de reposición en el caso de los apartados 2 y 3.

6. La transmisión a la que se refiere el artículo 11.6 del Reglamento (CE) n.° 2201/2003, incluirá una copia de la resolución judicial de no restitución con arreglo

---

[1130] Véase el Reglamento 1111/2019, de 25 de junio, entrada en vigor desde 1 de agosto de 2022, por el que se deroga el Reglamento (CE) n.° 2201/2003 del consejo, de 27 de noviembre.

al artículo 13 del Convenio de La Haya de 25 de octubre de 1980, y una copia de la grabación original del acta de la vista en soporte apto para la grabación y reproducción del sonido y de la imagen, así como de aquellos documentos que el órgano jurisdiccional estime oportuno adjuntar en cada caso como acreditativos del cumplimiento de las exigencias de los artículos 10 y 11 del Reglamento.

7. La reclamación a la que se refiere el artículo 11.7 del Reglamento (CE) n.º 2201/2003, se sustanciará con arreglo al procedimiento previsto en la vigente Ley de Enjuiciamiento Civil para los procesos que versen exclusivamente sobre guarda y custodia de hijos menores, si bien la competencia judicial para conocer del mismo se determinará con arreglo a lo previsto para el proceso que regula las medidas relativas a la restitución de menores en los supuestos de sustracción internacional.

Disposición final vigésima tercera[1131]. *Medidas para facilitar la aplicación en España del Reglamento (CE) n.º 1896/2006 del Parlamento Europeo y del Consejo, de 12 de diciembre de 2006, por el que se establece un proceso monitorio europeo*

1. Corresponde al Juzgado de Primera Instancia, de forma exclusiva y excluyente, el conocimiento de la instancia del proceso monitorio europeo, regulado en el Reglamento (CE) n.º 1896/2006 del Parlamento Europeo y del Consejo, de 12 de diciembre de 2006.

La competencia territorial se determinará con arreglo a lo dispuesto en el Reglamento (CE) n.º 44/2001 del Consejo, de 22 de diciembre de 2000, relativo a la competencia judicial, el reconocimiento y la ejecución de resoluciones judiciales en materia civil y mercantil, y, en lo no previsto, con arreglo a la legislación procesal española.

2. La petición de requerimiento europeo de pago se presentará a través del formulario que figura en el anexo I del Reglamento (CE) n.º 1896/2006, sin necesidad de aportar documentación alguna, que en su caso será inadmitida, a excepción de las peticiones de requerimiento europeo de pago que se basen en un contrato entre un empresario o profesional y un consumidor o usuario, cuando el juez lo solicite a fin de poder ejercer de oficio el control de abusividad de las cláusulas.

3. Formulada una petición de requerimiento europeo de pago, el Letrado de la Administración de Justicia mediante decreto y en la forma prevista en el formulario B del anexo II del Reglamento (CE) n.º 1896/2006, podrá instar al demandante para

---

[1131] Modificada por el RD 6/2023, de 19 de diciembre. Entrada en vigor desde 20 de marzo de 2024.

que complete o rectifique su petición, salvo que ésta sea manifiestamente infundada o inadmisible, de acuerdo con lo dispuesto en el artículo 9 del citado Reglamento, en cuyo caso resolverá el juez mediante auto.

4. Si los requisitos establecidos en los artículos 2, 3, 4, 6 y 7 del Reglamento (CE) n.º 1896/2006 se dan únicamente respecto de una parte de la petición, el Letrado de la Administración de Justicia dará traslado al juez, quien, en su caso, mediante auto y en la forma prevista en el formulario C del anexo III planteará al demandante aceptar o rechazar una propuesta de requerimiento europeo de pago por el importe que especifique, de acuerdo con lo dispuesto en el artículo 10 del citado Reglamento.

En la propuesta se deberá informar al demandante de que, si no envía la respuesta o la misma es de rechazo, se desestimará íntegramente la petición del requerimiento europeo de pago, sin perjuicio de la posibilidad de formular la reclamación del crédito a través del juicio que corresponda con arreglo a las normas procesales nacionales o comunitarias.

El demandante responderá devolviendo el formulario C enviado en el plazo que se haya especificado. Si se acepta la propuesta de requerimiento europeo de pago parcial, la parte restante del crédito inicial podrá ser reclamada a través del juicio que corresponda con arreglo a las normas procesales nacionales o comunitarias.

5. La desestimación de la petición de requerimiento europeo de pago se adoptará mediante auto, de conformidad con el artículo 11. Igualmente, se informará al demandante de los motivos de la desestimación en la forma prevista en el formulario D del anexo IV del Reglamento (CE) n.º 1896/2006. Dicho auto no será susceptible de recurso.

6. La expedición de un requerimiento europeo de pago se adoptará mediante decreto en el plazo máximo de treinta días desde la fecha de presentación de la petición, y en la forma prevista en el formulario E del anexo V del Reglamento (CE) n.º 1896/2006, de conformidad con lo dispuesto en el artículo 12 del citado Reglamento.

El plazo de treinta días no comprenderá el tiempo empleado por el demandante para completar, rectificar o modificar la petición.

7. El demandado podrá presentar en el plazo de treinta días desde la notificación del requerimiento escrito de oposición, valiéndose del formulario F del anexo VI del Reglamento (CE) n.º 1896/2006 y con arreglo al artículo 16 del mismo.

En la notificación del requerimiento se advertirá al demandado que el cómputo de los plazos se regirá por el Reglamento 1182/71 del Consejo, de 3 de junio de 1971, por el que se determinan las normas aplicables a los plazos, fechas y términos, sin que se excluyan los días inhábiles.

8. En el caso de que se presente escrito de oposición en el plazo señalado, el Letrado de la Administración de Justicia comunicará al demandante que ha de instar

la continuación del asunto por el procedimiento que corresponda con arreglo a las normas procesales españolas ante el Juzgado de Primera Instancia, de lo Mercantil o de lo Social que corresponda, a menos que ya hubiera solicitado expresamente que, en dicho supuesto, se ponga fin al proceso.

En el caso de que en el plazo señalado no se haya formulado oposición o no se haya pagado la deuda, el Letrado de la Administración de Justicia pondrá fin al proceso monitorio declarando ejecutivo el requerimiento europeo de pago mediante decreto y en la forma prevista en el formulario G del anexo VII del Reglamento (CE) n.º 1896/2006, de conformidad con lo dispuesto en el artículo 18 del citado Reglamento.

El requerimiento europeo de pago se entregará al demandante debidamente testimoniado por el Letrado de la Administración de Justicia, bien sobre el original bien sobre la copia, haciendo constar esta circunstancia.

9. La competencia para la revisión de un requerimiento europeo de pago corresponde al órgano jurisdiccional que lo haya expedido. El procedimiento para la revisión de un requerimiento europeo de pago por las causas previstas en el artículo 20.1 del Reglamento (CE) n.º 1896/2006 se tramitará y resolverá de conformidad con lo previsto para la rescisión de sentencias firmes a instancia del litigante rebelde en los artículos 501 y concordantes de esta Ley.

La revisión prevista en el artículo 20.2 del Reglamento (CE) n.º 1896/2006 se tramitará por medio del incidente de nulidad de actos judiciales previsto en el artículo 241 de la Ley Orgánica 6/1985, de 1 de julio, del Poder Judicial.

10. Las notificaciones efectuadas por el tribunal con ocasión de la tramitación de un proceso monitorio europeo y de la expedición del requerimiento europeo de pago se llevarán a cabo con arreglo a lo dispuesto en esta Ley, siempre que se trate de medios de comunicación previstos en el Reglamento (CE) n.º 1896/2006, prioritariamente por medios informáticos o telemáticos y, en su defecto, por cualquier otro medio que también permita tener constancia de la entrega al demandado del acto de comunicación.

11. Las cuestiones procesales no previstas en el Reglamento (CE) n.º 1896/2006 para la expedición de un requerimiento europeo de pago se regirán por lo previsto en esta Ley para el proceso monitorio.

12. Los originales de los formularios contenidos en los anexos del Reglamento (CE) n.º 1896/2006 integrarán el procedimiento tanto en los casos en los que España sea Estado emisor del requerimiento europeo de pago como en los casos en los que España sea Estado de ejecución del mismo. A los efectos oportunos, se expedirán las copias testimoniadas que correspondan.

13. La competencia para la ejecución en España de un requerimiento europeo de pago que haya adquirido fuerza ejecutiva corresponde al Juzgado de Primera Instancia del domicilio del demandado.

Igualmente, le corresponderá la denegación de la ejecución del requerimiento europeo de pago, a instancia del demandado, así como la limitación de la ejecución, la constitución de garantía o la suspensión del procedimiento de ejecución a que se refieren los artículos 22 y 23 del Reglamento (CE) n.º 1896/2006.

14. Sin perjuicio de lo que dispongan las normas contenidas en el Reglamento (CE) n.º 1896/2006, los procedimientos de ejecución en España de los requerimientos europeos de pago expedidos en otros Estados miembros se regirán por lo dispuesto en esta Ley.

La tramitación de la denegación de la ejecución del requerimiento europeo de pago, así como la limitación de la ejecución, su suspensión o la constitución de garantía, se llevarán a cabo con arreglo a lo dispuesto en los artículos 556 y siguientes de esta Ley, y se resolverán mediante auto no susceptible de recurso.

15. Cuando deba ejecutarse en España un requerimiento europeo de pago, el demandante deberá presentar ante el Juzgado competente una traducción oficial al castellano o a la lengua oficial de la Comunidad Autónoma en cuyo territorio tengan lugar las actuaciones judiciales de dicho requerimiento, certificada en la forma prevista en el artículo 21 del Reglamento (CE) n.º 1896/2006.

Disposición final vigésima cuarta[1132]. *Medidas para facilitar la aplicación en España del Reglamento (CE) n.º 861/2007 del Parlamento Europeo y del Consejo, de 11 de julio de 2007, por el que se establece un proceso europeo de escasa cuantía*

1. Corresponde al Juzgado de Primera Instancia o de lo Mercantil, en atención al objeto de la reclamación, el conocimiento en primera instancia del proceso europeo de escasa cuantía, regulado en el Reglamento (CE) n.º 861/2007 del Parlamento Europeo y del Consejo, de 11 de julio de 2007.

La competencia territorial se determinará con arreglo a lo dispuesto en el Reglamento CE 44/2001 del Consejo, de 22 de diciembre de 2000, relativo a la competencia judicial, el reconocimiento y la ejecución de resoluciones judiciales en materia civil y mercantil, y, en lo no previsto, con arreglo a la legislación procesal española.

2. El proceso europeo de escasa cuantía se iniciará y tramitará en la forma prevista en el Reglamento (CE) n.º 861/2007 y con arreglo a los formularios que figuran en los anexos del mismo.

[1132] Modificado por la Ley 4/2011, de 24 de marzo. Entrada en vigor desde 14 de abril de 2011.

Las cuestiones procesales no previstas en el Reglamento (CE) n.º 861/2007 se regirán por lo previsto en esta Ley para el juicio verbal.

El cómputo de los plazos se regirá por el Reglamento 1182/71 del Consejo, de 3 de junio de 1971, por el que se determinan las normas aplicables a los plazos, fechas y términos, sin que se excluyan los días inhábiles.

3. Las cuestiones a que se refieren los apartados 3 y 4 del artículo 4 del Reglamento (CE) n.º 861/2007 se decidirán mediante decreto del Letrado de la Administración de Justicia, salvo que implique la desestimación de la demanda, en cuyo caso resolverá el juez mediante auto. En ambos casos se concederá un plazo de 10 días al demandante para que manifieste lo que a su derecho convenga en relación con dicho artículo.

4. Si el demandado adujese inadecuación del procedimiento por superar la reclamación de demanda no pecuniaria el valor establecido en el apartado 1 del artículo 2 del Reglamento (CE) n.º 861/2007, el juez decidirá por auto en el plazo de treinta días, contado desde que se diera traslado al demandante para que formule alegaciones, si la demanda ha de tramitarse por el presente procedimiento o bien transformarse en el procedimiento correspondiente conforme a las normas procesales españolas. Contra este auto no cabrá recurso alguno, sin perjuicio de reproducir su alegación en la apelación contra la sentencia dictada en otro procedimiento.

En caso de que se formule reconvención por el demandado y ésta supere el límite de la cuantía que se establece en el artículo 2.1 del Reglamento (CE) n.º 861/2007, el juez resolverá mediante auto que el asunto se tramite por el procedimiento que corresponda con arreglo a las normas procesales españolas.

5. Las notificaciones efectuadas con ocasión de la tramitación de un proceso europeo de escasa cuantía se llevarán a cabo con arreglo a lo dispuesto en esta Ley, siempre que se trate de medios de comunicación previstos en el Reglamento (CE) n.º 861/2007, prioritariamente por medios informáticos o telemáticos y, en su defecto, por cualquier otro medio que también permita tener constancia de la entrega al demandado del acto de comunicación.

6. Contra la sentencia que ponga fin al proceso europeo de escasa cuantía podrá interponerse el recurso que corresponda de acuerdo con esta Ley.

7. La competencia para la ejecución en España de una sentencia dictada en otro Estado miembro de la Unión Europea que ponga fin a un proceso europeo de escasa cuantía corresponde al Juzgado de Primera Instancia del domicilio del demandado.

Igualmente, le corresponderá la denegación de la ejecución de la sentencia, a instancia del demandado, así como la limitación de la ejecución, la constitución de garantía o la suspensión del procedimiento de ejecución a que se refieren los artículos 22 y 23 del Reglamento (CE) n.º 861/2007.

8. Los procedimientos de ejecución en España de las sentencias dictadas en otros Estados miembros de la Unión Europea que pongan fin a un proceso europeo de escasa cuantía se regirán por lo dispuesto en esta Ley.

La tramitación de la denegación de la ejecución de la sentencia, así como la limitación de la ejecución, su suspensión o la constitución de garantía, se llevarán a cabo con arreglo a lo dispuesto en los artículos 556 y siguientes de esta Ley, sin que en ningún caso la sentencia pueda ser objeto de revisión en cuanto al fondo, y se resolverán mediante auto no susceptible de recurso.

9. Cuando deba ejecutarse en España una sentencia dictada en otro Estado miembro de la Unión Europea que ponga fin a un proceso europeo de escasa cuantía, el demandante deberá presentar ante el Juzgado competente una traducción oficial al castellano o a la lengua oficial de la Comunidad Autónoma en cuyo territorio tengan lugar las actuaciones judiciales del certificado de dicha sentencia, certificada en la forma prevista en el apartado 2 del artículo 21 del Reglamento (CE) n.º 861/2007.

10. Los originales de los formularios contenidos en los anexos del Reglamento (CE) n.º 861/2007, integrarán los autos tanto en los casos en los que sea un tribunal español el que resuelva el proceso europeo de escasa cuantía como en los casos en los que España sea Estado de ejecución del mismo. A los efectos oportunos, se expedirán las copias testimoniadas que correspondan.

Disposición final vigésima quinta[1133]. *Medidas para facilitar la aplicación en España del Reglamento (UE) n.º 1215/2012 del Parlamento y del Consejo, de 12 de diciembre de 2012, relativo a la competencia judicial, el reconocimiento y la ejecución de resoluciones judiciales en materia civil y mercantil*

1. Reglas sobre el reconocimiento de resoluciones de un Estado miembro de la Unión Europea al amparo del Reglamento (UE) n.º 1215/2012.

1.º Las resoluciones incluidas en el ámbito de aplicación del Reglamento (UE) n.º 1215/2012, y dictadas en un Estado miembro de la Unión Europea serán reconocidas en España sin necesidad de recurrir a procedimiento alguno.

2.º Si la denegación del reconocimiento se invocara como una cuestión incidental ante un órgano judicial, dicho órgano será competente para conocer de la misma, siguiendo el procedimiento establecido en los artículos 388 y siguientes de esta ley, quedando limitada la eficacia de dicho reconocimiento a lo resuelto en el proceso principal del que el incidente trae causa, y sin que

[1133] Modificada por el RD 6/2023, de 19 de diciembre. Entrada en vigor desde 20 de marzo de 2024.

pueda impedirse que en proceso aparte se resuelva de forma principal sobre el reconocimiento de la resolución.

3.ª La parte que desee invocar en España una resolución dictada en otro Estado miembro deberá presentar los documentos previstos en el artículo 37 del Reglamento (UE) n.º 1215/2012, pudiendo el órgano judicial o la autoridad ante la cual se invoque la misma pedir las traducciones o transcripciones previstas en el apartado 2 de dicho artículo.

4.ª El órgano judicial o la autoridad ante la que se invoque una resolución dictada en otro Estado miembro podrá suspender el procedimiento por los motivos previstos en el artículo 38 del Reglamento (UE) n.º 1215/2012.

5.ª A petición de cualquier parte interesada se denegará el reconocimiento de la resolución por alguno de los motivos del artículo 45 del Reglamento (UE) n.º 1215/2012 y de acuerdo con el procedimiento previsto en el apartado 4 de esta disposición final. Será competente el Juzgado de Primera Instancia que corresponda conforme a los artículos 50 y 51 de esta ley.

6.ª El mismo procedimiento previsto en el apartado 4 de esta disposición habrá de seguirse cuando la parte interesada solicite que se declare que la resolución extranjera no incurre en los motivos de denegación del reconocimiento recogidos en el artículo 45 del Reglamento. Será competente el Juzgado de Primera Instancia que corresponda conforme a los artículos 50 y 51 de esta ley.

2. Reglas sobre la ejecución de resoluciones con fuerza ejecutiva de un Estado miembro de la Unión Europea al amparo del Reglamento (UE) n.º 1215/2012.

1.ª Las resoluciones dictadas en un Estado miembro que tengan fuerza ejecutiva en él gozarán también de ésta en España sin necesidad de una declaración de fuerza ejecutiva y serán ejecutadas en las mismas condiciones que si se hubieran dictado en España, de conformidad con lo dispuesto en los artículos 39 a 44 del Reglamento (UE) n.º 1215/2012 y en la presente disposición.

No obstante, y sin perjuicio de lo dispuesto en el artículo 2.a), párrafo segundo del Reglamento (UE) n.º 1215/2012, si se tratara de una resolución que ordene una medida provisional o cautelar, solamente se ejecutará en España si el órgano jurisdiccional que la ha dictado ha certificado que es competente en cuanto al fondo del asunto.

2.ª A efectos de la ejecución de una resolución con fuerza ejecutiva, el solicitante facilitará los documentos prevenidos en el artículo 42.1 del Reglamento (UE) n.º 1215/2012 o los previstos en el artículo 42.2 del mismo Reglamento si se trata de una resolución que ordene una medida provisional o cautelar, así como, si lo exige el órgano judicial competente, la traducción del certificado prevenida en el artículo 42.3 de dicho Reglamento. Sólo podrá exigirse al solicitante que presente una traducción de la resolución si no pueden continuarse las diligencias sin ella.

3.ª La ejecución de resoluciones con fuerza ejecutiva de un Estado miembro se llevará a cabo en España en todo caso conforme a las disposiciones de esta ley.

4.ª Toda resolución con fuerza ejecutiva de un Estado miembro conllevará la facultad de aplicar las medidas cautelares previstas en esta ley, de acuerdo con el procedimiento previsto en ésta.

3. No acreditación de la notificación del certificado y traducción de la resolución extranjera.

1.ª A los efectos de la aplicación del artículo 43.1 del Reglamento (UE) n.º 1215/2012, antes de adoptar la primera medida de ejecución, cuando el ejecutante no acredite que ya se ha notificado el certificado previsto por el artículo 53 y la resolución extranjera a la persona contra la que se inste la ejecución, habrá de notificársele a ésta uno u otra, o en su caso ambos, junto con el auto que despacha la ejecución.

2.ª A los efectos de la aplicación del artículo 43.2 del Reglamento (UE) n.º 1215/2012, la persona contra la que se inste la ejecución dispondrá de un plazo de 5 días para solicitar la traducción de la resolución extranjera, a contar desde la notificación del despacho de la ejecución, si no se le hubiese notificado anteriormente y no se hubiera adjuntado con la demanda de ejecución una traducción de dicha resolución.

3.ª Mientras no se le entregue dicha traducción quedará en suspenso el plazo previsto por el artículo 556.1 de esta ley para oponerse a la ejecución, así como el plazo de contestación previsto en el apartado siguiente. El juez sobreseerá la ejecución si en el plazo de 1 mes el ejecutante no aporta dicha traducción.

4.ª El presente apartado no se aplicará a la ejecución de medidas cautelares de una resolución o cuando la persona que inste la ejecución solicite medidas cautelares de conformidad con el apartado 2, regla 4.ª, de esta disposición.

4. Reglas sobre la denegación de la ejecución de resoluciones con fuerza ejecutiva de un Estado miembro de la Unión Europea al amparo del Reglamento (UE) n.º 1215/2012.

Sin perjuicio de los motivos de oposición a la ejecución previstos en esta ley, a petición de la persona contra la que se haya instado, se denegará la ejecución de una resolución con fuerza ejecutiva por la concurrencia de uno o varios de los motivos de denegación del reconocimiento recogidos en el artículo 45 del Reglamento (UE) n.º 1215/2012, por los cauces del juicio verbal, con las especialidades siguientes:

1.ª La competencia corresponderá al Juzgado de Primera Instancia que conozca de la ejecución.

2.ª La demanda deberá presentarse conforme a lo establecido en el artículo 437 de esta ley, en su caso en un plazo de 10 días a contar desde la fecha de notificación al demandado del despacho de la ejecución, acompañada de los documentos a los que se refiere el artículo 47.3 del Reglamento (UE) n.º 1215/2012 y cualesquiera otros justificativos de su pretensión y, en su caso, contendrá la proposición de los medios de prueba cuya práctica interese el actor.

3.ª El actor puede solicitar las medidas previstas en el artículo 44.1 del Reglamento (UE) n.º 1215/2012. A petición igualmente del actor, en el supuesto del artículo 44.2 del mismo Reglamento se adoptará la suspensión del procedimiento sin más dilación.

4.ª El letrado de la Administración de Justicia dará traslado de la demanda al demandado, para que conteste en el plazo de 10 días. En la contestación, acompañada de los documentos justificativos de su oposición, deberá proponer todos los medios de prueba de que intente valerse. De este escrito, y de los documentos que lo acompañan, se dará traslado al actor.

5.ª Contestada la demanda o transcurrido el correspondiente plazo, el letrado de la Administración de Justicia citará a las partes a la vista, si así lo solicitan en sus escritos de demanda y contestación. Si en sus escritos no hubieren solicitado la celebración de vista, o cuando la única prueba propuesta sea la de documentos, y éstos ya se hubieran aportado al proceso sin resultar impugnados, o en el caso de los informes periciales no sea necesaria la ratificación, el juez resolverá mediante auto, sin más trámite.

6.ª Contra dicho auto cabe recurso de apelación. Contra la sentencia dictada en segunda instancia cabrá, en su caso, recurso de casación en los términos previstos por esta ley. El órgano judicial que conozca de alguno de estos recursos podrá suspender el procedimiento si se ha presentado un recurso ordinario contra la resolución en el Estado miembro de origen o si aún no ha expirado el plazo para interponerlo, conforme al artículo 51 del Reglamento (UE) n.º 1215/2012 del Parlamento Europeo y del Consejo, de 12 de diciembre de 2012, relativo a la competencia judicial, el reconocimiento y la ejecución de resoluciones judiciales en materia civil y mercantil. A estos efectos, cuando la resolución se haya dictado en Irlanda, Chipre o el Reino Unido, cualquier recurso previsto en alguno de estos Estados miembros de origen será considerado recurso ordinario.

5. Expedición del certificado.

1.ª A los efectos de la aplicación del artículo 53 del Reglamento (UE) n.º 1215/2012, la expedición del certificado previsto en ese precepto se podrá solicitar por medio de otrosí en la demanda, para su expedición de forma simultánea a la sentencia. En todo caso, la expedición se hará de forma separada y mediante providencia, utilizando el modelo de formulario al que se refiere dicho artículo.

Cuando se trate de transacciones judiciales, la certificación se expedirá de igual forma, a los efectos del artículo 60 del Reglamento (UE) n.º 1215/2012, utilizando el modelo de formulario previsto en el mismo.

2.ª En el caso de documentos públicos que tengan fuerza ejecutiva, el modelo de formulario al que se refiere el artículo 60 del Reglamento (UE) n.º 1215/2012 lo expedirá el notario autorizante, o quien legalmente le sustituya o suceda en el protocolo. De dicha expedición dejará constancia mediante nota en la matriz o póliza en la que incorporará copia auténtica siendo el original del certificado el documento que circulará.

6. Adaptación.

A los efectos de aplicación del artículo 54 del Reglamento (UE) n.º 1215/2012, la autoridad que resuelva sobre el reconocimiento o la ejecución de una resolución extranjera procederá a su adaptación en los términos previstos en dicho precepto. Contra la decisión sobre la adaptación de la medida u orden extranjera cabrán los recursos que la legislación procesal contemple en función del tipo de resolución y del procedimiento de que se trate.

7. Fuerza ejecutiva de los documentos públicos.

1.ª Los documentos públicos que tengan fuerza ejecutiva en el Estado miembro de origen gozarán también de la misma en España sin necesidad de una declaración de fuerza ejecutiva; su ejecución solo podrá denegarse en caso de que sea manifiestamente contraria al orden público. El documento público presentado debe reunir los requisitos necesarios para ser considerado auténtico en el Estado miembro de origen.

2.ª La persona contra la que se haya instado la ejecución podrá solicitar la denegación de la ejecución de conformidad con el procedimiento previsto en el apartado 4 de esta disposición.

3.ª La ejecución de documentos públicos emitidos en un Estado miembro se llevará a cabo en España, en todo caso, conforme a las disposiciones de esta ley, aplicándose las normas de esta disposición.

8. Fuerza ejecutiva de las transacciones judiciales.

Las transacciones judiciales que tengan fuerza ejecutiva en el Estado miembro de origen se ejecutarán en España en las mismas condiciones previstas para los documentos públicos en el apartado anterior.

Disposición final vigésima sexta[1134]. *Medidas para facilitar la aplicación en España del Reglamento (UE) n.º 650/2012 del Parlamento Europeo y del Consejo, de 4 de julio de 2012, relativo a la competencia, la ley aplicable, el reconocimiento y la ejecución de las resoluciones, a la aceptación y la ejecución de los documentos públicos en materia de sucesiones «mortis causa» y a la creación de un certificado sucesorio europeo*

1. Reglas de ejecución y reconocimiento de resoluciones de un Estado miembro de la Unión Europea al amparo del Reglamento (UE) n.º 650/2012.

1.ª Cualquier parte interesada podrá solicitar que se declare la fuerza ejecutiva en España de una resolución incluida en el ámbito de aplicación del Reglamento (UE) n.º 650/2012, y dictada en un Estado miembro de la Unión Europea que tenga en éste fuerza ejecutiva, con arreglo al procedimiento previsto en los apartados 2 a 7 de esta disposición.

2.ª Las resoluciones dictadas en un Estado miembro de la Unión Europea serán reconocidas en España sin necesidad de recurrir a procedimiento alguno. No obstante, en caso de oposición, cualquier parte interesada que invoque el reconocimiento a título principal de una resolución de ese tipo podrá solicitar, por el mismo procedimiento previsto en el apartado 1, que se reconozca dicha resolución.

Si la denegación del reconocimiento se invocara como una cuestión incidental ante un órgano judicial, dicho órgano será competente para conocer de la misma, siguiendo el procedimiento establecido en los artículos 388 y siguientes de esta ley, quedando limitada la eficacia de dicho reconocimiento a lo resuelto en el proceso principal del que el incidente trae causa, y sin que pueda impedirse que en proceso aparte se resuelva de forma principal sobre el reconocimiento de la resolución.

En cualquier caso, el órgano judicial ante el que se haya solicitado el reconocimiento podrá suspender el procedimiento si dicha resolución es objeto de un recurso ordinario en el Estado miembro de origen.

___

[1134] Modificada por el RD 6/2023, de 19 de diciembre. Entrada en vigor desde 20 de marzo de 2024.

2. Competencia.

La competencia para conocer del procedimiento de fuerza ejecutiva corresponderá a los Juzgados de Primera Instancia del domicilio de la parte frente a la que se solicita el reconocimiento o la ejecución, o del lugar de ejecución en el que la resolución deba producir sus efectos.

3. Asistencia jurídica gratuita.

1.ª La asistencia jurídica gratuita en este procedimiento se ajustará a las normas generales aplicables en España.

2.ª Sin perjuicio de lo dispuesto en el apartado anterior, el solicitante que en el Estado miembro de origen haya obtenido total o parcialmente el beneficio de justicia gratuita o una exención de las costas y gastos, gozará en este procedimiento del beneficio de justicia gratuita más favorable o de la exención más amplia posible conforme a las normas generales aplicables en España.

4. Procedimiento de declaración de fuerza ejecutiva de una resolución.

1.ª La solicitud de declaración de fuerza ejecutiva se presentará mediante demanda que se ajustará a los requisitos del artículo 437 de esta ley y deberá ir acompañada de los siguientes documentos:

a) Una copia auténtica de la resolución.

b) La certificación prevista en el artículo 46.3.b) del Reglamento (UE) n.º 650/2012.

2.ª Si no se presentara la certificación prevista en el apartado anterior, el órgano judicial podrá fijar un plazo para su presentación, aceptar un documento equivalente o dispensar de ellos si considera que dispone de suficiente información.

Podrá pedir también el órgano judicial una traducción de los documentos realizada por una persona cualificada para realizar traducciones en uno de los Estados miembros.

3.ª El solicitante no estará obligado a tener dirección postal en España ni a actuar representado por procurador ni asistido de letrado.

4.ª El solicitante podrá instar la adopción de medidas provisionales o cautelares de conformidad con lo previsto en esta ley. La declaración de fuerza ejecutiva incluirá la autorización para adoptar cualesquiera medidas cautelares.

5.ª Cumplidas las formalidades previstas en las reglas 1.ª y 2.ª, el juez mediante auto declarará inmediatamente la fuerza ejecutiva de la resolución, sin dar traslado para alegaciones a la parte contra la cual se solicite la declaración y sin proceder al examen de los motivos de denegación del reconocimiento previstos en el artículo 40 del Reglamento (UE) n.° 650/2012.

Si la resolución objeto de la declaración contiene varias pretensiones y no puede declararse la fuerza ejecutiva de todas ellas, el auto declarará la fuerza ejecutiva de las que procedan.

6.ª La notificación a la parte contra la que se haya solicitado la declaración irá acompañada de los documentos a los que se refieren las reglas 1.ª y 2.ª de este apartado.

5. Recursos contra la resolución sobre la solicitud de declaración de fuerza ejecutiva.

1.ª La resolución sobre la solicitud de declaración de fuerza ejecutiva podrá ser recurrida por cualquiera de las partes en el plazo de treinta días naturales. Si la parte contra la que se solicitó la declaración estuviera domiciliada fuera de España, tendrá un plazo de sesenta días naturales para interponer el recurso; este plazo no admitirá prórroga por razón de la distancia a España de su domicilio.

La competencia para conocer del recurso corresponderá a la Audiencia Provincial.

2.ª Durante el plazo del recurso contra la declaración de fuerza ejecutiva y hasta que se resuelva sobre el mismo, solamente se podrán adoptar medidas cautelares sobre los bienes de la parte contra la que se haya solicitado la ejecución.

3.ª Contra la sentencia dictada en segunda instancia cabrá, en su caso, recurso de casación en los términos previstos por esta ley.

6. Procedimiento del recurso contra la resolución sobre la solicitud de declaración de fuerza ejecutiva.

El recurso previsto en la regla 1.ª del apartado anterior se sustanciará por los cauces del recurso de apelación, incluidas las normas sobre representación procesal y defensa técnica, con las siguientes especialidades:

a) Sin perjuicio de la alegación de infracción de normas o garantías procesales en la primera instancia, el recurso solamente podrá basarse en alguno o algunos de los motivos previstos en el artículo 40 del Reglamento (UE) n.° 650/2012; el recurrente acompañará al escrito de interposición los documentos justificativos de su pretensión que considere necesarios y, en su caso, contendrá la proposición de los medios de prueba cuya práctica interese.

b) El letrado de la Administración de Justicia dará traslado del escrito de recurso y de los documentos que lo acompañen a las demás partes, emplazándolas por veinte días naturales para que presenten los escritos de oposición o impugnación, a los que se adjuntarán los documentos justificativos que consideren necesarios y, en su caso, contendrá la proposición de los medios de prueba cuya práctica interesen.

c) En caso de incomparecencia de la parte contra la que se solicite la declaración de fuerza ejecutiva, si su residencia habitual estuviera fuera de España, se aplicará lo dispuesto en el artículo 16 del Reglamento (UE) n.º 650/2012.

7. Suspensión de los recursos.

El tribunal ante el que se interpusiera cualquiera de los recursos previstos en el apartado 5 suspenderá el procedimiento, a instancia de la parte contra la que se solicite la declaración de fuerza ejecutiva, si tal fuerza ejecutiva ha sido suspendida en el Estado miembro de origen por haberse interpuesto un recurso.

8. Fuerza ejecutiva de los documentos públicos.

Los documentos públicos que tengan fuerza ejecutiva en el Estado miembro de origen serán declarados, a petición de cualquiera de las partes interesadas, con fuerza ejecutiva en España de conformidad con el procedimiento regulado en los apartados 2 a 7 de esta disposición final, debiéndose presentar la certificación prevista en el apartado 4.1.ª b) de conformidad con lo dispuesto en el artículo 60.2 del Reglamento (UE) n.º 650/2012.

El tribunal ante el que se interpusiera cualquiera de los recursos previstos en el apartado 16 de esta disposición sólo desestimará o revocará la declaración de fuerza ejecutiva de un documento público cuando la misma fuera manifiestamente contraria al orden público.

9. Fuerza ejecutiva de las transacciones judiciales.

Las transacciones judiciales que tengan fuerza ejecutiva en el Estado miembro de origen serán declaradas, a petición de cualquiera de las partes interesadas, con fuerza ejecutiva en España de conformidad con el procedimiento regulado en los apartados 2 a 7 de esta disposición final, debiéndose presentar la certificación prevista en el apartado 4.1.ª b) de conformidad con lo dispuesto en el artículo 61.2 del Reglamento (UE) n.º 650/2012.

El tribunal ante el que se interpusiera cualquiera de los recursos previstos en el apartado 5 sólo desestimará o revocará la declaración de fuerza ejecutiva de una transacción judicial cuando la misma fuera manifiestamente contraria al orden público.

10. Expedición de la certificación de una resolución, documento público o transacción judicial a efectos de su fuerza ejecutiva en otro Estado miembro.

1.ª A los efectos de la aplicación del artículo 46.3 del Reglamento, la expedición de la certificación prevista en ese precepto corresponderá al órgano judicial que haya dictado la resolución y se hará de forma separada mediante providencia, utilizando el modelo de formulario previsto en dicho artículo.

Lo mismo se hará, a los efectos de la aplicación del artículo 61 del Reglamento, cuando se trate de una transacción judicial, utilizando para la expedición de la certificación el modelo de formulario previsto en dicho artículo.

2.ª En el caso de documentos públicos, la certificación a la que se refiere el artículo 60 del Reglamento, será expedida por el notario autorizante, o quien legalmente le sustituya o suceda en el protocolo, utilizando el modelo de formulario previsto en dicho artículo. De esa expedición se dejará constancia mediante nota en la matriz, en la que se incorporará copia auténtica siendo el original del certificado el documento que circulará. Si no fuera posible la incorporación a la matriz, se relacionará, mediante nota, el acta posterior a la que deberá ser incorporada.

11. Expedición por órgano judicial del certificado sucesorio europeo.

1.ª La expedición por un órgano judicial de un certificado sucesorio europeo se adoptará de forma separada y mediante providencia, en la forma prevista en el artículo 67 del Reglamento (UE) n.º 650/2012, previa solicitud que podrá presentarse mediante el formulario previsto en el artículo 65.2 del mismo Reglamento.

2.ª La competencia para expedir judicialmente un certificado sucesorio europeo corresponderá al mismo tribunal que sustancie o haya sustanciado la sucesión. Del certificado sucesorio se expedirá testimonio, que se entregará al solicitante.

3.ª Toda persona que tenga derecho a solicitar un certificado podrá recurrir las decisiones adoptadas por el órgano judicial correspondiente.

12. Rectificación, modificación o anulación del certificado sucesorio europeo emitido por un órgano judicial.

1.ª El procedimiento para la rectificación de un certificado sucesorio europeo, tal como está previsto en el artículo 71.1 del Reglamento (UE) n.º 650/2012 se resolverá en la forma prevista en los apartados 1 a 4 del artículo 267 de la Ley Orgánica 6/1985, de 1 de julio, del Poder Judicial.

2.ª El procedimiento para la modificación o anulación de la emisión de un certificado sucesorio europeo a que se refiere el artículo 71.1 del Reglamento (UE) n.º 650/2012 se tramitará y resolverá, en única instancia, de conformidad con lo previsto para el recurso de reposición regulado en esta ley.

3.ª En todo caso, conforme al artículo 71.3 del Reglamento (UE) n.º 650/2012 el tribunal comunicará sin demora, a todas las personas a las que se entregaron copias auténticas del certificado en virtud del artículo 70.1 del mismo Reglamento, cualquier rectificación, modificación o anulación del mismo.

13. Denegación por un órgano judicial de la emisión del certificado sucesorio europeo.

La denegación de emisión de un certificado sucesorio europeo se adoptará de forma separada mediante auto y podrá impugnarse, en única instancia, por los trámites del recurso de reposición.

14. Expedición por notario del certificado sucesorio europeo.

1.ª Previa solicitud, compete al notario que declare la sucesión o alguno de sus elementos o a quien legalmente le sustituya o suceda en su protocolo, la expedición del certificado previsto en el artículo 62 del Reglamento (UE) n.º 650/2012, debiendo para ello usar el formulario al que se refiere el artículo 67 del mismo Reglamento. La solicitud de la expedición de un certificado sucesorio podrá presentarse mediante el formulario previsto en el artículo 65.2 del mismo Reglamento.

2.ª De dicha expedición del certificado sucesorio europeo, que tendrá el carácter de documento público conforme al artículo 17 de la Ley del Notariado de 28 de mayo de 1862, se dejará constancia mediante nota en la matriz de la escritura que sustancie el acto o negocio, a la que se incorporará el original del certificado, entregándose copia auténtica al solicitante.

Si no fuera posible la incorporación a la matriz, se relacionará, mediante nota, el acta posterior a la que deberá ser incorporado el original del certificado.

15. Rectificación, modificación o anulación del certificado sucesorio europeo emitido por notario.

1.ª Corresponderá al notario en cuyo protocolo se encuentre, la rectificación del certificado sucesorio europeo en caso de ser observado en él un error material, así como la modificación o anulación previstas en el artículo 71.1 del Reglamento (UE) n.º 650/2012.

2.ª En todo caso, conforme al artículo 71.3 del Reglamento (UE) n.º 650/2012, el notario comunicará sin demora, a todas las personas a las que se entregaron copias auténticas del certificado en virtud del artículo 70.1, cualquier rectificación, modificación o anulación del mismo.

16. Recurso.

1.ª Las decisiones adoptadas por un notario relativas a un certificado sucesorio europeo podrán ser recurridas por quien tenga interés legítimo conforme a los artículos 63.1 y 65 del Reglamento (UE) n.º 650/2012.

2.ª La negativa de un notario a rectificar, modificar, anular o expedir un certificado sucesorio europeo podrá ser recurrida por quien tenga interés legítimo conforme a los artículos 71 y 73 apartado 1, letra a) del Reglamento (UE) n.º 650/2012.

3.ª El recurso, en única instancia, contra las decisiones a las que se refieren las reglas 1.ª y 2.ª de este apartado será interpuesto directamente ante el juez de Primera Instancia del lugar de residencia oficial del notario, y se sustanciará por los trámites del juicio verbal.

17. Efectos del recurso.

1.ª Si, como consecuencia del recurso contemplado en el apartado anterior, resulta acreditado que el certificado sucesorio europeo expedido no responde a la realidad, el órgano judicial competente ordenará que el notario emisor lo rectifique, modifique o anule según la resolución judicial recaída.

2.ª Si, como consecuencia del recurso resulta acreditado que la negativa a expedir el certificado sucesorio europeo era injustificada, el órgano judicial competente expedirá el certificado o garantizará que el notario emisor vuelva a examinar el caso y tome una nueva decisión acorde con la resolución judicial recaída.

3.ª En todo caso, deberá constar en la matriz de la escritura que sustancie el acto o negocio y en la del acta de protocolización del certificado sucesorio europeo emitido, nota de la rectificación, modificación o anulación realizadas, así como de la interposición del recurso y de la resolución judicial recaída en el mismo.

Disposición final vigésima séptima[1135]. *Medidas para facilitar la aplicación en España del Reglamento (UE) n.º 655 del Parlamento Europeo y del Consejo, de 15 de mayo de 2014,*

[1135] Modificada por la Ley 29/2015, de 30 de julio. Entrada en vigor desde 20 de agosto de 2015.

por el que se establece el procedimiento relativo a la orden europea de retención de cuentas a fin de simplificar el cobro transfronterizo de deudas en materia civil y mercantil

1. La competencia para adoptar la orden relativa al crédito especificado en un documento público con fuerza ejecutiva se determinará conforme al apartado 3 del artículo

545 de esta Ley. Asimismo, será competente, a elección del solicitante, el Juzgado de Primera Instancia del lugar donde se haya formalizado el documento en el que se basa la solicitud.

2. Será competente para ejecutar la orden de retención dictada en otro Estado miembro, el Juzgado de Primera Instancia del lugar donde se mantenga la cuenta bancaria y, si hubiera cuentas en distintos lugares, el Juzgado de Primera Instancia correspondiente a cualquiera de ellas.

3. Será competente para la notificación al deudor domiciliado en España, prevista en el apartado 3 del artículo 28 del Reglamento (UE) 655/2014, el Juzgado de Primera Instancia del domicilio del deudor.

4. De conformidad con el artículo 34 del Reglamento (UE) 655/2014, la impugnación por el deudor de la ejecución de la orden dictada en otro Estado miembro será resuelta por el juzgado o tribunal que la haya ejecutado.

5. A efectos de la obtención de la información de cuentas a que se refiere el artículo 14 del Reglamento (UE) 655/2014, cuando sea requerida por un órgano jurisdiccional de un Estado miembro ante el que se haya presentado la solicitud de orden de retención, la autoridad de información española podrá recabar la colaboración de cualesquiera entidades públicas y privadas que posean la información que permita identificar las entidades de crédito y las cuentas del deudor. A tales efectos, estas entidades estarán obligadas a facilitar dicha información.

Disposición final vigésima octava[1136]. *Formularios de procesos o instrumentos procesales regulados en normas de la Unión Europea*

Las Administraciones Públicas competentes para la provisión de medios materiales al servicio de la Administración de Justicia proveerán la puesta a disposición de los órganos jurisdiccionales y del público de los formularios procesales contenidos en normas de la Unión Europea.

[1136] Modificada por la Ley 3/2018, de 11 de junio. Entrada en vigor desde 2 de julio de 2018.

Disposición final vigésima novena[1137]. *Entrada en vigor*

La presente Ley entrará en vigor al año de su publicación en el *Boletín Oficial del Estado*.

Por tanto,

Mando a todos los españoles, particulares y autoridades,
que guarden y hagan guardar esta Ley.

[1137] Modificada por la Ley 29/2015, de 30 de julio. Entrada en vigor desde 20 de agosto de 2015.

ÍNDICE ANALÍTICO

A

B

Boletín Oficial del Estado:
Notificación al demandado rebelde, art. 497.
Boletín Oficial de la Provincia:
Notificación al demandado rebelde, art. 497.
Boletín Oficial de las Comunidades Autónomas:
Notificación al demandado rebelde, art. 497.
Buena fe procesal:
Respeto a las reglas. Multas por incumplimiento, art. 247.

C

Caducidad:
De la acción de rescisión, art. 502.
De la acción ejecutiva fundada en sentencia judicial o resolución arbitral, art. 518.
De la instancia, art. 236 a 240.
En audiencia previa al juicio, art. 422 y 423.
En revisión de sentencias firmes, art. 514.
En suspensión del proceso por acuerdo de las partes, art. 179.
Oposición en la acción ejecutiva, art. 556.1 y 557.4.
Capacidad para ser parte, art. 6 y ss.
Careos:
Entre testigos y las partes, art. 373.
Presencia judicial, art. 137.
Castellano:
Uso en actuaciones judiciales, art. 142.
Cesación de actuaciones judiciales y caducidad de la instancia:
Caducidad de la instancia, art. 237.
Efectos, art. 239.
Exclusión de la caducidad de la instancia en la ejecución, art. 239.
Exclusión de la caducidad por fuerza mayor o contra la voluntad de las partes, art. 238.
Impulso del procedimiento por las partes y caducidad, art. 236.
Citaciones:
A la vista de las partes, art. 234 y 240.
Acto de comunicación judicial, art. 149.3.°
De testigos y peritos, art. 429.5.
En el procedimiento para la división de la herencia, art. 783.3.
En la práctica de pruebas fuera del juicio, art. 291.

Firmadas por procurador, art. 153.
No se consignan respuestas, art. 152.3.
Para el interrogatorio, art. 304.
Para la formación del inventario de la herencia, art. 793.
Para la práctica de diligencias preliminares, art. 259.
Remisión al domicilio de los litigantes, art. 155.
(Véase *Comunicaciones*).
Colegio de Procuradores:
Comunicación de cesación de procurador, art. 30.2.
Organización del régimen interno del servicio de notificaciones, art. 154.
Servicio de recepción de notificaciones, art. 28.3.
Colegios Profesionales:
Averiguaciones del domicilio a través de, art. 155, art. 156 y 161.
Envío de listas de colegiados de peritos, art. 341.
Traslado por incumplimiento de la buena fe procesal, art. 247.4.
Comerciantes:
Medio de prueba de sus libros, art. 327.
Comparecencia y actuación en juicio:
Capacidad para ser parte, art. capacidad procesal y legitimación:
Apreciación de oficio de la capacidad procesal, art. 9.
Capacidad para ser parte, art. 6.
Comparecencia en juicio y representación, art. 7.
Condición de parte procesal legítima, art. 10.
Integración de la capacidad procesal, art. 8.
Legitimación para la defensa de derechos e intereses de consumidores y usuarios, art. 11.
Clases de tutela jurisdiccional, art. 5.
Pluralidad de partes:
Intervención de sujetos originariamente no demandantes ni demandados, art. 13.
Intervención en procesos de defensa de la competencia, art. 15 bis.
Intervención provocada, art. 14.
Litisconsorcio, art. 12.
Publicidad e intervención en procesos para la protección de derechos e intereses colectivos y difusos de consumidores y usuarios, art. 15.

J

M

T